运城年鉴

YUN CHENG NIAN JIAN

《运城年鉴》编纂委员会 编

2015

山西出版传媒集团

山西人民出版社

图书在版编目（CIP）数据

运城年鉴. 2015 /《运城年鉴》编委会编. --太原：山西人民出版社，2016.10
ISBN 978-7-203-09776-1

Ⅰ. ①运… Ⅱ. ①运… Ⅲ. ①运城—2015—年鉴
Ⅳ. ①Z522.53

中国版本图书馆CIP数据核字（2016）第253338号

运城年鉴. 2015

编　　者：《运城年鉴》编委会
责任编辑：孙　琳
装帧设计：齐　翔　郑　昕

出 版 者：山西出版传媒集团·山西人民出版社
地　　址：太原市建设南路21号
邮　　编：030012
发行营销：0351-4922220　4955996　4956039　4922127（传真）
天猫官网：http://sxrmcbs.tmall.com　电话：0351-4922159
E-mail：sxskcb@163.com　发行部
sxskcb@126.com　总编室
网　　址：www.sxskcb.com

经 销 者：山西出版传媒集团·山西人民出版社
承 印 厂：运城市凯达印刷包装有限公司

开　　本：889mm×1194mm　1/16
印　　张：23
字　　数：900千字
印　　数：1-2000册
版　　次：2016年10月　第1版
印　　次：2016年10月　第1次印刷
书　　号：ISBN 978-7-203-09776-1
定　　价：348.00元

运城市地方志编纂委员会

运城市地方志办公室成员

主　　任　雷英铎
调 研 员　宁雪瑞
副 主 任　张武虹
总　　编　武建华
正、副科长　石少青　杨春英　赵新慧　董　杰
工作人员　高运有　李红兵　马立功　张　涛　张玉贤

《运城年鉴》编纂成员

主　　编　雷英铎
常务副主编　武建华
编　　辑　马立功　张　涛　程明清
工作人员　赵新慧　董　杰　高运有　李红兵　张玉贤
目录翻译　刘　洪

编 辑 说 明

《运城年鉴》是中共运城市委、市政府组织编纂，系统记述运城市自然、政治、经济、文化、社会等方面的年度资料性文献，是本市唯一的综合性年鉴。《运城年鉴》公开发行，逐年记载全市各个领域、各项事业的发展概况，为广大读者和群众了解运城、认识运城、建设运城服务。

本版年鉴的记事范围为2014年内容，上下限为所记年度的1月1日至12月31日。另外，在特载栏目中选载了2015年的内容。

本版年鉴仍采用分类编排法，在结构上主要分为栏目、类目、条目，其中条目为年鉴内容主体部分。为使一些资料归类更为科学集中，在部分类目和条目之间增设了分目，以便于读者查阅。

本年鉴稿件由市直各有关单位和各县（市、区）有关单位提供，主要统计数字来源于统计部门。

《运城年鉴》作为一种地域性文献和信息载体，所具有的信息权威性、连续性、系统性、密集性、及时性等特点，正逐步被社会各界所认识。作为年鉴编纂者，将不断总结经验，与时俱进，为运城经济社会转型跨越发展，实现“三个一百”和“三个方案”总要求发挥应有的作用。

在此，对一直支持和帮助《运城年鉴》工作的社会各界和年鉴采编员表示诚挚的谢意。

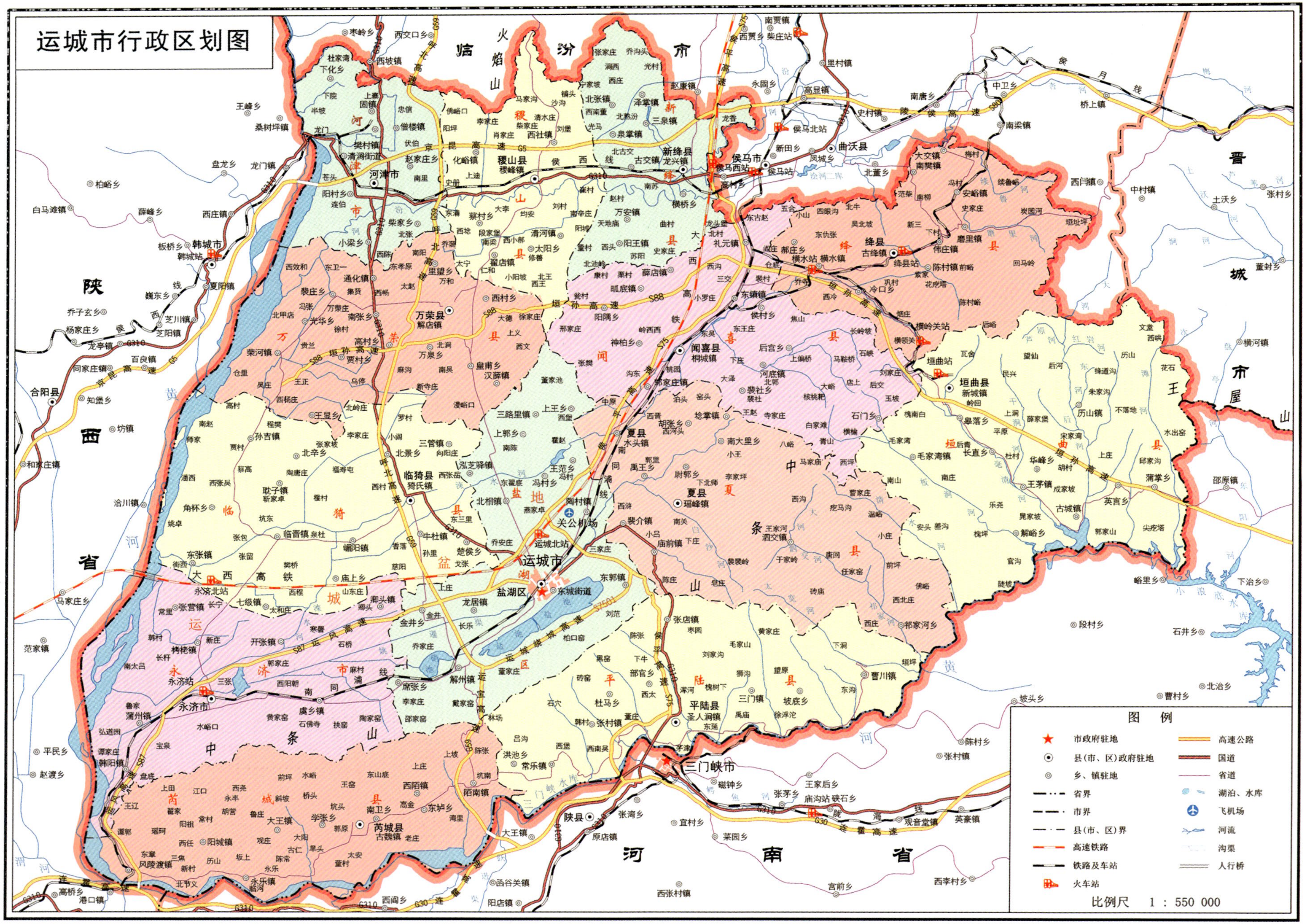

本图界线不作划界依据，基础地理底图资料由山西省地图集编纂委员会办公室提供

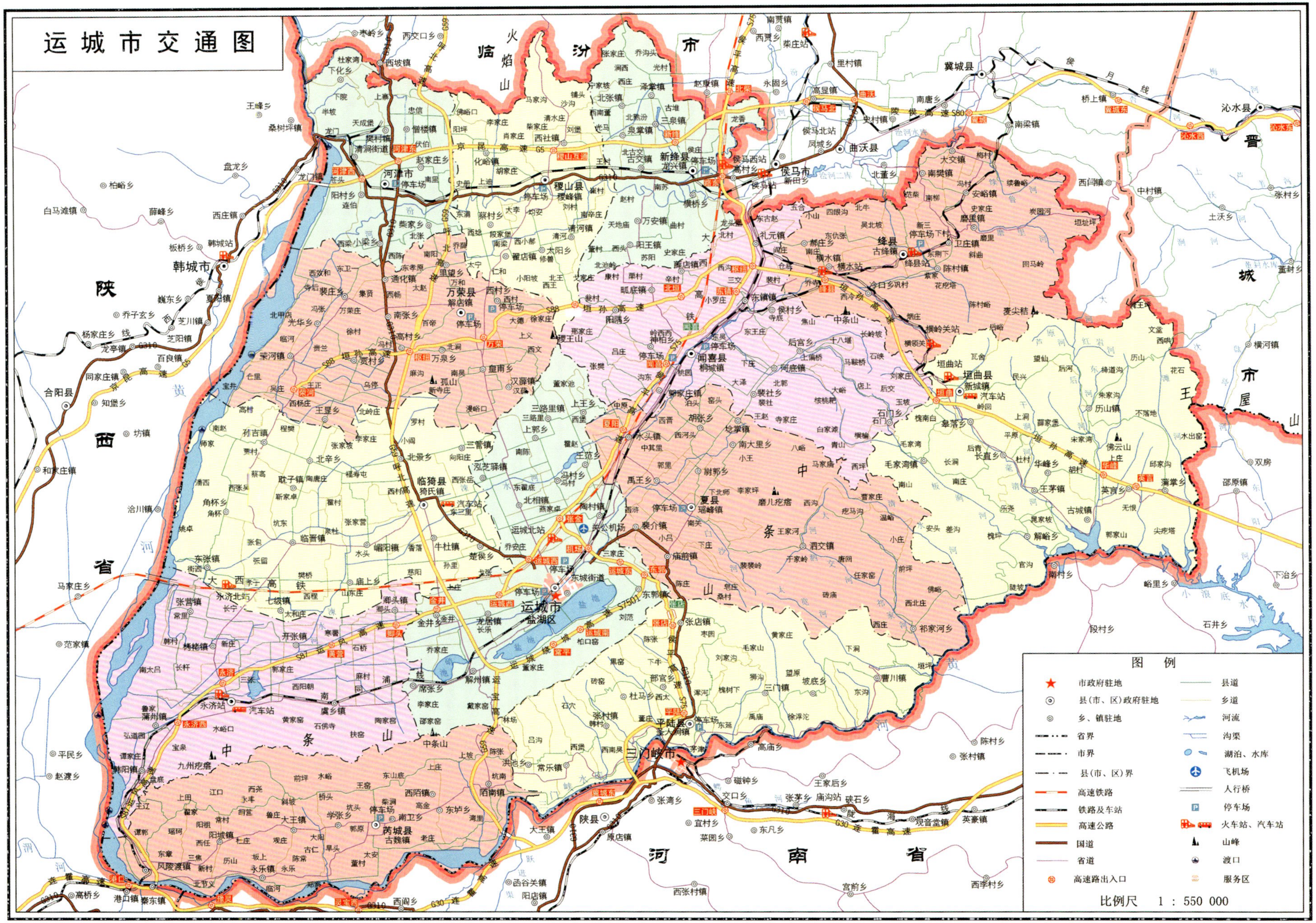

本图界线不作划界依据，基础地理底图资料由山西省地图集编纂委员会办公室提供

运城市旅游图

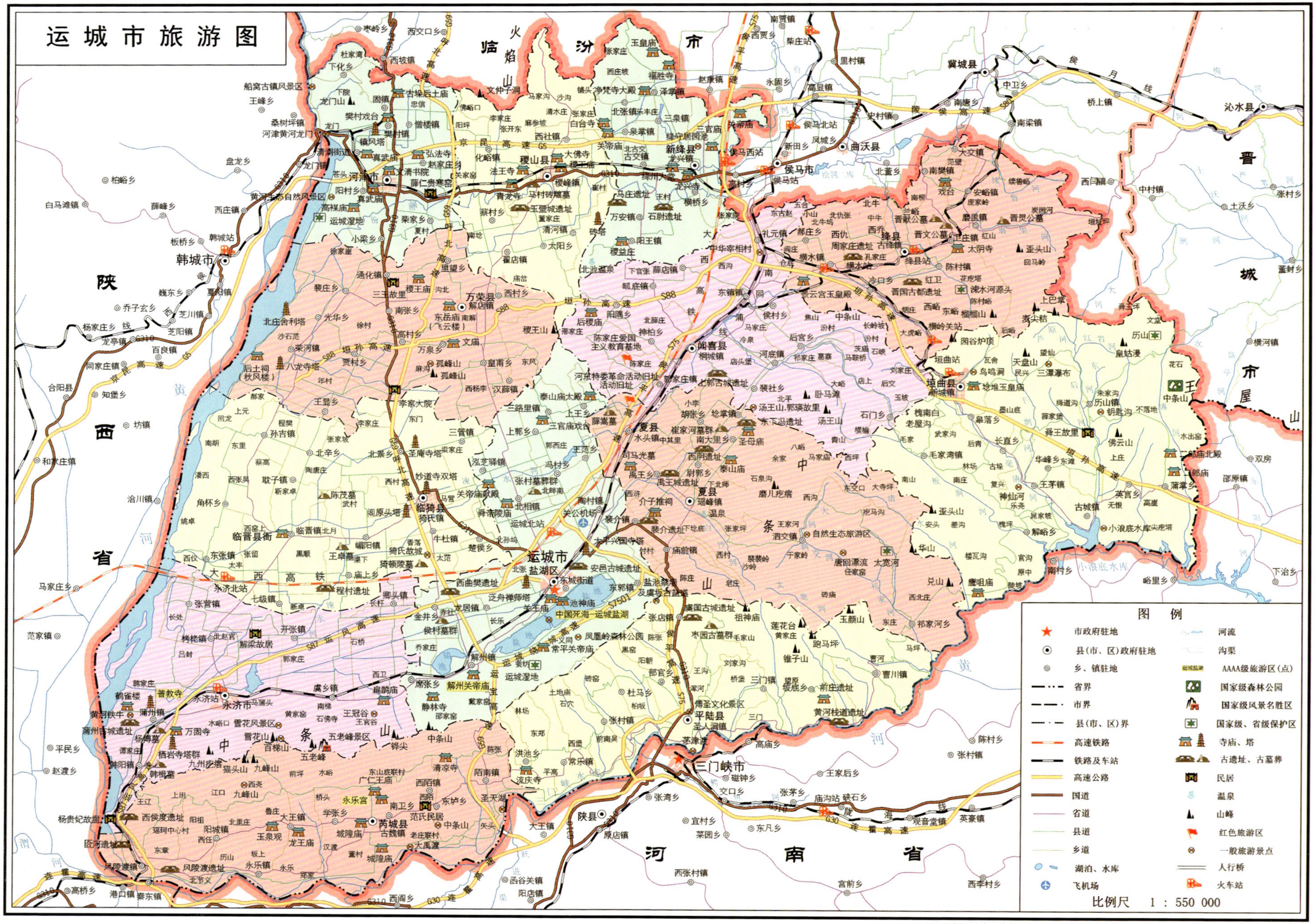

本图界线不作划界依据，基础地理底图资料由山西省地图集编纂委员会办公室提供

本图界线不作划界依据，基础地理底图资料由山西省地图集编纂委员会办公室提供

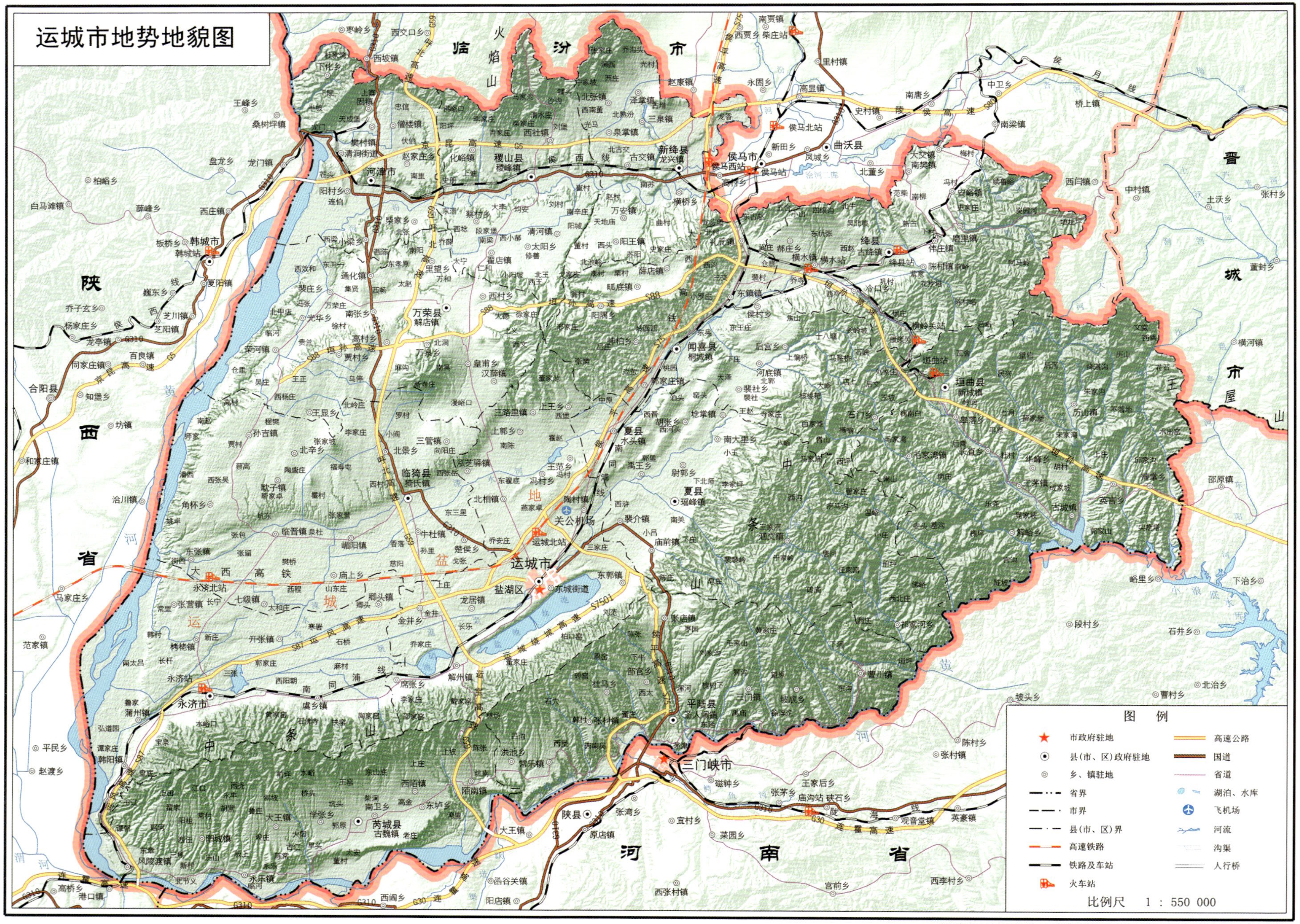

本图界线不作划界依据，基础地理底图资料由山西省地图集编纂委员会办公室提供

生态环境
SHENG TAI HUAN JING

平陆三湾黄河湿地

运城盐湖白天鹅越冬栖息地

垣曲古城国家湿地公园

城建交通
CHENG JIAN JIA0 TONG

市区禹都公园建设工地现场

解放北路与大西高铁交汇处

交通银行大厦主体竣工

运城高速中条山隧道施工现场

大西高铁如期通车

运城机场过夜飞机检测现场

市区工农街跨解放路立交桥建设施工现场

工业经济

GONG YE JING JI

永济市捷安电器有限公司生产车间

运城汇源食品饮料公司乐惠生产线设备调试

万荣海兴球墨铸件铸造车间

亚宝药业药品生产车间

大运集团新能源汽车生产车间

运城市龙飞有色金属公司铝板带生产车间

绛县韩庄村大棚草莓开始采摘

垣曲辣椒丰收

垣曲农民玉米大丰收

夏县裴介鑫恒源菊花种植基地

文化旅游

WEN HUA LV YOU

万荣县西滩景区舫船逍遥游

市级非物质文化遗产益泰永木雕现场

目 录

2015

特　　载

大 事 记

概　　况

市委工作

市人大工作

市政府工作

市政协工作

民主党派与工商联

人民团体

政　法

人民武装

经济管理与监督

农林水牧

工　业

商业贸易

交通邮电

建设环保

财税金融

教 育

科学技术

文　化

卫生医药体育

社会生活

旅　　游

人　　物

县(市、区)、开发区概况

附　　录

CONTENTS 2015

SPECIAL REPORTS

EVENTS

PROFILE

WORK OF CPC YUNCHENG MUNICIPAL COMMITTEE

WORK OF THE MUNICIPAL PEOPLE'S CONGRESS

WORK OF THE MUNICIPAL GOVERNMENT

WORK OF THE MUNICIPAL COMMITTEE OF THE CHINESE PEOPLE'S POLITICAL CONSULTATIVE CONFERENCE

DEMOCRATIC PARTIES AND FEDERASTION OF INDUSTRY & COMMERCE

PEOPLE'S ORGANIZATIONS

POLITICAL & LEGISLATIVE AFFAIRS

PEOPLE'S ARMED FORCES

ECONOMIC MANAGEMENT & SUPERVISION

AGRICULTURE, FORESTRY, WATER, AND ANIMAL HUSBANDRY

INDUSTRY

COMMERCE & TRADE

TRANSPORTATION & TELECOMMUNICATIONS

URBAN CONSTRUCTION & ENVIRENMENTAL PROTECTION

FINANCE, TAXATION & BANKING

EDUCATION

SCIENCE & TECHNOLOGY

CULTURE

PUBLIC HEALTH, MEDICINE, SPORTS

SOCIAL LIFE

TOURISM

MODEL FIGURES

PROFILES OF SATELLITE COUNTIES(CITIES, DISTRICT) AND DEVELOPMENT ZONES

APPENDIX

运城市人民代表大会常务委员会工作报告

——2015年7月20日在运城市第三届人民代表大会第六次会议上

运城市人大常委会主任　张建合

各位代表：

我代表市三届人大常委会，向大会报告工作，请予审议。

过去一年的主要工作

2014年以来，在运城经济社会发展的特殊阶段和重要时期，市人大常委会在中共运城市委的正确领导下，认真学习贯彻党的十八届三中、四中全会精神和习近平总书记系列重要讲话精神，不断增强政治自觉，不断强化政治责任，依法履职，积极作为。共召开常委会会议11次，听取审议专项报告16项，提出审议意见书9件，对5部法律实施情况开展了执法检查，组织专题视察14次，依法做出决议、决定10项，为净化政治生态、促进富民强市、推动全市经济社会发展，做出了积极贡献。

一、在贯彻“四个全面”上积极作为

去年以来，围绕党中央“四个全面”战略布局和我省、我市净化政治生态、实现弊革风清的新形势、新任务、新要求，常委会把认真学习、深刻领会、模范贯彻执行党的十八届三中、四中全会精神和习近平总书记系列重要讲话精神作为第一责任，把坚持党的领导、人民当家做主、依法治国有机统一作为根本遵循，不断增强政治自觉，不断强化政治纪律和责任担当，推动人大工作创新发展，推动群众路线教育实践活动和学习讨论落实活动深入开展。按照省委、市委统一部署要求，常委会对照中央八项规定，对照“三严三实”要求，坚持开门搞活动，以整风精神开展批评和自我批评，“红脸出汗”力查“四风”之弊；严字当头，瞄准“问题清单”，强化责任意识，积极整改落实。常委会在敢于和善于监督上下功夫，着手探索增强监督实效等12个监督课题，着力推进涑水河综合治理、食品安全放心城市建设等10项重点监督工作。坚持从人民群众不满意的地方改起，从人民群众期盼的地方做起，深入基层，深入群众，加大专题调研力度，积极督促解决城区学校建设不足、就学难等人民群众反映强烈的热点问题；以更细、更实的工作作风做好包联企业、帮扶农村工作，帮助解决了30个具体问题；压缩会议经费20%，坚决杜绝铺张浪费、坚决杜绝公车私用、坚决杜绝超标准接待；重点完善学习、自律、监督制度，着力构建转变作风、巩固整改成效的长效机制。同时，常委会积极贯彻落实市委决策部署，依法促进民主法制领域改革，初步形成了16个方面的深化改革意见，依法做出了加强和改进人大监督工作的决定，审议通过了加强国家工作人员任期监督的意见，对常委会讨论决定重大事项规定进行了修改，着力促进完善“六权治本”新机制；组织召开了我市庆祝全国人大成立60周年暨地方人大设立常委会35周年座谈会、全市人大工作研讨会，并在全省纪念大会上代表全省市县乡三级人大作了典型发言，为推动地方人大工作创新发展发挥了积极作用；开展首个国家宪法日集体学习宪法活动，组织组成人员、机关工作人员、县（市、区）人大同志，赴北京大学法治专修班学习，着力提升依法履职能力；积极争取地方人大立法权，成立法律专家委员会，筹备立法工作机构，探索开展跨省区域合作立法工作，为依法行使地方立法权奠定了良好的基础。

二、在决定重大事项上依法推进

贯彻落实市委提出的推进工业集群化、农业现代化、新型城镇化“三个方案”，常委会坚持战略思维、系统思维、法治思维，在依法行使重大事项决定权上主动作为。一是组织开展好专题调研。以认识、适应、引领经济新常态为要求，先后36次深入到重点企业、项目工地、田间地头，深度调研了解经济运行情况，分析把握经济发展形势，积极提出工作建议。二是把好重大事项审议决策关。在审议市政府提请的三个相关方

农产品产业集群。加快构建以农户家庭经营为基础、合作与联合为纽带、社会化服务为支撑的现代农业经营体系。大力扶持专业大户、家庭农场、农民专业合作社等,培育示范合作社200家,新认定家庭农场300家,新培育典型示范农场50家。通过点对点、小分队等多种形式,加大农业项目的招商引资力度。大力扶持农产品加工龙头企业,延伸产业链,提高附加值,扶持100家龙头企业,培育100家骨干企业,发展200家潜力企业,形成梯次合理的农产品加工业发展格局。全年农产品加工企业销售收入增长8%。大力发展现代畜牧业,着力推进养殖业提档升级、提质增效。积极引导永济粟海、闻喜象丰、夏县晋星为主的肉鸡企业拉长链条,做大做强;扶持稷山晋龙为主的蛋鸡企业,扩张规模,增强带动能力;大力发展生猪产业,以芮城温氏、永济长荣为龙头,加快基地建设,示范带动周边养殖户,搞好标准化养殖。积极与正大、大北农、山西大象等企业集团对接,争取年内有2~3个大型畜牧项目签约落地。

技术现代化方面,以新技术推广应用为抓手,持续开展更广泛的农科合作,着力打造高效生态农业基地。加大新技术、新品种研发推广,积极推进F型杂交小麦研发,加快实现产业化。健全农技推广体系建设,提升农技服务能力。深化与山西农大、中国农科院等科研院所(校)的合作。推进灾害性天气和农作物有害生物预警体系建设,提升农业抵御自然灾害的能力。加强农业机械化技术应用,大力推广节水灌溉、土地深松、精量播种、化肥深施和农作物综合利用等增产增效、节约资源的新技术,不断提高农业的水利化、机械化、信息化水平。大力培育新型职业农民,全年培训1.2万人。

经营市场化方面,以农产品市场流通体系建设为抓手,培育农业服务市场化体系,着力打造以品牌为引领的农业发展新格局。加快推进夏县润恒、盐湖晋善晋美、芮城大汉等农业物流园项目建设。抓好农产品产地交易和冷链物流市场、农产品营销网络体系和信息化、农产品营销经纪人队伍、农产品质量安全生产和检测体系等重点。积极推动农产品物联网和电子商务平台等新型业态的培育和发展,加快建立完善畅通的农产品物流体系。大力发展市场化、专业化农业服务企业,在农资、农机、信息、植保、动物防疫等方面完善专业化配套服务,为农业规模化、集约化发展提供有力保障。注重农产品品牌培育,以运城苹果代表中国出口美国为契机,积极对接北上广等高端市场,建设标准化的农产品生产基地,打造一批在全国叫得响的知名农产品品牌和驰名商标。抓好200个"一村一品"精品专业村建设。

加快实施"三引六扩、河库成网"大水网建设工程。重点抓好小农水重点县、农村饮水安全、北赵引黄二期、涑水河综合治理、张良调蓄水源库、西塬湖应急加固等水利工程建设。结合小浪底饮水工程,启动中心城市饮用水水质提升工程的前期工作。完成水土流失治理面积27万亩。

(三)以工业集群化、集群园区化、园区社区化、社区城镇化、土地规模化、城乡生态化"六化"衔接为路径,"四化"互动推进新型城镇化

加强城市规划引领。坚持国民经济和社会发展、城镇规划、国土规划、产业规划和环保规划"五规合一",突出高端化、生态化、集约化,精心编制运城市发展战略空间规划、中心城市整体设计、绿色建筑集中示范区、中心城区环境卫生、地下空间、城镇社区等各项规划,进一步完善城乡规划体系。积极推进盐临夏一体化进程。

推进城市建设。按照"城市功能完善、产业空间拓展、土地集约利用、市民方便宜居"四个目标一个过程实现的要求,在基础设施、公用事业领域积极推行政府和社会资本合作模式。全年计划实施建设项目303项,总投资496.8亿元,今年完成投资162.6亿元。城市功能完善方面,抓好道路、水系、供电、供气、供暖、亮化、通讯、垃圾处理、污水处理等基础设施和广场、公园、剧院、学校、医院、体育场馆、公共交通等公共服务设施建设。今年实施项目146项,总投资87亿元。加快与北京首创集团以水务市场化、城市基础设施建设为主要内容的全方位合作。产业空间拓展和土地集约利用方面,注重在城市规划中通过功能完善,进一步创造产业环境。本着增加投资强度、提高产出效益的原则,通过科学的城市设计,运用市场化手段,在旧城改造和建成区提升中把原来那些容量小、低端化、影响市容的建筑物和产业,通过改造整合,吸引金融、保险、电子商务、总部经济等现代服务业入驻,提升产业档次,拓展产业容量,使土地得到集约高效利用。继续抓好与产业发展相配套的城市主体建筑的招商与建设。市民方便宜居方面,注重功能配套,完善上学、就医、餐饮、购物、休闲、出行等公用服务设施,真正体现方便、温馨、舒适的理念。今年新开工各类保障性住房11353套,基本建成13300套。

坚持"四位一体"发展。中心城市启动城建工程152项,总投资348.4亿元,今年计划完成投资106.9亿元。重点抓好河东西街延长线、10个棚户区改造等一批市政基础设施和公共服务项目。大县城实施项目151项,总投资148亿元,今年计划完成投资55.7亿元。小城镇继续抓好15个重点镇建设,引领全市小城镇发展。新农村以"农村人居环境改善"为抓手,重点实施"完善提质、农民安居、环境整治和宜居示范"四项工程,加快推进美丽宜居示范村建设。

提升城市管理水平。深化户籍管理制度改革,进一步降低从农村迁入城市的准入条件,建立城乡一体的户口登记制度。强化市民城市意识,持续开展城市环境综合治理,打造宜居宜业宜商的城市环境。

加快信息化步伐。坚持以信息化为引领,积极推进"互联网+"行动,加快互联网与传统产业的深度融合,促进传统经济融合创新与转型升级。加快智慧城市建设,全力支持中兴网信在运城投资建设智慧城市项目,抓好云平台建设和智慧政务、智慧教育、智慧食药、智慧城管、智慧医疗五大智慧平台的应用。推进"宽带运城"示范城市建设,完善公共场所无线局域网建设。

加强城乡生态建设。加大造林绿化力度,全年完成造林38万亩,新发展干果经济林12万亩。每个县(市、区)至少要建成20个高标准的园林村,高标准完成30公里通道绿化。城

市绿化要按照“横有厚度、纵有层次,点成线、线成片、片成林”的模式,科学规划实施,全面提高绿化水平和品位,新增绿化面积100万平方米。深入开展栽植“家庭亲情林”活动,让种树成为运城人的一种时尚、一种习惯、一种情怀。认真落实新《环保法》。大力开展资源综合利用和清洁生产。抓好循环经济试点市建设。加强水环境治理,强化饮用水水源地环境监管,城市集中式饮用水水源地水质达标率达到100%。抓好重点流域、“一河一渠”环境综合整治。深入开展大气污染防治。加大淘汰落后产能力度,全面完成“十二五”减排任务。

(四)以科技创新、金融振兴和民营经济发展为突破,推进重点领域改革

加快推进“三大突破”。运城经济的主体是民营经济,科技创新和金融振兴重在服务和助推民营经济发展。推动科技创新,要落实国家创新驱动发展战略运城行动计划,组织引导集群内企业与产业对口的科研单位、行业协会对接,建立技术战略联盟,促进科技成果转化,提升科技对经济增长的贡献率。加强知识产权保护。加快金融振兴,要落实金融支持“三个方案”实施意见,强化全社会的现代金融意识,特别是领导干部和企业家要把学金融、懂金融、用金融作为经济发展新常态下的一门必修课。政府、企业、金融业携手推进多层次资本市场建设。积极推进中小企业股份制改造,鼓励支持企业直接上市融资,对已经选出的100家企业要分期分批完成股份制改造。创优金融生态环境,防范和化解金融风险。壮大民营经济,要按照“三个方案”的要求,对九大产业集群、农业种养企业以及现代服务业等各类民营企业,加大扶持力度。加快中小微企业创业基地、中小微企业服务联盟和运城市中小微企业综合服务窗口平台建设,大力扶持市场前景好、科技含量高、发展潜力大的中小微企业。

深入推进政府职能转变。加快行政审批制度改革,承接落实好省政府取消、下放和调整的行政审批事项,落实好向县级下放审批事项,开展非行政许可审批事项的专项清理工作,编制完成政府部门权力清单。积极推进政府购买公共服务,凡是通过市场行为能够解决的问题一律交由市场解决,严格控制新增政府机构和编制,倒逼政府职能转变,提升服务水平。推进城市建设投融资体制机制改革创新,推广“PPP模式”,防范和化解政府债务风险。深化工商注册登记制度改革,切实为市场经营主体松绑。加快医药卫生体制改革和市、县两级公立医院改革。深入推进事业单位分类改革和综合行政执法体制改革。进一步深化社会组织管理制度改革,加快行业协会、商会与行政机关脱钩。深化文化体制改革。完成公务用车制度改革。加快不动产统一登记制度改革,年底前完成市、县两级不动产登记职责整合及机构组建。

创新财政资金使用分配机制。围绕“三个方案”编制财政预算,今年市本级财政共整合安排“三个方案”资金6.2亿元,其中工业集群化2亿元,农业现代化1.6亿元,新型城镇化2.6亿元。要通过“争取、撬动、整合、盘活”等途径,落实好工业集群化、农业现代化、新型城镇化、文化旅游产业以及“万众创业”等产业引导基金,进一步健全完善企业应急转贷专项资金、信贷风险补偿基金等,引导更多社会资本投入“三个方案”项目建设,放大财政资金的效应,扶持企业发展壮大。

(五)以招商引资和项目建设为抓手,全力扩大对外开放

坚持不懈抓好招商引资。招商引资是推动经济社会发展的常态性工作,是推进“三个方案”落实的主要动力,是衡量一级政府工作能力和成效的重要标尺。要按照“三个方案”的总体要求和年度目标,持续开展集群化、专业化、精准化、产业链和小分队招商。全年招商引资到位资金力争达到600亿元以上。

毫不放松推进项目建设。坚持储备、签约、落地、开工、建设、投产“六位一体”工作机制,严格落实项目包联责任制。大运重卡、盐湖区飞宇铝型材、同誉铝轮毂二期、稷山阳煤丰喜焦炉煤气综合利用、同煤寺塔120万吨矿井,永济2×35万千瓦电厂等一批在建项目,要确保如期竣工投产;蒙西至华中铁路运城段、华泽铝电低热值煤发电等一批基础设施项目,年内要开工建设。全年实施重点项目243项,完成投资1011亿元。

持之以恒深化区域合作。抢抓“一带一路”建设新机遇,加快推进晋陕豫黄河金三角规划实施,深化三省四市合作,巩固和扩大在果业、旅游、医疗、质监等方面的合作成果。积极争取黄河综合治理、铝工业基地建设、“古中国”文化旅游、现代特色农业示范区、金三角区域现代金融中心等一批重大事项纳入国家“十三五”规划。推进转型综改试验区建设,抓好省级转型综改重大项目建设,稳步推进扩权强镇试点。深化与杭州、西安、黑河等友好城市和长三角、珠三角、环渤海等区域的合作交流。大力发展飞地经济和总部经济。完善海关、商检、边检等基础设施,推进运城航空口岸开放工作。

(六)以打造“古中国”为标识的国际旅游目的地为目标,加快文化旅游产业和现代服务业发展

加快旅游产业发展。充分发挥我市文化旅游资源优势,加大创意策划和市场开发力度,加强与北京、西安、洛阳等城市的旅游合作。强化文化旅游产品营销,打造具有运城特色的旅游情景剧,培养一批高素质的导游队伍,提升景区景点管理和服务水平。加强“古中国”国际旅游目的地宣传推介,提高运城“古中国”品牌国际影响力。开通运城高铁站至景区直通车。继续推行运城人游运城“一卡通”,实现“一卡通”智能化和便利化。加快智慧旅游建设步伐,争取10月底前实现4A级景区智慧旅游全覆盖。积极推进关圣文化建筑群申遗工作,做好建筑群文物本体保护修缮工作,加大周边环境整治力度。全年接待游客突破4000万人次,旅游收入突破300亿元,同比增长16%。

大力发展文化产业。深入挖掘“古中国”的文化内涵,大力宣传运城作为“古中国”源头所蕴含的文化基因价值,加大文化产业与旅游产业融合发展的深度。扩大关公文化、盐文化、根祖文化等对旅游产业的带动作用。继续抓好盐湖清尚、夏县宇达、稷山大佛寺、芮城永乐宫、万荣李家大院等文化产业园建设。加快推进以“三个禁门”为中心的河东盐池文物复修和保护工程。鼓励和支持社会力量投资文化产业。制订和实施文化小微企业孵化计划,培育和扶持文化骨干企业。

着力壮大现代服务业。大力发展电子商务,培育电子商务人才,推动电子商务企业集聚。支持星河创客、寰烁科技等电子商务平台健康发展。大力发展现代物流业,推进黄河金三角智慧物流城建设。积极培育新兴业态,推动金融服务、信息服务、检验检测等生产性服务业和文化体育、健康养老、家政服务、社区服务等生活性服务业发展。

(七)以保障和改善民生为根本,全面发展社会事业

大力发展教育事业。尊师是社会的良知,重教是政府的德行。我们要不断加大财政投入力度,确保我市教育始终走在全省前列。加大普惠性幼儿园建设,新改扩建28所公办标准化幼儿园,新建改建42所农村幼儿园。推进义务教育办学模式改革,全面改善义务教育薄弱学校和寄宿制学校基本办学条件,完成盐湖区、夏县农村薄弱学校改造任务。加大城乡教师交流、校长轮岗力度,区域内义务教育阶段学校校长、教师交流实现全覆盖。紧紧围绕"三个方案",大力发展现代职业教育,加快组建汽车、文化旅游、家居产业、卫生保健、制版印刷等职业教育集团,为经济转型发展培养应用型、技能型人才。落实特殊教育提升计划,办好特殊教育学校。积极适应经济社会发展需要,提升高等教育质量和水平。

加快发展医疗卫生事业。全面落实基层医疗卫生机构综合改革各项政策,提升新农合保障水平。人均基本公共卫生服务经费财政补助标准由35元提高到40元。为农村60岁以上老年人实行免费体检。加强农村医生队伍建设,提高基层医疗卫生机构服务能力。加快推进市第一医院、市儿童医院和运城健康城项目建设。

加强社会保障工作。积极推进机关事业养老保险制度改革。企业退休人员基本养老金提高10%以上。城乡居民基本养老保险基础养老金最低标准每人每月增加15元,达到80元,城镇居民医保人均财政补助标准由320元提高到380元。进一步提高城乡低保、农村五保对象补助水平。兑现落实省政府调资政策。全面治理拖欠农民工工资问题,健全农民工工资支付保障机制,决不允许再有拖欠农民工工资的现象在运城的土地上发生。新建老年人日间照料中心185个。发展社会福利慈善事业。全面落实各项救助制度,确保困难群众求助有门、受助及时。

落实就业创业政策。统筹抓好高校毕业生、农村转移劳动力、城镇困难人员、企业下岗职工、退役军人等群体的就业工作,确保全年城镇新增就业5.6万人,转移农村劳动力7.14万人。大力推进"大众创业、万众创新",把运城人深厚的文化底蕴转化为创新创业的智慧。在全社会倡导创业文化,鼓励运城籍成功人士回乡创业,让"学而优则商"成为运城人,特别是年轻人新的价值取向和人生追求。加快国家级高技能人才培训基地建设,培训各类职业技能人才9.8万人,新增高技能人才5300人。

深入开展文化体育惠民活动。加强公共文化服务体系建设,组织举办丰富多彩的文化活动。繁荣文艺创作,精心打造体现"古中国"文化底蕴的优秀艺术作品。继续推进"戏剧惠民"活动。加快河东会堂市场化改造工程,河东大剧院年内全面开工建设。充分发挥各级各类图书馆、文化中心、农家书屋、社区书社作用,倡导全民阅读,打造"书香运城",让阅读成为运城人的一种生活方式和行为习惯。搞好非物质文化遗产的挖掘、保护和利用。完成全市22947户广播电视直播卫星户户通任务。强化文化市场执法管理和"扫黄打非"工作。大力发展体育产业,广泛开展全民健身活动,办好我市第四届运动会。加强和改进档案工作,推进档案馆(库、室)标准化建设。

抓好安全生产工作。建立健全"党政同责、一岗双责、齐抓共管"的安全生产责任体系,落实政府安全监管责任,强化企业安全生产主体责任。坚持依法治安,加强重点领域安全监管,深入开展重点行业和领域的安全生产专项整治。强化食品药品安全监管,继续推进食品安全放心城市创建工作,严厉打击涉食涉药违法行为,坚决取缔食品加工黑作坊、黑窝点,确保人民群众饮食用药安全。强化责任追究,严格落实安全生产目标责任考核"一票否决制",坚决遏制重特大事故、减少一般性事故,努力促进安全生产形势由稳定好转向根本好转迈进。

要认真调查研究,全力做好"十三五"规划编制工作,科学谋划好运城未来五年的发展蓝图。

(八)以坚持公平正义为核心,努力维护社会和谐稳定

加强民主法治建设。自觉接受人大及其常委会监督,认真执行人大各项决议。积极支持人民政协履行政治协商、民主监督和参政议政职能。坚持重大事项向人大报告、向政协通报和重大决策提交人大审议制度。充分听取各民主党派、工商联、人民团体和社会各界意见,认真办理人大代表建议和政协委员提案。积极支持人民法院、检察院依法履行职责。建设完备的公共法律服务体系,普遍建立县乡公共法律服务中心,扩大法律援助覆盖面。深入推进"六五"普法,强化全民法治观念,加快依法治市进程。

加强精神文明建设。充分发挥河东传统文化优势,培育和践行社会主义核心价值观。加强选树道德模范工作,倡导新风尚,凝聚正能量。大力加强社会公德、职业道德、家庭美德、个人品德建设,提升运城人"睿智明理、勤勉敬事、仗义好胜"的人文形象。我们的干部心中要充满正义力量、道德力量、人格力量,充分发挥榜样作用,以优良的党风政风,影响民风,引领社风。坚持正确的舆论导向,加强网络舆情管理。加强未成年人思想道德建设,广泛开展群众性精神文明创建活动,不断提升市民文明素质和社会文明程度。

加强和创新社会治理。善于综合运用经济、法律、行政、道德、舆论以及社会心理等多种办法,理顺人心,做到事态平、人心平、社会太平。推动政府治理和社会自我调节、居民自治良性互动,建立完善社会调处化解矛盾纠纷综合机制。加强信访工作,创新体制机制,健全完善畅通有序的诉求表达渠道,积极解决人民群众的合理诉求。推进"平安运城"建设,创新立体化防控体系。加强社会治安综合治理,深入开展"打黑除恶"斗争和社区矫正工作,有效防范和及时处置突发性群体事件。发展专业社会工作和志愿服务工作。加强应急管理和防灾减灾能力建设。增强全民国防观念,加强国防后备力量

建设,做好优抚安置和新一轮全国双拥模范城创建工作,推动军民融合深度发展。支持工、青、妇工作,充分发挥群团组织的作用,发展儿童、老龄、残疾人和红十字会等事业,做好民族宗教、外事侨务、文物保护、港澳台等工作,加强气象、地震、科普、方志等工作。

三、全面加强政府自身建设

各位代表,政府自身建设,既是政府体制机制的建设,也是政府公务人员的自身建设。我们要按照"三严三实"的要求,坚持为民务实清廉,全面加强和改进政府自身建设。

(一)强化法治意识,保障行政效率

政府的权力是公共权力,是由人民赋予我们并代表人民行使对公共事务进行管理的权力。公务人员行使公共权力必须在法律规定的范围之内,超越了法律的界限,就是对权力的滥用,就要受到法律的制裁。依法行政,就要做到法定职责必须为,法无授权不可为,就是要按照"六权治本"的精神,制订权力清单、责任清单和负面清单,编制行政职权运行流程图和行政职权运行风险防控图,构建公共资源交易平台和政务服务平台,严格执法程序,规范执法行为。用依法行政保障公共权力运行效率,维护世道人心,从而带动全社会形成依法谋事、依法办事、依法论事、依法论人、依法自律的法治文化氛围。

(二)强化学习意识,提高创新能力

思维方式决定发展视野和发展格局。要按照市委加强"三个建设"、争做"三个楷模"、提升"三个能力"的要求,加强学习型政府建设。坚持一月一次"政府大讲堂"活动,在各级领导干部和公务员队伍中,倡导并形成浓厚的学习风气,进而引领全体干部创新思维方式、领导方式和工作方式,以开放的视野和创新的精神谋划和推进运城发展。

(三)强化自律意识,建设廉洁政府

要认真贯彻中央、省反腐倡廉各项决策部署,全面落实政府系统党风廉政建设责任制和党委(党组)主体责任,切实把主体责任放在心上,抓在手上,扛在肩上。围绕土地、矿产、交通、房地产等重点领域,围绕教育、医疗、环保、社保、涉农等社会民生领域,围绕资源配置、工程招标、政府采购、资金分配等关键环节,围绕行政审批违规问题和滥用审批权问题,扎实开展专项整治。特别是在土地、财政资金、人事和项目实施等方面,坚守底线,从严把关,严禁任何人干涉工程招投标,对涉及财政资金使用的领域和工程实行全覆盖、全过程的审计监督。严肃查处违法违纪案件,坚决纠正部门和行业不正之风。在政府部门坚决遏制庸俗的人情往来,努力营造简单清爽、纯洁健康、团结和谐的同志关系和工作氛围。

(四)强化落实意识,改进工作作风

落实能力是对各级领导干部行政能力和工作水平的现实考验。要积极构建部门之间推进工作的横向信息反馈、纵向动态平衡,科学有效、协调顺畅的工作机制。坚持一级抓一级、层层抓落实,真正形成工作部署自上而下、工作落实从下到上,层层反馈、层层负责的工作格局。加强督查落实和目标责任考核,完善考核体系,努力将各项目标任务明确到单位、落实到人头、具体到项目。特别是要把落实"三个方案"作为干部干事创业的重要平台,作为识别、锻炼和检验干部的"赛马场",在推动落实"三个方案"的实践中发现人才、储备人才、培养人才、使用人才。以只争朝夕的状态、实事求是的态度、功成不必在我的境界和抓铁有痕、踏石留印的作风,推动各项工作不断实现新的突破。

各位代表,2015年已经时间过半,完成全年各项目标任务繁重而艰巨。让我们紧密团结在以习近平同志为总书记的党中央周围,在省委、省政府和市委的正确领导下,振奋精神、坚定信心,团结拼搏、开拓奋进,着力落实"三个方案",全力推动"六大发展",为全面完成"十二五"规划目标,开创弊革风清、富民强市新局面而努力奋斗!

附注:

1. 新型城镇化"六化"衔接、"四化"互动:即工业集群化、集群园区化、园区社区化、社区城镇化、土地规模化、城乡生态化"六化"衔接,工业化、信息化、城镇化、农业现代化"四化"互动。

2. 城市建设"四个目标"一个过程:即城市功能完善、产业空间拓展、土地集约利用、市民方便宜居。

3. 农业现代化"四化"路径:即土地规模化、组织企业化、技术现代化、经营市场化。

4. 农村"五件实事":即农村危房改造、农村幼儿园改造、农村易地扶贫搬迁、乡村清洁工程和新型职业农民培训。

5. "六大发展":即廉洁发展、转型发展、创新发展、绿色发展、安全发展和统筹发展。

6. "三大突破":即科技创新、金融振兴、民营经济发展。

7. 九大产业集群:即煤电铝材、煤焦化、运输装备制造、金属镁、化工、医药、农副产品加工、新材料、家具制造等9大产业集群。

8. "三引六扩、河库成网":"三引",即小浪底水库引水、汾河清水复流北赵连接段引水、三门峡水库引水;"六扩",即禹门口、西范、北赵、夹马口、尊村、大禹渡六大灌区改扩建。"河库成网",即结合"三引六扩",在全市境内实施河与河、河与库、库与库之间的连通工程,逐步形成全市大水网体系,彻底改善运城生态,使城乡供水得到保障,使运城市区水面增加、活水常流。

9. PPP模式:即政府与社会资本合作参与公共基础设施建设或提供某种公共服务的模式。

10. "一带一路":即"丝绸之路经济带"和"21世纪海上丝绸之路"。

11. "六权治本":即依法确定权力、科学配置权力、制度约束权力、阳光行使权力、合力监督权力、严惩滥用权力。

12. 市委、市政府提出的加强"三个建设"、争做"三个楷模"和提升"三个能力":即加强"三个建设"(党性建设、能力建设、人格建设),争做"三个楷模"(作为党员争做忠诚贯彻执行党的路线方针政策的楷模,作为领导干部争做创造性推进党和人民事业的楷模,作为公民争做全社会遵纪守法、道德人格的楷模),提升"三个能力"(思想力、领导力、执行力)。

关于2014年国民经济和社会发展计划执行情况与2015年国民经济和社会发展计划草案的报告

——2015年7月19日在运城市第三届人民代表大会第六次会议上

运城市发展和改革委员会主任 张玉忠

各位代表：

受市人民政府委托，我向大会报告2014年全市经济和社会发展计划执行情况以及2015年全市经济和社会发展计划草案，请予审议，并请市政协委员和其他列席人员提出意见。

一、2014年全市国民经济和社会发展计划执行情况

过去的一年，是运城发展史上非同寻常的一年。面对特殊历史时期和经济下行压力持续加大、多重困难挑战相互交织的严峻形势，在市委、市政府的正确领导下，在市人大、市政协的监督支持下，全市上下深入贯彻落实党的十八大、十八届三中、四中全会精神和省委、省政府决策部署，适应政治经济新常态，探索发展路径新突破，全市政治保持稳定、经济平稳发展、民生持续改善、社会和谐稳定。

(一)经济发展稳中有进，三项指标全省第一。全市主要经济指标增速高于全省平均水平

初步核算，全市地区生产总值完成1201.6亿元，增长5%。规模以上工业增加值完成386.9亿元，增长3.8%。固定资产投资完成1202.7亿元，增长19.2%。社会消费品零售总额完成620.3亿元，增长12.3%。财政总收入完成101.7亿元，增长11.4%。公共财政预算收入完成52.8亿元，增长16.2%。城镇居民人均可支配收入达到22226元，增长8.9%。农村居民人均可支配收入达到8125元，增长11.5%。全市财政总收入首次突破100亿元，固定资产投资、公共财政预算收入、城镇居民人均收入3项指标增速排名全省第一，农村居民人均收入增速排名全省第二，社会消费品零售总额增速排名全省第三，约束性指标全面完成年度任务。

(二)"三个方案"引领发展，特色路径创新突破

工业集群化、农业现代化、新型城镇化三个方案经市人大常委会审议形成决议、出台实施，成为引领全市经济社会发展的核心统领、特色路径。产业集群加快发展。九大产业集群完成工业总产值915.7亿元，占到全市工业的57%，增长7%，增速高出全市工业平均水平9.6个百分点，产业集群成为全市工业经济发展的主引擎。"5+15"园区工业总产值占到全市工业的70.1%，比重提高3.1个百分点。百万吨铝循环产业基地建设有力推进。复晟铝业80万吨氧化铝当年开工、当年建设、当年建成。华泽铝电低热值煤发电一期省发改委已批复"路条"，新上50万吨电解铝产能置换工作积极推进。新兴产业加快布局。国家新能源示范城市建设力度加大，平陆、绛县等风电项目建成，全市风电装机达到40万千瓦。全省轨道交通装备制造基地、永济新时速机电加工中心等新兴产业大项目加快推进。全年新增高新技术企业15家。农业现代化水平提升。粮食总产31.6亿公斤，增长1.6%，创历史最高水平。水果总产53亿公斤，出口1亿公斤，增长52%。现代农业示范园区发展到259个。夏县润恒、芮城大汉、新绛晋南、盐湖晋善晋美等农产品物流项目加快建设，北赵引黄二期、小浪底引水、尊村灌区扩建等重点工程进展顺利。新型城镇化统筹推进。中心城市工农街解放路高架桥建成投入使用，河东西街延长线改造工程开工建设。国家信息惠民示范城市、宽带示范城市工作积极推进，我市列入住建部第三批智慧城市建设目录。涑水河、姚暹渠"一河一渠"综合整治成效显著。全年完成造林41万亩，新增绿化面积290万平方米。我市荣获"省级园林城市"和"山西省文明城市"。文化旅游产业快速发展。打造以"古中国"为标识的国际旅游目的地，文化旅游产业发展的主题更加鲜明，定位更加准确，关圣文化建筑群申遗完成申遗文本编制和申报审核。全年实现旅游总收入268.8亿元，增长26.4%。

(三)集群化招商力度加大，项目建设成效明显

创新开展专业化招商、小分队招商、产业链招商，狠抓项目建设。到位资金再创新高。全年签约项目投资3422亿元，完成年计划的233.1%，完成率全省第一；到位资金691.6亿元，完成年计划的107.7%，完成率全省第一。大项目加快推进。总投资600亿元深圳北方家具产业基地、总投资360亿元的空港浙江化纤工业园、总投资116亿元的黄河金三角智慧物流城、总投资80亿元的华泽铝电50万吨电解铝、总投资10.5亿元运城第一医院等一批大项目签约落地、加快推进。大运重卡专用车、亚宝药业新生产线、大西客专运城段等一批重点项目建成投入使用。运城海关、出入境检验检疫局、机场航空口岸即将投入运营。"六位一体"全省前列。项目储备、签约、落地、开工、建设、投产6项指标全部提前超额完成年度任务，综合考评排名全省第一。

(四)改革开放提速加力，区域合作深化升级

落实"转型综改攻坚年"部署，深化改革扩大开放。区域合作上升为国家战略。晋陕豫黄河金三角区域合作规划成功获批，《运城市贯彻落实区域合作规划实施方案》积极推进。三省四市检验检疫合作、果业产业协作、旅游合作、宣传思想文化联盟等合作力度不断加大，领域不断拓展。金融创新全省领先。创新政银企合作，在全省率先建立信贷融资风险补偿基金、企业应急转贷基金，全省首届政银企项目对接月启动仪式在我市召开，总结推广我市的经验和做法。"飞地经济"先行示范。深圳北方家具产业基地、空港汽配产业园、义乌国际商贸城等项目加快建设。农村土地流转全省复制订型推广。盐湖、新绛在全省率先成立农村产权交易服务中心，经验在全省复制订型推广。全市新增土地流转面积81.9万亩，总面积达到204.6万亩，占到家庭承包土地面积的26%。产业

扶贫开发走在全省前列。25家企业产业帮扶项目成效明显，全省百企千村产业扶贫现场会在我市召开。重点领域改革扎实有效。行政审批制度改革取消、下放审批事项176项。工商登记制度改革全面实施，新登记注册市场主体2.4万户，同比增长15.1%。对外开放水平不断提升。对外贸易国家和地区达到121个，全年进出口总额14.98亿美元，出口4.8亿美元，总量居全省第二。

（五）公共投入不断加大，民生事业持续改善

全市教育、社会保障和就业、医疗卫生等民生支出202.2亿元，占到全市财政总支出的84.7%。社会保障不断加强。城镇职工基本医疗保险参保87.2万人，城乡居民社会养老保险参保274.4万人，均超额完成全年任务。新建老年人日间照料中心200家。新开工各类保障性住房20824套，基本建成13606套，完成全年任务的113.4%。社会事业全面发展。医改工作全省领先，新型农村合作医疗惠及392.5万人，参合率99.3%。新增有效发明专利70件，新改扩建公办标准化幼儿园28所，市农业职业技术学院新校、市儿童医院等项目开工建设。"戏曲惠民、欢乐百姓"系列活动惠及城乡百姓。价格监管成效显著。在全国率先实行农村分类综合电价管理和一票收取水费的管理办法，积极争取到国家、省对引黄引汾电价水价补贴政策，每年直接减轻农民灌溉负担2.3亿元，推动"三农"增收8亿元。坚持不懈清费治乱减负，组织开展教育、医疗、涉企、涉车、金融等专项检查，有效维护了群众利益和社会和谐。农村"五件实事"年度任务全面完成。农村危房改造完成1.84万户，改造农村幼儿园40所，贫困人口异地搬迁12411人，乡村清洁工程配套资金、清运车辆、设施全部到位，新型职业农民培训14150人。安全生产形势稳定好转，食品安全放心城市创建工作成效明显，社会治安防控治理和信访工作全面加强，平安创建活动扎实推进，民主法治和精神文明建设进一步加强，社会大局和谐稳定。民政、新闻广电、人口、审计、外事侨联、体育、统计、文物、妇女儿童、老龄、残疾人、档案、气象、双拥、宗教、人防等各项社会事业均取得长足进步。

在肯定成绩的同时，也要清醒地看到，新常态下我市经济社会发展中还面临不少困难和问题。一是经济下行压力加大。在国际经济复苏乏力、国内经济增速换挡等多重因素影响下，我市经济增速回落较大，地区生产总值、规模以上工业等指标未能完成年初计划。二是传统产业增长乏力。氧化铝、电解铝、钢铁、金属镁、焦炭等主导产品市场需求不足，购销价格倒挂，占全市工业60%左右的传统产业增长动力不足。三是重点行业融资困难。钢铁、焦炭、电解铝、纺织等重点行业融资难度加大，部分企业生产经营困难，一些已经实施的项目面临缓建停建。四是新上大项目、好项目不足。本埠企业投资意愿降低，引资签约项目进展不快，一些落地项目未能如期推进，全市加快发展的重大项目支撑不够。新常态是结构优化的新机遇，是特色发展的新机遇，是提质增效的新机遇。面对新常态，我们一定要坚定信心，抢抓机遇，破解难题，主动作为，努力做好经济社会发展各项工作。

二、2015年全市经济社会发展目标任务和工作重点

2015年是全面实施"三个方案"、加快推进"六大发展"的起步之年，是全面完成"十二五"规划目标任务的收官之年。全市发展和改革工作的总体要求是：深入贯彻落实党的十八大、十八届三中、四中全会和全国全省"两会"精神，按照中央"四个全面"战略布局和省委"五句话"、"六大发展"的总体要求以及市委三届六次全会的精神，坚持稳中求进工作总基调，积极适应经济发展新常态，以落实"三个方案"为主导，以扩大投资为抓手，以提高经济增长的质量和效益为目标，全面深化改革，努力扩大开放，突出创新驱动，加强法治建设，统筹推进工业集群化、农业现代化、新型城镇化、信息化、文化旅游产业和民生改善等重点工作，促进经济平稳健康发展和社会和谐稳定。

2015年全市经济社会发展的主要目标

预期性指标：地区生产总值增长6.5%左右；固定资产投资增长17%以上；社会消费品零售总额增长10%；公共财政预算收入增长5%；城镇居民人均可支配收入增长8%，农村居民人均可支配收入增长8%；城镇新增就业5.6万个，城镇登记失业率控制在4.2%以内；居民消费价格涨幅控制在3%左右。

约束性指标：全市万元生产总值综合能耗下降2.5%；万元生产总值二氧化碳排放量下降3%；化学需氧量、氨氮分别下降3.92%、3.99%；二氧化硫、氮氧化物分别下降2.37%、4.81%；烟尘、工业粉尘排放量分别下降0.25%和0.5%；万元工业增加值用水量下降5%。

"三个方案"是推动"六大发展"的运城路径；是加快创新发展的主导抓手；是引领全面统筹发展的核心统领。今年上半年，在宏观经济形势压力继续加大的情况下，全市上下坚定不移推进"三个方案"，统一了思想，凝聚了人心，稳定了局面，促进了发展，主要经济指标在全省继续保持较好水平，各项重点工作有力推进、成效明显。一是固定资产投资保持较快增长。全市固定资产投资完成337.1亿元，增长10.9%，增速保持在两位数。二是现代农业发展态势良好。小麦生产喜获丰收，夏粮预计总产15.8亿公斤，同比增长7.9%。运城苹果代表中国苹果首次出口美国，具备了进入国际市场的通行证，产生了巨大的轰动效应。三是集群化招商卓有成效。我市与北京首创集团、正大桑田集团、北京汇源等一批大企业签订战略合作协议。全市174支招商小分队外出473次，对接企业536家，实施招商项目327项，到位资金281.3亿元，完成全年任务的46.9%。四是重点项目加快推进。蒙华铁路、垣曲风电等55项省市重点项目相继开工建设，占到全年任务的62.5%，项目开工排名全省第三。五是金融振兴多元发力。永东股份在深交所成功上市，直接融资3.35亿元。寰烁电子在新三板正式挂牌，成为我省首单挂牌和首家教育类企业。全市企业应急转贷资金平台周转银行贷款4亿多元，服务企业20多户次，金融服务保障能力进一步增强。六是民生得到有效改善。全市公共财政预算收入完成30.6亿元，增长1.8%；财政支出中，民生支出占到85.1%。公务员、事业单位职工调薪等工作加紧落实。当前，我市经济增长动力和下行压力并存，特别是对经济增速放缓、主要工业产品价格低位运行、工业停产限产

改革。科学编制“十三五”发展规划。以改革的精神、创新的理念和科学的方法,广泛征求意见,集聚民智民策,深入谋划“十三五”时期重大改革、重大工程、重大项目、重大政策,明确发展思路重点,科学设置目标和指标,争取重大事项列入国家和省规划,谋划好未来五年的发展蓝图。

(八)切实改善民生,凝聚“三个方案”的人本合力

民生是人民幸福之基、社会和谐之本。要以增进民生福祉为根本,持续加大投入,办好民生实事,织密织牢民生保障网,不断提高人民群众的幸福感、获得感。大力促进创业就业。坚持就业优先,以创业带动就业,加快国家级高技能人才培训基地建设,统筹抓好农村转移劳动力、城镇困难人员、退役军人、高校毕业生等群体的就业工作,确保全年城镇新增就业5.6万人,转移农村劳动力7.14万人。提高社会保障水平。落实提高企业退休人员基本养老金、城乡居民基础养老金、城乡低保、农村五保等补助政策,推进机关事业单位养老保险制度改革,发展社会福利和慈善事业,进一步完善覆盖城乡的社会保障体系。健全农民工工资支付保障机制,开工建设各类保障性住房11353套,基本完成13300套,努力解决城乡低收入家庭住房困难。全面加强物价调控。加强价格监测和监管,充分发挥价格杠杆调控市场、稳定物价的作用,继续引导和支持产销对接、农超对接、冷链物流等新兴流通业发展。做好物业管理费、停车收费等价格改革准备工作,推进居民用水、用气、用电阶梯价格改革,持续抓好煤炭、电力、天然气等资源性产品价格和关系民生的医疗、教育收费专项检查,开展按热量计价收费的热力价格改革试点,全面推进医疗价格改革。增强公共服务能力。促进教育公平发展,新改扩建28所标准化公办幼儿园,新建改建42所农村幼儿园,完成盐湖区、夏县农村薄弱学校改造任务,平陆、芮城、万荣、绛县等通过国家“义务教育发展基本均衡县”评估认定。加快组建汽车、文化旅游、家居产业、卫生保健等八大职教集团,抓好职业院校专业设置和实训基地建设,大力发展现代职业教育。全面落实基层医疗卫生机构综合改革各项政策,加快运城市第一医院、市儿童医院和运城健康城项目建设,保障全民健康。大力发展文化事业,抓好河东大剧院建设,深入开展文化体育惠民活动,倡导全民阅读,打造“书香运城”。加强安全生产工作。落实安全生产“两个主体责任”,深入开展煤矿、非煤矿山、危险化学品、冶金工贸、道路交通、建筑施工、特种装备、长输管道、人员密集场所、学校安全、地质灾害、森林防火等重点领域专项整治,强化食品药品安全监管,持续推进食品安全放心城市创建工作。加强和创新社会治理。深入推进“法治运城”、“平安运城”建设,加强社会治安综合治理,完善公共法律服务体系,广泛开展群众性精神文明创建活动。抓好应急管理和防震减灾能力建设,做好优抚安置和新一轮全国双拥模范城创建工作,全力维护社会和谐稳定,让改革发展稳定成果普惠人民群众。

(九)加强自身建设,打造落实“三个方案”的过硬队伍

全面强化“两个责任”,着力转变作风。巩固教育实践活动和学习讨论落实活动成果,自觉践行“三严三实”,严格执行“八项规定”,进一步强化纪律意识、规矩意识、宗旨意识、法治意识,做到心中有党、心中有民、心中有责、心中有戒,加强“三个建设”,提升“三个能力”,努力开创发改工作弊革风清新局面,树立为民务实清廉好形象。全面推进“六权治本”,严格依法行政。坚持法定责任必须为、法无授权不可为,全面落实负面清单、权力清单、责任清单,以权力瘦身为企业松绑,以规范制度为廉政强身,织密编牢扎紧制度的“笼子”,切实做到“清单之外无权力,权力运行全监督”。全力落实“三个方案”,确保任务完成。坚持想透说清干实,把落实“三个方案”作为检验工作和干部队伍政治素养、精神状态、业务能力、工作水平的重要平台、重要标尺,对牵头任务、重点工作、重要指标层层分解、落实到人,抓责任贯穿始终,抓成效善做善成,抓奖惩严格兑现,全力以赴抓落实,勇于担当抓落实,开拓创新抓落实,努力促进各项工作再上新台阶,争取新佳绩。

各位代表,新常态蕴含新机遇,新作为催生新发展。我们一定要坚决贯彻落实市委、市政府决策部署,认真执行市人代会各项决议,坚定信心,锐意改革,开拓创新,加压奋进,全力落实“三个方案”,加快推动“六大发展”,为奋力完成“十二五”规划目标任务,实现弊革风清、富民强市做出新的成绩!

关于2014年全市和市本级预算执行情况及2015年全市和市本级预算草案的报告

——2015年7月19日在运城市第三届人民代表大会第六次会议上

运城市财政局局长 张殿权

各位代表:

受市人民政府委托,现将2014年全市和市本级预算执行情况及2015年全市和市本级预算草案的报告提请大会审议,并请市政协委员和列席人员提出意见。

一、2014年全市和市本级及四个省级开发区预算执行情况

2014年,面对经济下行压力加大的态势,在市委、市政府的坚强领导下,全市经济社会事业发展取得了显著成绩。在此基础上,全市和市本级及四个省级开发区预算执行情况较好,财政工作迈上新台阶。

(一)2014年全市和市本级预算执行变动情况

市三届人大五次会议审查通过的全市财政总预算及市本级预算,根据上级追加、追减专项指标和各级预算调整情况,在执行中做了适当变动,并按有关法规报请市人大常委会批准并备案。全市一般公共预算收入500002万元与备案预算一致,因转移支付补助增加874713万元,用上年结转和上年净结

余安排支出277953万元，本年超收安排27869万元，债券转贷收入40000万元，动用预算稳定调节基金19983万元，调入资金33399万元，安排预算稳定调节基金113960万元，全市一般公共预算支出由年初的1448348万元变动为2608305万元。市本级一般公共预算收入139521万元与备案预算一致，因转移支付补助增加95169万元，用上年结转和上年净结余安排支出40411万元，本年超收安排2075万元，债券转贷收入27000万元，动用预算稳定调节基金19983万元，市本级一般公共预算支出由年初的190595万元变动为375233万元。

（二）2014年全市和市本级及四个省级开发区预算执行情况

1. 全市预算执行情况

全市一般公共预算收入完成527871万元，为预算的105.6%，超收27869万元，增长16.2%，增收73660万元。

全市一般公共预算支出执行2387663万元，为预算的91.5%，增长4.1%，增支94169万元。

全市财政平衡情况：全市一般公共预算收入完成527871万元，上级补助收入1836924万元，债券转贷收入40000万元，上年结余收入271965万元，调入预算稳定调节基金19983万元，调入资金33399万元，收入总计为2730142万元。全市一般公共预算支出2387663万元，债券还本支出5000万元，安排预算稳定调节基金113960万元，调出资金2877元，支出总计为2509500万元。相抵后年终滚存结余220642万元，减结转下年支出216882万元，年终累计净结余3760万元。全市实现了收支平衡。

全市政府性基金预算收入完成414533万元，为预算的117.1%，超收60550万元，增长32.8%，增收102491万元。基金预算支出538725万元，为预算的74.0%，增长8.3%，增支41479万元。

全市国有资本经营预算收入完成1217万元，为预算的61.3%；国有资本经营预算支出1100万元，为预算的55.4%。

全市社会保险基金收入781459万元，为预算的101.2%，超收9019万元，增长1.2%。全市社会保险基金支出714642万元，为预算的100.1%，增支333万元，增长0.05%。本年收支结余66817万元，年末滚存结余495984万元。

2. 市本级预算执行情况

市本级一般公共预算收入完成141596万元，为预算的101.5%，增长24.7%，增收27998万元。

市本级一般公共预算支出执行256752万元，为预算的68.4%，降低5.0%，减支13530万元。

市本级财政平衡情况：市本级一般公共预算收入完成141596万元，上级补助收入137035万元，债券转贷收入27000万元，县（市、区）上解收入14043万元，上年结余收入40411万元，调入预算稳定调节基金19983万元，收入总计为380068万元。市本级一般公共预算支出256752万元，债券还本支出3320万元，调出资金1515万元，支出总计为261587万元。相抵后年终滚存结余118481万元，减结转下年支出118213万元，年终累计净结余268万元。

市本级政府性基金收入完成77459万元，为预算的63.4%，短收44632万元，降低26.6%，减收28091万元；基金支出执行71247万元，为预算的44.5%，降低7.3%，减支5589万元。

市本级社会保险基金收入312111万元，为预算的104.4%，超收13066万元，增长4.4%。社会保险基金支出290871万元，为预算的105.8%，增支15894万元，增长5.8%。本年收支结余21240万元，年末滚存结余198135万元。

3. 四个省级开发区预算执行情况

四个省级开发区一般公共预算收入完成36744万元，为预算的137.2%。

四个省级开发区一般公共预算支出执行43004万元，为预算的98.0%。

四个省级开发区财政平衡情况：四个省级开发区一般公共预算收入完成36744万元，上级补助收入9795万元，上年结余收入1257万元，调入资金261万元，收入总计为48057万元；一般公共预算支出43004万元，安排预算稳定调节基金4183万元，支出总计为47187万元。收入总计与支出总计相抵后年终滚存结余870万元，减结转下年支出678万元，年终累计净结余为192万元。

四个省级开发区政府性基金收入完成29309万元，为预算的26.4%。基金支出执行32823万元，为变动预算的89.4%。

（三）落实市三届五次会议预算决议情况及预算执行效果

2014年是收获颇多值得记忆的一年，也是财政部门积极作为取得明显成效的一年。

一是财政总收入完成101.7亿元，增长11.4%，首次突破百亿大关，超额完成了市人大三届五次会议批准通过的增长10%的目标任务。二是一般公共预算收入完成52.8亿元，增长16.2%，增幅排名全省第一，超额完成了市人大三届五次会议批准通过的增长8%的目标任务。三是积极推进全口径预算。首次将政府所有收支全部纳入预算管理，实现全口径预算。四是深入推进预决算公开。全市13个县（市、区）、市本级168个预算部门和单位的预决算、“三公”经费预决算全部公开，全过程接受社会和人大的监督。五是执行“约法三章”取得新成效。实现了全市楼堂馆所建设“零”支出、财政供养人员只减不增的目标任务，“三公”经费支出降低27.2%。六是全市各级财政部门共争取均衡性转移支付60.3亿元，其中市本级争取均衡性转移支付7.6亿元，均创历史新高，为全市经济发展和社会稳定提供了资金保障。

1. 全力推进，财政改革迈出新步伐

一是推进了全口径预算。按照市人大要求，我们将政府所有收支全部纳入预算管理，实行全口径预算，接受人大全过程监督。首次将四个省级经济开发区的预算纳入市本级预算编制体系，使预算编制管理更加完整。二是推进了政府购买服务。认真研究并出台了《运城市政府购买服务暂行办法》、《运城市政府向社会力量购买服务实施方案》。市本级投入2.1亿元，在医疗卫生、就业服务、环境保护、公共文化、交通运输等5大领域8个项目推行了政府向社会购买服务，并取得了实效。三是推进了预决算信息公开。全市13个县(市、区)及市本级168个预算部门和单位全部公开了政府预决算、部门预决算和"三公"经费预决算,全程接受人大代表和社会各界监督。

2. 健全机制,财政收入实现新目标

一是健全联席会议机制。在市委、市政府的领导下,健全了多部门参加的联席会议机制,每月召开财政经济形势分析会,为市委、市政府领导决策提供依据,为完成全年财政收入任务奠定基础。二是健全关键节点督促机制。将一季度"开门红"、二季度"双过半"、年终"满堂红"作为抓收入的关键节点,及早督促、足额入库。三是健全稳增长投入机制。在工业集群化上,市本级筹资6650万元,重点支持了5+15工业园区建设。在农业现代化上,市本级筹资1.9亿元,重点支持了新农村建设、农业产业化、农村专业合作社。在新型城镇化上,市本级筹资1.2亿元,重点支持了城镇新建项目和续建项目建设,促进了全市经济发展,为财政增收打下了坚实的基础。

3. 倾力保障,财政惠民取得新成效

2014年,全市民生支出首次突破200亿大关,达到202.2亿元,占财政总支出84.7%。在促进强农惠农上,安排支农资金22.5亿元,增幅37.1%,认真落实了新出台的强农惠农政策。在兑现民生政策提标上,全部兑现了企业退休人员基本养老金、公务员津补贴标准、城乡低保标准、医保财政补助标准、五保对象供养补助标准等提标政策。在促进就业创业上,全面落实了小微企业吸纳劳动力就业"六补一免"、高校毕业生自主创业"七补一免"、政府购买基层公共服务岗位吸纳高校毕业生等一揽子政策。在支持文化教育事业发展上,教育支出达到52.1亿元,剔除上年一次性因素,增长10.7%。完成农村40所幼儿园新建改建任务,使57.1万名学生享受"两补一免"政策,免除4.8万名中职学生学费。推进博物馆、纪念馆以及图书馆、文化馆等公益性文化设施免费开放、保护文化遗产、建立政府购买服务公共演出机制,丰富了广大人民群众精神文化生活。在解决历史遗留问题上,认真解决了市人大代表多年关注的农村街巷道硬化工程配套资金问题;理顺了历史遗留下来的医疗卫生和教育系统部分专业人员的工资等待遇问题。

4. 强化监管,财政管理迈上新台阶。

一是从严清理结余结转资金。为盘活闲置资金,对市级结转结余资金进行清理,及时将市本级2012年以前结余的4907万元全部收回并统筹安排。二是从严落实"约法三章"。坚持全面杜绝楼堂馆所建设支出,坚持多部门联合严控财政供养人员增长,坚持对市本级"三公"经费实行单列批复,坚持严格执行制度控制"三公"经费。三是从严监管财政资金使用。树立"节余就是增收"观念。全年政府采购节约资金2.4亿元,节约率为17.2%;全年评审政府工程项目1050个,审核资金87.7亿元,审减资金18.8亿元,审减率为21.4%。

同志们,过去的一年,困难比预料的多,结果比预想的好。取得这样的成绩,靠的是市委、市政府的坚强领导和科学决策;靠的是市人大、市政协的大力支持和有效监督;靠的是全市人民和社会各界的关心和理解;靠的是全市财政系统上下的共同努力和奋力拼搏。

在看到成绩的同时,我们也要清醒地认识到,工作中还存在一些突出矛盾和问题。比如:增收乏力与支出刚性矛盾加剧,支出结构亟待调整;地方性债务风险不容忽视,债务管控亟待加强;等等。我们必须保持清醒头脑,采取有效措施,切实加以解决。

二、2015年全市和市本级及四个省级开发区预算草案

2015年是全面完成"十二五"规划目标任务的收官之年,也是全市实施工业集群化、农业现代化、新型城镇化"三个方案"、全面推动"六大发展"的开局之年。

2015年全市财政工作总体要求是:深入贯彻落实党的十八大、十八届三中、四中全会和全省"两会"精神,按照中央"四个全面"战略布局和省委"五句话"、"六大发展"的总体要求以及市委三届六次全会精神,坚持稳中求进工作总基调,以落实"三个方案"为主导,深化财政改革,坚持依法理财,优化支出结构,保障改善民生,促进全市经济平稳健康发展和社会和谐稳定。

按照这样的思路,综合考量各种因素,2015年全市一般公共预算收入预期增长5%,安排55.4亿元。2015年上半年在宏观经济形势压力加大的情况下,全市财政运行总体保持平稳。一般公共预算收入完成30.6亿元,增长1.8%,增收5262万元,顺利实现了"双过半";一般公共预算支出103.7亿元,增长5.4%,增支5.3亿元。其中民生支出88.3亿元,增长7.9%,增支6.5亿元,占一般公共预算支出的85.1%。

贯彻上述指导思想,2015年全市和市本级预算草案如下:

(一)2015年全市预算草案

全市一般公共预算收入安排55.4亿元,增长5%;全市一般公共预算支出当年安排169.9亿元,比2014年向市人大常委会备案预算同口径增长18.2%(剔除上级专项转移支付提前下达数后同口径比较,下同)。主要安排项目是:一般公共服务189267万元,增长21.2%;公共安全99595万元,增长21.3%;教育411340万元,增长6.4%;科学技术11979万元,增长16%;文化体育和传媒32132万元,增长64.3%;社会保障和就业271959万元,增长21.1%;医疗卫生234111万元,增长33.5%;环境保护21919万元,增长4.7%;城乡社区事务54188万元,增长6.7%;农林水事务148956万元,增长18%;其他支出223526万元。

全市政府性基金收入306185万元,基金支出安排306185万元。其中:国有土地使用权出让金收入257240万元,支出安排257240万元。

全市国有资本经营收入1000万元,困难企业职工补助支出安排1000万元。

全市社会保险基金收入752620万元,其中:保险费收入327574万元,财政补贴收入225525万元。社会保险基金支出安排701690万元。本年收支结余50930万元,年末滚存结余524711万元。

上述全市预算草案为市财政代编预算,待各县(市、区)预

算经同级人代会通过后，市财政将汇总后的预算，连同上年结转支出，一并报市人大常委会备案。

（二）2015年市本级预算草案

市本级一般公共预算收入计划安排146885万元，增长3.7%；一般公共预算支出计划安排241605万元，比2014年向市人大常委会备案预算同口径增长26.8%。主要安排项目是：一般公共服务31023万元，增长8%；公共安全12041万元，增长8%；教育45304万元，增长27.1%；科学技术2567万元，增长27.7%；文化体育和传媒5092万元，增长8.4%；社会保障和就业13456万元，增长28.5%；医疗卫生21595万元，增长25.1%；环境保护5101万元，增长5.2%；城乡社区事务8570万元，增长4.7%；农林水事务18153万元，增长27.2%；其他支出78703万元。

市本级政府性基金收入安排61016万元，基金支出安排61016万元，其中：国有土地使用权出让金收入42320万元，支出安排42320万元。

市本级国有资本经营收入安排1000万元，困难企业职工补助支出安排1000万元。

市本级社会保险基金收入安排362264万元，其中：保险费收入164124万元，财政补贴收入10701万元。社会保险基金支出安排196782万元。本年收支结余165482万元，年末滚存结余355123万元。

（三）2015年四个省级开发区预算草案

四个省级开发区一般公共预算收入计划安排35080万元，下降4.5%；一般公共预算支出计划安排33792万元，增长25.9%。主要安排项目是：一般公共服务5473万元，公共安全3095万元，教育6210万元，文化体育和传媒75万元，社会保障和就业3495万元，医疗卫生1215万元，环境保护479万元，城乡社区事务9634万元，农林水事务560万元，资源勘探电力信息等事务208万元，国土资源气象等事务623万元，住房保障342万元，其他支出2339万元。

四个省级开发区政府性基金收入安排77326万元，基金支出安排77326万元，其中：国有土地使用权出让金收入74026万元，支出安排74026万元。

各位代表，2015年我市财政预算体现了稳妥合理和积极有为的原则，但囿于财力，许多需要安排的支出项目未能安排到位，请各位代表给予理解。

三、2015年财政工作任务

为了更好地完成全年各项工作任务，全市财政系统要努力践行"三严三实"新要求，以"严"的精神、"实"的作风，推动全市财政工作持续健康发展。

（一）积极作为，深入推进财政体制改革

一要进一步推进财政预算体制改革。要进一步规范完善全口径预算编制，将政府性债务逐步纳入年度预算。将地方教育附加、文化事业建设费、残疾人就业保障金、育林基金、水利建设基金等9项基金收支转列一般公共预算。二要进一步推进预决算公开。严格按照新《预算法》有关预算公开主体、时限和内容等方面的要求，进一步扩大公开范围，除涉密信息外，所有使用财政资金的部门均应公开本部门预决算和"三公"经费预决算。三要进一步推进政府购买服务。进一步规范购买目录，提高政府购买服务占公共服务项目资金比重。要加大力度、加快进度推进政府购买服务。

（二）强化职能，着力推进"三个方案"落实

为了适应市委、市政府推进"三个方案"新常态的新要求，认真贯彻落实省、市金融振兴推进大会精神，财政部门要围绕"三个方案"筹措资金，在"争取、撬动、整合、盘活"上下功夫，推进"三个方案"落实。争取，就是财政部门要注重发挥牵头抓总的作用、会同"三个方案"牵头部门和各职能部门形成合力，不断加大争取政策和资金的力度。撬动，就是各级财政部门要设立产业引导基金、财政奖补专项资金、应急转贷专项资金，发挥财政资金的杠杆作用，放大资金效应，撬动社会资本、银行资金，推进"三个方案"落实。整合，就是要围绕"三个方案"整合资金，统筹使用，重点对市级财政资金、上下级资金、交叉项目资金进行大整合，形成强大的推动合力。盘活，就是要严格执行上级政策，盘活财政各种存量资金，对涉及"三个方案"的专项转移支付做到专款专用，重点保障。

在工业集群化上，重点支持煤电铝材、运输装备制造、煤焦化、金属镁、农副产品加工、化工、医药、新材料、家具制造九大产业集群发展；重点支持5+15工业园区形成的30个左右的主攻产业板块发展。在农业现代化上，以土地规模化、组织企业化、技术现代化、经营市场化为路径，支持推进农业现代化。土地规模化方面，支持做好土地确权领证工作，支持粮食、水果、畜牧水产、无公害蔬菜等标准化和农产品加工"五大基地"建设；组织企业化方面，支持培育部、省、市、县四级示范合作社发展，推进家庭农场建设；技术现代化方面，支持推广8项粮食高产高效新技术，支持培养1万名基层农技人员和培训1.5万名新型职业农民；经营市场化方面，支持农产品产地交易和冷链物流市场建设、农产品营销网络体系和信息化建设、农业社会化服务体系建设、农产品质量安全生产和检测体系建设等"四个建设"。在新型城镇化上，以"六化"衔接、"四化"互动为路径，按照城市功能完善、产业空间拓展、土地集约利用、市民方便宜居"四个目标"一个过程实现的要求，重点支持市政基础设施和公共服务项目建设；重点支持大县城建设；重点支持继续抓好重点镇建设；重点支持新农村实施完善提质、农民安居、环境整治和宜居示范"四项工程"建设。

（三）重点保障，不断提升民生幸福指数

一要支持推进教育事业发展。落实国家资助政策体系，支持新改扩建一批幼儿园，支持开展各类职业技能培训，支持高校毕业生就业创业。二要支持推进完善社会保障体系。积极推进机关事业单位养老保险制度并轨改革。继续提高企业退休人员基本养老金、城乡居民基础养老金、城乡低保及农村五保对象补助标准，竭尽全力兜住兜牢民生底线。三要支持推进深化医药卫生体制改革。严格落实人均基本公共卫生服务经费财政补助、城乡居民基本医疗保险和新农合人均财政补助提标政策。支持推进大病医疗保险和疾病应急救助工作。四要支持推进提升公共文化服务水平。支持打造以"古

中国”为标识的国际旅游目的地。加大政府购买公共文化服务力度,促进文化惠民。五要支持推进安居宜居工程建设。支持创新模式盘活存量房,引导社会资本参与保障性住房的建设和运营管理。

(四)加强管理,努力提高依法理财水平

一要积极盘活财政存量资金。要进一步加大对部门结余结转资金的清理力度,对结转两年及两年以上仍未使用完毕且没有特殊规定的,一律收回财政统筹使用。对累计结余资金规模较大的部门,相应核减或压缩其部门预算总额,确保今年所有结余结转资金占公共财政支出的比重不超过9%。二要加强政府性债务管理。各级财政要严格落实省政府《关于加强政府性债务管理的实施意见》(晋政发〔2015〕18号)的精神,对政府性债务实行规模控制和预算管理,对各部门举借政府性债务实行统一计划管理。三要加强内部控制建设。加强财经法律法规制度执行和专项资金使用情况的监督检查。对资金密集、权力集中的重点岗位和关键环节进行动态监控,确保财政资金使用安全。

各位代表:使命在肩,时不我待。让我们在市委、市政府的坚强领导下,在市人大的监督支持下,适应新常态,进入新状态,干在实处,走在前列,努力做好各项财政工作,为开创弊革风清、实现富民强市新局面做出新贡献!

附:名词解释

一般公共预算收入:指按照财政体制规定列入地方预算,直接缴入地方金库的财政收入。具体由两部分组成:一是税收收入,包括增值税、企业所得税、个人所得税的地方分享部分,营业税、资源税、城市维护建设税、城镇土地使用税、契税、耕地占用税等税收收入;二是非税收入,包括专项收入、行政事业性收费收入、罚没收入、国有资本经营收入、国有资源(资产)有偿使用收入、其他收入等。

一般公共预算支出:指列入地方预算的财政支出,其支出项目按其项目功能设置“类”级科目,包括:一般公共服务、国防、公共安全、教育、科学技术、文化体育与传媒、社会保障和就业、医疗卫生与计划生育、节能环保、城乡社区、农林水、交通运输、资源勘探信息等事务、商业服务业等事务、金融等事务、国土海洋气象等事务、住房保障、粮油物资储备、预备费、国债还本付息支出及其他支出等。其资金来源包括用地方当年可用财力安排的支出、上年结余、调入资金和上级一般性及专项转移支付补助收入安排的支出。

政府性基金预算:指政府通过向社会征收基金、收费以及出让土地、发行彩票等方式取得收入,专项用于支持特定基础设施建设和社会事业发展的收支预算,是政府预算收支的组成部分。其特点是目的性强、专款专用。

国有资本经营预算:指国家以所有者身份从国家出资企业依法取得国有资本收益,并对所得收益进行分配而发生的各项收支预算,是政府预算的重要组成部分,其核心是调整国家和国有企业之间的财政分配关系。目前,我省在省、市两级基本建立了国有资本经营预算制度框架。

部门预算:简单地说就是“一个部门一本预算”,完整地反映一个部门的所有收入和所有支出,即一个部门在部门预算之外,不得再有其他收支活动。部门预算的特点就是改变财政资金按性质归口管理的做法,并实行预算内资金和部门事业收入及其他收入收支统管,统筹使用。

全口径预算:全口径预算就是把政府所有收支全部纳入统一管理,其目标定位于构建一个覆盖所有收支,不存在游离于预算外的政府收支,是将所有类型的财政资金收支都纳入统一管理体系的制度框架。我国政府预算管理的基本格局由公共财政预算、政府性基金预算、国有资本经营预算、社会保障预算和其他预算组成。

运城市中级人民法院工作报告

——2015年7月20日在运城市第三届人民代表大会第六次会议上

运城市中级人民法院院长　何振科

各位代表:

现在,我代表市中级人民法院向大会报告工作,请予审议,并请市政协委员和其他列席人员提出意见。

一、2014年主要工作

2014年,运城市中级人民法院在市委的坚强领导和省法院的正确指导下,在市人大及其常委会的有力监督和政府、政协及社会各界的关心和支持下,深入学习贯彻党的十八大及十八届四中全会精神,牢牢把握司法为民、公正司法宗旨,积极践行群众路线,忠实履行宪法法律赋予的职责,为运城经济建设跨越发展和社会和谐稳定提供司法保障,各项工作取得新进展。

(一)依法履行职能,积极为转型跨越发展创优法治环境

审判是宪法赋予人民法院的神圣职责。2014年,全市法院共受理各类案件34487件,比2013年增长9.5%,审执结33937件。市中院受理各类案件3877件,比2013年增长8.1%,审执结3830件,结案率为98.7%。

刑事审判更新理念,依法维护社会稳定。2014年,全市法院充分发挥刑事审判职能,依法严厉打击危害人民群众生命和财产安全的暴力犯罪,惩治破坏市场经济秩序的各类经济犯罪、职务犯罪和危害食品安全犯罪,两级法院共审理刑事一审案件2736件3691人,判处犯罪分子3131人。市中院审理重大刑事一审案件85件160人、二审案件460件,判处死刑、死缓、无期徒刑30人。一批重大刑事犯罪分子,受到了法律的惩处。广大刑事审判法官认真贯彻落实刑事诉讼法,严格执行刑事诉讼证据规则,坚持疑罪从无,保障和尊重人权,有效

避免了冤假错案。坚持宽严相济,量刑规范化,极力教育、感化、挽救青少年,依法从轻、减轻判处未成年罪犯95人,积极参与社会管理和社区矫正工作,依法促进社会治安综合治理。

民商事审判践行司法为民,全力化解社会矛盾。2014年,广大民事审判法官把司法为民贯穿到审判工作中,着眼经济发展,注重能动司法,力求从源头上化解矛盾、案结事了。全市法院共审理民商事一审案件20431件,一审裁判息诉率达到88.1%,调解撤诉率达到85.6%。市中院审理民商事一审、二审案件2522件,同比增加7.5%。广大民事审判法官不惧酷暑严寒,深入基层、深入农户,亲赴现场调查走访,下乡巡回办案,主动服务"三农",尤其是赡养纠纷案全部在农村就地开庭审理,起到了办理一案、教育一片的社会效果。市中院在审理闻喜县绿海林业土地承包纠纷案时,旁听村民上百人,由于组织得力,公开公正,庭审有序,妥善化解了一起群体性事件。

积极服务经济建设,为我市经济转型跨越发展提供司法保障。2014年,市中院共审理企业间债务纠纷325件,合同纠纷1274件,涉及金额6.7亿元,比上一年增加12%。海鑫集团曾是全国500强、山西省第一大民营企业,因经营管理不善,引发了一系列债务纠纷案。市中院多次向省法院、市委请示汇报、分析案情,在市政府及社会各界的大力支持下,一方面想方设法维护债权人合法权益;另一方面在全院抽调精兵强将组成专门合议庭,加班加点,为企业破产重整开辟绿色通道,目前已顺利召开了第一次债权人大会,债务审计、战略投资人谈判等各项工作依法进展顺利,维护了我市社会稳定和经济发展。

行政审判锐意改革,集中管辖初见成效。为了更好地促进依法行政,2014年,市中院根据上级法院有关精神,确定永济、夏县、垣曲、临猗四个基层法院为我市行政案件相对集中管辖试点法院。为此,市中院做了大量的前期筹备工作,并与当地人大、政府、政协多次沟通,争取支持,通过报纸、电台、电视公告等形式进行了广泛的宣传。经过近一年时间运行,取得了三个明显成效:一是扩大了行政审判工作的影响力,提高了群众的维权意识;二是有效避免了社会干扰,司法公信力进一步增强;三是行政案件数量和种类增多,促进了行政机关依法行政。临猗县人社局局长亲自出庭应诉,为化解"官民"矛盾起到了示范和引领作用。2014年,两级法院共审理行政一审案件230件,较2013年增加72%,审查行政非诉案544件,有力推进了依法治市进程。

2014年,国家赔偿委员会先后办理国家赔偿案件12件,决定赔偿5件共72.1万元,往年拖欠的54.8万元赔偿款全部支付到位,达到了抚慰民伤、维护民权、消解民怨和修复司法公信的社会效果。

开展"四个专项"行动,执行环境有所改善。2014年,执行工作先后开展了"涉民生案件专项集中执行"、"转变执行作风、规范执行行为"、"集中打击拒不执行法院判决裁定等犯罪行为"和"涉党政机关执行人民法院生效法律文书"四个专项行动,市中院充分运用财产查控手段,加强执行联动,集中解决了一批"执行难"案。两级法院共执结各类案件6949件,执行金额9.76亿元,移送公安机关追究刑事责任83人,拘留794人次,录入全国法院失信被执行人数据库1961人。截至年底,131件涉民生执行积案执结116件,103件涉党政机关案件执结102件,化解了3件涉执信访老案,维护了司法权威。

(二)认真践行群众路线,努力满足人民群众司法需求

案件质量是法院工作的生命线。2014年,市中院按照习近平总书记提出的"努力让人民群众在每一个司法案件中都感受到公平正义"的要求,通过抓队伍教育培训、案件质量评查、推进三网公开、自觉接受监督四项措施,使案件质量和效率明显提高,群众满意度和司法公信力普遍提升。

队伍素质普遍提高。为了不断提高队伍素质,夯实业务基础,2014年,市中院分别组织民事审判法官、执行法官共600余人次分批进行了培训,安排120余人次分赴省内外兄弟法院考察学习和国家法官学院进修深造。组织全市法院书记员进行了岗位练兵比武。法警支队坚持业务训练,保障开庭258次,执行死刑、提押、拘传、拘留593人次,做到了安全无事故。通过不断抓教育、抓培训,干警的业务素质有了新的提高。去年,市中院干警在各类刊物杂志发表学术论文、调研文章30余篇,其中5篇论文获全省重点调研课题奖,研究室获得了优秀组织奖。任国强合议庭庭审录像还被最高院评为全国优秀庭审,杨晓东《土地承包经营权的主体资格认定》一文被选入国家法官学院2014年度案例。

案件质量明显提升。案件质量评查是法院审判管理的核心。2014年,市中院共评查了四类460案。一是中院审委会讨论的疑难案件89件;二是市中院发回基层法院重审案件78件;三是随机抽取基层法院案卷234件;四是抽取中院2014年一季度各审判庭办结59案。通过案卷评查,及时发现和纠正了案件中存在的瑕疵,进一步完善了案件延长审限报批手续,保证了裁判文书质量和办案效率。审判委员会对110件复杂疑难案件进行了研究,答复基层法院请示案件9件,统一了上下级法院裁判尺度。全市法院结案均衡率、审限内结案率、裁判自动履行率等各项指标持续向好,在全省法院组织的案件质量绩效考核中连续两年综合排名第一。

自觉接受人大监督。2014年,市中院在市三届人大五次会议上报告了工作,人大代表提出的9件建议案办结后,都面对面地逐一进行了答复;市人大常委会批转督办的28件信访案,经过严格认真复查,已办结23件,剩余5件正在法定程序办理中,上半年就办理情况专题进行了汇报。一年来,先后6次邀请人大代表、政协委员30余人次旁听审案、公开听证和见证执行,人大的监督、支持为我们做好审判工作提供了重要保障。同时,我们还接受新闻媒体监督11批19人次,保证了人民群众的知情权和监督权。去年年底以来,又建立了新闻发布双月例会制度,及时回应人民群众关切。去年,市中院共接待来人来信851件次,经耐心解答,细致做工作,矛盾大都化解在初访中,其余均引导走上了法律程序。在全省信访工作通报中,我市法院2014年进京赴省案访比分别为1.26‰和2.5‰,在全省12个中级人民法院中最低,信访工作排名第一。

司法公开稳步推进。三大平台建设(审判流程公开、裁判

文书公开、执行信息公开)是司法公开的重要载体。年初,在全市法院院长会议上,确定了三大平台建设时间表、规划图,决定分三批在三年内全部完成。截至年底,全市法院按要求在"中国裁判文书网"公布判决书4550件,其中市中院上网1520件,执行案件信息全部录入"全国法院执行信息网"。市中院与检察机关召开联席会议,就经济犯罪、职务犯罪、涉黑犯罪"三类"罪犯减刑问题进行了研讨和协调,进一步统一了审判程序。2014年,市中院分三批对638件减刑案均予以公示,广泛接受群众监督。同时,市中院还充分利用法制宣传日、戒毒日、宪法日,组织法官走上街头进行普法宣传。市中院录制的37案《庭审纪实》,用身边人身边事进行法制教育,在运城电视台播放后,受到了群众欢迎。

(三)专题教育扎实有效,队伍建设平稳发展

2014年3月到10月,按照中央的统一部署,市中院开展了以"为民务实清廉"为主要内容的群众路线教育实践活动。市中院把执行"中央八项规定"、改进"四风"作为促进司法公正的重点,坚持开门搞活动,走出去、请进来,让群众提意见、来监督、作评判。广大法官通过进村入户面对面征求群众意见、发函书面征求两级政法机关意见、召开座谈会征求离退休老干部和驻运媒体记者意见以及广泛与干警进行谈心交心,共收集3类117条意见和建议,其中聚焦"四风"方面意见30条。院党组对这些意见和建议逐条分析研究,按照"照镜子、正衣冠、洗洗澡、治治病"的总要求,人人都写出了深刻的对照检查材料。在班子民主生活会上,自我批评敢于揭短亮丑、正视问题,互相批评直言不讳,问题尖锐,达到了"红红脸、出出汗、排排毒、治治病"的效果。领导干部边查边改,立行立改,按规定标准规范了办公用房、公务用车。在"三公"消费方面,厉行节约,反对铺张浪费,公费开支大幅度减少。针对群众意见,市中院在立案、审判、案件流程管理等环节进一步做了规范,建立和完善了12项制度,着力解决群众"诉讼难"。6月份,开通了视频接访系统,方便了当事人申诉。通过权力下放,审查前移,为困难当事人减免诉讼费15.9万余元,为被告人指定义务辩护律师14人次,对外委托司法鉴定、评估、拍卖686件,保证了弱势群体打得起官司。同时,加强机关硬件建设,实行人车分流,审判办公区域分离,完善"天眼工程",机关大院管理更加规范。通过群众路线教育,党员干部工作作风明显好转,"公正司法、一心为民"的宗旨意识普遍增强。

在加强自身建设的同时,市中院不断加大对基层法院的协管和指导力度,分批指派和组织法官培训,帮助基层法院建立科技法庭,协助远程视频提讯,指导人民调解体系建设,加强基层基础建设,不断夯实基层根基。

(四)筑牢防御机制,廉政建设常抓不懈

2014年,市中院狠抓党的组织建设,提高党员干部政治素质。先后邀请市委党校教授讲党课,参加英模事迹报告会,积极参与扶贫、捐款、送温暖等社会公益事业,党组织战斗堡垒作用和党员先锋模范作用得到了较好发挥。纪检监察部门开展了"涉法涉诉中损害群众利益行为专项治理活动",围绕"强化司法作风年"、"净化交友圈"、"争当群众贴心人、做公正廉洁法官"三个主题,对"小金库"、干警违规从事经商营利活动以及离退休后的从业行为进行重点整治,净化了司法环境。坚持党风廉政建设制度,认真落实"一岗双责",设立了高标准的"廉政教育室",每月组织一次廉政教育,先后诫勉谈话20余人次,廉政建设常抓不懈。开通了山西运城"清风中院"微信平台,定期发送廉政信息,同时受理群众投诉建议,方便了群众监督。开展经常性的审务督察和司法巡查,对办公秩序、审判纪律、警车管理不定期明察暗访,发出监察通报2期,查办违规违纪线索17起,追究责任2人,产生了较强的威慑和警诫作用。

去年年底以来,针对山西省干部队伍塌方式腐败问题,市中院在"学习讨论落实"专题教育活动中,把政法干警"庸懒散浮"、"吃拿卡要"作为突出问题进行专项整治。在社会各界聘任了38名廉政监督员,在每个审判庭都设立了廉政督察员,查找了"六难三案"问题40条,制订并狠抓"三清三治三推进"整改措施落实,形成了司法清明、法院清廉、法官清正的良好氛围。

各位代表:2014年,我们圆满完成了各项工作任务。市中院获得"运城市文明单位"、执行局获得最高院"专项积案清理工作先进集体"、立案庭获得"山西省巾帼建功集体"和市妇联"巾帼文明岗",机关党委连续三年获得市委"先进基层党组织"荣誉,有7名个人获得省级以上表彰。我们深知,工作成绩的取得,离不开市委的正确领导和人大的有力监督,离不开政府、政协和社会各界的大力支持,离不开各位代表、委员的关心和帮助。在此,我代表市中院对在座的各位代表和委员表示崇高的敬意和衷心的感谢!

回顾过去的一年,我们也清醒地看到,法院工作还有一些薄弱环节和不足:一是随着改革的深入推进,个别法官的思想观念与形势任务还不够适应,少数人为民意识、服务意识还不强,法院工作与党和人民的要求还有差距;二是队伍素质与依法独立公正审判的要求还不够适应,个别干警作风不优,形象不佳,司法行为不规范、审判纪律不严格、法律文书不严谨,队伍建设还有待进一步加强;三是队伍编制与日益增长的案件数量不相适应,特别是面对人民群众的新期待、新要求,案多人少的矛盾更加突出;四是解决涉诉信访案压力仍然很大,执行难的问题还未从根本上解决。对此,我们将毫不动摇地紧紧依靠党委、人大、政府、政协和社会各界的关心帮助和支持,在今年的工作中,采取切实措施,认真加以解决。

二、今年的主要工作

2015年是深化司法改革第一年,也是运城转型跨越发展的关键一年。上半年,市中院共受理各类案件2384件,同比上升20.6%,审执结1680件,其中企业间债务纠纷、合同纠纷案件在去年增加的基础上,又有所增加,案件数量之多、涉案金额之大、执行工作之难都给我们的审判工作提出了新的更高要求。我们主要做了四项工作:一是开展了政法干警专项整治活动。通过学习领会习近平总书记重要讲话、王儒林书记和王清宪市长讲话精神,清理群众举报线索,查处违规违纪案件,进一步完善了惩防体系,队伍的纪律作风和司法作风明显

好转。二是加强民商事审判工作。组织民商事法官集中进行了培训，统一了裁判尺度，探讨和交流了新形势下民商事审判经验。同时，出台了一系列考核、激励措施，调动法官办案积极性，鼓励法官多办案、快办案、办好案。春节上班第一天，市中院就敲响了开庭法槌。上半年，全市两级法院共受理民商事案件18253件，同比增加24.8%，审结12795件，结案率为70.1%。三是认真落实立案登记制。立案审查制改为立案登记制后，由实体审查改为形式审查，充分保障当事人无障碍行使诉权，体现了对当事人起诉权的充分保护。为此，市中院正在多方努力，积极筹建诉讼服务中心，为人民群众立案实行柜台式"一站服务"。四是积极参与平安运城建设。认真复查和办理各级交办、督办的信访案件，妥善调处债务纠纷、担保合同等涉及企业利益发展的纠纷案件，维护社会稳定。

各位代表：面对经济下行和诸多社会矛盾的压力，我们要进一步贯彻落实党的十八大、十八届三中、四中全会精神和市委重大部署，认真落实《人民法院四五改革纲要》，充分发挥审判职能作用，努力实现公平正义目标，为"净化政治生态、实现弊革风清、提升运城形象，促进富民强市"保驾护航。下半年，具体要抓好五项工作：

（一）继续抓好"三严三实"学习教育活动

习近平总书记提出"三严三实"，是对党员干部作风建设的进一步要求和升华。在学习教育活动中，我们要教育广大党员干部充分认识"三严三实"的重大意义，从自身做起、从现在做起，既严以修身、严以用权、严于律己，又要谋事要实、创业要实、做人要实，以良好状态、清廉形象和务实行动，投入到各项工作中，为我市经济转型跨越发展提供优质高效的司法保障。

（二）继续依法履行审判职能

坚持以庭审为中心，努力把每一个案件办成"铁案"、疑难复杂案件办成"精品案"、矛盾激化案件办成"和谐案"。刑事审判要严厉打击危害人民群众生命和财产安全的犯罪，坚持刑事诉讼证据规则，依法公正审理职务犯罪案件。民商事审判要坚守人民法院中立地位、独立审判的底线，依法审理好企业间债务、合同纠纷案件，简化程序，快审快结小额贷款纠纷案件，维护群众合法权益。继续做好海鑫破产重整案件的审理。定期发布行政审判白皮书，依法监督和维护行政机关依法行政。严惩失信被执行人，让"老赖"付出沉重代价，推动社会诚信体系建设。认真做好司法释明工作，提高裁判的公信力，努力使人民群众在每一个案件中都能感受到公平正义。

（三）继续深入推进司法公开

加强与人大代表、政协委员联络，主动接受人大监督，加大人大代表旁听案件、见证执行的力度，同时，充分运用法院微博、微信平台，及时通报法院重大活动。加快司法公开三大平台建设，推进审判流程、裁判文书、执行信息"三公开"。进一步强化裁判文书说理，清晰展示裁判证据和理由。落实新闻发布制度，坚持每两个月发布一次重大案件、法院重大活动。在全省率先建立"执行指挥中心"试点，完善执行信息查询系统。落实网络庭审直播，远程立案，方便群众诉讼。完善法官自由裁量权的监管，促进自由裁量结果公平公正公开。

（四）继续做好司法体制改革准备工作

今年山西省法院确定了长治市和6个基层法院为改革试点单位，改革的重点是法官职业化建设、保证法官依法独立审判和案件终身负责制，对此，我们要密切关注改革动态，学习新知识，更新司法理念，为司法体制改革做好准备工作。立案审查改为立案登记后，出现了一些虚假诉讼，如何节约审判资源、提高工作效率，还需我们总结和探索。我们既要有充分的思想准备和超前意识，又要立足当前体制，干好本职工作，做到思想不散，工作不乱，按照上级部署，稳步推进。

（五）继续坚持反腐倡廉不放松

要充分认识当前廉政建设和反腐败斗争面临的严峻形势，认真按照中央、省委、市委相关规定，将党风廉政建设"两个责任"落实到位。进一步加强监督管理，对司法腐败"零容忍"，坚决做到有案必查、违法必究、绝不姑息。按照"制度＋科技"的工作思路，发挥"利剑工程"作用，切实加强惩防体系建设，形成"不敢腐、不能腐、不想腐"的长效机制。

各位代表：人民法院使命神圣，人民法官责任重大，司法改革任务繁重。我们要在市委的正确领导下，认真贯彻落实本次大会决议，虚心接受代表委员的意见建议，团结一心，振奋精神，公开公正，依法办案，为依法治国、弊革风清、富民强市再做新的贡献，再创新的辉煌！

谢谢大家！

附：报告中有关用词说明

1. 各类案件：指刑事、民事、行政诉讼中一审、二审、再审案件以及申请执行、国家赔偿、减刑、假释等案件。

2. 疑罪从无：又称"有利被告原则"，是指在现有证据既不能证明被告人有罪又不能证明被告人无罪的情况下，推定被告人无罪，这是对公民人权的保障，也是避免冤假错案的一项重要措施。

3. 量刑规范化：最高院《量刑指导意见》明确未成年犯、未遂犯、自首等14种常见量刑情节对基准刑的调节幅度，规范法官自由裁量权，减少同案不同判。

4. 失信被执行人数据库：最高人民法院将具有履行能力却拒不履行生效裁判的被执行人，统一录入失信被执行人名单库，并与金融机构、政府机关、公安、海关、机场、高铁等部门资源共享，从而在融资信贷、政府采购、招标投标和高消费等方面予以信用惩戒。

5. 六难三案："立案难、诉讼难、执行难""门难进、脸难看、事难办"和"人情案、关系案、金钱案"。

6. 三清三治三推进：清理超审限案件，清理久拖未执案件，清理法官违规违纪举报线索；治理干部队伍作风懒散，治理立案诉讼难，治理服务态度不好；推进严格司法，推进阳光司法，推进廉洁司法。

运城市人民检察院工作报告

——2015年7月20日在运城市第三届人民代表大会第六次会议上

运城市人民检察院检察长　郝跃伟

各位代表：

现在，我代表运城市人民检察院向大会报告工作，请予审议，并请市政协委员和其他列席人员提出意见。

一、2014年主要工作

2014年，全市检察机关认真贯彻党的十八大、十八届三中、四中全会和习近平总书记系列重要讲话精神，深入落实市三届人大五次会议决议，紧紧围绕全市改革发展大局，全面履行检察职能，各项工作取得了新进展。

（一）积极查办和预防职务犯罪，深入推进反腐败斗争

坚决贯彻中央、省委关于反腐败斗争的总体部署，坚持有案必查，有腐必反，共立案查处各类职务犯罪案件134件229人。

查办案件力度进一步加大。共立案查处贪污、贿赂、挪用公款等职务犯罪案件94件152人，同比分别上升4.4%和5.6%，其中大案77件121人，县处级干部犯罪要案7人，同比上升75%，科级干部犯罪案件19人，同比上升137.5%；立案查处渎职侵权犯罪案件40件77人，立查人数居全省首位，其中重特大案件10件16人。所立案件中，由检察机关直接受理线索立案侦查的120件，占立案总数的90%；纪检部门移交14件。

案件质量进一步提升。所立职务犯罪案件侦查终结135件233人，提起公诉134件221人，法院已做出生效判决105件172人。所立查的职务犯罪案件无超法定时限、无超期羁押、无无罪判决、无涉检上访。

预防职务犯罪工作进一步深化。认真落实《山西省预防职务犯罪工作条例》，先后开展预防调查107次，发现职务犯罪线索13件，移送侦查部门后立案11件；开展预防咨询322次，剖析职务犯罪案例169次；举办法制讲座960余场（次），3万余人（次）受到教育；发出预防建议100份，提出纠正违法建议96件，帮助建立落实预防措施185项。

（二）紧紧围绕工作大局，营造良好发展环境

充分发挥打击、预防、教育、监督、保护等职能作用，努力为全市改革发展大局提供法律保障和法律服务。

深入开展调研预防。扎实开展政法干警“大走访、大调解、大督查”和“访民生、解民忧、阳光检察千村行”活动，市、县两级检察院分别由领导带队，深入农村、社区、商户，广泛听取人民群众对检察工作的要求和期盼，不断校准工作方向。按照全面监督、重点介入、源头预防的工作要求，开展预防职务犯罪“十百千”专项活动，设立重点工程项目建设预防职务犯罪联络站（点）64个，提供行贿犯罪档案查询3900余次。

全力维护社会和谐稳定。始终保持打击各类刑事犯罪的高压态势，共批准和决定逮捕1479件2018人，提起公诉2466件3647人；突出打击严重暴力犯罪和多发性侵财犯罪，共批准逮捕721件964人，提起公诉979件1339人。认真贯彻宽严相济的刑事政策，依法开展逮捕、羁押必要性审查，共不批捕567人、不起诉173人。坚持少捕、慎诉原则，认真开展未成年人刑事检察工作，对未成年犯罪嫌疑人不逮捕34人，不起诉10人，附条件不起诉11人，不批捕、不起诉的未成年人全部落实了帮教措施。积极推进涉法涉诉信访改革，共受理群众来信来访955件，排查上级交办的信访案件23件，其中属检察机关管辖的21件，已办结息诉19件。开展释法说理、心理疏导工作，息诉和解民事案件54件。

着力服务保障民生。深入开展查办发生在群众身边、严重损害群众利益职务犯罪专项工作，共查办发生在医疗、教育、社保等领域的职务犯罪案件30人，查办侵吞国家客运补贴资金案件3件5人，查办涉农职务犯罪50件81人；开展涉农职务犯罪专项预防活动，编印宣传手册6000余册，设立宣传专栏120块，发放宣传光盘150余套，组织集中观看近200场（次），举办专项法制讲座180余场，针对涉农资金管理中的问题漏洞发出检察建议27份。依法保护特殊群体权益，共办理刑事赔偿案3件，办理刑事被害人救助案14件，发放救助金7.3万元；开展支持起诉维护劳动者合法权益专项行动，办理案件252件，帮助追索劳动报酬120余万元。

（三）全面强化诉讼监督，努力维护公平正义

完善监督机制，加大监督力度，依法纠正司法执法不规范、不公正问题，努力让人民群众在我们办理的每一个司法案件中都感受到公平正义。

加强监督机制建设。与市公安局联合制订了《关于加强逮捕必要性证明和审查的意见》，既防止在与认定犯罪关系不大的细枝末节上过于纠缠、造成当捕未捕，又坚持法定条件、防止“带病”批捕，提升了逮捕案件质量；联合中级人民法院、市公安局出台了《关于公诉案件程序证据标准的意见》，既保证正确适用法律、及时惩处犯罪，又依法保障人权；制订《民事监督案件受理规定》，加快了案件流转速度，提高了工作效率；下发了《关于规范羁押必要性审查案件办理程序和归档内容的通知》、《关于在全市范围内全面开展财产刑执行监督工作的通知》和《规范履行强制医疗案件监督职责的通知》，对依法正确履行刑罚执行监督工作予以明确规范。

加强刑事诉讼监督。共监督公安机关立案49件68人，监督撤案28件，纠正漏捕55人，纠正漏诉158人，纠正漏起诉罪行91条，纠正侦查活动违法221件，纠正审判活动违法100件次；提出抗诉53件94人，市检察院出庭支持抗诉29件55人，已有裁判结果的28件55人，其中改判7件8人，发回重审16件。

加强刑罚执行和监管活动监督。向刑罚执行和监管部门

发出纠正违法通知书1477份，监督监管部门回复落实1472件，同比上升141.7%；向社区矫正机构发出纠正监外执行违法通知书899份，监督回复落实893件；监督纠正财产刑执行不当42件，监督纠正指定居所监视居住执行不当2件。开展久押不决案件清理和减刑、假释、暂予监外执行专项检察活动，共清理纠正久押不决案件15件23人，对27名因病暂予监外执行罪犯进行了逐一复检，将暂予监外执行条件消除的8名罪犯予以收监执行。

加强民事行政检察工作。对认为确有错误的民事、行政生效裁判经监督，抗诉后法院再审改判5件，法院采纳再审检察建议重新审理6件，办理民事行政审判活动违法监督案件39件，办理民事行政执行监督案件136件。市院抗诉的吉运集团山西运城汽车租赁服务有限公司与严博鸿买卖合同纠纷案，被省检察院评为民事检察精品案件，并推荐参加全国检察机关第二届民事行政检察精品案件评选。

加强行政执法行为监督。市检察院先后7次和23个行政执法部门召开刑事司法和行政执法衔接座谈会，确定了信息共享和联席会议制度。开展了破坏环境资源和危害食品药品安全犯罪专项立案监督活动，共查阅行政处罚案件974件，监督移送涉嫌犯罪案件8件10人，监督立案8件10人，批准逮捕7件7人，提起公诉6件11人。开展行政执法行为检察监督专项活动，共发出督促履行职责检察建议533件。

（四）稳步推进检察改革，不断为工作发展注入活力

紧密结合运城实际，积极推进涉法涉诉信访改革、检务公开改革和介入命案现场勘验检查等省检察院部署的三项重点改革，着力激发推动工作发展的内生动力。

在涉法涉诉信访工作机制改革中，一是健全机构，强化组织领导。市院成立了改革领导小组，适时召开领导组成员会议，学习中央政法委关于涉法涉诉信访工作机制改革的有关要求，全面统筹谋划推进改革。二是落实责任，提高办案效率。综合采取预约接待、点名接待、巡回接待等方式，完善首访负责制，由接访检察长或副检察长直接督办信访事项，加快办理进程，着力化解矛盾。三是搭建平台，推进规范化建设。建立基层院重大信访事项报告制度，依托乡镇检察室或检察联络站，完善县、乡两级便民服务网络，对信访案件实行统一受理、统一分流、统一督办、统一反馈，最大限度畅通信访渠道。

在检务公开改革中，以全面实施“阳光检察”工程为主线，制订工作制度117项，设立“一站式”检务大厅14个，举办检察开放日27次，召开新闻发布会15场，开展巡回检察85次。充分利用现代科技手段，不断拓宽检务公开渠道。万荣县院设立门户网站，开通官方微博、QQ，及时公布工作情况；垣曲县院开通短信平台和微信微博，宣传检察职能，发布检察工作动态；夏县县院开通“夏县人民检察院”互联网网站、微信、微博，及时更新检务信息，主动争取外部监督支持。

在介入命案现场勘验检查工作中，与市公安局联合出台了《关于检察机关参与命案现场勘验检查的实施意见》，明确参与勘验检查的范围、监督原则、方式、任务和重点内容，紧紧围绕捕、诉、审三个环节对证据的要求，先后介入命案现场勘验检查61次，提出引导侦查取证意见建议49条，侦查机关全部采纳。其中，立为刑事案件33起，非刑事案件28起，已批准逮捕17件25人，移送审查起诉17件25人，没有一起因现场勘查原因退回补充侦查。

（五）狠抓班子和队伍建设，着力提高公正廉洁司法能力

积极适应法治运城建设的新形势，以提高公正廉洁司法能力为目标，以开展党的群众路线教育实践活动为载体，狠抓班子和队伍的思想政治、纪律作风和业务能力建设，努力打造过硬检察队伍。2014年市委年度考核中，市院领导班子被确定为优秀班子，市院机关被评为“文明标兵单位”。

扎实开展党的群众路线教育实践活动。坚持个人自学与集中学习结合、专家辅导与座谈交流结合、传统教育与警示教育结合、领导干部讲党课与干警谈体会结合、宣讲职业道德与文明规范执法结合，深入开展“三查三问三思”大讨论，对收集的708条意见建议（其中领导班子181条，涉及“四风”问题的142条；领导干部527条，涉及“四风”问题的321条）进行认真梳理归纳，通过分层次谈心交流、专题研究、逐条分析、查找根源、从严从实召开民主生活会，达到了出汗排毒、强身健体、共同进步、增进团结的目的。坚持把解决问题贯穿始终，确立了检察长负总责，班子成员示范带动，相关内设机构具体落实、全员行动、互相监督的工作机制，先后办结市委活动办转交的信访案件120余件，制订完善“反‘四风’、强作风”的规章制度60余项，队伍精神状态和工作作风明显转变。

加强思想政治建设。以党的十八大和十八届三中、四中全会精神、习近平总书记系列重要讲话精神为重点，院党组引导全体检察人员牢固树立政治意识、责任意识和法律意识，进一步坚定道路自信、理论自信和制度自信。深入开展学习讨论落实活动，把习近平总书记系列重要讲话精神作为做好各项工作的根本指针和基本遵循，进一步把全体人员的思想统一到中央对山西工作的重要指示要求上来，统一到省委的各项决策部署上来，自觉在思想上、政治上、行动上与党中央保持高度一致，切实担负起在特殊时期、做出特殊贡献、完成特殊任务的历史重任。

加强纪律作风建设。制订《党风廉政建设责任制分解意见》，层层签订《党风廉政建设目标管理责任书》，进一步明确各级领导干部的主体责任；贯彻中纪委三次全会精神，聚焦监督主业，细化监督措施，不断强化纪检监察部门的监督责任。以中央八项规定、最高人民检察院《检察人员八小时以外行为禁令》和省院“十个严禁”等纪律禁令落实为主要内容，不断加强检务督察，检察人员纪律作风建设明显加强，公车私用、超标准接待、违规出入高消费娱乐场所、工作日饮酒等群众反映强烈的问题已经杜绝。

加强业务能力建设。以领导干部、业务一线、基层检察人员为重点，先后选派59人（次）参加省检察院组织的业务技能培训。按照“干什么练什么、缺什么补什么”的原则，大力开展形式多样的教育培训和岗位练兵活动。市院组织开展了全市检察机关司法警察大练兵活动，受到省检察院肯定；夏县县院

4月

1日　市领导到盐湖区走访调研。市委常委、纪委书记张润喜，市委常委、秘书长王胜陪同调研。

2—4日　省委书记袁纯清深入芮城、生态智慧城、夏县、盐湖、闻喜等地，开展"访民生、知民情、解民事"集中走访活动。省林业厅厅长李永林，市长王清宪陪同调研。

4日　市委常委(扩大)会议召开，传达贯彻省委书记袁纯清书记在运调研走访时的重要讲话精神。市委书记主持会议并作重要讲话。市委副书记、市长王清宪传达省委书记袁纯清走访调研情况和重要讲话精神。市领导陈振亮、张建合、柴林山等出席会议，部分市直部门负责人参加会议。

同日　市委召开市委常委会，研究省劳动模范推荐人选、评选表彰突出贡献科技人才人选等事项。市委副书记陈振亮等出席会议。市人大常委会主任张建合、市政协主席柴林山列席会议。

8—9日　市委常委会进行为期两天的党的群众路线教育实践活动第二次集体学习，认真学习中央、省规定必读书目及有关文献资料，深入学习习近平总书记在河南兰考调研指导群众路线教育实践活动重要讲话精神、新华社长篇通讯《面向未来的赶考——习近平总书记指导河北省党的群众路线教育实践活动回访记》。市委常委陈振亮、王殿民、张润喜、常建忠、安雅文、崔克信、于波、常社教、王胜参加学习。

14日　全省部分市县整治选人用人不正之风工作座谈会在运城市召开。会议贯彻中央组织部整治选人用人不正之风工作座谈会精神，交流新颁布的《党政领导干部选拔任用工作条例》贯彻执行情况，科学总结经验，推动选人用人风气进一步好转。省委常委、组织部部长汤涛出席会议并作重要讲话。省委组织部部务委员赵建华主持会议。省委派驻运城市教育实践活动督导组组长梁权、联络员慕建伟，市委副书记陈振亮，市委常委、组织部长安雅文，市委常委、秘书长王胜，省委组织部相关处室负责同志出席会议或参加调研。

同日　市委、市政府召开政银企工作座谈会。市领导王清宪、王殿民、张润喜、常建忠、王胜等出席会议。

15日　全市召开党的群众路线教育实践活动工作会议。省委派驻运城市督导组组长梁权出席会议并讲话。市委副书记、市长、市委教育实践活动领导小组副组长王清宪主持会议。市委副书记、市委教育实践活动领导小组副组长陈振亮传达袁纯清在省委常委(扩大)会议上的重要讲话精神和汤涛在全省部分县市整治选人用人不正之风工作座谈会上的讲话精神，通报中央党的群众路线教育实践活动领导小组办公室第225期简报内容。市委常委、组织部部长、市委教育实践活动领导小组副组长兼办公室主任安雅文对前一阶段活动进行回顾总结，对下一步工作进行安排部署。省委派驻运城市督导组副组长梁若皓、马皖东，联络员慕建伟，市领导张建合、柴林山、王殿民、张润喜、常建忠、荆青莲、崔克信、于波、常社教、王胜、刘冠生、卫孺牛、裴良杰、王健康、王俊飚、陈竹琴、杨泽生、王七庚出席会议。

同日　市召开一季度经济运行分析会。市长王清宪安排部署下一阶段全市经济工作。市委常委、常务副市长王殿民主持会议。市委常委、副市长常建忠，市委常委、秘书长王胜，副市长王健康、王俊飚、陈竹琴出席会议。

同日　市召开运城中国北方家居产业基地项目"两规一报告"汇报会。市长王清宪出席会议。市委副书记陈振亮、市人大常委会主任张建合、市政协主席柴林山等领导出席会议。

16日　市委召开市委常委会议。研究讨论了2013年度目标责任考核情况和省管干部考核等次建议，并原则通过。市委副书记、市长王清宪，市委副书记陈振亮等出席会议。市政协主席柴林山等列席会议。

17日　市委召开中心组(扩大)学习会议，按照中央、省委的部署要求，深入学习领会习近平总书记关于干部工作的重要思想，学习贯彻新修订的《党政领导干部选拔任用工作条例》的新内容、新规定和新精神。市领导陈振亮、柴林山、王殿民、张润喜、荆青莲、于波、王胜、刘冠生、王正风、卫孺牛、裴良杰、王健康、陈竹琴、杨泽生、王七庚、闫义勇、孙涛锁等参加学习。市委常委、组织部部长安雅文就学习贯彻新《条例》需要把握的重点和要求进行了解读辅导。

同日　市委领导会见了香港中华煤气有限公司行政总裁陈永坚一行。双方就加快推进新绛甲醇制汽油项目和加强在清洁能源方面的合作、推进"气化运城"建设深入交换意见。市委常委、秘书长王胜，副市长王俊飚参加会见。

21日　市委领导到盐湖区开展包联县(市、区)、重点企业、重点项目以及"访民生、知民情、解民事"活动。市委常委、副市长常建忠，市委常委、秘书长王胜陪同调研。

22日　市委领导督导调研运城中学党的群众路线教育实践活动开展情况。市委副书记陈振亮陪同调研并主持座谈会。市委常委、宣传部部长于波陪同调研。

22—23日　省人大常委会副主任周然带领调研组在运城市进行抗震设防立法调研。省人大常委会教科文卫工委主任杨波，副主任姚芝楼，省地震局局长樊琦、副局长郭星全，市人大常委会主任张建合，市委常委、副市长常建忠，市人大常委会副主任刘冠生参加调研或出席座谈会。

23日　省人大常委会党组副书记、副主任李政文深入本市临猗县、盐湖区开展"访民生、知民情、解民事"集中走访调研活动。市人大常委会主任张建合，市委常委、常务副市长王殿民，市委常委、纪委书记张润喜陪同调研。

28日　市委、市政府隆重召开全市"五一"表彰大会，表彰2013年度在运城经济和社会发展的伟大实践中做出突出贡献的先进单位和模范个人。市委副书记、市长王清宪主持会议。市委副书记陈振亮宣读运城市劳动竞赛委员会《表彰决定》。市人大常委会主任张建合，市委常委、常务副市长王殿民，市委常委、统战部部长荆青莲，市委常委、秘书长王胜，市人大常委会副主任、市总工会主席裴良杰，市政协副主席王七庚出席会议。裴良杰组织颁奖。

同日 市长王清宪会见国家土地督察北京局巡视员于孔让、省国土资源厅厅长李建功一行。双方就加强土地管理、严格耕地保护、集约节约用地、强化用地保障等深入交换意见。国家土地督察北京局督察四室主任齐迎春、调研员王世军，省国土资源厅党组成员、执法总队队长葛建生，市委副书记陈振亮，市委常委、常务副市长王殿民，市委常委、秘书长王胜，副市长王俊飚等参加会见。

29日 市隆重召开纪念“五四”运动95周年大会。市委副书记陈振亮主持会议。市委常委、统战部部长荆青莲，市委常委、组织部部长安雅文，市委常委、宣传部部长于波，市人大常委会副主任王正风，副市长王健康，市政协副主席张冠出席会议。市委常委、秘书长王胜宣读表彰决定并组织颁奖。

同日 全市召开经济工作专题会议。市委副书记、市长王清宪主持会议。陈振亮、常建忠、荆青莲、安雅文、崔克信、于波、王胜、刘冠生、史海涌、王健康、王俊飚、陈竹琴、杨泽生、张冠、闫义勇、孙涛锁等市四套班子领导出席会议。

同日 市委党的群众路线教育实践活动领导小组办公室召开专题会议，总结前一阶段教育实践活动的成功经验和先进典型，分析研究当前活动中存在的突出问题，安排部署下一阶段工作。市委常委、组织部部长安雅文主持会议。市委常委、秘书长王胜出席会议。

5月

4日 市长王清宪深入运城经济开发区、空港经济开发区和东部新区，就重点项目建设、水系建设、环境绿化等重点工作进行调研。市委副书记陈振亮，市委常委、秘书长王胜，副市长王健康陪同调研。

同日 市长王清宪到运城市蓝红杂交小麦研究中心调研，市领导陈振亮、王胜、王健康陪同调研。

同日 市委领导到活动领导小组办公室调研，深入了解掌握全市教育实践活动进展情况、亮点做法及领导小组办公室人员配置、机构运转及作用发挥等情况。市领导陈振亮、王殿民、荆青莲、安雅文、于波、王胜陪同调研。

同日 市党政领导就党的群众路线教育实践活动进行集中自学。市领导王清宪、陈振亮、王殿民、张润喜、常建忠、荆青莲、安雅文、于波、王胜、王健康、王俊飚、陈竹琴参加学习。

5日 市长王清宪会见山西贡天下电子商务有限公司董事长张和平一行，双方就合作建设淘宝网特色中国山西馆运城频道、借助电子商务把河东农产品推向国内国际市场进行深入交流，并达成合作意向。市委副书记陈振亮，市委常委、秘书长王胜一同参加。

7日 2014年全省政银企项目对接月启动仪式暨运城市洽谈会在运城市召开。副省长王一新宣布活动启动。省金融办主任郭保民分别致辞。市长王清宪作运城市发展主旨推介。省政府副秘书长盛佃清主持。市委常委、常务副市长王殿民宣布了对金融机构奖励决定。市委常委、副市长常建忠，市委常委、秘书长王胜及市政府秘书长杜自立出席启动仪式。

8日 市委召开会议，贯彻落实5月6日中央党的群众路线教育实践活动领导小组视频会议和全省第二批党的群众路线教育实践活动推进会议精神。省委派驻运城市督导组组长梁权出席会议并讲话。副组长王清宪传达中央、省会议精神，并总结安排部署工作。副组长兼办公室主任安雅文通报市委督导组近期交叉检查情况。市四大班子领导，省委派驻运城市督导组副组长梁若皓、马皖东和联络员慕建伟出席会议。

同日 省妇联“德孝文化”建设推进会在运城市召开，三晋幸福家庭行动同时启动。省妇联主席王维卿，省委宣传部副部长、省文明办主任王蕾出席会议并讲话。市领导陈振亮、于波、王胜、谢爱玲等陪同观摩或参加会议。

11日 市委领导深入市委办公厅、市台办、市委政研室等联系单位，督导教育实践活动开展情况。市委常委、组织部部长安雅文，市委常委、秘书长王胜一同督导调研或参加座谈。

12日 市召开党的群众路线教育实践活动各督导组第一组长督导情况汇报会及学习传达贯彻习近平总书记5月9日指导兰考县委常委班子专题民主生活会时的重要讲话精神。市四大班子领导出席会议。省委派驻运城市督导组联络员慕建伟出席会议并讲话。

13日 市长王清宪结合开展党的群众路线教育实践活动，深入关帝庙景区进行专题调研。市领导陈振亮、张建合、于波、王胜、王健康、陈竹琴一同调研。

14日 市委召开专题会议，听取部分县（市、区）和发改、财政、统计、经信等部门工作情况汇报，分析研究当前经济运行情况。市委副书记陈振亮，市委常委、副市长常建忠，市委常委、秘书长王胜，副市长王俊飚出席会议。

同日 全市召开重点信访案件汇报会。贯彻省委党的群众路线教育实践活动信访积案化解推进会议精神。市委副书记陈振亮，市委常委、副市长常建忠，副市长王俊飚出席会议。市委常委、秘书长王胜主持会议。

同日 市委、市政府召开专题会议，分析研究当前经济运行中困难企业的发展问题。王清宪主持会议。市领导常建忠、王胜出席会议。

19日 市委召开市委常委会议。会议研究讨论了全市突出贡献科技人才评选表彰人选及会议筹备工作事项、《关于专题民主生活会召开时间及报送有关材料的通知》（讨论稿）、《中共运城市委关于加快经济工作和项目建设的意见和建议》（讨论稿）等事项，并就市委班子“四风”问题进行梳理分析。市领导王清宪、陈振亮、张建合、柴林山等出席会议。

同日 市召开《晋陕豫黄河金三角区域合作规划》（以下简称《规划》）相关工作专题会议，听取《规划》批复情况汇报，深入思考、分析、研究《规划》确定的机制、方向、目标、任务，安排部署下一步工作。市委副书记、市长王清宪主持会议。市四大班子领导陈振亮、张建合、柴林山、王殿民、张润喜、荆青莲、安雅文、王胜、史海涌、李景发、卫孺牛、陈竹琴、潘和平、谢爱玲出席会议。

同日　运城市第五届导游大赛决赛在市区金鑫大酒店落下帷幕，李慧荣等10名选手分获一、二、三等奖。市委常委、秘书长王胜，市人大常委会副主任史海涌等于200余名旅游工作者一起观看比赛。市人大常委会副主任、市总工会主席裴良杰宣读表彰决定。副市长陈竹琴致辞。

20日　市长王清宪深入河津市，就工业企业运行、重点项目建设和城市建设等重点工作推进情况进行调研。市委常委、组织部部长安雅文，市委常委、秘书长王胜一同调研。

同日　市长王清宪在河津市与西航集团董事长张民生座谈，双方就深化合作、加快发展铝精深加工产业等交换意见并达成共识。市委常委、组织部部长安雅文，市委常委、秘书长王胜参加座谈。

20—22日　全国政协常委、港澳台侨委员会副主任郑立中带领调研组来运，就推动建立两岸文化交流合作机制进行专题调研。市政协主席柴林山，市委常委、常务副市长王殿民，市政协副主席薛靛民、张冠等省、市领导陪同调研或出席座谈会。

26日　市委常委(扩大)会议召开，集体讨论市委常委班子对照检查材料、市委常委班子及党政正职“四风”问题清单，进一步全面查摆问题、明确存在差距、制订整改措施，为开好专题民主生活会奠定良好基础，确保全市党的群众路线教育实践活动有力有序有效开展。市领导王清宪、陈振亮、王殿民、张润喜、常建忠、荆青莲、安雅文、王胜出席会议。市人大常委会主任张建合，市政协主席柴林山，市人大常委会副主任刘冠生、王正风、李景发、裴良杰，副市长王健康、王俊飚，市政协副主席杨泽生、潘和平、谢爱玲、张冠、孙涛锁，省委派驻运城市督导组联络员慕建伟列席会议。

同日　全市2013年目标责任考核总结表彰暨2014年度考核动员大会召开，总结兑现全市2013年度目标责任考核结果，安排部署2014年目标责任考核工作。市委副书记、市长王清宪就做好2014年的考核工作做动员部署。市委副书记陈振亮主持会议。市四大班子领导张建合、柴林山、常建忠、荆青莲、王胜、刘冠生、王正风、李景发、裴良杰、王健康、王俊飚、杨泽生、潘和平、谢爱玲、张冠、孙涛锁等出席会议。市委常委、纪委书记张润喜宣读了市委、市政府表彰决定。市委常委、组织部部长安雅文通报了全市2013年目标责任考核工作情况。

同日　市委常委会议召开，集体讨论市委常委班子成员“四风”问题清单，集体讨论市党政正职的对照检查材料，审议临猗县委常委班子及党政正职的对照检查材料，为下一步开好市委常委专题民主生活会做好准备、打好基础。市领导王清宪、陈振亮、王殿民、张润喜、常建忠、荆青莲、安雅文、王胜出席会议。市政协主席柴林山、市人大常委会副主任刘冠生列席会议。

27日　市委领导会见来运考察投资的中化国际(控股)股份有限公司常务副总裁、江苏圣奥化学科技有限公司董事长覃衡德一行。市领导王殿民、常建忠、王胜，江苏圣奥化学科技有限公司首席执行官苏赋等一同参加。

28日　市召开突出贡献科技人才表彰大会。授予冯树英、雷茂端、毛静琴等10名同志“运城市突出贡献科技人才”称号。市委副书记、市长王清宪主持会议。市人大常委会主任张建合，市委常委、常务副市长王殿民，市委常委、纪委书记张润喜，市委常委、副市长常建忠出席会议。市委常委、组织部部长安雅文宣读表彰决定。

29日　全市社会安全稳定工作会议召开。市委副书记陈振亮对全市下一阶段社会安全稳定工作做了具体安排。市委常委、政法委书记崔克信主持会议。市委常委、秘书长王胜出席会议。

同日　市委副书记陈振亮，市委常委、秘书长王胜，市人大常委会副主任裴良杰，市政协副主席张冠等市领导专程深入市逸夫小学，看望慰问该校广大师生，并通过他们提前向全市广大儿童致以节日的祝贺。

同日　市委召开全市舆论宣传工作专题会议。市委副书记陈振亮，市人大常委会主任张建合，市委常委、宣传部部长于波，市委常委、秘书长王胜，市政协副主席潘和平等出席会议。

同日　市委副书记陈振亮、市委常委、秘书长王胜、市人大常委副主任裴良杰、市政协副主席张冠等市领导到康杰中学看望即将参加高考的同学们。

6月

4日　市委党的群众路线教育实践活动领导小组工作会议召开，总结交叉检查以来全市党的群众路线教育实践活动开展情况，对当前活动中存在的问题进行深入分析研究。省委派驻运城市督导组组长梁权出席会议并讲话。市领导陈振亮、张建合、柴林山、王殿民、张润喜、崔克信、于波、王胜，省委派驻运城市督导组联络员慕建伟出席会议。

5日　市委领导深入盐湖区督导调研党的群众路线教育实践活动开展情况并进行座谈。市委常委、组织部部长安雅文主持座谈会。市委常委、秘书长王胜陪同督导调研。

6日　由国家统计局山西调查总队队长刘顺国、国家统计局农村司农业生产处处长黄加才带队的调研组深入临猗县，就现代农业发展特别是夏粮生产情况进行调研。市领导陈振亮、常建忠、王胜、王健康陪同调研。

9日　市召开机构编制工作专题会议。市委副书记、市长王清宪，市人大常委会主任张建合，市委常委、常务副市长王殿民，市委常委、组织部部长安雅文，市委常委、宣传部部长于波，市委常委、秘书长王胜出席会议。

10日　全市工业经济形势分析和政银企工作专题会议召开。市委常委、常务副市长王殿民主持会议。市领导常建忠、王胜、王健康、陈竹琴出席会议。

同日　市召开土地问题专题会议，研究解决在推进园区化发展、集群化招商中日益突出的土地矛盾和问题，打造项目落地的新平台，拓展工业发展的新空间，更好更快地推动转型跨越发展。市领导王殿民、常建忠、王胜、王健康、陈竹琴出席会议。

11日　市委领导与来运考察投资合作项目的国家开发银行山西分行行长王雪峰一行会见座谈。市委常委、常务副市长王殿民参加座谈，副市长王健康主持座谈会。

同日　省政协副主席李悦娥带领部分科协界、科技界政协委员及专家学者，深入盐湖区开展“察情建言惠民行”送科技下乡活动。市政协主席柴林山，市委常委、秘书长王胜，市政协副主席张冠陪同调研。

同日　市长王清宪会见中国中小企业协会副会长、金电联行（北京）信息技术有限公司董事长兼总裁范晓忻和国家发改委新兴产业大数据服务中心副主任、金电联行（北京）信息技术有限公司副总裁艾小缤一行。双方就使用大数据理论与云计算技术为全市金融与社会管理提供创新性信用服务深入交换意见，并就金电联行与运城市搭建金融信用平台达成一致意见。市领导王殿民、荆青莲、王胜、王健康参加会见。

11日至12日　按照省委开展党的群众路线教育实践活动的安排，省委常委、政法委书记王建明参加指导临猗县委常委班子专题民主生活会。省委派驻运城市督导组组长梁权，市委常委、纪委书记、市委教育实践活动领导小组副组长、市委第七督导组第一组长张润喜，市委常委、组织部部长、市委教育实践活动领导小组副组长兼办公室主任安雅文及省、市督导组等有关领导参加会议。

13日　市长王清宪带队，深入市区街巷市场，实地督查、听取汇报，动员全市上下抓住新一轮城镇化发展的机遇，从根本上提升城镇化发展水平。市领导陈振亮、柴林山、王殿民、张润喜、常建忠、于波、王胜、裴良杰、王健康、王俊飚、陈竹琴一同督查或出席汇报会。

14日　由省水利厅厅长潘军峰带队的省政府稳增长、促改革、调结构、惠民生第五督查组来运进行专项督查。市委常委、常务副市长王殿民，副市长陈竹琴陪同督查调研或参加汇报座谈会。

16日　市委召开中心组（扩大）学习会议，深入学习贯彻中央、省委领导重要讲话精神，以河南兰考、太原万柏林、临猗县（区）常委班子专题民主生活会为标准，高质量开好民主生活会，推动全市党的群众路线教育实践活动有力有序有效开展。市领导陈振亮、柴林山、王殿民、张润喜、荆青莲、安雅文、崔克信、于波、王胜、王正风、李景发、卫孺牛、裴良杰、陈竹琴、杨泽生、王七庚、潘和平、谢爱玲、张冠、闫义勇、孙涛锁等参加学习。

同日　市委召开县（市、区）委常委班子专题民主生活会安排部署会议。市领导陈振亮、王殿民、张润喜、崔克信、于波、王胜出席会议。市委常委、组织部部长安雅文结合中央、省委相关文件要求，结合全市教育实践活动开展实际，就撰写对照检查材料进行了安排部署。

16—17日　省人大常委会副主任、省总工会主席田喜荣带领省人大执法检查组，通过实地调研、随机抽查、召开座谈会等方式，就《山西省信访条例》贯彻实施情况，在本市进行执法检查和工作调研。市人大常委会主任张建合，市委常委、秘书长王胜，市人大常委会副主任史海涌，副市长王俊飚陪同调研或出席座谈会。

17日　市委召开会议，贯彻落实省领导联系点县（市、区）经验交流视频会议精神，扎实做好查摆问题、开展批评环节各项工作，确保全市党的群众路线教育实践活动取得实实在在的成效。省委派驻市督导组组长梁权，副组长梁若皓、马皖东出席会议。市领导陈振亮、张建合、王殿民、张润喜、崔克信、于波、王胜出席会议。市委常委、组织部部长安雅文就开好专题民主生活会进行安排部署。

同日　省委统战部深入市对口联系企业、学校和部分重点项目建设现场调研，指导企业做大做强，帮助学校排忧解难，加快推进重点项目建设。省委统战部副部长张云泽，市委副书记陈振亮，市委常委、副市长常建忠，市委常委、统战部部长荆青莲，市委常委、秘书长王胜一同调研。

18日　市委领导会见来运考察投资的浙江商会副会长、中南控股集团董事局主席吴建荣一行。市委副书记陈振亮，市委常委、秘书长王胜，副市长王健康参加会见。

20日　市委召开常委会，省委常委、组织部长汤涛出席并宣布省委决定，由运城市委副书记、市长王清宪主持市委工作。

22日　市委副书记、市长王清宪主持召开市委常委（扩大）会，安排部署当前全市各项工作。张建合、柴林山、王殿民、张润喜、常建忠、荆青莲、安雅文、崔克信、于波、常社教、王胜等市四大班子领导出席会议。市法、检两长，其他在职的副厅级以上干部，市人大、政府、政协秘书长及市委、市政府副秘书长，各经济开发区党政主要负责同志，各县（市、区）党政主要负责同志，市直各部门主要负责同志参加会议。

24日　市委副书记、市长王清宪主持召开党的群众路线教育实践活动领导小组工作会议，听取活动工作情况汇报，研究部署下一步工作。市委常委、组织部部长安雅文代表市委教育实践活动办公室汇报了全市党的群众路线教育实践活动进展情况。陈振亮、张建合、柴林山、王殿民、张润喜、崔克信、于波、王胜等市委党的群众路线教育实践活动领导小组成员出席会议。市委教育实践活动领导小组办公室其他负责同志、市委派出各督导组组长参加会议。

25日　市召开全市维稳信访工作专题会议，深入贯彻落实中央、省委决策部署，总结安排全市近期维稳信访工作。市委副书记、市长王清宪出席并作重要讲话。会议由市委副书记陈振亮主持。市委常委、政法委书记崔克信，市委常委、秘书长王胜，副市长王俊飚出席会议。

26日　在河东广场举行“平安运城——2014”反恐演习。市委副书记、市长王清宪在观摩学习时指出，扎实做好反恐维稳各项工作，确保经济社会持持召开专项会议,研究分解2015年全市新型城镇化工作重点任务。

同日　市委副书记陈振亮带领“中国梦·劳动美”全市重点项目建设慰问演出团走进盐湖区,为一线职工送去关怀和温暖。

26日　市委副书记、市长王清宪带领市规划、住建部门和盐湖区负责同志在河东西街延长线项目工地现场办公。

同日　市委副书记、市长王清宪参观市政协举办的“古中国·家乡美”摄影展和市委宣传部、市文联主办的“古中国采风联墨展”。市政协主席柴林山,市委常委、宣传部部长于波,市委常委、秘书长王胜,副市长陈竹琴,市政协副主席杨泽生、王七庚、潘和平、张冠一同参观。

27日　市委召开县(市、区)委书记、工(党)委书记履行基层党建工作责任专项述职会议。市委副书记、市长王清宪主持会议并讲话。省委组织部副部长陈学东,市委副书记陈振亮、市委常委王殿民、张润喜、荆青莲、安雅文、崔克信、于波、王胜出席会议。

27—28日　省委常委、统战部部长孙绍骋在运调研统战工作。省委统战部副部长张云泽,市委副书记、市长王清宪,市委常委、统战部部长荆青莲陪同调研。

12月

2日　市召开经济运行汇报会。市委副书记、市长王清宪作重要讲话。市委副书记陈振亮主持会议。市人大常委会主任张建合、市政协主席柴林山等市四大班子领导出席会议。

同日　全市造林绿化现场推进会在闻喜县召开。市委副书记、市长王清宪指出,要认真贯彻落实全省造林绿化吕梁现场推进会精神,学习借鉴闻喜的造林绿化工作经验,抓住有利时机,加大工作力度,做好今冬明春造林绿化工作。市委副书记陈振亮主持会议。市人大常委会副主任裴良杰,副市长王健康,市政协副主席潘和平出席会议。

同日　市委副书记、市长王清宪主持召开市委常委会,研究全省学习讨论落实活动运城市贯彻落实意见;传达全省党委秘书长会议、全省改革办主任座谈会议精神和省委常委、统战部部长孙绍骋在运调研时的讲话精神,并研究全市贯彻落实意见。会议还研究了其他事项。市委副书记陈振亮,市委常委王殿民、张润喜、常建忠、荆青莲、安雅文、王胜出席会议。市人大常委会主任张建合,市政协副主席杨泽生应邀列席会议。

5日　市委召开全市学习讨论落实活动动员大会。市委副书记、市长王清宪作重要讲话。会议以电视电话会议形式召开。市法检两长,市纪委、市委组织部班子成员,市学习讨论落实活动办公室负责同志和各督导组组长、副组长,市直各单位、市属学校和市管国有企业主要负责同志,省驻运单位和主要新闻媒体负责同志,各县(市、区)四大班子成员、法检两长、乡镇(街道)党政主要负责同志、县直部门主要负责人参加会议。

6日　《晋陕豫黄河金三角区域合作规划》实施工作协调会在北京召开。国家发改委地区经济司与山西省运城市、临汾市和陕西省渭南市、河南省三门峡市,达成以下合作共识:坚持求同存异、协商一致、互利共赢、改革创新四项原则,建立高层协调机制、工作推进机制、联系沟通机制,不断推进晋陕豫黄河金三角区域协调发展试验区区域合作取得新成效。国家发改委地区经济司司长刘苏社、副司长刘少军,中部地区政策体制处处长刘晓明、副处长江洪,运城市市长王清宪、渭南市市长奚正平、三门峡市市长赵海燕、临汾市市长岳普煌,运城市人大常委会主任张建合,运城市委常委、常务副市长王殿民,晋陕豫黄河金三角区域协调试验区办公室主任陆世生出席会议。王清宪通报了《晋陕豫黄河金三角区域合作规划》批复后的工作情况,提出下一步工作建议。

11日　市委副书记、市长王清宪主持召开市委常委(扩大)会议,传达省委十届六次全体会议、省管主要领导干部学习讨论落实活动专题研讨班有关精神。市委副书记陈振亮,市委常委王殿民、荆青莲、安雅文、崔克信、于波、王胜出席会议。市人大常委会主任张建合,市政协主席柴林山,副市长王俊飚、陈竹琴,市政府秘书长杜自立应邀列席会议。

12日　市管主要领导干部学习讨论落实活动专题研讨班在市委党校开班。市委副书记、市长王清宪作动员报告。市委副书记陈振亮主持开班式。市委常委、组织部部长安雅文出席开班式。各县(市、区)委书记、县(市、区)长、乡(镇、街道)党(工)委书记,经济开发区党政主要负责人,市直有关单位党委(党组)主要负责人,大中专院校、医院、市属国有骨干企业主要负责人,市委督导组组长、副组长参加培训。

14日　市管主要领导干部学习讨论落实活动专题研讨班结业。市委副书记陈振亮出席结业典礼并作总结讲话。市委常委、纪委书记张润喜主持典礼。市委常委、组织部部长安雅文出席典礼。

19日　市委副书记、市长王清宪主持召开市委常委(扩大)会议,对党的群众路线教育实践活动、“八项规定”落实情况、“四风”问题整改等情况进行回头看,对本市如何结合实际深入开展学习讨论落实活动进行问题解剖,进一步明确整改措施和努力方向,为“净化政治生态,实现弊革风清,重塑山西形象,促进富民强省”和推动全市学习讨论落实活动扎实开展提供坚强保障。市委副书记陈振亮,市委常委张润喜、常建忠、荆青莲、安雅文、崔克信、于波、常社教、王胜出席会议。市人大常委会主任张建合,市政协主席柴林山,副市长王健康、陈竹琴及市政府秘书长杜自立列席会议。

22—23日　省民政厅副厅长许富昌带队来运考核检查双拥工作。市委副书记、市双拥领导组组长陈振亮主持汇报。市委常委、运城军分区政委、市双拥领导组副组长常社教向考核组汇报了运城市创建双拥模范城有关情况。市委常委、秘书长、市双拥领导组副组长王胜出席汇报会。

23日　山西省人民政府于12月22日正式命名运城市、永济市为山西省园林城市,填补了全市园林城市的空白。

24 日　市委副书记、市长王清宪到盐湖区调研村“两委”换届选举工作。市委常委、组织部部长安雅文陪同调研。

25 日　市委副书记、市长王清宪主持召开市委常委会，研究讨论《中共运城市委常委会工作报告》、《中共运城市委关于加快推进法治运城建设的实施方案》（讨论稿），听取中共运城市委三届六次全体会议筹备情况汇报。市委副书记陈振亮，市委常委王殿民、张润喜、常建忠、荆青莲、安雅文、崔克信、于波、王胜出席会议。市人大常委会主任张建合、市政协主席柴林山列席会议。

同日　市委副书记、市长王清宪主持召开市委中心组学习会，认真学习贯彻中央经济工作会议精神。陈振亮、张建合、柴林山等市四大班子领导出席会议。

26 日　中共运城市委三届六次全会召开。会议听取市委常委会工作报告，审议《中共运城市委关于加快推进法治运城建设的实施方案》，部署全市当前和今后一个时期方面的工作。市委常委会主持会议。市委副书记、市长王清宪受市委常委会委托作工作报告并作重要讲话。市委副书记陈振亮就《实施方案》（讨论稿）向全会作说明。市委常委王殿民、张润喜、常建忠、荆青莲、安雅文、崔克信、于波、常社教、王胜出席会议。

同日　市委副书记、市长王清宪主持召开专题会，研究通过《运城市高技能人才培训基地建设实施方案》。市委常委、副市长常建忠，副市长陈竹琴参加会议。

27 日　市委副书记、市长王清宪会见中建交通建设集团有限公司董事长兼总经理周宇騣一行。双方表示，将以运城市第一医院项目建设为契机，深化在城市建设方面的合作，实现互利共赢。

29 日　市委副书记陈振亮带领市水务、财政、农委等部门负责人深入姚暹渠盐湖段河道治理工程现场调研。陈振亮强调，要积极保护姚暹古渠，按照生态保护和综合利用的要求，加快改造治理，确保工程质量，造福河东人民。

30 日　市召开落实《运城市推进农业现代化实施方案》第一次推进会。市委副书记陈振亮出席会议并讲话。

31 日　市委副书记、市长王清宪主持召开市委常委会，传达全省经济工作会议精神并研究本市 2015 年经济指标和重点工作，传达全省纪检监察工作会议精神并研究全市贯彻落实意见，研究通过《市委关于落实党风廉政建设党委主体责任的意见》、《市纪委关于落实党风廉政建设纪委监督责任的意见》等。市委副书记陈振亮，市委常委王殿民、张润喜、常建忠、荆青莲、安雅文、崔克信、于波、常社教、王胜出席会议。市人大常委会主任张建合，市政协主席柴林山应邀列席会议。

概况

基本情况

自然环境

【位置　面积】　运城市位于山西省西南部，地处华北平原丘陵区、黄土高原东沿第一台阶、黄河中游地带。北界吕梁山与临汾市的乡宁、襄汾、曲沃、侯马、翼城等县市接壤；东连太行山与晋城市的沁水、阳城二县毗邻；西南两面濒临黄河，黄河干流形成本市与陕西、河南两省的天然分界线。本市境域大致呈不规则三角形，地处北纬34°35′～35°50′、东经110°15′～112°04′之间，东西宽约201.87公里，南北长约127.47公里，总面积14182平方公里，约占山西总面积的9%。

（武建华）

【地质　地貌】　运城原为华北古地台的一部分，除古生界的石炭系下统、志留系、泥盆系，中生界的三叠系、侏罗系缺失外，太古界、元古界、新生界的地层均有出露。其中，太古界为本市最古老的岩层，是铜、铁矿产的主要贮存部位。本市位于秦岭纬向构造的北缘，以扭动结构造型为主，与纬向构造及经向构造形成基本地质构造骨架。

本市属华北平原丘陵区，整个地势东北高、西南低，分四级由东北向西南自然倾斜。平均海拔为350～400米之间，最高点为垣曲县境内的舜王坪，海拔2321.8米；最低点是垣曲县黄河边的马蹄窝，海拔为167米。地貌主要分为山地、丘陵、平原（包括盆地）3种类型，此外还有少量岩溶和流水地貌。其中，山地面积2674平方公里，占总面积19.3%；丘陵面积3158平方公里，占总面积22.7%；平原面积8136平方公里，占总面积58%。主要有中条山、吕梁山、稷王山、孤峰山、紫金山。

（武建华）

【水文】　运城境内有山西最大淡水湖——伍姓湖以及硝池、汤里滩、鸭子池、北门滩等天然湖泊，并建有上马水库和苦池水库。运城属黄河流域，过境河流有黄河、汾河，境内流域面积100平方公里以上的河流有25条，汛期为每年6—9月。受地理环境和气候条件制约，区内河流具有山地型和夏雨型的双重特征。在河流形态、河道特征方面表现为：沟壑密度大，水系发育；河流坡陡流急，侵蚀切割严重。径流和泥沙的特点是洪水暴涨暴落，含沙量大，年径流集中于汛期，枯水期径流小而不稳。

黄　河　从河津寺塔西侧入境，沿晋陕峡谷自北向南。出禹门口后，河势顿开，河床宽阔，由北向南经河津、万荣、临猗、永济，在芮城县的风陵渡曲折向东，过平陆、夏县，到垣曲县的碾盘沟出境，共流经8个县（市），流长396公里，为运城最大的客水资源。多年平均径流量（龙门站）为319.69亿立方米，多年平均流量为1014.4立方米/秒，最大洪峰流量为1967年8月11日实测的21000立方米/秒，最小流量为53.2立方米/秒。

汾　河　自新绛县南梁村入境，经新绛、稷山、河津、万荣4县（市），由万荣县庙前汇入黄河，流长145.2公里，流域面积2943平方公里；据河津柏底水文站观测资料，多年平均流量33.8立方米/秒，最大洪峰流量为1954年9月6日实测的3320立方米/秒，多年平均断流20天左右。

涑水河　发源于绛县的陈村峪，向西南流经绛县、闻喜、夏县、盐湖、临猗、永济6县（市、区），全长196公里，落差445米，纵坡1/400，流域面积5774平方公里。据张留庄水文站观测资料，多年平均流量0.54立方米/秒，最大洪峰流量为22.8立方米/秒（1956年5月20日）。

姚暹渠　是历史上为保护盐池而修筑的一条人工河道，开挖于南北朝北魏二年（公元505年），原名永丰渠，隋朝大业年间都水监姚暹，为保护盐池正常生产重开而改名。姚暹渠自夏县王峪口起，沿中条山北麓拦截柳沟、寺沟、刁崖河、史家峪、赤峪等沟道来水，向西北入苦池蓄滞洪区，经盐湖、运城城区，在永济入伍姓湖，全长86公里，落差110米，纵坡1/770，流域面积2127平方公里。　（武建华）

自然资源

【土地资源】 2014年,全市常用耕地面积550253公顷,其中水浇地290807公顷,国有建设用地供应总量1073公顷,其中,工矿仓储用地371公顷,房地产用地319公顷,商业服务用地124公顷,基础设施等其他用地259公顷。辖区内有省级自然保护区1个,自然保护区面积达到86862公顷。

(武建华)

【矿藏资源】 运城市地质构造复杂,矿产资源丰富,经地质勘探列入山西省矿产储量表的有煤、铁、金、银、铜、铝、锌、铅、钴、钼、芒硝、岩盐、白钠镁矾、卤水、熔剂灰岩、灰岩、粘土、磷、长石、玻璃石英砂岩、重晶石等21种。其中,具有开采价值的约54种,具有优势的矿产资源为铜、铅、镁(镁盐、白云岩)、芒硝、石灰岩、大理石、硅石等。

优势矿种由北向南呈“两点一线”式分布,其中河津市下化乡一带及平陆与垣曲交界处一带的煤矿和石灰岩、白云岩与中部盐湖区三路里至万荣县三文一带的白云岩、灰岩构成“两点”;南部中条山区内生矿产铜、铁等呈线状分布;单矿种分布相对集中,铜矿是运城第一大矿业支柱,储量占全省总储量的93.99%,分布于垣曲县和闻喜县的接壤地区;石灰石资源丰富,主要分布在河津市龙门山—西皑口——魏家院一带,矿体平均厚度1.5~30米,宜露天开采。

(武建华)

【水资源】 全市天然水资源总量为133362万立方米/年,其中河川径流量为58690万立方米/年,地下水资源量为103284万立方米/年,二者重复量为28612万立方米/年。水资源可利用量为80961万立方米,其中地表水可利用量24444万立方米,地下水可利用量66178万立方米,二者重复量为9661万立方米。

全市年平均水资源利用总量(2006—2010年)为106795万立方米,其中地表水资源年均利用量26177万立方米(提引黄河水16956万立方米,汾河水913万立方米,利用本地地表水8308万立方米),占总用水量的24.5%;地下水年均利用量为80618万立方米,占总用水量的75.5%,高于山西省58%的平均水平,开发利用程度全省最高。地下水开采主要集中在涑水盆地、汾浍谷地、黄河谷地、峨嵋台塬等平原区,平原区地下水年平均开采量为73157.33万立方米,占地下水年均总开采量的90.7%。

(武建华)

行政区划

【概况】 2014年,运城市辖1个市辖区、10个县,代管2个县级市,即盐湖区、永济市、河津市、绛县、夏县、新绛县、稷山县、芮城县、临猗县、万荣县、闻喜县、垣曲县、平陆县。

运城市行政区划

地区名称	面积(km²)	人口(万人)	邮政编码	政府所在地	管　辖
盐湖区	1237	68	044000	市府街	辖7镇6乡8街道
永济市	1221	44	044500	城东街道	辖6镇1乡3街道
河津市	593	39	043300	城区街道	辖2镇5乡2街道
绛　县	968	28	043600	古绛镇	辖8镇2乡
夏　县	1328	35	044400	瑶峰镇	辖6镇5乡
新绛县	600	33	043100	龙兴镇	辖7镇1乡
稷山县	680	35	043200	稷峰镇	辖5镇2乡
芮城县	1161	39	044600	古魏镇	辖7镇3乡
临猗县	1339	57	044100	猗氏镇	辖9镇5乡
万荣县	1037	44	044200	解店镇	辖4镇9乡
闻喜县	1160	40	043800	桐城镇	辖7镇6乡
垣曲县	1620	23	043700	新城镇	辖5镇6乡
平陆县	1151	25	044300	圣人涧镇	辖6镇4乡

盐湖区　辖7镇、6乡、8个街道和1个开发区。7镇:解州镇、龙居镇、北相镇、泓芝驿镇、三路里镇、陶村镇、东郭镇;6乡:席张乡、金井乡、王范乡、冯村乡、上郭乡、上王乡;8个街道:中城街道、东城街道、西城街道、南城街道、北城街道、安邑街道、大渠街道、姚孟街道;1个开发区:禹都经济技术开发区。

河津市　辖2镇、5乡、2个街道,148个行政村。2镇:樊村镇、僧楼镇;5乡:小梁乡、柴家乡、赵家庄乡、下化乡、阳村乡;2个街道:城区街道、清涧街道。

永济市　辖7镇、3个街道,265个行政村,402个自然村。7镇:虞乡镇、卿头镇、开张镇、栲栳镇、蒲州镇、韩阳镇、张营镇;3个街道:城西街道、城北街道、城东街道。

临猗县　辖9镇、5乡,2个工贸区。9镇:猗氏镇、嵋阳镇、临晋镇、七级镇、东张镇、孙吉镇、三管镇、耽子镇、牛杜镇;5乡:楚侯乡、庙上乡、角杯乡、北辛乡、北景乡;2个工贸区:卓里工贸区、阎家庄工贸区。

闻喜县　辖7镇、6乡。7镇:桐城镇、郭家庄镇、凹底镇、薛店镇、东镇、礼元镇、河底镇;6乡:神柏乡、阳隅乡、侯村乡、裴社乡、后宫乡、石门乡。

新绛县　辖8镇、1乡、1区,220个行政村。8镇:龙兴镇、三泉镇、泽掌镇、北张镇、泉掌镇、古交镇、阳王镇、万安镇;1乡:横桥乡;1区:商贸经济开发区。

万荣县　辖4镇、10乡,281个行政村,144个自然村,5个社区。4镇:解店镇、荣河镇、通化镇、汉薛镇;10乡:万泉乡、皇甫乡、西村乡、高村乡、贾村乡、王显乡、里望乡、南张乡、裴庄乡、光华乡。

平陆县　辖6镇、4乡、1区,新增4个移民新村,共232个行政村,4个居民委员会。6镇:圣人涧镇、常乐镇、张村镇、张店镇、三门镇、曹川镇;4乡:洪池乡、杜马乡、部官乡、坡底乡;1区:茅津经济开发区。

芮城县　辖7镇、3乡,173个行政村,714个自然村。7镇:陌南镇、西陌镇、古魏镇、大王镇、永乐镇、阳城镇、风陵渡镇;3乡:东垆乡、南卫乡、学张乡。

绛　县　辖8镇、2乡,205个行政村。8镇:古绛镇、横水镇、南樊镇、安峪镇、大交镇、磨里镇、陈村镇、卫庄镇;2乡:郝庄乡、冷口乡。

稷山县　辖8镇、2乡。5镇:稷峰镇、西社镇、化峪镇、翟店镇、清河镇;2乡:蔡村乡、太阳乡。

夏　县　辖6镇、5乡,4个社区,257个行政村。6镇:瑶峰镇、水头镇、庙前镇、裴介镇、埝掌镇、泗交镇;5乡:胡张乡、尉郭乡、禹王乡、南大里乡、祁家河乡;4个社区:城南社区、城北社区、城西社区、城东社区。

垣曲县　辖5镇、6乡,188个行政村。5镇:新城镇、毛家湾镇、王茅镇、古城镇、历山镇;6乡:皋落乡、长直乡、华峰乡、英言乡、蒲掌乡、解峪乡。

(各市、县志办)

人口情况

【人口构成】 据2014年末人口抽样调查,运城市常住人口为525.23万人,比上年末增加2.84万人。男性人口为269.18万人,占51.25%,女性人口为256.05万人,占48.75%,男女性别比为105.14(女性为100)。

(市统计局)

【人口自然变动】 出生人口6.03万人,出生率为11.5‰,死亡人口3.19万人,死亡率为6.09‰;自然增长率为5.41‰;城镇化率达到44.45%,比上年提高1.39个百分点。

(市统计局)

民族宗教

【民族】 运城市民族以汉族为主,另有21个少数民族,占总人口的0.2%,主要分布在盐湖、垣曲、绛县、平陆、新绛、河津、闻喜、永济等8个县(市、区)。其中,回族9500余人,占辖区少数民族总人口的87%;满族有1370人;蒙古族有10人;土家族等10个少数民族均不足50人;瑶族等8个民族在10人以下。

(市民族宗教局)

【宗教】 运城市有天主教、基督教、佛教、伊斯兰教、道教5大宗教,共有信徒约189700人,寺观、教堂504处,教职人员约990名,分布在13个县(市、区)、146个乡镇、2881个村庄(厂矿)。其中,天主教7900人,堂点22处,教职人员45人;基督教138707人,堂点423处,教职人员865人;伊斯兰教8700人,清真寺14处,教职人员23人;佛教30000人,堂点40处,教职人员53人;道教4800人,堂点5处,教职人员12人。

(市民族宗教局)

国民经济和社会发展

【概况】 2014年,面对复杂多变的国际国内发展环境和经济不断下行的巨大压力,市委、市政府团结带领全市人民深入贯彻落实党的十八大和十八届三中、四中全会精神,开拓进取、主动作为,强力推进园区化发展、集群化招商的发展战略,坚持稳中求进的总基调,抓投资上项目,调结构促转型,惠民生促和谐,全市经济在新常态下平稳运行,经济结构不断优化,运行质量稳步提高,社会和谐稳定,民生事业继续改善,实现了经济社会持续稳定发展。

【综合】 经济增长:初步核算,2014年全市生产总值1201.6亿元,按可比价格计算,比上年增长5.0%。其中:第一产业增加值197.2亿元,增长4.7%;第二产业增加值496.7亿元,增长5.9%;第三产业增加值507.7亿元,增长4.1%。第三产业中,交通运输、仓储和邮政业85.4亿元,增长10.9%;批发和零售业93.6亿元,增长5.0%;金融业59.3亿元,增长4.7%;房地产业40.6亿元,下降2.0%。第一、第二和第三产业增加值占全市生产总值的比重分别为16.5%、41.3%和42.2%,对经济增长的贡献率分别为13.2%、54.0%和32.8%。

人均地区生产总值22940.7元,比上年增长4.4%,按2014年平均汇率(6.1428)计算为3734.6美元。

价格：全年居民消费价格比上年上涨2.0%。其中，食品价格上涨4.3%，非食品价格上涨1.1%。商品零售价格上涨1.2%。工业生产者出厂价格下降6.4%，其中，生产资料价格下降6.8%，生活资料价格下降2.3%。工业生产者购进价格下降3.5%。

就业：全年城镇新增就业人员58100人，转移农村劳动力72828人，城镇下岗失业人员再就业13300人，就业困难人员实现就业3830人。年末城镇登记失业率2.57%。

【农业】 农业产值：初步测算，全年农林牧渔服务业总产值为394.8亿元，按可比价计算同比增长5.0%。其中，农业产值302.9亿元，增长4.5%；林业产值7.0亿元，增长21.7%；牧业产值56.5亿元，增长4.9%；渔业产值2.9亿元，增长22.4%；农林牧渔服务业产值25.5亿元，增长4.6%。

种植面积：全年农作物种植面积77.3万公顷，比上年下降3.6%。其中，粮食种植面积66.03万公顷，下降3.8%（小麦33.82万公顷，下降1.3%；秋粮32.21万公顷，下降6.3%；玉米28.34万公顷，下降6.3%）；棉花种植面积1.76万公顷，下降17.9%；油料种植面积0.94万公顷，下降15.8%；蔬菜种植面积5.82万公顷，增长1.0%；果园面积16.65万公顷，增长5.0%（苹果园面积9.07万公顷，增长2.6%）。

农产品产量：全年粮食总产量31.6亿公斤，比上年增加0.5亿公斤，增长1.6%。其中，小麦14.6亿公斤，增产1.5亿公斤，增长11.5%；秋粮16.9亿公斤，减产1.0亿公斤，下降5.6%。

畜禽及水产品产量：全年肉类总产量16.9万吨，增长6.3%。其中，猪肉产量12.1万吨，增长6.6%；牛肉产量0.3万吨，下降9.4%；羊肉产量0.77万吨，增长5.5%；禽肉产量3.7万吨，增长3.0%。禽蛋产量22.97万吨，增长9.2%；奶类产量4.6万吨，增长2.2%。水产品产量2.37万吨，增长22.4%。

林业生产：全年全市造林面积27380公顷。其中，荒山荒地造林面积23887公顷。年末全市拥有森林面积40.8万公顷。森林覆盖率29.2%。

农业机械：年末全市农业机械总动力708.5万千瓦，比上年增长3.33%。机械耕地面积49.4万公顷，机械播种面积56.7万公顷，机械收获面积56.5万公顷。全年农机化经营总收入13.37亿元，同比增长7.39%。

【工业和建筑业】 工业：全年全部工业增加值408.6亿元，比上年增长4.3%，在第二产业中所占比重为82.3%，比上年下降0.3个百分点。其中，规模以上工业企业477户，完成工业增加值386.9亿元，比上年增长3.8%。规模以上工业总产值1605.8亿元，同比下降2.6%；销售产值1510.6亿元，下降5.0%；工业产品产销率为94.1%，同比回落2.3个百分点。

全市规模以上工业中，五大支柱行业增加值205.2亿元，比上年下降0.9%，其中，黑色金属冶炼和压延加工业下降11.4%，有色金属冶炼和压延加工业增长28.1%，炼焦业下降8.6%，化学原料和化学制品制造业增长8.5%，电力、热力生产和供应业下降5.1%。新型替代产业增加值170.1亿元，增长16.8%，其中，汽车制造业增长35.5%，农副食品加工业增长29.8%，医药制造业增长23.9%，通用设备制造业增长20.4%，电气机械和器材制造业增长11.6%，非金属矿物制品业增长11.5%。

全年规模以上工业主营业务收入1540.9亿元，比上年下降4.6%；实现利税60.4亿元，比上年下降38.8%；实现利润27.3亿元，下降50.3%。

建筑业：据初步统计，全年具有资质等级的总承包和专业承包建筑企业165个，其中有工作量的157个，实现增加值90.9亿元，比上年增长15.0%。上缴税金4.4亿元，增长18.3%；实现利润3.8亿元，下降3.2%。

【固定资产投资】 2014年，全年固定资产投资1202.7亿元，比上年增长19.2%。其中，房地产开发完成117.7亿元，增长26.5%。在固定资产投资中，第一产业投资130.2亿元，比上年增长68.9%；第二产业606.7亿元，增长4.3%；第三产业465.8亿元，增长33.1%。在固定资产投资中，非国有投资完成1032.3亿元，同比增长21.8%，其中，民间投资999.6亿元，增长23.0%；国有投资完成170.4亿元，同比增长5.5%。

房地产开发投资中，住宅投资86.7亿元，增长21.6%；商业营业用房投资17.5亿元，增长20.9%。

【国内贸易】 2014年，全年社会消费品零售总额620.3亿元，比上年增长12.3%。按规模统计，限额以上消费品零售额320.4亿元，增长11.6%；限额以下消费品零售额299.9亿元，增长13.2%。按经营地统计，城镇消费品零售额507.7亿元，增长11.2%；乡村消费品零售额112.6亿元，增长17.9%。按行业统计，商品批发业118.9亿元，增长26.9%；商品零售业440.3亿元，增长19.2%；住宿餐饮业61.2亿元，增长10.8%。

【进出口贸易】 2014年，全年货物进出口总额149813万美元，比上年下降14.2%。其中，进口101775万美元，下降19.4%。出口48038万美元，下降0.4%。

利用外资：全年合同利用外资总额2948.2万美元，实际利用外资1658.4万美元。当年新设立外商直接投资企业3家。

【交通、邮电和旅游】 交通运输：2014年末全市公路线路里程15984公里，其中，国道289公里，省道1456公里，县道2784公里，乡、村道及专用道11454公里；高速公路596公里。全市公路密度113公里/百平方公里。公路客运量3784万人，比上年下降29.3%；公路货运量8857万吨，比上年增长18.9%。公路旅客运输周转量16.0亿人/公里，比上年下降29.1%；公路货物运输周转量233.6亿吨/公里，比上年增长14.8%。

年末运城机场共开通了运城至北京、上海、广州、天津、重庆、深圳、成都、长沙、乌鲁木齐、郑州、合肥、贵阳、南京、海口、厦门、三亚、贵阳等航线。全年民航旅客吞吐量93.6万人,比上年下降7.3%;货运吞吐量2556吨,比上年下降9.1%。飞机起降12028架次,增长1.0%。

年末全市民用车辆保有量92.4万辆,比上年末增长1.9%。民用汽车保有量达到49.7万辆(包括三轮汽车和低速货车0.6万辆),比上年末增长13.9%。其中,私人汽车43.4万辆,增长17.3%。本年新注册汽车9.3万辆,下降1.9%。年末轿车保有量29.5万辆,比上年末增长21.8%,其中私人轿车27.7万辆,增长23.4%。年末摩托车保有量29.2万辆,比上年末下降13.5%。年末拖拉机保有量12.0万辆,比上年末增长3.0%。

邮电:全年邮电业务总量43.8亿元,比上年增长22.0%。其中,邮政业务总量3.5亿元,增长18.5%;电信业务总量40.3亿元,增长22.7%。年末固定及移动电话用户总数达到483.3万户,比上年末增加2.0万户。其中,固定电话57.6万户,移动电话425.7万户。在移动电话用户中,3G用户137.5万户,4G用户27.7万户。电话普及率达到92.0部/百人,其中固定电话和移动电话普及率分别达到11.0部/百人和81.0部/百人。全市宽带接入用户达到72.4万户,增长7.1%。

旅游:全年旅游总收入268.8亿元,增长26.4%。其中,国内旅游收入268.3亿元,增长28.0%;旅游外汇收入773.6万美元,增长4.6%。全年全市接待国内游客3464.8万人次,增长19.9%;接待入境旅游者2.9万人次,增长4.1%。

【财政、金融、证券和保险】 财政:2014年财政总收入完成101.7亿元,增长11.4%。公共财政收入完成52.8亿元,增长16.2%。在总收入中,税收收入完成87.6亿元,增长11.4%;非税收入完成14.1亿元,增长11.5%。

全年公共财政预算支出238.8亿元,增长4.1%。其中,农林水事务支出36.5亿元,增长10.2%;教育支出51.7亿元,下降1.1%;社会保障和就业支出34.4亿元,增长12.5%;医疗卫生与计划生育支出30.7亿元,增长19.4%;节能环保支出8.3亿元,下降3.7%。

金融:年末全部金融机构本外币各项存款余额1595.0亿元,比年初增长5.6%,其中人民币各项存款余额1592.9亿元,比年初增长5.7%。全部金融机构本外币各项贷款余额895.3亿元,比年初增长6.8%,其中人民币各项贷款余额888.1亿元,比年初增长7.1%。

年末农村金融机构(农村信用社、农商银行、村镇银行)人民币贷款余额352.2亿元,比年初增长5.1%。

证券:全年运城辖区证券市场各类证券成交额487.7亿元,比上年增长46.0%。其中股票成交额401.7亿元,基金成交额52.3亿元,债券成交额26.0亿元。年末投资者资金账户开户总数11.4万户。

保险:年末全市共有保险公司33家,全年保费收入52.8亿元,比上年增长16.1%。其中,财产险保费收入15.6亿元,增长8.9%;人身险保费收入5.4亿元,增长71.9%;寿险保费收入31.8亿元,增长13.6%。全年支付各类赔款及给付17.7亿元,增长16.2%。

【教育、科学技术和文化】 教育:2014年全市高等院校招生15477人,在校生50207人,毕业生10049人。各类中等职业学校招生16006人,在校生40036人,毕业生12605人。普通高中招生35491人,在校生126958人,毕业生39649人。初中招生52448人,在校生172926人,毕业生61378人。普通小学招生39495人,在校生287453人,毕业生51483人。特殊教育招生108人,在校生914人,毕业生59人。在园幼儿数157567人。

科学技术:全年受理专利申请1208件,比上年增长2.6%。其中,受理发明专利申请372件,比上年增长9.7%。全市授予专利权867件,其中,授予发明专利权82件。全年有70个项目列入国家、省各类科技计划,获得项目研究资金3172万元。

年末全市共有产品质量监督检验机构13个,法定计量鉴定技术机构13个,国家检测中心1个。全年共监督抽查了580家企业15类、38种、150批次的产品和商品。完成强制检定计量器具43689台件。

全市有国家基本气象观测站3个,国家一般气象观测站10个。气象咨询服务12121电话3个运营商。开展人工影响天气业务单位13个,防雹、增雨受益覆盖面积1.1万平方公里,增雨量3亿立方米,卫星云图接收站1个。全年平均气温13.4℃,年平均总降水量615.0毫米,平均总日照时数2018.7小时。

全市有专业综合地震台(站)1个,市级地震台网中心1个,数字测震台网1个,数字测震子台4个,县级地震监测台(站)13个。全年小震活动90次,最大震级M2.1级。

文化:年末全市共有艺术表演团体16个,群众艺术馆1个,文化馆13个。公共图书馆13个,馆藏图书149.9万册。博物馆20个,档案馆14个。市级以上重点文物保护单位178处,其中国家级90处,省级57处,市级31处。拥有广播电视台13座,有线电视用户58.5万户。广播人口覆盖率98.4%,电视人口覆盖率98.2%。2014年全市送戏下乡演出1828场,受益群众达300余万人。“群文风采优秀节目大展演”活动演出15场。群星合唱团在山西省“三晋之春”合唱比赛中荣获金奖。全年为农民放映电影38232场,覆盖率达100%。

体育:2014年全市运动员在山西省第十四届运动会比赛中获得金牌63.5枚、银牌55.5枚、铜牌73.5枚,团体总分和金牌总数分别获得全省第五名和第六名。全年销售中国体育彩票21890万元,比上年增长23.9%。

【卫生和社会服务】 卫生:2014年末全市共有医疗卫生机构5570个。其中医院240个,卫生院200个,社区卫生服务中心(站)83个,诊所(卫生所、医务室)1401个,村卫生室3561个,疾病预防控制中心14个,卫生监督所(中心)14个。

卫生技术人员26793人，其中执业医师和执业助理医师11970人，注册护士9053人。医疗卫生机构床位26734张，其中医院18332张，卫生院6848张。

社会服务：年末全市共有各类提供住宿的社会服务机构108个，床位6788张。其中，老年人与残疾人服务机构95个，床位6475张。年末共有社区服务中心80个，社区服务站224个。年末共有7.4万人纳入城市居民最低生活保障，发放城市低保资金28082万元。17.5万人纳入农村居民最低生活保障，发放农村低保资金30145万元。1.4万人纳入农村五保供养。全年城市临时救济850户，农村临时救济5274户。全年销售社会福利彩票4.1亿元，接收社会捐赠97.8万元。

【人民生活和社会保障】 人民生活：2014年居民人均可支配收入13697元，同比增长9.8%。居民人均消费支出9003.9元，同比增长11.1%。按常住地分，城镇居民人均可支配收入22226元，增长8.9%，城镇居民人均消费支出13273.7元，增长11.8%；农村居民人均可支配收入8125元，增长11.5%，农村居民人均消费支出6216.2元，增长10.0%。城镇占调查总户数20%的低收入家庭人均可支配收入6890元，增长9.1%；农村占人口20%的低收入者收入2148元，增长13.4%。城镇居民家庭恩格尔系数（即居民家庭食品消费支出占家庭消费支出的比重）30.3%，农村居民家庭恩格尔系数31.9%。

社会保障：年末全市参加城乡居民社会养老保险282.4万人。参加城镇基本养老保险58.5万人，其中，城镇职工基本养老保险50.5万人，城镇居民基本养老保险8.0万人。参加城镇基本医疗保险87.2万人，参加失业保险33.9万人。参加工伤保险65.9万人。参加生育保险40.1万人。

【资源、环境和安全生产】 资源：2014年末全市耕地保有量550253.3公顷。全年国有建设用地供应总量1073.3公顷。其中，工矿仓储用地371.2公顷，房地产用地319.7公顷，商业服务用地123.8公顷，基础设施等其他用地258.6公顷。

全年全市水资源总量104252万立方米，同比增长28.4%。总用水量138922万立方米，同比减少8.5%，其中，生活用水14486万立方米，工业用水11892万立方米，农业用水112544万立方米。

全市拥有省级自然保护区1个，自然保护区面积达到86862公顷。

环境：黄河、汾河流域运城段共监测4个断面。其中，达到Ⅳ类水质标准的断面2个，达到Ⅴ类水质标准的断面1个，超过Ⅴ类水质标准的断面1个。

年末全市公园面积达到1453.0公顷。绿地面积达到6033.6公顷，同比增长5.7%。城市建成区绿化覆盖率达到38.3%。

全年中心城市污水处理率达到91.0%；城市生活垃圾无害化处理率达到95.5%；集中供热普及率达到89.1%。

能耗：初步核算，全年全社会能源消费总量2543.62万吨标准煤，比上年增长1.02%。

全年规模以上工业二次能源生产折标准煤2507.60万吨，比上年下降8.04%。消费原煤3063.50万吨，比上年下降5.59%；洗精煤1288.87万吨，比上年下降13.70%；焦炭244.18万吨，比上年下降37.29%；电力217.50亿千瓦时，比上年下降6.26%。

全年全社会用电总量293.08亿千瓦时。其中，第一产业用电16.56亿千瓦时，占全部用电量5.65%；第二产业用电241.56亿千瓦时，占全部用电量82.42%，其中，工业用电239.74亿千瓦时；第三产业用电11.34亿千瓦时，占全部用电量3.87%；城乡居民用电23.62亿千瓦时，占全部用电量8.06%。

安全生产：全年安全生产事故死亡90人，同比增长20%。其中，道路交通事故造成74人死亡，91人受伤，直接经济损失40.0万元。煤矿、危险化学品、道路交通、消防等行业未发生一次死亡10人以上的事故。全年未发生较大及以上食品安全事故。

注释：

1. 本公报部分数据为初步统计数。

2. 地区生产总值、各产业增加值绝对数按现价计算，增长速度按不变价格计算。

3. 除注明外，所有增长或下降速度均为同上年相比较。

4. 部分数据因四舍五入原因，存在与分项合计不等的情况。

5. 纳入规模以上工业统计范围的工业企业起点标准为年主营业务收入2000万元；固定资产投资统计起点标准为项目计划总投资500万元；限额以上批发零售企业是指年主营业务收入2000万元及以上的批发企业和年主营业务收入500万元及以上的零售企业；限额以上住宿餐饮企业是指年主营业务收入200万元及以上的住宿餐饮企业。

（市统计局）

机构设置与领导人名录

中共运城市委

书　　记　王茂设（＊2014年6月因涉嫌违纪接受组织调查）

副 书 记　王清宪　陈振亮

市委常委　王清宪　陈振亮　王殿民　张润喜　常建忠　荆青莲　安雅文　崔克信　于　波　常社教　王　胜

市委工作部门

办公厅

秘 书 长　王　胜

副秘书长　王绍良　张套狮　王红波　王　云

保密委员会常务副主任　张保贵

办公厅副处级督察员　郑爱民

机要局局长　陈晓峰

市国家保密局局长　范安军

市委机关党委副书记　王永兴

市委办公厅副调研员　张彩玲　杨晓梅

何运亮

组织部

部　　长　安雅文

副 部 长　张守相(常务)

任爱梅　韩永康

张登庆　李永辉

部务委员　霍雨苏　丁玺全

宣传部

部　长　于　波

副部长　黄勋会(常务)

张民庆　段利民

严伟杰

纪律检查委员会

书　　记　张润喜

副 书 记　孙　伟(常务)

姜东俊

赵玉明(监察局局长)

贾海林　秦跟安

纪委常委　李新民(秘书长)

陈建春　翟龙飞

景莉莉

监察局副局长　郑万荣　赵红彤

统战部

部　　长　荆青莲

副 部 长　李新潮(常务)

秦爱民　王常伟

刘增辉

部务委员　李　锐

政法委

书　记　崔克信

副书记　李高潮(常务)

史慧玲(610办主任)

张开高(综治办主任)

董兆庆　杜峰彦

综治办副主任　郭大江

政治部主任　孙　飞

机构编制委员会办公室

主　任　张保安

副主任　吴顺虎　李　林

调研员　张彩菊

市直机关工委

书　记　张建文

副书记　周　江

张丙巳(兼市直党校校长)

翟纪亭

纪工委书记　马建忠

市直工委委员　王建斌

刘兆军

调　研　员　陈英俊

宋永胜

市直党校副校长　薛彩霞

部门管理机构

信访局

局　　长　刘景峰

副 局 长　张立功　唐晓林

副调研员　王秀川　黄云生

老干部局

局　　长　任爱梅

副 局 长　赵向利　宋雷柱

谢丽娟

台湾工作办公室

主　　任　董泽民

副 主 任　王铁成

副调研员　原　坚

党委直属事业单位

市委党校

校　　长　陈振亮(兼)

常务副校长　邵景阳

调 研 员　孙续功　孙恩恩

副 校 长　卫武康　李洪智

郝向耕　闫世杰

潘富国

校委委员　邹建民

副调研员　赵忠义　解京泽

行政学院

院　　长　王殿民(兼)

常务副院长　邵景阳

副 院 长　张登庆(兼)

社会主义学院

院　　长　于　波(兼)

常务副院长　邵景阳

副 院 长　闫义勇(兼)

国防教育学院

院　长　陈振亮(兼)

政　委　常社教(兼)

副院长　邵景阳

运城日报社

社　长　张民庆

总编辑　卫君翔

副社长　刘玉栋

副总编　薛建华　樊峻峰

党史研究室

主　任　樊朝阳

副主任　张建国

讲师团

团　长　张玉焕

副团长　李昭阳　马淮镇

市文明办

主　任　严伟杰(市委宣传部副部长)

副主任　仇官有

运城市人大常委会

主　任　张建合

副主任　刘冠生　王正风　史海涌

卫孺牛　裴良杰

秘书长　赵振国

运城市人民政府

市　长　王清宪

副市长　王殿民(常务)　常建忠

王俊飙　王健康　陈竹琴

秘书长　杜自立

市政府组成部门

办公厅

副秘书长　李建业　陈省平

翟俊彦　徐志英

王奋勇　张春红

王继宏　畅满增

袁卫廷

纪检书记　左治平

发展和改革委员会

党组书记、主任　张玉忠

党组副书记、调研员　杨世平

调研员　万进科

副主任　高克敏　陈林虎

王功臣　崔建军

总经济师　陈会民

总工程师　周　寅

纪检组长　刘军虎

信息中心主任　樊晓阳

重点办主任　张志伟

党组成员　臧水江
副调研员　武文赤

经济和信息化委员会

主　任　董学刚*
副主任　卢天狮　乔望生
　　薛清华　张炳奎
　　李运喜
调研员　侯全友　李引平
市节能监察执法支队支队长
　　廉运杰
纪检书记　赵红泽
总工程师　任永强
总经济师　王正武
市国资委党委副书记　李　岩
副调研员　潘志英

教育局

局　长　路胜利
副局长　翟立明(正处)
　　李红霞　杨立德
纪检组长　兰　屹
调研员　范创业
总督学　张俊耀
市招生考试管理中心主任
　　姚耀忠
副调研员　荆建功

公安局

市长助理、党委书记、局长　戎劲光
副书记　冯养合
　　冯　文(副局长)
副局长　周　鑫(常务)
　　杨建云　张　凯
　　王黎明　武峻平
党委委员　马高丰(纪委书记)
　　赵海民(政治部主任)
　　靳卫平(消防支队支队长)
　　杨　伟(刑侦支队支队长)
　　李　磊(盐湖公安分局局长)
　　李满庭(交警支队支队长)
　　吴素萍(运城经济开发区公安分局局长)
　　王聿荣　张学良
　　陈河山

司法局

党组书记、局长　王吉海
副局长　李宝基　崔晓勇
　　闫利军　王德谋
　　周　昶

民政局

局　长　李百选
副局长　谢益民　杨　敏
　　贾新平
调研员　李太亨　张晓旭
纪检组长　王利民
军休所所长　贾洲红
副调研员　张泽民

财政局

党组书记、局长　张殿权
党组副书记　谭志民
副局长　廉　宏　张国伟
　　马秋来
纪检组长　张建国
调研员　谢万程　王开进
　　灵　敏
副调研员　常秀珍
支付局局长　杨志良

人力资源和社会保障局

局　长　张登庆
副局长　赵振明　刘建中
　　杜步霄
纪检组长　史忠诚
调研员　赵永学　姚丰吉
　　原　波

住房保障和城乡建设管理局

局　长　靳虎刚
副局长　王世斌　王克义
　　李晓辉
纪检组长　芦景珠
调研员　张萍梅　孙文中

住房保障管理中心

主　任　郑　波
副主任　张旭卫　董立峰

规划勘测局

局　长　王立军
纪检组长　叶建军
副局长　解更生　张建康
总规划师　冯建军

交通运输局

书记、局长　李晋学
副书记、副局长　解建功
副局长　鲍师宣
总工程师　毋智民
纪检组长　李印成
运管处处长　邓文义
交通综合执法支队支队长　王小成
调研员　权志学
副调研员　王全民

国土资源局

局　长　王建军
副局长　朱新生　戴福安
　　薛学盛　郭　勤
总工程师　焦志宏
纪检组长　李继军
盐湖分局局长　侯伟强
副调研员　杜青义　朱灵春
　　赵青斌

水务局

局　长　樊剑展
副局长　沈辛未　辛选民
　　崔作铭
总工程师　王俊武
纪检组长　宁华文
尊村引黄管理局局长　李泽亮
水资办主任　李　强
调研员　任望平　王茂建

农业委员会

主　任　邵明水
副主任　李鼎龙　裴宝珠
　　郝代业　曹广峰
　　薛艳丽
调研员　亢青选　王荣光
市区划与名优中心主任　李社民
市区划与名优中心副主任　史俊民
农委纪检组长　葛　凯
市会展中心主任　张　帆
市农经中心主任　薛　璇

林业局

局　长　李晋生
副局长　邢富生　毛兴晖
调研员　张　驰　奥卯辰
　　吴炳森　孙引科
纪检组长　杨小召
总工程师　孙引科
副调研员　赵克信　郭梅英

科学技术局

书　记　朱武生
局　长　张东婷
副书记(调研员)　薛保钢
副局长　董建宏　陈力田
纪检组长　卢青娟

文化广电新闻出版局

局　长　杨金贵
副局长　亢跃辉　杜　涓
　　张胜涛　任红玉
纪检组长　赵仲波

文化市场行政综合执法

大队大队长　董　刚

调研员　王云亮　张保家

副调研员　李朝文　陈彩凡

卫生局

局　　长　叶新龙

副 局 长　范建国　李　哲

陈文丽　王　芳

纪检组长　狄泰生

调 研 员　李清学

市爱卫会常务副主任　樊贵宏

人口和计生委

主　　任　卫新平

副 主 任　柳广振

纪检组长　杨可隆

调 研 员　樊桂萍　王新民

刘爱勤

审计局

局　　长　任永吉

副 局 长　李乃胜　马丽娟

纪检组长　杨　平

总审计师　任兴龙

调 研 员　董焕朝

副调研员　姚向国

商务局

书记、局长　闫甲午

副 书 记　李志民(副局长)

副 局 长　杜绪鹏　贠晨昱

纪检组长　关晓龙

总经济师　荆富功

调 研 员　曹秦峰　李立勇

环保局

局　　长　曹醒侨

副 局 长　李福堂　张会生

调 研 员　李宝珠

纪检组长　陈　明

总工程师　柴瑞萍

食品药品监督局

局　　长　陈汪利

副 局 长　赵通儒　段保宏

纪检组长　孙阿平

调 研 员　史春刚

副调研员　季晓东

市政府直属机构

统计局

局　　长　王平安

副 局 长　李扎西　王钰媚

总统计师　谢选立

省统计局运城调查监测中心

专职副主任　薛占国

助理调研员　闫学军

旅游局

局　　长　杨忠庭

副 局 长　令狐东华　吴丽宏

纪检组长　王志凯

调 研 员　杨连中

文物局

局　　长　李　波

副 局 长　李百勤

李红霞(12 月调离)

史清华

纪检组长　周文全

调 研 员　范有生

体育局

党组书记、局长　郭健平

副局长　卢运红　薛卫东

纪检组长、市体校党支部书记

张新智

副调研员　张　晓

粮食局

党组书记、局长　杨生荣

调 研 员　刘运法　侯茂盛

副 局 长　薛高峰　姚　黎

工会主席　侯培坤

纪检组长　关黎斌

副调研员　李　冬

安全生产监督局

局　　长　蒋同军

副 局 长　王晓东　王　雁

王永平

纪检组长　李文杰

总工程师　毛宏才

调 研 员　钱红元

运城市煤炭安全纠察支队队长

李清水

民族宗教局

党组书记、局长　秦爱民

副 局 长　林　奎

纪检组长　张　静

机关事务管理局

局　　长　陈云龙

调研员　尉建龙

副局长　王有余　上官纪昌

副调研员　郑文胜

市政府议事协调机构

外事侨务办公室

主　　任　李　峰

副 主 任　安联平　王　波

纪检组长　张朝辉

副调研员　罗崇军

市政府直属事业单位

档案局

局　　长　孙玉莲

副 局 长　耿竹菊　张　静

纪检组长　冯英伟

地方志办公室

主　　任　雷英铎

调 研 员　宁雪瑞

副 主 任　张武虹

地震局

局　　长　高　萍

调 研 员　梁建华

副 局 长　王建国　刘振安

纪检组长　张　晓

老龄委

主　任　崔新杰

扶贫办

主　任　陈立社(兼党组书记)

调研员　薛喜昌　戴志忠

副主任　李　雷

果业发展中心

主　任　王宏伟

副主任　畅文选

调研员　郝淑英

总农艺师　淮迎社

畜牧兽医发展中心

主　任　姚　蔚

副主任　冯红芳　赵巧云

谢　宏　肖泽锋

农机局

局　　长　张建设

副 局 长　景运添　郭晓艳

纪检组长　李金钟

调 研 员　张中林

中小企业局

局　长　李国平
副局长　吕陈虎　王海峰
　　　　刘鹏鹰
调研员　张世英　张展科

农业综合开发办

主　任　潘俊武
副主任　裴骄阳　曹卫红
调研员　杜勤学

国际金融组织贷款管理局

局　　长　贺建功
副 局 长　李振华　杨继跃
　　　　　李玉琴
总会计师　梁璐琪

广播电视台

台　　长　闫　宏
副 台 长　党克让　黄建国
　　　　　杨泽勇（总工程师）
纪检组长　董亚强
调 研 员　张小民
总　　编　原启民

城镇集体联合社

主　　任　张堂民
副 主 任　杨亚朋　李秀峰
　　　　　陈明道
纪检组长　张　杰

供销合作社联合社

理事会主任　孙志信
监事会主任　席永红
副主任　薛新宽　吴宏伟
纪检组长　吴　昕

圣惠新区建设管理中心

主　任　畅一平
副主任　彭梦森

集中供热供气办公室

主　　任　杜伟师
副 主 任　孙耀民
总工程师　靳晓红

疾病预防控制中心

主　任　石喜民
书　记　解　芳
副主任　王晋生　陆立星
　　　　冯学荣

民航机场管理局

局长、董事长　郝荣生
副 局 长　王朝民
副总经理　程占胜　廉醒民

政协运城市委员会

主　　席　柴林山
副 主 席　杨泽生　王七庚　薛旋民
　　　　　潘和平　谢爱玲　张　冠
　　　　　闫义勇　孙涛锁
秘 书 长　张新民
副秘书长　刘东吉　马国跃　雷学智

办公厅

主　　任　刘东吉
副 主 任　郭文汇
副调研员　高洒乐

提案委员会

主　任　邹光存
副主任　赵力学　李盛泉

经济和人口资源环境委员会

主　任　马志勇

教科文卫体委员会

主　任　孙　艳
副主任　王小俊

农村委员会

主　任　张启民
副主任　家稳稳

民族宗教委员会

主　任　肖玉芬

社会法制委员会

主　任　杨云科

文史和宣传委员会

主　任　马国跃
副主任　魏荣汉

研究室

主　任　韩晓军

委员联络服务中心

主　任　段建杰

政　法

运城市中级人民法院

院　　长　何振科
副 院 长　董朝科　孙世芳
　　　　　侯曙亮　王拂晓
　　　　　雷晓琪
纪检组长　刘博文
政治部主任　郭文斌

盐湖区法院院长　李培鸿

山西省人民检察院运城分院

书记、检察长　郝跃伟
副书记、副检察长　郭瑞瑄
副检察长　王大为　焦良梅
　　　　　魏亮梅
政治部主任　吕天祥
纪检组长　李旭明
党组成员　朱文峰

民主党派和工商联

中国国民党革命委员会运城市委员会

主　委　赵通儒
副主委　刘国义　王　玮
　　　　姚科云　马国跃
　　　　原菲娜
秘书长　罗文田

中国民主同盟运城市委员会

主　　委　史海涌
副 主 委　刘红旗　范春玉
　　　　　魏亮梅　李文杰
　　　　　张占洲
秘 书 长　文秀斌
副秘书长　陈　恺

中国民主建国会运城市委员会

主　　　委　孙涛锁
驻会副主委　马春录
秘　书　长　高永庆

中国民主促进会运城市委员会

主　委　翟冬鸿
副主委　李明刚　李志云
　　　　孙　艳　杨良杰

九三学社运城市委员会

主　　　委　闫义勇
驻会副主委　王宏斌

市工商联

主　　　席　薛旋民
党 组 书 记　王常伟
常务副主席　王林祥

群众团体

工　会

主　　席　裴良杰

党组书记、常务副主席　董建民

调 研 员　穆　羽

副 主 席　秦恩年　秦全发

纪检组长　张红杰

副调研员　杨　晓

团　委

书　记　安　奇

副书记　李　涛　张瑞芳

副调研员　王　刚　曹政管

妇联

主　席　薛印芳

副主席　骆新爱　杨瑞妮

付晓霞

调研员　刘　红

妇儿工委办公室主任　安林英

科协

主　　席　吕景方

副 主 席　李伶旗　高菊英

副调研员　闫昌发

侨联

党组书记　李新潮

主　　席　李红光

党组成员、调研员　梁晓静

副主席　史玉玲　范安师

仝　霞

文联

党组书记　段利民

副 主 席　畅　民

调 研 员　武俊英

残联

理 事 长　张学礼

调 研 员　孟保林　闫敬民

副理事长　郭丽梅

副调研员　靳北平

纪检组长　张　岩

贸促会

会　长　李建业（市政府副秘书长）

副会长　李乃民

垂直部门

工商局

局　长　武晓勤

党组副书记、调研员　王　敏

党组成员、调研员　焦志强

负培齐

副局长　王邑建　韩菊红

王东海　贾文生

纪检组长　李怀刚

中共运城市非公工委专职副书记

钱如江

国家税务局

局　　长　陈长森

副 局 长　马福山　王元智

李　军

纪检组长　刘　强

地方税务局

局　　长　郭开立

副 局 长　刘玉晶　魏钢

纪检组长　梁晓辉

总会计师　乔　霞

总经济师　杨军旭

质量技术监督局

局　　　长　潘志孝

副　局　长　乔泽明　胥金来

李随合

纪 检 组 长　王　毅

总 工 程 师　卫运峰

调　研　员　张广明　贾秀民

副 调 研 员　任引妙　赵　霞

烟草专卖局

局　　长　姚　宏

副 局 长　刘宏深　赵小勇

副 经 理　郝红青　丁　毅

纪检组长　薛　斌

气象局

局　　长　周国柱

副 局 长　贾朝阳　李宗良

纪检组长　卫徐刚

无线电运城市管理处

局　　长　张志铭

副 局 长　杨金乐

副调研员　田红梅

公路局

局　　长　丁惠民

党委书记　权可进

副 局 长　畅良臣　郭临生

吉王毅　张兆阳

副书记兼纪委书记　王发刚

工会主席　李曙光

供电分公司

总经理、党委副书记　燕争上

经理、党委副书记　刘显哲

党委书记、副总经理　李　黎

党委书记、副经理　吕　文

副总经理、工会主席　杨虎臣

副总经理　李永生　潘永忠

孟长虹

党委副书记、纪委书记　张丙寅

工会主席　张　进

总会计师　邓小卫

石油公司

经　　理　许维林

党委书记　梁治平

副 经 理　李维新　景随娃

仝　飞

运城银监分局

副书记、副局长　宋成华

副局长　崔　峰　贾孟飞

纪委书记　尉海泉

中国人民银行运城市中心支行

行　　长　王东红

副 行 长　邓潜贞　潘　锋

李共民

工会主席　高宇杰

纪委书记　李晓峰

中国工商银行运城分行

行　长　靳小红

副行长　朱宪刚　丁志刚

毛　伟　师江河

纪委书记　韩保印

中国农业银行运城分行

行　长　温旭斌

副行长　宋利平　孙效聪

李全学（纪委书记）

中国农业发展银行运城分行

行　长　刘旭峰

副行长　王俊民　闫智勇

赵克弟　秦晓龙

中国建设银行运城分行

行　长　张晨武

副行长　潘新华　姜广兴

孟庆禄　王　阳

宁续东

中国银行运城市分行

行　长　李民红

副行长　王允龙　李　明

　　　　李红兵　吕永斌

农村信用合作社联合社

理事长　张保安

主　任　张　军

纪检组长、监事长　郝新民

副主任　程清斌　王晓勤

　　　　马明立

党组成员　董新旺

中国人民财产保险公司运城分公司

总经理　景继军

党委委员、副总经理　郑平安

　　　　王东红

　　　　安霖世

纪委书记、副总经理　王　浩

总经理助理　丁世俊

中国人寿保险公司运城分公司

总经理　王　渊

党委副书记、副总经理、纪委书记

　　　　刘效平

党委委员、总经理助理　丁自强

　　　　段红英

　　　　李向阳

邮政局

总经理、党委书记　刘志强

纪检书记　张红红

副总经理　程　峰　张安桢

邮政银行运城市分行

行　长　武　杰

纪委书记、副行长　侯河琦

副行长、总审计师　李秋梅

副行长　闫向宏　康晋丽

中国电信运城分公司

总经理　崔　兵

副总经理　齐宝亮　韩俊蓉

　　　　郭　锐

中国移动运城市分公司

总经理　刘　颖

纪检书记、副总经理　张绍平

副总经理　王　坚　景小辰

中国联通运城分公司

总经理　李连军

副总经理　闫振廷　崔　浩

　　　　管艳萍　刘伯承

　　　　吴　刚　靳继克

山西省军区运城军分区

司令员　宋保民(大校)

政治委员　常社教(大校)

参谋长　肖发南(大校)

政治部主任　李志刚(大校)

后勤部部长　黄民建(上校)

政治部副主任　靳学武(上校)

中国人民武装警察部队运城市支队

支队长　李东增(上校)

第一政治委员　戎劲光(市公安局长兼)

政治委员　刘贵良(上校)

副支队长　王继周(中校)

　　　　杨军涛(中校)

副政治委员　燕生春(中校)

参谋长　杨兵衍(中校)

政治处主任　张连发(中校)

后勤处处长　梁建博(少校)

学　校

运城学院

党委书记　崔克勇

党委副书记、院长　姚纪欢

党委副书记　赵小狮

纪委书记　刘自强

副院长　梁晋才　王卓民

　　　　张凤琴　梁永平

　　　　李慎明

党委委员　贺正云

（注：以上名单由各单位提供，姓名后加“＊”者为当年离任。领导排名根据年鉴编纂规则按职务分类排序。）

实《干部教育培训规划》。制订实施了《2013—2017年全市干部教育培训规划》,进一步深化主体班次、专题培训、外出考察、基地培训、在线学习、干部选学、中心组学习"七位一体"干部教育培训体系,为全市干部教育培训工作科学有效开展提供了遵循、奠定了基础。扎实开展整治领导干部参加天价培训活动,严明审批程序,明确规定要求,细化工作标准,对参加高收费社会化培训项目的8人全部召回。

(市委组织部)

【理想信念和道德品行教育】 2014年,制订印发了《在全市干部教育培训中进一步加强理想信念教育的实施意见》,把理想信念和道德品行教育作为干部教育培训的首要任务和党校主体班次的中心内容。组织主体班次学员分赴江西井冈山、贵州遵义等革命传统教育基地进行延伸培训。精心选择10个关于理想信念和道德品行的课件,作为全市干部在线学习的必修课程,进一步促使广大干部坚定理想信念,强化作风养成。 (市委组织部)

【市管主要领导干部学习讨论落实活动专题研讨班】 2014年,把举办研讨班作为全市学习讨论落实活动的开篇之举,以习近平总书记系列重要讲话精神,党的十八大和十八届三中、四中全会精神,从严治党、党风廉政建设等为主要内容,采取市委领导专题报告、党校教授解读辅导、观看警示教育片、分组讨论等方式,对340余名市管主要领导干部进行了集中培训。促使广大干部深刻认识到,深入开展学习讨论落实活动是贯彻落实习近平总书记系列重要讲话精神和中央对山西工作重要指示要求的具体体现,是山西重要历史关头顺应干部群众期盼、担当历史重任、实现治晋兴晋强晋的重大部署,是特殊发展时期推动运城改革发展稳定的必然要求,引导广大党员干部切实把思想和行动统一到中央精神、省委要求和市委决策部署上来。

(市委组织部)

【专题培训】 2014年,围绕市委确定的推进"六化"衔接、实现"四化"互动决策部署,先后举办了全市现代农业及农村政策知识、城乡规划建设管理专题岗位知识网络培训班等。特别是围绕市委、市政府大力实施园区化发展、集群化招商战略,举办了全市产业集群发展专题培训班,采取专家集中授课、市级领导带队参观、研讨交流学习心得等方式,进一步提高认识、统一思想、创新举措、推动工作,受到市委肯定、社会各界一致好评。

(市委组织部)

【正规化轮训】 2014年,举办第21期县处级干部轮训班、中青年干部培训班和第5、6期正乡科级干部培训班,培训干部287名。培训经费方面,首次由市财政统一结算食宿费用;课程设置方面,突出学员需求导向,充分征求意见,合理安排课程;日常管理方面,坚持从严要求,实施定位考勤、跟班管理、自主管理和不定期抽查制度,实现了培训期间吃住行"一卡通";师资力量方面,加大"请进来、走出去"力度,邀请市直单位领导和外省市的党校教师授课,提前安排12名骨干教师分6批赴中央党校、中组部组干学院、北大培训学院等培训机构,听取专家学者关于十八届四中全会精神的权威解读。

(市委组织部)

【《党政领导干部选拔任用工作条例》学习】 2014年,认真抓好新修订《干部任用条例》学习贯彻。突出各级党政领导干部和组工干部这一主体,通过市委中心组带动学、各级党委(党组)发动学、组工干部深入学的立体式、全覆盖学习,促使各级领导干部进一步树牢严守干部工作纪律、带头抵制用人不正之风的责任意识,增强贯彻执行干部选拔任用政策制度的自觉性和坚定性。

(市委组织部)

【强化干部选任机制】 2014年,牢固树立"德才兼备、以德为先、以廉为基"的用人导向,进一步完善干部任用机制和流程,为党委选好人、用好人站好岗、把好关、尽好责。制订并以市委名义印发了《关于从严管理干部的若干意见》,从改进干部选任等16方面提出具体要求。研究起草了《运城市市管干部调整动议暂行规定》、《运城市日常考察干部档案管理办法》、《运城市近距离观察识别干部台账》、《运城市市管干部考察组人员管理办法》等,正在抓紧修订完善。

(市委组织部)

【整治选人用人不正之风】 2014年,从严抓好专项整治工作。专项治理超职数配备干部工作底数清楚,整改消化有序推进。对应清理的27名党政领导干部在企业兼职(任职)工作人员,全部进行了规范清理。完成了市管干部人事档案专项清整、各级机关事业单位借用人员专项清理工作,全市共清理清退借用人员483人。开展了"吃空饷"、"编外用人"、"裸官"等专项整治,对"吃空饷"49人和"编外用人"12043人全部清理。开展了各类领导组过多过滥问题专项整治,共清理各类领导组411个。加大对干部的监督管理力度。组织召开全市干部监督工作会议。建立了领导干部个人有关事项报告抽查核实工作机制,对43名县处级干部个人报告事项进行了抽查核实,对未如实报告的逐个约谈提醒。扎实开展市管领导干部经济责任审计和新任市管干部回访调查工作。从严干部任前审查征求意见和任前公示工作,修订印发了《运城市市管干部任前公示规定》,进一步明确了公示方式、公示内容、公示期限等,坚决防止"带病提拔"。加大对选人用人问题的查处力度。对受理的选人用人问题认真进行查核,对核实的严肃进行处理。在全市范围内通报了夏县人民医院原院长违规选人用人案件,发挥警示教育作用。认真开展全市干部"带病提拔"倒查工作,对发现的县(市、区)1名"带病提拔"科级干部进行了倒查。

(市委组织部)

【年轻干部选拔培养】 2014年,为全市党群系统考录241名公务员(含参公人员),从大学生村干部中公开选拔45名乡科级副职领导干部,面向基层一线为部分市直单位公开遴选了19名工作人员。积极搭建年轻干部培养锻炼平台，安排上年公选的20名副处级领导干部到井冈山进行理想信念教育，到工业园区进行挂职锻炼；在做好省委选派干部到本市挂职锻炼的同时，选派5名县处级副职干部到省直单位挂职锻炼；选派7名年轻干部到市信访部门、39名年轻干部到县(市、区)、13名税务系统干部到基层乡镇进行学习锻炼；对选派到村担任“第一书记”的优秀年轻干部进行跟踪管理；制订印发《关于择优选派优秀年轻干部挂职锻炼的实施方案》，选派82名优秀年轻干部进行挂职锻炼，其中，36名县(市、区)科级干部到市直单位挂职，46名市直单位干部到县(市、区)、工业园区挂职。

（市委组织部）

【激励形成各级干部干事创业导向】 2014年，制订出台《运城市2014年度目标责任考核实施细则》，不断改进完善考核方法和手段，建立了以年度目标责任考核、领导班子和领导干部考核、党风廉政建设考核为主体的“三位一体”综合考核模式。严格实行月通报制度，逐月对县(市、区)、经济开发区目标任务推进落实和重点项目进展情况进行联合通报。坚持以考核定责任、以考核明导向、以考核促发展，强化考核结果运用，营造了各级干部奋勇争先、竞相发展的生动局面。

（市委组织部）

【开展“基层组织提升年”活动】 2014年，采取领导重视到位、方案制订到位、培训经费到位、师资教材到位、严格督查到位“五个到位”措施，狠抓“领头雁”培训，累计培训村(社区)“两委”成员和骨干党员23993人。全面推进党代表工作室建设，明确设置要求、入室原则、时间节点和工作任务，全市共建成231个工作室，接待群众15877人次，走访群众6367次；受理问题9809件，解决问题8529件。集中组建社会组织党组织，共建立党组织96个，覆盖1184家社会组织；将民营高校党组织关系纳入市委直接管理。建立非公有制企业党组织数据库，安排专人对新注册企业跟踪服务；开展了“双强六好”非公企业党组织推荐工作，并对党组织书记进行了专题培训。延伸拓展“联述联评联考”工作，圆满完成各级各领域党组织书记抓基层党建工作专项述职工作。

（市委组织部）

【加强基层服务型党组织建设】 2014年，制订实施了《关于进一步强化“创星晋位”管理，全面加强基层服务型党组织建设的意见》。通过评星定标、晋位升级，对各领域基层党组织实施“创星晋位”动态管理，激励先进、整顿后进，使先进更先进、后进赶先进。计划用3年时间，在乡镇党委、村级党组织、社区党组织、机关事业单位党组织、国有企业党组织、非公有制企业党组织、社会组织党组织等七大领域建设一大批符合“六有”目标要求的基层服务型党组织。截至年底，全市共评出五星级村、社区服务型党组织962个、“四星级”党组织1864个。

（市委组织部）

【实施三项工程】 2014年，大力实施“加强班子建设、改善村级治理、发展新型集体经济”三项工程。针对调研发现的农村集体经济普遍薄弱、服务群众能力弱等问题，市委常委会专题研究出台了《关于大力实施“三项工程”，全面提升农村基层党组织建设水平的意见》，全面深化农村改革、推进农业现代化，增强农村基层党组织的创造力、凝聚力和战斗力。一是加强班子建设。以村“两委”换届为契机，选优配强村“两委”班子，大力加强村级班子思想建设、组织建设、能力建设和作风建设。二是改善村级治理。全面落实“四议两公开”工作法，完善农村经济发展、社会管理、文化建设等制度，维护农村社会和谐稳定。三是发展新型集体经济工程。教育引导农村“两委”班子，注重多元发展，上下联动监督管理，构筑集体经济多渠道、多类型、多元化发展，确保集体资产保值增值，防止流失。

（市委组织部）

【开展村、社区“两委”换届工作】 2014年，坚持超前谋划，通过采取早调研、早谋划、早防范、早宣传“四早”措施，集中整顿了183个软弱涣散党组织，调整农村干部64人，解决突出问题471个，集中审计3187个村，为村“两委”换届工作顺利开展奠定了坚实基础。制订出台了《运城市村党组织换届工作实施方案》、《关于认真做好全市社区党组织和第五届社区居委会换届选举工作的通知》，采取“一个程序一安排、一个环节一培训”的办法对业务骨干进行集中培训，按照一村一策原则对全市183个重点难点村逐村制订工作预案，派出12个督查组分赴各县(市、区)、经济开发区开展专项督导，始终坚持把村、社区“两委”换届工作作为贯彻落实“全面推进依法治国”决定、“党要管党、从严治党”的生动实践，加强党的领导、依法开展选举、规范工作程序、严明纪律要求、强化督查指导、把握舆论导向，有序推动工作进展。截至年底，全市村党组织换届工作已基本完成，村委会换届选举在有序进行中，社区“两委”换届工作也在顺利进行中。

（市委组织部）

【领导干部“访、知、解”集中走访活动】 2014年，印发了《运城市领导干部“访民生、知民情、解民事”集中走访活动实施方案》，组织各级领导干部集中两个月时间，完成“走访一批各类农户、召开一个座谈会、解决一个实际问题、填写一张民情表格、形成一篇调研报告”的“五个一”走访任务。34名市级领导干部和433名县级领导干部走访农户18094户，帮助解决实际困难3044个。

（市委组织部）

【党员干部队伍建设】 2014年，认真贯彻落实《中国共产党发展党员工作细则》，通过组织培训、规范程序和年度交叉大检查等方式，确保发展党员工作严格标准不走样、严明程序不变通、严肃纪律不放松，提升发展党员工作规范化水平。创新实行“上下联动定课目、自下而上选课题、统筹安排讲课程，进农村面对面培训、下田间手把手培训、上网络一对一培训”的“三课三训”模式，推进农村党员教育培训流动课堂，建立了由159名专家组成的“流动课堂师资库”，为基层送学授课，培训党员群众3万余人，受到农村党员群众的普遍欢迎。构建在职党员“工作在单位、活动在社区、奉献双岗位”的新机制，实现了在职党员服务群众常态化、长效化。结合党的群众路线教育实践活动，认真做好民主评议党员和处置不合格党员工作，突出抓好“评议、认定、处置”三个环节，共处置不合格党员129名。本市盐湖区作为全省处置不合格党员试点县，进行了方案报批。

（市委组织部）

【开展“六个一”活动】 2014年，继续开展大学生村干部践行党的群众路线“六个一”活动。进一步丰富活动内容，强化宣传引导，严格督查指导，全市大学生村干部共帮扶困难家庭2455户，办理惠民实事28249件。扎实做好大学生村干部培训工作，市县共举办各类培训46期，培训6843人次，培训比例达100%。鼓励支持大学生村干部创业富民，新增大学生村干部领办的农民专业合作社14个，3名大学生村干部领办的合作社被评为省级示范社，名列全省第二。积极做好大学生村干部有序流动工作，2014年共流出350人。

（市委组织部）

【远程教育】 2014年，拍摄7部先进人物事迹专题片，《心系百姓的水官》在全省党员教育电视片观摩交流活动中获一等奖，并获“优秀摄影作品”单项荣誉。上传科普知识、种养殖技术等百部实用课件，充实远程教育平台，拓展技术信息服务渠道。试行远教终端站点星级评定办法和播放“AB双岗”责任管理机制，提升管理质量和学用效率。

（市委组织部）

【高端人才引进】 2014年前历年坚持高端引领，以全日制硕士及以上学历研究生、35岁以下国家“985工程”院校统招本科毕业生及45岁以下具有高级专业技术资格的高层次人才为重点，连续9年分8批引进402名高层次紧缺人才。2014年进一步加大招才引智力度，经过编制审核、公开考试、研究决定等程序，为全市39家市管学校、医院等事业单位引进114名区域外高层次紧缺人才。继续实施“不求所有、但求所用，不求常驻、但求常来”的柔性引才方式，引进海外博士22名，已有9人入选省“百人计划”。

（市委组织部）

【市校合作共建现代农业人才培养综合基地】 2014年，实施推进“人才强市战略”，与山西农业大学合作共建“人才培养和现代农业技术示范推广运城综合基地”，强化运城市与山西农大的项目、科技攻关及人才培养合作，实现产业集聚人才与人才引领产业的互动循环。制订《运城市现代特色农业发展总体规划》，对项目落实情况、人才培养等方面的任务进行分解。先后组织14个专家服务团队对农村实用人才开展技术指导，帮助解决疑难问题，举办32期农业知识及人才培养等方面专题讲座，对现代农业实用技术人才进行重点培养，对全市11项农业重点项目推进情况进行专项督查。已建成22个农业技术示范基地，涉及稷山板枣裂果病防治示范等25个现代农业综合开发项目，培养本地现代农业人才36名。

（市委组织部）

【科技人才评选表彰】 2014年，重奖运城市突出贡献十大科技人才。研究制订《运城市引进人才奖励办法》及配套《实施细则》，组织开展了运城市突出贡献科技人才评选表彰活动，市财政专项划拨280万元，对评选出的10名对运城市转型跨越发展做出突出贡献的科技人才进行隆重表彰奖励。在市电视台录制播出专题纪录片，广泛宣传获奖人才的先进事迹，在全市上下进一步营造了“尊重劳动、尊重知识、尊重人才、尊重创造”的良好氛围，优化了人才发展环境，激发了各类人才创新创造活力。

（市委组织部）

【组织工作对外宣传】 2014年，继续实施信息工作目标推进法，共编发《运组信息》50期，被《晋组信息》刊发33条、中组部《组工信息》采用2条。继续做好《运城组工》编发工作，在全国29个省（市、自治区）的190余市（地）开展交流。实行调研课题项目化管理，上报课题成果35篇。积极发挥内外两大门户网站作用，通过运城组织工作网上传信息648条，运城党建网站访问量达到191万人次，营造了浓厚的组织工作正面舆论氛围，扩大了运城组织工作的影响力和知名度。

（市委组织部）

宣传工作

【概况】 2014年，在省委宣传部和运城市委的正确领导下，运城宣传思想文化部门深入贯彻落实党的十八大和十八届三中、四中全会精神，贯彻落实习近平总书记系列重要讲话精神，贯彻落实全国、全省宣传思想工作会议精神，紧紧围绕市委、市政府的中心工作，围绕“六大”重点，狠抓“六个”落实，弘扬主旋律、传播正能量，对内凝聚“运城力量”，对外展示“运城形象”，全力营造点燃激情、自加压力、奋勇争先、竞相发展的良好氛围，理论武装、舆论引导、文化繁荣、产业发展及精神文明创建等各项工作都取得了新进展，实现了新突破，为全市转型跨越发展提供了强大精神动力、舆论支持和文化支撑。

（市委宣传部）

【强化党对宣传工作的领导】 2014年，全市各级党委特别是主要负责同志把做好意识形态工作当做重要的政治责任来抓，牢牢把握宣传主旋律、主基调、主阵地，为党的中心工作服务；加强对重大问题的分析研判和重要任务的统筹指导，确保党对宣传思想工作的领导权、管理权、话语权。始终坚持党管媒体原则不动摇，始终绷紧导向这根弦，加强宣传思想工作队伍特别是领导班子建设，确保宣传思想工作的领导权牢牢掌握在忠于党、忠于人民的人手中。市委常委会分两次召开会议，就抓好当前意识形态工作进行了专题讨论、安排部署，做到了把意识形态工作同各个领域工作更加紧密地结合起来，形成了党委统一领导、党政齐抓共管、宣传部门组织协调、有关部门分工负责的工作机制。

（市委宣传部）

【组织理论学习】 2014年，以各级党委中心组为龙头，严格落实中心组成员“两个一篇”学习任务。市委中心组集中学习14次，围绕习近平总书记系列重要讲话、新修订的《党政领导干部选拔任用工作条例》等内容进行专题学习。邀请国防大学战略教研部朱成虎教授、中国政法大学教授王卫国、中国军事科学院罗援少将、北京大学叶自成教授等著名专家分别作了《中美关系的发展变化及其趋势》《运用法治思维和法治方式深化改革、推动发展》《中国周边安全环境和软实力建设》《文化自信与国学精华》等专题讲座。

（市委宣传部）

【开展理论研讨】 2014年5月10—11日，与中央党校文史部等部门联合举办了中华优秀传统文化与中国梦（运城）学术研讨会，为更好地提炼运城深厚文化内涵、打造“古中国”特色旅游目的地提供了更广阔的视野、更专业的视角。6月1—2日，成功举办了第17届全国社科院院长联席会议暨首届河东盐文化历史与开发研讨会，全国各地的专家学者为运城发展给予更高层次的理论指导和智力支持，就运城盐池及中国盐的历史、文化、开发进行了深入探讨。

（市委宣传部）

【学习型党组织建设】 2014年，始终贯彻落实中央和省委的要求，坚持“五有”（有领导机构、有学习计划、有目的要求、有制度保证、有督查考核），着力“五抓”（抓龙头引导、抓载体推进、抓方式创新、抓典型示范、抓措施激励），不断把学习型党组织建设工作向广度和深度拓展。紧密结合全市开展的群众路线教育实践活动，集中学习5次。给中心组成员配发了《世界社会主义五百年》《习近平总书记系列重要讲话读本》《改革热点面对面》《党的十八届四中全会决定辅导读本》等书籍资料。组织党员干部学习《百年潮·中国梦》《世界社会主义五百年》《习近平总书记系列重要讲话读本》《改革热点面对面》《习近平谈治国理政》等，全市各级党组织都以不同形式开展了十八届四中全会和习近平系列重要讲话精神学习活动。各县（市、区）都开设了大讲堂，邀请专家、教授作高水平的辅导，进一步扩大了高水平讲堂的受众面。开设“流动课堂”，围绕主导产业，为所在村党员干部提供技术服务和现场指导，增强了基层干部带头致富、带领致富的能力。注重发挥挂职干部作用，组织大学生村干部、到村任职的优秀青年进村入户宣传全会精神，通过电视、报纸、网络等途径拓展学习渠道，采取不同的学习方式方法，不断增强学习的实效，切实做到使领导干部能学深学透，广大党员能掌握基本内容。

（市委宣传部）

【园区化发展、集群化招商宣传】 2014年，大力宣传“园区化发展、集群化招商”的创新理念、重大意义、总体思路和目标任务，以及所取得的显著成效，宣传各县（市、区）、各经济技术开发区的重大举措和典型经验，涌现出的先进事迹和先进人物。开办《项目建设一线观察》《转变作风在路上》《走进园区看发展》《运城路径·园区化发展集群化招商》等栏目，图文并茂、贴近实际、生动活泼、耐人寻味。开设《运城时刻·全民动员集中攻坚，创建国家卫生城市》栏目，对全市创卫情况进行集中式报道；《践行群众路线的好党员、好干部》专栏，推出了一批先进典型人物。关注重大民生问题，从创建食品案例放心城市切入，配合市人大常委会开展“河东食品案例行”活动，组织记者深入一线采访，并推出《河东食品安全记者行》，已刊发稿件、照片数十篇；配合创卫工作，回应民众关切，《文明运城，向陋习说不！》曝光不文明行为专栏和《落实党风廉政建设主体责任和监督责任大家谈》等栏目开办后都产生了广泛而积极的影响，市委副书记、市长王清宪对《运城日报》推出的《运城路径·园区化发展集群化招商》栏目给予了充分肯定。

（市委宣传部）

【经济工作会议精神宣传】 2014年，大力宣传贯彻落实中央和全省经济工作会议精神情况，突出全市经济工作的指导思想、目标任务、重大决策、工作举措，各级各部门的实际行动和具体措施。紧扣改革与发展主题，突出宣传深化改革的目标、原则、方法，改革的新举措、新进展、新成效，充分反映社会各界的积极评价和热烈反响，生动报道社会各界推进改革进展成效的广泛好评。同时，结合省里安排的《综改攻坚、创新驱动、项目见效》宣传要求，各媒体精心组织、科学统筹，把握时间节点，有计划、有步骤、分阶段地开展宣传，做到水长流、不断线、有规模、有声势、有高潮。围绕园区化招商、集群化发展项目建设，民生工程、群众路线教育活动、创建卫生城市等，各媒体纷纷开辟专题专栏，撰发评论、社论加强引导，推出了大量的重头报道。围绕党的群众路线教育实践活动主动作为，创新载体，根据活动进展情况，全程跟进，在抓好活动动态报道的同时，强化评论正确引导，尤其注意发现典型，宣传典型，总结经验，有力地促进了活动的顺利开展。

（市委宣传部）

【规范新闻报道工作】 2014年，重新修订了《关于改进工作作风，规范新闻报道若干问题的意见》，以市委、市政府办公厅运办发〔2014〕13号文件印发全市。对会议和领导活动报道的范围、形式、发稿的字数、时长、版面占用以及新闻播发时效做出界定和要求；对刊发领导署名文章和广播电视讲话，对文章和讲话的篇幅、字数、时长、采编做出明确规定，等等。调整组建新闻评审员队伍，对运城日报和市广播电视台的报纸版面和新闻节目内容进行经常性阅读、收听、收看，提出评审和改进意见。不定期对各新闻单位贯彻落实“八项规定”和省市实施意见执行情况，各项规章制度落实情况，进行实地检查和量化考核,提出改进要求。新闻报道工作不断改进,领导活动和会议报道大幅精简、大量压缩,基层稿件和民生内容稿件大量上头版,上头条,短新闻、小言论日益增多。全年电视报道会议和领导活动的次数和时长比上年同期分别下降了8%和7.8%。报纸报道次数和次均文稿字数比上年同期分别下降了5%和2%。运城日报和市广播电视台严格执行规定,把改进后余下的版面空间和节目时段留给基层和普通群众,腾出来的采编人员派向基层,到生产生活的第一线,围绕全市的重要工作和民生问题推出重头报道,开设重要栏目,抓活鱼、抓典型,报道更鲜活、更生动,呈现出“四少四多”的良好态势。会议和领导活动的报道减少了,反映基层工作和普通群众的报道增多了;大版面长篇幅的报道减少了,短消息和小通讯增多了;老八股旧模式的稿件减少了,生动鲜活的稿件增多了;脱离群众的官样文章减少了,民生话题和社会新闻增多了。新闻报道的指导性和实效性增强了,广大人民群众爱读爱听爱看了。

(市委宣传部)

【组织开展社会主义核心价值观宣传】 2014年,积极开展中国特色社会主义理想信念教育、中国梦宣传教育、社会主义核心价值观宣传教育,引导广大干部群众积极参与,高举旗帜、坚定信念,不懈追求、开拓奋进。盐湖区德孝文化建设经验以“在传统文化中发掘中国梦的正能量”为题在1月7日《光明日报》整版刊登后,得到刘云山和刘奇葆同志的充分肯定并在全国予以推广;7月9日,中宣部在北京组织的公益广告创作活动“图说我们的价值观”创作动员会,盐湖区6名剪纸艺人应邀参加。2013年盐湖区被中央文明办确定为全国“讲文明、树新风公益广告剪纸创作基地”,2014年又被中宣部确定为全国“图说我们的价值观公益广告剪纸创作基地”,此次6名剪纸艺人继上年第二次光荣赴京参会,接受并已完成了“图说我们的价值观”全国“百名共产党员”、“百名时代楷模”和“百名时代先锋”剪纸创作任务,《人民日报》等国家主流媒体和加盟网站陆续予以刊播。中宣部副部长王世明充分肯定了运城市在全国“讲文明、树新风”公益广告创作中发挥的统领作用和突出贡献。

(市委宣传部)

【组织开展弘扬正能量行动】 2014年,积极开展“三个倡导”、“山西精神”、“右玉精神”宣传教育,开展“讲文明、树新风”学雷锋志愿服务等主题实践活动,引导人们形成向上向善的力量。以“德润三晋、共筑梦想”主题实践活动为载体,开展节俭养德全民节约行动,在各级党政机关、社区、学校、家庭和各行各业都开展了不同形式的节俭养德全民节约活动,取得了良好的社会效果。组织开展志愿服务进社区行动,全市已注册志愿者组织24个,文明单位志愿服务队320个,志愿者总人数达到25万余人;志愿服务活动紧密结合文明城市创建工作,服务项目涉及多个领域,充分发挥了志愿服务活动的社会公益性作用。开展全民读书行动,以“倡导全民阅读、助力学习型社会、营造书香运城”为主题,举办了运城市首届全民读书节暨图书展销活动启动仪式,在全市掀起了热爱读书、崇尚读书的良好风尚;市广播电视台通过电视栏目持续开展了“诵读经典”活动,举办了《心灵物语》第二季大众诵读员选拔赛暨运城市首届职工诵读经典比赛活动,引导教育广大人民群众,特别是未成年人坚定理想信念,提升精神境界,构筑道德基础。开展道德规范制订和完善行动,全市各行各业进一步完善了本部门、本系统的职业道德规范,并采取实际行动优化服务环境,提高服务质量。开展文明礼仪培育行动,《运城日报》、《黄河晨报》相继开辟了“文明诚信河东人”、“一举一动传文明、一点一滴促养成”、“加快四城联创步伐、建设文明和谐美丽大运城”、“让城市更加文明和谐、让市民生活更加美好”栏目,运城新闻网开设了“讲文明、树新风”专栏,刊发了《社会交往中的文明用语》、《文明交通行动计划》、《文明礼仪常识》、《文明礼仪基本知识》等多篇文章。开展诚实守信创建行动,不断优化社会诚信环境,大力挖掘和宣传先进典型,曝光反面典型,积极营造诚信光荣、失信可耻的良好社会氛围;在第五届山西道德模范授奖仪式上,芮城县东垆乡北曹村的常宁波荣获了“诚实守信道德模范”提名奖,同时各县(市、区)也评选表彰了一大批诚实守信先进典型。开展德孝文化弘扬行动,与省委宣传部、省妇联举办了“德孝文化”建设推进会。

(市委宣传部)

【积极开展典型教育】 2014年,发掘选树了一批以张学会、柳本星为代表的重大典型人物,引领广大干部群众积极践行社会主义核心价值观。加强“道德讲堂”建设,设立了“道德讲堂”500余个,使广大党员干部群众受到了深刻教育。持续开展“我们的节日”主题实践活动,利用传统节日,开展了民间文艺展示、孝老敬老等群众喜闻乐见的文化活动;结合现代节日特点,开展了各类评比竞赛表彰奖励活动,激发了广大干部职工的工作热情和动力。以立德树人为根本,扎实推进未成年人思想道德建设,充分发挥学校教育主导作用,在中小学开展了培育和践行社会主义核心价值观活动;结合“我的中国梦”主题教育实践活动,开展了“清明祭英烈”、“学习和争做美德少年”、“童心向党”歌咏、“向国旗敬礼”、“中华经典诵读”等各类主题实践活动。开展第五届山西省道德模范推荐评选工作,3人受到了表彰。组织举办了第三届运城市道德模范评选表彰工作,表彰了25名道德模范和24名道德模范提名奖。

(市委宣传部)

【群众文化场馆建设】 2014年,高度重视“五馆一院”、“三馆一院”文化设施建设。全市136个乡镇文化站基础设施建设和文化活动器材配备实现全覆盖,3185个村级文化活动室的图书和卡拉OK设备全部发放到位,农家书屋建设任务全部完成。县级文化馆、图书馆、乡镇文化站全部免费开放,为基层群众开展各项活动提供了强有力的保障。市群众艺术馆改扩建工程已全部完工,11月中旬正式投入使用,改建后面积达

3500多平方米，是一座功能齐全、设施完善的现代公共文化活动场所，也是市民免费参加文化培训和活动的精神乐园。博物馆、体育馆、河东会堂、数字多功能厅影院运行正常。新建的黄河博物馆正在布展。图书馆、科技馆正在规划建设。县级图书馆、文化馆、博物馆常年开展活动。在打造以“古中国”文化标识的建设中，文化场馆发挥了积极作用。（市委宣传部）

【开展非遗挖掘保护】 2014年，开展了第四批国家级非物质文化遗产代表性项目的申报工作。组织推荐了10个第四批国家级非遗项目，有6个项目已入选文化部公示名单，为全省最多。全省两人获国家优秀传承人，运城市1人；全省两个企业获全国示范基地，运城市1个。运城市2014年共有63名传承人被推荐为省级非物质文化遗产传承人，为全省最多。共评出市级代表性传承人125人。稷山螺钿、新绛澄泥砚、闻喜花馍、芮城理天桃木雕刻手工艺品和布扎5个非物质文化遗产项目参加了第十届深圳文博会，受到好评。（市委宣传部）

【组织加强文物保护】 2014年，在文物保护资金方面，申报88个项目，其中国拨经费项目34项，省拨经费项目54项，共落实国家、省补助资金3928万元，有力地支持了全市文物保护工作。围绕大遗址保护开展蒲津渡与蒲州故城遗址公园建设，3月份启动之后各项工程进展顺利，国家、省补资金2100万元全部落实到位，蒲州故城鼓楼遗址保护工程已完工，蒲津渡遗址博物馆展厅中心布展项目也已全面竣工投入使用。推进山西南部早期建筑保护工程，完工项目6项，涉及总投资3000余万元，已开工项目6项，还有一批文物保护项目在抓紧前期工作。彩塑壁画保护工程，聘请敦煌研究院运用高科技手段为壁画保护收集了有效的数据资料。推进馆藏可移动珍贵文物修复，落实博物馆文物库房建设及技术保护修复方面的国家重点文物保护专项补助资金1623万元，先后开展了芮城县博物馆馆藏残损珍贵文物修复、临猗县博物馆珍贵青铜器文物修复工作，组织编制了闻喜馆藏石质文物、二三级书画及青铜器修复方案，落实经费补助692万元。抓好盐池文物复修保护工程，完成东禁墙工程和木阁楼工程，东禁门修缮保护设计方案已通过省文物局专家评审；东禁门文化产业苑项目一期文化公园绿化工程已招标，明清一条街及广场轮廓绿化和瓮城内三条道路两边绿化已完成；引水工程初步设计通过专家评审；鼓楼主体完成了一、二、三层大木构件的制作安装工程、城台楼梯砌筑和层面工程；西禁门城台及禁墙修缮保护方案已委托省古建筑研究所进行设计，西禁门至运解路600米观光道路已全面完成并已开通；同时还编制完成了河东盐务稽核分所、河东道台衙门大堂修缮设计方案，正在编制盐商周边大院、景德馨盐号修缮设计方案。（市委宣传部）

【开展“戏曲惠民·欢乐百姓”活动】 2014年，深入推进“戏曲惠民·欢乐百姓”、“四心剧场·天天有戏”活动。全年送戏下乡共演出1828场，其中送戏下乡1630场，四心剧场198场，受益群众达200万余人次。各县（市、区）每月在城区安排不低于5场演出，解决城区群众看戏难的问题，这一做法被省文化厅作为典型在全省进行推广。8月27—9月28日，在河东会堂举办了为期一个月的折子戏大赛，市、县两级16个专业剧团、4个民营团、5大院校参加了演出，7大梅花奖演员、6位一级演员和高级讲师进行了展演，整个演出格调高雅，精彩迭出，特色鲜明，效果良好。在戏剧惠民工作中，实现了城乡群众观看全覆盖，参演剧团（国有、民营、戏校等）全覆盖。（市委宣传部）

【开展“文化惠民在河东”活动】 2014年5月25日，“群文风采优秀节目大展演”活动首场演出在永济南山广场举行，随后在盐湖区、闻喜县、夏县、平陆县、稷山县、北空部队、市直机关等共演出15场。8月13—15日，在南风广场举办了“运城市第二届文化菊花奖民间艺术大赛暨第三届群文风采大展赛”，这次比赛规模大、作品多、质量高、影响广、反响好，受到了市四大班子领导的高度赞誉。9月11日，与市纪检委等部门联合举办了运城市“书写反腐正气，画绘倡廉清风”群众反腐倡廉书画大赛，市四大班子领导亲自书写了作品并出席书画大赛活动，营造了弊革风清的文化氛围，新华网、人民网、山西日报等多家媒体予以报道。8月18—9月24日在槐东文化苑关汉卿大戏台举办了戏迷消夏演唱会，历时一个多月，每团1场，共演出20多场。由政府扶持，居民自娱自乐，以此推动群众文化上档次、多样化，进一步促进社区文化、校园文化、企业文化繁荣发展。市群艺馆开展了“面对面”群文骨干大培训活动，在全市培训群文骨干3万余人，组织群众合唱大赛在全省“三晋之春”合唱大赛中荣获冠军。（市委宣传部）

【构建数字电影服务体系】 2014年，组织全市200余名电影放映人员深入农村为广大农民放映电影38232场，覆盖率达到100%，使全市偏远山区的农民也看上了电影。同时，还为市公安局、盐湖区凤凰小区等单位和社区放映电影352场，全年累计放映优秀公益电影38584场。在第二批群众路线教育实践活动中，积极组织放映《焦裕禄》、《杨善洲》等8部影片，主动联系市直部门，先后给空港开发区、市交警大队、市总工会等单位上门放映电影50余部。组织开展了寄宿学校公益电影活动，为寄宿学校每月放映一场学生喜欢的优秀影片，圆满完成了国家和省广电局下达的放映任务。（市委宣传部）

【文艺精品创作】 2014年，《三晋史话·运城卷》经专家多次反复修改调整，初步定稿，已报送专家委员会审定。《我是山西人（运城版）》基础性省情教育读本（七年级、八年级）各1册，经专家讨论修改调整已初步定稿。根据全国优秀共产党员、两次获得全国“五一劳动奖章"的平陆县林场云盖寺瞭望台护林工荆保山的先进事迹改编的电影《一片树叶的情义》年底拍摄完成。根据临猗优秀共产党员陈玉芳先进事迹改编的电影《党员妈妈》,体现了共产党员心系百姓、无私奉献的赤诚情怀,对引导党员干部密切联系群众,聚集社会正能量具有典型引导作用。戏曲电视连续剧《我们是党员》,4月份参加"中国梦"主题文艺创作活动,获中宣部、国家广电总局等五部门认可推荐,作为11部主旋律剧目之一,7月—10月份在全国展播。蒲剧《山村母亲》在国家大剧院成功演出,"黄河母亲唱响京城、至深母爱泪动全场"。《山村母亲》受邀并被安排在母亲节前夕的黄金时段登场,印证了该剧的舞台表演艺术达到了国家水准,是蒲剧乃至山西戏剧的光荣,在国家级演出层面上有了蒲剧的位置。中国戏剧协会已决定将该剧列入2014年梅花奖数字电影拍摄计划。

(市委宣传部)

【扶持文化产业发展】 2014年,为扩大文化企业的影响,组织6家文化企业参加了"第二届晋商大会文化产业项目对接恳谈会",并为企业制作了推介光盘,在晋商大会上进行播放,山西电视台和黄河电视台对企业进行了宣传报道。为展示民间书画艺术水平,培养、扶持民间书画艺术人才,挖掘、发现民间书画艺术精品,引导、推荐民间书画成果交流,为晋陕豫黄河金三角区域合作建造民间书画展售平台,在南风广场举办了运城市首届书画展售大集。这次展售活动共有来自运城13县(市、区)三门峡、临汾、渭南的208位书画爱好者参加,其中现场创作126位,共销售73幅作品,销售金额76885元。推荐山西本命年文化创意有限公司、运城市鑫瑞华有限公司、山西省新绛县绛州澄泥砚研制所三家文化企业申报第六批国家级文化产业示范基地;推荐河津市吕彦堂吕氏祖传琉璃工艺厂、永济市惠畅文化创意有限公司、山西千年晋绣文化创意有限公司三家文化企业申报第三批山西省文化示范基地。

(市委宣传部)

【规范文化市场管理】 2014年,完成了全国文化市场技术监管与服务平台的基础信息采集录入工作。为推进文化市场行政审批制度改革,提高文化市场行政审批人员业务水平,规范文化市场行政审批行为,对全市文化市场行政审批人员进行了免费集中培训,提高了他们业务水平和依法行政的能力。卫星电视接收设施专项整治工作共出动检查人员190人次、出动车辆60车次、收缴卫星接收设施110套、张贴各类宣传单800余份。对印刷企业、打印复印、出版物发行及连续性内部资料出版物单位进行了年度核验,对30余家资料不完整的印刷企业给予暂缓年度核验,对4家无法取得联系的印刷企业给予注销。加强对图书音像市场和各电脑城电子出版物专营区的日常管理和专项整治,查办案件40余起,对全市500名持有记者证的工作人员资料进行审核并报省新闻出版广电局换发新证。"扫黄打非"开展了"清源2014"、"秋风2014"和"净网2014"专项行动。对出版物市场、印刷企业,对火车站、汽车站及周边,对报刊亭(店)、便利店、超市、宾馆、集(夜)市等销售出版物场所,进行了全面清查,共出动人员800余人次,检查印刷企业100余家,有效地预防了各种政治性非法出版物流入,全市没有出现销售和印刷政治性非法出版物的现象。开展了清缴假《记者证》专项行动,收缴各种假《工作证》80余个,假《新闻记者证》5个,公安机关对冒充《中华风》杂志社记者王某以冒充国家工作人员招摇撞骗名义给予行政拘留。

(市委宣传部)

【举办第25届关公文化旅游节】 2014年,围绕关公"忠义仁勇、诚信礼智"主题,打造关公文化品牌,深入挖掘文化旅游市场、拓宽文化展示平台,整合文化产品资源,进一步助推关圣文化建筑群申遗步伐,不断增强关公文化的辐射力,提升山西、运城的知名度和影响力。关公文化旅游节的成功举办,为弘扬中华优秀传统文化,展示山西运城独特的文化魅力,做大做强文化旅游产业做出了积极的贡献。

(市委宣传部)

【"关圣文化建筑群申遗"工作】 2014年,拆迁了解州关帝庙南侧加油站和18户民居,完成了生态停车场及旅游步道改造工程;完成了解州关帝庙技术防范配套工程、常平关帝庙安防配套工程;完成了防洪堰南移加固工程和景区内文物本体的维修及油饰断白工程;开展了景区入口改造工程;完成了景区内中英文标识牌设计制作安装。"关圣文化建筑群"申遗宣传除利用报纸、电视台、网络进行宣传外,采取多种形式、多方位、多层次开展,编印申遗手册近千份、印发申遗简报和宣传彩页,组织万人签名支持"申遗"活动,扩大关帝庙的知名度和影响力;同时,投资200余万元聘请北京电影学院·天幕云图工作室,拍摄完成中英文申遗宣传片和展示片。编制完成了《世界遗产申报文本》、《世界遗产保护管理规划文本》、《世界遗产环境整治规划文本》,并经省文物局审核通过上报国家文物局。市主要领导与省文物局领导赴京向国家文物局局长励小捷专题汇报"关圣文化建筑群"申遗工作,引起国家文物局的高度重视与支持。《关圣文化建筑群保护管理条例(草案)》已进行征求意见,修改完善,已上报省人大,准备省人大常委会讨论通过。

(市委宣传部)

【运城盐文化宣传】 2014年,配合中央电视台、北京科学教育电影制片厂等单位联合摄制大型人文纪录片《盐》。该片由中央电视台纪录频道立项,共6集,每集52分钟,摄制周期一年,于2015年在央视1套《魅力纪录》、央视9套《特别呈现》和山西卫视等频道播出。纪录片《盐》将对运城盐文化及有关华夏之根、中国源头等古中国文化遗迹进行拍摄。在黄河晨报开设了《话说运城》专栏,刊登专题文章80余篇。

(市委宣传部)

精神文明建设

【政治业务学习】 2014年,市文明委组织中心组成员围绕学习贯彻习近平总书记系列重要讲话精神,制订专题学习计划,把握核心要义,领会思想精髓。严格落实中央和省委要求,坚持“五有”(有领导机构、有学习计划、有目的要求、有制度保证、有督查考核),着力“五抓”(抓龙头引导、抓载体推进、抓方式创新、抓典型示范、抓措施激励),不断把学习型党组织建设向广度和深度拓展。广泛开展了形式多样的学习研讨活动,使广大党员干部群众深刻领会讲话中提出的新思想、新观点、新论断、新要求,更好地用讲话精神武装头脑、指导实践、推动工作。开设了大讲堂,邀请专家、教授作高水平的辅导,进一步扩大了讲堂的受众面。开设了“流动课堂”,围绕主导产业,为党员干部提供技术服务和现场指导,增强了基层干部带头致富、带领致富的能力。注重发挥挂职干部作用,组织大学生村干部、到村任职的优秀青年进村入户宣传全会精神,通过电视、报纸、网络等途径拓展学习渠道,增强了学习的实效。深入开展党的群众路线教育实践活动。紧紧围绕为民、务实、清廉活动主题,按照“照镜子、正衣冠、洗洗澡、治治病”的总要求,坚持规定动作与自选动作相结合、领导带头与全员参与相结合、抓好教育实践活动与促进改革发展稳定相结合,聚焦“四风”、持续用力,深入查摆、积极整改,活动取得了阶段性成效。

(市文明办)

【文明城市创建】 2014年,市文明委坚持利民惠民、求实创新、深化拓展,提升市民幸福指数和城市文明程度。运用典型示范、实践养成、教育学习等多种形式培育良好道德风尚,加强优美环境、优良秩序、优质服务建设,推进城市交通路网、市政公用、园林绿化等设施建设。大力发展教育、文化、医疗等社会事业,切实关心空巢老人、残疾人家庭、下岗零就业家庭等特殊困难群体工作。全面做好农民工、城镇就业困难群体和退役人员等各类人员的就业工作,加强流动人员管理服务,推进计划生育基本公共服务均等化。加强出版物市场监管,深入开展“扫黄打非”工作,营造良好社会文化环境。在全省精神文明建设先进典型评选表彰活动中,运城市被授予“山西省文明城市”称号,河津市、临猗县分别被授予“山西省文明城市”、“山西省文明县城”称号,垣曲、平陆、闻喜、稷山、芮城5个县被授予“山西省创建文明县城工作先进县城”称号。临猗县获得全国文明城市(县城)提名城市资格。

(市文明办)

【乡村精神文明建设】 2014年,市文明委注重发挥创建工作的独特优势,从革除婚丧嫁娶活动不良习俗入手,大力移风易俗,以良好的民风促党风、促政风。在全市农村广泛开展了“讲文明、弃陋俗、树新风”和“崇尚科学、破除迷信”活动,在群众中广泛倡导、积极引导、具体指导;倡导全市群众礼钱不攀比,饭菜不浪费,放炮不扰民,热闹不伤人。河津市、绛县倡导干部群众树立“高尚、文明、节俭、绿色、感恩”的婚俗理念;闻喜县制订了各乡(镇)《红白事管理办法》,提出了“五提倡五严禁”,号召全县广大干部群众争做文明新风的积极倡导者、主动传播者和自觉实践者;平陆县深入开展以“爱我中华、兴我平陆,艰苦奋斗、建设小康”为主题的教育实践活动,倡导人人争做核心价值观的模范践行者;垣曲县利用当地精深的舜乡文化、独特的楹联文化、丰富的民俗文化,建成了4个楹联文化村,完成了300副永久性对联入户悬挂,相继在5个村、2个镇、1所学校、2条街道、2个景区开展了楹联文化创建活动,拓展和延伸了农村的精神文明建设工作;芮城县全面实施“五村”建设示范工程和“五好文明户”评选活动,提升了文明村镇创建水平;新绛县开展了“十佳慈母、十佳贤妻、十佳孝女”评选表彰活动,引领了农村精神文明建设新风尚。盐湖区陶村镇、稷山县稷峰镇、夏县埝掌镇、绛县古绛镇东吴村、盐湖区龙居镇雷家坡村被命名为第四届“全国文明村镇”,河津市龙门村、闻喜县东镇西街村、垣曲县华峰乡河堤村继续保留“全国文明村镇”称号;闻喜县裴社乡等9个乡镇被授予“山西省文明乡镇”,夏县裴介镇双庙村等14个村被授予“山西省文明村”。

(市文明办)

【文明单位创建】 2014年,党政机关紧紧围绕文明单位创建,进一步规范工作流程,公开办事程序,健全工作制度,完善责任机制;不断强化文明礼仪意识,进一步推行文明优质服务,广泛开展“党员示范岗、党员责任区、文明行政(执法、服务)之星”、“做人民满意公务员”等创建活动,切实提升机关单位特别是窗口行业、执法部门的文明行政(执法、服务)水平,树立机关清正廉洁、优质高效、文明规范的形象。为规范文明小区创建标准,提高服务质量,制订出台了《运城市文明小区创建管理办法》和《运城市文明小区测评体系》。突出价值引领,强化典型宣传,全面推进“善行义举榜”建设。在全市各级文明单位中设立善行义举榜,以一种社会褒贬的公开形式,引导群众自觉践行社会主义核心价值观,用身边的好人好事引导教育身边人做好事、行善事,形成崇德向善、见贤思齐的良好氛围。中国移动山西公司运城分公司、运城市盐湖区国家税务局、万荣县财政局、芮城县地方税务局、国网绛县供电公司、运城市盐湖区西城办事处圣惠桥社区被命名为第四届“全国文明单位”,运城市地方税务局、国网运城供电公司、运城市工商行政管理局盐湖分局、永济市地方税务局、河津市审计局、稷山县粮食局、绛县国家税务局继续保留“全国文明单位”称号;运城市气象局等27个单位被授予“山西省文明单位标兵”,运城市委党校等61个单位被授予“山西省文明单位”,运城市盐湖区南城办事处东湖社区等6个社区被授予“山西省文明社区”。

(市文明办)

【各类主题实践活动】 2014年,结合“我的中国梦”主题教育实践活动,在全市未成年人中开展了“清明祭英烈”、“学习和争做美德少年”、“童心向党”歌咏比赛、“向国旗敬礼”等活动。在山西省优秀童谣征集评选活动中,《小麻雀》、《洗手帕》童谣荣获成人组三等奖。为提高中小学生品德修养,发挥先进典型示范引领作用,在全市中小学校开展了“中华经典诵读”活动、“爱学习、爱劳动、爱祖国”征文演讲比赛和运城市首届“大美少年”评选表彰活动。在清明节期间,组织机关单位、中小学校到烈士陵园、革命纪念馆等地,重温入党誓词、举行入党、入团、入队仪式。开展“网上祭英烈”和征文活动,进一步激发广大干部职工及在校师生的爱国主义热情和民族自尊心、自豪感;举办了《弟子规》经典诵读文艺晚会,把《弟子规》编排成舞蹈、小品等节目,弘扬优秀传统文化,用中华民族积淀下来的传统美德教育今人崇德修身,成为推进社会文明和谐建设的一种重要形式。

(市文明办)

【未成年人文化环境建设】 2014年,市文明办组织公安、工商、文化等相关部门多次对全市网吧、图书市场进行检查,共查处违规单位100余家次,其中查处违规网吧经营户17家,取缔无照经营网吧7家,切断为黑网吧提供服务的网线2条;关闭了3家存在问题的网吧内部电影服务器,对擅自脱离“安全管理系统”的12家网吧停业整顿,对不按规定、违规接纳未成年人上网的26家网吧现场纠正;查处违规网吧、图书市场等69家次,罚款总计达22.1万元,下达责令整改书、告知书4份,收缴各类非法出版物540余册(张),查处违规光盘170余张,为未成年人健康成长营造了良好的社会文化环境。乡村学校少年宫建设稳步推进。2014年,中央专项彩票公益金支持运城市的13所“乡村少年宫”已全部建成并投入使用。

(市文明办)

【“道德讲堂”建设】 2014年,全市各级文明单位累计设立了“道德讲堂”500余个,开展各类活动4000余场次,受众达20余万人次,使广大党员干部群众受到了深刻教育,取得了良好的效果。全市“道德讲堂”以“四德”建设和道德楷模精神为主要内容,以关公文化、德孝文化为特色内容,按照“唱道德歌曲、诵读经典、讲道德事迹、发心灵感悟、送吉祥祝福”五个基本环节,建立了主持人、宣讲员、志愿者三支队伍。“道德讲堂”的流程和模式得到进一步规范,影响力和感染力得到进一步提升。

(市文明办)

【市民文明素质提升】 2014年,市文明委通过开展文明旅游、文明餐桌、文明交通行动,着力提升市民文明素质。扎实开展“文明旅游行动”,运城日报社、市广播电视台开设了《睛彩旅游》、“出境旅游、文明先行”等专题专栏,面向市民介绍全国、全省和全市的旅游资源、旅游线路及文明出行知识,实时进行“文明旅游、安全旅游”动态新闻发布;市旅游局等部门结合自身工作特点,深入宣传贯彻《旅游法》,举办了“中国旅游日”、“世界旅游日”等宣传活动,依法规范旅游市场,加大旅游执法力度,净化旅游环境。大力开展“文明餐桌行动”,培育勤俭节约社会风尚,倡导健康文明生活方式,号召市民文明用餐、节俭用餐、安全用餐,实现小餐桌大文明,营造合理消费风尚,同时对全市的餐饮服务进行信用等级评定,进一步提升了餐饮企业服务水平。深入开展“文明交通行动”,开通了官方微博、微信,构建了短信平台、QQ群,每天发布交通安全提示、交通安全知识、交通法律法规等相关内容,及时对全市广大驾驶人员进行宣传教育;在交通系统倡导文明行为,规范服务标准,针对社会现实中存在的突出陋习,重点组织开展了“倡导六大文明交通行为、摒弃六大交通陋习、抵制六大危险驾驶行为”活动,在出租车行业开展了“文明出租车、文明驾驶员”双百评选表彰活动;在公交系统开展了争创“文明公交线路”、“文明公交驾驶员”等竞赛评比活动,进一步提升了城市公交、出租行业的文明服务水平。

(市文明办)

【“讲文明、树新风”公益广告宣传活动】 2014年,市文明委积极培育社会主义核心价值观,大力推进公益广告宣传工作,先后在《运城日报》、《黄河晨报》开辟了专题专栏,及时刊登中宣部、中央文明办发布的通稿43篇。积极贯彻落实《关于进一步加强中央和省委、市委重大决策部署社会宣传的通知》和《关于在市区开展公益广告主题宣传教育和标语悬挂活动的实施方案》,以广场、街道、公园等公共场所为主,在全市300余处场所LED显示屏不间断循环播放宣传标语,制作宣传展板1200余平方米。同时在《黄河晨报》、市广播电视台开设了“直击不文明行为”专题专栏,对不文明现象进行曝光,倡导文明新风;创作刊播“讲文明、树新风”系列公益广告百余篇,使广大市民受到了深刻教育,各种不文明行为得到了有效遏制。完成了中宣部安排的“图说我们的价值观”公益广告创作任务,其中刘泽民等5人受聘为全国公益广告艺术委员会首批委员,创作的《千辛万苦一度电》、《千辛万苦一点油》等作品,在全国各大网站连续刊载宣传,并被中央国家机关事务管理局作为宣传画,印刷、分发至中央国家各机关张贴;中宣部副部长王世明充分肯定了运城市在全国“讲文明、树新风”公益广告创作中发挥的统领作用和做出的突出贡献。

(市文明办)

【志愿服务工作】 2014年,市文明委认真贯彻落实中央、省文明委《关于推进志愿服务制度化的意见》、《社区志愿服务方案》、《山西省志愿服务条例》,组织开展了关爱空巢老人、留守儿童、文明礼仪、维护社会秩序、普及环保知识、清洁环境卫生等志愿服务活动。刊发了《携手共创国家卫生城市》倡议书,号召全市志愿者及广大市民积极投身到创建国家卫生城市活动中;向全体市民倡议积极参加栽植“家庭亲情林”活动,3000余人参加了活动共栽植1000余棵亲情树;开展了在职党员到社区报到服务群众活动,全市144个社区全部推行了在职党员社区报到制度,在职党员报到人数达到2.8万余人。开展了“爱心送考”志愿服务活动,累计参与人数达

5000余人,免费接送考生及家长达万余人,赢得了考生和家长的一致好评。截至年底,全市已注册志愿者组织24个,未注册志愿者组织77个,文明单位成立志愿服务队320个,志愿者总人数达到25万余人;在中央文明办、民政部、共青团中央联合举办的2014年"国际志愿者日"主题宣传与实践活动启动仪式上,市敬老服务志愿者协会会长梁香草荣登"全国首批优秀志愿者五星榜"。

(市文明办)

【开展道德模范等各类先进典型的评选学习宣传】 2014年,市文明委积极推荐第五届山西道德模范候选人,认真组织开展第三届运城道德模范评选表彰活动。梁香草荣获山西省道德模范称号,张学会、常宁波荣获山西省道德模范提名奖;姚胜元、李金龙等25名同志被授予运城市道德模范称号,姚晓瑕、赵亚峰等24名同志被授予运城市道德模范提名奖;大力褒扬凡人善举,积极向中国文明网、山西文明网推荐"身边好人",午仁翠、姚胜元、贺俊峰3人荣登"中国好人榜",胡斌林、高文毓等6人荣登"山西好人榜",张清和梁香草荣获2014"感动山西"十大人物。制订出台《运城市帮扶生活困难道德模范等先进典型实施办法》,进一步加大对生活困难典型的帮扶力度。针对道德模范特困户,市文明委领导对他们进行了走访慰问并送去了慰问金、慰问品。开展了"9·20公民道德宣传日"主题实践活动,宣传道德知识,倡导文明言行,在全社会营造了人人尊重道德、崇尚道德、践行道德的浓厚氛围。

(市文明办)

【文化惠民工程】 2014年,全市136个乡镇文化站基础设施建设和文化活动器材配备实现全覆盖,3185个村级文化活动室的图书和卡拉OK设备全部发放到位,农家书屋建设任务全部完成。县级文化馆、图书馆、乡镇文化站全部免费开放,市群众艺术馆改扩建工程已建成并正式投入使用。博物馆、体育馆、河东会堂、数字多功能厅影院运行正常。新建的黄河博物馆正在布展。图书馆、科技馆正在规划建设。县级图书馆、文化馆、博物馆常年开展活动。深入推进"戏曲惠民·欢乐百姓"、"四心剧场·天天有戏"活动。全年送戏下乡共演出1828场,受益群众达200余万人次。开展"文化惠民在河东"系列活动。举行"群文风采优秀节目大展演"活动15场,为广大农民放映电影38232场,覆盖率达到100%。继续开展文化、科技、卫生、法制"四下乡"、"四进社区"活动,成功举办了运城市首届全民读书节、第25届关公文化旅游节、第五届中国·运城舜帝德孝文化节等系列活动,群众积极性高、参与面广、社会效果显著。

(市文明办)

统一战线工作

【概况】 2014年,在市委的正确领导和省委统战部的具体指导下,市委统战部认真贯彻落实党的十八届三中、四中全会和习近平总书记系列重要讲话精神,紧紧围绕市委中心工作任务,全市统一战线深入开展了"三项工程、四大活动",各领域统战工作整体推进,为全市全面深化改革、转型跨越发展和社会和谐稳定做出了积极贡献。

(市委统战部)

【培训活动开展】 2014年,市委统战部开展了全领域、广覆盖、多层次的培训活动。先后举办了全市党外县处级干部和后备干部培训班、全市民族宗教界代表人士培训班、全市统战干部培训班、全市乡镇统战委员培训班、全市民主党派成员培训班、全市统战民族宗教干部培训班、全市新生代非公经济代表人士培训班等7个主体班次,培训1千余人,培训的力度、深度和规模都超过了以往任何时期。在培训保障上,首次把培训经费列入专项财政预算,为全方位培训夯实了基础;在培训形式上,坚持课堂教学与实地考察相结合,组织统一战线成员和统战干部,深入高铁商务区、盐湖清尚文化产业园、寰烁电子科技有限公司、南山生态智慧城等全市重点项目考察调研,在火热的项目建设一线激发工作热情;在培训方式上,坚持走出去接受高层次培训等方式,选派部分优秀非公有制经济人士和无党派人士积极参加省委统战部举办的培训班,进一步扩大视野,丰富才干。大培训活动有效地激发了统战工作的活力,统战成员和统战干部的政治信念、履职能力、工作热情、服务水平得到了显著提升。

(市委统战部)

【政治业务学习】 2014年,以党的十八届三中、四中全会精神,特别是习近平总书记系列重要讲话精神为重点内容,开展了一系列扎实有效的学习贯彻活动。邀请市委党校教授为各党派班子成员专题辅导了党的十八届三中、四中全会精神;在举办的每期统战成员培训班上,都将十八大精神解读列入培训内容;组织召开了第七、八、九期"党派班子成员学习会",分别就群众路线教育实践活动、生态智慧城建设和协商民主等内容进行了专题学习。建立了与各民主党派市委会主委月联系制度,坚持了各民主党派班子成员每季度集中学习制度。通过培训学习,进一步增强民主党派成员对中国特色社会主义的道路自信、理论自信、制度自信,提高了政治把握能力、参政议政能力、组织领导能力、合作共事能力。

(市委统战部)

【实施代表人士队伍建设工程】 2014年,以贯彻中央8号、省委4号、市委3号文件精神为主线,协助市委做好党外代表人士的发现、培养、使用、管理工作。一是积极补充完善党外代表人士数据库,建立了全市党外知识分子人才库和海外留学归国人员数据库,为建立一支优秀的党外人士队伍,全面了解掌握党外人士的基本情况,做好党外人士的培养、选拔工作打好了基础。二是召开了党外县处级干部履职交流会,到党外干部所在单位进行了走访慰问,对党外副处级干部进行了集中培训。三是严把标准，严守程序，认真做好党外代表人士的推荐安排工作。全年先后向上级推荐了“山西欧美同学会暨山西留学人员联谊会”理事2名，会员1名；推荐“山西党外高端人才”5名，“优秀党外知识分子”8名，“无党派人士建言献策联络员”2名；协助五个民主党派市委会完成了领导班子后备干部人选的协商、推荐、考察工作。

（市委统战部）

【实施共促团结和谐工程】 2014年，“民族团结进步创建活动”成效明显。全年分别为少数民族聚居村争取发展资金近260万元、扶贫资金200万元。为10家少数民族定点企业争取流动资金50多亿元。永济市粟海集团成为全省唯一一家入选国家民委“千家培育百家壮大”工程企业。盐湖区清真寺管委会被国务院授予“民族团结进步模范集体”。“和谐寺观教堂创建活动”扎实有效。开展了爱国歌曲、法律知识、科技知识、健康讲座“四进”教堂活动，取得了良好的效果，促进了民族宗教界和谐稳定。

（市委统战部）

【全市民营经济发展大会】 2014年，协助市委、市政府召开了全市民营经济发展大会，组织全市规模以上民营企业负责人300余人参会，四大班子领导和县市区、市直有关部门、统战部、工商联负责人参会。会上，市长王清宪作了重要讲话，5名职能部门负责人和6名企业家代表作表态发言，6家企业做典型材料发言，会议发出了加快民营经济发展倡议书，得到了与会企业家的积极响应，起到了提振信心，促进发展的良好效果。（市委统战部）

【晋商大会筹备和招商工作】 2014年，圆满完成了第二届晋商大会运城的筹备组织和招商工作，进行了文化旅游产业推介。组织部分企业参与了产学研对接，促成了数项合作。借助晋商网，发布运城市产业集群招商项目，探索网上招商工作。组织代表参加了珠三角民营企业投资考察恳谈活动。接待了北京、上海、西安等地运城市在外商会组织的经贸考察团。对全市在外知名企业家和商会负责人进行了摸底登记，已登记518人，为加强联络和开展相应的招商引资活动奠定了良好基础。

（市委统战部）

【全市重点民营企业观摩交流活动】 2014年，面对经济下行压力，为助力全市产业集群快速成长壮大和民营经济持续健康发展，市委统战部制订了《全市重点民营企业观摩交流暨产业园区考察对接活动实施方案》，分行业、小分队学习交流、抱团取暖、对接洽谈、互补合作。全年已组织交流对接活动3次，企业家积极参与，相互借鉴经营理念、管理模式、从业体会、发展思路，并形成了10多个方面的合作，民营企业之间初步呈现出互助、互惠、合作发展的良好势头，达到了增强信心、增强创新、增强发展的目的。市长王清宪对此给予充分肯定，并专门批示新闻媒体予以宣传报道。同时，按照全省统战系统统一安排，完成了对全市中小微企业发展情况的综合调研，形成了《运城民营中小微企业发展情况调研报告》，给省市两级党委、政府提供了决策参考。支持市工商联组织开展了中小微企业培训活动。

（市委统战部）

【海外人士大联谊活动】 2014年，市委统战部牵头协调举办了世界关氏宗亲会第十一届恳亲大会，来自世界各地和国内700余名关氏后裔汇聚运城，交流洽谈，寻根问祖，大会取得了圆满成功。全年先后5次联系接待了台湾著名影视制作人李岳达，台湾国际动漫大师蔡志忠，达成了拍摄动漫巨作《关公传》、电视连续剧《义薄云天》、在运设立蔡志忠动漫影视基地的合作意向。

（市委统战部）

【开展参政议政大调研活动】 2014年，确定了统一战线思想政治引领工程、党外代表人士队伍建设、非公有制经济人士培养教育、统一战线服务中心工作、城市民族社会管理问题、统一战线与协商民主六个重点课题开展调研。一年中，各党派共完成提案183篇，其中集体提案46篇，有两篇得到批示。全年共撰写社情民意759篇。组织全市六个民主党派主委、驻会副主委和工商联驻会副主席围绕“园区化发展，集群化招商”的工作思路，开展深度专题调研，形成了调研报告，市长王清宪批示：此报告很有价值，对运城市产业集群发展，很有针对性、借鉴性。同时各党派结合各自优势，围绕“六个发展”认领一个调研课题，相关意见建议已上报省委统战部。

（市委统战部）

【自身建设】 2014年，继续加强学习型机关建设。改善学习条件，购置学习资料，配备多媒体，开设了学习交流园地。坚持每周学习制度，采取专题辅导、讨论交流、笔记展评、观看视频等形式，完善知识结构，提升综合素质。组织各县（市、区）委统战部长和部机关干部参加了国家宗教局举办的为期一周的宗教工作培训班。狠抓作风转变，提升工作质量。强化部机关干部岗位责任，制订了2014年度工作任务分解表，任务分解到科室，责任落实到人，同时加强督促检查，圆满完成了全年各项工作任务。把群众路线教育实践活动与“下乡住村、包村增收”、“访民生、知民情、解民事”集中走访活动紧密结合起来，走访了垣曲县5个乡镇，协调解决了浅水莲藕养殖户的土地流转等问题。对基层涣散党组织垣曲县王茅镇白水村进行了整顿，并为解决村级组织活动场所、确定主导产业、修路协调资金10万元。开展了党员服务进社区活动，捐款捐物慰问困难老党员，与党派进社区活动结合举办了市直统战系统与阜巷社区老党员迎春联欢会。深入开展文明单位创建活动。2014年市委统战部被评为市级文明和谐标兵单位。

（市委统战部）

【统战宣传调研信息工作】 2014年，在《中国统一战线》、《山西统一战线》、《运城日报》上发表了宣传稿件80余篇，在全社会营造了浓厚的统战工作氛围。网站上刊用了970余条信息,点击率达到142万人次,点击率和关注度明显提高。被中央统战部宣传办授予"统战宣传工作先进单位"。编发《统战信息》48期,244条,向省委统战部和市委上报信息共计130余条。向省委统战部网站报送信息180余条,为服务领导决策、促进全市统战部门开展工作提供了科学依据。全年共收到调研报告61篇,向省委统战部上报专题调研报告6篇,较好地发挥了参谋助手作用。

(市委统战部)

【落实多党合作制度工作】 2014年,扎实开展民主协商。组织民主党派参加由市委、市政府和有关部门召开的各类协商会、座谈会、征求意见会和情况通报会,就党风廉政建设和反腐败工作情况、《政府工作报告》、党的群众路线教育实践活动等向党外人士通报情况、征求意见。在民主党派开展"坚持和发展中国特色社会主义学习实践活动",协助各党派市委会成立了相应的学习实践活动领导机构,制订了具体的实施方案。全年全市民主党派各级组织共举办培训班25次,参加人数1289人。通过活动,进一步增强了广大统一战线成员接受中国共产党领导的自觉性和坚定性,最大限度地增进了政治共识。协助成立了中国农工民主党运城市支部。4月23日,召开了中国农工民主党运城市支部成立大会,选举产生了第一届领导班子。

(市委统战部)

【光彩事业活动】 2014年,积极引导非公有制经济人士承担社会责任。在经济形势困难的情况下,全市非公有制经济人士参与助学活动111人,资助学生617人,捐款近250万元。参与帮扶贫困村和新农村建设66户,投资金额近3亿元,树立了非公有制经济人士的良好形象。 (市委统战部)

【非公有制经济代表人士工作】 2014年,市委统战部对全市新生代非公有制经济代表人士情况进行调研,共登记建档70人,在此基础上,建立了非公有制经济代表人士人才库。加强了对非公经济代表人士的培训工作。通过各种形式的学习、讲座、报告会,共对3805名非公经济代表人士进行了培训。强化青年企业家和重点民企新一代接班人的培训工作,推选8人参加了山西省优秀中国特色社会主义事业建设者浙江大学培训班,组织6名年轻企业家参加了山西省优秀中青年民营企业家广州中山大学培训班,举办的运城市新生代非公有制经济代表人士首届培训班,实现了对年轻一代非公有制经济代表人士培训工作的新突破。在非公有制经济人士中持续深入开展了理想信念教育活动,组织听取先进典型报告和专题讲座,举办座谈会,组织参与公益事业等,活动丰富多彩,促进非公有制经济健康发展和非公有制经济人士健康成长。

(市委统战部)

纪检监察工作

【案件查处】 2014年,运城市各级纪检监察机关坚持"老虎"、"苍蝇"一起打,着力保持反腐败斗争的强劲势头,全年共受理信访举报3403件,立案2065件,处分各类违纪人员2208人。其中,县处级干部27人,乡科级干部499人;给予党纪重处分279人,政纪重处分94人,双重重处分61人,移送司法机关32人,为国家挽回经济损失1335.13万元。

(市纪委监察局)

【召开党风廉政建设干部大会】 2014年2月12日,运城市党风廉政建设干部大会暨市纪委三届四次全会召开。会议书面传达了中央纪委三次全会、国务院第二次廉政工作会议、全省党风廉政建设干部大会暨省纪委十届四次全会和全省政府廉政工作会议精神,总结安排全市党风廉政建设和反腐败工作。市委常委、纪委书记张润喜代表市纪委常委会作了题为《把握职责定位、强化执纪监督,深入推进党风廉政建设和反腐败斗争》的工作报告。

(市纪委监察局)

【开展党的群众路线教育实践活动】 2014年3月10日—10月24日,根据市委统一安排,市纪委监察局机关深入开展了以"为民、务实、清廉"为主体的党的群众路线教育实践活动。活动期间,委局机关全面落实"照镜子、正衣冠、洗洗澡、治治病"的总要求,班子成员和干部职工广泛深入开展交心谈心,认真查摆"四风"方面的突出问题,深刻剖析问题产生的原因,召开了高质量的专题民主生活会和组织生活会。同时,以钉钉子的精神狠抓整改落实,牵头组织开展了整治奢侈浪费不正之风、"吃喝不正之风"、"会所中的歪风"、"工作秩序涣散、人事管理松懈"、拖欠群众钱款、克扣群众财物问题、发生在群众身边不正之风、奢华浪费建设等7项整治活动,取得了积极的社会效果。通过这次活动,市纪委监察局领导班子共查摆出"四风"问题13条,完成整改任务13项,建立健全规章制度34项,群众观念不断增强,党性修养不断提升,整改工作不断推进,作风形象不断改善,内控机制不断健全,教育实践活动取得明显成效。

(市纪委监察局)

【"净化队伍"专项行动】 2014年4月10日,市纪委监察局在全市纪检监察系统内深入开展"净化队伍"专项行动。对换届以来全市各级纪检监察机关的选人用人情况进行严格检查,严把"入口关"。狠抓纪律建设,派出5个检查组对全市各级纪检监察机关的工作纪律和作风建设进行明察暗访,对违反工作纪律的,一律从严从重处理。出台纪检监察干部"八个决不允许"的纪律要求,对不适合从事纪检监察工作的坚决调离,对违纪违法的严肃查处,以铁的纪律打造过硬队伍。全市共有19名纪检监察干部受到党政纪处分。

(市纪委监察局)

【开展整治"吃拿卡要"专项行动】 2014年8月15日起,市纪委监察局利用4个月时间,在全市范围内深入开展整治"吃拿卡要"专项行动,深入社会反响强烈的权力部门,针对日常群众办事中经常遇到的“门难进、脸难看、事难办”、吃拿卡要、推诿扯皮等行为进行专项治理。组织各县(市、区)纪检监察精干力量进行交叉检查,不打招呼、不留情面,深入摸排、认真查找有关“吃拿卡要”方面的违纪违法线索,并充分利用广播、电视、报纸、网络等新闻媒体,向社会各界发出集中整治“吃拿卡要”专项行动的通告,拓宽多种举报渠道,积极引导、鼓励群众和媒体跟踪监督,广泛收集案源。对造成恶劣影响的直接责任人,一律先予免职,再从快从严查处,并严肃追究分管领导和党政“一把手”责任。共查处案件417件,给予党政纪处分484人。

(市纪委监察局)

【保驾护航农村“两委”换届选举工作】 2014年10月31日,围绕全市农村“两委”换届选举工作,市纪委监察局严明政治纪律和组织纪律,坚持有报必处、有案必查,对破坏选举秩序特别是贿选等违纪违法行为始终保持零容忍的态度。对参与或指使他人以暴力、威胁、欺骗、贿赂、伪造选票、虚报选票数等手段,以及利用宗族宗教势力等破坏、妨碍选举的,依法进行严肃查处;对以不正当竞争手段参选的,一经发现即取消参选资格,已经当选的,宣布当选无效;对黑恶势力干扰破坏选举的,依法严厉进行打击;对工作失职造成不良影响的,严格进行责任追究。截至换届结束,共受理信访举报线索80件,查实16件,给予党政纪处分32人,保障换届工作风清气正、顺利完成。

(市纪委监察局)

【协会组织专项治理】 2014年11月5日,市纪委监察局对市级职能部门发起成立的102家协会组织进行大排查、大起底,坚决查处政社不分、强制入会、乱收会费和违规兼职等问题,协调民政部门对72家违规社团组织依法予以注销,将其账户余额资金779.95万元依法收缴国库,切实减轻了企业和个人的社会负担,为运城经济健康有序发展提供了坚强的保障。

(市纪委监察局)

【开展学习讨论落实活动】 2014年12月9日,根据市委统一安排,市纪委监察局开展以“深入学习习近平总书记系列重要讲话精神,净化政治生态、实现弊革风清,重塑山西形象、促进富民强省”为主题的“学习讨论落实”活动。活动期间,市纪委监察局对牵头负责的“整治收送礼金、红包问题”和“整治领导干部顶风大操大办婚丧喜庆等借机敛财问题”两项工作任务,坚持以严肃的态度、严格的标准、严明的纪律,以“准、狠、韧”的劲头推进落实。

(市纪委监察局)

【内设机构整合】 2014年12月31日,按照省纪委和市委的统一安排,市纪委监察局顺利完成内设机构改革。在保持19个内设机构总数不变的基础上,将办公厅、监察综合室整合为办公厅,党风廉政建设室、纠正部门和行业不正之风室、执法监察室和行政效能监察室整合为党风政风监督室;撤销农村基层党风廉政建设室、派驻机构管理室、预防腐败室;增设纪检监察四室、纪检监察五室、纪检监察六室、纪检监察七室、纪检监察八室、纪检监察干部监督室、离退休人员管理室;在干部室基础上组建组织部,在宣传教育室基础上组建宣传部,在党委办公室基础上组建机关党委;案件审理室加挂申诉复查室牌子,信访室不再挂监察局举报中心牌子。通过整合、撤并、重组,使办案室数量增至9个,占内设机构总数的47%;办案人员增至36名,占机关行政编制总数的47%;执纪监督机构增至13个,占内设机构总数的68%。

(市纪委监察局)

市直工委工作

【概况】 2014年,是全面贯彻落实党的十八届三中全会精神、全面深化改革的开局之年,是统筹推进“五大战略重点”,加快推进转型跨越的关键之年。根据“五四三”新格局总体部署,2014年为市直机关党的工作深化提升年。市直机关党的工作总体思路和要求是以中国特色社会主义理论体系为指导,深入贯彻落实党的十八大、十八届三中全会精神,以加强党的执政能力建设、先进性和纯洁性建设为重点,以引深“五型四好三满意”创建为目标,以群众路线教育实践活动为抓手,以转变机关作风、密切党群干群关系为突破口,围绕中心、服务大局、锐意创新、狠抓落实,不断提升机关党建工作科学化水平,为实现“美丽河东、大美运城”的宏伟目标提供坚强保证。 (吴伟泽)

【党的群众路线教育实践活动】 2014年2月21日,市直工委召开全体人员会议,传达贯彻市委党的群众路线教育实践活动动员大会及市委领导重要讲话精神,专题研究部署工委机关党的群众路线教育实践活动。成立由工委书记张建文同志任组长的教育实践活动领导小组,组建领导小组办公室,下设综合组、宣传组、督导组、实践活动组。专题研究《中共运城市直属机关工委深入开展党的群众路线教育实践活动实施方案》(征求意见稿)、《市直工委党的群众路线教育实践活动流程》(征求意见稿),对本委三个环节的具体安排进行了详细商讨和修改完善。向各党委和机关全体人员发放《市直工委领导班子和领导干部作风建设情况征求意见表》,广泛收集各级党组织和干部群众的意见建议。及时与市委督导组进行对接,汇报前期准备情况和活动总体方案。确保活动高起点开局,高标准开展、高质量推进。

(吴伟泽)

【开展走访慰问老党员、困难党员活动】 2014年,按照中央和省市关于在元旦春节期间开展走访慰问生活困难党员、老党员和老干部活动的通知要求,市直工委在春节来临之际,对抗战时期、解放战争时期的老党员、生活困难党员集中开展走访慰问活动。工委全体党员干部在班子成员的带领下,分7个组,将慰问金、慰问品送到走访对象手中,传递党的温暖,送上美好祝福。此次走访慰问活动,工委抽出专项资金,共计发放慰问品价值71300元,其中,走访慰问抗战时期老党员、解放时期老党员92人,送去慰问品价值达27600元;同时,分特困党员、贫困党员、困难党员三个档次,给予112名困难党员,送去慰问金17000元,慰问品价值达26700元。

(吴伟泽)

【市直机关2014年党的工作会议召开】 2014年3月14日,全市机关党的工作会议在市直党校培训基地报告厅召开,市委常委、秘书长王胜同志出席会议并作了重要讲话。各县(区)机关工委书记、市直机关各党委负责人、党办主任、工委班子成员,全体党员干部共180余人参加了会议。会议由市直工委副书记周江同志主持,市直工委书记张建文在工作报告中全面总结回顾了2013年全市机关党建工作,对2014年的工作任务进行安排部署,并与市直机关党委书记代表签订了《党风廉政建设目标责任书》。市直工委副书记张丙巳同志宣读了《2013年市直机关"五四三"党建工作检查考核情况通报》。会上下发《2014年度党的工作要点》和《2013年度市直机关"五型四好三满意"党建工作检查考核的情况通报》。

(吴伟泽)

【"践行群众观、助推运城梦"演讲比赛】 2014年4月23日,市直工委举办了以"践行群众观、助推运城梦"为主题的演讲比赛。市群众路线学习实践活动第十八督导组组长姚丰吉、副组长赵秀莲及全体成员、市直工委书记张建文及班子成员出席了活动。同时,还邀请了部分市直机关党的工作走在前头的党办主任共80余人参加了活动,推动党的群众路线学习实践活动的蓬勃开展,进一步提高工委机关干部素质,提升党的工作科学化水平。(吴伟泽)

【赴杜马烈士陵园开展祭扫活动】 在党的群众路线教育实践活动开展之际,结合机关素质提升工程,2014年4月1日上午,市直工委全体党员干部在张建文同志带领下到平陆县杜马烈士陵园,瞻仰革命先烈墓碑,祭拜革命先烈英灵,学习革命先烈事迹,接受革命传统教育,并在烈士纪念碑前的党旗下重温入党誓词,以实际行动推进党的群众路线教育实践活动开展。

(吴伟泽)

【组织青年大讲堂】 2014年"五四"期间,市直团工委组织了五四青年大讲堂,邀请了市委党校教授为市直广大团干部、优秀青年代表进行辅导,通过学习,市直广大团干部、团员青年进一步熟悉了青年的时代特点和全市发展思路、重点,提高了基础理论知识的修养,明确了肩负的重大责任。同时为了表彰先进,鼓舞和激励广大团员青年为运城跨越发展而努力奋斗,经市直团工委研究,并报中共运城市直工委同意,授予运城市供电公司等33个团委(支部)"五四红旗团委(支部)"称号;授予亢文勇等30名同志"优秀共青团干部"称号;授予周文佳等61名同志"优秀共青团员"称号。并在此基础上,推选了18个集体和个人接受了团市委不同类型的表彰,市直团工委也被评为"市五四红旗团委"。还筹备组织了岗位能手、优秀志愿者演讲比赛,并选派了中心医院、供电公司的两名选手参加了全市的演讲比赛,获得了三等奖;组织了"运城风采"书画比赛,选出100幅优秀作品参加全市书画比赛,获得一个二等奖,一个三等奖,多个优秀奖。

(吴伟泽)

【纪念建党93周年活动暨"践行群众路线为民、务实、清廉"知识竞赛】 2014年6月27日,由市委组织部、市直工委、市电视台牵头承办的运城市纪念建党93周年大会暨"践行群众路线,为民、务实、清廉"知识竞赛在运城市委南风厅隆重举行。大会主要任务是通过纪念中国共产党成立93周年,深入推动全市党的群众路线教育实践活动扎实开展,进一步动员和激励全市各级党组织、广大党员干部以求真务实、团结奋进的工作作风,昂扬向上、攻坚克难的精神状态,奋力推动运城经济社会持续快速健康发展。

(吴伟泽)

【召开领导班子专题民主生活会】 根据市委党的群众路线教育实践活动的统一安排,2014年7月23日,市直工委班子集中一天时间召开群众路线教育实践活动专题民主生活会。全体班子成员按照"照镜子、正衣冠、洗洗澡、治治病"的总要求,聚焦"四风",对照"三严三实"要求和焦裕禄精神,以整风精神开展批评与自我批评,并提出努力方向和整改措施,为进一步提升党建工作科学化水平,促进运城转型跨越发展提供坚强保障。市直工委书记张建文主持会议。市委第十八督导组全体成员全程参加了会议,组长姚丰吉作了重要讲话。

(吴伟泽)

【省直工委副书记冯进成一行来运调研机关党建工作】 2014年8月27日至29日,省直工委副书记冯进成、省直机关文明办主任段元记、省直党建研究中心主任宋智等一行来运城市调研机关党建工作。市委常委、秘书长王胜、市直工委书记张建文随同调研。省直工委调研组听取市机关党建工作汇报;观看了市直工委制作的《机关党建走前头的运城实践》专题片;召开了各(市、区)工委书记、市直部分单位党组织书记参加的座谈会;又深入市委党校、市中级人民法院、国家电网运城供电分公司及绛县、临猗县,通过听取汇报、查看资料、实地考察等方式,调研机关党建工作开展情况,特别是《中国共产党党和国家机关基层组织工作条例》和省委《实施意见》的落实情况。

(吴伟泽)

【参加全国机关党建理论研讨会】 2014年9月17—18日,全国机关党建理论研讨会在宁波召开。来自中央直属机关工委、中央国家机关工委、全国党建研究会及部分省区市机关工委、中央和国家有关部门机关党委的代表汇聚一堂,就"强化机关党组织对权力运行的监督制约"这一主题展开深入研讨。应全国机关党建研究会的邀请,运城市直工委副书记张丙巳、办公室主任张翠芳参加了会议。在研讨交流中,运彻党的十八大和十八届二中、三中、四中全会精神和习近平总书记系列重要讲话精神,在强化理论武装、转变工作作风、提升能力素质上持续用力、久久为功,自身建设和部门形象呈现了新气象,行政审批制度改革取得了新成果,行政管理体制改革呈现了新局面,机构编制管理迈出了新步伐,全年各项工作任务圆满完成。

(杨志烈)

【行政审批制度改革】 2014年,市编办坚持把行政审批制度改革、规范行政审批行为作为推进政府职能转变的重要抓手和突破口,全市行政审批制度改革工作取得了阶段性成果。市编办设立了审改科,县(市、区)编办设立了审改股,组织相关部门领导和业务人员到太原政务服务中心和上海自贸区、浦东新区考察学习,就深化行政审批制度改革、加快推进政府职能转变在《运城日报》公开承诺,并16次在《运城日报》报道全市行政审批制度改革进展情况,为深化行政审批制度改革奠定了基础。围绕“一个窗口集中、一定时限办结、一厅调度指挥、一网公开监督”“四个一”改革思路,研究制订了《2014年运城市深化行政审批制度改革实施方案》。各县(市、区)也对照市级的《实施方案》制订了相应的工作细则。按照“谁审批、谁负责、谁监管”的要求,分两批承接了省政府决定取消和下放的行政审批事项61项,并对其中7项行政审批事项的下放层级进行了调整。通过“三下三上三核”,自主取消、下放和部分下放行政审批项目71项,同步制订相关事后监管措施87条。进一步推进“两集中、两到位”工作,在市直17个单位设立了行政审批科,成建制进驻行政审批窗口,集中办理行政审批事项。将各部门行政审批程序统一精简为“受理、审核、审批、办结”四个环节,实行预先审办制、联审联批制、实时监控制,提高了审批效率和服务质量。加强对市政务大厅电子监察系统升级改造,与市直37家行政审批窗口对接,强化视频监控系统功能,实时对各审批窗口的事项受理、审核、审批、办结情况进行全程监控。同时,在扩权强县试点县开展了公司注册资本认缴登记制的改革试点工作,停止了个体工商户验照、企业年度检验工作,启用了新版营业执照。

(杨志烈)

【政府职能转变和机构改革】 2014年,市编办坚持“创新体制机制、服务科学发展”的思路,积极做好行政体制机制调整和改革工作,稳步推进市县政府职能转变和机构改革工作,召开了全市动员部署会议,制订了市政府职能转变和机构改革方案及实施意见,下发了市卫生和计划生育委员会等改革涉及部门的“三定”规定,逐一审核批复了县(市、区)的改革方案,市政府机构改革工作全面完成,县级改革工作基本完成。全面完成食药监督管理体制改革任务。根据中央和省委、省政府的总体部署要求,组建了新的市食品药品监督管理局,各县(市、区)也相应组建了食药监管局和综合检验检测中心,完善了食品药品监管体制,促进了监管职能的有效发挥。全面推进工商和质监行政管理体制调整工作。成立了工作领导组,签署了移交备忘录,积极做好移交人员的编制确认、档案审查、相关信息核准等工作,下发了工商、质监系统编制调整的通知和“三定”规定,妥善解决了工作人员的实际问题,确保了工商、质监系统移交地方政府管理工作按时顺利完成。另外,市编办协同市纪委开展了纪律监察体制改革工作,调整优化了内设机构设置,增加了执纪力量。

(杨志烈)

【控编减编】 2014年,市编办严格落实中央、省关于5年内财政供养人员只减不增的要求,制订出台了《运城市控编减编工作实施意见》,提出了市直事业编制总量在2012年底的基数上,按5%的幅度共核减1000名编制的减编任务。实行编制预审制度,行政机关及事业单位通过安置军转干部、公务员招录、事业单位公开招考、高层次人才引进、接收免费师范生、调任等途径新增人员,必须先经编制部门审核编制空缺和编制结构情况,有空编并符合编制结构要求的,方可进行调配安置人员,严防超编进人情况发生,这一做法得到了省编办的充分肯定。严控新增人员,暂停了人才引进绿色通道,冻结了行政事业人员招聘工作。围绕“四清”和“两对应”目标,加大机构和人员编制核查力度,全市共完善实名制信息4740人,清退“吃空饷”人员49人,清理在编不在岗人员222人,办理下编手续1180人,理顺编制手续297人。

(杨志烈)

【编制调剂】 2014年,市编办立足实际、调整思路、积极作为,把有限的编制资源用在推动经济社会转型跨越发展的“刀刃上”,在服务发展、服务民生、服务稳定上取得新成效。采取“增一减一”的办法,在确保机构编制总量不增的基础上,实现机构编制效用最大化。同时,及时跟踪了解机构职能变化和单位履职情况,整合职能弱化、任务减少的单位,腾出机构编制资源,解决涉及发展全局的机构编制问题。先后为运城师范高等专科学校、运城幼儿师范高等专科学校、运城市海仓学校、运城护理职业学院等4所学校调剂补充了教师编制,扩充了师资力量;为盐化中学、市康杰中学、市中心医院、市中医院、市第三医院5个单位700名长期在岗不在编人员解决了入编问题。盐化中学为此还专门给市委、市政府和市编办写了感谢信。从维护社会稳定,加强公安执法力量出发,对运城市公安局所属分局人员编制进行了调整,整合了市局内设机构;为政法、信访等部门调剂增加了编制;为市直和部分县(市、区)设立了互联网信息机构,核定了人员编制,有效加强了全市网络信息和舆论监督管理。与教育、财政、卫生等部门协调,为原市酒类屠宰管理办公室10名人员解决了工资待遇问题;为市口腔卫校5名人员理顺了工作关系、补发了所欠工资;为全市工商、质监系统236名未占编人员妥善解决了编制及待遇问题,化解了内部矛盾,消除了社会不稳定因素。

(杨志烈)

【事业单位登记管理】 2014年,市编办按照"宽进严管"的思路,把事业单位开办资金由验资登记改变为确认登记,提升了登记管理水平。一年中,全市共登记法人事业单位 2851 个,年检单位 2327 个,年检合格率达 93%;全市共注册中文域名 5648 个,覆盖率达 90%,超额完成了省里下达的指标任务。党政机关事业单位网站开办审核、资格复核和网站标识管理工作稳步推进,全市共有 3715 家单位申请网上名称审核和标识,成功挂标 3478 家,挂标率达 85%。

(杨志烈)

【理论学习】 2014 年,市编办坚持把学习教育、理论武装贯穿到党的群众路线教育实践活动、学习讨论落实活动和日常工作的始终,采取集中学习、专题辅导、主题讨论、学习交流、送学上门、个人自学等形式,重点学习了党的十八大、十八届二中、三中、四中全会精神和习近平总书记系列重要讲话精神,学习了中纪委十八届二次、三次、四次、五次全会精神以及省委、市委领导的重要讲话精神。两次活动中都制订了学习计划,统一制作了学习笔记本,购买了学习读本,编印了学习资料,并且坚持做到领导先学一步、学深一步,确保了时间、内容、人员、效果四落实。一年中,领导班子集中学习时间达到 9 天以上,班子成员讲党课 4 次,开展专题辅导 6 次,警示教育 4 次,组织知识测试 2 次。通过一系列学习、讨论、交流活动,全体党员干部的理想信念更加坚定,政治意识、大局意识、服务意识、担当意识和规矩意识明显增强,理论水平和思维层次明显提升。

(杨志烈)

【能力建设】 2014 年,市编办结合机构编制工作实际,组织编写了《机构编制业务知识问答》,让大家边工作边学习边提高,力争使人人都成为业务通、多面手和实干家。在此基础上,采取以会代训的方式对全市机构编制干部进行了 6 次集中培训;采取请进来的办法,4 次邀请市委党校、市委讲师团的专家学者和省编办的领导同志授课。还先后选派了 3 名同志参与全市中心工作,选派了 6 名同志参加省、市中心工作业务培训,选派了 2 名同志到基层挂职锻炼,有效增强了机构编制队伍的工作本领。

(杨志烈)

【作风建设】 2014 年,市编办坚持强化问题意识、树立问题导向,把查摆、反思剖析问题作为关键环节突出来抓,以问题的不断解决来促进作风的不断改进。主要做到了"三个突出"。突出查摆问题。在教育实践活动中严肃召开民主生活会和组织生活会,通过群众提、自己找、上级点、相互帮,领导班子和班子成员分别列出了"四风"清单,并建立了领导班子和党员领导干部征求意见、查摆问题、边查边改 3 本台账。在学习讨论落实活动中,市编办把教育实践活动需要长期整改的问题纳入进来,从 5 个方面查摆了政治生态上存在的 19 个问题,从 6 个方面深刻剖析了存在问题的根源,从 7 个方面制订了 26 条整改整治措施。突出整改落实。坚持边学边改、边查边改、立行立改,领导班子 23 条"四风"清单中,已经整改 18 条,整改率达 78%;领导班子成员 55 条"四风"清单中,已经整改 48 条,整改率达 87%;在"四风"专项整治工作中列出的 8 项重点整治任务均得以整改,整改率达 100%。各种会议、文件、迎来送往大幅减少;"慵、懒、散、奢"、"请吃、吃请"和接受礼品等不良行为得到有效遏制;下基层不搞特殊接待、不提过分要求已经形成自觉。突出建章立制。坚持深入贯彻落实"三严三实"要求,以严的标准要求干部、以严的措施管理干部、以严的纪律约束干部。围绕加强理论学习、改进文风会风、改进调查研究、强化工作纪律、严控"三公"经费、严格执行"八项规定"等方面,修订完善了 16 项规章制度,使制度真正成为党员干部联系群众、改进作风的行为准则和刚性约束。

(杨志烈)

【党风廉政建设】 2014 年,市编办坚持把党风廉政建设和反腐败工作放在全办工作的突出位置。研究制订了《运城市编办 2014 年党风廉政建设和反腐败工作要点》和《2014 年度党风廉政建设和反腐败工作任务责任分解意见》。明确了办主要领导为党风廉政建设第一责任人,领导班子成员根据分工对分管科、局、中心的党风廉政建设负领导责任,各科室负责人对本科室的党风廉政建设和反腐败工作具体负责,从而形成了健全的领导体制和有力的工作格局,为党风廉政建设和反腐败工作的扎实开展奠定了坚强的组织保障。坚持正面教育与反面典型剖析并重。组织大家学习弘扬焦裕禄、孔繁森等优秀党员干部的情操风范,学习新时期廉洁从政、一心为民的先进典型;逐级开展廉政谈话、交心谈心,进一步掌握党员干部的思想动态;组织干部职工到市廉政警示教育基地参观学习,组织科级以上干部学习《以案为鉴,警钟长鸣》警示教育读本,组织全体人员观看《警钟长鸣》警示教育片,让广大党员、干部、职工受警醒、明底线、知敬畏,增强廉政意识,切实筑牢拒腐防变的思想防线。

(杨志烈)

【文明创建】 2014 年,市编办坚持遵循"服务大局、精通业务、勤政务实、廉洁奉公、谦和文明"的总体要求,把创建精神文明单位活动作为"内聚人心、外树形象"的重要工程,作为"一把手"工程,作为加强自身建设、发挥职能作用的重要推手,捆在一起抓,拧在一起建,相互渗透、相互促进,力争在形式上求新,在层次上求深,在标准上求严,在效果上求实。坚持依托队伍建设抓创建。强化以人为本,严字当头的管理教育理念,着力从思想、作风、纪律等方面入手,打基础、强素质、树形象,始终做到思想教育常抓不懈、工作作风常抓不懈、文明服务常抓不懈、习惯养成常抓不懈,努力建设一支高素质干部职工队伍。坚持依托目标责任管理抓创建。把创建活动列入年度目标责任管理,把任务分解安排到每一个干部职工,形成了一级抓一级、层层抓落实的创建合力。坚持依托创卫活动抓创建。认真贯彻落实全市创建国家卫生城市推进大会精神,制订了《开展市容环境整治活动实施方案》,把市容环境整治与提升机关干部职工素质相结合,在创卫活动中激发干部职工的社会责任感。坚持依托扶贫帮困活动抓创建。在春节、中秋期间,组织干部职工到困难职工家中以及扶贫点走访慰问,送书送学,帮助他们解决生活实际困难。积极做好闻喜、夏县6个扶贫共建村的帮扶工作,帮助修订完善了新农村建设实施方案,协助落实帮扶项目资金,有效促进了扶贫共建村的发展。坚持依托环境氛围抓创建。在楼道内安装了队伍建设、廉政建设、思想建设等方面的宣传版面,让大家在潜移默化中受教育;在办公室内摆放绿色植物,美化办公环境,营造和谐舒适的办公环境,激发干部职工的工作热情。坚持依托群团抓创建。充分调动工会、共青团、妇联等组织的积极性,把创建活动纳入群团的主要职责,形成了人人参与、共创共建的生动局面,创建活动和日常工作都取得了长足进步。2014年,市编办被评为落实人口计生工作法定职责先进单位、市直文明和谐单位、全市档案工作先进单位,有3名同志受到了中央编办通报表扬,1名同志被授予运城市"五一劳动奖章"。

(杨志烈)

老干部工作

【概况】 2014年,市老干部工作按照"想清说透干实、尊重规律抓落实;有识有勇有谋、敬畏法纪敢担当"的要求,围绕大局,服务中心,以开展党的群众路线教育实践活动为契机,认真加强干部队伍的作风建设,全面落实老干部的各项待遇,圆满完成了年度工作任务目标。

(市委老干部局)

【全面加强老干部工作】 市委、市政府将老干部工作作为全市目标责任考核指标,纳入2014年度对各县(市、区)和市直各单位的考核范畴,使考核老干部工作上升到市委、市政府的决策层次。根据市委、市政府对全市老干部工作考核的要求,制订了《2014年度全市老干部工作考核细则》。考核细则分市直和各县(市、区)两大块,将全年老干部工作细化为日常工作、共性指标完成情况、重点工作完成情况和加分项目四个大项26个小项,年终进行统一考核、打分、排队。3月14日,市委召开全市老干部工作会议。各县(市、区)委组织部长,老干部局长和办公室主任,市直单位老干部工作负责人,共计120人参加会议。会议认真贯彻全省老干部工作会议精神,对上年工作作了回顾,对2013年度老干部工作创新项目进行推介并表彰了六大类65个先进单位,对2014年工作做出全面具体部署。12月下旬,分9个考核组对13个县(市、区)和85个市直单位年度工作进行了认真考核。闻喜、永济、盐湖、芮城、河津、临猗、新绛、市林业局、市委党校、市农委、市公安局、市中级人民法院、市护理职业学院等单位得分过百,其中闻喜得分最高,达111.5分。

(市委老干部局)

【老干部生活待遇】 2014年,始终坚持离休干部"生活待遇从优"和"共享改革成果"的原则,把全面落实生活待遇、确保老干部过上幸福尊严的晚年生活作为基础性工作,紧抓不放,常抓不懈。着力推动离休干部"三个机制"健康有效运行,做到离休费足额发放,医药费按规定实报实销,离休干部生活补贴及时发放,其中,盐湖区离休干部年医药费人均最高,达3万元,市直人均年2.8万元,永济、临猗、夏县等较少的县也超过了5000元。为方便离休干部看病就医,市直离休干部直接持证看病,永济市还专门在市人民医院设立了离休干部报销办公室。认真落实晋组通字〔2014〕7号文件精神,积极协调市委组织部、市财政局、市人力资源与社会保障局,联合下发了运组通字〔2014〕4号文件,提高了运城市部分离休干部护理费标准,并采取有力措施督促各县(市、区)、市直各单位按时总额兑现执行。离退休干部和离休干部遗属冬季取暖补贴和在职人员一样,按照处级3200元、科级2800元、一般干部2400元的标准全部执行。据统计,全市已帮扶特困离退休干部505名,金额共计423700元。2014年对易地安置的离休干部及住在异地、未办理安置手续的离休干部共35人进行了慰问,送去慰问金共30000元。以运老字〔2014〕1号文件和运组明电〔2014〕25号下发了《关于在春节期间走访慰问老干部活动的通知》和《关于在中华人民共和国成立65周年之际开展走访慰问老干部、老党员的通知》,对活动的意义、原则和任务均提出了具体要求,分别在春节和国庆节前后,看望慰问离退休干部计6.3万人次,为老同志送上党和政府的关心。

(市委老干部局)

【加强"四就近"工作】 2014年初,为规范和提高"四就近"试点社区的质量,制订了"有机构、有牌子、有人员、有制度、有场所、有经费、有设施、有活动、有督查、有效果"的"十有"标准,明确了示范点的具体内容和尺度。10月31日,各县(市、区)委老干部局长和相关人员参加了全市利用社区资源做好离退休干部服务工作推进会,认真贯彻落实省局推进会和省委组织部部长盛茂林同志的重要批示精神,听取盐湖区、闻喜县、永济市的经验介绍。对全市利用社区资源做好离退休干部服务工作进行再动员、再部署、再推进。全市开展离退休干部服务工作的社区有63个,占全部124个社区的50%多,初步建立了老干部工作部门、老干部原工作单位、老干部所在社区、老干部家庭及各类社会组织"五位一体"服务体系,培育出闻喜道北社区、盐湖西花园社区、盐湖姚孟村等一批高标准的示范社区。

(市委老干部局)

【政治理论学习】 2014年,全市各级老干部部门和党组织把离退休干部党员和广大离退休干部学习党的十八大和十八届三中、四中全会精神、特别是习近平总书记系列重要讲话精神作为首要的政治任务,作为落实老干部政治待遇的重要内容,做到"四个统一"(统一制订学习计划、统一购买学习书刊、统一编印学习资料、统一提供学习用具),要求"三个下功夫"(在研读原文上下功夫、在解读重点上下功夫、在学用结合上下功夫),确保学通学透见成效、入脑入心有收获。在学习方法上主要有四种形式:一是专题辅导集中学。全市13个县(市、区)和市局依托活动中心和老年大学均成立了老干部党校。二是支部活动定期学。全市各基层离退休干部党支部不断完善理论学习制度,利用“三会一课”等活动日,定期组织支部党员进行学习。新绛县为检验和巩固学习成效,还组织各支部老同志进行学习笔记展评和时事政治试卷测试。永济市司法局81岁高龄的退休干部程振福,尽管身体多病,常年坐轮椅活动,但每月支部例会都坚持让老伴或家人送到机关,参加学习。三是分级培训重点学。根据省局的统一部署,市县两级老干部共举办支部书记及支部委员培训班18期,对全市393名离退休干部党支部书记和1200名支委普遍轮训了一次以上。四是自我加压个人学。不少老同志把学习当做陶冶思想情操、加强党性修养、充实晚年生活的良好习惯,坚持自我学习,记笔记,写心得,专心致志,乐此不疲。92岁高龄的原永济县委书记卫东昌坚持活到老、学到老,在教育实践活动中,主动写出3篇心得体会文章,亲自送到老干部局。永济市公安局离退休干部党支部30余名党员,记笔记5万字以上的5人,2万字以上的10人。通过学习型党组织建设,确保了广大离退休干部心明眼亮,与时俱进。

(市委老干部局)

【服务型党组织建设】 2014年,积极加强服务型党组织建设,培育和树立老干部先进典型,组织老干部为转型跨越发挥作用,再立新功,涌现出许多感人的事迹。闻喜县退休干部、诗联协会会长闻振西倾心打造“全国楹联文化县”,为闻喜的文化事业做出了突出成绩,被推荐为全国离退休干部先进个人。退休干部、芮城县共产党员高文毓15年如一日,绿化荒山万余亩,造福桑梓,无私奉献,被县委、县政府树立为全县干部群众的学习榜样。永济市原人大主任、老促会会长张克让同志倾心25个老区村的扶贫事业,先后争取资金1200多万元,解决了道路硬化、人畜吃水、孩子上学等民生问题。闻喜、永济、新绛等地在离退休党支部中开展“大手牵小手”、“双阳共筑身边梦”等活动,共有76名老党员和1200多名贫困学生牵手成功。在推动运城市转型跨越发展的征程上,广大离退休干部成为一支不可替代的力量。

(市委老干部局)

【丰富老干部精神文化生活】 2014年,为了进一步改善老干部学习活动条件,各县(市、区)纷纷推出新举措。临猗县投资30余万元对活动中心进行美化、亮化改造,对教室、院落、墙体粉刷;投资3万余元新购置了乒乓球桌、羽毛球架等活动器材;投资10万余元购置电脑10余台。盐湖区投资5万元优化、美化了门球场,投资6万元扩修和更新老年大学艺术团、合唱团的场所。新绛县投资12万余元为泉掌镇、阳王镇、万安镇、粮食局、店头片娄中村等老干部活动室配备了办公桌、沙发、茶几、空调、电视、并订阅了报纸杂志。

(市委老干部局)

【各级走访慰问】 2014年9月30日,市委常委、常务副市长王殿民,市委常委、秘书长王胜代表市委、市政府走访慰问了王学良等老干部、老党员,向他们送去党和政府的关怀和温暖。永济市委书记陈杰、市长廉广锋,稷山县委书记乔登州、县长李亚丽,垣曲县人大常委会主任刘社院、政协主席赵恒坚,芮城县委常委、组织部部长杨建庭,市教育局局长路胜利、市畜牧局局长等也看望慰问了老干部。

(市委老干部局)

【组织献爱心活动】 2014年9月26日市委常委、组织部副部长、市委老干部局局长任爱梅,市委老干部局副局长宋雷柱,市老干部活动中心主任朱开继带领老干部活动中心映山红舞蹈队赴盐湖区福利中心献爱心慰问演出,并为福利院的老年朋友们发放了鲜花和小礼品。

(市委老干部局)

【举办书画摄影展】 2014年9月22日,市委老干部局、市老年书画家协会举办全市老年“双节”颂河东书画大展。市领导王殿民、安雅文出席开展仪式。新绛县、闻喜县、河津市也举办了“迎国庆书画大展赛”和“迎国庆摄影展览”。

(市委老干部局)

【开展文体活动】 2014年,市委老干部局在市老干部活动中心举办了市直老干部趣味运动会、第三届庆重阳乒乓球和象棋比赛。河津市举办了迎国庆、庆重阳“圣唐杯”门球比赛。稷山、永济、临猗、平陆、垣曲、夏县等县(市)均举办了各类文体活动。市公安局、市中小企业局举办了“重阳节”老干部健康教育讲座活动。河津市、闻喜县组织老干部进行了健康体检。全市举办各类活动120余场,参加人数达13000多人次。

(市委老干部局)

党校工作

【概况】 2014年,市委党校始终坚持“教学强校、科研兴校、服务立校”不动摇,以学习宣传十八大、十八届三中、四中全会和习近平总书记系列重要讲话精神为主线,以深入开展党的群众路线教育实践活动为契机,以干部教育培训、决策资政和宣讲宣传工作为抓手,点燃激情、奋勇争先,全面发挥干部教育主渠道和“思想库”作用,在建设美丽党校、和谐党校、幸福党校上取得新进展,开创了党校和谐跨越发展的新局面。

(市委党校)

【学习习近平总书记系列重要讲话精神】 2014年,市委党校把学习习近平总书记系列重要讲话作为党校工作的重中之重,作为首要的重大政治任务,先学一步,学深一层。7月30日,召开了全市党校系统学习《习近平总书记系列重要讲话读本》座谈会,市委副书记、党校校长陈振亮出席并作重要讲话,各县(市、区)委分管党校工作的副书记、

市人大工作

常委会工作

【概况】 2014年，在中共运城市委的正确领导下，运城市人大常委会认真学习贯彻党的十八届三中、四中全会精神和习近平总书记系列重要讲话精神，不断强化政治责任，依法履职、主动作为，为促进运城科学发展，增进人民福祉，做出了积极贡献。

（市人大办）

【政策法规学习贯彻】 2014年，常委会始终把认真学习贯彻党的十八届三中、四中全会精神和习近平总书记系列重要讲话精神作为第一责任，不断增强政治纪律、政治责任；把坚持党的领导、人民当家做主、依法治国有机统一作为根本遵循，自觉落实到依法治国各项任务和人大工作每一阶段、每一环节。尤其是面对净化政治生态、实现弊革风清、重塑山西形象、促进富民强省的新任务、新要求，按照省委书记王儒林同志讲话要求，坚持边学习、边讨论、边落实，以“三严三实”为标尺，深入推进群众路线教育实践活动整改工作和学习讨论落实活动。在庆祝全国人大成立60周年暨地方人大设立常委会35周年大会上，市人大常委会主任、党组书记张建合代表全省市、县、乡三级人大作了发言。按照市委要求，牵头促进全市民主法治领域改革，认真落实依法确定权力等多项工作任务，着力完善“六权治本”新机制，经过认真调研，初步形成了加强和改进人大监督工作等16个方面的改革意见；积极争取地方立法权，做好立法前期准备工作，依法引领、促进全市经济社会发展；组织人大工作者开展宪法日集体学习宪法活动，赴北京大学法治专修班学习，着力增强法治思维、提升法治能力。针对自身存在的“四风”问题，克服好人主义，在敢于监督、善于监督上下功夫，进一步密切了与代表、群众联系，以更加务实的作风推动解决群众反映强烈的就学难等问题，以实际成效接受人民群众评判。常委会及班子成员坚持率先垂范，以身作则，带好班子，带好队伍。坚持民主集中制，注重听取不同意见。坚持从严加强党组织建设，充分发挥党组和机关党组织战斗堡垒作用、党员先锋模范作用。

（市人大办）

【行使重大事项决定权】 2014年，贯彻落实市委提出的推进工业集群化、农业现代化、新型城镇化3个实施方案，坚持战略思维、法治思维。以认识、适应、引领经济新常态为新要求，常委会先后36次，深入到重点企业、项目工地、田间地头，深度调研了解经济发展运行情况，积极提出工作建议，依法决定好重大事项。在审议政府提请的3个相关实施方案中，不是简单举手通过，而是紧密结合国家政策、法律规定、全市实际、群众心愿，有针对性地组织专题讨论、专项审议，重点就产业集群的精准定位、农民收入增长指标的合理确定、突出果业在农民增收中的作用、农产品质量安全问题、新型城镇化的统筹规划，提出了修改意见建议，依法做出相关决议，使这3个实施方案更符合全市实际，更有利科学实施，成为引领运城经济社会新发展的纲领性文件。在此基础上，组织省、市人大代表深入到工业园区、农业示范基地、城镇化建设一线，开展视察调研推动实施。

（市人大办）

【促进重大民生工程建设】 2014年，围绕促进创建食品安全放心城市，就全民动员、打好总体战，突出重点、打好攻坚战，严格执法、打好持久战，提出了工作思路和工作要求，组织150名代表开展了专项督查，组织开展了为期两个月的“河东食品安全记者行”活动，常委会听取审议了政府及5个工作部门的专项报告，就部门责任落实等问题开展了专题询问，就创建工作进行了满意度测评。围绕促进涑水河污染综合治理，先后参与了4次督查活动，深入一线，对沿河排污企业治理、沿河垃圾处理、河道确权定界、污水处理厂运行情况进行重点监督，督促有关方面加大工作力度，早日实现清水复流的美好愿景。围绕促进中心城市建设，市人大常委会领导带队深入到规划部门、城建一线调研视察，就加强城市地下管网建设、着力促进解决好城市内涝问题，提出工作建议；安排审议了政府专项报告，促进打造现代、温馨中心城市。

（市人大办）

【增强工作监督实效】 2014年，常委会在敢于和善于监督上下功夫，着手探索增强监督实效等12个监督课题，着力推进涑水河综合治理、食品安全放心城市建设等10项重点监督工作。在依法监督中，注重了多种监督方法的综合运用、多种监督方式的有机结合，重大监督活动更注重上下联动。在强化预决算审查监督上，注重邀请农业、教育等方面代表提前介入预算初审、突出监督重点；注重对重点项目审核、抽查部门决算，做细做实审查工作。在强化工业集群化发展情况监督上，坚持省、市、县三级人大代表一起视察、一起审议，上下联动，共同监督。对促进工业集群化发展效果不佳、满意度测评未获得通过的政府两个工作部门，常委会责成其认真整改，重新报告。在审议有关城市道路命名方案时，着眼于方便群众认知出行、提升城市文化内涵，依法予以了修改；在促进果业发展、农民增收上，邀请代表中的专家参加审议，明确强调，要突出果业在推动农业现代化中的龙头地位，注重做好果园间伐、果农培训、加大扶持等方面工作，进一步做大做强做优这一产业，让百万果农收入持续增长。

（市人大办）

【强化法律监督】 2014年，重点对道路交通安全法等8部法律法规实施情况进行了执法检查和执法调研，对政府10件规范性文件进行了备案审查，审议了市检察院关于非法证据排除规则实行情况专项报告。在依法任免中，确立了向宪法宣誓制度，进一步增进了国家机关工作人员的宪法意识；制订出台了国家机关工作人员任期监督实施意见，把行政执法、公正司法和廉政建设作为提请任免审议、任期监督的重要内容。全年共任免国家工作人员36人（次），依法罢免省人大代表1人，补选2人，为实施“六权治本”、促进“六大发展”提供坚强组织保障。在代表工作中，完善了联系代表、联系群众的“双联”活动制度，使联系活动更加紧密；深入到市人大代表“10人活动小组”中指导代表小组开展主题活动；出台代表建议办理问责办法，促进建议落实；组织评选优秀人大代表和先进代表活动小组，激励代表模范履职。特别是先后围绕争取地方立法权等重大事项、重大工作，向省人大和省政府提出议案和建议5件；坚持深入到代表和群众中，听取工作意见，反映群众呼声。在“双联”活动，共收集代表和群众建议56件。

（市人大办）

【促进国家战略实施】 2014年4月，晋陕豫黄河金三角区域合作规划获得国务院正式批复，这一规划蕴含着引领运城科学发展的国家战略品牌优势、优惠政策叠加优势、重大项目支撑优势，围绕促进合作规划实施，积极作为，重点做好三方面工作：一是组织开展专题调研，积极探索跨区域合作的特点和规律；二是坚持立法先行，邀请省人大常委会开展区域立法前期调研；三是加强监督，着力促进政府有关部门开展产业合作，着力打造区域发展品牌和优势，着力促进编制专项规划，努力把运城发展提升到国家战略层面。

（市人大办）

【常委会机关建设】 2014年，常委会坚决贯彻执行中央八项规定，自觉遵守廉洁从政各项规定。按照省委、市委统一部署要求，常委会对照中央八项规定，对照“三严三实”要求，召开民主生活会，坚持开门搞活动，以整风精神开展批评和自我批评，“红脸出汗”力查“四风”之弊；严字当头，瞄准“问题清单”，强化责任意识，积极整改落实。带头开展自我批评，自觉接受群众监督，认真整改了在“四风”方面存在的22个具体问题，模范执行党的各项规定和纪律，为净化政治生态，实现弊革风清做出积极贡献。强化制度建设，扎实推进常委会机关党建工作。带头清理办公用房、严格公务用车、严格公务接待；带头抵制拜金主义、享乐主义、奢靡之风，坚持艰苦朴素，勤俭节约，加强节约型机关和廉洁型机关建设。制订完善了《机关工作纪律》、《机关运行规程》、《请销假制度》等多项规章制度，规范机关管理，提高运转效率，进一步加强了服务型机关建设。组织召开机关人员北大学习心得交流会，指导青年小组学习活动，不断激发机关全体人员履职尽责的积极性与探索创新的主动性，进一步推动学习型机关和创新型机关建设。

（市人大办）

政协通报情况10余次。组织办理市人大代表建议352件,政协委员提案179件,办复率达到了100%。接待市人大代表、政协委员80余人次。

(市政府办)

【政府法制工作】 2014年,法制办扎实推进依法行政工作,牵头起草了全市民主法治领域改革方案,开展了法制宣传月活动。对全市行政执法主体及执法行政人员情况进行了梳理摸底,对全市相关执法依据和具体行政行为进行了梳理调整,增加行政处罚项目79个,取消调整了一批行政许可项目。按照依法审核原则,全程参与了河东大剧院改造、盐湖生态智慧城建设等20多个重大投资项目的前期论证工作,保证了这些重点项目健康落地、合法运行。审核市级规范性文件及涉法事务性文件37件,完成了省地方性法规、省政府规章立法征求意见稿10件。对全市9568名行政执法人员进行了执法证件年审注册,并对河津等4个县(市、区)的行政执法人员进行了资格审核和培训考核。办理重大行政处罚决定报备6件,受理行政复议17起,向省政府法制办报备重大行政复议决定5件,依法对市、县两级的3起具体行政决定予以撤销。

(市政府办)

【网络运行管理】 2014年,技术中心扎实推进电子政务建设,狠抓网络运行、维护和安全,保证了全市电子政务网络平台和各项办公业务应用系统正常可靠运行。全年市政府门户网站编辑发布各类信息6500余条;通过政府网站接收、部门后台受理,办理群众意见和建议110条;接收办复"市长电子信箱"邮件15件。坚持把公开透明作为政府工作的基本制度,扎实推进政府信息公开,全市各类行政机关累计公开政府信息38136条,接受群众各类咨询101350人次,全市没有发生一起因政府信息公开引起的行政复议、诉讼和投诉,较好地发挥了信息公开对建设法治政府、创新政府、廉洁政府的促进作用。

(市政府办)

【党的群众路线教育实践活动】 2014年,紧扣"为民、务实、清廉"的活动主题,广泛征求各方面的意见和建议,紧密联系办公厅工作和作风实际,深入剖析形式主义、官僚主义、享乐主义和奢靡之风等方面的问题,找准了差距和不足。针对查找出的突出问题,制订了《市政府办公厅领导班子整改方案》《深化"四风"突出问题专项整治方案》和《市政府办公厅制度建设计划》。对"两方案一计划"的内容,明确了目标任务、责任分工和整改措施,坚持一条一条兑现,一项一项落实,《班子整改方案》确定的4大项39条整改措施基本落实到位。突出的成效是:文风会风得到改善,调研效果明显提高,标准化建设取得实效,督促落实更加有力,公务接待、公车管理、公务消费等方面的制度得到严格落实,"三公经费"开支明显下降,全办人员执行"八项规定"和《廉洁准则》的长效机制初步形成,全年没有发生一起违法违纪案件。《专项整治方案》确定的五项专项整治活动都收到了明显效果,全办人员的责任意识、效率意识和服务意识明显增强。《制度建设计划》得到落实,新形成的21项工作制度汇编成册,全办形成了一套比较完善的制度体系。2013年12月初,按照市委安排部署,启动了以"净化政治生态,实现弊革风清,提升运城形象,促进富民强市"为目标任务的学习讨论落实活动,正在扎实有序推进。坚持以党建工作统揽全局,扎实开展党的建设系列活动,对机关总支和支部进行了改组选举,党组织的战斗堡垒作用和学员的模范带头作用得到较好发挥。大力创建文明和谐单位,营造了诚信友爱、融洽和谐的工作环境。

(市政府办)

【政治理论学习】 2014年,认真落实周五集体学习制度,先后邀请市委党校教授、专家举办了习近平总书记系列重要讲话、廉政建设等方面的10余次专题讲座,邀请全国劳动模范荆保山作了先进事迹报告,两次组织干部职工接受了廉政警示教育,组织观看了《焦裕禄》《周恩来的四个昼夜》等影片,集中学习了作风建设、廉政建设等方面的多篇理论文章,全体干部职工参加了政府大讲堂的各次报告会。与此同时,结合教育实践活动的要求和队伍建设的需要,多次组织了支部和科室学习,全体人员的理论素养和业务能力得到了提高。认真落实党风廉政建设两个责任,监察室与每个干部职工都签订了《落实八项规定,反对四风公开承诺书》,印发了《关于进一步改进工作作风强化监督检查的通知》《关于厉行节约反对浪费的通知》,不定期地对全办落实八项规定情况进行监督检查,特别是在春节、中秋、国庆等重大节日,实行所有公车一律封存,在全办营造了风清气正、廉洁从政的良好氛围。认真落实请销假制度,对全办人员参加集体活动、集体学习的情况进行登记检查,先后对9人进行了约谈,取消了3人的表彰评先资格。针对个别人员长期缺岗的情况,办公厅党组研究制订了整治办法,对4名在外借调人员发通知,要求回机关上班;对2名长期请病假人员执行了病假工资。全办工作纪律有了明显好转。

(市政府办)

人力资源和社会保障工作

【概况】 2014年,全市人社系统深入贯彻落实市委、市政府的决策部署和省人社厅的工作要求,扎实开展党的群众路线教育实践活动,紧紧围绕"民生为本,人才优先"工作主线,认认真真改进作风,提高效能,优化服务,城乡就业、技能培训、社会保障、居民增收、人事人才、维权维稳各项工作稳步推进,成效明显,为促进经济社会转型跨越发展做出了积极的贡献。

(市人社局)

【城镇居民增收工作】 截至2014年9月底,全市城镇居民可支配收入增长9.4%,全省排名第二;总量达到16903元,全省排名第八。

(市人社局)

【就业工作】 截至2014年10月底，全市城镇新增就业5.8万人，完成全年目标任务的100.8%。创业就业人数9400人，完成全年目标任务的101%。城镇失业人员再就业1.16万人，完成全年目标任务的100.8%。就业困难人员实现就业3290人，完成全年目标任务的100%。转移农村劳动力7.16万人，完成全年目标任务的100.2%。全市城镇登记失业率控制在2.64%。

（市人社局）

【社会保险征缴】 截至2014年10月底，全市企业养老保险、机关事业养老保险、城镇居民养老保险、新型农村养老保险、城镇医疗保险、失业保险、工伤保险、生育保险参保分别完成35.01万人、15.53万人、7.87万人、273.49万人、86.69万人、33.85万人、65.78万人、40.12万人，分别完成年度目标任务的101%、100.84%、112.4%、101.29%、100.8%、100.39%、100%、100%，圆满完成年度参保扩面目标任务；基金征缴分别完成12.77亿元、7.78亿元、1169.26万元、2.62亿元、7.82亿元、1.08亿元、1.09亿元、3123万元，分别完成年度目标任务的102.8%、103.63%、90.3%、145.71%、94.6%、147.68%、86.5%、122%，年底全部完成目标任务。

（市人社局）

【技能人才培养】 截至2014年10月底，全市共培训各类职业技能人才10.84万人。农村转移劳动力培训2.41万人，城镇失业人员培训1.61万人，高校毕业生培训1.29万人，新成长劳动力培训1.21万人，创业培训6420人，企业在岗职工技能提升培训3.67万人。自主创业高校毕业生1569人，高技能人才培养5262人。全市完成技能鉴定1.72万人，新增高技能人才1655人。

（市人社局）

【劳动关系监管】 2014年，全市企业劳动合同签订率达到98.6%，已建立工会企业集体合同签订率达到95.4%，劳动人事争议仲裁结案率达到99.2%，劳动保障监察投诉案件结案率达到100%。

（市人社局）

【社会保障卡工作】 2014年，全市社保卡累计发放社保卡318.07万张，发放率达到100%，实现了“人人持卡”的目标。同时，社保卡应用工作扎实推进，取得有效进展。（市人社局）

【“六个一批”创业就业工作】 2014年，经济下行压力增大，大量规模以上企业生产经营困难，甚至关停破产，就业形势十分严峻。全市人社系统顶住压力，迎难而上，始终把促进就业作为服务保障民生和推动经济社会发展的一项战略任务，摆在突出位置来抓，大力实施“六个一批”确保全市就业稳定。实施创业就业带动一批。依托创业孵化基地，构建创业指导服务体系，建立市、县创业项目库，组建创业指导专家志愿服务团，开通“运城创业就业网”和“创业运城”微信公众平台，实施全过程、全方位创业服务。全市共建创业孵化基地13个（其中，国家级1个、省级2个），促进创业1300余名，开辟9个高校毕业生创业园区，入驻大学生创业户204户、吸纳就业766人；扶持小微企业吸纳一批。充分发挥民营企业、小微企业吸纳就业的积极作用，深入企业开发用工岗位，摸清用工需求，大力开展订单式培训，为企业发展注入新鲜活力，不断拓宽就业渠道，全市认定新吸纳就业小微企业136家，吸纳各类劳动者1188人；政府购买岗位安置一批。作为省政府购买基层公共服务岗位首批试点市，第一时间积极响应，调查摸底，掌握需求，全市280个乡镇、社区，通过全省统考、资格审查、体检、培训等环节，共招用安置540名高校毕业生；落实援助政策帮扶一批。大力开展就业援助活动，多措并举帮扶就业困难人员就业，全市公益性岗位安置1100人，招募“三支一扶”大学生57人，就业见习1000人，为295名困难家庭高校毕业生发放一次性求职补贴29.5万元，为450名创业大学生提供1400余万元小额担保贷款，促进3290名就业困难人员实现就业；开展春风行动转移一批。2014年，以“搭建供需平台，促进转移就业”为主题的春风行动共举办招聘会43场次，发放春风卡等宣传资料12万余份，组织外出务工人员14797名，就近就地转移农村劳动力22082人；优化公共服务促进一批。市、县两级公共就业服务机构进园区、进企业、进校园，送培训、送政策、送服务，实行双向对接，促进供需见面，开展各类大型招聘活动，促进就业2万余人次。截至10月底，全市城镇新增就业5.8万人，创业就业人数9400人，城镇失业人员再就业1.16万人，就业困难人员实现就业3290人，转移农村劳动力7.16万人。全市城镇登记失业率控制在2.64%。就业各项目标任务均圆满完成。

（市人社局）

【“职业培训年”活动】 针对就业结构性矛盾，围绕工业园区化、产业集群化发展需求，着力把高技能人才培养作为推动企业创新和产业升级的关键，深入开展“职业培训年”活动。对接市场需求，开展订单式培训，坚持以市场需求为导向，组织运城市首届技能型人才培训校企对接会，促进供需见面，做到企业需要什么人，就培训什么人。2014年，劳动力交流中心先后为广东、江苏、上海等企业培训输送2000余名技能人才；人才交流中心为百汇医药组织培训500余人；警安复退军人职校培训120名焊工，定向输送到大运汽车；诺维兰职校116名汽修工直接进入集团旗下各4S店。

（市人社局）

【培训技能人才】 2014年，对接重点项目，服务经济发展，依托本地企业用工需求，服务当地重点产业项目发展，为运城经济社会发展助力。各县（市、区、开发区）组织职业技能培训大多都与当地的工业园区、产业集群和重点企业搞好对接。截至10月底，全市共培训各类职业技能人才10.84万人，基本完成年度培训11万人的目标；新增高技能人才3655人，为运城经济转型跨越发展提供了有力支撑。

（市人社局）

【专业技术人才和高技能人才队伍建设】 2014年,高层次人才队伍建设步伐加快,市管学校、医院等事业单位引进区域外高层次人才114名;推荐董清飞、何秀院、陈皓利、冯树英5人参加2014年享受政府特殊津贴人员选拔;推荐口腔医院肖希娟为"全国杰出专业技术人才"候选人;"千人百县"省级专家服务基层32人次。公务员队伍建设扎实推进,公务员面试实行"三隔离"、"三把关"、"四抽签",2014年国家行政机关考试录用公务员公共科目笔试工作圆满完成,实际录用157人,全市党群、行政机关、法检两院等共录用公务员396人。通过创新工作机制,抓好目标管理、过程管理和细节管理,把公务员考核结果与奖惩紧密结合,切实增强政府系统公务员的公信力和执行力。事业单位管理严格规范。严把事业单位新进人员入口关,全面推行事业单位公开招聘,事业单位岗位设置和合同签订工作圆满完成,"吃空饷"和"编外用人"专项整治扎实开展,全市"吃空饷"49人全部整改完毕,"编外用人"已清退662人,其余按步骤有序推进。

(市人社局)

【劳动监察"两网化"建设】 2014年,全市建立市县级监管网格14个,乡镇(街道)级监管网格204个,用人单位劳动监察信息全面采集,"送法进企业、进重点工程"活动深入,全市劳动保障监察执法实行全员培训,监察执法水平明显提高。"无欠薪"县域创建活动深入开展,针对拖欠农民工工资问题,市政府办公厅出台了《关于建立健全治理欠薪工作机制的实施意见》,坚持"各级政府、各相关部门各司其职、分级负责、齐抓共管、协同有序的工作机制"和"谁的职责谁负责,谁造成的问题谁解决的原则",全市各级共预存工资保证金3800万元,建设领域投诉案件、群体性讨薪案件较上年同期有所下降。

(市人社局)

【专项执法检查】 2014年,先后组织开展农民工工资支付情况专项检查、清理整顿人力资源市场秩序专项行动,检查用人单位1026家,涉及劳动者95052人,查出拖欠工资单位82家,涉案金额2896万元,补发劳动者工资2522万元,取缔非法职业中介6家,责令整改违规经营职业中介3家。劳动关系法制化进程加快,进一步规范劳务用工派遣行为,推进企业集体合同签订,全市劳动合同签订率98.6%,全市劳动用工备案率86%,企业集体合同签订率87%。坚持依法行政、按政策办事和"双维护"原则,受理劳动争议案件662起,结案率99%。耐心细致做好信访维稳工作,坚持该管的事一定要管好,不该管的事坚决不能管,信访案件有效处置率100%。

(市人社局)

【党的群众路线教育实践活动】 2014年,在深入开展党的群众路线教育实践活动中,牢牢把握"学、查、改、建"工作重点,以查摆问题开局亮相、以整改问题推进工作、以解决问题检验成效,通过"修内功"找准切入点、"优服务"把握关键点、"硬约束"打牢支撑点、"全公开"抓住落脚点,进一步转变工作作风,强化自身建设。建章立制,规范行政行为。对制订下发的143项规范性、制度性文件进行清理、甄别,保留81项,完善23项、废除合并39项,新建13项。优化流程,激发服务活力:按照流程运转"一线清"、材料报送"一口清"、办理时限"一目清"的要求,简化办事流程,压缩服务时限,提高工作效能。下放权力,提高办事效率:按照"局内分流、系统放权"两条线路削权减负,局长审批由38项减少至28项,市局下放县(市、区)8项。上门服务,体现贴心关怀:工资福利审批、事业单位设岗、职业技能鉴定、养老保险年检等工作换位思考,主动上门,提供优质服务,形成了良好风尚。同时,编印了《运城市人社局行政审批和服务事项服务手册》,推出了业务办理便民卡片,开通了网上办事服务大厅,让群众清楚地知道事该怎么办,找谁办,使群众方便而来,满意而归。 (市人社局)

民政工作

【社会救助】 2014年,市民政局全面贯彻落实《山西省人民政府关于贯彻落实〈社会救助暂行办法〉的实施意见》和省民政厅、财政厅《关于提高城乡最低保障标准的通知》精神,26万余名城乡低保对象实现足额提标。完成了低保标准动态调整,全市城乡低保平均标准分别达383元/月和200.7元/月,增幅达8.8%和12.8%。落实了农村五保提标工作,农村五保集中供养和分散供养平均标准分别达4700元/年和3146元/年,增幅达57%和50%。全市6124户困难群众得到临时救助,271741人次得到不同程度或形式的医疗救助,城乡困难群众看病难得到有效缓解。

(李俊民 闫向明)

【基层民主政治建设推进】 2014年,开展了第十届村委会换届选举前村情民意调研,充分发挥基层民主法制建设联席会议作用,及早做好换届选举前的矛盾排查、离任审计工作。全省村"两委"换届启动后,起草下发有关文件,筹备举办了全市村"两委"换届选举动员培训会,督导全市3196个村委会按时按进度完成了第十届村委会换届选举工作,居全省首位。盐湖区"先定事、后定人、揭榜竞选"选举经验在全省得到推广。围绕社会管理体制创新,以围绕关爱农村留守儿童、妇女和老人健全完善服务体系为重点,在平陆张店镇召开全市基政工作推进会。不断加大农村社区实验和全覆盖工作力度,探索农村社区治理新模式,平陆县获得民政部"中国社区治理十大创新成果"提名奖。积极启动"三社联动"试点,建立健全城市社区志愿者注册登记制度,探索菜单式志愿服务新模式,不断推进社区信息化建设。积极开展"在职党员到社区报到服务群众"活动。按照全省统一要求,认真组织开展了社区党组织和第五届社区居委会换届选举工作,并进一步加强了城镇社区网格化服务管理工作。

(李俊民 闫向明)

【社会福利化建设】 2014年，市民政局贯彻落实民政部《养老机构设立许可办法》，规范养老机构设立许可，研究制订下发了《运城市〈养老机构设立许可办法〉实施细则(暂行)》，方便申请人筹办养老机构设立许可事项。贯彻落实《山西省人民政府关于加快发展养老服务业的意见》，以市政府名义下发《关于加快发展养老服务业的实施意见》，加强养老服务设施规划，推进养老服务业健康有序发展。下大力推进农村老年人日间照料中心建设工作，联合财政部门下发《关于开展创建省农村老年人日间照料中心示范县、示范村申报事项的通知》，部署、指导县(市、区)开展农村老年人日间照料建设和管理工作。推荐申报平陆、盐湖、新绛为"全省农村老年人日间照料示范县(区)"和54个"全省农村老年人日间照料中心示范村"，210家农村日间照料中心建设任务圆满完成。全市累计完成日间照料中心593家，拥有床位数8890张。闻喜、盐湖福利中心二期工程项目、新绛一期工程项目主体已完工。认真落实"全省儿童福利机构建设朔州推进会议"精神，为全市2423名孤儿及时下拨补助资金，确定闻喜县为"全国适度普惠型儿童福利制度建设试点县"。积极开展收养登记及专项救助行动，成功组织实施"明天计划"手术14例。

(李俊民　闫向明)

【社会组织作用发挥】 2014年，市民政局贯彻落实《关于政府购买基层公共服务岗位吸纳高校毕业生就业的意见》和《关于开展政府购买社会组织服务工作的指导意见》，引导社会组织参与承接政府购买服务。大力推进四类社会组织直接登记，全面推进行业协会商会脱钩，出台了《行业协会商会与行政机关脱钩总体方案》，积极推进社会组织直接登记和社区社会组织备案登记，2014年市直新登记社会组织50家，其中直接登记的5家。配合市纪委对市级职能部门发起成立的102家协会组织进行了清理整顿，市直注销72家社会团体，145名领导干部退出社团领导职务，30家被责令整改。中央电视台、省电视台予以报道，市长王清宪给予了积极的评价。

(李俊民　闫向明)

【灾害应急救助能力提高】 2014年，市民政局及时充实领导机构，不断加强业务培训，重新修订完善《运城市自然灾害救助应急预案》，认真组织冬春受灾群众生活救助，扎实做好灾害应对工作，下拨救灾资金4073万元，救助受灾群众48.4万人次。临猗、平陆被省民政厅确定为精准化救灾工作试点县，推动了自然灾害救助向规范化、科学化、高效化方向发展。积极开展防灾减灾教育宣传，下发各类宣传手册3万余册，为获得全国、全省综合减灾示范社区的单位赠送了宣传挂图。继续落实综合减灾示范社区创建与专项补助激励措施。盐湖、永济2个城市社区被民政部评为"全国综合减灾示范社区"，17个城乡社区被省民政厅评为"全省综合减灾示范社区"。

(李俊民　闫向明)

【双拥优抚安置政策落实】 2014年，市民政局积极开展军民共建，丰富双拥活动内容。全年组织召开座谈会40余场，3600名优抚对象参加了座谈，组织军民文艺演出20余场，12000余名驻运部队官兵及优抚对象得到慰问。全面落实优抚政策，42518名优抚对象的合法权益得到维护，2246名残疾军人换发了新的《残疾军人证》，363名参试人员进行了评残体检，5200座零散烈士墓、138处烈士纪念设施得到妥善迁移和维修改造。协调组织全市党、政、军领导干部及社会各界代表、军烈属代表20余万人，参加了首个烈士纪念日公祭活动。积极宣传落实《退役士兵安置条例》，85名安置对象得到妥善安置，1097名自主就业退役士兵参加技能培训，917名对象推荐就业。全面完成无军籍退休退职职工移交接收任务，保障了军休人员"两个待遇"的全面落实。

(李俊民　闫向明)

【区划地名工作】 2014年，积极开展地名普查清理整顿工作，提升地名公共服务水平，出台了《运城市第二次全国地名普查实施方案》。完成1条省级界线、5条县级界线联检任务，完成10条县级界线24块双面界桩的更换，完成了7个"平安边界示范县"的创建工作，整理勘界档案300余册。正式命名城区内街路19条，更名街路2条。

(李俊民　闫向明)

【社会事务管理】 2014年，大力宣传中办、国办《关于党员干部带头推动殡葬改革的意见》，倡导文明殡葬新风，开展清明节文明安全祭扫和"优质服务月"活动。组织机关全体人员举行清明文明祭扫和祭英烈宣传活动，向全体市民印发《清明节文明低碳祭扫倡议书》，按照省厅部署设立"清明节"市区公墓安全点，加大对公墓的安全祭扫督查力度。加强流浪乞讨人员救助，全年救助1万余人次。

(李俊民　闫向明)

【福利彩票发行】 2014年，加大福利彩票销售宣传，狠抓站点规范化建设，全年销售量达到4亿余元，较上年涨幅达30%，超额3500万元完成省厅年度销售任务。

(李俊民　闫向明)

【婚姻登记】 2014年，扎实推进婚姻登记机关等级评定和信息化建设，指导河津、闻喜申报国家3A级婚姻登记机关。依法规范办理结婚登记53834对，离婚登记6780对；涉台婚姻登记2对，离婚登记1对，登记合格率达到100%。

(李俊民　闫向明)

机关事务管理

【概况】 2014年，机关事务管理局以党的十八大精神、十八届三中、四中全会精神和习近平总书记系列重要讲话精神为指导，围绕市委、市政府的重大部署，按照"廉洁、服务、节俭"的工作要求，根据"管理、保障、服务"的职责任务，继续秉承"围绕一个中心，突出两个重点，实现三个提升"的工作思路，以党的群众路线教育实践活动为动力,以踏石留印、抓铁有痕的精神全面改进工作作风、倾力开展优质服务,不断强化科学管理,机关事务工作的保障能力进一步增强,机关干部职工对后勤服务满意度进一步提升,推动了机关后勤事业的平稳较快发展。

(市机关管理局)

【财务管理绩效提高】 2014年,财务科秉承"反映、监督、服务"的职能要求,严格落实《党政机关厉行节约反对浪费规定》和经费管理使用的新要求,加大对"三公经费"的监督管理,坚决取消了一些形式主义费用预算和浪费性开支,并通过规范预算、合理调拨、严格审核、包干使用、政采评审等机制,最大限度地发挥经费的使用效益,为机关后勤各项事业提供了高效、有力的财会服务保障,为建设节约型后勤迈出了坚实的步伐。机关财务收费中心,把推进文明服务、规范服务、温馨服务作为树立窗口服务形象的重要措施来抓,坚持做到"上班早一点、下班晚一点、态度好一点、效率高一点"的"四个一点"收费服务新要求,并主动征求服务对象意见和建议,不断改进工作作风,提高优质服务水平,大大促进了收费任务的高效完成,收费回笼率达到95%以上。还利用有限收费资金,依规为相关各环节工作的推进提供了最大限度的收费财务支撑,在机关后勤窗口服务队伍中,展示出文明、规范、高效的财务收费工作新风采。

(市机关管理局)

【节能管理能力提升】 2014年,局综合科充分运用节能业务培训、能耗统计分析、节能宣传体验、节能制度创建、节能产品推广、年度节能考核、示范单位创建、开展节能主题演讲等机制积极推动全市公共机构节能工作全面高效开展,实现了节能骨干素质显著提高、年度节能指标逐年降低、节能意识普遍增强、节能制度日趋完善、节能产品广泛应用、示范作用效果明显、节约型社会进程加快,以较好的成效推动了全市节能工作跨越式发展。

(市机关管理局)

【办公用房清理整顿】 2014年,房产基建科在2013年对全市13个县(市、区)、4个开发区、98个市直单位办公用房清查摸底的基础上,2014年又对市直独立在外办公单位用房情况进行了调查摸底,初步掌握了办公用房的基本情况,为市直机关清理违规占用办公用房专项整治奠定了基础。根据省《关于全省党政机关停止新建楼堂馆所和清理办公用房的通知》和《党政机关办公用房建设标准》,制订了《运城市市直机关办公用房管理办法》,建立了停止违规新建楼堂馆所、清理违规占用办公用房工作的长效机制,做出了房产基建领域的应有贡献。

(市机关管理局)

【纪检监察力度加大】 2014年,局纪检监察机构紧紧围绕作风建设,在年初与各科级单位签订党风廉政建设责任书的基础上,结合党的群众路线教育实践活动,进一步深化以基地式警示、党课洗礼等为核心的廉政教育,筑牢了党员干部拒腐防变的思想防线。着力按照中央、省、市作风建设新要求,加大了对工作纪律、工作效能、落实八项规定、节假日"十不准"、婚丧事务操办及后勤服务效能、工程招投标等方面的监督检查力度,最大限度地发挥了纪检监督制约的作用,为年度工作任务完成提供了有力的作风保证。

(市机关管理局)

【安全防范秩序优化】 2014年,保安服务中心在总结上年度安全防范工作经验的基础上,狠抓保安人员队伍建设,通过强化岗位培训、规范文明执勤、提升人员素质,树立了市委、市政府保安人员的良好形象。工作中,严格落实值班制度、巡查制度、安全防范制度,并注重发挥智能化出入卡、车辆通行证及高科技监控设备的独特作用,对机关大院整体安全实施人防技防、定期巡查和应急处置,对上访人员采取合理疏导和重点监控,使2014年的机关大院安全保障水平进一步攀升。

(市机关管理局)

【公共服务效能增强】 2014年,机电服务中心从优化为民服务出发,在大院办公区和生活区设置了涉群服务岗位责任公示牌,发放连心服务卡,大力开展承诺服务、即时服务和一站式服务,破解了服务对象一系列水电暖通讯等方面的切身利益诉求。同时,注重对供水、供电、锅炉制冷等重要服务设备设施检修维护,对严重影响服务效率、运行功能丧失的冷却塔、南北院供暖管网进行了适度规范化改造,确保了各类设备设施的高效正常运转,为机关各部门各项事业蓬勃开展提供不间断的机电特色服务保障。环境生活中心,恪守"人本、文明、一流"的宗旨,积极探索提高环境生活服务标准的有效途径,倾力实施"高密度环卫、高层次绿化、高水平理护、人本化救治、温馨化餐饮"的专业服务保障方略,坚持全天候高标准、高质量、高效益地做好各项环境生活类服务,有效提高了机关大院环境生活服务质量,深受机关上下一致好评。大楼服务中心,以落实管理制度和业务流程为抓手,注重发挥目标责任制和绩效考核的引领作用,始终坚持"晨例会、周点评、月考核"新策略,始终坚持流程优化再造和认真落实相结合,每季度组织对三栋办公大楼进行一次卫生安全大检查,开展劳动竞赛,实施奖优罚劣,调动了服务人员的工作热情,提高了保洁、会务、维修服务的星级化水平。

(市机关管理局)

【车辆服务质量提高】 2014年,机关汽车队在进一步抓好安全行车、防范事故的基础上,开展了文明服务、优质服务活动,对驾驶员的服装、车内卫生、文明用语、文明行车等行为进行了进一步规范,并与安全行车相融合,加强针对性监管,使机关车辆服务水平有了大幅提升。在全市深化"四风"突出问题、开展违规用车专项整治清理活动中,严格按照市纪委监察局有关要求认真甄别、严格清理,共收缴违规车辆44辆,较好完成了整治任务。同时,还加固车场围栏,整顿出口秩序,着重解决了群众反映强烈的停车及出口路段存在的安全隐患问题。更以过硬的技术、优良的作风完成了预备役炮兵团组织的各项保障任务，树立了机关车队的良好形象。

（市机关管理局）

【老干部服务提升】 2014 年，局离退休人员管理科不断深化和提高老干部服务的“六个一”活动，为组织好离退休人员的群众路线教育实践活动，采取上门送资料、上门听意见、开车接送等办法，为老党员老干部参加活动服好务、尽好责，保证了每个环节活动的任务落实。重阳节，以节俭、文明的方式举办了老干部的茶话会，还组织参加了市老干部局组织的趣味运动会。2014 年，局离退休党支部被市老干部局评为党建先进单位。

（市机关管理局）

【荟萃小区物业服务】 2014 年，荟萃物业服务中心投资千万元，高标准、高质量地完成了小区的全面节能改造工作，受到广泛赞誉。着眼“一方平安”，进一步完善了南区监控系统，实现了南北院一体化全封闭式管理；按照创卫要求，进一步加大了小区环境卫生、绿化美化和除“四害”工作力度，营造了优美的环境；急群众之所急，深入开展公共设施设备大排查大检修，还坚持组织每晚广场健身舞活动，使荟萃业主的幸福指数不断攀升。后勤实体中心，高效推动小区节能改造工程的顺利完成，督促督导荟萃物业落实好保洁、绿化、治安、维修、财务等全方位工作制度，并协助做好优秀示范小区创建的系列工作，为小区的全面建设、科学发展发挥了强有力的推动作用，赢得了大家的一致肯定。

（市机关管理局）

【大院物业管理】 2014 年，物业管理中心以人为本，积极为荟萃小区 200 多户业主集中办理了产权系列手续；切实加强对家属院供暖管网的检修维护，圆满完成了二、三、四家属院 2013—2014 年度供暖工作；以创卫为契机，对机关后院单身楼、党史楼区域的环境卫生进行了粉刷整治，对二、三、四家属院的卫生环境进行了集中达标式清理，进一步创优了老家属院的环境；还积极探索推进老家属院现代、文明的物业化管理新模式，不断加力提高物业服务新水平，推动了老家属院服务再上新台阶。物业开发中心努力改进工作作风，拓宽服务渠道，优化服务机制，积极为老家属院广大住户提供上门办证、电话信息咨询等系列服务，高效率地完成了 2014 年的住房办证扫尾工作和信息化建设等项工作，为机关干部职工提供了更加人性化、规范化的专业服务，广受好评。

（市机关管理局）

【幼教服务水平提升】 2014 年，机关幼儿园克服重重困难，实施两轮搬迁，破解改造不合理难题，进行园区大装修、大配套、大评验，千方百计实现了六院新园的按时入园。针对教育实践中机关同志反映强烈的干部职工幼儿入园难的问题，通过适时公开信息、优先入园机制等措施，解决了干部职工的后顾之忧。在狠抓规范化、特色化教学的基础上，扎实开展课题研究，两项国家“十二五”课题获得进展，两名教师分别被评为“运城市优秀教师”和“省级模范教师”，一名教师参加了“省保教能手”的评选，实现了教研相长，促进了幼教水平的进一步提升。

（市机关管理局）

【党的群众路线教育实践活动】 2014 年，按照全市党的群众路线教育实践活动领导组的统一部署，机关事务管理局于 2014 年 3 月至 10 月开展了为期 8 个月的党的群众路线教育实践活动，使党员干部受到了一次深刻的马克思主义群众观点的教育，为党员干部补了“钙”、充了“电”、提了“神”，增强了大局观念、纪律观念、群众观念和为民务实清廉意识；经历了一次生动的党内政治生活的洗礼，增强了机关后勤党组织的凝聚力、号召力和战斗力。活动中，以人为本，高效解决了服务对象关注关心的一批切身利益的诉求和期盼，认真开展了卓有成效的机关区域和包段责任区域的创卫整治活动，受到广大干部职工的一致好评，塑铸了机关后勤求真务实的良好形象。

（市机关管理局）

【党建工作创优提升活动】 2014 年，以党建促业务，以业务促党建，积极创建“五四三”党建新格局，在十八大和十八届三中、四中全会精神指引下，积极探索机关后勤党建规律，紧密结合教育实践活动精神，着力狠抓思想建设强素质，狠抓组织建设强根基，狠抓作风建设强党性，狠抓制度建设强规范，狠抓廉政建设强纪律。6 月份进行了工会换届，产生了富有朝气的第二届党的工会组织，全面加强了机关后勤党的建设。10 月 28 日，局党委召开基层党建“联述联评联考”工作会议，9 个基层党支部书记分别围绕开展党的群众路线学习教育实践活动、引深“五型四好三满意”创建、加强服务型党组织建设、党支部书记抓党员队伍建设等重点工作的落实情况进行了认真述职，局党委书记陈云龙同志也面向党员群众作了述职报告，全体与会同志还对 9 个支部书记抓党建工作进行科学测评，满意度达 99%。

（市机关管理局）

扶贫开发工作

【概况】 2014 年，是打好新一轮扶贫攻坚战的重要一年。运城市扶贫开发工作以习近平总书记系列重要讲话精神为指导，深入贯彻省、市扶贫开发工作会议精神，紧紧围绕市委、市政府决策部署，紧密结合群众路线教育实践活动，创新扶贫开发工作机制，以百企千村产业扶贫开发工程为总抓手，坚持产业扶贫开发、易地扶贫搬迁和劳动力素质提升“三位一体”工作路径，全力推进扶贫攻坚各项重点工作，圆满完成年度各项目标任务。

（市扶贫办）

【百企千村产业扶贫开发项目】 2014 年是百企千村“项目见效年”，市扶贫办按照“示范带动、项目支撑、政策支持、考核激励、精准管理”的思路，确定了 25 家百企千村帮扶企业，总投资 149 亿元，已完成投资 46 亿元。市扶贫办积极争取扶持资金，支持百企千村项目，为万荣荣博、金丰水产和夏县格瑞特、晋星牧业四家企业申请扶持资金600万元。4月,全省百企千村产业扶贫开发工程现场会在运城召开,参会人员对夏县、垣曲县、万荣县、闻喜县百企千村项目进行观摩,省办领导给予了充分肯定。

(市扶贫办)

【千村万人就业培训计划】 2014年,作为新增的全省"五件实事"之一,依托企业、社会机构、新兴经济体和涉农院校,瞄准贫困县建档立卡的贫困村开展就业培训,培训一个,就业一个;通过政府主导,企业、市场等多方面力量共同参与,从而实现培训、就业紧密衔接,产业开发和就业增收相互促进。为了做好这项工作,省扶贫办制订了严格的管理办法,市扶贫办积极深入调研、组织开展培训,在各培训机构充分熟悉培训政策、培训流程的基础上,经过严格对象筛选、认真信息录入,全年完成就业培训5395人。(市扶贫办)

【易地扶贫搬迁项目】 该项目是全省"五件实事"之一。2014年,全市实施异地扶贫搬迁计划12411人。按照实施办法,工程期三年,第一年要完成新房主体工程的40%,第二年完成新房主体工程的80%,并达到40%以上移民户入住,第三年实施扫尾。运城市采取"城镇安置、建立移民新村、小村并大村、自主分散迁移"四种形式,实行"统一规划,统一征地,统一设计,统一配套,分户自建"的办法,整合各类支农资金,合理选址、科学布局、督促施工。年底,全市已开工3069户11486人,占计划93%,主体完成2440户9371人,占计划73%。(市扶贫办)

【片区开发项目】 垣曲县3万亩核桃片区扶贫开发项目从2013年起开始实施,工程期2年。2014年,3万亩核桃栽植和3处水利设施配套建设已完成,6个标准化核桃示范基地正在建设,舜土原味农副产品开发有限公司已完成400吨核桃油生产线建设项目,已培训参与农户、技术人员、乡村干部和致富带头人6期9600人次。万荣县有机道地中药材种植项目,在西村乡6个贫困村发展1万亩道地中药材经济作物,2014年已完成柴胡、黄芩种植面积11300亩,硬化药材晾晒场1万余平方米,建仓储库6000余平方米,扩宽田间道路25000平方米,覆盖6个贫困村1833户,药材专业合作社11家。

(市扶贫办)

【整村推进工作】 2014年实施的整村推进项目共14个,均为2013年下达的计划。任务分解在5个贫困县,其中平陆县7个,万荣县3个,垣曲县2个,夏县和闻喜县各1个。5县14个整村推进项目建设已基本完工。整村推进项目扶贫开发效果明显,经济效益和社会效益突出,很受项目区群众欢迎,个别项目如夏县泗交镇泗交村食用菌项目当年实施当年见效,参与项目群众人均增收2000元。

(市扶贫办)

【彩票公益金利用】 平陆县彩票公益金项目建设内容:建设日光温室200个,蔬菜瓜果大棚500个,发展双季槐经济林6000亩,技术培训1750人次。2014年完成双季槐栽植4931亩。10万米基地管道铺设、19公里田间道路修建已全面启动,完成投资1819.25万元。日光温室及果蔬大棚建设虽受土地流转调整影响,但项目全部启动实施。

(市扶贫办)

【教育扶贫】 2014年,完成了三批484人的贫困大学生资助任务,其中,第一批360人,第二批30人,第三批94人;完成中职生(技)复核任务;完成了592名贫困高中生资助任务。

(市扶贫办)

【到户贷款贴息工作】 2014年,严格按照省办贴息对象、范围和标准要求,在5个贫困县建档立卡贫困户范围内,对2013年5月至2014年8月期间贫困农户用于生产发展项目的贷款进行了统计,经汇总,群众共使用贷款22093.9万元,银行利息2033.6848万元,申报贴息597.0157万元。据此,省办下拨贴息资金590万元,其中平陆县110万元;夏县230万元;垣曲县150万元;万荣县80万元;闻喜县20万元。

(市扶贫办)

【党的群众路线教育实践活动】 2014年,运城市扶贫办围绕"为民务实清廉"主题,坚持"照镜子、正衣冠、洗洗澡、治治病"总要求,认真学习、征求意见、深入调研,查摆问题,聚焦"四风",建章立制,组织开展了形式多样、富有成效的工作和活动,机关面貌发生新的转变,干部与群众联系更加紧密,扶贫开发工作得到极大促进。学习中,根据活动要求,制订了实施方案和学习计划,领导干部带头,集中学习和自主学习相结合,重点学习了《中共中央关于在全党深入开展群众路线教育实践活动的意见》《习近平总书记在教育实践活动工作会议上的重要讲话》等内容,每人完成了15000字学习笔记和3篇学习心得。在开展"三查三问三思"大讨论中,每位党员结合自身实际,交流了心得,每位班子成员还轮流讲党课,进一步增强了机关干部宗旨意识、服务意识、责任意识。组织机关人员观看了《周恩来的四个昼夜》《焦裕禄》等电影,学习了柳本星、张学会、段爱萍三位先进典型的事迹,尤其是柳本星同志,是扶贫干部的表率。省扶贫办印发了《向柳本星同志学习的决定》,市委副书记陈振亮参加柳本星同志事迹座谈会,要求全市农口同志带头学。

(市扶贫办)

外侨工作

【概况】 2014年,外侨办紧紧围绕运城市提出的"五大战略重点"目标,抓住机遇,突出重点、强化职能、整合资源、拓展空间,为服务国家总体外交和地方经济社会发展做出了积极贡献。按照年初工作目标任务,党风廉政、党务、计生、纪检等各项工作稳步推进,取得了明显成效,荣获全国友协颁发的"国际友好城市交流合作奖"。

(市外侨办)

【党的群众路线教育实践活动】 2014年,根据市委统一部署,外侨办深入开展以“为民、务实、清廉”为主要内容的党的群众路线教育实践活动,坚决反对形式主义、官僚主义、享乐主义和奢靡之风,着力解决群众反映强烈的突出问题,提高做好新形势下开创全市外事侨务工作新局面的能力。随着活动的深入开展,全办干部职工思想认识进一步提高,作风进一步转变,为民务实清廉形象进一步树立,基层外事工作基础进一步夯实,为助推经济社会持续健康发展作出了新的努力。

(市外侨办)

【因公出国管理】 2014年共办理因公出国申报28批72人,其中,部委团8批32人,省厅团7批15人,本市团7批8人,拒批6批17人。未发生出访人员违规违纪和滞留不归现象,没有违反外事纪律情况发生。出国团组主要出访美国、加拿大、法国、德国、英国、俄罗斯、土耳其、荷兰、巴西、阿根廷、西班牙、南非、肯尼亚、希腊、香港、澳门等十几个国家和地区。主要出访任务是参加哈佛中国论坛及洽谈汽车工业园项目、“感知中国”永乐宫壁画摹本布展、境外生产现场检查、友好交流访问学习、公务员管理培训、公安机关社会管理创新培训、食品展览、苹果推介展销、医疗卫生合作、旅游推介、现代农业培训任务等。

(市外侨办)

【外事接待】 2014年5月10日至11日,日本岛根大学校长小林祥泰、东京大学法学部研究员冈村宏章应邀出席中共中央党校文史部、国家行政学院公共管理部、北京大学历史文化资源研究所与运城市委、市政府联合举办的中华优秀传统文化与中国梦(运城)学术研讨会。2014年7月19日,中海瑞吉(北京)国际置业咨询有限公司在运城金鑫大酒店举办了“塞浦路斯房产投资说明会”,塞浦路斯驻中国大使馆商务参赞Petros · Petrou先生应邀到会。2014年7月19日至21日,结束参加第十二届国际盐湖会议的部分来自中国工程院以及俄罗斯、乌克兰、法国等地的盐湖研究专家学者,到运城盐湖进行参观考察,共同探讨未来盐湖可持续的发展和开发利用。考察团一行相继参观考察了运城盐湖地下矿采矿点、产盐工艺体验点、鸭子池防洪大堤、南风化工洗化分公司、盐湖养生城、池神庙等盐文化气息浓郁、特征明显的古遗址和生产工厂。2014年9月5日至6日,南非官方植物检疫代表团农林渔业部官员Bulelani Mgcoyi先生、Rorisang Mahlakoana女士等一行5人在国家质检总局及山西省检验检疫局有关人员的陪同下,对拟出口南非的临猗庙上乡鲜枣出口基地、万腾果品包装厂及出口检验检疫监管管理体系进行了实地考察。10月9日至10日,应检验检疫总局邀请,美国国家动植检局驻京办Elia .p . Vanechanos、风险管理与昆虫学家DevaiahA . Murvanda、植物病防治专家Jose Rafaelhernande以及美国动植检局驻京办农业专家徐岩女士等一行4人在国家质检总局、山西省检验检疫局、农业厅等有关人员的陪同下,对拟出口美国的运城苹果出口基地、果品包装厂及出口检验检疫监管管理体系进行考核。

(市外侨办)

【涉外管理】 2014年,办理外国人入境邀请函电16批33人次,其中,外国专家8批21人次,外国教师6批8人次,其他1批4人。企业邀请的外国人也都按时出境,未发生在中国境内滞留的现象。外国专家主要来自巴基斯坦、哈萨克斯坦、秘鲁、孟加拉等国家,来运主要是验收设备、技术交流、洽谈项目合作事宜、开展业务等。

(市外侨办)

【对外交流】 2014年,为了发挥本市的优势资源,大力开展对外交流,锁准目标,积极与美国、法国、意大利、希腊、匈牙利、西班牙、墨西哥、爱沙尼亚、韩国等国加强联系,积极开展对外宣传,扩大友城交往的社会参与度,增强了交往的目的性和针对性,在加强信息收集,掌握对方城市的需求,寻找合作项目等方面,取得了一定的进展。运城外办由于在民间对外交往做出的突出成绩,荣获了2014中国国际友好城市大会暨广州国际城市创新大会颁发的“国际友好城市交流合作奖”。作为中法建交50周年的重要活动之一,2014年的中法论坛以“加强创新合作,促进城乡发展”为主题,来自中国19个省份和法国14个大区的各级地方政府代表分别在“城乡区域治理”、“地方经济发展”和“科研、高等教育和创新为地方发展服务”3个分论坛上发言,分享各自城市发展及与友好城市合作的经验。运城市也派出了中法地方政府论坛组参加了论坛会议。法国马尔芒德市市长顾问储跃卫先生于2014年1月7日至10日来运城进行为期4天的访问。1月21日,邀请新加坡邦城规划顾问公司董事局主席曾士生、RH能源执行主席王海荣等一批新加坡专家学者来运,讨论推进运城生态智慧城建设有关事宜。2月19日至20日,美国经济发展公司亚太区总裁、美籍华人陈刚先生应邀莅临运城考察。2014年7月19日至22日,由运城市果业发展中心主任率团,带领各产业带头人及加工企业负责人,共18人,赴俄罗斯举办了2014年山西运城临猗(圣彼得堡)水果推介会。此举开启了运城市与圣彼得堡市的友好之门,为运城临猗水果走出国门,走进俄罗斯千家万户搭建了合作平台,也为两地开展多层次、多方位、多领域的合作交流奠定了基础。

(市外侨办)

【侨务工作】 2014年,通过开展关爱工程活动,切实做到了知侨情、暖侨心、解侨困,使归侨侨眷、在海外的华侨华人亲身感受到了党和政府对他们的关爱,同时,也加深了和广大归侨侨眷之间的友谊和感情,密切了党和政府同归侨侨眷的联系。同时也开展了调研,了解困难归侨侨眷的所想、所思、所需。组织参加第十四届华创会(于2014年6月23日至25日在湖北武汉举行)。华创会已成为“立足湖北、面向中部、服务全国”的国家级对外引智引资平台。为了进一步加大海外人才和资金的引进力度,为全市经济建设发展服务,积极与市发改委、招商办、商务局及各开发区联系,申报招商引资项目20个。为了支持新农村建设和改善贫困地区乡镇的基础设施,经省侨办多方运作,9月15日,香港应善良基金会一行2人再次来到运城,对2011年考察并投资21.96万元的卫生院进行回访。市外侨办副主任安联平带队,配合基金会负责人对芮城县学张乡卫生院进行了回访。随后,考察团一行对芮城县西陌镇卫生院拟建项目进行了实地考察,确定了项目预算,决定给芮城县西陌镇卫生院捐助25.65万元。世界关氏宗亲总会第十一届恳亲大会9月6日在关公故里运城市举行,运城市政协主席柴林山,运城市委常委、统战部部长荆青莲,世界关氏宗亲总会执行主席关宗彦及来自世界各地关氏宗亲、信众近千人出席开幕式。来自美国、印尼、马来西亚、中国香港、中国台湾、加拿大、新加坡、英国、南非等二十多个国家和地区的关氏后裔代表齐聚关公故里运城,认祖归根,凝聚共识,传承和弘扬关公文化。

(市外侨办)

对台工作

【祭祀后土大典暨大美运城推介会】 2014年5月份,牵头举办了“甲午年海峡两岸祭祀后土大典”和“海峡两岸后土文化研讨暨大美运城推介会”,台湾地母至尊道教会等14座宫庙70余名信众与当地群众一同祭奠后土圣母、研讨后土文化、共谋合作发展,推进“两岸一家亲、运城来寻根”旅游参访项目。

(市对台办)

【第二十五届关公文化旅游节】 2014年10月,协助有关部门举办了“第二十五届关公文化旅游节”、“世界关氏宗亲总会第十一届恳亲代表大会”,台湾23家宫庙近百名代表出席。配合省台办圆满完成“台湾基层民众山西行”、“情系三晋、两岸文化联谊行”等重大交流项目运城参访活动,增强了台湾同胞对根祖文化的认同。应台湾民众要求,市台办与台湾鸿海集团、佛光山佛陀纪念馆等有关方面多次协商,由解州关帝庙制作、开光馆藏文物明代圣像及关平、周仓等五座神像,赴台绕境巡游并安座佛光山。在国台办、省台办的大力支持和指导下,“关公圣像赴台安座佛光山”项目被列为晋台重点交流项目,于11月30日从运城启程,继续加深两岸文化交流,深化关公文化在台影响。

(市对台办)

【涉台项目服务】 2014年,制订了台资企业跟踪服务机制、台办领导分片包干制度,开展了“台资企业、涉台项目大走访大调研”活动,动员全市对台干部深入台资企业一线,了解企业运转情况、项目落地情况和台商台胞生产生活情况,切实想办法、出实招,帮助企业解决困难问题。市台办领导亲自带队,先后奔赴九峰山纯阳上宫项目、黄河生态奇石园建设项目、天昊城项目基地及泰顺兴业、亚都镁业、鑫洲玻璃、顶津饮品等八家台资企业进行实地调研走访,帮助“黄河生态奇石园”解决了土地承包公证及土地规划方面问题,帮助“天昊城”策划对台招商和商业运作,帮助亚都镁业解决银行、税务、电力等方面问题,帮助闻喜甜柿基地解决灌溉用水、租地补贴问题。当得知甜柿基地台商住所透风漏雨的情况后,决定从工作经费中挤出1万元,帮其进行屋顶修缮。

(市对台办)

【维护台商合法权益】 2014年,认真贯彻“一法一细则”,完善涉台突发事件应急预案,妥善处理涉台矛盾与纠纷,维护台商合法权益。3月,接到台商黄陈柑反映垣曲县英言乡马湾村拖欠其工程尾款投诉后,市台办立即响应,协调垣曲县委和有关部门,深入英言乡马湾村气站和农户家中,走访当事人和当地村民,实地查看项目运转情况,了解合同履行中存在的问题,提出合理解决意见。4月中旬,原省经协办主任马建设反映万荣亚都镁业存在工程建设纠纷、不能正常投产等问题,立即协调万荣县委、县政府组织城建、工商、税务、电力、银行等部门召开联席会议,分析企业面临的困难和问题,研究提出解决方案,帮助企业快速投产。

(市对台办)

【接待台湾政界人士】 2014年6月,台湾一级上将、原“国防部长”、“行政院长”郝柏村来运城参观中条山抗战遗迹、缅怀牺牲将士,台办认真研究活动行程、接待和安保方案,多次深入夏县、平陆、垣曲中条山腹地考察踩点,圆满完成参访和接待任务。7月中旬至8月上旬,国民党中央委员、“立法委员”孔文吉和卢嘉辰来运参访,在参访活动的同时,就建立两岸文化交流机制等事项进行了深入交流。

(市对台办)

【涉台教育】 2014年9月,联合团市委、关工委,三晋都市报运城记者站在全市大中小学校开展“情系两岸·共圆中国梦”征文大赛暨晋台青少年交流活动,共征集作文898篇、书法作品169幅、绘画作品267幅。邀请运城书画名家荆观圣、卫立钧、杨二彬等担任评委,组织开展了运城初赛评选活动,选出35幅书法、45幅绘画作品参加了全省评选活动,有效提升了青少年学生的涉台意识。

(市对台办)

地方志编纂

【概况】 2014年,在市委、市政府的统一安排和部署下,市志办创造性地开展党的群众路线教育实践活动和“学习讨论落实”活动,按照“照镜子、正衣冠、洗洗澡、治治病”总要求,认真组织,扎实推进,整个活动开展得有声有色并取得可喜成果。办领导以群众教育实践活动为契机,把2014年确定为“市志攻坚和作风转变年”。全办人员以饱满的热情和潜心修志、围绕中心、服务大局的工作理念,使全市地方志工作全面推进,圆满地完成全年各项工作任务。二轮修志,年鉴编纂,部门志、专业志、乡镇村志编纂等各项成果不断涌现。尤其全市地方志的重点项目《运城市志》

编纂取得突破性进展，资料收集和二稿编纂基本结束；同时，还完成了《盐湖区志》和《永济市志》《万荣县志》三部志书的评审，以及《新绛县志》《芮城县志》和《绛县志》的终审，各县（市、区）年鉴编纂、村志编纂、地情书等方面硕果累累。2014年，在全省地方志工作年终评比中名列第三，连续三年保持前三名。编纂的《运城年鉴》（2011版）荣获全国第五届年鉴编纂出版质量评比综合二等奖、装帧设计一等奖等四项奖项。

（雷英铎）

【党的群众路线教育实践活动】 自2014年3月，党的群众路线教育实践活动开展以后，市志办高度重视、精心组织，坚持边学边查边改、立说立行。召开了动员会之后，立即建立机构，制订方案，同时细化了《活动日程安排表》。采取多种形式加强学习，创新学习方法，全办集中学习13次，集体交流12次，撰写心得体会39篇；举行了《党的群众路线教育专题学习40问》测试。在整个活动中，支委三位同志都确定专题，给全体党员干部讲党课。雷英铎主任于3月10日进行了《党的群众路线教育活动》专题辅导，5月4日又辅导了《认真学习党章，严格遵守党章》。在活动中，先后组织了四次大范围征集意见活动，收集了有关领导班子的工作、作风各方面的意见数百条之多。针对各种意见，每次都能够认真总结，虚心接受，逐条逐句加以对照，进行批评与自我批评，严格按照"群众提、自己找、上级点、互相帮"原则，从理想信念、宗旨意识、党性修养、政治纪律和世界观等方面，深刻剖析；通过领导成员之间、与同志们交流、谈心活动等多种方式，进行批评和自我批评。虚心求教，认真整改"四风"方面突出问题。针对多渠道征求意见和存在问题，边查边改，建章立制，制订整改的具体措施。4月14日，市志办组织全体党员干部召开专题民主生活会。7月2日，在主任办公室又召开班子民主生活会，并且对领导班子的相互批评意见，进行了三四次的修改。全体党员同志紧紧围绕"四风"问题，结合自身思想及工作实际，进行了认真的反思和查摆，积极开展批评与自我批评，并提出了整改意见。大家本着互相帮助、共同提高的原则积极帮助他人。通过开展批评与自我批评，查摆出了存在的问题，找到了努力方向，受到了一次深刻的党性教育。教育实践活动卓有成效。10月14日，教育实践总结会上，市委督导组对活动成果给予了充分肯定。

（雷英铎）

【"学习讨论落实"活动】 2014年12月1日，雷英铎主任传达了全省学习讨论落实大会精神，对省委书记王儒林的从严落实"两个责任"、保持"三个高压态势"、推进"六权治本"等进行了讲解，要求全体党员干部要认真深入学习，切实做到真学真懂、真信真抓、真改真用。12月8日，传达和学习了运城市委学习讨论落实动员大会精神。12月10日，召开讨论落实活动动员大会，第六督导组领导莅临指导。2014年12月29日，严格按照市志办《关于深入开展学习讨论落实活动的实施方案》进行了热烈讨论。在深入讨论反思的基础上，制订了《市志办公室领导班子专项整治方案》。依据《专项整治方案》，主要开展了7项专项整治，其中，整治文山会海的专项整治、严格清理规范评比达标表彰活动的专项整治、整治奢侈浪费不正之风的专项整治、整治"吃喝不正之风"的专项整治、整治"三公"经费等问题的专项整治已整改完成。经过整改，领导班子做到了政治上更加坚定、作风上更加务实、联系群众更加紧密、党内生活更加严格，形成了精神状态好、能力素质好、团结协作好、服务群众好、廉洁自律好的领导集体。

（雷英铎）

【开展走访调研活动】 2014年3月18日，市志办到临猗县志办走访调研，就市地方志办公室在工作思路、工作作风、工作方法等方面存在的问题，征求意见和建议。同日，组织全体人员到临猗县观摩考察，先后到夹马口引黄工程和临猗南城新区参观。4月9日下午，组织全办人员到运城市廉政警示教育基地参观学习。4月18日，雷英铎主任、调研员宁雪瑞等一行到万荣县志办调研，就《万荣县志》和《万荣年鉴》编修情况进行深入座谈。5月7日，雷、宁两位主任，赴永济市调研，指导《永济市志》编纂工作。6月23日，全办人员赴三门峡市党史地方志办考察学习。4月17日，组织参加二轮市志编修的有关专家及业务人员召开《运城市志》编纂研讨会。与会专家围绕编纂过程中存在的主要问题、原因及解决办法等，进行了深入研讨，有力地推进了《运城市志》的编纂进度。党的群众路线教育实践活动开展，恰逢其时，全办人员政治素养得到极大提升，领导班子提高了处理问题、化解矛盾的能力，大大推动了修志工作的进程，为全年工作任务按要求高标准完成提供了思想保障。

（雷英铎）

【贯彻市纪委各项会议精神】 2014年1月9日，针对作风问题，对中央的"八项规定"进行了学习。2月10日传达了市委中心组会议以及"2014年度开展群众路线教育活动"精神。3月7日第十四督查组来市志办督导"群众路线教育活动"。3月8日党员领导干部进行了公开的承诺。4月8日传达了市纪委有关整治"工作涣散，纪律松懈"《实施方案》的文件。4月9日组织全办人员到盐湖区委的警示教育基地参观。5月中旬集体观看了《苏联亡党亡国20年祭》的教育片。7月9日传达学习了《运城市2014年度落实廉政建设责任制重点考核任务》的通知。8月11日传达学习了市纪委有关根治腐败根源的3个文件。9月8日针对节假日作风问题，传达了市政府关于做好《中秋国庆两节期间有关工作的通知》。11月10日在全体会议上传达了市纪委《集中整治吃拿卡要专项考核方案》文件。通过传达学习文件，使纪委部署的各项工作得以踏踏实实的落实到位。

（雷英铎）

【贯彻落实党风廉政建设"两个责任"】 2014年，市方志办认真贯彻落实中共十八届三中全会《决定》提出的落实党落实。

（薛燕萍）

【党风廉政建设】 2014年，市档案局党组把抓党风廉政建设作为首要任务，在抓常、抓细、抓长上狠下功夫，把“两个责任”意识入脑入心、牢牢扛在肩上，不断增强党员领导干部的廉洁自律意识，形成了风清气正的党风廉政建设新常态。一是狠抓“八项规定”落实。进一步压缩会议和文件数量，取消无实质内容和职能交叉的会议文件，杜绝了以会议贯彻会议，以文件传达文件的现象；对局内“三公经费”执行情况进行了全面清查，健全和完善了“三公经费”内部控制制度。二是在“两节”和元旦前夕，按照“十不准”要求，开展干部职工对各种会员卡、商业预付卡、购物券的“零持有”和杜绝收送礼金、红包承诺活动，有效遏制了节日歪风，实现了清清爽爽过节。三是严禁婚丧喜庆大操大办，开展事前、事中、事后监督，确保全局上下人人不参与非亲属任何一起婚丧喜庆宴请，形成简单清爽的人际关系。四是针对上级检查中存在的迎来送往，机关办公中纸张用品奢侈浪费等歪风回头，建立起科学规范、长效管用的工作机制。五是在全局开展了“理想信念教育”、“学习警示教育”等主题实践活动，履行馆内查阅档案“零收费”、对外指导档案“零收费”两个承诺活动，发挥群众监督作用，形成监督长期效应，从源头上彻底堵塞监管漏洞。六是以创建市级依法治理示范单位为契机，围绕“六权治本”要求，进一步完善权力运行机制，细化权力行使范围，明确“权利清单”和“责任清单”，建立违规问题问责制度，进一步完善机关各项规章制度，有效防止越权、滥权、擅权问题发生。

（薛燕萍）

【档案资源建设】 2014年，在加强档案资源建设上，全面贯彻国家档案局8号、9号、10号令，全市累计完成1126个机关事业单位档案保管期限审批工作，市县两级已全面完成14个综合档案馆收集名册和实施细则。尤其是市委、市政府出台的《运城市档案馆依法规范收集档案实施细则》，在全省档案部门和11个兄弟市起到示范引领作用。在加强基层档案建设上，市档案局牵头与市委农廉办、市农委、市民政局等单位联合，扎实推进新农村示范县、示范乡、示范村建设，重点督促解决了首批永济、垣曲、绛县等5个县(市)、35个乡镇、110个行政村的档案场所、档案设施、档案机制、档案制度、档案安全、人员配备、资金投入等一系列实际问题。

（薛燕萍）

【规范管理服务】 2014年，在跟进服务经济发展上，市档案局联合市监察局、市发改委、市经信委等单位，先后对60余项市级重点工程进行了竣工前的档案专项验收，对全市范围392个市级重点工程项目档案实行有效监管；对39家市级国有企业和149家亿元规模以上民营企业建立档案管理机制。在跟进服务民生建设上，研究出台《关于进一步规范民生档案管理工作的通知》，市档案局分别联合市机关事业保险中心、市企业养老保险中心、市医保中心等部门，对13个县(市、区)的39家下属单位完成了检查指导和验收达标任务。

（薛燕萍）

【法治档案建设工作】 2014年，完成创建市级依法管理示范单位目标，依法规范了档案管理服务体系建设，机关运行步入法治化。利用“6·9国际档案宣传日”和“12·4法制宣传日”等多种途径，深入开展档案工作大型图片巡展、档案法制下乡、档案执法检查等活动，让法治档案建设接地气，受到省司法厅和市委、市政府领导的肯定表扬。

（薛燕萍）

【县级档案馆建设】 2014年，稷山、万荣、夏县档案馆已完成搬迁，闻喜已完成装修待搬迁，垣曲、永济2个县(市)新馆还在装修，芮城县已经开工建设，临猗、新绛、平陆3个县档案部门正在积极创造条件、争取新馆建设项目，运城建馆覆盖率、开工率、完工率均在全省排名第一。

（薛燕萍）

无线电管理工作

【概况】 2014年，运城市无线电管理局紧紧围绕山西省无线电管理局和市委、市政府的工作部署，按照“管资源、管台站、管秩序，服务经济社会发展、服务国防建设、服务党政机关，突出做好重点无线电安全保障工作”的总体要求，强化绩效管理，严格执行无线电管理法规，认真加强无线电频率台站管理，努力维护运城市空中电波秩序，圆满完成了全年的各项目标任务，被省无线电管理局评为“2014年工作目标责任制考核优秀奖”，为运城市经济社会又好又快发展发挥了积极作用。

（王　婷）

【党的群众路线教育实践活动】 按照运城市委第二批党的群众路线教育实践活动的统一部署，2014年3月至10月，市无管局在市委督导组的具体指导下，深入开展了以解决“四风”问题为主要内容的党的群众路线教育实践活动。3月5日，召开了党的群众路线教育实践活动动员大会，全面铺开了市无管局的教育实践活动。这次教育活动，市无管局始终坚持立足学习提高，加强党性修养，着眼解决问题，坚持群众路线，贯彻边整边改，建立长效机制，认真完成了学习教育、听取意见，查摆问题、开展批评和整改落实、建章立制三个环节的各项活动任务，全体人员共完成学习笔记18.7万字，每人撰写心得体会4篇，征求到各类意见78条，修改完善各类规章制度11项。通过教育实践，较好地解决了领导班子和党员领导干部在“四风”方面存在的突出问题，使大家经受了一次严格的党性锻炼和洗礼，受到了一次党的宗旨意识的再教育，达到了思想上有明显提高，政治上有明显进步，修养上有明显加强，作风上有明显改变，工作上有明显改进的效果。

（王　婷）

【召开全市无线电管理工作座谈会】 2014年3月18日，市无管局召开了全市无线电管理工作座谈会。来自全市32个设台单位的38名专管员参加了会议。会议贯彻落实全省无线电管理工作会议精神,局长张志铭做了题为《燃放激情团结奋进共谋无线电事业大发展》的工作报告。会上组织了交流讨论,与会同志踊跃发言,结合各自单位实际工作情况,就如何进一步做好无线电管理工作、加强沟通联系,服务好设台用户等问题积极建言献策,大家对市无管局的工作给予了充分肯定,并表示感谢,希望多开这样的会。这次会议对加强队伍建设,凝聚力量发挥了重要作用。

（王　婷）

【打击整治非法使用“伪基站”专项行动】 2014年4月至6月,为贯彻落实省无管局《关于印发打击整治非法使用“伪基站”违法犯罪活动专项行动工作方案的通知》的文件精神,市无管局高度重视,周密安排部署,成立了由运城市无线电管理局牵头,市委610办公室、市公安局和“三大公司”参加的打击整治非法使用“伪基站”专项行动工作小组,制订了《运城市打击整治非法使用“伪基站”专项行动工作方案》,在全市范围内开展了打击整治非法使用“伪基站”违法犯罪活动专项行动。

（王　婷）

【完成2014年高考无线电安全保障工作】 为全力保障2014年高考无线电安全,市无管局周密部署、精心组织,在省无管局高考无线电安全保障二组、运城市业余无线电爱好者协会、国家无线电监测中心频谱技术研究所、深圳嵘兴实业发展有限公司以及北京中天飞创电子科技有限公司的工程技术人员的支援下,运城市共出动无线电安全保障人员35名、保障车辆8辆,启用技术设备14台(套),分一个指挥中心和5个监测保障组对全市14个考区的考点都进行了全面覆盖监测,保障期间发现并及时阻断作弊信号1个,圆满完成了2014年度高考无线电安全保障工作。

（王　婷）

【查处首例Ku波段卫星电视干扰器】 2014年7月14日,市无管局接到芮城县华岳村某村民投诉称其最近一周电视信号持续出现马赛克或中断现象,不能正常收看,请求排查干扰。接到干扰投诉后,市无管局派技术人员于7月16日前往芮城县华岳村进行排查。通过实地监测和走访调查村民,得知村内受干扰的均为Ku波段卫星电视接收器。Ku波段的干扰对于运城市还是首次出现,了解到这一情况后,技术人员对Ku波段11.8～12.2GHz进行了监测,发现该段确实存在干扰信号,信号电平值忽高忽低,无法准确定位信号方向。经过反复测向定位,最终在芮城县村民南某家房顶发现了非法安装的卫星电视干扰器,询问该村民得知卫星电视干扰器是由芮城县某广播站私自安装。由于干扰器装在居民房内,技术人员立即与当地派出所联系,拆除了干扰设备,并将后续问题交由当地派出所处理。

（王　婷）

【无线电科普知识进校园活动】 为了做好无线电科普进校园工作,市无管局领导高度重视,多次与运城学院领导沟通联系,并于2014年11月26日就建立校园无线电科普基地的有关事宜召开了沟通对接会,确定将物理系作为具体联系发展基地。12月3日,市无管局和运城学院物理系在运城学院河东大讲堂联合举办了校园无线电科普活动,市无管局、运城学院、运城市业余无线电协会以及运城学院物理系的学生近500人参加了本次活动。

（王　婷）

【无线电监测技术设施加强】 2014年,在省无管局的大力支持下,5月底,永济市小型站完成建设,6月底,孤峰山高山站联网工作完成,正式投入使用,11月底,运城市应急通信系统建设完成并投入运行。随着孤峰山高山站、永济市小型站以及应急通信系统的建成,使运城市的无线电监测技术设施更加完善,在维护空中电波秩序、扩大无线电监测范围、提高无线电干扰查处能力、应对突发事件等方面发挥了十分重要的作用,大大提高了运城市对无线电资源的监管能力,为运城市无线电信息和网络安全提供了有力保障。

（王　婷）

【规范业余无线电管理】 2014年,市无管局高度重视业余无线电管理工作,在做好日常对业余无线电台监测工作的同时,不仅大力支持业余无线电爱好者社会活动,还不定期的对业余无线电爱好者进行培训,提高应急能力。2014年12月25日,在市无管局的大力推动和帮助下,运城市无线电协会成立大会暨第一届会员代表大会在运城市无线电监测技术中心召开。运城市无线电协会的成立,为运城市业余无线电管理和业余无线电活动增加了新生力量,对本市的业余无线电活动起到了积极的推动作用。

（王　婷）

人民防空

【概况】 2014年,运城市人防工作深入贯彻党的十八大和十八届三中、四中全会精神,紧紧围绕有效履行人防使命任务,深化重要经济目标防护建设成果,抓好人防常态化训练,充分发挥市场在人防资源配置中的决定性作用,突出综合防护体系建设,突出人防与经济深度融合发展。按照省人防事业“三三三”推进战略的部署和运城市“狠抓落实年”的要求,加强人防自身能力建设,深化特色品牌工作,提升人防与经济发展、城市建设、民生建设融合式发展机制,促进全市人防事业转型跨越发展做出更大的贡献。

（市人防办）

【工程维护管理】 2014年,制订《运城市工程维护管理办法》,对全市已建和在建工程进行普查,确保工程安全无隐患,同时分管副主任马忠运经常带领工程科人员深入工程现场,加强对在建和已建人防工程的监督检查,确保不发生任何安全责任事故。

（市人防办）

【人防从业人员培训】 2014年,市人防办组织参加了人民防空工程建设监理、人防战备资产资源普查信息管理系统培训。10月,按照省人防办的统一安排,组织市直及各县(市)人防干部50人,6个监理公司60人,3个设计院15人,15个施工单位35人,共计160人,进行了人防从业人员示训。通过示训,进一步强化从业人员素质能力,提高对人防工程质量的重要性的认识,提升了人防工程建设维护管理水平,使相关人员对人防工程政策、法规和技术标准有了进一步的认识和理解。

(市人防办)

【人防工程质量监督】 2014年,市级、各县(市)对开工建设的人防工程项目及时办理质量监督手续,确保质监率达到100%。工程竣工后及时做好竣工验收,验收合格后发放认可书并挂牌。2014年,质监站共办理质量监督手续5家,质监人防工程16个,进行工程主体验收6个,工程竣工验收3个。监测建筑面积6万平方米,其中市本级规划区内9个,建筑面积4万平方米,其余7个工程分布在各县市。深入施工现场达70多次,提出整改意见200余条,并对整改完成的项目进行复检,没有发生重大质量事故。(市人防办)

【人防信息系统建设】 2014年,投入10余万元,完成了人防指挥信息系统和视频会议系统建设,并开通了与省办的线路,实现了与省、其他各市的互通互联。11月22日、24日,市人防办干部职工参加了省带市人防军事斗争检验评估指挥预演和正式演练活动,从实战要求出发,按照规定的时间、要求、程序严密组织。演练前,参演人员针对演练方案进行了多次推演,达到了指挥人员熟悉预案,参演人员熟知方案,演练取得了良好的效果。严格按照要求,指挥信息系统软件和战备值班系统已安装到位并投入使用。

(市人防办)

【人民防空警报试鸣】 根据《山西省人民防空警报试鸣规定》,2014年9月18日,市区及所属12个县(市)XX台警报器同时进行了试鸣,鸣响率、统控率、覆盖率都达到了100%,圆满完成了警报试鸣任务,进一步加强了市民的国防观念和人防意识,提高了人民群众对警报信号的辨识和应急疏散能力。

(市人防办)

【人防知识宣传教育】 2014年9月,市人防办开展了"人防知识宣传五进"活动,在市政府机关、人民路小学、康杰中学、市委党校和中银社区等地分别举办了人防知识教育展览,宣传展板内有人防法律、法规、政策、防空警报信号种类以及"三防"(防核武器、化学武器和生物武器)、自救互救等知识,宣传展板内容新颖,共展出版面15块、发放人民防空知识宣传资料2000余份,受教育学生、市民达3000余人,进一步增强广大民众的国防和民防意识,努力营造全社会了解人防、关心人防、重视人防、支持人防的良好氛围。

(市人防办)

【人民防空训练活动】 2014年,根据上级人民防空训练工作指示,为提高人防队伍综合素质和实战能力,市人防办制订了人防训练年度、季度训练计划,按照计划,开展了机关业务训练、准军事化训练和疏散演练等训练任务,并以人防指挥信息系统为主要训练手段,突出加强了新装备操作技能训练,积极开展了人防训练比武竞赛活动。同时,制订运城市人防疏散基地规划方案,通过实地考察,确定在南山一带开展疏散基地建设。又对市直人防专业队伍编组方案和战时扩编方案重新进行修改完善,对人员名单重新定位,明确了任务分工和职责。10月,对治安队、消防队、抢险抢修三支人防专业队进行了点验整组和演练。

(市人防办)

【人防自身能力建设】 2014年,积极落实人防部门领导干部双重管理机制。加强党组学习和机关干部的学习制度。认真学习习近平总书记的系列讲话、党的群众路线、党的十八届四中全会会议精神等,并做了详细的学习笔记,进一步提高干部职工的政治思想素质。为加强人防干部培训,积极参加上级业务部门组织的培训,全面提升人防干部的素质和能力。组织参加了全国人防系统宣传报道员培训、全省人防指挥通信设备操作训练培训、人防创新发展研讨交流暨人防训练与考核大纲试训科目演示活动、省带市级指挥部演练业务集训等培训活动。同时,市人防办开展集中整治"吃拿卡要"专项活动,对本单位和干部职工的公共权力行使情况进行了自查自纠。7月16日,组织全体党员干部在运城市廉政教育基地接受了反腐倡廉教育。

(市人防办)

【党的群众路线教育实践活动】 2014年,根据中央、省委、市委统一部署,在市委党的群众路线教育实践活动领导小组办公室和第十督导组的精心指导下,市人防办全面贯彻"照镜子、正衣冠、洗洗澡、治治病"的总要求,紧密联系部门实际,加强领导,认真组织,周密安排,扎实推进,严格遵循各个环节工作程序,突出解决"四风"问题,坚持学习教育、征求意见、查摆问题和整改落实"四个贯彻始终",在改进领导作风、密切党群关系、解决难点问题、完善制度建设和推进人防事业发展等方面取得了明显成效。办党组领导带头抓整改,通过明确责任、细化措施、严肃纪律、狠抓落实,逐项解决查摆出来的问题。通过对现行的各项规章制度进行全面梳理,新建制度4个,修订完善现行制度23个,废止制度1项,形成务实管用、衔接配套的反对"四风"的制度体系。(市人防办)

市政协工作

全体委员会议

【三届四次会议】 2014年3月24至27日，运城市政协三届四次会议在空港召开。应到委员348名，实到委员337名，符合规定人数。运城市委书记在开幕会上作了讲话。市政协主席柴林山作《政协第三届运城市委员会常务委员会工作报告》，市政协副主席杨泽生作《政协第三届运城市委员会常务委员会关于市政协三届三次会议以来提案工作情况的报告》，表彰了优秀提案、办理提案先进单位和先进工作者。全体委员列席了市人大三届五次会议，听取并讨论了《政府工作报告》和其他报告。余妙珍等12位市政协委员作了议政发言。会议表决通过了关于常务委员会工作报告的决议，表决通过了关于三届三次会议以来提案工作情况报告的决议，审议通过了提案审查情况的报告，表决通过了市政协三届四次会议政治决议。

（市政协办）

常务委员会会议

【三届第10次常委会议】 2014年2月24日，市政协三届十次常委会议在运城召开，55名政协常委参加了会议，市政协主席柴林山，副主席杨泽生、王七庚、薛靛民、潘和平、谢爱玲、张冠、闫义勇、孙涛锁出席会议。副主席杨泽生主持会议，市政府秘书长杜自立通报2013年提案办理情况。会议讨论通过市政协三届四次会议召开日期的决定（草案）、会议议程（草案）、日程（草案）、列席人员范围和名单（草案）、编组办法和小组召集人名单（草案）；讨论通过关于提交市政协三届四次会议审议的《中国人民政治协商会议第三届运城市委员会常务委员会工作报告》（讨论稿）、《中国人民政治协商会议第三届运城市委员会常务委员会关于市政协三届三次会议以来提案工作情况的报告》（讨论稿）；讨论通过有关人事任免事项。

（市政协办）

【三届第11次常委会议】 2014年3月27日，市政协三届十一次常委会议在运城召开，55名政协常委参加了会议。市政协主席柴林山主持会议，副主席杨泽生对《工作要点》（讨论稿）作简要说明，副主席王七庚、薛靛民、潘和平、谢爱玲、张冠、闫义勇、孙涛锁出席会议。会议讨论通过了《政协运城市委员会常务委员会2014年工作要点》（讨论稿）。

（市政协办）

【三届第12次常委会议】 2014年6月18日，市政协三届十二次常委会议在运城召开，53名市政协常委参加了会议。会议议题为：围绕正确引导农村土地流转健康发展建言献策。市政协主席柴林山，副主席杨泽生、王七庚、薛靛民、潘和平、谢爱玲、张冠、闫义勇、孙涛锁出席会议。副主席杨泽生主持会议，副市长王健康通报了全市农村土地流转情况。会议审议通过了《关于正确引导农村土地流转健康发展的建议》（讨论稿），以及有关人事事项。

（市政协办）

【三届第13次常委会议】 2014年9月19日，市政协三届十三次常委会议在运城召开。55名市政协常委参加了会议。会议议题为：围绕促进运城特色文化旅游产业发展建言献策。市政协主席柴林山，副主席杨泽生、潘和平、谢爱玲、张冠、闫义勇、孙涛锁出席会议。会上，副市长陈竹琴通报了全市文化旅游产业发展情况。会议审议通过了《关于促进我市特色文化旅游产业发展的建议》（讨论稿）。

（市政协办）

专门委员会工作

【提案委员会】 2014年主要工作：一是立案的194件提案，交市委办复15件，市政府办复179件，全部办复，9件提案作为《政协提案送阅件》，直接送市委、市政府批办及职能部门承办。二是对城区中小学和幼儿园建设、企业融资难问题调研，形成《关于加快建设市区公办中小学问题的再建议》。三是针对重点提案《推广智能交通信号灯》,组织调研并召开座谈会。

(市政协办)

【经济和人口资源环境委员会】 2014年主要工作:一是开展"集群化招商、园区化发展"专题视察,调研保障性安居住房,化工产业集群。二是做好深化国企改革、改善农村人居环境、传统民居建筑保护调研工作,形成报告《关于我市国有企业改革情况》、《运城市改善农村人居环境工作》。

(市政协办)

【教科文卫体委员会】 2014年主要工作:一是调研职业教育,形成《关于促进我市职业教育发展的建议》。二是围绕市政协三届十三次常委会关于特色文化旅游产业发展的议题,赴盐湖、永济等13个县(市、区)做专题调研,向常委会提交《关于促进我市特色文化旅游产业发展的建议》。三是对市公立医院医疗改革、新材料产业集群项目、创卫工作及养老服务模式调研,形成《关于正确引导老年人身心健康发展的建议》。

(市政协办)

【农村委员会】 2014年主要工作:一是围绕市政协三届十二次常委会关于农村土地流转的议题,深入盐湖、临猗等地调研,形成《关于正确引导农村土地流转健康发展的建议》,提交常委会。报告受到省政协副主席朱先奇批示。二是调研双季槐产业和农村日间照料中心,提交提案《关于加大政府扶持力度,办好农村日间照料中心》。

(市政协办)

【民族宗教委员会】 2014年主要工作:一是配合全国政协就推动和建立两岸经济发展调研。二是调研市各宗教场所水电暖燃气价格、"扩大对外开放,促进转型发展"情况、民族特需商品定点企业生产经营情况、新绛宗教文化发展状况。三是在河津举办民族宗教知识培训会。

(市政协办)

【社会法制委员会】 2014年主要工作:一是举办"古中国·运城·家乡美"摄影展。二是对中级人民法院进行视察调研,旁听和监督部分案件审理。三是发挥政风行风监督员作用,开展活动。

(市政协办)

【文史和宣传委员会】 2014年主要工作:一是配合省政协《中条山战役》和《晋绥抗战英烈传》史料征集工作,报送25万字资料;启动《河东文史》第六辑文史资料征编工作。二是开展"推进城镇化进程中加强古村落保护"调研。三是两次邀请专家为委员作专题报告,在机关开展4次践行群众路线教育实践小讲堂活动。四是召开全市政协系统宣传工作会议;开展优秀委员评选活动。

(市政协办)

重要活动

【各界人士迎新春联谊会】 2014年1月27日,市政协、市委统战部举行各界人士迎新春联谊会。市政协主席柴林山致辞。各民主党派市委、市工商联负责人,无党派人士,归侨侨眷代表,民族宗教界人士,在运的省政协委员、部分市政协常委、委员和各县(市、区)政协负责人,市政协机关和市委统战部机关全体同志等欢聚一堂,共议发展,共庆佳节。

(市政协办)

【党的群众路线教育实践活动】 2014年2月至10月,围绕"为民、务实、清廉"的主题,按照"照镜子、正衣冠、洗洗澡、治治病"的总要求,市政协开展了党的群众路线教育实践活动。党组5名成员参加班子教育实践活动,12名县处级党员干部和17名科级以下党员干部参加机关教育实践活动。期间,各级党员干部以整风精神深入开展批评与自我批评,聚焦"四风",动真碰硬,既红了脸、出了汗,又加了油、鼓了劲,达到了"团结—批评—团结"的目的。为巩固作风建设成果,市政协建章立制,梳理机关相关制度,修订完善12项制度,初步形成务实有效的制度体系。

(市政协办)

【"访民生、知民情、解民事"走访调研活动】 2014年3月至4月,市政协主席柴林山及各位副主席,分别深入各自包联的县(市、区)乡镇及包联企业,实地走访调研,开展"访民生、知民情、解民事"走访调研活动。

(市政协办)

【廉政警示教育活动】 2014年3月12日、12月30日,市政协两次组织全体机关干部到市廉政教育基地参观学习,开展廉政警示教育活动。

(市政协办)

【学习全国"两会"精神专题讲座】 2014年3月19日、4月16日,市政协两次邀请全国人大代表、亚宝药业董事长任武贤,围绕全国"两会"精神和"创新与发展"的主题,为广大政协委员和机关干部作专题报告。

(市政协办)

【市政协宣传系统工作会议】 2014年4月23日,市政协召开全市政协系统宣传工作会议,通报2013年市政协机关宣传工作情况,宣布2014年宣传工作方案。

(市政协办)

【"委员十人小组"座谈会】 2014年5月30日,市政协召开"委员十人小组"服务运城发展大局座谈会,就如何进一步发挥政协平台作用,维护全市社会安全稳定大局展开座谈。

(市政协办)

【群众路线专题学习讲座】 2014年7月8日,市政协邀请河津龙门村党委书记、龙门集团董事长原贵生,就"党的群众路线在龙门的实践"为委员和机关干部作专题报告。

(市政协办)

【群众路线教育实践"小讲堂"活动】 2014年,市政协机关共举办4期群众路线教育实践“小讲堂”活动，以提高机关青年干部的素质。活动中，年轻干部们结合体会，从多个角度阐述心得，畅谈体会。

（市政协办）

【服务市“创卫”工作】 2014年7月至12月，市政协30多名机关干部，在其责任片区市区潞村街开展环境卫生整治工作，服务市“创卫”工作。

（市政协办）

【反映社情民意信息工作培训会】 2014年8月19日，市政协召开全市政协系统反映社情民意信息工作培训会，邀请九三学社中央经济委员会副主任龚震作《科学研判舆情，提升信息质量》专题报告。

（市政协办）

【重点提案办理落实情况汇报会】 2014年9月18日，市政协召开重点提案办理落实情况汇报会，对市政协三届四次会议重点提案办理情况进行督查。市政府有关人员、各承办单位负责人汇报了年度重点提案办理落实情况；重点提案第一提案人对落实情况发表了意见。

（市政协办）

【文化经济交流恳谈会】 2014年11月14日，市政协主席柴林山，副主席谢爱玲到兰州市看望运城籍、山西籍企业家，并召开文化经济交流恳谈会，为运城招商引资工作牵线搭桥，为经济建设发挥了促进作用。

（市政协办）

【举办“古中国·家乡美”摄影展】 为响应市委、市政府把运城打造成以“古中国”为标识的国际文化旅游目的地的号召，市政协组织40余名摄影家，利用半年时间，创作1000余幅摄影作品，从中挑选100余幅精品，于2014年11月举办了“古中国·家乡美”摄影展。

（市政协办）

【学习讨论落实活动】 按照活动要求，市政协及时制订活动方案及任务分解表，于2014年12月召开了学习讨论落实活动动员会及座谈会。

（市政协办）

【“服务六个发展·提升运城形象”座谈会】 2014年12月12日，市政协召集部分文艺界委员和市摄影家协会会员，召开“服务六个发展·提升运城形象”座谈会。

（市政协办）

安排开展了“农村金融机构创新服务调查报告”“法律援助机制创新调查报告”。为省、市领导和相关部门提供了决策参考。

(马春录)

【社会服务方面】 市委会依托民建盐湖区委和区文化新闻出版广电局在龙居镇开展了“送欢乐、下基层”活动,生动活泼的文艺演出,受到广大村民的一致好评。民建永济支部与永济市农业、林业方面专家,深入乡镇进行核桃、桃、葡萄的栽培种植、田间管理科技讲座,受益群众达300余人,普遍反映很有收获。2014年,全市各基层组织开展三下乡活动11次,培训学员1500人;投入培训资金0.9万元,给3个乡镇农民发农科书540本;投入扶贫资金2.4万元;会员企业吸纳劳动力新增680人。会员刘天甲给虞乡镇风伯峪村捐款5万元,用于公益事业;会员贺建民向东城办捐款1万元,为辖区购买垃圾箱;会员李留锁捐款5000元,支持市区创卫工作;会员王学民分别在永济市、稷山县、盐湖区解州镇开展送药下乡活动,赠送药品价值10万余元;会员鑫源集团董事长李家林捐资50万元,救助贫困大学生50人。基层支部和会员积极发挥各自优势,服务社会、帮贫济困,为民建组织树立了良好的形象,受到社会各界的一致好评。

(马春录)

中国民主同盟运城市委

【政治理论学习】 在2014年初召开的盟市委三届四次全会上,把学习中共十八大、十八届二中、三中全会精神作为本年度盟的各级组织和广大盟员的首要政治任务,并对盟市委委员和各支部主委的学习做出了具体量化,要求每人记学习笔记不少于两万字;要求每个支部向盟市委报送一篇理论文章,文章以广大盟员如何坚持“道路自信、理论自信、制度自信”为主要内容。中共十八届四中全会召开后,盟市委于10月25日下发了《关于学习贯彻中共十八届四中全会精神的通知》,并于11月15日召开学习贯彻中国共产党十八届四中全会精神会议,邀请运城市委党校副教授吕永军作专题辅导。盟市委委员、各支部主委32人参加了会议。在十八届四中全会召开前以及召开后,特别组织了盟内的法律工作者,对“依法治国”这个主题进行了专门的研讨,最后形成了5篇比较有价值的社情民意信息,通过统战、政协、民盟的渠道进行了报送。

(市民盟)

【思想建设】 在2013年制订方案、成立领导组、召开动员会的基础上,盟市委将“基层组织建设年”确定为2014年学习实践活动主题。由主委带队,对全市的5个基层组织进行了走访调研,了解了基层组织建设现状及广大盟员思想动态,并在闻喜召开了基层组织工作现场会,评选出一批先进基层组织;结合运城地方志工作的要求,完成了《运城民盟简史》初稿的撰写和修改;在各支部开展学习盟史盟章的活动;制订了《民盟运城市委关于加强基层组织建设的意见》;组织盟内骨干成员参加市委统战部举办的运城市民主党派思想政治引领理论培训班,参加培训人员达89人。在中央对山西的领导层做出重大调整后,及时组织盟内的主要成员学习了王儒林书记、王清宪市长的一系列讲话精神,将广大盟员的思想和行动统一到中央、省委、市委的决策和部署上来,让广大盟员明确“净化政治生态、实现弊革风清,重塑山西形象、促进富民强省”这一山西省委开展学习讨论落实活动的目标任务;了解王清宪市长提出的“做好三个楷模,提升三种能力,落实三个方案”的要求。

(市民盟)

【参政议政】 2014年,盟市委把促进科学发展作为参政议政的第一要务,把“园区化发展集群化招商”作为参政议政的工作重心,积极开展调查研究,成效显著。在市政协三届四次会议上,盟市委和盟内政协委员共向大会提交提案32件,其中《全力打造我市标志性文化旅游品牌的建议》《引进高端科技、推动传统产业升级、转型,提高我市工业技术水平刻不容缓》《切实实现教育的均衡发展,办人民满意教育》《提高农村教师待遇,缩小城乡师资差距》《筑巢引凤栖梧桐,兴运富民有盼头》等8件被录入大会发言材料。有两位同志在全会上进行了议政发言。这32件提案全部立案,其中《关于提高农村教师待遇的建议》被列为重点提案,得到了王清宪市长的亲笔批示。2014年,在提高信息稿酬和加强人员培训的基础上,盟市委分管信息的副主委魏亮梅和参政议政委员会主任武兆文两位同志还到部分基层组织进行了调研。通过这些措施,上报信息质量和数量均有较大提高。全年共向盟省委和市政协上报社情民意信息120条,其中,市政协采用88条;盟省委采用71条,盟中央采用11条。稷山支部的信息《喜高铁通,忧国道断—108国道新绛段被阻断的情况反映》,被省政协采用。

(市民盟)

【组织建设】 2014年,盟市委抓本固源,以改善盟员结构、提高盟员层次、突出盟的特色为宗旨,坚持“在工作中发展”和“发展为了工作”的原则,按计划有步骤地发展盟员。本年度共发展备案新盟员11人,其中博士生1人,硕士生5人;高级职称3人,中级职称5人;副科级领导干部3人。中级以上职称和副科级以上领导干部占到100%。支部换届工作,对盟的事业可持续发展起着关键的作用。顺利地完成了万荣支部、盐湖区委的换届,还将文化支部升格为总支部。在广泛征求基层组织和盟员所在单位领导意见的基础上,确定了盟内后备干部名单,建立了后备干部档案,对后备干部实行重点培养。丁廷轩、雪增元、宋登科、宁致义、文秀斌、赵红岗等9名同志被确定为盟内后备干部。2014年是民盟的基层组织建设年,盟市委在各基层组织中开展了为期两个月的调研,通过多次讨论、修改,形成了《民盟基层组织情况的现状和问题》的调研报告,上报盟中央后,被评为优秀理论成果。盟市委被盟省委评为基层组织工作创新单位,民盟闻喜总支被盟中央授予先进基层组织。

（市民盟）

【社会服务】 2014年,根据盟内医疗人才众多的优势,提前调研,选定革命老区稷山县西社镇西社村为本年度医疗服务对象。10月17日,由史海涌主委带队,盟市委组织盟内医疗专家杜一民、潘莉华、柴巍、翟朝霞、卫文喜等10多人,带着心电图、B超及5000多元的药物,到稷山县西社镇西社村,为群众送医送药。诊治100多人次,为60岁以上的老人发放了板蓝根、钙片等常用药品。民盟盐湖区委盟员自编自排文艺节目,在车盘乡西高玉村和永安庄村进行了演出;民盟垣曲总支成立法律援助中心,服务弱势群众20余人;民盟河津总支开展口腔和软组织疼痛义务诊疗,服务群众200余人次;临猗支部组织文艺界盟员开展送戏下乡活动,先后到嵋阳、庙上、临晋等乡镇进行演出;稷山支部开展捐资助学活动,为新屋村贫困学生捐款3000元;医卫支部盟员柴巍、潘莉华、曹丽霞、张国华等多次组织参加义诊和健康知识讲座,服务患者和基层医卫人员6000多人次;盟员景雪变同志带领蒲剧青年团,在完成各种演出任务的前提下,义务下乡为群众演出50多场次。

（市民盟）

【先进盟员简介】 新绛澄泥砚研究所所长蔺涛荣获2014年全国五一劳动奖章,运城市中心医院心血管内科主任李学信获山西省劳动模范光荣称号。2014年5月28日,运城市召开突出贡献科技人才表彰大会,隆重表彰科技领域的优秀人才,授予10名同志“运城市突出贡献科技人才”称号。其中,盟员陈皓利获得进步奖、蔺涛获得优秀奖。盟员弓巧娟被确定为省级特色专业建设项目负责人,并获山西省高校教学成果二等奖、中石化出版社优秀教材一等奖;盟员柴巍被省委组织部推选为“百千万人才工程”领军人才,并获山西省“科技奉献奖”;盟员宁致义被评为山西省高中物理特级教师。

（市民盟）

中国民主促进会运城市委

【概况】 2014年,民进运城市委在民进省委和中共运城市委的领导下,在市委统战部的关心指导和支持帮助下,认真学习贯彻中共十八届三中、四中全会精神,开展坚持和发展中国特色社会主义学习实践活动。围绕中心,服务大局,在自身建设、参政议政和社会服务等各项工作中取得了新成绩。

（市民进）

【学习型参政党建设】 2014年,通过学习习近平总书记系列重要讲话精神和十八届三中、四中会议精神,提高领导班子和广大会员政治素养,打好广大会员的政治思想基础。在《运城民进》设立“我的梦,中国梦”栏目,市委会班子成员、委员及各基层组织负责人发表文章。还为市委会各层基层组织、骨干会员、全体委员送阅《山西民进》和各种学习资料,在会内营造浓厚的学习氛围,掀起了学习十八大,实践中国梦的热潮。同时,还通过举办培训会、座谈会等多种形式开展学习。通过学习,答疑解惑,真正让会员从思想上坚定走中国特色社会主义道路的信念。

（市民进）

【组织建设】 2014年,为了加强民进市委班子建设,增强活力,在民进省委和中共运城市委统战部的大力支持下,增补闫琳为市委会副主委;民进中医院支部顺利完成了换届工作,史明霞担任新主委;康杰中学支部荣获“全国民进先进基层组织”光荣称号;永济总支主委任亚娟荣获“全国优秀会员”。另外,按照会省委的统一部署安排,加强了对外联系交流,市委班子成员8月初赴大同、朔州和晋中市民进进行了走访交流,9月下旬,民进吕梁市委一行9人也来本市传经送宝,走访交流。通过走访交流,扩大了视野,学到了经验,看到了差距,得到了启发。盐湖区委在春节和重阳节等时段,派人专程看望老会员,并为他们送去了健康养生书籍和慰问品,也送去了组织的温暖和祝福。

（市民进）

【干部队伍建设】 2014年,按照中共市委统战部的统一安排,市委通过民主推荐,确定了5名优秀会员为副处级后备干部。年内参加省委统战部、民进省委、市委统战部举办的党外干部、骨干会员培训班共计40人次,提升了会员的政治素养。

（市民进）

【先进事迹宣传】 2014年,会市委积极向上报送各类信息30余篇,分别刊登在民进中央、民进省委网站。同时在运城民进网站和《运城民进》会刊上开展宣传先进基层组织和寻找“民进最美追梦人”活动。传递民进薪火,弘扬正能量,全年共宣传会员40人次。3月开展了纪念山西民进成立30周年书画摄影征展活动,共征得稿件40幅,编辑出版了“运城民进纪念山西民进成立30周年书画摄影”专刊,有17幅作品还参加了庆祝民进山西省委成立30周年的活动展出,收到了良好的宣传效果。

（市民进）

【提案建议提交】 2014年,共向省、市政协提交提案52件,大会发言材料6份,社情民意48件。其中有1件提案被评为2014年度市政协重点提案,并得到了市长王清宪的批示。在2014年3月24日召开的市政协三届四次会议上,市政协评出了三届三次会议以来的12件优秀提案予以表彰,其中民进占3份,分别是副主委李明刚撰写的《关于取缔城市三轮车非营运的建议》、副主委杨良杰撰写的《关于对我市核桃产业发展中存在的问题及建议》和副主委孙艳撰写的《关于破解市区入园难、入园贵的建议》,《运城日报》全文刊登了副主委杨良杰和副主委孙艳的提案。另外,副主委李志云撰写的《我市食品药品安全监管机制存在的问题及建议》和《我市幼儿教育管理机制存在的问题及建议》,拼音报支部主委樊菁菁撰写的《关于加强农村教师对外交流的建议》《切实解决农村小学撤并后带来的上学难问题》和《全面贯彻"药儿园"刻不容缓》,经贸支部主委马凯峰撰写的《关于对我市城市建筑垃圾实行统管统运的建议》和《建议清退的超标办公房合理利用》及财税支部主委令狐英丽撰写的《解决停车难题,方便百姓生活》等提案,由于对相关问题提出了中肯的意见和建议,受到了市委、市政府领导的高度重视,建议得到了很好的落实。

(市民进)

【社情民意信息撰写】 2014年,会员郑科针对"三农"问题进行了专题调研,撰写了《新型农业经营体系培育中存在问题与对策》《现代农业发展中农技推广存在的问题与对策》《对农民持续增收问题的建议》等系列信息。结合十八届四中全会精神,会员中的律师王兵泽、卫进峰、车跃收结合自身的工作经历,撰写了《浅谈如何完善依法独立公正行使审判权和检察权》《关于行政执法存在的问题与建议》等系列建议,并报省委统战部。盐湖区委全年撰写社情民意80余篇,多数被市区两级政协采用。景运欣、高明辉等会员还被市政协评为了反映社情民意信息先进个人。万荣支部全年共撰写社情民意8篇。5名市政协委员和4名会员荣获市政协社情民意信息工作先进个人,他们是李明刚、闫琳、景运欣、卫进峰、马凯峰、任亚娟、高明晓、王烨、柴海军。

(市民进)

【合理化建议提交】 2014年,财经学校支部薛红革老师《关于如何整顿教学秩序提高教学质量的建议》、李红军老师《关于如何提高中职学生口语交际能力及应用文写作能力的建议》、董春锁老师《如何充分利用财校资源加强对农村财会人员进行培训的建议》、耿红老师《关于如何提高"3+2"大专班学生文化基础课学习成绩的建议》及李青学老师《关于如何加强学生的行为养成教育努力构建平安校园的建议》等,均被学校采纳;急救中心支部会员在新院设计方案征求意见讨论会上提出的多条合理化建议均被采纳;口腔卫校支部在学校的星级管理评估、十大品牌学校评选中,就学校教学、管理和建设等提出合理化建议60余条,在医院的医务工作中,会员就医患关系、提高服务质量等提出合理化建议20余条,均被学校医院采纳。 (市民进)

【送医服务下乡活动】 2014年,民进会的医务工作者继续在盐湖区席张乡卫生院进行医疗诊治,全年出诊达50人次,诊治病人千余人次。特别是中医院支部会员闫俊芳,每周六到盐湖区席张乡卫生院出诊、查房,三年来坚持如一日,为基层医生指导业务,多次参与抢救急危重病人,受到当地群众和医院的好评。2014年6月17日,在副主席侯春来、主委任亚娟的带领下,永济总支医卫支部主委冯长虹、副主委杨军利、杨洪泽积极同永济市中医院6名医护人员一起为永济市夕阳红托养中心60余名老年人进行健康体检和提供咨询。11月29日,在盐湖区寺北村的福平医院成立了"运城民进医疗服务站"。同时,民进会员主办的特色医院和医疗研究所,也都发挥各自特长,积极为病人提供免费服务,受到了社会各界的高度赞扬。会员范瑞娟、王金成、张卫红、孙德仁等大夫在《黄河晨报》举办的"河东名医大讲堂"上授课,介绍健康养生知识。中医院支部会员兰英在运城市电视台第一时间做春季养生系列讲座。

(市民进)

【文化惠民活动】 2014年,"运城民进艺术团"积极响应市委、市政府"文化下乡"号召,组织文艺骨干会员宁国红、雷建军、程艺辉、尚广平、张晓燕、姜婷婷、史新刚、徐柳峰等,克服种种困难,下农村、进企业,到部队,共演出8场次,把党和政府的关怀、法律法规和政策及先进的文化送到了基层,送到了广大人民群众和子弟兵心坎里。同时,书画、摄影界会员高明晓、杨自新、沈康、宋波、马凯峰、董雁红、荆富强等积极开展文化惠民活动,举办了书画交流讲座和个人书画展,宣传了民进,扩大了影响,丰富了人民群众的文化生活。9月,盐湖区委在舜帝陵广场举办了有民建盐湖区委、九三学社盐湖区委及民进市委部分支部共百余人参加的放风筝联谊活动,旨在弘扬德孝文化,传承中华美德,取得了良好的社会效益。

(市民进)

【果业服务活动】 2014年,民进果农服务站共为果农授课传技100余次,服务果农7000余人次。民进市委副主委杨良杰在这方面做了大量工作,为果农增收出了力、流了汗,果农称他为"果农致富的领头雁"。

(市民进)

【奉献爱心活动】 2014年,盐湖区委委员、解州骨科医院院长高明辉充分发挥自己的职业优势,积极为社会服务,并组织支部进行捐助活动,先后为5名贫困家庭儿童进行了帮扶。市中心医院支部在院手术室临时工患病之时,全体会员共捐款500元,用于临时工治病。3月,永济总支主委任亚娟通过永济市妇联为山西省妇女儿童中心捐款5000元。8月1日,新绛总支主委李志云带领部分会员为驻绛武警官兵送去了慰问品和丰富多彩的文艺节目,受到了武警官兵和有关领导的一致好评;副主委王景云出资1000元资助古交中学两名贫困学生;会员张俊伟利用暑期免费培训书画爱好学生20余名,还同老会员卫鸿儒在春节前免费为群众书写春联;老会员侯小平退而不休,在养老院编写文艺节目,活跃养老院文化生活。

(市民进)

【彰显风采活动】 2014年,广大会员立足本职,建功立业,涌现出了一批典型。康杰中学支部主委郭林涛荣获中学正教授级职称;康杰中学支部特级教师张世温、解良杰分别举办了个人教育教学思想研讨会;康杰中学支部会员张清泉和人民路学校会员高丽霞荣获运城市"河东最美教师"称号;财经学校支部主委李青学被学校评为2014年度先进工作者,薛红革、李红军、张丽红分别获得校"优秀教师"、"特别贡献奖"和"爱岗敬业奉献奖”；急救中心支部主委张军被推选为2014年运城市学术技术带头人；急救中心支部会员王芳被评为中国优秀临床医学工程师技术能手全国50强；会员孙德仁创办的河东中西少儿推拿学校荣获“运城市职业教育十大品牌学校”；永济总支杨自新绘画作品《寒山雪晴》获中国美术家协会最高奖；盐湖区会员李汝珍带领运城风筝入选“中国体育非遗项目”；拼音报支部会员李军多次组织本市小学教师赴上海交流学习，取得了骄人成绩；运城师专支部主委高明晓常年免费举办美术培训班；永济总支主委任亚娟被评为“运城市十大女杰”和民进“全国优秀会员”。新绛总支会员胡玉萍在全省组织的音乐教师技能大赛上荣获个人三等奖，并被评为县优秀辅导教师，王景云、李玉仙分别被评为全县优秀教师和模范班主任，会员张俊伟获新绛县美术教师比武大赛一等奖和美术绘画展一等奖；经贸支部主委马凯峰荣获运城市总工会书法大赛一等奖；经贸支部组织委员王烨全年在各类刊物发表文章50余篇，10月份由中国电力出版社出版了其独著的《电力营销业扩报装工作实务》，同时王烨还荣获“国网营销专家”、“电能计量客户端现场防窃电监控装置国家专利”、“先进个人”等多种奖项；运城学院支部会员尚广平出版了《声乐艺术理论与教学研究》，多次参加民进组织的演出活动；盐湖区会员高明辉对5名贫困儿童进行帮扶；盐湖区会员李小民免费为全区适龄妇女进行乳腺病检查；会员王兵泽、张猛、车要收等律师多次为群众免费提供法律援助；口腔卫校支部会员赵培霞、安滢波、姚明生被口腔学校和口腔院评为优秀教师和最受患者欢迎的医生；运城学院支部主委薛淑珍多次为多家单位做管理方面的讲座；康杰支部会员宋波举办了个人油画展，打破了运城油画界10年无画展的局面；康杰中学支部会员柴海军被聘为教育部国培计划讲师团成员，并被评为“全国首届中学语文学术先锋人物”等，充分展现了运城民进会员的风采，树立了运城民进会员良好的社会形象。（市民进）

九三学社运城市委

【组织建设工作】 2014年1月14日，社市委召开主委会议，会议由闫义勇主委主持。会议就健全基层组织班子进行了讨论研究，决定市直各基层支社结合年终会议进行届中班子成员补选，并对市委班子成员参加基层委员会和各支社年终会议进行了分工。5月30日，社市委召开主委会议。会议主要内容有三项：发展新社员；通过裴平任妇女专委会主任；对三届三次全委扩大会议工作报告中安排的2014年工作进行分工。会议研究通过的14名新社员是：邓海虹、李雪红、贾翠蓼、王晓蔚、谢泽力、刘新明、李江萍、霍璞、孙佳丽、杨晓、王传旭、师树英、陈志新、王秀文。截至2014年底，本市社员总数达到230人，其中女社员90人，占39.1%；高级职称102人，占44.3%；硕士24人，占10.4%；博士3人，占1.3%。特级教师6人，副处级以上干部14人。有省、市、县三级政协委员30人，各级人大代表5人，特约监督人员16人。

（王宏斌）

【思想建设工作】 2014年3月17日，运城市各民主党派班子成员学习培训暨统战部群众路线教育实践活动征求意见会在市人大七楼会议室召开。市委常委、统战部部长荆青莲出席会议，市各民主党派班子成员30余人参加了这次会议。社市委主委闫义勇、副主委贾爱珍、王宏斌、王建国、古建明参加了此次会议。9月28日，社市委组织社内老同志、女社员和基层组织正副主委，到运城学院礼堂参加中国第五届德孝文化节闭幕式，使大家受到了一次很好的德孝文化教育。11月30日，市直学院支社在运城学院老校区会议室举办了一次学术讲座，学院支社全体社员、社市委班子成员和各基层组织正副主委参加了此次讲座会。运城学院支社社员、学院教师、博士严磊，做了题为《从近代西方兴起看中华民族的伟大复兴》的专题报告。通过学习，大家进一步认识到，中华民族伟大复兴是时代赋予当代中国人最伟大的历史使命，为了实现这一伟大使命，必须坚持中国共产党的领导，坚持政治体制改革，走科学发展的民主化、法制化道路。

（王宏斌）

【“两会”提案建议】 2014年1月17日至21日，山西省政协十一届二次全会在太原召开，本社省政协委员闫义勇和雷晓琪参加了此次会议。闫义勇委员在会上提交了两件提案：《关于大力培育新型农业经营体系和城乡一体化发展典型的建议》和《关于积极引导农村土地流转加快实现我省农业现代化的建议》，还提交了一篇社情民意信息，题为《对中小学教材中出现的错误应引起足够重视》。雷晓琪委员提交了两件提案：《关于适当增加万荣县城市建设用地指标的提案》和《关于改变“民告官”行政案件审判难的提案》。本社市人大常委贾爱珍在3月25日至28日召开的市人大三届五次会议上就夯实财政基础加大民生投入作了专题发言。3月23日至27日，政协召开第三届运城市委员会第四次会议。在这次会议上，本社市政协委员闫义勇、王宏斌、王建国、古建明、刘学生、梁元成、贾学军、雷晓琪、刘世宁、邵景福等共向大会提交集体提案3件、个人提案12件、大会发言材料4篇。

（王宏斌）

【社情民意信息工作】 2014年3月23日，市政协召开了第二十三次信息工作会议，对2013年反映社情民意信息先进单位和先进个人进行了表彰。社市委副主委王宏斌、古建明和永济支社副主委裴淑芳、盐湖区社员刘昶获“2013年运城市政协信息工作先进个人”荣誉称号。2014年社各基层组织和社员共报回社情民意78篇。社市委反映的《积极引导农村土地流转，加快实现我市农业现代化》信息得到市委副书记陈振亮批示。11月15日，社市委召开2014年信息工作会议，社市委委员、各基层组织负责人、五年来新入社社员及2013年撰写过社情民意信息的社员60余人参加了会议。会议由社市委主委闫义勇主持,社市委副主委王宏斌通报了全市社员所反映社情民意信息被社中央、社省委及省、市政协采用情况,指出了社员反映社情民意信息方面存在的问题,并对做好下一步社情民意信息工作提出了意见和要求。

(王宏斌)

【干部培训学习】 2014年3月31日至4月4日,闫义勇主委在太原省委党校参加"省管干部学习贯彻习近平系列讲话精神第五期集中轮训班"学习。5月4日至5日,市委统战部在市社会主义学院举办民主党派成员思想政治引领培训班,6个民主党派290余名骨干成员参加了培训。此次培训内容以中共十八届三中全会精神、习近平总书记系列重要讲话精神、多党合作基本理论、运城市市情及发展战略为主。社市委组织社市委委员、基层组织正副主委、市县人大代表和政协委员及后备干部共37人参加培训学习。7月11日,由九三学社运城市委牵头,组织召开第三季度市民主党派班子集体学习会。全市各民主党派正副主委、市区内市委委员及支部(社)负责人约70余人参加了集体学习会。学习会由市政协副主席、社市委主委闫义勇主持,会议邀请运城市委党校副教授张巧当作辅导讲座。社市委副主委贾爱珍、王宏斌、王建国、古建明及支社主委雷晓琪、杜涓参加了这次学习会。11月15日,社市委在运城市委党校召开新社员培训会,近三年入社的社员共60余人参加了培训。培训学习会由社市委主委闫义勇主持。培训会特别邀请了九三学社山西省委委员、山西社会主义学院副院长陈忠辉教授作辅导讲座。陈忠辉教授结合九三学社发展史,对《中国的政党制度》白皮书进行了解读讲解。

(王宏斌)

【全委扩大会议】 2014年5月18日,九三学社运城市委员会三届三次全委扩大会议在建国饭店召开。参加会议的有社市委全体委员、基层组织负责人、退下来的老领导及部分社员,共计70余人。会议邀请市委统战部常务副部长李新潮参加。会议由王宏斌副主委主持,闫义勇主委作了《2013年工作报告》,会议还对2013年反映社情民意信息工作先进个人进行了表彰。

(王宏斌)

【社市委推荐后备干部】 2014年9月12日,九三学社运城市委员(扩大)会议在市政协七楼会议室召开。参加会议的有:社市委主委闫义勇,副主委贾爱珍、王宏斌、王建国、古建明,委员梁元成、相跃帮、曹德荣、雷晓琪、杜涓,河津小组组长马振河,永济支社副主委赵红社,学院支社副主委周洋,师范支社副主委史玉民等。闫义勇主委主持会议,并对下半年工作进行了安排部署。所有参会人员通过无记名投票,推荐了社市委班子后备干部。

(王宏斌)

【社会服务活动】 2014年2月中旬,社中央提出要对上年11月份晋、陕、豫三省社省委提交的《关于支持晋陕豫"黄河金三角"国家区域协调发展综合试验区建设的建议》进行修改。接到社省委和社河南省委的修改通知后,社市委负责人立即与黄河金三角办公室主任茹进朝研究,将社中央标示出要修改的部分进行了充实修改。改好后,三省社省委第二次将《建议》提交给社中央。社中央以"直通车"方式将《建议》转交李克强总理和张高丽副总理。李克强总理、张高丽副总理分别于3月19日、23日对《建议》做出批示。3月31日,国务院批复了《晋陕豫黄河金三角区域合作规划》。4月14日,国务院发布了《关于晋陕豫黄河金三角区域合作规划的批复》。这是黄河金三角区域合作发展史上划时代的大事,也是九三学社上下联动,"围绕中心、服务大局"履职参政的一次成功实践。在这项工作中社运城市委起到了重要的桥梁纽带作用。8月19日,经闫义勇主委多方联系,邀请九三学社中央经济委员会副主任龚震来到运城,为运城市政协委员和政协系统信息工作人员做了一场题为《科学研判舆情、提升信息质量》的专题报告。共有300余人参加了这次报告会,这场报告对运城政协信息工作起到了较大的促进作用。11月6日至8日,九三学社天津市眼科医院支社和九三学社运城市委联合在盐湖区北相镇政府大院开展了一次"服务三农义诊活动"。这次活动得到盐湖区政协的大力支持。经社市委主委闫义勇,副主委王宏斌、古建明多次联系,天津市眼科医院9位专家,驾乘着治疗眼病大型专用车,携带6台先进眼科仪器,不远千里来到运城,免费为北相镇200多位农民检查眼病,受到当地群众好评。12月5日至7日,由社省委副主委李青山带队,本省药品创新团队一行9人来到运城,在社市委全力配合协助下开展了一次药品研发创新活动。创新团队的专家教授先在银湖制药厂召开了学术报告会,然后分头深入各药厂进行实地调研,现场帮助药厂解决技术问题,受到本市制药企业好评。这次活动为科技人员和制药企业搭建了一个产学研结合的平台,对运城市药品研发创新起到了较大的推动作用。

(王宏斌)

运城市工商联

【概况】 2014年,在市委、市政府的正确领导和省工商联、市委统战部的指导下,市工商联坚持围绕中心,服务大局,以"两个健康"为工作出发点和落脚点,扎实服务、开拓进取,各项工作保持了良好的发展态势。市工商联荣获2014年度市直"文明单位"称号。

(赵志锌)

【党的群众路线教育实践活动】 2014年,市工商联党组高度重视群众路线教育实践活动,成立了活动领导小组,制订了细致可行的活动方案。在整个活动中,领导班子和一把手进行了"学习教育、听取意见"、"查摆问题、开展批评"和"整改落实、建章立制"三个环节的工作。在学习教育、听取意见环节,坚持每周两次专题集中学习,共组织集中学习36次,多种形式开展学习教育活动，确保了学习效果；在查摆问题、开展批评环节，班子征求到各类意见建议200条，其中批评性意见96条，涉及“四风”问题的意见75条。对于查摆出的“四风”问题，召开了专题民主生活会，开展了深刻的批评与自我批评，达到了团结—批评—团结的目的；在整改落实、建章立制环节，班子多次集体研究，并充分征求群众意见，形成班子整改方案、专项整治方案和制度建设计划，确定原制订继续执行的制度5项，需修订完善的制度6项，新制订的制度3项。通过这些活动，较好地解决了领导班子和党员干部在“四风”方面存在的突出问题，使大家经受了一次严格的党性锻炼和洗礼，受到了一次党的宗旨意识的再教育，达到了思想上有明显提高，政治上有明显进步，修养上有明显加强，作风上有明显改进，工作上有明显改变的效果。

（赵志锋）

【服务民营企业工作】 2014年，在金融服务方面，针对当前经济下行压力过大、银行贷款紧缩、运营资金短缺严重影响民营企业正常生产与生存的形势，市工商联急民营企业之所急，发挥人脉与资源优势，通过各种渠道为近10个民营企业解决生产贷款、过桥资金以及应急资金1.8亿元，有效缓解了部分民营企业的燃眉之急，甚至挽救了个别企业。在培训教育方面，年内，相继组织民营企业家参加了全省小微企业主创新能力提升第四期培训班、山西省优秀中青年民营企业家广州中山大学培训班、连续3期企业家电子商务培训班和新生代非公有制经济代表人士培训班等，参加培训的企业家达460人次。尤其是11月中旬，在市委党校举办的新生代非公有制经济代表人士培训班，全市70余名45周岁以下的民营企业家参加了培训，荆青莲部部长出席了开班仪式并发表了重要讲话。同时，市工商联还组织有关专家奔赴芮城等县市开展企业管理与发展讲座，把培训送到工厂和田间地头。在宣传方面，为贯彻落实全市民营经济发展大会精神的要求，市工商联联同市委统战部，在《运城日报》推出“社会主义事业优秀建设者”专栏，先后发专刊宣传了大运重卡、亚宝药业、安民集团、格瑞特酒业、宏光药业等民营企业，展示了运城市企业家的风采，弘扬了正能量。用一年半的时间，精心编印了市工商联会员画册《桥梁纽带》。该画册立体性、全方位、多角度、图片化地宣传了企业家，加强企业家之间的沟通与交流，有效地向外界推介了全市优秀企业家，在运城市与外界、企业家与企业家之间真正搭建起了相互了解、相互交流、互通有无的桥梁与纽带。成功拍摄一部电影。由市工商联等单位牵头、市企业家商会筹资五百万元联合拍摄了电影《荆保山》，后期制作已经完成。

（赵志锋）

【调研工作】 2014年，市工商联先后开展了民营企业科技研发和应用方面的调研、企业融资平台建设情况调研、上规模民营企业调研、企业社会责任调研、“国办发8号文件”贯彻落实情况调查评估、全省民营中小微企业发展情况调研等。特别是开展关于企业资金链问题的调研。针对全市民营企业资金严重短缺，部分企业经营困难，发展受阻的严峻形势，市工商联通过发放调查问卷、与企业家座谈、实地查看情况等方式，重点对河津、闻喜、临猗三个县（市）进行走访调研。在多方征求意见和研讨的基础上，形成《关于解决我市民营企业资金极度短缺问题的调研报告》，经市委常委、统战部部长荆青莲审阅同意，报告以建议形式报市政府，得到了常务副市长王殿民、市长王清宪的充分肯定与批示。

（赵志锋）

【全市重点民营企业观摩交流活动】 2014年9月中旬，正式启动实施了全市重点民营企业观摩交流暨产业园区考察对接活动。该活动是针对当前全市民营经济发展的客观形势和实际需要，以工商联班子成员企业为主建立的重点民企经常性交流合作新机制、新平台。已分别在大运集团、河津阳光集团、龙门集团举办了两次活动。活动中，企业家们互相交流了从业经验体会、对当前经济形势的认识、看法和破解难题的思路、措施，企业之间初步达成了一批互助合作的意向。大运集团与卓里集团克劳耐厢车、专用车辆的生产和供销方面衔接合作，诺维兰集团生产的润滑油成为大运、卓里的重点采供产品，实现了双赢。

（赵志锋）

【招商引资工作】 2014年，市工商联主动邀请西安商会回运进行考察。清明前夕，借在外运城籍企业家回乡祭祖机会，诚邀运城市总商会西安商会26位企业家先后到市重点项目进行考察，并且召开了大会举行招商推介。市委常委、统战部长荆青莲亲自向回乡的西安商会企业家面对面推介了运城的地域、政策、产业、交通等优势。西安商会会长颜明代表商会表示今后要加强联系沟通，积极引导运城籍企业家充分利用运城好的政策和政务环境回乡创业；接洽上海经贸考察团再次来运考察并取得实质性效果。4月，经筹备中的运城上海商会牵线，上海安亭镇政府、上海福建瑞安商会考察团来运考察招商。考察团对运城市农副产品、金属镁以及汽车产业进行了为期3天的考察。经双方协商，渤海商品交易所决定免去运城市五龙集团、八达镁业两家企业3000万元的上市入户费用，与两家企业签署了免费挂牌上市协议。金电联行与山西同誉有色金属有限公司达成信用融资5000万元的意向。中汽零集团负责人表示将把运城市汽车产业纳入集团汽车产业园区规划布局当中。考察团同时提出建议，与市政府联合成立产业基金，扶持中小企业发展；组团参加珠三角民营企业投资考察恳谈对接活动。在对接活动中，播放了运城宣传片，为参会民营企业家发放了运城项目推介册，运城市企业家代表与港澳地区、珠三角地区的企业家进行了友好的交流和沟通；组团参加第二届晋商大会民营企业与高校科研院所对接恳谈会。运城市组织了11家会员企业共16人参加了此次恳谈活动，对接洽谈了23个项目，最后形成5个项目意向，签署2个合作协议。中大飞天招商项目成效明显。经过一年的努力,中国中大飞天国际通用航空有限公司决定在运城投资30亿元建设中大飞天航空产业园。

(赵志锌)

【山西省第二届晋商大会】 2014年9月3日至4日,市委副书记、市长王清宪,市委常委、统战部部长荆青莲,市政协副主席、工商联主席薛靛民与远勤山、任武贤、朱建军、王开成、朱苏海、王运科等企业家代表出席了省第二届晋商大会。荆青莲代表市委、市政府在旅游产业对接恳谈会上推介运城市丰富的文化旅游资源。在这次大会上,运城市精心准备了25个特色项目,总投资近30亿美元。会前还向大会组委会推荐了运城九大产业集群的180个重点项目,15个优秀晋商人物,利用晋商大会网站长期宣传。

(赵志锌)

【光彩事业工作】 继续深入开展理想信念教育实践活动,引导民营企业参与光彩事业。2014年,全市民营企业参与产业扶贫开发光彩林建设项目24个,已投入资金11.2亿元;组织111名非公经济人士捐资249万元,资助贫困大学生617人。有66户非公有制企业参与帮扶贫困村和新农村建设,投资金额2.9亿元,其中无偿投资额918万元。

(赵志锌)

【商会活动】 2014年,运城市总商会西安商会成功举办2014"点亮生命之树"公益慈善晚会,对在公益慈善事业中做出杰出贡献的运城籍企业家进行了表彰,并现场募捐678万元,用于陕西省晋商商会未来的公益活动。北京运城商会组织在京的运城籍商会会员、企业家、各界嘉宾等200余人参加的"迎春联谊会"活动,加强了会员间相互交流和经济往来。运城市关公诚信企业商会召开了年会暨科技项目对接会,邀请全国著名专家黄治中先生作《关于高端科技项目和资金引进》的专题报告,使与会企业家深受启迪。6月份,市工商联先后与三门峡市工商联、陕西渭南市工商联就商会建设、服务会员、思想政治工作等方面的做法和经验进行了深入学习交流,三地工商联签署了《建立友好商会协议书》,相互正式结为友好商会。

(赵志锌)

【"五好"县级工商联建设】 2014年,开展创建"五好"县级工商联建设工作,不断夯实基层组织基础。以领导班子好、会员发展好、商会建设好、作用发挥好、工作保障好的"五好"标准为目标,大力加强县级工商联工作,充分发挥县级工商联作用,推动县级工商联建设再上新台阶。2014年盐湖区工商联被省工商联评为"五好县级工商联"。

(赵志锌)

【机关文明单位创建工作】 深入开展机关文明创建活动,推进工商联工作的科学化、制度化、规范化。2014年,市工商联严格按照市直工委"五型四好三满意"的工作要求,积极推进创建市直文明和谐单位,把创建文明和谐单位与服务非公有制经济和非公有制经济人士紧密结合起来,富有特色地开展创建活动,荣获市直"文明单位"称号。

(赵志锌)

人民团体

运城市总工会

【党的群众路线教育实践活动】 2014年,按照市委安排部署,市总工会紧紧围绕"为民、务实、清廉"的主题,按照"照镜子、正衣冠、洗洗澡、治治病"的总要求,紧密结合工作实际,坚持聚焦"四风",在查摆问题上取得了成效,通过"请上来"、"走下去"等多种形式,发放征求意见表340份,征集各类意见建议1142条,归纳整理存在的"四风"问题18个。针对领导班子查找出的"四风"方面的18个突出问题,逐条研究,精心制订整改方案,认真落实整改措施。坚持制度管人,在建章立制上取得了成效,围绕构建反对"四风"的长效机制,从"常"、"长"两字着眼,着力抓好机关规章制度的"废改立"工作,相继修订完善了《运城市总工会机关干部深入基层调研制度》等14项制度,新定了《运城市总工会机关干部联系职工制度》等13项制度。通过开展教育实践活动,切实做到了机关召开各类会议、组织各种活动均按规定精简节约办事;严格了人员考勤考核,落实了带薪休假制度;过节期间机关不违规发放任何实物和奖励;严禁公款吃喝,严格接待标准,"三公经费"比2013年下降19%,会议费下降65%;加大资金向职工权益保障、职工活动方面的投入力度,2014年维权支出增长73%,职工活动支出增长100%;班子成员和全体同志严格按照八项规定要求,自觉约束自己八小时以外的行为,不参加和涉足任何形式的宴请、高消费活动和有损党和政府形象的"四风"领域,机关作风建设呈现出了气正风清的良好态势。

(市总工会)

【群众性劳动竞赛活动】 2014年,市劳动竞赛委员会、市总工会、市综改办、市重点办联合在全市转型综改试验区和266个重点项目建设中开展了劳动竞赛,其中包括在县(市、区)赛区开展了转型综改争先竞赛,在开发区(园区)赛区开展了先行先试创特色竞赛,在市直单位赛区开展了机制体制改革创新竞赛,在重点项目赛区开展了"七比一创"竞赛。通过竞赛,进一步点燃了广大建设者的劳动激情,促进了全市转型综改实验区和重点项目建设的步伐。

(市总工会)

【全市重点工程巡回慰问演出活动】 2014年,市总工会与市重点办联合举办了"中国梦、劳动美"全市重点项目建设慰问演出,共深入到13个县(市、区)的15个重点项目建设工地为一线建设者们演出,丰富了广大建设者的业余文化生活,使一线建设者倍感亲切、倍受鼓舞。

(市总工会)

【走访服务活动及包联企业工会和重点项目活动】 2014年,全市各级工会干部深入企业、职工家庭中开展走访服务活动,掌握企业生产经营状况,积极向有关部门反映并帮助协调解决企业发展面临的困难和问题;了解全市企业和职工队伍的生产生活情况,零距离倾听职工心声,积极协助党和政府做好职工工作,切实解决职工群众的实际困难;以加强职业介绍、创业指导和创业援助为手段,引导和带动下岗职工、农民工自谋职业、自主创业,为本市转型跨越发展和促进就业方面发挥工会组织作用。截至年底,共走访企业102家,职工1083名,帮助10056名下岗职工、农民工实现就业。

(市总工会)

【"依法维权年"主题活动】 2014年,加大对侵犯职工合法权益、拖欠农民工工资等违法行为的法律监督和追讨力度。市总工会将此项活动作为2014年工作的重中之重,结合多年来在全市开展的农民工维权"春雷行动",开展了"农民工有困难找工会,拿不到工资找工会专项维权行动",全市共处理农民工讨薪案件29起,涉及农民工909人,涉及拖欠工资919.1万元,为569名农民工讨回工资408.2万元。印制运城市总工会维权知识扑克3万余付,使广大农民工在娱乐中自我学习、自我提高,大大增强了农民工的维权意识。

(市总工会)

【技能培训促就业行动】 2014年,此次行动以下岗失业人员、农民工、困难职工家庭、高校毕业生等就业困难群体为重点,全年对6910人开展了职业技能培训,培训就业率达到了80%以上。

(市总工会)

【新工会组建和职工入会工作】 2014年,抓好小微非公企业、建筑业、新经济组织和新社会组织的工会组建和职工入会工作。6月份,以各县(市、区)总工会、开发区工会为单位,在全市集中开展了"工会组建月"专项行动,重点是抓好小微非公企业、建筑行业、新经济组织和新社会组织的工会组建和职工入会工作。通过工会组建月活动,全市共新建工会组织69个,其中独立工会组织65个,联合工会4个,重点企业10个,覆盖法人单位302个,新增会员6083人,超额完成了省总下达的组建任务。截至2014年底,全市共有工会组织4867个,覆盖法人单位数16269个,会员737966人。 (市总工会)

【女职工"关爱行动"系列活动】 2014年,对150余名单亲困难女职工及其家庭进行了慰问救助,救助金额达20余万元;开展了女职工健康知识讲座,邀请西安妇科专家为30家单位的1500余名女职工进行了为期一个月的"关注健康、让生命更美丽"健康知识巡回讲座;为全市2万名女职工办理了女职工特病保险,入保金额40万余元。

(市总工会)

【关爱劳模专项活动】 2014年,对全国劳模及部分省、市劳模进行工作生活状况调查及健康服务。针对部分老劳模年事已高、行动不便的实际,特邀市中心医院专家教授及护士,组成"专家体检小分队",深入到46名全国劳模和部分省、市劳模家中,为劳模及其家属进行免费健康体检,得到了劳模们的一致好评。同时,为每一位体检的劳模建立了个人健康档案,为今后劳模的健康评估与跟踪奠定了良好的数据基础。

(市总工会)

【全市职工书画摄影展】 2014年10月22日至30日,在河东博物馆举办了"中国梦、劳动美"职工书画摄影展,共展览235幅作品,其中书法作品89件、绘画作品60件、摄影作品86件。共评选出各单项一等奖2名、二等奖4名、三等奖6名和优秀奖10名,充分展示了全市广大干部职工热爱劳动、追求美好生活的精神风貌和高雅情操。

(市总工会)

【运城市五一表彰大会和最美劳动者颁奖仪式】 2014年4月28日,运城市五一表彰大会隆重召开,对在全市经济建设和社会发展中做出突出贡献的全国、省、市90个模范单位、66个工人先锋号和437个模范个人进行了表彰,大会还对在全市重点项目建设、招商引资、八区联动推进城镇化进程、国家产业转移示范区建设、运城市"最美劳动者"、关公圣象赴台巡游等6项重点工作中涌现出的2个先进集体、148名模范个人进行了表彰。

(市总工会)

【基层工会换届】 2014年,积极督促指导县(市、区)工会换届工作。十三个县(市、区)中,临猗县、平陆县、芮城县、河津市完成换届工作,其余9个县(市、区)已做好换届各项准备工作。

(市总工会)

【"春送岗位、夏送清凉、金秋助学、冬送温暖"活动】 2014年,在春送岗位活动中,举办招聘会14场,提供免费就业服务2122个,成功介绍1628人就业;在夏送清凉活动中,筹集53万元,慰问67家企业,2.2万余名职工,深入工地为建筑工人送电影55场,在南风广场举办送清凉消夏戏曲演唱会;在金秋助学活动中,筹集242.66万元,资助困难职工子女上学676人。在冬送温暖活动中,元旦、春节全市各级工会共筹集送温暖资金1208.5万元,走访慰问企业696个,困难职工家庭20422户、困难劳模162户,困难农民工5471户。

(市总工会)

【专项创建活动】 2014年,深化全市厂务公开民主管理工作,开展"公开解难题、民主促发展"和"厂务公开示范单位"创建活动。市总工会在全市开展了"公开解难题、民主促发展"主题活动,共收集职工提案3446条,采纳1789条,评出"金点子提案"180个,为企业创造经济效益128万元。在创建"厂务公开民主管理示范单位"活动中,授予芮城县人民医院等20家单位"运城市创建厂务公开民主管理示范单位"称号。

(市总工会)

全国五一劳动奖状

【中条山有色金属集团有限公司】 该公司2013年在铜市场持续低迷的情况下,中条山集团科学决策、稳健经营、调整结构、整合资源,资产总额102亿元,同比增长14.54%;实现营业收入140亿元,同比增长22.25%,实现利税1.6亿元,为地方经济发展做出了重要贡献。

中条山集团掌握铜的采选、冶炼核心技术,资源回采率90%、选矿回收率91.87%,处于国内同类矿山领先水平,连续五年荣获山西省"科技奉献奖"集体特等奖。

加快结构调整转型升级。投资12亿元、采用世界先进采矿工艺自然崩落法的铜矿峪矿二期工程,生产建设两不误,2011年完成处理矿量408万吨、2012年500万吨、2013年639万吨,创造了国内矿山建设史上达产达标的新纪录,采矿成本接近露天开采,是全国最大非煤地下矿山。管理先进,装备、技术国际领先、国内一流,正向着"绿色矿山"的新目标迈进。总投资26亿元的"绿色冶炼"项目——垣曲冶炼厂年处理50万吨多金属矿综合捕集回收技术改造工程,2013年主体工程基本建成,达产后年产阴极铜6.2万吨、金锭8吨、银锭203吨、硫酸42万吨,同时还可综合回收镍、铂、钯、铋、铅、硒、碲等多种有价元素,年产值达100亿元、利税3.1亿元。项目绿色环保,硫利用率达96.8%;低碳节能,阳极铜综合能耗比国家标准低 341.4 公斤标煤/吨。

省委书记袁纯清、省长李小鹏在中条山集团调研考察时指出:中条山集团不等不靠、艰苦奋斗、创新图强、锐意进取,在转型跨越发展方面取得了突出成绩,要求按照全省经济发展布局"北有太钢,南有中条"的格局,进一步加快企业发展。

中条山集团进一步编制了铜业、镁业两个发展规划,瞄准前沿技术,延伸产业链条,提高产品附加值。其中,侯马北铜公司年处理 127 万吨多金属矿综合捕集回收节能技术改造项目,设计投资 55.64 亿元,2013 年开始前期工作,建成后阴极铜产能由 5 万吨提升到 25 万吨,产值由 25 亿元提高到 130 亿元。年产 10 万吨镁合金项目,计划投资 54.12 亿元,已与上海交大合作做好了前期技术储备,2013 年进行了白云岩矿勘查和矿石炼镁试验,建成后可实现产值 82 亿元,利税 11.8 亿元。

2007 年荣获"山西省模范企业"、"全国有色金属工业创建节约型企业先进单位";2009 年荣获"中国有色金属行业先进集体"、"山西省有色金属行业突出贡献单位";2012 年荣获"全国有色金属矿产资源开发利用先进单位";2013 荣列中国制造业企业 500 强、"全国有色金属行业先进集体";2009 年—2013 年连续五年荣获山西省"科技奉献特等奖",连续多年荣列中国有色金属工业销售收入 50 强、山西省工业企业 30 强。

全国工人先锋号

【山西凯盛肥业有限公司复合肥生产部】 以心交流,用情感动,打造出一支凝聚力强、向心力盛的团队。山西凯盛肥业有限公司复合肥生产部部长侯大田,经常利用业余时间与每个职工进行沟通、交流,了解他们的思想动态和家庭情况,发现哪个工人思想有波动,问清原因、用心解决,让他们能够安心工作。2012 年 8 月,工人李新武父亲得病无钱救治,侯大田组织生产部职工捐款 2000 元,解决了李新武的燃眉之急。几年来,侯大田用心用情感动每个职工,使复合肥生产部每个员工劲往一处使,力向一块出,活往一处干,连年被公司评为"先进班组"。严肃工作纪律,认真践行各项规章制度,圆满完成当天的生产任务。山西凯盛肥业有限公司规定每天早上八点上班,下午五点半下班,生产期间严守操作规程,确保安全生产。复合肥生产部员工每天早上七点半上班,召开半小时班前会,解决前一天工作中遇到的困难和问题,安排当日的工作任务,检点每个环节的设备,强调安全生产,这项工作雷打不动,有了这项扎实的工作,几年来,复合肥生产部没有出现过安全事故。每天下班前,侯大田对每组完成任务情况都要进行认真考核,发现有完不成任务的,除了本班组加班外,其他人员都相互帮忙,直到任务完成后,大家一块离开车间。甘于吃苦,乐于奉献,展现出新时期职工的精神风貌。复合肥每年 6 月份开始进入销售旺季,复合肥生产部工人主动加班加点,毫无怨言,特别是 2013 年八九月间,公司订购原料一列车接一列车不断地到公司,正值生产高峰期,面对两难局势,60 名职工一有空就卸货入库,一有空就加紧生产,一天 24 小时,除了吃饭时间外,几乎不休息,连轴转。没有一人喊苦,没有一人叫累,大家都高兴地说"大家辛苦,都是为了咱农村、农民、农业产业化"。创新工作办法,强化改革力度,推进复合肥向高、精、尖方向发展。创新是经济社会发展之魂,创新工作方法旨在激发职工活力。侯大田在复合肥生产部经常开展技术比武活动,对优胜者报公司予以奖励,对技术差的实行末位淘汰制,被淘汰的组员遣回公司接受培训,成绩合格后回来上岗。现在的 60 名员工个个都是技术能手,车间职工曹哲哲在盐湖区总工会组织的技术比武大赛中荣获盐湖区"金牌员工"称号,并被评为"盐湖区劳模"。改进生产工艺,开发新产品是复合肥生产部推进复合肥向"高、精、尖"迈进的重大举措,复合肥生产部每年的一季度都要在职工中开展改革建议专题工作,好的建议上报公司奖励实施,每年都有"革新能手"。侯大田针对车间粉尘大,影响工人健康问题,带领工人认真研究,采用自己研究的办法把粉尘降了下来,粉尘量达到了国家环保要求。不仅如此,侯大田带领班组技术骨干,进行技术攻关。在"黑金珠"生产的基础上,结合菌肥奥瑞根的应用效果,开发出 8 个"白金珠",适用范围更广、效果更好,产量更大,黑金珠每天每班生产 60 吨,"白金珠"每天每班生产 80 吨,大大提高了公司的经济效益。

2013 年获运城市"先进班组"、山西省"先进班组"。

山西省模范单位

【中铝山西分公司热电分厂】 该厂面对异常严峻的市场形势和艰巨的生产经营、改革发展任务,加强管理,攻坚克难,有力保证了企业生产、生活所需的汽、电、煤气供应,年创利润 3668 万元,为中铝山西分公司降本增盈、完成年度目标任务做出了突出贡献。积极与民企对标,管理水平迅速提升。先后与太原、韩城第二热电厂、阳城电厂、陕西黄陵电厂等民营企业开展管理对标,完善了电厂四大监督,有效减少了因"三管"泄漏引起的停炉;健全了设备维护管理制度和考核体系,设备保障能力明显提升,锅炉非计划停炉次数降低了 35.7%,生产运行更加安全稳定;人才培养和队伍建设成效显著。积极开展岗位培训、练兵、竞赛,向华兴铝业公司等企业输出管理技术人才 40 余名,并先后派出 3 批技术人员赴越南出色完成技术服务任务,受到越方和中铝国际一致好评;大力实施运营转型工作,不断推进精益生产。同比 2012 年,发电量增幅 6%,供汽量增幅 8%,供电成本降低 17%,蒸汽成本降低 16%,蒸汽成本已连续两年处于中铝公司氧化铝企业最优,2013 年受到中铝山西分公司 418 万元的降本增效奖励,员工收入同比 2012 年增幅达到 21%;不断强化技改研发,降本增效成效明显。开展了电气系统、Ⅱ期锅炉吹灰器、捞渣机等 6 项技术改造,7#锅炉燃烧优化技术研发,11#锅炉节能优化合同能源管理项目等,年节电量 140 万 KWh,创效益 69.8 万元、年节煤 3045 吨,创效益 164.4 万元。

2010 年,热电分厂工会获山西省总工会授予的“模范职工之家”称号;2011 年,热电分厂获运城市“五一劳动奖状”;2012 年,分厂党委荣获运城市“先进基层党组织”。

【永济新时速电机电器有限责任公司服务产业部】 服务产业部 2013 年 9 月成立,由原电修分公司、原营销部售后服务处合并成立,有 4 个二级机构:经营管理处、技术质量处、服务中心、检修中心。是一个具有“售后服务职能、销售业务、检修业务”的职能兼业务部门,共有员工 372 人,其中,男职工 312 人,女职工 60 人。2013 年面临个别新造电机设计缺陷多、服务任务量大的困难,克服了“机构整合、生产场地紧张、办公地点分散、人员短缺”等不利条件,取得优异的成绩,经营指标完成突出。2013 年共检修各型技术引进电机 9102 台件,比上年 4872 台件增长了 86.82%。特别是 11 月、12 月份,在 60 天检修电机 2467 台件,达到 2012 年全年检修电机 4872 台的 55%。售后服务高效快捷。2013 年共处理厂外质量问题 2253 台次,其中,技术引进电机产品 663 台次,技术引进电力电子产品 1522 台次,非技术引进产品 68 台次(老产品、工矿车、挖掘机等),返厂处理电机 212 台次。对 8 种车型、700 余台车、15 种产品进行了批量改造。对 9 个机务段、动车所的技术、检修、乘务人员进行培训,贯彻维护保养的服务理念,减少故障率。建立和完善产品档案,对动车组、机车“一车一档”,细化了 17 种车型在各地配属情况,为公司快捷处理故障、技术改进和市场分析提供第一手资料。管理创新取得突破,太原、大连、北京、上海、武汉 5 个检修基地建成投产,其中太原、大连基地均已形成 180 台以上的月检修能力,大连基地创下 255 台的月产最高纪录。围绕基地合作模式、远程网络化管理、检修平台的建立与运行、探索项目承揽、区域经理管理模式等,积极开展管理创新。开展培训 160 余次 2000 余人次,提升员工队伍整体素质,初步打造技术、营销、操作、管理四支过硬的队伍,努力营造良好氛围。深入开展党的群众路线教育实践活动,促进领导作风、工作作风转变。建立健全党工团组织,发挥、保护员工生产工作的积极性,保证大局稳定、队伍稳定。领导班子成员撰写的多篇调研文章、市场分析报告、管理提升研讨文章进行交流或发表,单位深度报道被厂报整版刊登,及时反映了生产工作的新局面和员工的精神面貌,进一步形成了“人心齐、风正气、干劲足、势头旺”的氛围。明确战略发展定位。加快“服务、销售、检修、技术支持”一体化的进程,及时跟进和满足客户需求,努力实现“服务及时、业务转型(由卖检修产品到卖服务)”,开创服务产业化工作的新局面。2014 年计划完成各型技术引进电机(含变流器、充电机)检修 15000 台件,实现销售收入 6 亿元,利润 6000 万元。2013 年度获得公司先进单位。

【山西华圣铝业有限公司碳素厂】 山西华圣铝业有限公司碳素厂为公司电解铝生产提供配套阳极产品。2013 年在中铝总部、地方各级政府和公司的支持下,大力实施技术创新、设备挖潜、管理改革等举措,不断优化和提高生产效能。通过加强管理、优化升温曲线、降低设备故障、提高工作效率等措施,预焙块产量达到 7.81 万吨,超设计产能 24%,创历史最高水平,为降本增效奠定了基础。

实施运营转型项目 3 个,改善活动 46 项;与同行 10 余厂家开展技术交流,组织 107 期、2564 人次参加的培训;阳极综合合格率同比提高 1 个百分点,排名中铝第二;预焙阳极一级品率、CO_2 反应性分别比目标值提高 30 和 6 个百分点。主要技术经济指标中的石油焦、天然气、沥青单耗,在中铝系统对标中,分别排名第一、第一、第二;组装阳极制造成本排名中铝第一,比中铝目标降低 922 元/吨,增效 7219 万元;完成泄漏治理 95 项、设备设施完善 65 项;现场“脏、乱、差”的现象得到根本扭转;开展事故应急演练 12 次,整改处理安全隐患 328 起,实现全年安全“八个为零”的工作目标;大力开展“送温暖”和群众性文化体育活动,扎实推进“三型”班组创建工作,6 个班组被公司授予标杆、示范班组荣誉称号,其中 3 个班组排名公司前三。

荣获 2013 年山西省“五一劳动奖状”;荣获 2012 年度山西华圣铝业有限公司“改善突出贡献奖”;荣获 2013 年度山西华圣铝业有限公司“提质超产特别贡献奖”。

【大同煤矿集团永济热电有限公司】 永济热电有限公司现有职工 1144 人,其中男职工 655 人,女职工 489 人。2013 年,公司 2×350MW“上大压小”热电联产项目作为省、地、市的重点工程,在各级领导的高度重视和亲切关怀下,在推进工程项目核准、降低工程项目风险、降低造价、创建优质工程等方面,取得了一定成绩。2013 年,公司特别在新项目、“减亏控亏”、安全生产、职工队伍稳定方面实现了快速突破:3 月 18 日,2×350MW 热电联产机组项目取得了《国家发改委关于山西永济“上大压小”热电联产工程项目核准的批复》,投资约 27 亿元,列入省重点工程。三大主机再次招标,降低造价 2.4 亿元。采取指标量化,考核量化,责任强化,管理细化,层层分解落实责任,全年完成投资 4.16 亿元。全年发电量累计完成 32.63 亿千瓦时,同比增加 1.36 亿千瓦时,完成年度调整计划的 111.7%,超发量 3.4 亿千瓦时,机组利用小时达到 5433 小时,居全省第 5 名。通过实施“五比五赛”、“红旗竞赛”、“值际竞赛”,全年燃煤采购 180 万吨,入厂热值 4450 大卡,较上一年度提高 150 大卡,入厂标煤单价完成 544 元/吨,较上一年度降低 100 元/吨。制订了《职工分流安置方案》、《岗位绩效工资实施方案》,确保企业和社会稳定。

永济热电公司获得 2009—2010 年度山西省集体一等功;2011—2012 年度中电投集团华北分公司先进集体荣誉等。

【运城市地方税务局】 运城市地税局紧紧围绕“大税收、大服务”工作理念,认真践行“务实创新、和谐发展”工作要求,1800余名地税干部弘扬“团结进取、无私奉献、廉洁从税、勇创一流”的新时期地税精神,大力推进依法治税,深化管理创新,提升队伍素质,建设和谐地税,为服务和促进地方经济发展和社会稳定做出了积极贡献。坚持依法治税,确保税收收入持续增长,全局充分发挥税源监控平台作用,利用税收分析、税收预警加强重点税源的监控,积极推进电子缴税、信息管税进程,牢牢掌握了组织收入的主动权,税收任务实现了持续增长、稳步攀升。2011年完成收入34.27亿元,2012年完成收入36.92亿元,2013年实现收入40.2亿元。深化管理创新,提升现代化征管水平,全面推行了电子缴税、网上申报和机打发票工作,建立了现代化税收征管新格局,实现了金税三期核心业务上线平稳运行。优化纳税服务,提高纳税人税法遵从度,制订出台并以市政府名义发布了《运城市地方税收保障工作办法》《加强地方税收征管工作的实施意见》和《鼓励加快总部经济发展实施意见》,充分发挥了地方税收职能作用。强化素质建设,构建文明清廉和谐地税,提升了内部廉政风险防控能力。开展税收业务大比武,干部挂职交流、异地交流,深化全员读书活动,举办职工运动会和摄影书画展,促进了地税文化建设。

2012年4月被评为运城市政务信息工作先进单位;2012年12月被评为运城市保密工作先进单位;2012年度、2013年度被评为全省地税系统优秀领导班子;2012年4月被省文明委评为2010—2011年度山西省文明和谐单位标兵;2012—2013年度运城市文明行业;2012年5月被评为全省创业就业工作先进集体;2013年4月被评为运城市政风行风建设工作先进单位;2013年4月被评为运城市模范单位。

【运城市国家税务局】 运城市国税局深入贯彻落实市委、市政府和省国税局的决策部署,围绕中心,勇于担当,服务大局,积极投身建设“美丽河东、大美运城”的生动实践,充分发挥税收在筹集收入、调控经济、促进结构优化方面的职能作用,取得了服务经济社会发展的新成果。

主动服务大局:围绕市委、市政府确定的“五大战略重点”,先后制订了《关于发挥税收职能作用促进全市重点项目建设的行动方案》《关于支持晋陕豫黄河金三角承接产业转移示范区建设相关税收政策汇编》和《关于支持“5+15”工业园区加快发展的实施意见》,受到市委、市政府的充分肯定和高度评价,市政府在全市印发实施了相关方案。严格依法治税。依法组织税收收入,2013年全市国税收入累计完成2.34亿元,同比增长23.26%,税收增幅、进度位居全省首位。在做好组织收入这个“加法”的同时,认真落实各项结构性减税政策,全年累计办理各项减免抵退税10.9亿元,有力地支持了全市经济的健康发展。优化纳税服务。践行群众路线,实施便民办税春风行动,在发票管理、审批管理等6大类27项业务中实行“即受即办”,积极推行一窗通税、推广网络发票,设立24小时自动办税终端,推行车辆购置税委托代征等,使纳税人足不出户就可办理主要涉税事宜。提升职工素质。加强工会组织建设,职工入会率达100%。以争创省市级“文明职工之家”为切入点,加强职工文化主阵地建设,开设道德讲堂,机关文化基地、图书馆、网球场、羽乒馆投入使用,职工活动中心200平方米,职工教育中心80平方米。开展职工教育培训,全市系统职工专科以上学历达到83.33%,“三师”资格人员达32人。在全省《小企业会计准则》考试中,取得全省第二名的好成绩。严格落实中央改进作风《八项规定》,出台10个方面27条措施,加强干部纪律约束,在2013年政风行风评议中排名第一,进一步营造了人人思进、积极向上的发展环境。

获奖情况:2013年度市委、市政府模范单位;2013年度三八红旗集体;2013年度市直机关工间操比赛特等奖及优秀组织奖;2013年度市工会第二届职工艺术合唱节金奖第一及优秀组织奖。

【中国工商银行股份有限公司运城分行】 中国工商银行股份有限公司运城分行是中国工商银行总行授权经营的二级分行,下辖16个一级支行、29个二级支行,营业机构覆盖运城所有县(市),有员工1445人。

2013年在市委、市政府领导下,分行认真落实“工业强市”战略,全力支持运城经济转型发展,加快信贷投放进度,优化信贷审批流程,支持小微企业发展,全年累计投放小企业贷款20亿元,净增3.3亿元,排名全省第一位;加大重点项目和核心企业的推介力度,积极与上级行联系沟通,争取政策支持,全年累计发放公司贷款84亿元,同比多投40亿元,较2012年翻一番,有力拉动运城经济增长。加快网点改造,新建离行式自助网点5个,投放ATM、存款取一体机、多媒体自助终端等自助设备52台,进一步优化服务环境。此外创新推出牡丹电力联名卡,全年发卡27万张,方便市民和企业缴纳电费;率先开办“逸贷”业务,累计投放个人贷款11.4亿元,排名全省第一位,满足居民消费需求。2013年末,全行各项存款余额239亿元,各项贷款余额150亿元,实现拨备前利润5.2亿元。同时积极履行国有商业银行社会责任,2012—2013年累计缴纳各类税款2.7亿元,向垣曲长直乡扶贫捐款50万元,各项工作得到政府和上级行的高度肯定。

2012—2013年连年被运城市政府授予“支持地方经济建设突出贡献奖”,2013年被人总行授予“2009—2012年度农村支付服务环境建设先进集体”,同年被运城市劳动竞赛委员会荣记“集体一等功”。

【运城护理职业学院】 运城护理职业学院是2011年在原运城市卫生学校的基础上升格的一所高职院校。有教职工418人,学生4500人,设有护理、检验、影像、口腔、康复5个高职专业和9个中职专业,拥有一所二级甲等附属医院。

学院在负债近亿元的情况下,艰苦奋斗、负重赶超,各项工作实现跨越发展。加强思想政治工作,提高教工道德素质。以“打造优秀教工队伍、提高教育教学质量”为抓手,不断提高党建和思想政治工作科学化水平;加强教育教学管理,提高内涵建设水平;加强教学质量监控,营造良好教学秩序,提高教师教学工作能力。2013年,有33名教师主编、参编了科学出版社49部高职、中职教材,13名教师在国家、省级刊物上发表教研论文22篇。丰富校园文化生活,创建文明和谐校园。充分发挥六大教工协会和18个学生社团联系师生的桥梁纽带作用,健全活动机制,丰富“第二课堂”。举办校园文化艺术节,开展了“把事情做到最好”读书等活动,提升师生的综合素质。强化学生教育管理,提高招生就业质量。扎实推进学生日常行为星级管理,开展“每周一案,以案说法”法纪安全教育,确保校园安全。2013年共录取新生1900余名,其中高职学生1091人,中职学生818人。搞好后勤服务保障,改善学校办学条件。改善公寓条件,争取中央财政100万元和省财政支持资金150万元,改善了实验实训条件。提升服务社会质量,工作成绩斐然。加强附属医院管理,规范医疗行为,提高医疗质量,全年业务收入3000万元。多方筹集资金1000万元,将停建4年之久的附院门诊大楼顺利复工。

获奖情况:2012年运城市文明和谐单位、运城市直机关党建工作达标单位、运城市目标责任考核优秀单位、全省创先争优先进基层党组织;2013年运城市三八红旗集体、运城市模范单位、建设“美丽河东、大美运城”十优服务单位、山西省五四红旗团委;2014年运城市文明单位标兵、运城市卫生工作先进单位、运城市老干部工作先进单位。

【中共运城市委、运城市人民政府信访局】 2013年,在市委、市政府的正确领导下,全市信访形势和信访秩序持续好转,整体工作全面提升。全年共受理到市以上上访880批4584人次,批次同比下降19.2%,人次同比增长18.2%(主要是集体访占比增长);百万人口进京非正常重复访率继续保持全省最低;全年未发生一起赴省集体重复访;初信初访100%办结,中央、省交办案229件,办结率99%,息诉率81.2%;全省信访工作年度目标考核,对运城市的考核评价是:运城市对信访工作高度重视,切实夯实基层基础,源头预防深入扎实,“事要解决”成效明显,“三项追究”措施有力,信访秩序规范有序,劝返接回安全高效,考核方法科学严密,整体工作全面提升,走在了全省前列。在落实中央八项规定、大力压缩会议的形势下,经省委书记批准,“全省信访工作规范化建设交流会”7月25日在运城市召开。信访工作的经验做法及效果,得到了省委领导和与会同志的肯定。国家信访局《人民信访》杂志登载了运城的经验。省委常委、秘书长聂春玉,国务院参事、国家信访局原党组副书记、副局长王石奇,省委副秘书长、信访局长李体柱等领导先后来运城调研,对本市的信访工作给予了高度评价。

2012年12月受到省联席会议关于党的十八大期间全省信访工作先进集体和先进个人的表彰通报;2013年1月被市直文明委授予2012年度“文明和谐单位”称号;2013年4月被市委、市政府授予“模范单位”称号。2013年6月被市委、市政府授予“2012年度目标责任考核优秀单位”称号。2013年12月被市文明委授予“文明单位标兵”称号;在2013年全省信访工作年度目标百分制考核中获满分,受到省联席办、省信访局通报表扬,并加奖激励10分。

【运城市第三医院】 医院秉承“学习、创新、和谐、仁爱”三院精神,强化以血液科为龙头,以康复医学科和临床检验为两翼的“一体两翼”发展思路,各项工作均取得快速发展。在全市率先引进自体造血干细胞移植技术,使34名白血病病人得到临床治愈,成功率达100%,首例病人已健康存活24年;率先在全市公立医院成立康复医学科,八年来,成功对3000多名脑卒中后遗症患者进行了康复治疗,80%功能得到改善和提高,为家庭和社会减轻了负担;在医院设立“康复之家”,免费开展健康咨询、知识讲座、同伴教育等,为康复患者提供了一个相互交流、相互鼓励、相互支撑的精神家园。累计有1000余名患者和市民在康复之家接受过咨询服务,使近万名群众在家门口接受到高水平的专家诊疗服务;率先在全市医疗卫生单位推行“精细化管理”工作,修订完善制度248个,规范流程58个,教育职工从细节做起,使医院工作提质增效,医疗质量和服务水平显著提高。在改善就诊环境,加快基础设施建设上,积极争取国债资金,门诊综合楼建设项目已经国家和省、市发改委核准,2900万元建设资金已拨付到位。义务献血蔚然成风,全省首位医务人员捐献造血干细胞的人员就出现在三院。千方百计缓解患者看病贵问题,设立济困病房,开展单病种限价,减免医疗费10余万元。

2010年4月中共运城市委、运城市人民政府授予“市模范集体”称号;2012年5月山西省卫生厅授予“医德医风建设先进单位”称号。

【运城市经济和信息化委员会】 运城市经信委(国资委)内设23个科室,直属市节能监察执法支队、市食品工业办公室、市墙改办、市建材质监站、市产权交易中心5个事业单位,共有在职人员188人。

市经信委(国资委)认真贯彻落实党的十八大和十八届三中全会精神,在市委、市政府的正确领导下,以主攻产业园区化发展集群化招商为抓手,强力推进工业新型化战略,全市工业经济稳中有进。工业运行态势良好。全市规模以上工业增加值完成406.3亿元,增长13.1%,高于全省10.5%增速2.6个百分点。其中规模以上工业增加值增速、实现利税和实现利润增幅排名全省第一。园区化集群化发展成效初显。精准定位了32个主攻产业和52个专业化链条,开展专业化、定向化、集群化招商,全年招商引资到位资金688.6亿元,同比增长22.5%。传统产业改造提升力度加大。围绕煤电铝材、煤焦化一体化两个链条,推动传统产业改造升级。电解铝企业多边交易和直供电试点工作顺利开展,焦化行业整合重组进展顺利。工业转型步伐加快。强制推广涉及煤炭、冶金、化工、建材、焦化等行业的17项节能技术。积极推进“产、学、研”合作示范基地建设,被省经信委批准为“山西省产学研合作示范基地”。新增4家省级企业技术中心。国企改革稳步推进:省国资委、财政厅已经同意山西农药厂、永济纺织厂的破产费用申请,市建筑工程有限公司、运城大酒店改制工作基本完成。

获奖情况:2011年中国(重庆)国际食品博览会“最佳组织奖”;2011年山西省五一劳动奖状(节能降耗,淘汰落后产能);2011年、2013年运城市五一劳动奖状;2012年全省经信委、国资委系统政风行风先进单位;2012年山西省职工“十个一”先进集体一等功,优秀组织奖;2013年“为建设美丽山西做贡献”集体一等功。

【运城日报社】 运城日报社是运城市主要新闻单位,拥有两报一网—《运城日报》、《黄河晨报》、运城新闻网,现有科室15个,职工总数320余人。

不断强化评论力量,多层次弘扬主旋律,传播正能量。新一届市委、市政府提出建设美丽河东、大美运城的战略构想后,《运城日报》在第一时间利用评论式传播方式,先后刊发“本报编辑部文章”、“本报评论员文章”、“特约评论员文章”、“南风时评”等34篇评论文章,形成舆论宣传的强大合力。创新工作方法,强化了栏目的统领作用。在重点工作宣传报道工作中,强化了栏目的统领作用,先后开辟《决战——在项目建设最前沿》《追逐大美运城之梦的领跑者》等多个专栏。做好规定动作、规范自选动作,确保宣传效果。在重点工作的报道中,创新报道方式、手段。如,针对美丽河东大美运城建设,开辟了“美丽河东大美运城——值得我们为之奋斗”征文活动;为了聚焦黄河流域现代文明,同时在沿黄河流域九省、市200多个县宣传美丽河东、大美运城,启动了“黄河万里行”大型公益采风活动;广告经营上,在全国平面媒体广告收入下滑3.92%的情况下,广告收入逆势上扬,顺利完成年度目标;印刷厂克服设备老化、厂房破旧漏雨等不利因素,在保证两报安全出版的前提下,承揽社会业务,埋头苦干,实现利润连年增长;开拓经营渠道,与山西黄河石港旅游集团签署战略合作协议,共同推动本市文化旅游产业发展;在发行上,通过报企联合、成立小记者团等方式,力促《运城日报》发行量达5万份以上、《黄河晨报》发行量达3.5万份左右;认真落实《八项规定》等廉洁自律的各项规定,坚决反对“四风”,促进报社事业的健康发展,没有发生过任何违反《廉政准则》的人和事。

2007—2013年,《运城日报》、《黄河晨报》连续七年被评为山西省“一类报纸”;2010—2013年,两报共有上百件新闻作品获山西新闻奖及中国地市报新闻奖;2012年,《运城日报》获“中国地市报新闻创新十强”称号,《黄河晨报》荣获“中国地方都市类报纸最具成长性十强”称号;2013年,被市委、市政府评为“服务三农先进单位”。

【盐湖山西珠水科技有限公司】 山西珠水科技有限公司是珠水能源集团在运城投资建设的一个工业企业,坐落于山西省运城市盐湖区工业园内。产品优势创新先进。公司专业从事高性能聚氨酯连接料、聚氨酯树脂等系列产品的研究、开发、销售,2013年公司技术人员先后8次到全国20多个城市参加产品研讨会,多次与省化工设计研究院研讨工艺,请国内外专家现场进行试验20次,技术革新成果显著。技术人员参加行业培训学习12次。整个工艺体现了绿色、环保、节能、安全、可操控的理念。投资巨额促进发展。项目总投资9982.43万元,建设规划用地248亩,此项目建成投产后,正常年将实现销售收入89740万元,利润总额将达到12791.4万元。管理科学战略明确。公司职工120人,其中男职工90人,女职工30人,工程技师人员占职工总数8%,大专及以上学历人员占职工总数25%,公司决策层具有丰富的从业经验,通过有效途径发挥人员才能,形成充满凝聚力、竞争力和战斗力的核心管理层和员工队伍。

【盐湖山西寰烁电子科技有限公司】 山西寰烁电子科技有限公司是一家集电子信息化产品的研发、生产、销售于一体的高科技股份制民营企业。始于1998年,注册资金5000万元,总部位于运城市盐湖文化产业园区,占地面积46.32亩。拥有员工200余名。企业通过了双软认证,拥有自主研发团队,建成广州、运城2个研发生产基地,以“寰烁电脑投影一体机”“寰烁教育平板电脑”等系列化产品的研发生产、综合解决方案为核心优势,以北京为营销中心覆盖全国的销售网络,鼎力支持国家信息化发展战略,使”寰烁”成为国内同行业的著名品牌。公司销售收入从2011年的5000万元,2012年的2亿元,增长到2013年的4亿元,2013年为国家缴纳税金1300万元。受工信部委托,主导制订全国电脑投影一体机的行业标准,在全国同行业产品中成为领军产品。2013年与中兴集团实现战略合作,投资30亿元建设规划占地1000亩的“中兴寰烁科技产业园”,建设中兴寰烁智慧城市(中西部)运营中心,形成集聚云计算、教育、医疗、物联网、环保5大关联产业的园区集群。力争三至五年内组建5000人左右的研发运营团队,增加销售收入30亿元,增加税收5亿元,为运城智慧城市建设提供强有力技术支撑和服务保障。同时,将拉动本地一大批电子生产、软件研发企业联盟快速发展为国内优势企业并走向国际,为建设“美丽河东、大美运城”做出更大贡献。公司以产品和信用为本,建立了以北京为营销中心辐射全国的销售服务网络体系。在太原、贵州、南宁、青海等地设立销售分公司,并在深圳设立国际业务部,积极拓展国际市场。三次参与薄弱校改造工程,得到客户认可和好评。在发展企业的同时,时刻不忘履行社会使命,主动担负起提升国民素质,改善人类生活品质的社会责任,积极投身于社会公益活动之中,为山西、贵州等地教育事业捐赠800万元的信息化设备。

2012年、2013年分别荣获“运城市纳税大户”、“运城市工业先进集体”;2012年荣获“山西最具社会责任中小企业”,省教育厅“支持教育发展优秀企业”等荣誉称号。

【永济市财政局】 永济市财政局围绕

同发展。稷山团县委举办了“奋斗的青春最美丽——青春与阳光同行”小额信贷技术员巡讲活动，在讲述自己坚守理想、爱岗敬业、奉献社会的奋斗经历的同时，还给团员青年们送去了金融知识。

（团市委）

【“青春与创卫同行”志愿服务】 全市创卫工作启动以来，紧紧围绕市委创卫目标，积极参与、扎实推进，成立了领导小组并下发了《关于常态化开展“争创全国卫生城市，运城青年志愿者服务行动”的通知》。3月15日举办了“争创全国卫生城市运城青年志愿者服务行动”，盐湖区和全市高校近千名青年志愿者、市住建局部分环卫工人分组对运临路及两边（3公里）的卫生死角进行了清扫。6月20日，组织千名青年志愿者开展创卫志愿攻坚行动，兵分八路，进行了捡拾垃圾、卫生清扫、创卫宣传活动。至年底组织开展“创卫”活动32场次，参与青年9890余人。

（团市委）

【青年文明号创建活动】 2014年，在青年文明号创建20周年之际，对全市1990年以来市、省、团中央命名的青年文明号，进行了全面的检查、验收。3月31日，召开了全市青年文明号20周年经验交流工作推进会，团省委的王爱民部长亲临大会并作了重要讲话，会议回顾总结了20年来本市青年文明号活动的工作经验，展示了青年文明号的发展历程和创建风采，并在全市选树表彰一批先进典型。通过典型示范的引领，进一步提升青年文明号集体的服务水平和岗位技能，深化青年文明号活动内涵，加强青年文明号品牌建设。

（团市委）

【保护母亲河系列活动】 2014年，各级团组织通过黑板报、手抄报、征文、摄影、演讲赛、知识竞赛等形式积极参与“保护母亲河”行动。3月6日，开展了以“保护母亲河——人人行动，美丽运城”为主题的植树活动，组织青年志愿者400余人，植树1000余棵；开展“走读运城”——生态环保体验活动，组织沿黄县市100名青年沿黄河开展生态村庄考察、环保宣教、水质检测、植树护绿等宣传实践活动。全市各级团组织共植树造林470余亩，种植各类树苗15000余棵，并在专业人员的指导下保证了基本成活率。

（团市委）

【青年志愿者行动】 2014年，围绕党政工作大局，以服务社会需求、服务群众生活为出发点，建立和完善了一批环保、法律、助残、文艺、维权、帮教等专业志愿服务队，并规范了志愿者的招募、管理、培训、考核、表彰等制度，推动了青年志愿者行动健康有序开展。全市共开展各级各类志愿者服务活动633场，参与人数达20余万人。

（团市委）

【青年就业创业见习基地建设】 2014年，除直属高校在全市联系创建的见习基地外，全市的青年就业创业见习基地共有45家，其中，团中央、团省委直接联系创建的5家，团市委、团县委联系创建的43家，可提供见习岗位800个，已参加见习人员560名，见习期满已录用人员286名。

（团市委）

【帮助农村青年就业】 2014年，全市各级团组织共联系外出务工青年900余人，培训农村青年1600余人。全市各级团组织开展各种农村青年就业创业服务活动10余场次，发放就业政策、岗位信息等宣传资料5万余份，辐射带动农村群众2万人次。市、县两级团组织均配合劳动部门举办招聘会9场，先后有570家用人单位参加了招聘活动，提供就业岗位1000个，签订用工意向600个，帮助500名农村青年找到了工作岗位。团市委联合人社保障局举办6期SYB创业培训，人数180人。截至2014年底，全市农村小额贷款发放2.20亿元，带动就业人数3518人；城市小额贷款发放4194.75万元，带动就业人数945人。

（团市委）

【青少年与人大代表、政协委员面对面活动】 2014年“两会”前夕，组织开展了以“加强法律保护，保障未成年人安全和身心健康”为主题的“共青团与人大代表、政协委员面对面”活动。参与此次活动的人大代表、政协委员形成了议案和提案，提交两会，进一步推动形成关注和维护青少年合法权益的良好社会氛围，为全社会最大限度的增进和谐因素。

（团市委）

【“12355维权热线”服务】 2014年，为充分发挥12355服务平台服务青少年的作用，缓解考生及其家长在中高考前的心理压力和焦虑烦躁情绪，帮助他们以平和的心态和良好的状态顺利迎接中高考，运城市开通了“12355中高考减压专线”，组织心理专家志愿者就考生的心理问题进行在线的解答、交流，帮助青少年及家长从容应对中高考考前的一些紧张、焦虑等心理问题，对考后考生及家长出现的心理危机进行分析，正确引导考生积极面对考后的人生。

（团市委）

【学校及周边治安专项整治】 2014年，为了进一步加强学校及周边治安综合治理工作，积极配合教育主管部门从解决各学校校长思想认识入手，及时召开由各学校校长参与的学校及周边治安综合治理工作会议。通过张贴公告，发放宣传资料，向学生发放安全须知等形式大力加强宣传教育，使家长和学生提高安全意识；组织人员，深入学校课堂，通过讲课、咨询等方式宣传维护青少年合法权益和安全知识，为专项整治营造良好的氛围；加强与教育、公安、司法等部门的协作，及时沟通情况，适时进行联合行动，齐抓共管，形成群策群力之势，力求将学校周边环境整治转向长效管理机制，整治工作由突击型转向经常型，履行职责由阶段性转向常态性。

（团市委）

【法制宣传教育】 2014年3月20日，与全市36家市直综治成员单位一同组织开展了以“社会治安综合治理宣传月”为主题的综治宣传活动，共发放宣传资料1000余份，接受群众咨询200人次，通过宣传使更多的青少年了解“两法一条例”，进一步增强了青少年的法制意识、权利意识和自护意识。

（团市委）

【“五类青少年”帮教工作】 2014年，全市“五类青少年”中有闲散青少年531人，有不良行为青少年502人，流浪乞讨青少年15人，服刑在教人员未成年子女778人，农村留守儿童37785人。团市委要求县、乡、村三级要结合“五类青少年”特点成立支援帮扶小组，乡、村每周对五类青少年开展一次帮教服务，县（市、区）每月巡回开展一次帮教服务。（团市委）

【关爱农民工子女志愿服务行动】 2014年，全市共有农民工子女72932人，已结对的学校35所，结对农民工子女1961人。5月30日，组织30多名团干部和青年志愿者在垣曲县蒲掌乡、闻喜县河底小学、夏县埝掌镇和胡张乡，开展了“大手拉小手”志愿者结对帮扶留守儿童活动。采取签订“结对卡”等方式，明确结对标准和服务内容、服务形式，做到名册、信息入库，确保关爱活动不走过场，为他们撑起一片爱的晴空。（团市委）

【基层组织建设】 2014年，积极推进“两新”组织团建工作。以“三带动”为动力，实现全市非公企业团建全覆盖，共建非公团组织896家，其中2014年新建63家。召开乡镇团组织格局创新工作示范县（镇）工作推进会，进一步督促和指导示范县（镇）规范化，开展基层团建工作。对全市13个县（市、区）、133个乡镇团委团干，集中开展一期培训班，提高了基层团干政策水平、业务能力和综合素养。10月28日召开了村“两委”换届选举工作专题会议，并下发了《关于做好在全市村“两委”换届选举中村团支部书记通过依法选举进入“两委”班子工作的通知》和《共青团运城市委关于结合全市村“两委”换届认真做好村级团组织换届工作的实施方案》，确保选举工作健康有序进行。

（团市委）

【高校团干挂职工作】 2014年，严格按照团中央、团省委对高校共青团干部到县级团委挂职工作管理办法等相关文件的精神，认真开展挂职干部的管理、培训和服务工作，2名挂职干部都已到岗，并有序开展工作，为基层团的工作增添了活力。

（团市委）

【党的群众路线教育实践活动】 2014年，认真贯彻“照镜子、正衣冠、洗洗澡、治治病”总要求，不折不扣，扎实完成各阶段工作任务，教育实践活动呈现四个显著特点：一是坚持领导带头示范贯穿始终，确保教育实践活动有序开展。加强组织领导，细化工作方案。并召开动员会，及时部署开展活动，确保在组织推进、活动内容、进度安排和方式方法等方面不折不扣地贯彻中央和上级党委精神。二是坚持学习教育贯穿始终，切实筑牢教育实践活动的基础环节。坚持集体学习与个人学习相结合，书本学习与实践学习相结合。开展读书交流，强化个人自学，创新学习方式，开展宣教活动。充分运用团市委门户网站和各类宣传栏，加强对实践活动的宣传，及时反映各级团委和广大党员好做法、好经验和好典型，营造浓厚的舆论氛围。三是坚持深入基层、深入青年贯穿始终，确保教育实践活动达到目标。采取“走出去、请进来”的方式，通过下基层调研，召开座谈会，在团市委网站开设专题版块、公布电子信箱等方式，拓宽意见征集方式和渠道，广泛发动群众有序参与，听取群众呼声，集中群众智慧，接受群众监督。四是坚持把解决问题、服务青年贯穿始终，确保教育实践活动取得实效。通过全力实施青年创业小额贷款项目、创业技能培训等活动，创新联系基层、联系青年群众的手段，提高服务基层、服务青年群众的水平，切实解决突出问题，推动群众路线教育实践活动取得实效。

（团市委）

妇女联合会

【纪念“三八”妇女节群星辉映巾帼情表彰大会】 2014年3月5日下午，市妇联召开纪念“三八”妇女节群星辉映巾帼情表彰大会。市政协主席柴林山，市人大常委会副主任刘冠生，副市长、市妇儿工委主任陈竹琴，市政协副主席谢爱玲出席。全市处级女领导干部，各县（市、区）委副书记、妇联主席，受全国、省、市表彰的先进集体和个人，社会各界人士共计800余人参加了会议。市委副书记陈振亮为大会致辞。会议先后分五轮对获得运城市第四届“十大女杰”，“省三八红旗集体”、“省三八红旗手”，“恩爱夫妻和美家庭”，“慈母、贤妻、孝女”，“见义勇为先进个人”，“全国三八红旗手”荣誉称号的先进集体和个人进行颁奖。文艺表演包括歌舞、小品、诗朗诵等，其中，小品《好义女人》以见义勇为女英雄——临猗县庙上乡好义村村民陈彩琴为原型进行了宣传。

（市妇联）

【“下基层、访妇情、办实事”走访调研活动】 2014年4月，市妇联领导班子成员先后深入各县（市、区）、企业开展“下基层、访妇情、办实事”调研走访活动。活动旨在加强与妇女群众的密切联系，进一步增强机关妇联干部的群众观念、群众感情、群众立场，使妇情掌握在基层、问题解决在基层、帮扶落实在基层。4月3日，到新绛县绛州澄泥砚研制所、泽掌镇光村、泰茂园牧业有限公司和闻喜县北垣花馍、卫嫂花馍调研。4月9日，深入运城市格瑞特酒业有限公司、山西宇达集团、山西晋星牧业有限公司进行调研。4月16日，到永济市银杏小学、永济中学、永济市国强食品厂、沃华集团大葱基地、永济超人奶业标准化奶牛养殖有限公司进行调研。

（市妇联）

【市妇联二届二次执委会】 2014年4月11日，市妇联召开二届二次执委会议，传达贯彻落实省、市会议精神，安排伺病重的母亲,期间,市侨联领导曾带上市中心医院的专家到夏县看望。得知牛旭峰母亲由于病重不幸去世消息后,6月25日,市侨联领导马上前往夏县进行吊唁,送去侨联组织对海外侨胞和侨眷的关怀。牛旭峰对侨联的关心表示感谢,一直表示今后加强联系,努力为家乡发展和侨联工作做些力所能及的贡献。其次支持侨界人大代表1名(市人大常委1名)、政协委员12名(市级政协委员6名,含常委1名,县级政协委员6名,含常委1名)就涉侨民生问题撰写提案议案。侨界政协委员、人大代表共提交提案、议案18件,主动解决广大侨眷和侨联机关的实际困难和问题。

(市侨联)

【做好新侨工作】 2014年,中央办公厅印发了《关于加强和改进新形势下侨联工作的意见》,明确指出积极拓展海外工作和新侨工作。市侨联进一步加强与海外侨胞的联系,主动拓展海外工作和新侨工作。与美国山西华人华侨联合会建立筹建美国山西(运城)人才库。与康杰中学北京、广州校友会取得联系,依托康杰中学校友会,在北京设立市侨联联络处,为运城发展联络更多的海外高层次人才。联合河津市组织部推荐山西华铁金属粉末有限公司总经理韩书霞为运城市突出贡献科技人才人选;向中国侨联推荐闫全忠、任德林、屈建平参加全国创新人才评选活动,闫全忠荣获中国侨界贡献奖。同时,充分发扬了侨帮侨的传统,增强了侨联的凝聚力。康中毕业生原璐去美国佛罗雷达州留学,通过侨联沟通,原籍夏县的华人牛旭峰教授很快提出原璐的专业选择建议,还帮助她联系好学校;永济市侨联吴峰的儿子8月去美国旅游并留学,苦于无人接机,由市侨联牵线美国山西华人华侨联谊会会长屈建平、秘书长贾志宏很快就安排了接机,联系了洛杉矶当地旅游公司,并帮忙解决选择学校让国内的家人放心。

(市侨联)

【网站宣传】 海外侨胞是介绍中华文化、增进中外人民友谊的民间使者。2014年,充分依托市侨联网站这一平台,进行了第三次大全新改版,推出了市侨联网站手机版,设立了市侨联公众微信号,独立开设了河东根祖文化、盐文化、关公文化等栏目,加大了对河东文化的宣传,加大对海外侨团和海外代表人士的宣传,宣传运城,吸引投资运城,讲好中国梦在运城的生动实践。新版网站6月初正式运行,点击累计达到123余万次。

(市侨联)

【加强海外联谊】 2014年,市侨联依托关公文化,加强了海外联谊,主动宣传运城、介绍运城。2月份邀请马来西亚惠州会馆会长谢立名先生前来考察关帝庙,就进一步推进关公文化交流进行了深入沟通。10月22日,谢立名带领马来西亚关帝基金会一行16人,来运城市就关公文化进行交流。参访团一行先后参观了解州关帝庙和常平关帝家庙,并与有关人员进行了洽谈交流,了解关帝祖庙的建设规制,供奉规仪及关帝文化的内涵。省侨联驻会副主席范安龙全程陪同考察并参加交流活动。协助市外办、运城关氏宗亲会举办了世界关氏宗亲总会第十一届恳亲大会,来自美国、马来西亚、加拿大、新加坡、英国、南非等20多个国家和地区以及全国20多个省市的600余名关氏后裔代表在河东寻根认亲,不仅对弘扬关公文化和关公精神有着深远的意义,更能积极地对外宣传运城、展示运城,为运城与外地的交流和合作提供了一个窗口。

(市侨联)

政法

政法委工作

【概况】 2014年，全市公安机关坚持将打击的锋芒指向以黑恶势力为主的有组织犯罪，以命案为主的暴力犯罪和以“两抢一盗”为主的多发性侵财犯罪，继续深入开展以打黑除恶、打击“两抢一盗”、治爆缉枪、打击电信诈骗、打击传销、破案追逃为主要内容的“六场硬仗”。全年共立刑事案件11064起，同比减少1082起，下降8.91%，发现受理治安案件23310起，同比减少4284起，下降15.53%，查获犯罪集团81个321人。全市检察、审判机关充分发挥职能作用，密切配合，协同作战。检察机关共依法批准和决定逮捕1479件2018人，依法提起公诉2466件3647人，立案查处职务犯罪案件94件152人。全市法院共审结刑事案件2736件3691人。

（王永新）

【社会治安整治】 2014年，市综治办专门召开各县（市、区）综治办主任会议，对“六项整治”工作进行了安排部署，并在全市组织相关部门集中开展为期半年的打击网上淫秽色情信息、整治不良网络游戏、少儿出版市场及校园周边专项治理活动。全年开展“六项整治”共部署排查132次，排查发现重点地区149个，已全部整治到位，并对省暗访中发现的2个重点地区进行了挂牌督办。同时，破获刑事案件612起，查处治安案件3628起。为进一步引深社会治安大整治活动，2月21日，市委政法委召开了第二次政法干警“大走访、大调解、大督查”活动动员大会，对“三大”活动进行了安排部署，并制订下发了方案。“三大”活动中，市直政法部门班子成员共走访排查出问题673个，全部整治到位。县（市、区）自行排查问题2060个，全部整治到位。市整治办受理群众举报案件101件，全部办结。自2010年开展社会治安大整治以来，市整治办接到群众举报案件逐年减少，社会矛盾逐年持续下降。

（王永新）

【矛盾纠纷排查调处工作】 2014年，以市委、市政府“两办”文件印发了《关于推进矛盾纠纷大调解工作的实施意见》，召开了全市大调解工作推进会。全市共建立县级矛盾纠纷调解中心12个、乡级调解中心156个、村（社区）人民调解室2564个，聘请专职调解员1057名，兼职调解员9667名。县、乡调解中心全部达到了“六统一”（统一名称、印章、场所标识、徽章、工作程序、文书）、“四落实”（落实组织、制度、工作、报酬）标准。开展了多种形式的矛盾纠纷排查调处活动。在全市集中开展了矛盾纠纷排查化解专项行动，开展了重要时期和敏感节点专项排查活动，开展了社会热点问题专项排查，特别是开展了第十届农村两委换届选举期间的专项矛盾排查。全年共排查矛盾纠纷13398起，调处13151起。其中排查涉及征地拆迁、村矿（村企）、劳动关系、环境污染、医患纠纷、交通事故、非法集资等六大领域的矛盾纠纷9600起，调处9425起；排查其他矛盾纠纷3798起，调处3726起。全市司法调解组织共调解各类民间纠纷20300起，调解成功率达98%。

（王永新）

【进京非正常上访案件治理】 2014年，专门成立了治理进京非正常上访工作领导组及办公室，明确了会议制度、通报制度、信息沟通制度、重点人员管理和重点案件办理制度、逐人逐案交办制度、督促检查制度等工作机制，形成了党委、政府统一领导，综治、维稳、信访、公安等部门各司其职、密切配合、衔接联动的治理进京非正常上访工作长效机制。对于发生的每一起赴京非正常上访案件，采取两条线督办的办法，加大了协调督办案件力度。一是由市信访局牵头，约见当事人，了解上访诉求，制订解决问题的初步方案，通过市、县信访部门及信访联席会议督促解决。二是由市委政法委牵头，对进京非访的涉法涉诉案件，向各县（市、区）提出督办要求，促进案件解决。2014年全市发生进京非正常上访136批次189人次。按照有关要求，分别对一个乡镇班子进行了诫勉谈话，一个乡镇进行了黄牌警告，诫勉谈话8人，党内严重警告10人、警告8人,行政警告4人、降级1人,调离工作岗位1人,撤职2人,免职1人,停职检查1人。

(王永新)

【涉法涉诉信访案件处理工作】 2014年,按照中央关于涉法涉诉信访工作改革的总体思路,不断探索和完善处理涉法涉诉信访工作的体制和机制,强化政法各部门的主体责任,推动依法处理涉法涉诉信访问题。扎实开展了"涉法涉诉中损害群众利益行为专项整治活动"和"涉法涉诉信访积案清理活动"。市委政法委累计受理群众反映涉法涉诉信访问题191起,其中追踪督办49起,发函转办142起,办结172起。

(王永新)

【治安防范】 2014年,加强"天眼"工程建设。新增视频监控探头20779个,其中公共监控点新增探头9856个,社会监控点新增探头10923个,全市监控探头总数达到14.2万余个。加大街面巡逻防控,在推行交巡警联勤联动的基础上,部署开展了公安特警屯警街面、动中备勤、武装处突工作,对重点地域和人流密集区域进行24小时不间断武装巡逻,提升社会治安防控能力。加大农村基层治安防范,督促农村建立健全治保组织,小区建立联防队,加强群防群治。强化民爆物品安全管理,加大检查力度,狠抓隐患排查整治,共检查涉爆单位70家,整改落实隐患45处。加强铁路护路联防,共排查化解涉路矛盾纠纷6类37起,整治涉路突出隐患问题8个,确保了铁路运输安全畅通。

(王永新)

【道路交通安全管理】 2014年,启动交通安全检查服务站30个,设置执勤点78个,查处交通违法行为19000余起。全市共发生交通事故402起,同比减少6起,下降1.47%。

(王永新)

【消防安全管理】 2014年,开展了百日消防安全大检查暨"清剿大患"战役回头看专项行动,共检查单位720家,发现火灾隐患888处,督促整改864处,下发责令改正通知书467份、行政处罚决定书12份,临时查封2家,责令"三停"5家,罚款186500元。全市共发生火灾184起,同比减少320起,下降63.49%。

(王永新)

【开展党的群众路线教育实践活动】 2014年,市委政法委制订出台了《机关党的群众路线教育实践活动实施方案》,成立了由市委常委、政法委书记崔克信为组长的机关教育实践活动领导小组,并设立办公室。市委政法委同市委领导小组办公室联合制订下发了《关于加强全市政法系统党的群众路线教育实践活动的指导意见》,加强对全市政法机关及窗口单位、法律服务行业开展教育实践活动的指导。4月16日召开了全市政法系统汇报会,听取了市、县两级政法部门对行业指导安排部署情况的汇报,研究存在的问题,进行了再动员部署。活动期间,组织机关全体人员集中学习31次,专题辅导22次。面向社会广泛征求意见,共征求到对班子的意见288条,其中肯定方面的意见15条,"四风"方面的意见121条,其他方面的意见152条。机关领导班子和班子成员带头对照"四风"表现形式认真查摆问题,逐一找准问题根源,剖析查找出机关班子24个突出问题,班子成员108个突出问题。机关班子把整改落实、建章立制作为教育实践活动取得实效的关键,从严从实研究制订了班子整改方案。整改方案共包括四个方面24项,其中针对坚持不懈解决"四风"突出问题14项、解决关系群众切身利益问题6项、解决联系服务群众问题4项。在整改落实的同时,进一步建立完善机关各项规章制度,建立完善了《机关干部学习制度》《机关厉行节约规定》等10项规范化管理制度,使机关管理各项工作进一步严格规范化。各县(市、区)政法委和全市各级政法部门按照统一部署,都成立了领导组,联系工作实际,扎扎实实完成了学习教育、听取意见,查摆问题、开展批评,整改落实、建章立制三个环节的工作任务,取得了阶段性成果,达到了预期的目标。

(王永新)

【干警违法违纪案件查处】 2014年,坚持多渠道广泛收集干警违法违纪案件线索,强化执法监督检查,狠抓干警违法违纪案件查处,纯洁政法队伍。市委政法委多次听取干警违法违纪案件查处情况汇报,对每一案件紧抓不放,督促一查到底。9月10日至24日,组织明察暗访组深入全市政法各部门,对迟到早退、上班期间执行工作纪律以及违规使用警车等情况,进行了全面督查,及时发现和查处了问题。2014年,全市共查处政法干警违法违纪案件51起68人。

(王永新)

【政法干警素质能力提升】 2014年,市委政法委不同形式地组织了执法检查、矛排等方面专门工作人员的业务培训,并组织部分业务骨干参加了"全省党委政法委(综治办)系统干部素质能力提升培训班"。市综治办专门印发了《运城市综治业务"大培训"活动方案》,对扎实开展综治业务工作培训进行了安排部署。6月份组织部分县(市)综治工作人员赴浙江枫桥等地学习社会治理方面的先进经验,7月份对各县(市、区)综治办主任、副主任、社会服务管理指导中心主任、指导中心操作员共50余人,进行了社会服务管理业务培训。各县(市、区)政法委和市政法委各部门结合各自实际,有计划地组织了学习培训、专题讲座、知识竞赛、业务比武等,全面提升了政法干部队伍素质,提高了新形势下开展政法工作的能力和水平。

(王永新)

检察工作

【打击犯罪】 2014年,市检察院始终保持打击各类刑事犯罪的高压态势,共批准和决定逮捕1479件2018人,提起公诉2466件3647人;突出打击严重暴力犯罪和多发性侵财犯罪,共批准逮捕721件964人,提起公诉979件1339人。认真贯彻宽严相济的刑事政策,依法开展逮捕、羁押必要性审查，共不批捕567人、不起诉173人。坚持少捕、慎诉原则，认真开展未成年人刑事检察工作，对未成年犯罪嫌疑人不逮捕34人，不起诉10人，附条件不起诉11人，不批捕、不起诉的未成年人全部落实了帮教措施。（王文涛）

【服务保障民生】 2014年，深入开展查办发生在群众身边、严重损害群众利益职务犯罪专项工作，共查办发生在医疗、教育、社保等领域的职务犯罪案件30人，查办侵吞国家客运补贴资金案件3件5人，查办涉农职务犯罪50件81人；开展涉农职务犯罪专项预防活动，编印宣传手册6000余册，设立宣传专栏120块，发放宣传光盘150余套，组织集中观看近200场（次），举办专项法制讲座180余场，针对涉农资金管理中的问题漏洞发出检察建议27份。依法保护特殊群体权益，共办理刑事赔偿案3件，办理刑事被害人救助案14件，发放救助金7.3万元；开展支持起诉维护劳动者合法权益专项行动，办理案件252件，帮助追索劳动报酬120余万元。

（王文涛）

【查办职务案件】 2014年，共立案查处贪污、贿赂、挪用公款等职务犯罪案件94件152人，同比分别上升4.4%和5.6%，其中大案77件121人，县处级干部犯罪要案7人，同比上升75%，科级干部犯罪案件19人，同比上升137.5%；立案查处渎职侵权犯罪案件40件77人，立查人数居全省首位，其中重特大案件10件16人。所立案件中，由检察机关直接受理线索立案侦查的120件，占立案总数的90%；纪检部门移交14件。所立职务犯罪案件侦查终结135件233人，提起公诉134件221人，法院已做出生效判决105件172人。所立查的职务犯罪案件无超法定时限、无超期羁押、无无罪判决、无涉检上访。

（王文涛）

【职务犯罪预防】 2014年，认真落实《山西省预防职务犯罪工作条例》，先后开展预防调查107次，发现职务犯罪线索13件，移送侦查部门后立案11件；开展预防咨询322次，剖析职务犯罪案例169次；举办法制讲座960余场（次），3万余人（次）受到教育；发出预防建议100份，提出纠正违法建议96件，帮助建立落实预防措施185项。年中，扎实开展政法干警“大走访、大调解、大督查”和“访民生、解民忧、阳光检察千村行”活动，市、县两级检察院分别由领导带队，深入农村、社区、商户，广泛听取人民群众对检察工作的要求和期盼，不断校准工作方向。按照全面监督、重点介入、源头预防的工作要求，开展预防职务犯罪“十百千”专项活动，设立重点工程项目建设预防职务犯罪联络站（点）64个，提供行贿犯罪档案查询3900余次。（王文涛）

【刑事诉讼监督】 2014年，共监督公安机关立案49件68人，监督撤案28件，纠正漏捕55人，纠正漏诉158人，纠正漏起诉罪行91条，纠正侦查活动违法221件，纠正审判活动违法100件次；提出抗诉53件94人，市检察院出庭支持抗诉29件55人，已有裁判结果的28件55人，其中改判7件8人，发回重审16件。

（王文涛）

【刑罚和监管监督】 2014年，向刑罚执行和监管部门发出纠正违法通知书1477份，监督监管部门回复落实1472件，同比上升141.7%；向社区矫正机构发出纠正监外执行违法通知书899份，监督回复落实893件；监督纠正财产刑执行不当42件，监督纠正指定居所监视居住执行不当2件。开展久押不决案件清理和减刑、假释、暂予监外执行专项检察活动，共清理纠正久押不决案件15件23人，对27名因病暂予监外执行罪犯进行了逐一复检，将暂予监外执行条件消除的8名罪犯予以收监执行。

（王文涛）

【民事行政检察】 2014年，对认为确有错误的民事、行政生效裁判，经监督、抗诉后法院再审改判5件，法院采纳再审检察建议重新审理6件，办理民事、行政审判活动违法监督案件39件，办理民事、行政执行监督案件136件。市院抗诉的吉运集团山西运城汽车租赁服务有限公司与严博鸿买卖合同纠纷案，被省检察院评为民事检察精品案件，并推荐参加全国检察机关第二届民事、行政检察精品案件评选。

（王文涛）

【行政执法监督】 2014年，市检察院先后7次和23个行政执法部门召开刑事司法和行政执法衔接座谈会，确定了信息共享和联席会议制度。开展了破坏环境资源和危害食品药品安全犯罪专项立案监督活动，共查阅行政处罚案件974件，监督移送涉嫌犯罪案件8件10人，监督立案8件10人，批准逮捕7件7人，提起公诉6件11人。开展行政执法行为检察监督专项活动，共发出督促履行职责检察建议533件。

（王文涛）

【监督机制建设】 2014年，与市公安局联合制订了《关于加强逮捕必要性证明和审查的意见》，既防止在与认定犯罪关系不大的细枝末节上过于纠缠、造成当捕未捕，又坚持法定条件、防止“带病”批捕，提升了逮捕案件质量；联合中级人民法院、市公安局出台了《关于公诉案件程序证据标准的意见》，既保证正确适用法律、及时惩处犯罪，又依法保障人权；制订《民事监督案件受理规定》，加快了案件流转速度，提高了工作效率；下发了《关于规范羁押必要性审查案件办理程序和归档内容的通知》《关于在全市范围内全面开展财产刑执行监督工作的通知》和《规范履行强制医疗案件监督职责的通知》，对依法正确履行刑罚执行监督工作予以明确规范。

（王文涛）

【命案勘验检查】 2014年，与市公安局联合出台了《关于检察机关参与命案现场勘验检查的实施意见》，明确参与勘验检查的范围、监督原则、方式、任务和重点内容，紧紧围绕捕、诉、审三个环节对证据的要求，先后介入命案现场勘验检查61次,提出引导侦查取证意见建议49条,侦查机关全部采纳。其中,立为刑事案件33起,非刑事案件28起,已批准逮捕17件25人,移送审查起诉17件25人,没有一起因现场勘查原因退回补充侦查。（王文涛）

【涉法涉诉信访改革】 2014年,积极推进涉法涉诉信访改革。一是健全机构,强化组织领导。市院成立了改革领导小组,适时召开领导组成员会议,学习中央政法委关于涉法涉诉信访工作机制改革的有关要求,全面统筹谋划推进改革;二是落实责任,提高办案效率。综合采取预约接待、点名接待、巡回接待等方式,完善首访负责制,由接访检察长或副检察长直接督办信访事项,加快办理进程,着力化解矛盾;三是搭建平台,推进规范化建设。建立基层院重大信访事项报告制度,依托乡镇检察室或检察联络站,完善县、乡两级便民服务网络,对信访案件实行统一受理、统一分流、统一督办、统一反馈,最大限度畅通信访渠道。全年共受理群众来信来访955件,排查上级交办的信访案件23件,其中属检察机关管辖的21件,已办结息诉19件。开展释法说理、心理疏导工作,息诉和解民事案件54件。

（王文涛）

【检务公开改革】 2014年,以全面实施“阳光检察”工程为主线,制订工作制度117项,设立“一站式”检务大厅14个,举办检察开放日27次,召开新闻发布会15场,开展巡回检察85次。充分利用现代科技手段,不断拓宽检务公开渠道。万荣县检察院设立门户网站,开通官方微博、QQ,及时公布工作情况;垣曲县检察院开通短信平台和微信微博,宣传检察职能,发布检察工作动态;夏县检察院开通“夏县人民检察院”互联网网站、微信、微博,及时更新检务信息,主动争取外部监督支持。（王文涛）

【开展党的群众路线教育实践活动】
2014年,坚持个人自学与集中学习结合、专家辅导与座谈交流结合、传统教育与警示教育结合、领导干部讲党课与干警谈体会结合、宣讲职业道德与文明规范执法结合,深入开展“三查三问三思”大讨论,对收集的708条意见建议(其中领导班子181条,涉及“四风”问题的142条;领导干部527条,涉及“四风”问题的321条)进行认真梳理归纳,通过分层次谈心交流、专题研究、逐条分析、查找根源、从严从实召开民主生活会,达到了出汗排毒、强身健体、共同进步、增进团结的目的。坚持把解决问题贯穿始终,确立了检察长负总责,班子成员示范带动,相关内设机构具体落实、全员行动、互相监督的工作机制,先后办结市委活动办转交的信访案件120余件,制订完善“反‘四风’、强作风”的规章制度60余项,队伍精神状态和工作作风明显转变。

（王文涛）

【纪律作风建设】 2014年,制订《党风廉政建设责任制分解意见》,层层签订《党风廉政建设目标管理责任书》,进一步明确各级领导干部的主体责任;贯彻中纪委三次全会精神,聚焦监督主业,细化监督措施,不断强化纪检监察部门的监督责任。以中央八项规定、最高人民检察院《检察人员八小时以外行为禁令》和省院“十个严禁”等纪律禁令落实为主要内容,不断加强检务督察,检察人员纪律作风建设明显加强,公车私用、超标准接待、违规出入高消费娱乐场所、工作日饮酒等群众反映强烈的问题已杜绝。

（王文涛）

【业务能力建设】 2014年,以领导干部、业务一线、基层检察人员为重点,先后选派59人(次)参加省检察院组织的业务技能培训。按照“干什么练什么、缺什么补什么”的原则,大力开展形式多样的教育培训和岗位练兵活动。市院组织开展了全市检察机关司法警察大练兵活动,受到省检察院肯定;夏县检察院成立青年写作兴趣小组,通过邀请专门人员授课和定期组织学习讨论相结合,提高了干警公文制作能力;永济市检察院注重发挥“传帮带”作用,班子成员和年轻干警结对子,以老带新、定向培养,促进干警专业素质提升。在全省民行检察业务比赛中,本市两名干警荣获“民行检察业务能手”称号,一名干警获得“综合业务知识优胜奖”。

（王文涛）

【基层检察院建设】 2014年,坚持把工作重心放在基层,加强调查研究,及时帮助基层检察院发现问题、找准症结,指导制订针对性措施予以加强改进,推进了基层检察院建设均衡发展。全市检察机关先后有9个单位(部门)和5名个人受到省级以上表彰,4个单位(部门)和7名个人受到市级表彰。其中,盐湖区检察院被最高人民检察院荣记集体一等功。（王文涛）

【接受外部监督】 2014年,自觉接受人大监督和民主监督,主动强化内部监督制约,确保检察权严格依法行使。继续通过征求意见、邀请座谈、向部分基层人大代表赠阅《检察日报》等方式,加强与人大代表联系;认真办理人大代表意见建议,对市三届人大五次会议期间代表提出的12件意见建议,均在规定时限内办结答复,取得了代表满意的效果;配合省人大内务司法委员会,对全市贯彻落实《山西省预防职务犯罪工作条例》情况进行了执法检查;向市人大常委会专题报告开展非法证据排除工作情况,并根据审议意见严格整改落实,促进提高案件质量。全面落实人民监督员制度,共监督“七类案件或事项”23件35人。严格执行职务犯罪案件审查逮捕报上一级人民检察院决定制度,对基层检察院报请逮捕的27名职务犯罪嫌疑人做出逮捕决定。

（王文涛）

法院工作

【概况】 2014年,运城中院以公正司法为核心,强化队伍建设,依法履行审判职责,着力化解社会矛盾,维护社会和谐稳定。全年受理各类案件3877件,比2013年增长8.1%,审执结3830件,审限内结案率为98.7%。全市法院受理各类案件34487件，审执结33937件，结案率为98.4%。全省审判绩效考核31项指标连续2年综合排名第一名。运城中院获得“运城市文明单位”、执行局获得最高院“专项积案清理工作先进集体”、立案庭获得“山西省巾帼建功集体”和市妇联“巾帼文明岗”等荣誉。

（陈生祥）

【刑事审判】 2014年，全市两级法院共审理刑事一审案件2736件3691人，判处犯罪分子3131人。运城中院审理重大刑事一审案件85件160人、二审案件460件。在刑事审判中，广大法官坚决贯彻“严打”方针，共判处死刑、死缓、无期徒刑30人，有期徒刑1973人，其他处罚953人。依法惩治失职渎职50人，贪污受贿犯罪分子142人。一批严重危害人民群众生命财产安全的重大刑事犯罪，依法受到了惩处。广大刑事审判法官认真落实刑事诉讼法，严格把握证据规则，疑罪从无，宣告无罪4人。坚持依法保障人权，宽严相济，规范化量刑，免予刑事处罚118人，有效杜绝了冤假错案。积极探索未成年人审判特点，注重庭前调查，极力教育、感化、挽救青少年，依法从轻、减轻判处未成年罪犯95人；积极参与社会综合管理和社区矫正工作，通过公开开庭审理，依法减刑、假释罪犯223人，促进了罪犯早日回归社会。

（郭慧萍）

【民商事审判】 2014年，全市法院共审理民商事一审案件20431件，涉案金额13.2亿元，一审裁判息诉率达到88.1%，调解撤诉率达85.6%；运城中院审理民商事一、二审案件2522件，同比增加7.5%。广大民事审判法官把群众路线教育实践活动贯穿到审判工作中，不局限于坐堂办案，不局限于就案论案，注重能动司法，力求化解矛盾、案结事了，努力让人民群众在每一个司法案件中都感受到公平正义。积极服务经济建设，为转型跨越发展提供司法保障。2014年，运城中院审理企业间债务纠纷325件，合同纠纷1274件，涉及金额6.7亿元。海鑫集团曾是全国500强、山西省第一大民营企业，因经营管理不善，引发了一系列债务纠纷案。运城中院多次向省法院、市委、市政府请示汇报、分析案情，一方面想方设法维护债权人合法权益；另一方面在全院抽调精兵强将组成专门合议庭，加班加点，为企业破产重整开辟绿色通道，避免了社会动荡，维护了全市经济发展的正常秩序。

（郭慧萍）

【行政审判】 为了更好地改善运城市行政审判司法环境，保护行政相对人的合法权益，2014年，运城中院根据上级法院精神，锐意改革，在全省先试先行，确定永济、夏县、垣曲、临猗四个基层法院为市行政案件相对集中管辖试点法院，从6月1日起执行。为此，运城中院制订了《关于行政案件相对集中管辖试点方案》，对集中管辖法院的权限和管辖范围作了明确规定，这一改革通过公告、电视、电台、报纸等各种形式进行了大量的宣传，并积极通过各种方式与当地政府、人大、政协进行沟通，并取得他们的支持。经过半年时间的运行，社会反响很好。一是扩大了行政审判工作的影响力，提高了群众的维权意识。二是减小了地方干扰，司法公信力进一步增强。三是行政案件数量和种类增多。共审理行政一审案件230件，同比增加72%，审查行政非诉案件544件；案件种类涉及治安处罚、土地确权、行政赔偿、人事劳动、城建拆迁、建设规划、不履行职责、户籍登记、信息公开等15个行政机关和部门，有效排除了社会干扰，促进了依法治市。2014年，运城中院国家赔偿委员会办理国家赔偿案件12件，决定赔偿5件共72.1万元，往年拖欠的54.8万元赔偿款全部支付到位，达到了抚慰民伤、维护民权、消解民怨和修复司法公信的社会效果。

（郭慧萍）

【执行工作】 开展“四个专项”行动，执行环境有所改善。2014年，执行工作先后开展了“涉民生案件专项集中执行”“转变执行作风、规范执行行为”“集中打击拒不执行法院判决裁定等犯罪行为”和“涉党政机关执行人民法院生效法律文书”四个专项行动。尤其是追索劳动报酬、赡养费、医疗损害、交通事故、工伤赔偿等涉民生案件，与百姓利益息息相关，久执不结人民群众反映强烈，运城中院充分运用财产查控手段，加强执行联动，集中解决了一批“执行难”案。两级法院共执结各类案件6949件，执行金额9.76亿元，移送公安机关追究刑事责任83人，拘留794人次，录入全国法院失信被执行人黑名单1961人，截至年底，130件涉民生执行积案执行到位111件，103件涉党政机关案件执结102件，化解了3件涉执信访老案，维护了司法权威。

（郭慧萍）

【专题教育】 2014年3月至10月，按照中央的统一部署，集中开展了以“为民务实清廉”为主要内容的群众路线教育实践活动。运城中院把执行中央八项规定、改进“四风”作为促进司法公正的重点，坚持开门搞活动，走出去、请进来，让群众提意见、来监督、作评判，传导改进作风压力、激发自我完善动力。广大法官通过进村入户面对面征求群众意见、发函书面征求两级政法机关意见、召开座谈会征求离退休老干部和驻运城媒体记者意见以及广泛与干警进行谈心交心，共收集3类117条意见和建议，其中聚焦“四风”方面意见30条。院党组对这些意见和建议逐条分析研究，按照“照镜子、正衣冠、洗洗澡、治治病”的总要求，对照问题，认真自我查摆，每人都写出了深刻的对照检查材料。在班子民主生活会上，大家自我批评敢于揭短亮丑、正视问题、有的放矢；互相批评时直言不讳，不绕弯子，问题尖锐，“辣味”十足，大家都热了身、补了“钙”，起到了“红红脸、出出汗、排排毒、治治病”的效果。班子成员和庭室一把手边查边改，立行立改，带头执行中央八项规定，自觉退出了超标准使用的办公室和公车，在接待、开会、下基层调研等方面，厉行节约，反对铺张浪费。中院的副院长每人都亲自审理两件案件，通过上级做给下级看，一级带一级，形成了无形的推动力量和强大的示范效应。通过这次整顿活动,大家进一步认识到“四风”的严重性、危害性,进一步明确了“为谁办案、为谁掌权、为谁服务”这一根本问题,进一步增强了“公正司法、一心为民”的宗旨意识。进入12月份后,开展了学习讨论落实专题教育活动。针对山西省塌方式腐败问题,运城中院又进行了反对“四风”,整改落实情况“回头看”和全省政法系统反腐治贪、正风肃纪专项整治。广大干警认真学习习近平总书记的系列重要讲话和王儒林书记、王清宪市长的讲话精神,深化作风建设。为了配合专项整治活动的开展,先后组织全院干警观看了山西省《四大典型案例》和临猗眉户剧《一颗红心》、蒲剧《法官情怀》,参加了《邹碧华英模事迹报告会》,从正反两方面进一步强化了党纪和法律意识,增强了干警公正司法、一心为民的自觉性。

(陈生祥)

【队伍建设】 为了不断提高队伍素质,夯实业务基础,保证办案质量,2014年,运城中院分别组织民事审判法官、执行法官共600余人先后进行了培训,安排80余人分赴省内外兄弟法院考察学习和国家法官学院学习深造。组织书记员进行了岗位练兵比武。法警支队坚持体能训练,随时应对突发事件,全年保障各级开庭258次,执行死刑、提押、拘传、拘留人犯593人次,做到了安全无事故。通过不断教育培训,干警的业务素质普遍提高。运城中院先后在各类刊物杂志发表学术论文、调研文章30余篇,新闻报道稿件42篇,研究室编发信息简报93期。任国强合议庭庭审录像被最高院评为优秀庭审。

(陈生祥)

【案件质量上升】 案件质量评查是法院审判管理的核心。2014年,运城中院以发还重审案件为重点,并与随机抽查相结合,共评查了四类460案。一是中院审委会讨论的疑难案件89件;二是发回基层法院重审案件78件;三是随机抽取基层法院案卷234件;四是抽取中院2014年一季度各审判庭办结59案。通过案卷评查,发现和纠正了案件中的瑕疵,提高了审判质量和效率。同时,对超审限案件进行了清理,完善了案件延长审限报批手续。审判委员会对110件复杂疑难案件进行了研究,回复基层法院请示案件9件,保证了案件质量。运城中院案件质量评估连续两年保持全省前列。

(陈生祥)

【接受社会监督】 2014年,运城中院除向市人民代表大会报告工作外,还向市人大常委会专题作了《规范司法行为情况报告》,对市人大代表提出的8件建议案及时办结,并面对面地一一答复。一年来,联络督查室先后6次邀请人大代表、政协委员30余人次旁听审案、公开听证和监督执行。11月,建立了新闻发言人制度。中院录制的37案《庭审纪实》,在运城电视台播放后,受到了群众欢迎。审监庭还将2013年以来办理的339名罪犯减刑案件予以公示,接受群众监督。2014年,信访接待室共接待来人来信380件次,经耐心解答,细致做工作,矛盾大都化解在初访中,个别做不通工作的也引导其走上了法律程序,没有出现新的越级赴京上访案件。

(陈生祥)

【推行阳光司法】 三大平台建设(审判流程公开、裁判文书公开、执行信息公开)是司法公开的重要载体。2014年初,运城中院召开全市法院院长会议,对三大平台建设进行了安排部署,确定了时间表、规划图,决定分三批在三年内全部完成。截至年底,两级法院按要求在中国裁判文书网公布生效文书4550余件,其中中院上网1520件,基层法院3030件。司法技术处对全院监控、远程视频提讯、科技法庭设备进一步完善。10月份,运城中院与检察机关召开联席会议,就惩治和预防职务犯罪进行研讨协调,明确分工协作办案流程。充分利用法制宣传日、戒毒日、宪法日,组织法官走上街头进行普法宣传。

(陈生祥)

【廉政建设】 2014年,纪检监察部门开展了“涉法涉诉中损害群众利益行为专项治理活动”,运城中院围绕“强化司法作风年”“净化交友圈”“争当群众贴心人、做公正廉洁法官”三项主题活动,制订了《违规违纪责任追究实施办法》,对干警违规从事经商营利活动进行重点整治,规范了法院干警兼职取酬及离退休后从业行为,净化了司法环境。坚持党风廉政建设各项制度,层层签订责任书,并经常检查“一岗双责”落实情况,提高了廉政意识。精心装修了“廉政教育室”,每月都组织干警观看一次廉政警示教育片,廉政谈话20余人次,廉政建设常抓不懈。开通了山西运城“清风中院”微信平台,定期发送廉政动态、示范典型、警示案例,节假日发送廉政提醒短信,同时受理群众投诉建议,收集案件线索,方便群众监督,已有400余名“微友”。开展经常性的审务督察和司法巡查,对办公秩序、审判纪律、警车管理不定期明察暗访,发出监察通报2期,纠正了一些不良风气。省、市纪检、政法部门多次明察暗访都没有发现大的问题。年底前,运城中院又在社会上聘任了38名廉政监督员,在每个审判庭都设立了审务督察员,对于改进作风、促进司法清明、法院清廉、法官清正,都起到积极的促进作用。

(陈生祥 郭慧萍)

司法行政工作

【概况】 2014年,全市司法行政工作在市委、人大、市政府的领导监督下,在省司法厅的指导下,以党的十八大、十八届三中、四中全会精神为指针,认真贯彻落实习近平总书记一系列重要讲话和省、市政法工作会议及全省司法行政工作会议精神,以开展党的群众路线教育实践活动为抓手,以深化法治建设、优化法律服务、强化平安维稳、打造过硬队伍为重点,忠实履职、求实创新,司法行政工作加快发展、全面提升,为运城经济社会发展提供了强有力的服务和保障。市司法局连续四年被省司法厅评为“完成目标责任制模范单位”,被市直工委评为2014年度精神文明创建先进单位。 (刘文娟)

【普法依法治理工作】 2014年，普法依法治理始终贯穿“法治建设”这条主线，全面贯彻“六五”规划。抓规划指导，2月20日，市委召开常委（扩大）会议，审议通过了《关于深化法治运城建设的实施意见》，并根据意见制订出台《运城市2014—2016年法治运城建设规划》。为保障规划实施，5月6日，市委依法治市办组织召开法治建设联席会议，对“1+6”工作体系建设工作进行部署。10月份，对各单位进展情况进行了督导检查。抓示范单位创建，修改完善具体的创建标准和申报、审核命名办法，对市直22个创建重点单位进行面对面安排，对已获得省级依法治理示范单位、标兵单位进行复查，确保创建工作做实做细。坚持领导学法制度，8月21日，邀请中国政法大学教授王卫国为市委中心组做题为《运用法治思维和法治方式深化改革、推动发展》的专题法制讲座，各县（市、区）委书记、县长、政法委书记，各开发区党工委书记、主任及市直单位负责人等300人参加了讲座。深化“法律六进”，开展以法律进企业、进学校为重点的“法律六进”活动，组织法律服务工作者进企业、进工地，为企业依法经营、规避风险提供法律服务。通过在学校开设法制课、举办法治讲座、法律知识竞赛、聘请法制副校长等多种形式“送法进校园”。创新普法形式，在继续开展报纸、电视、广告牌、宣传条幅、橱窗等传统普法形式的同时，完善电子屏、手机微信、微博、政府网站等新媒体形式有效开展法制宣传教育。探索建立了以“本地方言、群众演员、身边故事、举案说法”为原则，以“谁执法、谁普法、谁宣传、谁点评”为导向的普法短剧制作工作机制。全市全年共制作普法短剧140期，在各县电视台播放115期，实现了法制宣传教育由单一的“口头宣讲”向“媒体共宣”转变，由理论法治向实践法治转变，受到了广大群众和社会各界的普遍欢迎。组织全市各执法单位开展了主题为“弘扬宪法精神，建设法治中国”的法制宣传教育系列活动，推动普法向社会各领域、各行业、各方面延伸，为维护社会和谐稳定营造良好的法治环境。在全国“六五”普法中期督导总结中，市委依法治市办被评为全国先进普法办，垣曲县被评为全国先进县（市、区），3名同志被评为全国先进个人。 （刘文娟）

【法律服务工作】 2014年，全系统强化举措、狠抓落实，紧紧围绕平安建设、重点项目建设和综改试验区建设，积极整合律师、公证、基层法律服务、司法鉴定、法律援助、人民调解等司法行政资源，增加公共法律服务供给量。律师工作，组建律师法律服务团队，开展服务重点项目建设“牵手对接”活动，为全市重点项目和转型综改试验重大项目建设提供优质高效的法律服务。开展“进百家大企业，化解经营风险”活动。建立律师服务分配登记册和重点项目结对表，使52家律所和280个重点项目牵上线。公证工作，举办民间借贷公证业务研讨，出台相关指导意见，规范民间借贷公证；开展了公证质量检查、案卷评查、“阳光便民服务工程”和“让人民群众能感知的公信力”等活动；开展进村入户、上门办证等便民服务活动，提供公证法律援助近百件，赢得了社会认可和群众欢迎。司法鉴定工作，申请成立闻喜、河津两个县级司法鉴定机构，稳步推进鉴定机构建设。组织开展规范化司法鉴定机构创建、司法鉴定能力验证和机构年度考核工作，促进了鉴定机构规范化建设和鉴定质量提高。法律援助工作，以“法制宣传进百户”、“百人调查问卷”、一乡一版面、一村一标语、每月为群众办十件实事等形式，深入开展“下基层、进农户”活动。完善质量监督卡、目标责任制、百分考核制、任务分解落实制等管理措施，加强监督管理。建立了一支240余人的法律援助志愿者队伍，有效解决了法律援助机构人员不足、专业力量薄弱的问题。推进便民服务大厅规范化建设，增强了大厅的服务功能，市局确定在新建的公共法律服务大楼一层设立198平方米功能齐全、设施一流的规范化、标准化便民服务大厅。全市全年律师参与了268个省、市、县级重点工程的法律服务工作，受理案件6780余件。基层法律服务工作者担任630余家村镇、企事业及各类经济组织法律顾问，共代理诉讼和非诉讼事务1300余件。公证机构共办理各类公证7000余件，司法鉴定机构共受理鉴定案件1820余件。各级政府法律顾问参与起草、审议各种文件、合同7000余件。全市所有乡镇及有关行业建立法律援助工作站共240余个，基层农村建立法律援助联系点3310余个。援助机构全年共受理法律援助案件2460件，办结1917件，受援人总数达到26620人。实现了“哪里有重点工程项目，哪里就有法律服务团队；哪里有矛盾纠纷，哪里就有人民调解；哪里有困难群体维权需求，哪里就有法律援助”的公共法律服务目标。

（刘文娟）

【社区矫正工作】 2014年，各级司法行政机关紧扣维护社会和谐稳定大局，突出抓好社区矫正人员、刑满释放人员管理工作。大力推进信息化建设。对全市符合手机定位监管条件的1845人进行了手机定位监管。大力推进场所阵地建设，全市有6个县市建立以宣告室、心理矫正室、训诫室、培训室、档案室、电子监控中心为一体的社区矫正管理教育中心，8个县市建立县级公益劳动基地；全市共建立100个乡级公益劳动基地和19个安置帮教基地。加大监管力度，严格落实社区矫正人员报到、学习、请销假、迁居、会客、考核、教育、参加社区服务、入矫解矫宣告等矫正制度和执法程序。认真落实奖惩制度，全年先后对不服从管理的20人提请人民法院进行收监处罚，对33人进行了警告。加大信息核查力度，加大对预释放人员和服刑在教人员及其未成年子女信息核查、修改、补录等工作，提高信息核实率、核实成功率和回执率。加大建档力度，在全市范围内为社区矫正人员和刑满释放人员建立纸质档案和电子档案，做到一人一档，登记在册。加大帮扶力度，全年为生活非常困难的15名社区矫正人员和23名刑满释放人员提供了帮扶帮助，依托基地安置了77名刑满释放人员。

（刘文娟）

【人民调解工作】 2014年,在健全巩固县、乡、村、组四级民调网络的同时,市局于6月份召开专题工作会议,推动以“六大领域”为重点的行业性、专业性调委会建设;全市13个县(市、区)司法局均已建成了社会矛盾纠纷调处中心,做到了场地、经费、人员、机制“四到位”。发展壮大人民调解员队伍,全市人民调解员达到14786名。探索建立以人定补、以案定补、以奖代补相结合的矛盾调解激励机制,市委、市政府出台下发了《关于推进矛盾纠纷大调解工作的实施意见》,努力把人民调解各项工作落实到位。开展“转型综改攻坚年矛盾纠纷专项排查化解活动”,重点排查化解涉及土地征用、房屋拆迁、社会保障、劳动用工、医患纠纷等领域容易激化升级的矛盾纠纷,及时有效解决专业性、行业性矛盾纠纷,力求纠纷排查化解“无盲区”、矛盾化解“全覆盖”。全市全年调解组织共调解民间纠纷28000余件,调解成功率达98%。

(刘文娟)

【基层基础建设】 2014年,各县(市、区)积极推进城关和重点镇司法所力量配备,招录公务员16名,补充公益岗位9人,使95%达到3名以上工作人员。司法所规范建设不断推进。各县(市、区)加大投入,为司法所配置工作需要的电脑、打印机、复印机等信息处理设备,传真机、电话机等通信网络设备,照(摄)相机、录音笔、执法记录仪等音(视)频设备。通过加强督导、狠抓落实,推进工作规范达标,全市有9个司法所通过了省厅规范化司法所验收。业务用房建设扎实开展,继垣曲、稷山后,永济业务用房于上半年投入使用,新绛县业务用房已投入使用。

(刘文娟)

【班子队伍建设】 2014年,深入开展党的群众路线教育实践活动。市局结合实际,认真统筹谋划,全面科学部署,把群众路线教育实践活动贯穿于工作中,以教育实践活动促进中心工作,以工作成绩检验教育实践活动成效,进一步增强全体司法行政干警事业心、责任感,形成信念坚定、勇于担当、奋发进取、争先进位的良好氛围。抓理想信念教育,各级始终把思想政治建设摆在队伍建设的首位,采取多种形式,持之以恒抓好理想信念教育,在全系统开展以“努力践行核心价值观、争做优秀司法行政人”主题演讲比赛,组织政治理论测试,增强队伍的凝聚力和向心力。加强能力素质建设,先后举办了基层、公证、司法鉴定、法律援助、公文写作等业务培训,组织人员赴外地进行了“政府法律顾问制度建设培训班”“枫桥经验研修班”培训及考察学习了遵义市公共法律服务体系建设经验,开阔了视野,解放了思想,加强了交流,促进了提升。

(刘文娟)

【党风廉政建设】 2014年,以开展党的群众路线教育实践活动、学习讨论落实活动为契机,进一步强化队伍作风建设。开展了“身边人说身边事,身边人学身边榜样”,纪念建党93周年“七个一”系列活动等,进一步增强了党员和广大干警的宗旨观念和为民服务意识。以开展“大走访、大调解、大宣传、大督查”活动、发放征求意见表、召开座谈会、全员谈心交心等多种形式,广泛征求群众意见建议,切实找准“四风”方面存在的突出问题,并对存在的问题进行深入剖析,立说立行、边查边改。通过扎实有效的教育实践,使党员干部和全体干警的纪律作风有了明显改观。深入开展廉政警示教育,进一步筑牢了反腐倡廉的制度防线和思想防线。坚持从严要求、从严治理,严格落实《廉政准则》、中央八项规定以及省厅提出的“六不准”,坚决纠正“四风”。进一步严明党的政治纪律,确保反腐倡廉工作扎实推进。 (刘文娟)

公安局工作

【概况】 2014年,全市公安工作跨越发展,实现了总体工作迈入全省中上游目标。主要体现为六个“显著提升”:群众满意度显著提升,在省公安厅组织的群众满意度测评中,运城市排名第二,提升了3.68个百分点,增幅全省第二。在全市行风政风测评中,市局跃居全市第二,为历史最好。群众安全感显著提升,全市27%的社区、68.9%的村庄实现刑事案件“零发案”。在省厅组织的群众安全感测评中,提升了1.53个百分点,增幅全省第六。攻坚克难能力显著提升,刑事案件破案数和破案率、治安案件查处数和查处率均创历史新高。安全防范能力显著提升,通过开展“一村一警”警务机制,恢复组建基层治保组织和巡逻队1102个;布建视频监控探头106234个,对全市重要区域、要害部位和交通干线实现“全覆盖”。执法规范化水平显著提升,全市刑事案件和行政案件网上流转平均达到99%以上,位居全省前列。队伍建设水平显著提升,市局机关2014年没有发生民警违法违纪。全市先后涌现出7名二等功臣、61名三等功臣等一大批先进集体和英雄模范。

(刘开奇　杨丽霞)

【开展“能力作风建设年”活动】 推动整体工作全面发展,用一流的队伍,创造一流的业绩。市公安局党委准确把握全市公安队伍建设实际,把2014年定为“能力作风建设年”,坚持“两手抓、两手都要硬”,始终把队伍建设紧紧抓在手上,努力打造政治坚定、清正廉洁、纪律严明、业务精通的公安队伍,为实现公安工作的整体推进奠定了坚实基础。

(刘开奇　杨丽霞)

【党委领导班子建设】 2014年,市公安局党委始终坚持“打铁还需自身硬”的理念,努力建设坚强有力奋发有为的班子,用一流的班子带一流的队伍。坚持民主生活会,党委成员通过开展批评与自我批评,增进了解沟通,加强团结协作,提高了工作能力,改进了工作作风。把党委班子建设始终作为党委的工作重点,多次召开党委会或党委扩大会,专题研究加强和改进局党委和县级公安机关党委领导班子建设问题,听取各方面意见,提出强化党委班子建设五项措施。完善各项制度规定,加强领导班子成员行为规范,制订局领导联系基层活动制度、领导班子成员外出报备制度、领导班子成员分工协作制度、局领导与民警谈话谈心制度,公安信息网每日公布党委成员政务活动情况,接受全市公安民警监督。

（刘开奇　杨丽霞）

【从严治警】 2014 年,坚决执行从严治警“九项规定”不动摇。坚持对违法乱纪问题零容忍,以铁的手腕、铁的纪律坚决遏制违法违纪问题。拓宽社会监督渠道,通过运城各主流媒体刊发《诚邀社会各界和广大人民群众共同参与从严治警活动的公告》,开设 24 小时局长热线电话和互联网局长信箱,发动社会各界和人民群众监督公安机关,形成惩治违法违纪问题的群众防线。认真开展四项整治活动,高标准、高质量地推进领导班子“软懒散”、队伍管理“稀拉松”、服务群众“冷硬横”、内务管理“脏乱差”四项整治活动。为深化“四项整治”活动,10 月份例会专题研究推进,组织有关部门负责人、各县(市)公安局、分局局长近 50 人赴大同、忻州、临汾参观学习,结合实际制订新的内务管理规范,加强督导检查,表扬好的,通报批评差的,一些“脏乱差”问题得到有效整改,单位内务发生翻天覆地变化,公安队伍面貌焕然一新,各级班子战斗力显著增强,纪律作风明显好转,服务质量明显改善,公安队伍形象大幅提升。强化警示和监督检查。通过组织民警观看警示教育片、到廉政基地实地教育、举办廉政党课、定期警示谈话等方式,做到警钟长鸣,最大限度地把违法违纪苗头解决在萌芽状态,防止形成危害。从事前、事中、事后各个环节进行常态化检查督导,并加大惩戒力度。市局纪委、督察部门常年派员赴基层所队、窗口单位对执法执勤、服务群众、内务管理等情况进行明察暗访,发现问题的,全部采取全市通报批评、诫勉谈话、停止执行职务等处罚措施。及时发现和坚决查处违法违纪案件,做到发现一件就查处一件,决不姑息纵容,并以此作为反面典型,警示教育全体民警。全年查处民警违法违纪分别同比下降 44.44%、38.7%。

（刘开奇　杨丽霞）

【严打整治行动】 2014 坚持严打方针不动摇,始终保持对刑事犯罪的凌厉攻势。以深化侦破命案工作为龙头,严厉打击刑事犯罪。全市命案破案率 100%,侦破命积案 16 起。协助外省市侦破命案 7 起。扎实开展打黑除恶专项斗争,专项打击成效大幅提升。全年共打掉多个涉黑涉恶势力团伙。加大对“两抢一盗”等侵财性犯罪的打击力度,确保一方平安。共破获侵财案件 4273 起,其中破获系列案件 2060 起,打掉团伙 67 个。全方位开展追逃工作,消除社会治安隐患。全市共抓获各类逃犯 1657 名,其中省督逃犯 3 名,外省逃犯 431 名。

（刘开奇　杨丽霞）

【立体防控体系建设】 2014 年,实行交巡警联勤联动和武装巡逻。在推行交巡警联勤联动基础上,实施公安特警屯警街面、动中备勤、武装处突,对重点地域和人流密集区域进行 24 小时不间断武装巡逻,有效减少了可防性案件发生,提升了社会治安防控能力。不断探索群防群治的新思路,组织督促农村建立了治保组织、小区建立了联防队,内部单位落实安保制度。继续推进建设视频监控系统,全市共安装视频监控探头超过 12 万余个,基本上覆盖了全市主要街道、交通路口、单位社区、农村。全市“三类可防性”案件同比下降 14.77%。全市共查处治安案件 16902 起,治安处罚 1604 人,其中查处黄赌案件 796 起。整治各类治安乱点、安全隐患 13000 余个。

（刘开奇　杨丽霞）

【“平安运城”严打整治 2 号行动】 在 2013 年“平安运城”严打整治 1 号行动的基础上,从 2014 年 6 月 5 日—9 月 15 日组织开展了为期一百天的严打整治 2 号行动,严厉打击了黑恶势力等有组织犯罪、命案等暴力犯罪、“两抢一盗”等侵财犯罪,严格整治了城乡接合部、“九小场所”等治安乱点和民爆、交通、消防等安全隐患。设立了 100 万元的群众参与治安防控奖励基金,掀起了平安建设人民战争。行动中,全市刑事案件破案率达 84.38%,整治治安乱点、安全隐患 7668 个。

（刘开奇　杨丽霞）

【执法规范化建设】 2014 年,建立了全警参与、齐抓共管的执法管理机制。市县两级公安机关均组建了执法管理委员会;建立完善了法制员队伍;法制部门通过案件评查、案件审核、执法考评等措施,加大对所有执法活动的审核把关;督察部门利用“督查平台”适时对场所执法活动进行动态督查;政工部门有针对性地进行执法培训,形成了科学的执法管理机制。以执法场所改造为突破口,不断加强执法硬件建设。年初,全市公安机关共投资 1000 余万元,对 229 个执法场所进一步作了规范性改造,统一了设置,完善了管理制度和使用流程。所有一线执勤、执法民警配备了执法记录仪,确保了现场执法严格规范。盐湖分局投资了 30 余万元开发了执法活动视频存储管理系统,从根本上解决了执法办案过程中的规范化、可监督化及视频资料即时、集中、长期存储,快速检索、随时刻录的执法办案要求。建立完善了各项执法制度,以制度促公正、促规范。先后制订了《贯彻“六个必须”暂行规定》《办案区使用管理规定》《公安机关执法监督暂行办法》《执法质量考评工作方案》等 20 余项制度,坚持“规范执法没有任何借口”,执法办案活动坚决做到“六个必须”,即:出警必须佩戴使用执法记录仪、讯问和询问必须在执法办案区、进入办案区必须进行人身检查和信息采集、必须有专人负责看管违法犯罪嫌疑人、执法活动必须全程录音录像、所有案件必须在警综平台流转。对每个警种、每项执法活动、每个执法环节都做了明确规定,为公正、规范执法提供了保证。

（刘开奇　杨丽霞）

【实施“一村一警”警务机制】 2014 年初,全市公安机关继续全面推行“一村一警”警务机制,努力把每个村、每个社成2284名新兵征集任务。

（市军分区）

【国防动员工作】 2014年,集中开展党管武装面对面讲评、巡回观摩和联合考评,有效提高党管武装落实质量。利用国防教育学院、新闻媒体等,增强领导干部、学生群体和广大群众的国防观念。持续开展“两个服务”活动,组织官兵积极参与国防生态林、扶贫帮困、捐资助学等经济社会建设,以实际行动赢得地方党委政府重视支持。武装工作经费保障形成制度,复转军人安置比较满意,义务兵优待金逐年提高。

（市军分区）

【安全管理工作】 2014年,持续开展“五个起来”活动,突出“五位一体”综合治理机制,注重拓展“五方联动”管理效能,先后4次集中开展武器弹药清查整治。下大力气为官兵解决“12项暖心工程”,实现了两个经常“四化”目标,安全管理工作转型发展取得了新成效。

（市军分区）

【后勤保障建设】 2014年,紧紧围绕后勤综合保障实战化能力建设,狠抓应急装备、物资器材建设,狠抓后勤保障专业分队、专业训练,后勤实战化保障能力显著增强。严格落实上级加强财经管理系列新规定、新要求,集中开展财务专项整治,党委理财质量效益不断提高。医疗社会化改革、“三小”建设取得成效,职工移交圆满顺利,机关办公生活条件不断改善。

（郝　冬　陈新新）

【思想风气教育整顿】 2014年1月13日至17日,军分区开展了以“强化规矩意识、坚持按章办事”为主题的思想风气教育整顿活动,在围绕省军区要求解决的8个方面问题基础上,重点围绕军分区着力纠治的“掺水分、乱告状、老好人、本位主义和熬年头”5种不良风气,通过动员辅导、传统激励、活动牵引(包含公选机关干部、读书心得体会交流、检查剖析、职工绩效考核、战士作风纪律整顿、党团日活动等六大活动)、检查剖析、总结讲评等措施,引导广大官兵特别是党员干部坚守纪律底线和道德底线,始终保持严守规矩、按章办事、廉洁自律的良好作风,为新年度工作顺利起步上路、推动部队建设创新发展营造良好的政治环境和强有力的纪律支撑。

（刘朝阳）

【基础训练比武】 2014年3月初至11月底,全区以按纲施训和全员参训为抓手,以考促训、以比促训,狠抓两级首长机关业务基础训练。先后组织军分区和各人武部首长机关、基层武装部长、参谋骨干、基干民兵连排长、民兵应急分队、民兵教学骨干和高炮骨干等9类人员、18个专业、130余个课目的基础训练,累计参加人员1200余人次,动用各型枪械240余支,消耗弹药3万余发,动用车辆300台次,表彰奖励各类训练尖子30余名。其中,现役干部突出军事理论、一体化指挥平台操作、作战要图标绘、识图用图、轻武器操作、手榴弹实投和基础体能等课目,专武干部突出5公里越野、轻武器射击和战术标图等训练,民兵教练员突出教案设计和教学实施等科目。

（杨　辉）

【党的群众路线教育实践活动】 2014年3月至6月,全区坚持以党的十八大和十八届三中全会精神为指导,贯彻落实习主席关于开展教育实践活动的一系列重要指示精神,按照军区、省军区的安排部署,以军分区、人武部两级党委机关和领导干部为重点,联系自身实际,贯彻整风精神,以严的标准、严的措施、严的纪律坚决反对“四风”,着力解决官兵反映强烈的突出问题,为实现军分区“三当一创”强武兴武目标和圆满完成年度各项工作任务提供可靠保证。活动过程中,军分区及时成立组织机构,研究制订实施方案,准备学习资料;邀请市委党校教授为教育实践活动领导小组成员作辅导授课;以专题观看中纪委“四风之害”专题警示录像片、开展读书体会交流和心得体会展评、广泛征求意见、围绕“四风”开展问题对照大检查、组织各级党组织生活会、开展批评与自我批评、党委公开承诺解决问题、组织主题演讲和文艺会演巡回演出等一系列活动为载体,真正达到“红红脸、出出汗、排排毒、治治病”的功效,以实实在在的成效检验教育实践活动成果,确保教育实践活动各项内容和要求落到实处,确保年度各项工作任务圆满完成。

（刘朝阳）

【应急力量规范化建设】 2014年3月初至5月,军分区结合民兵整组工作,积极研究探索依托复退军人培训基地、职业技能培训学校、兵员预征预储等组建常备应急分队的新模式、新路子,在全区组建了14支功能多样、精干高效的常备应急分队,打造了拳头和尖兵力量。在全年支援地方防汛、救火等急难险重任务中都得到了实战检验,均发挥了积极作用,维护了一方平安。

（李建明）

【组织全市专武干部队伍集训】 2014年4月10日至12日,军分区为全面夯实专武干部业务基础,强化专武干部有效履职的整体素质,在市委党校组织开展一期专武干部集训,各县(市、区)全体专武干部,各人武部副部长(军事参谋)和军分区机关相关人员,共计200余人参加。此次集训以党在新形势下的强军目标为统领,以贯彻军委新时期军事战略方针为主线,着眼于推动军民融合深度发展,以提高综合业务能力为重点,全面遵循“能打仗、打胜仗”目标要求,突出抓了专武干部岗位必备的知识与技能培训。集训过程中,先后对运城市“两会精神”进行传达学习,并围绕本国周边安全形势和如何提高专武干部能力素质,以及整组和征兵工作的目标、任务和面临的主要问题进行深入研究和探讨,为全面提高基层专武干部开展民兵预备役工作能力和实现全区专武干部能力素质整体跃升奠定坚实基础。

（李　健）

【开展“战斗力标准”大讨论】 2014年5月13日,为深入贯彻落实习主席关于强军目标和牢固树立战斗力标准的重要指示精神,强化军分区后备有为能打胜仗的能力要求，高标准完成年度军事任务，根据上级开展“战斗力标准”大讨论总体安排，军分区结合实际，坚持军事训练居龙头地位，积极开展战斗力标准大讨论活动。活动以强军目标重大战略思想为指导，重点围绕“战斗力标准是什么、战斗力现状怎么看、战斗力建设怎么看”进行深入研究讨论，采取学习辅导、讨论辨析、实践磨砺等形式，对军区、省军区主题教育部署意见中明确的问题，重点搞好“六查六看”。同时，引导全区官兵人人讨论起来，人人行动起来，瞄准实战谋打赢，立足岗位砺精兵，坚持每月开展一次党委中心组理论学习，努力形成各项建设和工作向能打仗、打胜仗聚焦的鲜明导向和生动局面。（曹　鹏）

【战役勘察演练集训】 2014年5月下旬，军分区在省军区的统一部署安排下，迎接省军区首长机关对辖区所属的芮城县风陵渡、垣曲历山舜王坪和黄河小浪底工程等重点目标进行了实地勘察和现地学习研究。军分区按照野外实战化保障要求，在垣曲历山搭设营地，开展野炊，圆满完成省军区战役勘察保障任务，为战役集训提供了重要保障。7月10日至11日，军分区在省军区的统一安排部署下，参加“铸盾—2014”师旅团级首长机关指挥演练。通过演练，进一步了解联合防暴行动的本质内涵和特点规律，研究掌握遂行联合防暴行动的力量编组、组织指挥、战法运用、协同保障等重点问题，检验提高各级首长机关谋划决策和组织指挥能力。并借演练的机会，组织全市驻运部队召开驻军联席会议，达到了预期训练目的。

（许　鹏）

【国防动员进校园】 2014年6月10日下午，在运城学院举办大学生征兵宣传启动仪式，宣传征兵政策，动员广大适龄青年和大学生积极响应祖国号召，踊跃报名，到军营建功立业，为实现“强国梦、强军梦”贡献力量。市委常委、市征兵领导组副组长、军分区政委常社教出席启动仪式，市征兵领导组副组长、军分区司令员宋保民，市教育局局长路胜利出席启动仪式并讲话，大张旗鼓地开展征兵宣传教育活动，真正使每名适龄青年和大学生都能知晓公民的国防义务、征兵的标准条件、应征的方法程序和参军的优抚待遇等内容，大力激发广大适龄青年参军报国的热情。同时，积极协调民政部门抓好国家和省市有关义务兵优抚政策的兑现落实，确保高校学生应征入伍学费补偿、助学贷款等足额保障到位。在启动仪式上，运城学院两名退伍复学大学生还与同学们分享了无怨无悔投身国防的信念志向和参军入伍的收获体会。最后，与会人员集体观看军分区组织的征兵宣传主题演讲和文艺会演，参加现场宣传咨询活动，为征兵工作的顺利开展奠定了坚实基础。（赵高端）

【组织防汛抢险实兵实装应急拉动】 2014年7月24日至25日，军分区根据市委、市政府安排部署，以及市防汛指挥部决定，结合“八一”慰问活动，在运城市河东广场组织进行了全市驻运部队及民兵预备役部队防汛抢险实兵实装应急拉动。活动采取应急拉动与“八一”慰问相结合、静态展示与检查检阅相结合的方式组织实施。按照规模适度、要素齐全的原则，主要由运城军分区首长机关、空军石家庄飞行学院第二训练旅、北京军区空军司机训练大队、二炮教导队、武警422团、武警运城市支队、运城市武警消防支队、预备役83师炮兵团、13个县（市、区）人武部及部分应急分队参加，共计1200人，出动和展示各类车辆装备、专业器材和保障物资累计10万余件。各参加单位和分队人员以快速的反应能力、昂扬的精神状态、过硬的军事素质、严格的队列纪律和规范的言行举止，高标准完成了此项任务，为全体市民树立驻运部队的良好形象。（李　健）

【兵员征集输送】 2014年7月初至10月末，市征兵工作坚持以各级征兵工作电视电话会议精神为依据，以网上征兵调整为契机，以确保兵员质量为核心，认真筹划、精心组织、密切配合，严格把关全面完成。在整个征兵过程中，“强化一项工作，突出两个作用，加强三个协调，落实三条标准，实现五个满意”，即：强化廉洁征接兵工作；突出人武部党委的集体领导作用，突出纪检部门的监督检查作用；加强军地协调，加强征接协调，加强上下级协调；落实无上访告状、无违纪问题、无责任退兵；实现地方政府、兵役机关、人民群众、应征青年和家长、接兵部队五个满意，确保2230名男兵和54名女兵征集任务的圆满完成。（樊旭红）

【问题整改】 2014年8月份，运城军分区党委在教育实践活动中，坚持以问题整改开局亮相，以问题整改注入动力，以问题整改交出答卷，树新风、刹歪风、送暖风、改作风，让官兵感受到活动带来的新变化，有效促进群众路线教育实践活动在党委机关扎深根结硕果，抓问题整改的经验在全省军区得到了学习和转发。具体做法是：在强化思想认同提高认识起点抓整改上，坚持以思想共鸣激发行为共振，注重思想教育与实践感悟相结合，强化认同，抓好问题整改。重点是在补好精神之“钙”中强化使命意识；在问题反思中强化责任意识；在现实对照中强化危机意识。在坚持问题导向、注重分门别类抓整改上，按照解决难易不同、处置方式各异，区分类别搞好问题梳理，针对性抓好整改。重点是围绕棘手问题打好“攻坚战”；着眼顽固问题打好“持久战”；针对一般问题打好“歼灭战”。在敢于较真碰硬、严格措施标准抓整改上，着眼问题过坎、见底，以抓铁有痕、踏石留印的狠劲韧劲，把问题抓到位改彻底。重点是建立“账目表”；划定“基准线”；明确“责任人”。在立足具体实践、着眼实际成效抓整改上，坚持成效用实践验，结果让官兵评，注重将问题整改融入具体任务、具体活动、具体工作。重点是结合大项任务考；紧贴业务工作评；渗入具体活动验。

（杨冬冬）

【职工教育整顿活动】 2014年10月15日至30日，军分区组织全区集中开展一期职工队伍教育整顿活动，重点围绕当前军分区职工队伍建设中存在的选配使用不正规、教育管理不严格、考评奖惩不落实以及精神不振奋、业务技能弱、思想作风差等问题，通过学习辅导、检查剖析、全面整改、考核总结等环节，切实理顺了关系，严格了制度，规范了管理，振奋了精神，纯正了风气，提升了素质，推动了职工队伍健康发展。活动结束后，及时采取“听、查、考、问、谈”等方法，重点围绕教育整顿活动的落实情况、采取的办法措施、解决的矛盾问题、存在的困难及武器库库工队伍状况等方面，对13个人武部逐单位进行考核和检查，与所有在家的人武部主官见面、了解情况；与个别重点职工进行逐个谈话，了解思想状况；逐份查看了全部78名（含3名新进职工）省财政职工档案；组织职工军容风纪、队列、理论和轻武器分解结合考核，为军分区全面建设再上新台阶奠定坚实基础。

（薛国鹏）

【开展武装工作巡回观摩】 2014年11月17日至20日，军分区利用3天半时间，组织全体常委、机关科长和人武部部长、政委对各县（市、区）年度武装工作落实情况进行了巡回观摩。活动中，实地查看各人武部特色亮点工作，听取各人武部年度工作展开情况汇报和各县（市、区）国动委主任述职，最后军分区首长进行现场点评。各单位在交流中看清差距，在对标中激发干劲，在明责中解决问题，促进全区武装工作提档升级、再进一步。主要具有五个特点：一是把看武装工作变化与看经济社会发展相结合；二是把正规化建设考评与实战化能力检验相结合；三是把武装工作述职与现场点评讲评相结合；四是把观摩调研与现场办公解决难题相结合；五是把转变作风与纠正不正之风相结合。这次观摩活动，通过看发展变化、看特色亮点，各单位既找准自身定位又推动工作落实，既明确工作思路又激发奋进动力，达到预期目的，取得良好效果。

（杨冬冬）

【冬季适应性训练】 2014年12月23日至25日，军分区组织全体干部、战士、职工和专武干部共367人进行了代号为“DX－2014”的冬季适应性训练，共动用各类车辆49台，携带54式手枪95支、56式冲锋枪2支、携带应急弹48发，搭设帐篷18顶，完成摩托化行军255公里和徒步行军105公里。训练以提高首长机关和部队在严寒条件下的“走、打、吃、住、藏、通、供、修、救、管”和应对多种安全威胁、完成多样化军事任务的能力为目的，重点演练了抗震救援应急出动；快速收拢集结；摩托化机动与徒步行军；野战指挥所开设；野炊、宿营与警戒；副团职干部述职；临机情况处置和演练；中条山战役总体情况介绍；缅怀革命先烈，向烈士纪念碑敬献花圈，组织宣誓；走访慰问贫困群众和军烈属；中条山战役西线作战行动现地研究；指挥所撤收与转移等课目。通过演练，摔打锻炼部队，培养顽强作风，提高应对多种安全威胁、完成多样化军事任务的能力。训练过程中，全员坚持携枪带弹、负重行军（挎手枪、带装具、背背囊），磨炼了意志，锤炼了作风，历练了血性和虎气。扎实开展中条山战役战法研究，缅怀先辈先烈，用生动的战例和先烈英勇无畏的战斗精神，感染、引导全区官兵迅速掀起“不忘国耻、练兵打仗”的新一轮训练热潮。

（郝　冬）

武警支队

【概况】 2014年，武警运城市支队紧紧围绕党在新形势下的强军目标，严格按照总队、支队两级党委总体部署，坚持“抓思想固根本、抓班子带队伍、抓能力保中心、抓经常打基础、抓正规上质量”的工作思路，精心抓落实，全力保稳定，整体上台阶，部队全面建设呈现出稳中有进、稳中见好的发展态势。主要成绩概括以下6个方面：一是思想政治建设在举旗铸魂中得到加强。二是遂行任务能力在实战锤炼中得到检验。三是正规化管理水平在依法抓建中得到提高。四是基层建设基础在强基固本中得到夯实。五是后勤建设水平在服务保障中得到提升。六是党委班子在教育实践活动中得到锤炼。

（于　涛）

【执行临时勤务】 2014年1月23日17时20分至21时，运城市支队共出动官兵10名、车辆2台，协助运城市盐湖公安分局成功处置一起爆炸物事件。2014年2月3日14时25分至17时10分，运城市支队共出动30名官兵，成功扑救了运城市南风化工集团盐化四厂居民区火灾。2014年3月29日河津市中队成功处置一起在押人员企图自杀事件。2014年7月17日芮城县中队成功处置一起劫持人质案件。2014年9月22日，运城市支队出动官兵11人，协助运城市盐湖区公安机关成功处置一起劫持人质事件。2014年11月16日，运城市支队出动官兵20名，协助运城市公安局成功处置鑫马大厦爆炸物事件。

（于　涛）

【组织政治教育】 2014年，支队政治工作主动适应强军要求，注重狠抓末端落实，着力抓教育、大力搞帮建、强力纠“四风”、全力保稳定，发挥了稳思想、稳结构、稳秩序的积极作用。重点围绕学习贯彻习主席系列重要讲话精神，严密组织党委中心组带机关理论学习，确保了党中央、中央军委、习主席和武警部队党委的指示精神成为广大官兵的思想引领和实践遵循；群众路线和主题教育活动中，坚持以上率下，突出实践特色，教育专题扎实，活动成果不断巩固，各级作风整改成效明显，官兵献身强军实践更加主动。（于　涛）

【帮建基层组织】 2014年，武警支队着力抓好党建和党员发展对象、毕业学员培训，加强对经常性基础性工作具体指导，不断深化“小滚动、大闭合、压茬式”考评帮建模式，按照常委包片，机关股长包队，每季轮换和“三个一遍”等方法，4次深入基层指导帮建，基层建设质量明显提升。（于　涛）

【警地文化建设】 2014年，深入开展“双向教育”“三项活动”和“三好”表彰，积极建载体、造氛围、树导向，尊干爱兵、兵兵友爱优良传统得到进一步弘扬；大力推进警地文化“三联”活动，全面普及政工一体化平台，编印《古韵新曲伴征程》，组织开展凝聚支队精神、唱响队歌活动，思想文化阵地有效巩固，文化工作做法被上级转发和推广。

（于 涛）

【严格日常执勤】 2014年，运城武警支队坚持正规组勤，把主要精力投放到中心工作中，从执勤部署严起，从常态制度抓起，从三班四哨管起，以班班哨正规促进日日正规。坚持从严治勤，充分利用机关定期议勤、常态查勤、量化评勤和执勤奖惩等有效机制，治理常见病多发病，以法治勤促正规保安全。坚持以训强勤，按照“666”组训模式，扎实抓好“三动一报”单兵处置训练、监门哨专哨训练、“三员一兵一组一班”联合对抗训练，以单兵强促进整体强。支队将3月份确定为“专勤专训月”，深入研究执勤岗位对抗训练，做好总队网上技能对抗准备。联合市局、永济监狱和577处，分别召开“三共”会议，重点研究解决监门哨管控、隐患常态治理、押解勤务规范、执勤生活保障等方面的长效机制和措施办法。9月份，迎接了总队省厅“两看”勤务“三共”活动联合检查、表彰工作。全年支队累计出动兵力1300余人次，圆满完成了武装巡逻、安全保卫、武装押解、山林灭火、抗洪备勤等5类37起临时勤务。

（于 涛）

【落实战备训练】 2014年2月份，运城武警集中组织方案评估会审，实化战备方案，立足驻地维稳处突、跨区增援抢险等任务，结合人员变动、形势变化，及时组织方案推演修订，逐个对接论证，解决好方案针对性操作性不强的问题。规范战备秩序，突出抓好节假日敏感期预设两指、全时备勤、拉动演练等措施，严格人员落编、装备上车、装具进班，切实强化打仗意识，守好“南大门”。重视情报工作，拓宽情报获取渠道，加强情报分析研判。严格落实每季度“四个一”要求，即：围绕一个课题、组织一次拉动、总结一次战法、升级一次预案，在反复拉动演练中不断增强方案的针对性、操作性，确保遇有情况闻令而动、稳妥处置。6月份参加总队遂行任务能力检验评估。深刻汲取上年黑龙江、广东两起犯人脱逃事件的惨痛教训，落实全时备勤，加强实案化、体系化、精确化战备建设的新要求，把抓实战备工作作为提高应急处置能力的根本途径，按照“依实情定实案、按实案抓实训”的思路，严格落实战备制度规定。

（于 涛）

【规范军事训练】 2014年，武警支队实战化训练的共识已初步形成，以问题倒逼催生能力危机，以检讨反思找准问题症结，以刚性制度规范训练秩序，以创新思维破解训练难题，以严格奖惩激发训练动力，形成发现问题、研究问题、解决问题的闭合回路，引领带动实战化训练向更高层次发展。2月份制订下发《规范经常性训练工作措施》，明确各级抓训责任，规范训练运行机制，3月份组织执勤岗位技能对抗竞赛和体能网上抽验，4月份纲要培训、半年和年终考帮建，5月份组织“卫士—15”演习，6月份结合遂行任务能力评估组织首长机关、机动、执勤实战化训练专项考核，7月份组织应急救援拉动考核，9月份组织军事技能集中考核（主要考核在职参谋、机动中队特勤排和执勤支队应急班）及教练员比武竞赛，下大力气加强训练尖子、教头和专业人才培养，把实战化训练推向深入。（于 涛）

【应急保障增强】 2014年，武警支队按照后勤应急保障要素，优化力量编成，修订完善了5类20余种保障预案，投入8万余元补充了全方位泛光灯、野战指挥桌椅等后勤战备物资，圆满完成了“卫士—14”演习、新兵野营拉练等重大后勤保障任务。（于 涛）

【基建效能提升】 2014年，全年共争取地方保障性经费529.7万元，年底家底经费结余95.72万元，公务事业费和行政消耗性经费同比下降30.23%和38.54%；投资8万元为基层中队购置配发了榨汁机、豆浆机等给养设备，官兵对伙食满意率达到98%以上；支队全年农副业生产收益9.2万元；全年为部队请领发放被装130个品种50368套件，被装适体率达到了100%；机关新建工程进展顺利，垣曲中队实现搬迁入驻，平陆中队完成原址改建，四中队主体工程已经建成，芮城、夏县、绛县中队迁建工程也已立项；为基层6个单位维修桌椅、门窗，粉刷墙壁，检修线路，共节约经费45万元。

（于 涛）

【生活条件改善】 2014年，协调市政府争取了圣惠嘉园100套团购住房；督导各中队安装检修空气能热水器、浴霸、太阳能和壁挂式热水器等设施；卫生队全年共接诊官兵892人次，上送总队医院68人次，为8名官兵申请办理评残，为官兵实报实销医疗费共计20.5万元；协调市卫生局为258名干部、士官及家属进行了健康体检；投资6.6万元购置了各类药品，为280名新兵进行了体格复查并注射乙肝疫苗。

（于 涛）

【安全防范加强】 2014年，运城武警支队结合“百日安全无事故”活动，对全支队军械情况进行了“逐人、逐库、逐枪、逐弹”的军械装备大普查，共整治隐患16处；投资4.6万元对军械库进行避雷检测和升级改造，邀请厂家技术员对全支队指纹系统进行维修；结合违章“抄告”，宣讲交通法规和安全常识，开展了3次作风纪律教育整顿活动，筑牢了驾驶员安全行车的思想防线，维护了军车良好形象。全年支队共调拨枪支920支，消耗弹药168797发；出动车辆3200余台次，累计行驶53.6万余公里，没有发生任何安全事故。（于 涛）

【后勤队伍素质提高】 2014年，运城武警支队大力开展“学业务、强技能”活动，全年共培训司务长、炊事员、军械员、卫生员、理发员和“四小工”等后勤专业兵180人。通过集中培训、岗位练兵、业务考核，后勤队伍能力素质明显提升，履职尽责、务实敬业的氛围更加浓厚。

(于　涛)

【总部领导检查调研】 2014年11月6日武警总部保卫部副部长余江伟深入运城支队就部队安全稳定和新兵政治考核复查工作情况进行检查调研。

(于　涛)

【总队领导检查指导】 2014年1月7日上午,总队副司令员夏家亮到运城支队宣读武警部队、山西总队命令和党内任职通知:任命原晋中市支队副支队长李东增同志为运城市支队支队长、党委副书记;原运城市支队政治处副主任张连发同志为运城市支队政治处主任、党委常委。2014年1月7日,总队副参谋长杨文生深入运城支队新训大队检查新兵岗前培训工作。2014年2月17日下午,总队后勤部部长穆瑞国率领工作组深入运城支队进行蹲点帮建。2014年4月1日至2日,总队副参谋长杨文生深入运城支队基层中队检查安全管理与执勤战备工作。2014年5月7日,总队政委刘振所深入运城支队检查指导机关新营区建设。2014年5月15日上午,总队副司令员夏家亮深入运城支队基层检查指导工作。2014年6月5日,总队后勤部部长穆瑞国深入运城支队,全程指导支队组织召开党委常委专题民主生活会。2014年6月10日下午,总队副参谋长侯斌深入运城支队展开考察帮建蹲点调研。2014年7月7日至8日,总队政治部副主任蒋学军深入运城支队机关和部分基层中队,对安全大检查开展情况进行检查指导。2014年8月27日下午,总队后勤部副部长王保定深入运城市支队检查指导清房和领导干部办公用房整改工作。2014年8月30日,总队司令员仲轩莅临运城支队检查指导工作。2014年9月30日上午,总队后勤部部长穆瑞国莅临运城支队对新训工作进行了慰问指导,对支队国庆节日战备工作进行实地检查。2014年10月18日,总队政委刘振所深入运城支队新机关建设现场视察指导。2014年10月30日,总队副政委侯德祺率工作组莅临运城支队考核帮建。2014年12月5日,总队参谋长李善勇莅临运城支队检查指导工作。2014年12月22日,总队副司令员王树海带领新训考核组深入运城支队新训大队,对运城支队2014年度秋季新兵教育训练情况展开了全面考核调研。2014年12月30日上午,总队后勤部部长穆瑞国到运城支队宣布总队政治部代职通知。

(于　涛)

经济管理与监督

发改委

【概况】 2014 年,面对严峻复杂的经济形势,市发改委超前谋划、主动作为,认真贯彻落实省、市各项决策部署,紧紧围绕推进工业新型化、信息化、农业现代化、城镇化、生态化和文化旅游产业发展,奋力拼搏,苦干实干,狠抓落实,各项工作推进有力,呈现出了新的局面。 (市发改委)

【重点项目】 2014 年,全市施工项目数达到 1197 个,266 项省市重点项目完成投资 859.5 亿元,占全年任务的 74%。大运汽车 1 万辆专用车、中冶机械汽车零部件、永济东方华贸铝型材、亚宝药业 CGMP 生产线、五龙集团循环经济一期、盐湖鑫中大生物科技、大西高铁运城段等一批重点项目建成。莱特通用航空产业园、同誉铝轮毂二期、飞宇建材铝型材、青山化工增白剂、华晋纺织牛仔布生产线、芮城风力发电、运城农业职业技术学院新校等项目开工建设。 (市发改委)

【"六位一体"快速推进】 2014 年,前三季度,项目储备完成 16900 亿元,占省定全年目标任务 12999 亿元的 130%。项目签约完成 2463.25 亿元,占省定全年目标任务 1468 亿元的 167.80%,市定全年目标任务 2400 亿元的 102.6%。项目落地完成 924.36 亿元,占省定全年目标任务 1128 亿元的 81.95%,全年预计可完成 100%。项目开工完成 705 亿元,占省定全年目标任务 706 亿元的 99.9%,全年预计可完成 105%。项目建设完成 859.5 亿元,占全年目标任务 1164 亿元的 73.9%。其中:省级重点建设项目完成投资 310.5 亿元,占省定全年目标任务 345 亿元的 90%,全年预计可完成 100%。项目投产完成 791.07 亿元,占省定全年目标任务 783 亿元的 101.03%,全年预计可完成 105%。 (市发改委)

【产业聚集显著提高】 根据各县(市、区)、开发区的产业优势,全市精准定位了 28 个产业园区和 32 个主攻产业。2014 年,在全市 839 项省、市、县重点项目中,进入园区的产业类项目达 228 项,占产业类项目总数 439 项的 51.93%;进入园区的产业类项目总投资规模为 1445.36 亿元,占产业类项目总投资规模 3130.38 亿元的 46.17%,园区已初步成为全市产业集群化发展的主战场。另外,在全市 439 项产业类项目中,主攻产业类项目共 172 项,占全市产业类项目总数的 39.18%;主攻产业类项目进入园区的有 124 项,入园率达到 72.09%,主攻产业集聚度显著提升,产业链进一步延伸。 (市发改委)

【招商引资】 2014 年,全市招商引资工作取得了较好的成绩。由市招商办牵头制订出台了《运城市主攻产业园区化发展集群化招商工作方案》和《小分队招商工作办法》等新举措,精准设计了 32 个主攻产业和 52 个产业链条。同时,建立了运城市招商引资联席会议制度,出台了《项目跟踪方案》,拍摄制作了《大美运城宣传片》和宣传画册,策划包装了招商项目 1174 项,新印制了招商项目册,狠抓了定点式、跟进式、专业化、精细化招商,推动全市上下形成了"小分队走出去""有目标去对接""有重点引进来"的招商新格局。1 月 - 10 月份,全市招商引资项目共 440 项,总投资 2853 亿元,资金到位 632.4 亿元,完成市定 680 亿元目标任务的 93%,全年到位资金 680 亿元;签约项目 171 项,总投资 2463.3 亿元,完成市定 2400 亿元目标任务的 102.6%。由深圳家具协会投资 600 亿元的运城北方家居产业园项目一期工程(投资 100 亿元)已开工建设;由广州碧桂园集团投资 80 亿元建设的高端居住社区项目,由中兴通讯投资 30 亿元的运城盐湖智慧城市"1 + 5 + 100"产业集群项目等已正式签约;与江苏润恒物流发展集团投资 36.8 亿元的运城润恒现代农产品冷链物流项目正在加紧建设当中。 (市发改委)

【转型综改】 按照省委、省政府要求,研究制订了《2014 年运城市行动计划》,明确了转型综改年度工作思路和以

“1255”为核心的重点任务(10项重大改革、20个重大事项、50个重大项目和5个重大课题)。制订出台了《关于进一步做好农民专业合作社登记与相关管理工作的意见》,鼓励农民以土地、机具、资金等多种形式积极参与发展农村合作社,2014年全市新增农民专业合作社368家。制订出台了《关于理顺开发区体制机制的实施意见》,并在下放部门权力、界定管辖和开发范围、理顺财政体制、移交社会事务等方面采取了有效措施,彻底理顺了4个开发区的管理体制,催生了开发区内在活力,解放了开发区生产力,取得了初步成效。继续推进生态智慧城建设,编制完成了《生态智慧城总体规划》和部分专项规划,盐湖治理、环湖主题公园、山体修复等生态系统建设工程全面实施,引进社会投资参与生态环境治理的碧桂园项目、国际园艺植物博览园项目已签约落地。大运重卡、翔宇化工、中磁科技等7个项目被确定为省级重大项目,同时还筛选确定了绛县莱特通用航空、九龙电机等50个项目为市级重大项目。为全面推进省市重大项目的顺利实施,严格执行“一个项目、一个领导、一个班子、一套方案、一抓到底”的市县领导包联责任制,积极协调项目建设过程中的困难和问题。7个省级重大项目已全部开工建设,完成投资13.4亿元,占年度计划的39.5%;市级50个重大项目已有37个开工建设,占项目总数的74%;完成投资98亿元,占年度计划的42.5%。

(市发改委)

【落实目标责任制】 落实市政府目标责任制任务分解,突出地区生产总值、服务业占GDP比重、固定资产投资等重点经济指标。其中,地区生产总值,2014年前三季度完成64.3亿元,增长6.2%,预计全年完成1200亿元,增长6.5%。服务业占生产总值比重,2014年,省下达的考核目标和市定目标均达到39.1%,全市服务业增加值完成357.6亿元,增长6.3%,占生产总值的比重为41.37%,完成省下达的考核目标。全年完成470亿元左右,增长39.2%左右。固定资产投资,1月—9月,全市固定资产投资完成726.1亿元,同比增长20.7%,全年完成投资1221亿元,增长21%,完成省市固定资产投资目标任务。

(市发改委)

【行政审批改革】 2014年,按照中央、省、市部署,围绕深化行政审批制度改革,重点抓了三个方面工作:一是强化流程再造。加快推进项目审批制度改革,进一步简化手续,规范程序,制订了《运城市固定资产投资项目管理流程图》,对项目上报所需附件材料、受理方式、办理步骤、部门职责等都进行了详细说明,为规范项目审批、核准、备案和管理提供了依据。同时,根据《山西省政府核准的投资项目目录》,拟订了《运城市政府核准的投资项目目录》,积极探索实施民间投资“负面清单”管理模式,支持民间资本进入基础设施、市政公用设施和金融、教育、文化等领域,《目录》已报市政府研究。二是下放审批权限。坚持能下放的下放到位,能精简的精简到位。对备案制的项目,由以前总投资3000万元以下县级政府投资主管部门备案,下放到2亿元;对实行审批制的项目,属于县本级政府全额投资的,一律由县级政府投资主管部门审批,市发改委不再审批;对实行核准制的项目,将7项核准类项目审批权下放到县级,将8项核准项目改为备案。三是推行阳光政务。充分发挥机关“一站式”行政服务大厅作用,把全委的重点审批业务科室全部纳入服务大厅,全面实行“阳光政务”,公开办事内容,公开办事条件,公开办事程序,实现了项目咨询、业务办理、文件打印、领导签批一条龙。明确了“七个一”接待规定:一张笑脸、一句问候、一把椅子、一杯清茶、一站受理、一次告知、一门办结,使项目受理、审核、办理更方便、更快捷、更透明。让投资者不跑冤枉腿,不耽误时间。对项目名称、科室、首办责任人、办理进度直至办结等通过市发改委网站和机关一楼LED显示屏滚动播放,接受社会监督。

(市发改委)

【开展党的群众路线教育实践活动】 2014年,在市委活动办和第20督导组的精心指导和严格督导下,市发改委认真贯彻省委和市委教育实践活动领导小组及办公室的周密部署,紧紧围绕“照镜子、正衣冠、洗洗澡、治治病”的总要求,以为民务实清廉为主要内容,以加快职能、作风“两大转变”,在全委范围内认真开展了群众路线教育实践活动。在八个月的教育实践活动中,始终坚持把群众观点和群众需求贯穿于实际工作中,以教育实践活动促进中心工作,以工作成绩检验教育实践活动成效,取得了一批丰硕的认识成果、实践成果和制度成果。全委党员干部思想认识得到了净化提高,作风建设得到了切实改进,谋划布局和发展能力得到了显著提升,政务环境得到进一步优化。

(市发改委)

国土资源

【概况】 2014年,运城市国土资源工作在市委、市政府和省国土资源厅的坚强领导下,围绕中心、服务大局,通过建立全方位考核责任机制,深入推进保障发展、保护资源、保障民生等各项工作,国土资源管理呈现出良好的发展势头。

(市国土局)

【用地服务】 2014年,为切实打破用地瓶颈、化解用地矛盾,市国土局在对全市用地形势进行深入分析的基础上,实行了“调规划、增减挂、列重点、保供地”的用地服务保障新机制。调规划,要求各县(市、区)及早动手,在严控发展规模的前提下,对项目布局进行科学规划、统一调整。此项工作在省国土厅的大力支持下,已在全省首家通过了方案评审。增减挂,要求各县(市、区)在用好计划指标的同时,充分挖掘用地潜力,大力实施城乡建设用地增减挂钩工作。年内全市共申请周转指标5800亩。列重点,要求各县(市、区)主动与发改部门对接,将更多的项目纳入省级重点范围,积极争取用地指标的倾斜。保供地,加快建设用地报批、供应效率,年内共上报各类项目69宗、1.38万亩；供应国有建设用地465宗、1.55万亩（含往年报批），实现土地价款35.91亿元；对625亩批而未用土地进行全面清理，通过指标回收、集中使用等措施，促进集约化利用。（市国土局）

【耕地保护】 2014年，市国土局继续强化耕地保护目标责任机制。市、县、乡、村逐级落实耕地和基本农田保护任务，从严控制建设用地占用耕地规模。至年底，全市耕地总面积942.37万亩，基本农田总面积708.67万亩，均超额完成省定任务。（市国土局）

【造地改田】 2014年，市国土局深入实施造地改田工程。积极申报省级投资造地工程，全年共申报项目6个，规模1.9万亩，预计可新增耕地1.1万亩；大力开展占补平衡工作，年内完成任务0.9万亩，正在实施0.5万亩，新申报立项0.3万亩；稳步推进高标准基本农田建设工作，年内完成建设任务24.96万亩，新申报立项43.6万亩，完成率位列全省第一。（市国土局）

【占补平衡】 2014年，市国土局进一步完善耕地占补平衡制度。针对“占水地、补水地”的要求，充分发挥农业大市的传统优势，要求今后造地项目必须全部达到水浇地标准，并列入了市政府考核指标范围，为2015年用地工作奠定了坚实基础。（市国土局）

【例行督察】 2014年，国家土地督察北京局经过为期三个月的驻点督察，共发现指出运城市在土地利用和管理方面存在的11个方面、2568个问题。对于这些问题，在市委、市政府的高度重视和亲自指挥下，市国土局逐一分析问题原因、逐一落实整改责任、逐一抓好整改落实。整改期间，市委、市政府先后召开各类专题会议17次，赴省进京汇报20余次，进行警示约谈30余人次，在全市上下形成了高压整治态势。对于各县（市、区）、开发区和市直各有关单位存在的问题，市国土局领导班子成员分片包县，驻点进行督查整改；县级自查完成后，该局党组书记、局长王建军又逐县市、逐单位、逐问题的听取了整改情况汇报，到位一个，销号一个。截至12月20日，例行督察发现的11类、2568个问题，已整改到位2548个，整改到位率99.3%。通过整改，全市共复垦耕地8332亩（其中：基本农田1518亩）；追缴土地出让金3.5亿元、滞纳金699万元，收缴罚款5564万元，收缴耕地开垦费4124万元；没收建筑物296万平方米，拆除违法建筑15万平方米；处分相关责任人员397人，移送公安机关54人；全市例行督察整改工作共投入资金4279万元。特别是，例行督察期间，运城市政府还与国家土地督察北京局联合确定了“发挥农业优势、促进地方经济持续发展”的调研课题，引起了国家土地副总督察张德霖的高度关注，要求以运城市为参考，积极研究和探索传统农业地区如何在“工业化、城镇化、农业现代化”推进过程中，保护耕地、守好红线，共同解决好当前土地管理工作面临的矛盾和问题。

（市国土局）

【“小产权房”整治】 2014年，为坚决遏制违法建设、销售“小产权房”行为，2014年6月中旬，市国土局先后两次提请市政府召开“小产权房”清理整治专题会议，联合公检法、监察、住建、规划、供电、供水等部门力量，对中心城区范围内的所有“小产权房”问题进行集中清理、坚决叫停。经核查，中心城区及周边区域共发现“小产权房”49宗，占地面积800亩。其中：在建“小产权房”23宗，454亩；已入住或部分入住26宗，346亩。为坚决叫停“在建”、震慑“拟建”，市国土局协同各执法部门开展集中执法行动，对所有在建“小产权房”全部立案查处，现场采取断水、断电措施，封存施工设备，落实了巡查监管责任，并向社会公开发布《关于中心城区“小产权房”问题的公告》，全面堵死了“小产权房”建设、销售渠道。

（市国土局）

【卫片执法和打非治违】 2014年，市国土局强力推进卫片执法。全市共查处土地违法项目448宗、7514亩，收缴罚款4671万元，没收违法建（构）筑物222万平方米，拆除违法建筑物1.3万平方米，提出党政纪处分建议270人；查处矿产违法项目2宗，没收矿产品1200吨。集中开展打非治违专项整治，全市共查封无证坑口84个，排查关闭矿156个，查扣设备131件，行政拘留不法分子5人。（市国土局）

【征地补偿改革】 2014年，为切实保证失地农民的长远生计问题，市国土局结合党的群众路线教育实践活动，对征地补偿制度进行了改革探索，提请市政府制订出台了《关于进一步规范土地征收出让和解决失地农民基本生活保障的暂行办法》，通过现金补偿、留地安置、社会保障等多种方式，保障失地农民生活水平不降低、长远生计有保障，受到了征地群众的广泛欢迎。在广大群众的拥护支持下，运城市中心城区年内共征收土地3088.9亩，确保了圣惠北路、银湖西街、市第一医院等重点项目顺利开工。

（市国土局）

【地质灾害防治】 2014年，进一步加强了对地质灾害隐患的巡查、排查、监测、预警、预报等工作，共发放防灾明白卡、避险明白卡5345份，制订防灾预案844份，签发隐患点防治通知书820份，签订责任状718份，组织开展应急演练5次，发布地质灾害气象预警预报8次、短信息4万余条，有效避免了人员伤亡和财产损失。稳妥推进农村地质灾害治理搬迁工作，计划用7年左右时间完成全市1610户地质灾害隐患群众住宅的避让搬迁工作。首期搬迁的芮城、垣曲、闻喜3个试点县180户任务，已完成118户，开工率达65.6%。

（市国土局）

【地籍管理】 2014年，市国土局深入开展了2013年度土地变更调查和遥感监测数据成果核查整改和数据汇总提交工作，13个县（市、区）全部通过国家审核验收；稳步推进集体建设用地和宅基地确权登记发证，完成调查面积594平方公里、422563宗;加快推进土地登记标准化建设,涑水河沿线6个县(市、区)的河道确权定界发证工作全部完成。　　(市国土局)

【矿政管理】 2014年,市国土局共对66个重要矿山企业进行了"三率"调查,对省级发证的61个矿山持证企业签定了动态监测合同;完成了《运城市矿业权设置方案》调整备案工作,对采矿权许可证到期的200家省、市级发证矿山办理了采矿许可证延续手续,征收采矿权价款900余万元。
(市国土局)

【信息化建设】 2014年,运城市国土资源信息化建设步伐加快。2010年—2012年土地利用和影像库、2013年地质灾害防治数据已完成整合录入,"一张图"一库三平台建设任务基本完成,成果已进入试运行阶段,"数字运城"地理空间框架建设工作顺利完成,项目成果已向社会推广应用。
(市国土局)

【党的群众路线教育实践活动】 2014年,市国土局在党的群众路线教育实践活动中,结合国土资源工作实际,提出了以"提高为民、务实、清廉意识;加强班子、作风、制度建设;取得化解供需矛盾、方便群众办事、维护群众权益"为主要内容的"三个三"教育实践活动总要求。学习教育环节,深入开展了"六个一"主题活动,累计进行集体学习和主题讨论39次,制作专题版面40余块,印制学习资料1200余册,人均撰写学习笔记3万余字。在查摆问题环节,采取了"上、下、内、外、问"的"五字征求意见法",通过开展三轮、近十余次的征求意见活动,累计收集各类意见建议1961条。在整改落实环节,针对查摆出的问题,及时制订出台了《土地登记档案管理办法》《建设用地审查会审制度》等一系列制度规程,深入开展了整治"衙门作风""吃拿卡要""慵懒散乱"等一系列专项行动,较好地堵塞了制度漏洞,规避了行业风险。
(市国土局)

工商行政管理

【概况】 2014年,运城市工商系统深入学习贯彻党的十八届三中、四中全会精神,在深入开展教育实践活动的同时,坚持做到"两手抓、两促进",坚决贯彻落实市委、市政府和总局、省局决策部署,在教育实践、推进改革、市场监管、消费维权、法制建设、队伍建设等各项工作方面都取得了新进展、新成效。
(市工商局)

【党的群众路线教育实践活动】 2014年,第二批群众路线教育实践活动开展以来,按照中央和省委、市委的统一安排部署,在市委活动办的正确领导和第四督导组的精心指导下,市局党组高度重视,把开展党的群众路线教育实践活动作为头等政治任务来抓。领导班子、各党支部和全体党员干部紧紧围绕"为民,务实,清廉"活动主题,按照"照镜子、正衣冠、洗洗澡、治治病"的总要求,坚持规定动作与自选动作相结合,领导带头与全体党员参与相结合,抓好教育实践活动与履行职能促进发展相结合,聚焦"四风",学习提高,深入查摆,认真整改,取得了阶段性成效。
(市工商局)

【登记监管制度改革和工商体制改革】 2014年3月1日起,运城市各级工商部门按照国家工商总局和省工商局部署,严格根据修改后的《中华人民共和国公司法》《中华人民共和国公司登记管理条例》等法律、行政法规和国务院批准的《注册资本登记制度改革方案》,在全市实施工商登记制度改革,并启用了新版营业执照。截至10月31日,全市各类市场主体179917户,其中:内资企业5138户;私营企业24709户;农民专业合作社9962户;个体工商户140060户;集团48户。与上年同期相比分别增长16.03%、3.78%、27.86%、17.19%、14.58%、23.08%。工商登记制度改革效果明显。据统计全年市局窗口受理冠"山西"企业名称1080户,核准冠"运城"企业名称1362户,法定工作日核准100%。办理变更登记(备案)1760起,当日办结达50%以上,3个工作日内办结达95%,法定工作日内达100%。新设立企业538户,3个工作日办结达95%,法定工作日办结完毕100%。　(市工商局)

【工商监管执法】 2014年,全市系统在大力推进工商登记制度改革、放宽市场准入条件的同时,坚持"宽进"与"严管"相结合,加大监管执法力度,进一步树立了工商行政管理执法权威。扎实推进《企业信息公示暂行条例》贯彻落实。《条例》颁布后,立即开展了全市企业监督管理人员集中培训工作,要求各县局切实增强责任感、使命感,大力推进市场主体信息公示系统建设,通过分级培训、组织召开企业座谈会、印发宣传册等方式,做到宣传培训进市场、进企业,有效推进年报公示工作。各类市场主体已申报年报成功5692户。严厉打击侵犯知识产权和制售假冒伪劣商品违法行为,查处商标侵权案件15件,查获假冒商标标识337件,没收假冒伪劣商品38件,收缴罚没款10.62万元。全市有效注册商标达到8002件;新增中国驰名商标3件,总数达到22件,继续保持全省首位;新增地理标志商标3件,总数达到11件。加强经济检查执法工作,先后开展了非法集资、供水行业等专项整治行动,查处不正当竞争案件50起,罚没款55.02万元。其中,商业贿赂3起,罚没款4.1万元;不正当竞争案件15起,罚没款18.72万元;其他案件32起,罚没款32.2万元。加大广告市场监管力度,共监测各类广告24690条次,发现涉嫌违法广告92(条次),责令停止发布63(条次)。查处各类虚假违法广告案88件,罚没款43.5万元。严厉打击传销行为,加强直销规范,取缔传销窝点59个,教育遣散传销人员1237人,立案查处传销案件4起。严厉打击合同违法行为,针对电信和金融等行业存在的格式合同违法行为进行专项整理,查处合同违法案件20件。严厉打击无照经营行为,认真落实联席会议和联络员制度,查处无照经营案件192件,取缔黑网吧10户。开展红盾护农行动,查处各类涉农违法案件116件,罚没款40.44万元。全市10家市场被评为全省诚信示范市场。

(市工商局)

【消费维权】 2014年,深入学习贯彻新《消法》。结合"3.15"纪念活动,围绕"新消法、新权益、新责任"年主题,广泛开展宣传活动,组织了新《消法》知识竞赛,在市电视台全程转播;公布了2013年申诉热点和十大典型维权案例,编印了5万余册《消费维权手册》,营造了良好社会舆论氛围。深入开展重点商品和重点领域的消费维权工作。开展了家用电器、服装鞋帽、儿童用品、装饰材料、交通工具等五个专项执法检查;在"五一""端午"等节日,在各大旅游景点设立消费维权服务站,现场受理消费者投诉,有效地净化了旅游消费市场。全市在节假日期间出动执法人员3682人次,检查节日市场共1653个,下达责令改正通知书432余份,纠正各类轻微违法行为180余件,立案查处各类违法案件26余件,没收"三无"产品50公斤。继续拓宽维权绿色通道,积极探索完善"三消联动"维权长效机制。在安利公司、关老爷矿泉水、彩虹汽贸等15家商场、企业建立了消费维权绿色通道,这些企业95%的消费者申诉都能及时快速得到解决。进一步完善"三消联动"工作机制。大力推进12315行政执法体系"四个平台"建设,加快推进"一会两站"建设和12315"五进"工程,进一步健全覆盖城乡的消费维权组织网络,方便消费者申诉维权。市局12315中心共接听消费者电话13552个,其中解答消费者咨询11633起,受理消费者投诉1598起,调解处理1511起,办结率为94.56%,为消费者挽回经济损失364.97万元。

(市工商局)

【督导非公党建】 2014年,扎实开展党的群众路线教育实践活动,召开了动员大会,出台了《指导意见》和实施方案,编印了学习资料。市、县非公工委成立了3个联络督导组,分片包干,责任到人,全程对非公经济组织党组织的教育实践活动进行指导,确保了教育实践活动扎实有序开展。全市1327个非公经济组织党组织全部参加了教育实践活动。活动中,各级非公工委遵循"小型、业余、分散"的原则,紧密结合非公企业特点,将规范党组织建设、发挥党组织作用、增强党组织创造力、凝聚力、战斗力作为活动目标,共征求到意见3700余条,揭摆问题1225个,解决了618个突出问题,为职工办实事1339件,党员群众为企业提出755条合理化建议,产生1060万元的经济效益。

(市工商局)

【开展"双强六好"党组织创建活动】 2014年,在非公经济组织中广泛开展"双强六好"党组织创建活动,通过考察验收,向省推荐了10个示范点,确定了市级"双强六好"党组织示范点50家,各县也选树了"双强六好"党组织示范点10~20家,纳入直接联系和重点管理范围,充分发挥示范带动作用。

(市工商局)

【法制工商建设】 2014年,通过组织参加各种形式的法律培训,全系统干部特别是各级领导班子敬畏法律、依法行政的法治思维和理念进一步增强。先后举办六期执法人员法制知识培训班,开展了两次行政执法大检查,确保公正执法、规范执法。认真履行牵头依法经营联席会议机制的职责,协调相关部门,形成合力,促进市场主体诚信经营。强化案件核审、大要案件集体评审、听证、复议等执法监督机制,共核审各类行政处罚案件1108起,大要案件集体评审9起。

(市工商局)

【干部教育培训】 2014年,继续加大干部教育培训力度,进一步完善修订了《干部教育培训计划》,举办了一期股所级干部能力提升培训班,全市60余名基层干部参加了培训;与浙江大学联合举办了一期干部能力提升培训班,机关和基层60余名干部参加培训;还与浙江大学联合举办了一期非公党建工作专题培训班,各县市非公工委和企业党组织负责人等93名同志参加了培训。进一步充实了县(市、区)局领导班子,对部分县市的局长进行了调整,配齐了各县(市、区)非公专职副书记。加大对基层的关心支持力度。为机关和基层配备了一批录音笔、执法记录仪等办案设备。为万荣、永济、新绛、平陆、绛县五个县(市)工商所建设完善了配套资金。

(市工商局)

【纪律作风专项整治】 2014年,扎实开展各项纪律作风专项整治工作。先后组织开展了落实"八项规定"、整治"庸懒散奢""工作秩序涣散、纪律松弛"等专项整治,干部纪律作风有了明显改善。组织开展规范行政执法行为专项检查工作,出台了《关于在全市工商系统开展规范行政执法行为专项检查的通知》,对涉及行政执法的9个方面70种突出问题进行逐项检查和规范。深入开展政风行风评议工作,本局纪检组连续第十三年被评为"运城市纪检监察系统先进集体"。共组织参加了市广播电视台《行风监督热线》栏目10期,对涉及的14个投诉举报,均进行了调查处理,群众满意率100%。认真落实党风廉政建设责任制,全系统共开展了年度执法监察1次,明察暗访5次,受理群众上访19人次,进行纪检监察约谈3人次,排查案件线索7条,行政处理4人次。

(市工商局)

质量技术监督

【概况】 2014年,运城市质量技术监督局按照"强服务、保安全、稳队伍"的工作思路,紧紧围绕服务全市经济社会发展大局这一目标,以党的群众路线教育实践活动为契机,突出工作重点,狠抓任务落实,较好地完成了各项工作任务。

(市质监局)

【开展党的群众路线教育实践活动】 深入开展学习党的群众路线教育实践活动是2014年政治生活中的大事。市质监局紧紧围绕"照镜子、正衣冠、洗洗

7.01万人,占省任务的100.1%。市考3项:一是农田实灌面积,任务是601.5万亩,市水务局完成了601.68万亩,占任务的100.03%;二是水土流失治理面积,任务是27万亩,本局完成了29万亩,占任务的107.4%;三是招商引资,任务是5000万元,本局完成了5100万元,占任务的102%。

(市水务局)

【重点项目】 2014年,已开工的11项:小浪底引水工程,完成隧洞开挖18.4千米,占目标任务18千米的102.2%,板涧河水库大坝于10月中旬封顶,总完成投资8.6亿元,圆满完成年度目标任务;汾河清水复流北赵连接段工程,完成投资4000万元,完成渠道长度10.25公里,占总长度22公里的46%;禹门口灌区东扩工程,运城境内完成河津市鸽子庵隧洞180米,北赵连接渠道420米,新绛县禹门口二级干渠2800米,禹门口、西范、汾南3个泵站改造及禹门口、汾南节水改造,共完成投资8362万元;北赵引黄二期工程,完成24公里干渠强夯和土方工程任务,完成投资1.3亿元;涑水河综合治理临猗段全面开工,2015年汛期之前主体工程要完工。河道确权定界取得历史性突破,沿河6县有4个县(市、区)临猗、永济、盐湖、夏县已全部确权发证,两个县(闻喜、绛县)大部分河道已取得土地证;姚暹渠河道治理盐湖区段9.27公里主体工程完工,当年完成投资2000万元,元月25日通水过流;尊村引黄东扩工程,新建总干渠2.131千米,分干渠8千米,支渠防渗改造及配套42.647千米,新建提水站3座。完成投资9567万元,恢复灌溉面积10万亩,改善灌溉面积24.92万亩,灌区有效灌溉面积已达到88万亩;夹马口灌区东扩完成水源站及一级站扩容改造,新建4座高灌站及配套设施,新增灌溉面积4.15万亩,完成投资4900万元;大禹渡灌区扩建工程,完成干、支渠渠道防渗改造73.429千米,配套建筑物757座,完成投资8149万元,新增灌溉面积8.1万亩,改善灌溉面积16.93万亩;常硝渠改造工程,完成圣惠路以西段封闭改造300米,改造卡口段1处,完成投资1300多万元;张良调蓄水源库项目,审批基础工作已完成待批,同时工程前期工作已展开,当年完成土方83万方。未开工6项:西范灌区东扩项目可研已批复,2015年建设资金计划已下达并将启动实施;西塬湖水库项目所有前期手续已完成待批,2015年可开工建设;干河改造和新建排水总干渠2个项目已完成可研,由于客观原因未能进入审批程序;官道河河道治理和平陆部官引水2个项目,可研报告接近完成。

(市水务局)

【农田水利工作】 2014年,新建和改造末级渠道2061公里,比上年多完成1107公里。新增、恢复和改善水地面积60.63万亩,其中,新增18.14万亩,占全省23%。新增节水面积26.39万亩,占全省25%。全市水地面积达到604.1万亩,占全省的28%。完成农田灌溉面积601.68万亩,占省下达任务601.5万亩的100.03%,占全省灌溉面积的28%,居全省第一,其中完成黄灌面积236.5万亩,比上年增加了21万亩。共提引水量10.9亿方,其中提引黄河水4.9亿方,为旱年农业发展、粮食丰收提供了根本性支撑。同时,中央财政小农水重点县项目实现全覆盖,争取数量占全省三分之一多。数量占全省11.7%的123个基层水管站,争取全省乡镇水管站能力建设资金473万元,占全省的21%。

(市水务局)

【水库及中小河流治理工程】 2014年,省下达运城市病险水库除险加固投资计划共19座,占全省的31%,要求完成18座主体工程建设任务。全市全年完成主体工程19座,超省下达任务1座,并且有15座通过了竣工验收,比省定目标提前了3~4个月。张上、巩村、上庄等3座水库,预计2015年汛前竣工验收,将比省定计划提前6个月。为了保证任务完成,当年足额落实了市级配套资金607万元。河津瓜峪河、绛县黑河已竣工验收;马壁峪稷山段、亳清河垣曲段主体工程已完工;姚暹渠盐湖区段、浍河新绛段、青龙河夏县段治理项目正在建设中,今年汛前全部竣工验收。配合省汾河中下游局完成了河津段堤防加固1.9公里,生态绿化22公里,完成了安全度汛、防洪规划和湿地规划等工作,全年征收河维费393万元,占计划231万元的170%。

(市水务局)

【防汛抗旱】 2014年,运城市先后发生了8次较强降雨过程,汛期平均降雨量达487.8毫米,为本市历史同期最大值。其中9月6日至17日,发生40年以来最大的一次持续强降雨过程,全市平均降雨量达175.2毫米。由于汛期局部暴雨频繁,降雨量较大,造成全市中小河流全部行洪,6座小型水库泄洪,13个县(市、区)均发生了程度不同的洪涝灾害。面对严峻的防汛形势,在严格落实防汛责任,全面开展隐患排查,加强监测预警预报的同时,充分发挥山洪灾害防治非工程措施建设作用,在汛期24小时启动运行自动雨量、水位站161处,简易雨量、水位站1025处,13个县级预警平台、122个乡级预警点及935个村级预警点,发布监测数据1200余组,启动预警广播129站次,发布预警短信116条,投入抢险救灾人员1.7万余人,全市紧急转移撤离人员6187人,保证了全市大汛无大灾,无一人伤亡。城市防汛,为了排除硝池滩高水位运行险情,缓解城市防汛压力,实施了硝池滩西三级排水应急改造工程,有效解决了硝池滩水外排问题,提排能力由原来的不足1立方米/秒提高到3立方米/秒。抗旱工作上,面对春旱接夏旱的严峻旱情,及时启动应急响应,全年完成实灌面积1244.7万亩次,共挽回粮食损失12737.8万公斤,价值2.6亿元,挽回经济作物损失1.1亿元,为全市大旱之年农业夺丰收做出了贡献。

(市水务局)

【饮水安全和维修养护工程】 2014年,全市解决饮水安全总人口7.01万人,占年度任务7.0万人的100.1%。计划建设市级、盐湖、临猗共3个农村饮水安全工程水质检测中心,已完成实施方案修订、审批备案及设备采购准备,3月底全面完成工程建设任务，建成后，市、县两级水质检测能力分别达到42项、21项指标。

（市水务局）

【水资源管理和节水工作】 2014年，认真贯彻“最严格的水资源管理制度”，加强水资源论证工作，依法下达取用水计划，加强水资源监控能力建设，全市13个县（市、区）的工农业取水计量监控设施正常使用率达80%。全年发展膜下滴灌节水面积3.77万亩，完成省定目标。地下水位监测设备在线率达90%以上，高于省厅80%的要求，地下水位上升了0.2米，是上年的2倍。

（市水务局）

【水保治理和监督工作】 2014年，完成水土流失治理面积29万亩，占年度目标任务27万亩的107.4%，完成骨干坝建设4座，完成坡改梯1.5万亩。查处水保典型违法案件17起，督促生产建设项目开展水土保持监测监理工作5项。全年共征收水保规费790万元，占全年计划的112.9%。

（市水务局）

【水产养殖工作】 2014年，通过技术培训，解决群众生产中的技术难题，提高广大养殖户的技术水平，扶持鼓励群众扩大生产规模。池塘养殖面积达到1.63万亩，比上年新增765亩，水产品产量达到2.37万吨，比上年增加3800吨，增长20%。同时，建立了全市水产品质量网络监管体系。全年共接受农业部、省水利厅3批次116个样品的抽检，合格率为100%。狠抓渔业安全生产工作，全年未发生渔船安全事故。

（市水务局）

【转型综改涉水项目策划及“十三五”水利规划】 2014年，为促进转型综改工作，特邀试验区办公室主任介绍了《区域合作规划》批复的背景，解读了涉水重点项目，确定项目策划工作负责人和牵头科室，水利项目策划进展顺利，此次策划共涉及农村饮水、河道治理、水土保持、水库新建改造、灌区改造、高效节水、水资源保护及水产品种保护等8个方面10部分内容，涉及各类项目约400个，估算投资147.563亿元。项目实施后可新增和改善灌溉面积480万亩，改善饮水人口224.33万人，保护耕地165.47万亩，保护县城4个、村庄520个、人口108.8万人，水保治理面积486.8km^2等。同时，立足水利发展实际，及早谋划全市水利“十三五”工作，已完成全市水利“十三五”规划思路报告（初稿）、市发改委下达的两个水利专题规划及重大水利项目名录确定工作。

（市水务局）

【开展党的群众路线教育实践活动】 根据市委统一部署，水务局教育实践活动于2014年2月下旬启动，10月底基本结束。在活动开展中，组织集中学习20天，专题讨论5次，专题辅导10次，专题报告会3场次。组织开展了“在职党员进社区”活动，先后组织在职党员5次进社区服务，人数达到200人次。先后组织200余名党员干部赴夏县堆云洞、河津市新兴村、平陆县毛家山等红色教育基地接受革命传统教育。在征求意见阶段，共征求到群众对局班子的意见和建议2726条，认领“四风”问题1089条，互相帮助查找问题168条。经梳理汇总，共征求到对局领导班子的意见558条，其中“四风”方面的271条。班子成员征求的意见均在200条以上，“四风”问题约占45%。在工作中边查边改，解决突出问题17项，重点整治任务6项，拟解决群众反映强烈突出问题和为群众办实事好事7项，已建成和完善制度18项，在建制度6项。

（市水务局）

尊村引黄

【概况】 2014年，认真贯彻落实党的十八大精神和十八届四中全会精神，深入开展党的群众路线教育，各项工作再上新台阶的一年。一年来，在市委、市政府的正确领导下，在省、市水利部门的大力支持下，我局认真贯彻落实市委、市政府的战略部署，坚持以供水生产为中心，以农业灌溉为重点，以工程建设为动力，以党的建设为保障，团结拼搏，开拓进取，整体工作进展顺利，圆满完成了年初确定的各项工作任务。

（市引黄局）

【供水生产】 2014年，是供水生产形势最为严峻的一年，最大的工业用水户海鑫集团3月份完全停产，直接影响年供水任务2500余万立方米，直接减少年水费收入2000余万元；加之年内春季雨水偏多，而且又多集中在灌溉时节，对农业灌溉带来不利因素。面对困难，积极应对，以扩大农业灌溉为抓手，强化管理、优化服务，千方百计多提水、多配水，力争以农业灌溉的发展来弥补工业供水不足形成的缺口，实现年底收支平衡，职工收入不减。2月16日（正月初七）开机上水开始春浇，12月20日冬浇结束，上水天数达到246天，经过广大干部职工的共同努力，完成提水1.15亿立方米，灌溉面积达到75万亩、145万亩次，农业灌溉创历史最好成绩，圆满完成了2014年的目标责任考核指标。

（市引黄局）

【农业灌溉】 2014年，全力以赴保障农业灌溉，对供水工作早谋划、早部署、早安排、早动手。为提高干部职工的业务素质，做好服务，元月，举办了为期8天的干部职工业务知识培训班，基层239名干部职工参加了培训；利用冬季供水间歇期，组织灌区干部职工，开展了全灌区作物种植情况、支斗渠现状普查活动，对各类农作物种植面积、种植比例、支斗渠完好情况做到心中有数，为根据农时，科学调度、及时调配水量奠定了坚实的基础；自筹资金百万余元，对各级提水泵站的机组水泵、电器设备进行维修保养；对淤积严重的渠段进行清淤；对所有干、支渠进行除草和隐患排查，并对排查出的存在隐患的渠段进行加固处理；为恢复已淤满的沉沙池沉沙功能，对沉沙池和一干渠首进行了清淤，并购置了抽沙船，全年抽沙船共排沙7万余方，使沉沙池有效库容恢复25万立方米；加强用水管理，对全灌区340台临提泵进行校核标定，仅此项措施，次监督检查,未发现奶牛场有使用违禁兽药和三聚氰胺情况;在饲料专项整治中,对全市登记在册的59个饲料生产企业进行现场检查年度备案,对6个存在问题的饲料生产企业下发了整改通知书,责令整改;在兽药专项整治中,共计销毁以前存留的老标签55000份,查处生产销售假冒伪劣兽药案件15起,结案12起,涉案金额7.84万元。

(田国富)

农业机械

【概述】 2014年,在市委、市政府的领导下,市农机局以开展党的群众路线教育实践活动为契机,围绕年初制订的工作目标,突出发展创新,强化政策措施,狠抓工作落实,圆满完成了下达的各项目标任务。全市农机装备水平大幅提升,全市农机总动力累计达到708.4万千瓦;全市农机作业水平稳步提高,全市主要粮食作物耕种收综合机械化水平达到68.96%;全市农机购置补贴各类农机具26332台,扶持农户21049户,全市农机原值达到48.67亿元,农机化经营总收入达13.3亿元,纯收入7.81亿元;全市新建农机合作社39个,创建农机示范合作社7个,创建机械化家庭农场7个;新增农机大户245户,创建农机示范大户18户,新增农机维修网点36个;全市农机安全监理完成新注册登记拖拉机联合收割机3026台、新训新考驾驶员2440人,机车年度安全技术检验21109台,没有发生一起农机安全事故。 (梁五刚)

【开展党的群众路线教育实践活动】 2014年,根据市委的统一部署,市农机局开展了以"为民务实清廉"为主题的党的群众路线教育实践活动。成立了领导小组和办公室,制订了详细的活动实施方案,先后安排8次集体学习,作专题辅导4次,组织学习交流、座谈讨论12次,征求意见和建议607条。在活动中,领导高度重视,精心组织,学习求实效,调研出实招,紧扣中心工作和重点工作,坚持边学边改,边查边改,确保活动扎实有序推进。领导带头,认识求深。坚持领导干部先学一步,吃透精神,起到表率作用。形式多样,讲求实效。通过中心组学、党课辅导学、坚持一线调研学和转换角色学和坚持边考边记边学等,全体干部职工深入学习了中央、省、市委的相关政策和必读篇目以及习近平总书记一系列重要讲话精神,力求在学习教育环节抓深抓实,让学习入脑入心,保证了学习效果。征求意见,覆盖面广。采取面对面谈心、填写调查问卷、召开座谈会、设置意见箱、深入工作一线、进入农机户家中等方式征求意见,做到形式多样,对象广泛,内容真实,意见全面,征求意见效果良好。即知即改,立说立行。结合工作实际,组织党员干部和群众代表到夏县堆云洞接受红色教育,到南山生态智慧城参观学习,并扎实开展了"学习弘扬焦裕禄精神,为农机化事业做贡献"活动和群众路线大座谈活动等,认真查摆问题,研究整改措施。对征求到的意见,能立即改正的立即改正,不能立即改正的做出计划,确定时限,分期分批逐步解决,以实际行动促进教育实践活动的开展。严格落实,分类整改。针对群众意见反馈和查摆发现的问题,坚持在活动中边查边改,开门整改,突出重点整改,确保了整改成效"不空"、"不偏"、"不虚"。10月14日,在广泛征求意见的基础上,以市人民政府办公厅下发了《关于妥善解决乡镇(公社)老农机人员历史遗留问题的实施方案》,使这一历史遗留问题得到妥善解决。

(梁五刚)

【"三夏"农机生产】 2014年,市农机局坚持管理与服务并举,充分发挥农机在当前农业生产和服务中的主力军作用。针对当年春季雨水较多,造成小麦收割比上年推迟一周左右时间的实际,早谋划、早安排、早部署,采取多项服务解民忧:做好联合收割机等农机具的检修维护、机手培训和安全管理等工作;加紧落实农机购置补贴政策,引导农民积极购机,协调经销企业及时供货,保障补贴机具及时投入"三夏"生产;抓好信息服务工作,引导联合收割机合理流动,千方百计加快"三夏"作业进度,并印制运城"三夏"农机跨区作业服务指南5000份,及时发放到农民手中;加强与公安、交通、石油、石化、气象等部门的配合与协作,印发了运城市农机"三夏"服务一卡通,对农机手实行加油优先优惠;组织农机管理、推广、监理、培训、维修人员深入生产一线开展技术服务,督促检查各项措施落实;督促生产厂家、经销企业加强技术指导和售后服务,备足零配件,及时解决机手在机具操作、维修等方面问题。5月29日,市委副书记陈振亮、副市长王健康参加了全市小麦机收"开镰"仪式,对机收工作中的创新做法给予了高度评价。

(梁五刚)

【农机购置补贴工作】 2014年,市农机局严格程序,大力施行"自主选择购机、补贴标准定额、县级审核结算、资金直补到卡"的操作新模式,严格纪律,规范操作,注重管理,强化监督。强措施,预防机补资金违规占用。根据各经销企业前三年使用机补资金的平均比例和各县(市、区)摸底调查情况,按因素法原则确定机补资金使用量,对机补经销企业进行了宏观调控,确保机补工作的平稳运行。严核实,确保补贴机具核实到位。全市农机部门严格审核,大胆创新。绛县制作了机具核实表;万荣县建立了《购机农民机补承诺书》,由购机人承诺自己不属于国家公职及财政供养人员(签字、手印);新绛县要求购机者在村委会开具购机证明,由村委会主任签字盖章,并由6名本村非直系亲属农民担保;垣曲在核实机具的铭牌上打印统一编码;芮城对已核过的机具都喷有"已核实"的字样等,确保了购买机具的规范性、真实性。强监督,严格规范工作人员和机补经销企业的行为。先后组织开展了补贴机具到位情况核查、补贴产品市场质量调查等工作,通过采取听汇报、阅资料、上网查、验机具等方式加强了各个环节的工作监管,严肃了工作纪律。与此同时,运城农机大市场在上年原有功能基础上,新增设了运城农商行农机大市场分理处和旧车交易、报废更新、投诉受理、办理保险等功能,新添了20多个新机具品种，并先后通过举办新机具新技术推介会和畜牧机械展演会，使服务链条得到延伸和拓展，方便农民购机。10月被中国农业机械流通协会授予“最具区域影响力农机大市场”称号。 （梁五刚）

【农机安全监理】 2014年，市农机局以提高“三率”为目标，通过不断强化监管，优化服务，扎实推进农机安全监理工作。对全市农业机械驾驶、操作人员进行年度检审验，提高农业机械安全技术状态和驾驶、操作人员技术水平，预防和减少农机事故的发生。抓好源头管理，认真做好购买国家补贴机具用户的考试、发证和农业机械的技术检验。加强对“三夏”农业作业机械及跨区作业机械的安全监督检查。临猗县在农机安全生产工作中做到“四到位”，即部署到位、宣传到位、培训到位、督查到位，确保“三夏”农业机械真正安全、高效、低耗投入作业，消除安全隐患。进一步加大农机安全监管力度，农机监理人员利用“春耕”、“三夏”作业期间深入田间地头、农家场院宣传安全，加强农机作业安全监管。同时，充分利用6月份安全生产月活动，广泛开展农机安全生产宣传教育。通过专题召开安全生产工作会议，及时制订下发农机安全生产工作文件，分解落实工作任务，明确工作目标，并与各县（市、区）、各乡镇签订2014年农机安全管理责任书，通过举办农机事故应急预案演练活动和配合公安部门开展农机安全事故隐患排查及黑车非驾治理，使全市农机安全监管水平明显提升，促进农机安全生产形势进一步稳定好转。截至年底，全市未发生一起重特大农机安全事故。

（梁五刚）

【农机社会服体系建设】 2014年，市农机局加大了对农机合作社和农机大户的扶持力度。落实和完善了局领导班子联系基层农机合作社制度，重点扶持6个农机专业合作社。优先解决农机作业大户的购机补贴，对合作社及社员购买先进农业机械，在政策上给予积极扶持倾斜。在信息和技术上给予重点指导，组织合作社社员参加业务培训，帮助做好作业安排，组织参加跨区机收，提高经营使用农业机械的效益。加强合作社之间的学习交流。截至年底，全市农机合作社总数达到381个，创建农机示范合作社7个，创建机械化家庭农场7个，农机大户总数达到1249户，农机维修网点总数达到383个。

（梁五刚）

【农机科研技术推广】 2014年，市农机局强力推进红薯苗注水移栽机，加快红薯种植生产机械化进程。通过召开现场会、演示会，进一步加大了红薯苗机械化移栽技术的宣传示范推广力度，继续实施购机补贴政策，加强农机与农艺的结合，强化技术培训，积极探索适合运城市推广的经营模式，不断提高薯类生产机械化水平。红薯苗移栽机在市场上备受欢迎，已推广50台以上。依托2014年玉米丰产机收秸秆还田项目，开展了对玉米秸秆还田与秸秆不还田的玉米产量调查工作，力争突破玉米生产机械化瓶颈。运城市13个县申报实施了这一项目。大力推广秸秆综合利用技术。5月29日，在盐湖区车盘乡邱家坡小麦机收开镰仪式上，该局对秸秆打捆机进行了作业演示，深受农民群众的欢迎。山西卫视对这项新技术进行了专题报道。除此，万荣县、临猗县积极引进推广果园管理机械，提高果园机械化水平；盐湖区、新绛县在上年的基础上继续实施物理农业实验示范工作；河津市积极开展玉米高光效栽培试验；垣曲县在解峪乡原中村、华峰乡河堤村培训指导了杂粮机械化播种等，为促进全市农业生产机械化程度提升，不断提高农机化作业水平和节本增效新技术的应用水平打下良好基础。

（梁五刚）

【党建工作】 2014年，市农机局以深入开展党的群众路线教育实践活动为契机，将集中学习教育与做好农机化日常工作相结合起来，突出党员干部职工思想、组织、作风、制度建设，增强党组织的凝聚力、战斗力和创造力，充分发挥了党员先锋模范作用，把党员干部职工干事创业的热情凝聚到推动发展、服务“三农”的实践上来，继续加强机关学习。坚持开展周五学习日制度。并采取集中学与自学相结合，共组织集中学习32次，促进了机关干部职工综合素质的提高和工作作风的根本性好转。加强党风廉政建设。按照“一岗双责”的要求，年初由党组书记分别与其他党组成员和机关各科室以及单位主要负责人签订了《党风廉政建设责任书》，对班子成员进行责任分解、量化，进一步加强责任人的责任意识和工作责任感。在此基础上，进一步完善机关管理制度，从制度或流程上进一步规范了党员干部行为。同时，组织干部职工收看警示或教育片4次，参观廉政警示教育基地2次。加强廉洁自律。按照中央《八项规定》和省、市委《改进工作作风密切联系群众的实施办法》等规定，该局先后制订完善了《运城市农机局关于领导班子改进工作作风实施意见》《请销假制度》《会议制度》《学习教育制度》《财务管理制度》等，同时在全市农机系统内开展了整治文山会海、公车私用、公款接待、铺张浪费、大操大办和庸、懒、散、奢等专项行动，严格干部队伍的廉洁自律教育。2014年，机关办公用电、用水及“三公”经费同比减少了17%左右。加强农机新闻信息宣传。通过运城农机信息网以及山西日报、运城日报等新闻媒体，先后投稿152篇，采用128篇；在运城电视台新闻栏目和第一时间中宣传17次，其中有7次稿件被省电视台采用，较好地提升了全市农机部门形象，促进了各项工作的顺利开展。

（梁五刚）

农业综合开发

【概况】 2014年，在市委、市政府的正确领导下，在国家和省农发办的大力支持和指导下，全市农发系统广大干部群众，紧紧围绕市委、市政府中心工作目标，以改善农业基础条件、提高农业综合生产能力为主题，以项目建设为载体，奋力实干，圆满完成了年初确定的各项目标任务，为全市农业和农村经济众路线教育实践活动论述摘编等规定的六个方面内容进行了系统学习。同时,结合单位实际,创新学习方式,组织全体干部群众深入夏县堆云洞、平陆杜马烈士陵园开展革命传统教育活动,亲历和参观革命遗址,重温入党誓词,缅怀革命先烈;特邀市委督导组姚丰吉、张建光和4个县(市、区)农发办主任做评委,围绕"群众路线教育实践活动"的主题组织演讲比赛。组织全体干部在会议室观看电影《焦裕禄》。扎实开展"三查"、"三问"、"三思"大讨论活动,并举行党的群众路线教育实践活动知识测试,对全体干部进行党的群众路线教育实践活动理论学习进行了一次全面准确的检测。领导班子成员率先垂范,多次深入基层、企业、农户开展全面系统的调查研究。对领导班子及每个领导干部在"四风"方面存在的问题,按照征求意见情况、查摆问题情况、边查边改情况三个方面进行了讨论、梳理、汇总,建立了三本台账,为认真撰写对照检查材料奠定了基础。每个班子成员都严格按照市委要求,深入查摆问题、认真撰写、修改、完善民主生活会对照检查材料,为开好民主生活会做好准备。7月28日,召开领导班子专题民主生活会。专题民主生活会共查摆出班子"四风"方面的问题30条,每个班子成员查摆出"四风"方面的问题近20条,班子成员之间相互为每个人提出了13条批评意见。针对群众意见反馈和查摆发现的问题,办党组制订了"两方案一计划",重点修改了领导干部、科室包联县(市、区)制度、项目库管理制度、项目市级验收制度、厉行节约制止浪费制度、会议、培训、车辆、活动经费管理办法等22项制度建设。

(市农发办)

工 业

【概况】 2014年,面对经济环境复杂严峻、工业下行压力加大的形势,全市工业系统深入开展党的群众路线教育实践活动和学习讨论落实活动,坚持稳中求进总基调,围绕工业新型化战略,大力实施主攻产业集群化园区化发展,加快推进项目建设,积极应对困难挑战,坚定信心,砥砺奋进,各项工作取得了新进展。2014年,全市规模以上工业企业477家,规模以上工业总产值完成1605.82亿元,同比增长-2.6%;工业增加值完成386.92亿元,同比增长3.8%;主营业务收入完成1540.89亿元,增长-4.57%;实现利税60.36亿元,增长-38.78%;利润27.33亿元,增长-50.26%;实现税金33.03亿元,增长-24.32%;亏损企业亏损额35.76亿元,下降46.12%;新兴产业投资占比73%,高于目标任务两个百分点;非传统产业增加值占比43.97%,高于目标任务8.97个百分点;工业固体废弃物综合利用率68.2%;全市万元GDP综合能耗同比下降5.27%,超额完成省政府3.5%的目标任务。

(李亚琦)

【重点项目】 2014年,全市亿元以上工业重点项目246项,总投资2228亿元,累计完成投资568亿元,其中当年完成投资312亿元。246个项目中,已有69个项目建成投产,41个项目进入设备安装调试阶段,24个项目进入设备订购阶段,46个项目正在进行土建工程,66个项目正在开展前期工作。

(李亚琦)

【工业园区】 2014年,全市"5+15"园区完成工业总产值1112.5亿元,同比增长7.45%,占全市工业总量的69.3%,高于全市工业平均增速10个百分点。其中九大产业集群占到全市工业的56.3%。全市26个主攻产业共实施239个重点项目,落地资金972亿元,当年完成投资281亿元。积极推进铝循环产业基地建设。加快华泽铝电、华圣铝业重组整合工作,积极吸纳山西省能源企业作为股东;统筹协调内部电解铝产能,加快完善华泽铝电电解二系列,建设电解三系列,使中铝公司在运城的电解铝产能达到106万吨(其中新增42万吨),积极协调社会力量同步建设高端铝深加工项目,配套建设4×35万千瓦低热值煤发电机组及配套线路项目。

(李亚琦)

【银企合作】 扩大银企合作。抓住2014年全省政银企项目对接月启动仪式在运城市举办的有利时机,开展运城市银企洽谈活动,促成全市1166家企业与各类金融机构达成887.2亿元的融资意向。直供电工作扎实开展。2014年,全市参加直供电交易的企业11户,交易电量59.33亿千瓦时,促进了一批重点企业的生产和发展。重组联合增强企业实力。河津市晋都铝业与西航集团合作成立晋都铝业山西分公司,发展高端铝合金和工业型材,增强了煤电铝材一体化产业集群的发展实力。垣曲五龙集团与山西能源交通投资集团国际贸易公司战略合作,有效解决了流资、原料和销售等问题。

(李亚琦)

【节能改造】 2014年,实施山西华泽铝电有限公司35万吨电解铝综合节能改造项目、山西华圣铝业有限公司铝电解槽全方位立体密封保温及碳素焙烧综合节能技术改造项目等6个节能改造项目,总投资21212万元,实现节能量130050吨标准煤,获得省级节能专项资金2360万元。淘汰落后和过剩产能进展顺利。全年淘汰落后和过剩产能企业7家,其中焦炭企业5家,产能150万吨;铁合金企业1家,产能2万吨;电力企业1家,产能10万千瓦。资源综合利用水平不断提高。以提高大宗工业固体废物综合利用水平为目标,培育了一批基础条件较好、技术工艺成熟、成长潜力大、产业关联度高的综合利用重点产业和产品,13个资源综合利用重点项目被列入省计划。

(李亚琦)

【信息化建设】 2014年,组织编制了《运城市信息化发展五年规划》(讨论稿),明确了运城市信息化发展的指导思想、基本原则和总体目标。智慧城市项目进展顺利。2014年6月6日,召开运城智慧城市项目技术论证会,一致同意通过技术可行性论证,确定了智慧城市项目一期建设的"六个统一"和"五大应用系统"。无线局域网(WLAN)建设步伐加快。全市列入全省建设计划的WLAN场所共有30个,完成了市委市政府机关、运城体育馆、运城汽车站、客运汽车东站等10个场所的覆盖工作。"两化"融合有序推进。积极推动大运汽车、银光镁业入选"山西省信息化和工业化深度融合试点企业"。

(李亚琦)

【国企改革】 2014年,企业改制工作有序推进。市建公司改制工作已全部结束;夏县制胶厂整体移交工作全部完成;食品公司的破产工作完成职工安置,正在进行家属院剥离工作;无线电厂改制工作已完成职工安置。启动改制企业14家,运城大酒店、夏县药材公司、芮城药材公司等3家企业基本完成改制工作,其余11家的前期工作基本结束。努力维护企业稳定。做好关铝集团等企业职工上访工作,配合市政协对市属国有企业改革工作进行调研,对企业欠缴社保资金、欠发工资进行摸底,帮助企业处理好欠缴养老、医疗保险等工作。及时办理了市交办信访事项1件,接待来经信委上访职工10批(次)共50余人(次),完成上级交办的督办案件1件。

(李亚琦)

电力工作

【概况】 2014年,国网运城供电公司(简称运城公司)是国网山西省电力公司全资子公司,属国有特大型企业,肩负着运城电网建设和142万客户供电任务。现有主业长期职工2959人,劳务派遣制农电用工2945人。公司本部下设11个职能部室,辖13个县(市、区)公司、7个业务支撑实施机构和129个乡镇供电所。运城电网拥有35千伏及以上变电站181座,变电容量1588.15万千伏安;35千伏及以上输电线路392条,总长度5504.07公里。2014年,运城全社会用电量272.87亿千瓦时,企业售电量218.99亿千瓦时,连续九年居山西省第一。先后获得全国五一劳动奖状、全国精神文明建设工作先进单位、全国文明单位、全国电力行业优秀企业、山西省五一劳动奖状、山西省模范单位、山西省政风行风评议先进单位等荣誉称号。

(陈秋萍)

【电网分布】 2014年,运城电网位于山西电网南部末端,有500千伏变电站两座(运城站、稷山站),形成北有稷山站、河津、华泽电厂,南有运城站、蒲光、风陵渡、关铝电厂作为电源支撑,以三家庄、新绛、龙门、临晋、闻喜、桃园、绛县、盐湖、金鑫、平陆、杏园、万荣、梁村、侯家庄、芮城、垣曲、正平、荆阳18座变电站为节点的220千伏环网,110千伏、35千伏以220千伏变电站为中心辐射供电。运城电网与渭南、三门峡有110千伏线路联络备用。

(陈秋萍)

【机构队伍】 2014年,运城公司现有全民职工2959人,农电工2945人,大集体职工411人。全口径劳动生产率29.82万元/人·年,比上年同期25.98万元/人·年,增加3.84万元/人·年,增幅14.77%。人才当量密度0.959,较同期0.934提高0.025。高技能人才比例82.94%,较同期78.65%提高4.3个百分点。2014年,通过省公司评审中级及以上职称155人、鉴定高级工及以上技能等级251人,公司评审通过初级职称120人,技能鉴定中级工47人,晋级总人数达到573人。同时,向省公司新申报中级及以上专业技术资格246人、高级工及以上技能等级395人。运城公司认真落实"五大"建设方案,高标准建成运营监测(控)中心,建设案例入选国网公司最佳实践案例,按期完成乡镇供电所机构设置和人员配置,平稳移交配网抢修、集体企业管理等业务,"三集五大"体系建设荣获国家电网公司先进集体。推进"五位一体"协同机制建设,落地国网公司452项通用制度,市县制度精简率达77%和69%。严格"三定、三考",编制完成《国网运城供电公司岗位说明书》,试点开展全口径人工成本管控,率先实现市公司层面工资集中审核发放。

(陈秋萍)

【电网建设】 2014年,运城公司在建35千伏~220千伏工程共计23项,其中2013年结转工程10项,新开工工程13项。开工输电线路长度293.1公里、开工变电容量83.93万千伏安,竣工投产输变电工程14项,投产输电线路长度158公里,变电容量55.63万千伏安。开工投产任务完成率均达到100%。2014年运城公司负责的220千伏及以上工程属地协调任务共计7项。其中,大西高铁七级、任家山、运城北牵引站供电工程在全省率先顺利投运;220千伏临猗荆阳输变电工程于11月16日投运;500千伏运城东、220千伏永济虞乡、后宫茨庙风电场送出工程等属地协调工作及工程建设有序进行。

(陈秋萍)

【经营管理】 2014年,受国际国内经济形势及国家产业结构调整影响,运城市经济增速明显放缓。全社会用电量272.87亿千瓦时,同比减少7.11亿千瓦时,降低2.54%。运城公司售电量累计完成218.99亿千瓦时,同比减少8.09亿千瓦时、降低3.56%,欠年度计划(220.9亿千瓦时)1.91亿千瓦时、落后0.87%;小电厂发电量完成12.62亿千瓦时,同比增加1.64亿千瓦时、增长14.91%;综合线损率完成4.68%,同比下降0.12个百分点,比计划降低0.32个百分点;售电均价完成493.50元/千千瓦时,同比降低1.23元/千千瓦时,比计划(493.08元/千千瓦时)提高0.42元/千千瓦时;利润总额完成13610万元,较计划(10178万元)增利3432万元。综合线损率累计4.68%,比计划(5.0%)降低0.32个百分点,同比降低0.12个百分点。全年累计节约电量15831万千瓦时,节约成本7813万元。运城公司"高损台区资料管理及效能评估”项目荣获省公司科技进步二等奖，降损管理创新推广成果获省公司二等奖。全力推进清理完善土地权属工作，强化公司系统土地实物资产及无形资产的集约化管理。2014年新办土地权属15宗，其中：变电站供电所土地13宗，涉及金额814.61万元，培训中心和营销服务楼土地两宗，涉及金额1260.84万元。（陈秋萍）

【安全生产】 2014年，运城公司全面贯彻落实省公司及全市安全生产工作部署，健全“党政同责、一岗双责、齐抓共管”安全生产责任体系，扎实开展春季安全生产大检查，新《安全生产法》和《山西省电力设施保护条例》宣贯，“强基础控风险守红线”、“三排查一摸底”、“百日安全竞赛”等安全专项活动。精心组织220千伏桃园、龙门等5个变电站综合检修，创新作业现场色标管理、二次特型安措和“三表七步”工作法，推广带电作业和状态检修，10千伏配网线路重合成功率达到80%以上，检修效率和供电可靠性全面提升。加大各类现场安全管控力度，累计检查作业现场188个，查处各类违章和不规范作业行为62起，处罚违章人员82人次。强化电网安全风险管控，开展反事故应急演练12次。圆满完成全市重大会议和活动保电任务。生产、基建、营销、消防、交通等各领域实现“零事故”。2014年，运城电网新投省公司调度电厂4座，均接入110千伏系统，新增发电容量196.5兆瓦；新投220千伏变压器3台，新增220千伏变电容量540兆伏安；新投110千伏变压器8台，新增110千伏变电容量375兆伏安；新投220千伏线路9条、110千伏线路12条。（陈秋萍）

【电网运行与电力市场】 2014年，运城电网网供最大负荷4178兆瓦（8月4日），较2013年增长189兆瓦，同比增长4.74%；网供最小负荷2316兆瓦（10月2日），较2013年下降82兆瓦。全区最大负荷4275兆瓦（8月4日），较2013年增长176兆瓦，同比增长4.3%；全区最小负荷2436兆瓦（8月9日），较2013年下降65兆瓦。全年完成运城电网继电保护定值整定436份，220千伏系统保护动作切除故障6次，110千伏系统保护动作切除故障43次，动作正确率均为100%。先后完成了迎峰度夏（冬）、桃园、龙门、垣曲站综合大检修、运城综合改造以及正平智能改造等重点工作，完成了中高考及重要节假日保电任务32次。实现安全生产6331天的长周期。2014年，运城电力供应总体呈现“供大于求”态势。最大停备机组容量950兆瓦，发生在1月份，接近火电总装机的1/4，平均停备容量350兆瓦。进入夏季，在气温升高因素的影响下，全区负荷连续攀升，屡创新高。8月4日达到最大值4275兆瓦，同比增长达4.30%。城区电力供应总体也呈现“供大于求”态势，配网负荷7月22日最大值297兆瓦，较2013年最大负荷333兆瓦减少36兆瓦，同比减少10.81%。积极应对经济下滑形势，努力增供扩销，新增、增容客户7.18万户，完成接电容量173.77万千伏安。推广实施电能替代项目19个，增售电量6.53亿千瓦时，完成计划进度的186%。深入开展营销普查，查处违约用电和窃电424起，追补电费和违约使用电费267.75万元。发扬“三千”精神，收回海鑫钢铁、永济中农、华圣铝业拖欠电费1.71亿元。加快建设新建住宅小区供电设施工程，累计签约107家，建成投运15家，“四统一”管理覆盖率达到100%。完成一户一表改造4.3万户，无偿接收用户资产6888万元。加强业财融合，撤并冗余电费银行账户13个，动态跟踪各类成本入账，开展会计基础创优工作，推动内控机制建设，全面提升财力集约化管理水平。推进营配贯通，超额完成客户地理信息采集任务。壮大集体企业发展实力，开辟工程监理业务，拓展施工、运维、代维等外部市场，保险诚信缴费资质晋升至AA级，利润总额同比增长20.41%。（陈秋萍）

【农电工作】 2014年，贯彻落实“两提升”工作要求，发挥专业管理与综合协调优势，扎实推进县供电企业管理提升和乡镇供电所管理提升工程，加快完成县公司“三集五大”管理体系建设，市县公司和供电所三级体系基础管理得到全面加强。加强农村安全供用电管理，落实各级人员安全责任，强化人员安全意识和安全技能，规范作业行为，开展标准化作业，为129个供电所配置安全带、警示带、脚扣、验电器等24种、8739件仪器仪表和工器具。加强农网工程施工作业安全风险管控，准确把握安全、质量、进度的关系。深入推进农村用电安全强基固本工程，认真开展“双迎度峰”工作，梳理农村用电安全隐患，创建标准化台区和安全文明用电示范村各45个。大力推广农村配电网运行监测系统应用，开展自查行动，治理三相不平衡台区1368个。开展“低电压”治理工作，治理“低电压”用户2.4万户。绛县被命名为电气化县。2014年竣工完成2013年农网改造升级工程87项，完成投资计划26512万元。其中：110千伏工程1项、35千伏工程6项、10千伏工程80项；完成2011年度调增项目工程19项，完成投资计划2132万元；完成2014年农网改造升级工程117项，已完成施工建设任务，计划投资46001万元。举办供电所岗位培训11期，1100人次。参加省公司2014年农村配电网运维检修技能竞赛，获得团体第二名，个人第一、第三、第六的成绩。扎实开展标准化示范供电所创建工作，统一标准，规范业务流程，加大基础设备改造力度，对43个供电所进行办公环境重点整治。开展供电所效能监察，加大明察暗访力度，规范临时用电管理和窗口服务行为，整体提升供电所服务水平。（陈秋萍）

【科技与信息化】 2014年，运城公司以重点领域攻关为突破，加快创新，新一代紧凑型模块化的车载移动变电站技术研究等3项重点科研项目取得重大进展，高损台区信息管理及效能评估分析研究等5项技术成果获省公司科技进步奖，二次回路多点接地检测仪获省公司优秀专利奖，提高10千伏线路的供电可靠性等3项课题获省公司管理创新成果奖。共申请专利48项，其中国际专利1项；授权专利33项，其中发明专利6项。截至2014年底,累计拥有有效专利147项,其中发明专利6项。2014年,共发表技术论文89篇,其中EI等检索或收录的高等级论文2篇。鼓励全员参与技术创新,群众性创新工作深入各基层生产班组的日常工作,创新意识得到加强,培养了一批技术创新的领军人物,逐渐形成技术攻关团队,带动了各专业创新工作蓬勃开展。全年科技创新项目验收完成率100%,管理创新课题结题率100%。

(陈秋萍)

【品牌建设】 运城公司持续健全完善覆盖市县供电公司两级的新闻发言人体系和网络舆情通讯员队伍,组织开展网络舆情应对培训及突发舆情事件应急演练,发布《国网运城供电公司2014年度舆情分析报告》,印发网络舆情应对指导手册,全力推进国家电网品牌标识规范工作。累计发布新闻报道5502条,其中国家级媒体4条,省级主流媒体417条,省公司媒体613条,行业媒体64条,地市主流媒体254条,网络媒体4055条。 (陈秋萍)

城镇集体工业

【主要经济指标完成情况】 2014年,市联社系统工业总产值完成21.16亿元,占市定目标任务107.3%;销售收入完成17.97亿元,占市定目标任务106.1%;工业增加值完成6.28亿元,占市定目标任务103.2%;利税实现1.74亿元,占市定目标任务103.0%。

(市城镇集体工业)

【项目建设】 2014年,森特集团实施"大项目"驱动战略,投资1.1亿元的洁净煤大型铆焊车间正式投产后,斥资2.4亿元建设二期工程。山西华恩汽配投资9200万元的树脂砂铸造工艺项目正在建设之中。宇达集团投资6000万元的大型青铜雕塑树脂砂造型生产线新建及创意青铜生产线扩建项目,带动集团产值、利税等指标进一步增长。山西翱翔生物科技斥资1.7亿元,投资兴建3万吨辣椒深加工与综合利用项目。天之润枣业投资1.6亿元的2.5万吨红枣综合深加工扩建项目,提供了400余个就业岗位。

(市城镇集体工业)

【企业脱困工作】 2014年,按照运城市联社"困难企业帮扶计划",努力抓好平陆阀片厂、闻喜化学试剂厂、新绛矿机厂、临猗橡胶厂、芮城调味品厂等企业脱困工作,在系统内努力创建和谐发展局面,有效化解矛盾,为政府分忧,替职工解难。平陆县阀片厂在兼并工程塑料厂和通配一厂后,创建了"平陆县兴虞创业孵化基地",可招纳300个创业户入驻,其中200个商业经营户,工业生产100户,为解决平陆县下岗职工再就业搭建了平台,缓解了该县就业压力。另外,在困难企业下岗职工社会保障问题上,彻底解决了7000余名职工养老保险问题,为3000多名职工申请解决医疗保险问题,为1000多名职工申请解决了最低保障金,从而使城镇集体企业下岗职工老有所养问题基本得到妥善解决。

(市城镇集体工业)

【扶持工美企业】 2014年,为推进文化强市的战略实施,实现传统文化的可持续发展,在申请工艺美术专项保护资金方面,联社组织工美协会的同志,多次深入相关企业摸底调研,深度挖掘,严格筛选,及时为符合条件的工美企业从省上争取专项资金,并成功申报两户,使工艺美术企业能享受国家政策扶持,促进工艺美术产业传承与保护。

(市城镇集体工业)

【项目包联】 2014年,针对深入基层一线不够的问题,市联社制订了领导干部分点包联项目建设和帮助困难企业,主动作为,支持帮助,协调服务。具体包点宏益达轴瓦厂项目建设和平陆阀片厂解困工作;包点山西宇达集团文化产业园项目建设和夏县提花针织厂改制工作;包点山西森特集团闻喜分公司项目建设和化学试剂厂帮扶工作;包点山西华恩机械6万吨发动机缸体项目建设和临猗煤矿机械配件厂解困工作。

(市城镇集体工业)

【制度建设】 2014年,市联社将制度建设工作摆在突出位置。依据市联社领导班子对照检查材料及市委督导组提出的意见,围绕市联社班子在思想政治、工作作风、组织建设等方面的薄弱环节,针对梳理出来的"四风"突出问题,制订了市联社制度建设计划,并组织集体研究讨论。机关重新修订和完善了21项管理制度。各班子成员按照工作分工,加强对制度建设工作的指导和落实,协调解决工作中存在的问题。

(市城镇集体工业)

中小企业

【概况】 2014年,运城市中小企业发展到15370户,比年初增加2032户;从业人员52.28万人,同比增长5.4%;工业产值完成672.99亿元,同比增长6.65%;实现营业收入751.75亿元,同比增长10.44%;出口交货值完成10.06亿元;上缴税金37.56亿元,同比增长6.47%;完成固定资产投资125.72亿元,同比增长13.32%。中小企业各项主要经济指标继续保持平稳增长发展态势。

(市中小企业局)

【年度主要经济指标】 2014年,运城市中小企业局明确2014年"1311"工作目标。即:年孵化小微企业1000户,培育新增规模以上工业企业30户,发展壮大亿元"小巨人"企业10户,完成5亿元标志性产业项目1个和招商引资任务,加快市级中小企业窗口平台和小微企业服务站、服务联盟建设,力争每县建立中小企业创业基地1个,确保全市中小微企业各项主要经济指标同比增长10%以上。

(市中小企业局)

【开展党的群众路线教育实践活动】 2014年2月26日,运城市中小企业局开展党的群众路线教育实践活动领导组成立。3月12日至15日，运城市中小企业局组织机关人员深入夏县堆云洞和宇达集团及运城市夹马口引黄管理局，开展党的群众路线教育实践活动专题学习调研活动。3月24日，运城市中小企业局开展以一查与群众感情深不深，二查与群众距离远不远，三查群众在自己心中重不重要；一问入党为什么，二问当干部做什么，三问自己能为后人留下什么；一思为了谁，二思依靠谁，三思我是谁为内容的“三查三思三问”专题讨论活动。4月22日，运城市中小企业局在开展党的群众路线教育实践活动中，切实改进会风，把2014年一季度中小企业经济运行分析、年度工作安排、第八届APEC技术展览、中小企业编纂、宣传信息、年度工作考核培训等6个会议放在一起召开。立说立行狠抓落实，以教育实践活动开展促推各项工作落实，以年度各项工作落实检验教育实践活动成果。5月4日，运城市中小企业局召开党的群众路线教育实践活动征求意见反馈会。通过多渠道征求领导班子问题36条，对班子成员自身问题向全体党员干部群众反馈，作反对“四风”联系服务群众公开承诺，推动党的群众路线教育实践活动深入开展。

（市中小企业局）

【银企对接】 2014年5月7日，山西省政银企项目对接月启动仪式暨运城市洽谈会召开。32家金融银行和担保公司搭建“金融超市”，与企业广泛交流对接，1166户中小企业与银行和担保机构达成融资意向852亿元。8月21日，运城市中小企业局与交通银行运城分行开展政银企融资项目洽谈对接暨“新三版”推介活动，搭建信用平台，拓宽融资渠道，助力以中小微企业为主的实体经济平稳较快发展。

（市中小企业局）

【中小企业创业基地认定】 2014年6月28日，芮城东盛和空港经济开发区宏德2个中小企业创业基地获省认定，成为2014年第一批“山西省中小企业创业基地”。10月9日，临猗县中小微企业创业孵化基地被省认定为“2014年第二批山西省中小企业创业基地”。12月28日，粟海集团荣获国家民族宗教委员会颁授的“全国民族贸易和民族特需商品生产百强企业”牌匾，成为山西省唯一入选国家民族宗教委员会百家“壮大工程”民营企业。

（市中小企业局）

商务贸易

【概况】 2014年，在市委、市政府的正确领导下，在省商务厅的具体指导下，按照全省商务工作会议、全市经济工作会议的安排部署，面对持续加大的经济下行压力，以开展党的群众路线教育实践活动和学习讨论落实活动为契机，明确工作任务，细化责任分解，攻坚克难，真抓实干，较好完成了商务领域的各项工作任务。全年工作呈现“四个特点、五个统筹推进”的良好态势。全市社会消费品零售额实现620.3亿元，同比增长12.3%，总量全省排名第二，增速全省排名第一。全市完成进出口总值14.98亿美元，同比增长14.2%。其中：进口完成10.18亿美元，同比增长19.4%；出口完成4.8亿美元，同比持平。增幅位居全省第六，总量位居全省第一。 （张振平）

【开展党的群众路线教育实践活动】 2014年，按照国家、省、市的统一安排，从2月开始，开展了以“为民、务实、清廉”为主题的群众路线教育实践活动，完成了学习教育、听取意见，查摆问题、开展批评，整改落实、建章立制等环节规定动作，同时结合商务工作实际，创新开展了自主动作。严格落实中央八项规定，组织了学习笔记展评、心得体会交流、党课教育、重温入党誓词、廉政警示教育及南山生态智慧城考察等活动，认真召开高质量的民主生活会，开展多个层面的谈心交心活动，听取基层群众和服务对象的意见建议，收集整理班子“问题清单”25条，班子成员“问题清单”190条。有针对性地完善了机关签到、请销假、财务管理、用车用房等各项管理制度，制订出台《运城市商务局廉政风险防控管理工作实施方案》，将部分外资企业审批权限下放到扩权强县的永济市、河津市，整改文山会海等突出问题，机关发文、公务接待明显减少。

（张振平）

【学习讨论落实活动】 2014年，按照省、市的安排，从12月开始，开展了以“深入学习贯彻习近平总书记系列重要讲话精神，净化政治生态、实现弊革风清、重塑山西形象、促进富民强省”为主题的学习讨论落实活动。召开了动员会，成立了领导机构，制订了实施方案，引深开展“吃拿卡要、庸懒散奢”专项整治活动，以“六权治本”推动六个发展，各项工作正在有条不紊推进。

（张振平）

【大通关能力建设】 2014年在太原海关、山西出入境检验检疫局的大力支持下，多方协调，推动落实，组织开展了专题会议、现场调研、项目督查，促使运城海关、出入境检验检疫机构的工程建设取得显著进展。位于运城经济开发区安中路和华源街交叉口东北角的运城海关综合楼、出入境检验检疫综合实验楼总占地面积50余亩，建筑面积各9000余平方米。目前各项装修工程、楼前绿化等基础设施建设工程已经完工，基本达到使用条件。待太原海关和省出入境检验检疫局组织验收之后，2015年年初即可投入运营。

（张振平）

【智慧物流城项目开工】 2014年，依托上海劲商揽海投资管理有限公司在中心城区建设黄河金三角智慧物流城项目，打造黄河金三角地区第四代智慧物流中心，在融合各类商贸业态的基础上，以移动互联网为支撑，打造一艘集物流、商贸、时尚、品牌、文化、信息、金融服务为一体的现代服务业航母。该项目总投资116亿元，占地3500亩，建设面积390万平方米。12月2日，运城市人民政府与投资商签订了开发建设协议，12月18日项目正式启动。

（张振平）

【十大商业综合体开建】 2014年，红星美凯龙城市综合体、运城市美特好仓储物流配送中心、运城经济开发区瑞源商贸城、东星向上广场、德贸财富中心、恒隆国际购物中心二期、西部家居建材商贸物流港、红星美凯龙家居广场、光大城市广场、华联世纪广场城市物流配送工程项目为代表的十大商业综合体，总投资353.1亿元，建筑面积249.5万平方米。已部分投入运营,5个正在进行主体建设、安装,4个正在规划设计、办理工商手续。

(张振平)

【参加"山西品牌中华行"活动】 2014年,商务局促进跨区销售,南京、天津、西安、昆明、香港、澳门、南宁、福州、海口九站活动现场销售240万元,签订销售合同2.02亿元。在西安站举办了"山西品牌中华行运城主题日"活动,6家品牌企业展销了晋绣、粗布、煮饼、麻花、药枕、酱菜等食品及工艺品,现场销售达30.39万元,签订销售合同1.23亿元。 (张振平)

【组织开展促销活动】 2014年,为促进居民消费,围绕"促消费、守诚信、倡低碳、惠民生、育热点、创特色"的"2014消费促进月"活动主题,提倡文明、健康、绿色、低碳的科学消费理念,倡导诚信、和谐的商业文化。联合开辟《消费广场》专刊,全年开展超市、酒类专卖、品牌餐饮美食、汽车、家电、家纺、装修材料等行业促销活动56次,参与商家1872个,总销售128.46亿元,同比增长21.5%。 (张振平)

【改善城市消费环境】 2014年,继续推进"15分钟便民商圈"建设,盐湖区、河津市、永济市4个"15分钟便民商圈"建设的10家企业,发展社区便民连锁服务网点,涉及超市、便利店、餐饮、蔬菜店、医药、家政服务等9种业态。全年在40个小区(社区)新建40个七品蔬菜平价店,总数达到了120个。新设23家"放心早餐工程"网点,总数达到65家。城区39家主要零售企业发行了单用途商业预付卡,其中集团企业4家,品牌企业2家,规模以上企业18家,规模以下企业15家。

(张振平)

【完善县乡市场建设】 2014年,农村物流配送中心6家承办企业已完成和建设农村物流配送中心9个,其中:临猗百大购物广场有限公司已完成临猗百大物流配送中心和庙上乡物流配送中心;万荣德龙商贸有限公司已完成南张商贸物流配送中心建设。"万村千乡市场工程"承办企业联合通讯、金融等部门,先行垫付移动网络费用,确保全市600家农家店信息化建设工程的进度和质量,全市农家店信息化工程建设如期完成并通过验收。

(张振平)

【发展电子商务】 2014年,为引导新型消费,确定、申报5家电子商务示范企业,申请电子商务发展资金70万元;2000余人参加的电子商务专业人才培训班已经开班。结合生态智慧城等项目建设,确定发展安民集团电子商务产业园、寰烁科技有限集团网商集聚园。已与中国国际电子商务中心电子商务研究院达成合作协议,积极筹划制订运城市电子商务发展规划。在商务部新农村商网"网交会"上,共有238家电商企业上网交易,发布供求信息100余条,红枣、苹果等干鲜果意向成交7笔共2146万元,马鹿茸、梨实际成交两笔共570万元。

(张振平)

【加强市场监管】 2014年,为确保安全消费,全市共出动执法车辆120车次,出动执法人员300余人次,取缔非法加油点87个,非法加油站50座,非法油罐车10辆;全市运营的508座加油站,已完成油气回收治理工作387座,占总任务的76.2%。对全市220户酒类批发企业、1587家零售企业的随附单使用情况及年度销量,纳入了信息化管理。酒类零售企业备案率达90%,随附单使用率达100%。城区生猪进点屠宰率达100%,各乡镇及农村生猪进点屠宰率达98%以上。全市全年共定点屠宰生猪53万头,出场肉品合格率达100%。

(张振平)

【强化服务推进外贸发展】 2014年,组织全市50余家重点出口企业参加了交通银行组织的国际汇率讲座培训班;组织5家出口企业参加省厅机电企业出口政策培训;组织10家进口企业参加进口贴息资金申报培训并申报贴息资金945万元;组织机电、玻璃、印染、化工、镁业等行业9家外贸企业,开展外贸转型升级企业型示范基地认定工作;组织2家外贸企业参加巴西食品博览会;组织5家出口企业参加春、秋两届广交会,并做好展位申请工作。申报中信保保费4家(言必信、银光、恒誉、华晋)41万余元。做好外贸转型升级示范基地及调整231主体壮大工程动态监测工作,促进华晋纺织印染出口迈入全省十强。对全市农产品、玻璃器皿、铝镁合金材料、化工、汽车及配件、纺织等6个重点行业的22家重点外贸企业进行了调研,完成《关于对运城市进出口企业经营状况的调研报告》,提出了企业进一步壮大发展的意见、建议。

(张振平)

【借助展会推进招商引资】 2014年,利用展会平台,对接签约项目。分别参加了西洽会、厦洽会、亚欧博览会、东盟博览会、高交会。共签约项目34个,项目投资总额275.47亿元,拟引资总额241.47亿元。其中:第十八届"西洽会"上签约17个项目,总投资155.79亿元,拟引资151.69亿元;第四届"亚欧博览会"上签约5个项目,总投资50.4亿元,拟引资44.3亿元;第十八届"厦洽会"上签约7个项目,总投资37.28亿元,拟引资15.48亿元;第十一届"东盟博览会"上签约3个项目,总投资15.5亿元,拟引资13.5亿元;第十六届"高交会"上签约2个项目,总投资16.5亿元,拟引资16.5亿元。同时,新设外商投资企业3家(运城银龙水务有限公司、万荣华夏厚土文化开发有限公司和新绛易高环保能源有限公司),实际利用外资1658万美元,超额22.7%完成省商务厅年初下达的1351万美元目标任务。在"跨国公司进山西"活动中,全市共征集投资合作项目23个,通过省厅在商务部投资促进网对外发布。组织了8家企业参加"跨国公司进山西"投融资项目对接会。

(张振平)

【理顺体制推进"飞地经济"】 2014年1月17日,召开了全市理顺开发区管理体制动员大会，就认真落实市委2013年7号文件进行了安排部署，明确了时间节点，落实了工作责任。组织开发区与所在县(区)签订了开发区管辖范围协议；市财政局、税务局等部门对预算管理、收入征缴及入库管理等问题进行了界定和部署；理顺了开发区财政体制，并移交了社会管理事务；协调解决了相关事项。针对夏县3个招商引资项目、空港经济开发区发生的修路纠纷、移交运城市安邑中学和运城三中社会事务等问题，进行了有效的协调解决。截至11月底，5个省级经济开发区工业总产值323.4亿元，同比增长10.6%；主营业务收入782.6亿元，同比增长20%；外贸总额1.74亿美元，同比增长21.6%；实际利用省外资金7020万美元，同比增长46.7%；财政收入13.7亿元，同比下降5.1%。

(张振平)

【北方家居产业基地建设】 2014年，市商务局多次赴深圳督促协调推进"中国运城北方家居产业基地"项目进展；两次举办项目报告会；通过"第29届深圳国际家具展"展会平台，与50家大型家具生产企业签署了《首批企业入园开工建设协议》；组织召开了"中国运城北方家居产业基地"专家论证会，确认了项目规划区域。项目实施单位注册成立了"运城市深安家居产业投资有限公司"，组建了专业研发团队，并与行业企业建立合作联盟，构建现代化信息网络平台；10月27日，市长专题会议研究了"中国运城北方家居产业基地"项目建设事宜，10月28日，在南山生态智慧城举行了奠基仪式，11月27日该项目在省发改委进行了备案登记。

(张振平)

【统筹推进区域合作】 2014年9月20日，组团参加了在黑河市举办的2014中俄双子城展览会暨黑河市大黑河岛国际经贸洽谈会。10月15日，组团出席了杭州西湖博览会暨投资洽谈会，考察了杭州市生态智慧城建设，体验了杭州市公共交通系统无缝换乘的方便快捷。市商务局还参加了晋陕豫区域合作西安和郑州的有关活动。在加强与杭州等友好城市经贸、旅游合作的同时，市商务局瞄准大型、一流企业进行重点招商。浙江锦江集团在平陆县投资240亿元建设年产240万吨的氧化铝项目已经投产；具有国家建筑工程总承包一级资质的浙江成龙集团，拟在本市投资建设生态智慧城动漫产业园、养老康复产业等项目；浙江开氏集团在空港经济开发区投资100亿元建设涤纶丝生产线建设项目，正在紧张有序的洽谈中。

(张振平)

【组织服务出国发展】 2014年，搭建了运城市对外劳务合作平台，12月1日开通了运城出国务工网站，建立了外派劳务人才信息库。新批1家(万荣县三丰源菇业有限公司)食用菌种植、销售公司赴韩国开设分公司。

(张振平)

供销合作商业

【概况】 2014年，实现购进总额55.17亿元，销售总额58.9亿元，利润总额2445.5万元，同比分别增长25.9%，26%和37.25%，三大经济指标继续保持高位增长，全面完成了市政府目标责任考核任务，获得了"全省供销社综合绩效特等奖"，办公室、财务、统计工作也取得了先进单位的荣誉称号，呈现出转型发展、跨越发展、赶超发展的强劲态势。

(市供销社)

【综合改革试点工作】 改革是供销社壮大自身实力，提升为农服务功能的必由之路。2014年，市供销社确立了改革的目标和路径，提出了"外学肖家庄，内学孙吉镇"，确定盐湖、临猗、闻喜3个县级社和16个基层社为改革试点。

(供销社)

【"新网工程"】 2014年，"新网工程"是供销社工作发展的亮点，是为农服务的"民心工程"。全市围绕"四网并进"做文章，建立起了"市有物流园区+县有配送中心+乡镇有配送市场+村有便民店"的供销网络。共建立和完善各类配送(购销)中心58个，各类经营网点5498个，初步达到"网上有节点，有企业，有项目支撑"。

(市供销社)

【全面做大做强社有企业】 2014年坚持按照"1231"改制原则，对市直企业全面进行改革改制。再资公司新建的北城再资回收中心已于2014年开始运营，全年实现营业收入350万元。腾飞农资销售中心改制完成，除安置预算420余万元外，还盘活资金120余万元。龙头企业带动作用凸显，全系统共有21家龙头企业，年助农增收2.5亿元。全省唯一获得总社"农业产业化重点龙头企业"的山里红公司带动6家农民合作社，5800户农民种植山楂、核桃等水果22万亩，年助农增收3000万元。

(市供销社)

【基层社建设】 2014年，加快兼并、重组、整合步伐，大力进行基层社改造重组和资源整合。共投入1.2亿元对基层社进行升级改造。加快基层社股份制改革试点。加快推进"两社合一"改革试点。加大领办、创办、合办农民合作社力度，全市165家基层社共领办、创办、合办农民合作社870家，直接联系服务农户5.5万户。加快农村综合服务社基础设施建设。全市围绕拓展农村社区服务范围和领域，在中心集镇建立主体多元、功能完备、便民实用的综合服务社。

(市供销社)

【招商引资和项目建设】 2014年，牢固树立"抓项目就是抓发展"的理念，全面进行招商引资，实现了"县县有工程，县县有亮点"。全年共招商引资15.8亿元，共争取各类项目27个，其中争取中央项目9个，争取资金1580万元，项目数量和投资总额都达到了历年之最。

(市供销社)

【金融改革和电子商务新型业务】 2014年，大胆探索实施合作金融改革，规范发展农民资金互助社。2014年共建立9个县级电子商务平台，初步体现了电子商务“网上交易，网下配送”的优越性。

（市供销社）

粮油购销

【概况】 2014年，认真学习党的十八大和十八届三中、四中全会精神，努力践行科学发展观，认真学习习近平总书记系列重要讲话精神，全面贯彻落实全市经济工作会议和全省粮食流通工作会议精神，扎实开展党的群众路线教育实践活动，进一步做好粮食工作。在粮食购销、稳定市场、确保粮食安全、粮食市场监管体系建设及粮食行业转型跨越发展等方面，开拓进取、攻坚克难，各项工作扎实有效推进，取得良好的效果。

（谭　静）

【市级储备粮油到位情况】 2014年，按照历年省粮食局确定的规模，市级应急成品粮储备和应急小包装食油储备已全部到位，新增的应急成品粮储备任务正在和有关部门及承储企业协商落实之中，按照运城市粮食应急储备要求，已基本形成较完整应急加工、供应网点体系。同时进一步修订和完善应急预案，确保遇有突发事件从容应对。粮油市场监测已成基本工作制度，且在逐步完善。并按规定及时准确报送粮油市场价格周报和日报。截至10月底，全市收购粮食9.59亿公斤，占省定全年目标6亿公斤的159.83%，销售7.675亿公斤，占省定6.5亿公斤的118.07%，贸易粮调入1.13亿公斤，完成省定0.45亿公斤目标任务的251.11%。收购、销售玉米分别为4.7亿公斤、2.695亿公斤，增加了农民收入。积极贯彻落实国家和省粮食调控政策，认真分析粮食形势，大抓粮食收购，密切注视粮食市场的变化，加强粮油市场监测。整体来看，运城市粮食供应充足，市场基本稳定。由于政策执行到位，市域范围内没有出现卖粮难现象。

（谭　静）

【业务管理】 运城市“一符六无”粮仓达标率连续多年均保持在100%，根据2014年上半年仓储检查情况，全年“一符六无”粮仓达标率继续保持在100%。加强对储备粮油轮换和库存监管，辖区代储中央、省级储备粮油和承储的市级储备粮油数量真实、质量良好、储存安全、“三专四落实”率达到100%。在4月份开展的全省粮食库存检查中，对检查中发现的收储企业存在问题，及时下达了整改要求和整改时限，使收储企业对存在的问题得到积极整改。加强对储备库的监督管理。要求承储省级储备粮油的企业实行省储备粮油轮换旬报、月报制度。制订了《运城市粮食局储备粮油管理办法》，形成储备粮油吞吐调节机制，完善了储备粮油轮换制度。严格执行财经纪律，依法依规管好用好财政补贴资金、项目资金，做到了专款专用，无挤占挪用、虚报冒领现象，也无违反货物采购、工程建设程序规定等违规行为。上半年由驻局纪检组牵头进行了全市粮食系统专项资金使用情况检查，没有发现违规违纪问题。严格执行农发行贷款政策，按规定用途使用，没有发生挤占挪用行为。认真部署春季防火、汛期防汛、防霉变、防事故等安全生产工作。搞好药剂熏蒸，设施安全等重要环节的监管，实行严格的粮食储备安全生产责任追究制。安全生产工作做到常抓不懈、警钟长鸣。

（谭　静）

【改革改制】 2014年，出台运城市粮食局《关于进一步推进粮食产业化发展的实施意见》，研究制订了国有粮食企业改革重组方案及政策措施意见，提出了“四个一工程”目标，将“四个一工程”作为全市粮食行业“十二五”期间的主要目标任务，要求各县市结合实际，创造性地开展实施。县级国有粮食购销企业正按照“一县一企、一企多点”模式进行改革重组。永济市已成立粮食购销总公司，6月份开始运行，实现了“一县一企、一企多点”的改革目标。稷山、平陆、河津正在积极推进之中。运城市保留的国有粮食购销企业取得农发行收购贷款资格占到80%以上。粮食流通统计制度改革已按照国家和省统一部署进行积极推进。完成招商引资任务5050万元。已经确定落地建设项目为：万荣县粮贸商城项目2013年10月开工，总投资1.1亿元，计划引资7000万元，项目资金到位4000万元；山西晋南粮油交易市场项目2014年9月建设启动，总投资1.5亿元，计划引资1亿元，已引资1050万元，超额完成了目标任务。培育扶持主食产业化示范企业为闻喜卫嫂食品有限公司，已纳入“四个一工程”目标任务，上报省里争取扶持资金90万元，正在积极实施当中。

（谭　静）

【粮安工程建设】 2014年计划完成农户科学储粮专项工程8000余套，与农户的合同签订和农户负担款项的收缴等基础工作已经完成，现阶段招投标工作结束，已交付企业进行生产，中央和省下达的危仓老库维修改造项目和省下达的仓储提升改造项目也即将完成。粮安工程规划及政策措施与运城市实施的“四个一工程”相契合，要求每个县市整合优势资产和资金，一是建设一个粮食购销集团；二是建设一个中心粮库；三是建设一个物流园区；建设一个主食加工中心，各县市也在积极实施中。闻喜、万荣、新绛、河津等县市都初具规模。

（谭　静）

【粮食质量安全】 2014年，经检查全市库存粮油质量全部达到宜存、储存安全，全市未发生粮食质量安全问题。市级粮油质检机构人员、场所、资质和经费基本落实，已购置部分检测设备和试剂，且能够开展常规的科目检验，整体工作正在完善之中。依据法定职责落实粮食质量安全监管责任，在上半年进行的全国粮食库存和质量检查工作中，在全市范围内采取自查、抽查、督查的方式，对全市国有粮食企业库存进行全面检查，对个体私企和加工企业的原粮质量重点进行检查。全市储存粮食情况良好。

（谭　静）

【粮食市场监管】 2014年,积极开展“监管能力提升年”活动,强化问题整改。在年初签订的目标责任状中,督促各县(市、区)粮食局依法明确行政许可主体,取得行政执法授权。开展粮食购销活动检查,严肃查处粮食收购和政策性粮食出库违规行为。夏粮收购工作顺利进行,全市粮食行政管理部门加大粮食购销活动的监管力度,认真查处粮食质量安全违法违规行为,维护全市粮食流通秩序。组织开展粮食库存监督检查,为配合全省粮油库存检查,对全市粮油进行了抽样监督检查,未发现数量、质量等问题。联合工商、质检部门开展了放心粮油经销网络专项监督检查,进一步加强了对放心粮油配送中心和经销网点的质量监管工作,坚决杜绝了假冒伪劣、不合格粮油流入市场。

(谭 静)

【抓夏粮收购】 2014年,据市农业部门统计,全市小麦播种面积526万亩,比上年增加13万亩,小麦总产14.3亿公斤,特别是小麦质量好,大多都在三级以上,色泽黄亮,是近年来少有的。市粮食局积极发挥粮食行政主管部门主导协调引导作用,加强调研,加大价格监测预警力度。4月份先后进行两次小麦生产形势调研,和农户进行了面对面座谈交流,掌握农户心理动态、服务需求。同时加大价格监测预警,坚持价格周报制度,及时搜集整理周边价格变动情况,认真组织相关人员分析价格走势。及时衔接、对接价格。近年来运城小麦价格受河南省三门峡市及中储库、省储库影响较大。根据各县(市、区)反映情况,在东留粮库参加了省储备库小麦价格形势分析会,5月中旬深入到中储粮河津直属库进行了面对面收购价格对接,为夏粮收购价格制订打下了良好基础。适时召开全市夏粮收购工作会议和夏粮收购推进会。5月26日全省夏粮收购工作会议结束后,召开全市夏粮收购工作会议,提出严格执行收购纪律,坚守收购底线,落实国粮局夏收“五要五不要”及省局夏收的“八项规定”,坚决“不打白条”,坚持一手粮,一手钱,钱货两清的政策要求。6月11日,在稷山县召开了夏粮收购工作推进会,会议特邀了中储粮河津直属库、六二八省粮食储备库、风陵渡省粮食储备库负责人参加,中央、省、市粮食储备库负责人与各县(市、区)粮食局进行了面对面价格衔接,这在运城市尚属首次。保证了区域内小麦收购价格统一,避免了相互抬价,恶性竞争,有力地维护了良好的收购秩序。加强正面宣传,合理引导农民价格预期。市电视台、《运城日报》等主流媒体进行了专题报道,特别是《运城日报》在头版发布了粮食收购价格。

(谭 静)

【仓储管理】 2014年,加强储备粮油管理。采取企业自查和市级复查相结合的办法,加强储备粮油管理。从检查结果看,全市库存粮食全部处于安全状态,“一符六无”合格率达到了100%,储备粮油按照“三专”、“四落实”的要求达到了规范管理。同时完善《防汛工作预案》,严格执行防讯岗位责任制,实行领导带班负责制,加强对重点单位的督导,确保防汛措施和防汛物资到位,确保全市储粮安全度汛度夏。积极推进农户储粮专项建设。为改善农户储粮条件,减少粮食产后损失,促进农民增产增效,运城市计划进行农户科学储粮专项建设为农户配置标准化储粮装具(彩钢板组合仓)8000套。签订合同、收缴农户自筹资金等基础工作、项目工程招标工作已经结束,现已交付企业生产。

(谭 静)

【市场监督】 2014年,突出重点,重拳出击,抓好市场监管。及时统一安排组织进行夏粮收购专项检查。闻喜县作为全国市场监管先进县,在市场监管上力度不减、服务不松、坚持常抓不懈、稳住了县域粮食市场价格。永济、芮城是产粮大县,农民余粮较多,市场上收购主体混杂,无证、哄抬价格、违法违规收购现象时有发生,扰乱了市场。永济市提早动手,协调工商、粮食、公安、交警等相关部门抽调精兵强将进行粮食联合执法检查,市场整顿在前,对不合规的收粮点发放整改通知书,要求限期整改,提早介入,防患于未然,保证了良好的市场秩序。芮城县对50名粮食经纪人进行了专门培训,并且分配了收购任务,还主动与市储备库联系,帮助经纪人签订购销协议,以疏导、引导为主,提供优质服务,很好地发挥了粮食部门的主导作用。围绕食品安全,开展了粮油库存质量检查。4月份组织开展了全省粮食库存检查,检查了辖区内中央、省、市、县四级储备粮。

(谭 静)

【食品安全周宣传活动暨“世界粮食日”宣传活动】 2014年,开展了食品安全周宣传活动和“世界粮食日”主题宣传活动。在全市粮食系统开展学习贯彻《食品安全法》宣传活动周活动。各县(市、区)粮食局都在辖区内主干道上通过设立彩虹门、宣传台、宣传板、发放宣传单、悬挂横幅宣传标语等进行宣传。积极选送作品参加国家粮食局举办的“节约粮食动漫比赛”和省粮食局举办的“山西粮仓”摄影大赛。10月16日第34个“世界粮食日”到来之际,全市粮食系统结合“全国爱粮节粮宣传周”,通过深入街道走访宣传,悬挂标语、发放科学用粮相关材料及电视传媒宣传等方式,开展“爱粮节粮”活动,进一步唤起粮食系统干部职工和广大市民爱惜粮仓、节约粮食、珍惜粮食资源、关注粮食安全的意识。万荣、闻喜、平陆、新绛等县开展了形式多样、丰富多彩的宣传活动。

(谭 静)

【转型发展】 2014年,推进粮食产业化发展,为了实现转型发展,结合运城实际,出台了《关于进一步推进粮食产业化发展的实施意见》,在每个县(市、区)整合优势资产和资源打造“四个一工程”。即:建设一个粮食购销集团、一个中心粮库、一个物流园区、一个主食加工中心。将“四个一工程”列为粮食年度目标任务,以考核促进工作,确保“十二五”末全面完成“四个一工程”建设项目。县级国有粮食购销企业正按照“一县一企、一企多点”模式进行改革重组。

永济市成立粮食购销总公司,6月开始运行,实现了"一县一企、一企多点"的改革目标。稷山县、平陆县、河津市目前正在积极推进之中。推进"放心馒头工程"建设。小馒头,大民生。食用馒头是运城市人民群众长期以来形成的习惯,为了引导健康消费,市粮食局投资100余万元,率先在全省建成首条放心馒头生产线,并相继建成运城"粮丰"、平陆"人人康"、新绛"亿家康"等8个主食示范工程加工中心。在市区100家"放心馒头"经销示范店基础上,已扩大至各县(市、区),不仅方便了广大消费者,而且确保了人民群众能够食用到健康、放心的主食产品。

(谭　静)

【开展党的群众路线教育实践活动】2014年,在党的群众路线教育实践活动中,贯彻落实中央精神,教育活动特色明显。形成领导带头率先垂范,上下联动整体推进机制。做到把教育实践活动与粮食工作相结合,把活动开展和推进作风建设相结合,把活动内容和干部自身思想教育工作相结合。防止工作是工作、活动归活动"两张皮"现象,用活动来促进工作效能,用工作成绩来检验活动效果。通过党的群众路线教育实践活动,党员干部理想信念、宗旨意识得到进一步增强。"四风"问题得到有效遏制,干部作风明显改进。群众切身利益问题初步解决,党群干群关系进一步融洽。建立健全了各项规章制度,推动作风建设常态长效。激发了干部职工干事创业热情,有力地推动了粮食行业转型发展。在党风廉政建设方面,开展了党风廉政思想教育,组织机关干部到市廉政教育基地参观学习,开展了整治"吃拿卡要"专项行动,进一步优化了发展环境。开展创建文明机关活动,开辟道德讲堂,积极开展道德文化讲座,促进机关干部思想境界的提高和工作作风的改变。积极参加全国卫生城市创建活动,抓办公环境整洁,美化办公区及周围环境。开展"转变工作作风、密切联系群众、促进粮食流通"大调研活动,撰写调研报告8篇,省粮食局8月份组织的调研报告评比活动中名列第一,其中6篇刊登在2014年《晋粮经济》第1、2期上。

(谭　静)

中石化运城分公司

【概况】 2014年,是市场环境起伏变化最大的一年,也是经营管理最具有挑战性的一年。面临经济下行、市场疲软、竞争激烈的各种不确定因素,公司在市委、市政府的领导下,坚持"走内涵发展路子",创新营销方式,夯实基础管理,以服务为本,力拓市场,较好地完成了全年各项工作任务。销售总量完成年计划105.84%,同比增长8.71%,在全省系统排名第一。其中:零售完成年计划97.76%,全省系统排名第二;直销批发完成年计划137.28%,全省系统排名第一;非油品营业额完成年计划100%,全省系统排名第十;考核利润全省系统排名第三。

(市中石化)

【机制转换】 2014年,省公司组织开展了学习广东的专题活动,改革成为全省系统转换体制和机制的驱动力。运城公司特殊的市场环境和低效亏损站多的现状,决定了学广东必须从实际出发,在抓好经营工作的同时,改传统习惯,按规律办事,用制度约束。改传统习惯,就是要有敢为人先的创新精神,在市场营销、用工管理等一些深层次问题上,力求找到适合运城实际的新思路、新办法。为落实"人人都是客户经理"的理念,公司实行"一体开发,三级维护,全员参与",即油品销售、IC卡推介、非油品业务一体开发,分公司班子、机关科室、县公司三级维护,全员参与销售全过程。在加油站推行"人人都是加油员,人人参与排班"的管理办法,取消了专职记账员、计量员、加油卡营业员、便利店营业员等岗位;按规律办事,就是要完善灵活科学的营销机制,一切围绕市场、围绕客户、围绕基层,不断优化运行机制和激励机制。加强与中油的沟通和合作,共同维护成品油市场秩序,围绕扩零售,争市场,保份额;用制度约束,就是要强化制度执行力,向精细化管理要效益。认真落实企业各项规章制度及各项工作部署,以基本薪酬分配制度为切入点,做到奖勤罚懒,公平公正;同时进一步强化服务意识,从市公司班子做起,树立管理、服务、经营三位一体的理念,带领县公司班子和加油站站长,开展亲情营销,挖掘市场潜力,使经营机制更符合实际,符合市场,符合竞争的新要求。

(市中石化)

【营销创新】 2014年,公司立足内涵发展,力求实现"两个转变":一是从"重任务完成,轻经营质量"向"量利互动,效益为先"转变;二是从"简单的加油送非油商品"向"灵活的个性化营销"转变。重点抓现有站的提量,制订了零售增量考核办法,综合考虑加油站地理位置,目标群体和销售模式,在机出量、小额配送、高标号汽油等方面,培育大站,激活小站,调整绩效考核,薪酬向一线倾斜,员工收入与绩效挂钩更直接。同时,市公司领导带队,深入县站调研,听取员工意见和建议,对影响经营增量的因素立行立改,改善员工工作和生活条件。以"综合服务提升年"为契机,零售上做好高标号汽油、甲醇汽油、IC卡、小额配送等组合营销;与中国人寿、中国电信强强联合,优势互补,互惠互赢,拓展市场空间;在点对点竞争中,持相对慎重的态度,市公司领导先后几次实地调研,与中油公司提前沟通,讲清竞争策略,主要是针对社会加油站,避免双方的恶性竞争。开展点对点的平陆运三站、长江港站、闻喜长安站提量效果明显;直销上,实行直批、IC卡、非油一体销售,加强辖区重点工程攻关,年初从发改委取得项目名单,召开专题会议,分解到县,逐家落实,新增客户91家,增量1.57万吨。物流配送部积极落实配置资源,做好油品配送协调与服务,为提量增效提供了有力支撑;非油品业务,抓好烟酒销售的同时,拓宽供货渠道,组织开展月月有特价和节假日营销,进一步扩大了"易捷"品牌的影响力和知名度。

(市中石化)

住房保障和城乡建设

【概况】 2014年,市住建局紧紧围绕推进中心城市、大县城、小城镇、新农村“四位一体”协调发展,全力抓好城建各项重点工程建设,统筹协调、整体推进,按照现代生态宜居文化的工作标准,努力提升城市管理,克难攻坚,圆满完成了全年各项目标任务。

(杜　博)

【新型城镇化进程】 2014年,全市完成市政公用设施建设投资21.51亿元,达到省定目标任务的107.55%。新建城市供水管网108.55公里、供气管网211.4公里,全市燃气普及率达87%。全市(含县城)集中供热总面积4226万平方米、集中供热管网47.2公里、污水处理配套管网121.8公里、城市道路199.5公里;全市8座生活垃圾无害化处理场正常运营,生活垃圾无害化处理率已达到64%;完成绿化投资约3.5亿元,新增绿化面积243万平方米,绿化覆盖率达到38.3%,比去年提高了一个百分点,中心城市、永济、临猗、垣曲、芮城相继启动了省级园林城市(县城)创建工作;全年核发节能设计认定证书804份、设计面积333万平方米,完成既有建筑节能改造159万平方米。

(杜　博)

【保障性住房建设】 市住建局按照“保增长、保民生、保稳定”的总体要求,加大保障性住房建设力度。2014年全市新开工建设各类保障性住房12430套,开工率43.3%;基本建成房屋11254套,建成率70.7%。累计完成各类保障性住房投资23.8亿元,投资率68.4%。同时,完成12949户农村危房改造任务,完成投资额4.1亿元。

(杜　博)

【城建重点工程】 2014年,运城市313项城建工程,在建项目287个,未开工项目26个,累计完成投资108.16亿元,占年度投资计划73.06%。中心城市106项城建工程,在建项目87个,未开工19个,累计完成投资35.27亿元,占年度投资计划55.78%;各县(市、区)、开发区207项城建工程,在建项目200个,未开工7个,累计完成投资72.89亿元,占年度投资计划85.93%。局属工程项目开工21项,未开工2项,累计完成投资近8.66亿元,占年度计划68.88%。(杜　博)

【园林绿化】 2014年,中心城市紧紧围绕“现代、生态、宜居、文化”的建设目标,加大园林绿化力度。全市已完成投资约3.5亿元,新增绿化面积243万平方米,绿化覆盖率达到38.3%,比去年提高了一个百分点。其中,中心城市完成投资约1.17亿元,新增绿化面积59.9万平方米,绿化覆盖率达到39.1%。

(杜　博)

【中心城市保洁】 2014年,中心市区街道机械化清扫保洁率达到60%,路面清洗率达到30%以上。街道人工清扫保洁率达到100%;新建高标准水冲式公厕40座,提升改造旧厕18座;新建垃圾中转站3座;投资1000余万元购置洗扫车、吸尘车、洒水车和勾臂车20余辆;维修安装果皮箱1400余个、增设密闭式垃圾箱48个,垃圾桶300个。将中心市区清扫保洁(含盐湖区现在管理的小街小巷的垃圾、收集、转运)全部交由专业公司运营,真正实现管干分离。

(杜　博)

【街景管理】 2014年共拆除各类违规广告2200处,通过市场化运作,对27座擎天柱户外广告经营权进行了有偿出让,筹集城市建设资金825.5万元;发布公益广告计2.3万平方米,提升改造门店牌匾3270余处。建成公交站点268座,并对市区公交站名进行了核对、更正,正确引导市民出行。采用市场运作的方式,投资600余万元,建成黄河夜市,解决了2000余人的就业岗位,规范了夜市的管理。(杜　博)

【城乡清洁工程】 2014年,下发了《关于进一步加快推进2014年乡村清洁工程的通知》。投资2415.6万元,购买1159辆垃圾清运车,已于7月底前分发到各县(市、区),预计再次投资2000余万元,计划采购1000余量垃圾清运车。

(杜 博)

【房产市场和建筑市场管理】 2014年,全市完成升级增项的企业有17家。组织了新成立企业岗前培训,培训人员50余人。协助处理建筑市场拖欠农民工工资的信访事件21件。开展了打击建筑工程违法转包分包的专项行动。全年共办理商品房预售许可34项。按照省厅关于《房地产市场专项检查工作方案》安排部署,全年共检查项目230个,共下发整改通知书30份,规范项目30个。全市房地产开发共完成投资86.7亿元;新开工420.34万平方米;竣工180.1万平米;销售155万平方米;商品房销售额45.2亿元。月报网上上报率达到100%,审核率达到100%。坚持“预防为主,安全第一”的思想,不断加大检查排查力度,共检查施工企业66家,工地项目266个,发现并整改隐患413处,签订质量终身负责制承诺书177个,设置质量责任永久标牌81个。

(杜 博)

【党风廉政和精神文明建设】 2014年,认真学习党的十八届四中全会精神,制订了贯彻落实“八项规定”的实施细则。邀请市直工委组织部部长樊红才为所有党务干部进行了知识培训,建立了积极分子和重点培养对象备案制度。组织局各窗口单位开展了以“学雷锋、树新风”和“礼貌待人、诚信服务”为主题的“优质服务”活动,提升了窗口文明服务水平。围绕社会公德、职业道德、家庭美德、个人品德等内容,通过看短片、诵经典、讲故事、作承诺等方式加强了“道德讲堂”的建设工作。

(杜 博)

【深入践行党的群众路线教育实践活动】 市住建局教育实践活动在市委教育实践活动领导小组的正确领导和市委第二十一督导组指导下,围绕“为民务实清廉”主题,以“照镜子、正衣冠、洗洗澡、治治病”为总要求,以“反对四风、服务群众”为重点,通过8个月的集中开展,完成了三个环节任务,做到了“规定动作不走样,自选动作有特色”,达到了预期的效果,取得了明显成效。抓好学习教育,打牢了政治理论思想基础。活动期间,共征求到各类意见建议1945条,确定了领导班子“四风”突出问题15条,县处级以上党员领导干部“四风”突出问题194条。认真开展批评和自我批评,提高了领导班子自身解决问题的能力。局班子成员认真组织观看了习近平总书记5月9日参加河南兰考县的专题民主生活会视频,7月25日召开了局领导班子专题民主生活会。会议始终贯穿整风精神,13名班子成员畅所欲言、坦诚相见,自我批评敢于揭短亮丑、触及灵魂,互相批评敢于动真碰硬、直击要害,真正起到了“红红脸、出出汗、排排毒”的效果,达到了“团结—批评—团结”的目的。积极落实整改,维护了群众的根本利益。以深入贯彻落实中央“八项规定”为切入点,突出“整改落实”关键点,对群众反映强烈的“四风”积弊出重拳,解决了一大批群众反映的突出问题。通过深入基层,及时掌握和了解群众反映最迫切、最需要解决的问题,维护了群众的根本利益。强化制度建设,促进了党员干部作风明显转变。从活动一开始,就着手建章立制各项工作。制订了《关于进一步规范落实各项工作规定的通知》《关于进一步规范请销假制度的通知》等一系列规章制度。新制订了制度17项,修订完善了2项。进一步规范了权力运行,管住了干部行为,促进了工作作风明显转变,树立了住建系统的良好形象。

(杜 博)

住房保障管理

【概况】 2014年,按照“保增长、保民生、保稳定”的总体要求,深入贯彻落实科学发展观,进一步创新工作思路,加大保障性住房建设力度,加快推进落实步伐,确保年度目标任务圆满完成。中心城区计划开工建设各类保障性住房6001套(其中公共租赁住房1000套、城市棚户区改造5000套、林区棚户区改造1套),含续建项目基本建成5183套,年度计划完成投资165175万元(其中:林区棚户区改造完成投资35万元)。 (市住房管理中心)

【项目建设】 2014年中心城市开工建设保障性住房7492套(其中棚户区改造项目24个,开工建设安置住房6492套;公租房项目4个,开工建设1000套),新建项目开工率为125%。含续建项目在内的保障性住房基本建成7292套,建成率为141%。含续建项目在内的保障性住房项目累计完成投资175000万元(其中棚户区改造完成投资137229.5万元,经济适用房完成投资37000万元,公租房完成投资3280万元,廉租房完成投资390.5万元),完成投资率为106%。

(市住房管理中心)

【政策宣传】 2014年,按照保障性住房管理办法和省有关文件规定以及统计部门公布的上一年度国民经济和社会发展统计公报有关数据,进一步扩大了保障范围,将经济适用房保障对象扩大到中心城市常住人口,人均可支配收入提高到16574元,人均住房面积提高到20平方米。为了保障实施效果,采取多种方式加大对保障房的宣传力度。对工作人员进行了专业培训,深入到周边村镇、工矿企业和广场等地对保障房政策进行讲解宣传,发放宣传材料近万份;编辑保障房政策短信,以短信形式进行宣传,发送短信150万条;邀请运城市电视台制作了保障房政策和圣惠嘉园项目宣传片,在运城电视台及各县市电视台进行大力宣传;此外,中心积极践行党的群众路线教育实践活动,开展便民服务,分别在河东广场、南风广场、圣惠嘉园设立申报大厅,方便群众咨询申报。 (市住房管理中心)

【廉租住房资格审查】 2014年,由于公租房、廉租房合并统称为“公租房”,省相关实施办法尚未出台,新的申报办法正在探讨,中心对2013年1090户廉租住房申请户进行复核,经审核,共有917户申请户符合条件,发放货币补贴2546049.79元。

【城市棚户区改造】 2014年,按照国务院和省政府对棚户区改造的安排部署,结合运城市工业集群化、农业现代化、新型城镇化“三个方案”,加快推进城市棚户区改造步伐。根据国家、省有关文件规定,参考兄弟地市的成功经验和做法,结合运城市实际情况,起草了《运城市人民政府关于加快推进中心城市棚户区改造的实施意见》,并于2014年12月30日由市委法制办主持召开了棚户区实施意见听证会,待市政府批准同意后,将认真贯彻落实。此外,通过实地摸底调查,市政府于2014年6月召开了棚户区改造协调会议,同意将比较成熟的24个片区纳入2014年中心城市棚户区改造范围,这24个片区涉及改造户数5673户、改造面积112万平方米,计划新建面积305万平方米、新建套数33100套。

(市住房管理中心)

【银湖街道路工程建设】 2014年,根据局机关安排,负责银湖道路的建设。银湖街道路工程前期手续全部办理完毕,勘察、设计已开标。银湖街施工现场建筑垃圾大约16万立方米,为减少二次污染,节省投资,由发改委牵头委托专家论证,进行为期两个月的土工试验,采取柱夯的施工工艺,约节省投资500万元。 (市住房管理中心)

【综合整治】 2014年,按照市委、市政府“四城联创”总体部署和“七位一体”工作机制,紧紧围绕国家卫生城市创建要求和时间节点,细化目标责任,层层分解任务,全面推动实施。利用每周“义务劳动日”,会同市政、园林、城管、环卫、综合办等相关部门人员,分阶段、分步骤对市区中银大道(全长2.5公里)、南城墙街的环境卫生、园林绿化、广告牌匾、小摊小贩、市政设施等进行了全面整治,共清扫绿化带内垃圾100车,更换门头牌匾10块,取缔流动摊点6家,补栽绿化带内苗木50株,修复受损路面8处,清除小广告50块。

(市住房管理中心)

【开展党的群众路线教育实践活动】 2014年,自群众路线教育实践活动开展以来,以“照镜子、正衣冠、洗洗澡、治治病”为总要求,组织党员干部学习了《论党的群众路线》《厉行节约反对浪费》《党的群众路线教育实践活动学习文件选编》、党的十八大及十八届三中全会精神,习近平总书记系列讲话精神等;观看了《焦裕禄》等八部影片,结合住房保障工作实际,深入开展了“三查、三问、三思”学习讨论,要求每个党员干部做好1万字的学习笔记,并结合本职工作写出心得体会;要求领导班子按照“三个摆进去”的要求,触及灵魂查找自身问题,亲自撰写个人对照检查材料,深刻反省;召开高标准专题民主生活会,认真开展批评和自我批评,起到了红脸、出汗、排毒、鼓劲的效果;坚持立行立改,制订公布领导班子“两方案一计划一清单”和个人整改问题清单,坚持建章立制、固化活动成果,新建制度5项,修订完善制度2项,以科学系统的长效机制推动作风建设弛而不息、久久为功。针对自我查摆、相互批评中反映出的个人“四风”问题,明确时间节点,制订具体措施,立说立行、举一反三,以“钉钉子”的精神一项一项抓好整改落实,全部整改到位。通过活动,进一步增强了工作人员的宗旨意识和马克思主义群众观点,转变了工作作风,提高了干部队伍素质,为做好住房保障管理工作提供了有力保障。

(市住房管理中心)

供热供气

【气站建设】 2014年,全市共发展天然气居民用户3.8万户;平陆加气站已建设完成,新绛加气站已完成总工程量90%,闻喜桐城加气站已完成总工程量80%,南山加气站已完成总工程量60%,风陵渡加气站已完成总工程量60%。 (郭 红)

【推进“气化运城”工程】 在实现全市13个县(市、区)、5个省级经济开发区天然气管网全覆盖的基础上,2014年城镇共铺设中压管网1240公里;发展居民用户25.6万户,公共福利及商业用户1784户,工业用户96户;发展乡镇农村115个,CNG加气母站1座,加气站12座;2014年用气量达到3亿立方米。

(郭 红)

【燃气行业监管】 2014年,为了促进供气行业监管工作,及时掌握全市用气情况,对每月全市18家公司上报的各项数据认真分析、审核、汇总后上报省住建厅。全年共整理、上报216份报表,真正做到上报及时,数据准确。

(郭 红)

【推进“煤改气”工作】 2014年,根据市政府部署,在市区开展“煤改气”专项整治工作,为保障全市热力和天然气的供应,对天然气需求量进行了测算,同时,积极联系省天然气公司,确保气源保障,并要求山西压缩天然气集团运城公司、山西民生天然气公司和运城市经纬燃气公司对管网运行情况、运行压力、管输能力等设施设备进行整治,以满足中心城区煤改气后气源保障及运行。年内,燃煤锅炉煤改气已完成小区(单位、学校)有9家,面积约30万平方米。 (郭 红)

【规范燃气价格及收费】 2014年,为了切实解决好群众反映强烈的问题,维护好全市燃气市场正常经营秩序,按照市政府安排,与市物价局联合开展了燃气价格及收费行为专项整治活动,制订了实施方案,在全市范围内开展了一次燃气公司与居民用户和非居民用户的供气价格执行情况、工程建设收费情况、工程预决算报告及结算发票等各项价格及收费情况专项检查工作。中心城区山西民生天然气有限公司、山西压缩天然气集团运城有限公司和运城市经纬燃气有限公司的自查及检查工作已基本结束,有效地规范了价格及收费行为和经营秩序。 (郭 红)

【“小产权房”用气整治】 2014年,根据市政府6月25日协调会议精神,召集山西民生天然气公司、运城市经纬燃气公司、运城市热力公司和山西压缩天然气集团运城公司四家公司进行研究部署，制订方案。按照“小产权房”清理整治工作组提供的“小产权房”目录，对所有的83家小区（单位）进行摸底排查，严格落实市政府会议精神。同时，组织人员进行不定期抽查，有效制止了“小产权房”违规用热用气。

（郭　红）

【完成取暖供热】 2013－2014年度，中心城区热电联产供热面积750万平方米，总供热量231万GJ。供热期间，认真组织，严格要求，确保各项工作认真落实。一是继续组织召开了集中供热技术对接会，及时解决有关技术问题，确保供热正常运行；二是继续实行逢五测温制度，对供热的质量进行动态监督，确保了供热质量；三是每日统计汇总供热相关数据并及时向领导汇报，以便领导进行决策；四是对于各种渠道用户反映的问题，做到深入现场认真调查，分析原因，采取措施处理。同时，认真做好供热计量数据监测工作，积极与联通公司、移动公司和生产厂家联系，对热计量站和服务器的设备进行维护保养，并对供热有关数据进行了备份。认真做好了热计量站和服务器的日常维护及数据监测工作，保障了有关部门能够及时获取相关供热参数。

（郭　红）

【推动供热准备工作】 2014年9月24日，王清宪市长主持召开了市政府“今冬供热保障专题会议”，明确了责任，部署了工作。11月5日，市长王清宪、副市长王俊飚对供热工作进行专题调研和视察，要求各部门要强化措施，确保按时、足温供暖，让群众温暖过冬。市人大代表、政协委员也非常关心供热工作，10月28日就集中供暖准备情况进行了视察，针对一些老百姓关心的热点问题进行了调研。（郭　红）

【关铝热电公司检修】 2014年，关铝热电公司从4月份开始组织技术人员对机组进行检修，并配合市热力公司完成管网冷循环试运行；脱硫脱硝和电除尘设施改造也完成施工；冬季供热煤炭储备工作由同煤集团（驻关铝热电公司工作组）负责落实，已储煤10万余吨。

（郭　红）

【市热力公司补给】 2014年，市热力公司完成了对64座热力站和一、二次管网所有设备的维修保养工作。制粉系统优化改造调试基本结束。同时9月上旬完成了生产用煤7000吨采购工作。完成热网整治，改造了10家小区（单位）管网，提升了供热效率和质量。供热前一网补水由热力公司进行，运行期间补水由关铝热电公司负责，两家公司就补水问题签订了补水合同。

（郭　红）

【开发区供热准备】 2014年，运城经济开发区新增供暖面积23万平方米，累计达到84万平方米。供热工程及设备检修全面完成，完成储煤8000余吨，准备工作基本就绪；空港经济开发区新增供暖面积38万平方米，累计达到100万平方米。完成设备检修，已储煤1000余吨，准备工作基本就绪。

（郭　红）

【小暖检修补给】 2014年，中心城区分散锅炉供暖的小区（单位、学校）共159家（其中：燃煤锅炉70家，地热11家，壁挂炉56家，燃气锅炉22家）。按照统一要求，检修工作已经完成，存煤近2万吨，可按时供热。（郭　红）

【隐患排查治理】 2014年，认真贯彻全国、全省、全市有关安全生产工作的相关会议和文件精神，认真组织各供热供气公司开展形式多样的隐患排查活动，全年共下发安全有关文件22份，简报1期。通过扎实有效的开展大检查和隐患排查治理活动，全面促进了天然气安全发展的持续稳定好转。为保证中心城区天然气锅炉安全稳定供热，下发了《关于开展天然气锅炉、壁挂炉维护检修的通知》（运供热供气办发〔2014〕69号）文件，要求各使用单位在供暖前要认真对锅炉进行隐患排查，燃气公司在送气前要认真核实使用单位的资料，保证所有资料齐全，方可送气，确保所有用户按时安全供热。所有壁挂炉用户要积极联系厂家对壁挂炉进行维护保养和清洗，确保正常安全供热。

（郭　红）

【“安全生产宣传月”活动】 2014年6月是全国第十三个安全生产月，活动主题是“强化红线意识，促进安全发展”。根据市政府安委会的统一安排，6月16日组织热力、民生、压缩气公司在南风广场参加了安全生产月宣传咨询日活动，共展出板报6块，横幅3条，发放宣传材料5000余份，接受群众现场咨询20余次。通过板报展示、发放材料、现场解答、发放购物袋和扑克牌等形式，耐心细致的解答群众对供热供气的安全生产方面的政策疑惑，大力宣传供热供气安全生产的方针政策和法律法规，普及了供热供气安全知识，增强了全民安全意识，在全社会营造了“强化红线意识，促进安全发展”的舆论氛围，对促进供热供气安全生产工作持续稳定发展起到了作用。（郭　红）

【应急演练救援】 2014年6月，民生公司、市热力公司、压缩公司和经纬公司分别在圣惠南路加气站、热源厂和北相站进行了加气站反恐怖、厂用电中断、母站反恐怖和中压管线泄漏应急演练活动。这几次演练体现了几个特点：一是各公司领导高度重视应急演练活动，亲自部署、亲自安排，整个演练从虚拟事故现场、模拟报警、成立应急救援指挥部、应急处置事故等各个环节，反应灵敏、决策果断、行动迅速、平稳有序、安全有效、业务熟练、装备齐全，达到了预期效果；二是演练坚持从实战出发，注重仿真模拟实战，演、练结合，以“练”为主，实战性、针对性较强；三是应急处置能力得到进一步提高。这次演练，既锻炼了应急救援队伍，也提高了应对突发事件的防范能力，为以后可能出现的突发事件积累了宝贵的实战经验。

（郭　红）

【开展“防十漏”活动】 2014年，认真组织燃气公司开展了“防十漏”活动，实行每周汇报制，以便及时掌握燃气安全动态。全年共排查隐患4656处，其中民生公司 1798 处,经纬公司 2858 处,整改 4656 处,整改率 100%。

(郭　红)

【推进监控系统全覆盖】 2014 年,根据 4 月 1 日全市治安视频监控建设工作会议要求和运城市社会管理综合治理委员会办公室《关于全面推进城区社会治安视频监控系统建设的通知》(运综治办〔2013〕17 号)文件精神,该办认真落实。年内,市热力公司安装摄像头 32 个,民生公司安装摄像头 73 个,经纬公司安装摄像头 22 个,压缩公司安装摄像头 22 个,确保平安运城的建设顺利推进。(郭　红)

规划勘测工作

【概况】 2014 年,在市委、市政府的正确领导下,市规划勘测局紧紧围绕“工业集群化、集群园区化、园区社区化、社区城镇化、土地规模化、城乡生态化”的城乡一体化目标,坚持城市功能完善、产业空间拓展、土地集约利用、市民方便宜居的原则,不断创新规划理念,统筹规划资源,高起点编制规划,高质量审批项目,高强度实施管理,充分发挥城乡规划的调控和龙头带动作用,较好地完成了各项工作任务。

(市规划勘测局)

【加强规划编制工作】 2014 年,《运城市城市总体规划》已编制完成,4 月经省政府批准后进入实施阶段;给水、管线综合专项规划通过专家评审;《运城市中心城区应急避难场所专项规划》《运城市中心城区教育设施专项规划》《运城市中心城区体育设施专项规划》等三项专项规划,已向市政府报批;《运城市大西高铁客站周边地区(高铁商务区)控制性详细规划》、《人民南路以东片区控制性详细规划》、《永乐街片区控制性详细规划》、《红旗街片区控制性详细规划》四项控规已编制完成。这几项控规编制完成后,中心城区控规覆盖率达到 80%,超额完成省要求到 2014 年底控规覆盖率达到 70% 的工作任务。

(市规划勘测局)

【“三个十”主体建筑】 2014 年,坚持高起点规划,在中心城区规划建设 10 个商业综合体、10 个旅游酒店、10 个产业大厦。为了使“三个十”主体建筑更具科学性和可操作性,委托清华大学规划研究院对“三个十”城市主体建筑进行科学规划。坚持集约利用土地的原则,通过现场勘查、专家论证、市场调研等方法,确定了“三个十”主体建筑的规划选址,力求主体建筑建设高起点、高标准。在运城农商银行建设了规划展示厅,全面展现全市规划情况及“三个十”的建筑形体,形象体现“三个十”在城市发展中的作用,促进招商引资。委托北京和视觉广告公司设计制作了“三个十”广告宣传册,从运城自身优势、八区功能等方面入手,着重宣传“三个十”主体建筑的功能、规模等优势条件,强化“三个十”主体建筑的招商引资。分别委托北京中视合联广告有限公司、北京文创汇影视文化有限公司设计制作了两种风格的“三个十”广告电视宣传片,通过电视媒体进行招商宣传。3 月份开始在运城电视台新闻栏目之后持续播放一个多月,收到了良好效果。为了使“三个十”主体建筑招商建设工作有序进行,4 月份制订印发了《关于做好中心城市 34 个主体建筑招商引资工作的通知》,按照政务督查、行政监察、舆论监督“三位一体”联动督查机制,要求有关责任部门在年底要完成总任务的 50%。全年,“三个十”主体建筑落地开工建设 15 个,占总数的 50%。其中,商业综合体 6 个,旅游酒店 4 个,产业大厦 5 个。已经开工建设的有 15 个。其中,商业综合体 5 个,旅游酒店 4 个,产业大厦 6 个。(市规划勘测局)

【指导县市规划】 2014 年,全市 12 个县(市)全部编制了总规,临猗、稷山、绛县、芮城 4 个县控规覆盖率达到 100%。对稷山县、夏县、新绛县、闻喜县的总体规划进行了评估;指导河津市、永济市、临猗县、新绛县、稷山县、夏县、闻喜县等 7 个县(市)编制燃气专项规划;指导所有县(市)编制完成城市排水防涝设施建设规划,全力推动全市城镇化发展进程。(市规划勘测局)

【优化审批程序】 2014 年,为进一步提高工作效率,对审批项目进行了清理,通过流程再造,简化申报材料,缩短审批时限,将原来的 27 项申报材料简化为 12 项,审批期限由 20 个法定工作日缩短为 15 个工作日,在原有的基础上提高了 30%。同时,重新制订了行政审批项目运行流程图、项目审批申报材料、项目申请表、一次性书面告知书、便民服务卡、各种表格样表及限时办结制度等,使前来办事人员更加清晰、明了,大大地提高了办事效率。全年,共接收办理审批事项 68 件,按时办结 68 件,承诺期内提前办结率达 100%,电话咨询和接待群众满意率 100%。

(市规划勘测局)

【重点项目建设】 2014 年,建立组织保障机制,下发了《关于成立重点项目推进领导组的通知》,明确专人,落实责任,突出服务,加快推进重大项目建设。建立内部运行机制,对重点建设项目在压缩和简化流程基础上,按照“特事特办、急事急办”的原则,实行“联审联批办理”和“行政审批预先审办制”,对于材料齐全的,即报即办;对于材料有所欠缺的,预先审办。建立外部协调机制,建立重点项目联席工作制度,及时加强与相关部门沟通协调,积极牵头同步办理。建立督促检查机制,为每个重点建设项目配备 2 名跟踪管理责任人,按时汇总项目办理质量和进度,及时跟踪检查项目推进情况。

(市规划勘测局)

【做好规划服务】 2014 年,实行重点项目“直通车”服务。实行一次性告知,一站式服务,集中受理,现场批复,即时办结,竭力为重点项目提供高效、便捷、优质的服务。开辟审批“绿色通道”。对重点项目实行并联审批机制,宽延审批前置条件等方法加快审批进度,全力保证申报项目快速、顺利的通过规划审核。三是推行“一对一”帮扶制。局科级以上干部每人定点帮扶一到两个企业，定期深入企业和建设现场，实施全过程动态跟踪服务，主动帮助解决实际问题，做到前期调查、解决问题、定期回访一条线。全年先后深入基层50余人次，帮助企业协调解决了各类问题40多个，切实把为项目排忧、为项目服务的工作做实、做细、做好。

（市规划勘测局）

【行政法制建设】 2014年，加强法制培训学习，组织全体人员强化学习《城乡规划法》《行政强制法》《行政处罚裁量权》等法律法规的学习，普法学习率达到100%。并进行了普法考试，考试合格率100%。十八届四中全会后，全体人员系统学习了关于依法治国的决定，进一步增强了法律意识和水平。强化制度建设，制订了2014年法制建设工作计划和2014年依法治理示范单位创建活动实施方案及学习计划，坚持法制建设制度化、轨道化。加大督促落实，在全局开展了行政执法案卷评查工作，规范执法案卷质量，在执法过程中严格使用执法文书，执法使用文书率达100%，提高了行政许可案卷和行政执法文书立卷归档工作。

（市规划勘测局）

【加强规划监管】 2014年，为加强对取得规划许可建设项目的监管，建立了相应的规划监管机制。实行责任到人制，执法人员采取划片包干，假期轮休的管理办法，全天候、全方位对建设项目进行监察；实行动态管理制，对建设项目行政许可后进行跟踪管理和全方位监督检查，将建设项目与责任人捆绑，一包到底；实行巡查日志制，严格项目建设批后管理，形成环环相扣、层层把关的规划管理格局。对发现的问题，严格按照《城乡规划法》和《山西省城乡规划条例》有关规定进行处罚。10月份，规划监察职能回归后，和市监察、国土、住建等部门联合对既有建筑进行了摸底，并厘清监管职责；同时加强队伍建设，对执法人员进行培训，充实力量，确保城市建设有序进行。

（市规划勘测局）

【党风廉政教育】 印发了《运城市规划勘测局2014年党风廉政建设目标责任制分解意见》和《2014年度党风廉政建设目标责任书》，明确了全年党风廉政建设工作重点，做到了任务明确，责任到人。组织全局人员学习了中央纪委三次全会、全省党风廉政建设干部大会暨省纪委十届四次全会及市纪委三届四次全会精神以及党中央八项规定、反对“四风”等相关文件的新精神、新要求。组织全体人员赴市廉政警示教育基地，现场接受了一次特点明显、冲击力强的廉政警示教育，进一步提高了对腐败犯罪危害性的认识。每月更新一次廉政警示专栏，宣传廉政新政策；在局会议室设置廉政漫画栏，丰富廉政文化。印发规划监察简报，及时报道局机关廉政新动态，宣传预防腐败的办法和措施，营造廉洁奉公的氛围，提高干部职工防范和抵制腐败的能力。

（市规划勘测局）

【全面政务公开】 2014年，坚持规划公开招标征集、设计方案必选、实施全过程监督、许可审批结果“四公开”。规划设计招标，由市财政局委托招标代理公司负责在政府信息网等媒体公开规划招标征集，并在市政府公共资源交易大厅随机抽取专家进行评标，监察室全程参与监督，确保公开、公平、公正。制订印发了《关于完善办事公开制度依法公开权力运行流程的实施方案》，以建设廉洁、务实、高效、法治机关为目标，进一步完善了规划办事公开制度，进一步规范并公开了权力运行流程，提高办事效率，提升服务质量，切实保障人民群众的知情权、参与权和监督权，促进规划事业健康有序发展。

（市规划勘测局）

【开展专项治理】 2014年，开展工程建设领域突出问题专项治理。对2012年1月1日至2014年4月30日期间的项目进行了摸底排查，并将信息数据上报市纪委执法室。

（市规划勘测局）

【政风行风建设】 2014年，开展“工作秩序涣散、纪律松弛”专项整治。制订印发了实施方案，全体干部职工对照“慵懒散乱”，贻误工作、自由散漫、效率低下等影响规划事业发展环境和损害党和政府形象的6种违纪行为，通过填报《工作作风专项整治个人自查表》，进行了自查整改，并建立《运城市规划局廉洁从政“六不准”》制度，进一步改进工作作风，树立了规划系统工作人员积极向上、克己奉公、遵纪守法、清正廉洁的良好形象。

（市规划勘测局）

【开展群众路线教育活动】 2014年，党的群众路线教育实践活动开展以后，市规划局紧密联系工作实际，采取了一系列有效措施，认真开展群众路线教育实践活动，重点查找和解决规划工作和规划部门自身建设中的“四风”问题。较好地完成了学习教育、听取意见环节的工作任务，取得了较好的效果。经过多方征求，共征求到意见建议1121条，其中：涉及“四风”方面的有955条；领导班子征求到意见204条，涉及“四风”方面的169条。

（市规划勘测局）

环境保护

【概况】 2014年，市环保局按照省、市经济工作会议的总体部署和全省环保工作暨党风廉政建设电视电话会议精神要求，紧紧围绕大气污染防治、主要污染物减排、重点流域水污染治理等工作，开拓进取，真抓实干，各项工作稳步推进，多数指标完成了年度任务。

（市环保局）

【主要指标完成情况】 2014年，污染减排方面，全市化学需氧量、氨氮、二氧化硫、氮氧化物、烟尘和工业粉尘分别净削减5.1%、4.5%、6.3%、9.4%、2.8%和3.0%，全面完成省委、省政府下达的目标任务。89家畜禽养殖企业中，绝大多建成了污染治理设施，农业源首次实现了减排。大气污染防治方面，环境空计办理再贴现业务343笔14.61亿元;累计收回再贴现609笔22.40亿元,再贴现余额为1.85亿元,达到限额指标的30.83%,较好地发挥了央行再贷款、再贴现资金的政策支持作用。

(张力强)

【薄弱环节金融支持】 2014年,市人民银行首先积极推进农村金融机构改革,以支农再贷款、再贴现等政策工具向信用社提供资金支持,推动农村信用社改制。夏县、临猗农村商业银行均改制成功并正式营业,永济联社正在积极筹备。其次,积极帮助组建村镇银行,壮大支持农村经济的金融实力。2014年,积极筹备的村镇银行有永济、临猗和新绛3家。第三,有效开展涉农、中小微企业信贷政策导向效果评估工作,信贷政策导向效果明显。至2014年末,全市中小微企业贷款余额达338.85亿元,较年初增加13.27亿元,增长4.08%。其中,小微企业贷款余额152.1亿元,较年初增加10.76亿元,新增贷款占全市企业贷款新增额的85.1%。全市金融机构涉农贷款余额为594.97亿元,较年初增加50.37亿元,增长9.19%,其中农户贷款与农村企业及各类组织贷款分别增加18.51亿元与24.04亿元,增长9.18%与8.7%。第四,有效支持大学生村官和农村青年创业及下岗失业人员小额担保贷款工作。至年末,全市各金融机构累计向184户妇女创业、下岗失业人员和大学生创业发放再就业小额担保贷款545万元,向88名优秀大学生村官发放创业贷款509.89万元,向5759名优秀农村青年累计发放创业贷款3.46亿元。第五,继续加大对民族贸易生产企业的贴息支持。至12月末,全市10家民贸企业所获优惠贷款余额为24.43亿元,全年企业获得贴息6364.42万元。第六,积极搭建企业融资服务平台。配合市政府组织召开了"全省政银企项目对接月启动仪式暨运城市洽谈会",共促成金融机构与全市1166家企业达成887.21亿元融资合作意向,融资总额比上年增加了190.91亿元,签约项目及金额均创历史最好水平,市人民银行被市政府授予"信贷融资综合服务先进单位"称号。继续做好运城融资平台网站的建设和运用工作,至年末,全市企业通过"运城融资平台网"提交贷款申请135笔,总金额达到22.92亿元,成功贷款107笔,完成融资16.53亿元,对接成功率达79.26%。

(张力强)

【推动金融市场发展】 2014年,积极推动开展跨境人民币结算业务,截至年末,全市有4家银行机构开办了跨境贸易人民币结算业务,30家企业参与该业务,比上年末增加了6家,业务涉及21个国家和地区,全年累计办理经常项下跨境贸易人民币业务168笔,结算金额15.2亿元;办理跨境信用证业务17笔,涉及金额3.21亿元。认真做好债券市场业务监测工作,全年辖内累计发生债券交易业务5162笔,金额7046.97亿元,同比增加4952.82亿元,年末存量为108.4亿元。积极推动辖区优势企业开展直接融资业务,年末辖内直接融资总量达18亿元,其中,中期票据总量为10亿元,市政项目建设债券8亿元。

(张力强)

【金融产品创新推动】 2014年,严格按照市政府关于《运城市金融系统信贷产品创新竞赛活动方案》和《关于进一步推广动产融资信贷产品的实施方案》要求,引导金融机构紧紧围绕中小企业发展需求,大力开发与企业生产经营相接的创新信贷产品。年末,全市11家金融机构自主创新产品或其上级行推行的新产品共有31项,如:工行的经营性物业支持贷款、财产收益权依托融资等产品;农行的房抵贷;中行的国内融信达;建行的"善融贷";交行的"融资租赁",邮储银行的个人商务贷款;华夏银行的订单融资;信用社"果库担保贷款、红金贷"土地承包经营权抵押贷款等各具特色的信贷产品,创新产品累计为企业和个人办理贷款3022笔,金额为56.78亿元。全市10家金融机构共开办倡导推行的信贷产品6项,主要产品为网银循环贷款、林权质押贷款、保理业务、应收账款质押、商圈融资、收费权质押等,累计办理业务2047笔,金额48.26亿元。市人民银行还组织召开了运城市金融产品与服务方式创新表彰会,对金融产品与服务方式创新竞赛活动中表现优异的先进单位和先进个人予以表彰。 (张力强)

【维护金融稳定】 2014年,全市人民银行系统有效运用金融风险监测系统,认真落实金融稳定重大事项报告制度,不断强化重点行业及金融关联性风险的监测分析和预警预判。依法合规做好"两管理、两综合"工作,严格按流程开展综合执法检查,共查出问题257项、14673个。继续开展芮城县和平陆县已撤销城市信用社资产清理工作。完善金融突发事件应急处置体系,深入开展金融消费者权益保护工作。扎实开展反洗钱工作,年内对晋商银行等7家金融机构进行了现场检查,并配合太原中支对建行和邮储银行进行了反洗钱检查;对西南证券等3家新设金融机构进行了全面督导。

(张力强)

【夯实外汇收支基础】 2014年,推进PTES系统的开发和应用;不定期召开银企座谈会,通报国际收支数据申报情况。巩固货物贸易外汇管理,充分运用货物贸易外汇监测系统,将监管视线聚焦到45家重点监测企业,全年共将1家企业列入C类企业,处罚了7家违规企业;2014年,全市货物贸易收支总额为19.41亿美元。同时,密切跟踪转口贸易外汇收支情况,抑制转口贸易的异常增长,全年转口贸易金额1.49亿美元,同比下降69.81%,占货物贸易的比重也由上年的25.26%下降为7.69%。深化服务贸易外汇管理,进一步提高企业服务贸易的便利化程度;2014年,全市服务贸易外汇收支总额为9652.77万美元,同比增长32.58%。

(张力强)

【外汇管理服务】 2014年,首先加强对直接投资和外债的管理,辖内投融资活跃性明显增强。全年实际利用外资249.67万美元,同比增长60.07%,境外资金汇出3097万美元,其中:境外投资

1897万美元，直接外债还本付息1200万美元，同比增长51.9%。二是加强外汇监管与监测工作，认真开展外商投资企业外汇年报工作，全市参报企业42家，申报率为95%，企业自主申报率为19%，事务所代申报率为81%。三是认真规范结售汇市场准入准出。至年末，共办理机构准入准出备案10家。四是做好外汇业务检查工作。2014年共进行约见谈话5次，下发风险提示函3份，立案查处欧罗福（山西）能源有限公司、交通银行运城分行、忠民集团等5起，收缴罚没款42.4万元。

（张力强）

【推动支付体系建设】 2014年，加大现场与非现场监管力度。全年组织对辖内6个金融机构共9个网点进行执法检查；将全市11个金融机构和2个非金融支付机构纳入非现场监管范围。加强非金融支付机构管理。年内，全市开展支付业务的第三方支付企业达19家，在市人民银行备案的共有13家。加强支付系统安全管理，确保二代支付系统和会计核算系统安全稳定运行，做好ACS的推广工作，严格执行新发布的会计核算规章制度，确保系统稳定、资金安全。积极开展非现金支付工具创新。组织相关机构开展了“畅刷银联卡，欢乐惠万家”营销活动，其间刷卡消费共计32617笔，优惠32.62万元；以闻喜县农村金融服务为突破口，开展创建刷卡无障碍示范区工作，年末已布放POS机152台，刷卡交易量24375笔，金额292.5万元，有效地带动了农村银行卡市场的发展；以河津市为试点，积极推动手机支付业务试点工作，年末该市手机支付用户数达到24502户，累计交易98459笔，金额7.33亿元，进一步改善农村支付服务环境。加强人民币结算账户管理，做好辖区账户年检工作，至年末，全辖805个金融机构共完成年检的户数是38791户，年检率达66.78%。

（张力强）

【货币现金管理】 2014年，做好人民币发行基金调拨和现金投放回笼工作，调入、调出各种券别发行基金122.22亿元，办理商业银行出入库业务2426笔，金额257.94亿元，有力保障了全市经济、社会等方面的用现交易需求。建立小面额备付制度，全市设立小面额现金主办银行19个，小面额现金主办网点31个，有效地满足了社会对小面额现金的需求。对辖区非法人民币产品广告宣传和非法使用人民币图样进行检查。打击“法轮功”分子利用人民币进行反动宣传，全年共兑换印有“法轮功”反动宣传标语的反宣币735张，3840.5元。做好残损人民币回收工作，全年共上缴49.35亿元，组织复点残损人民币16.54万捆，金额7.17亿元，为群众鉴定兑换残损币115笔，金额36.34万元。完善人民币反假工作机制，开展全额清分及冠字号码查询业务竞赛，推进冠字号码可追溯及对外误付假币专项治理工作。承担了全省反假货币培训考试的试点工作，于12月4日进行网上在线考试和实际操作考试，加大执法力度，组织对辖内143个银行网点进行抽样检查。积极打击假币犯罪活动，全年共收缴假币2.38万张，211.49万元，张数和面额同比分别增加13.88%、7.84%，收缴量在全省仅次于太原市。

（张力强）

【征信体系建设】 2014年，做好中小企业信用档案收集工作，累计为4375户中小企业建立了信用档案，其中取得银行授信意向的3324户。推动新绛试验区的公共征信平台建设；扎实推进农村信用体系建设，全市已建立信用档案的农户79.14万户，已评定信用农户57.55万户，其中有54.54万户已取得农信社的信贷支持。全市累计对信用农户发放贷款712.55亿元，贷款余额为198.42亿元。组织拟接入征信系统的非金融机构做好评级等相关准备工作，辖内2家担保公司和1家小贷公司已完成接入初审；做好动产融资登记公示系统常用户审核工作，共完成12户常用户的审核；做好应收账款融资服务平台的培训、宣传、推广工作，共有181家金融机构和企业进行了注册申请，其中88家已完成注册，并于11月份促成了晋商银行河津支行与河津市鑫盛达物贸有限公司1000万元的应收账款融资业务。推动非银行信用信息采集工作，采集企业公积金信息4000余条。配合上级行推广应用个人查询收费系统，自主开发个人信用报告查询管理系统，全年共出具企业信用报告988份，查询个人信用报告4.6万人次，接受咨询近30000人次。做好机构信用代码证推广应用工作，确保增量机构100%发放，累计发放机构信用代码证4.67万个，其中本年发放6418个。加强对征信业的监督管理，对辖内建设银行等4家金融机构的20个营业网点进行了专项检查；扎实开展两类机构开展信用评级的工作，全市签约企业信用评级32户，已评定级别28户，签约微小企业信用评分40户，已评定级别35户，小贷公司申请并评定级别11户，融资性担保公司申请并评定级别4户。改版“运城征信在线”微信公众平台，全年共发布了500多条征信业务知识和音像资料，关注人数达2000余人，在全国征信类平台位居第一位。征信选修课在运城学院开班，太原中支征信管理处吴世良处长结合社会信用体系建设在运城学院进行了开班讲座。录制征信电视专题片，与《河东金融》栏目合作录制了4期专题片。

（张力强）

【反洗钱工作】 2014年，对辖区45家义务主体机构反洗钱工作进行评级，其中评估结果为A类5家，B类36家，C类4家，平均得分为86分。加强辖区新设金融机构核验工作，对新设机构反洗钱从业人员进行了从业资格培训和考试，同时做好对新设机构开业前期制度、业务、操作的指导、培训及后续跟踪工作。开展辖区金融机构的反洗钱督导工作。对西南证券等3家机构进行全面督导，向被督导机构下发了《反洗钱现场督导意见书》，要求被督导机构限期整改。开展反洗钱现场检查和对被查机构的跟踪检查工作，对晋商银行等7家金融机构进行了现场检查，对上年被查的平安财产保险公司进行了跟踪检查；8月份、10月份两次参加了人行太原中支反洗钱处组织的全省建行和邮政储蓄银行反洗钱检查工作。

（张力强）

【金融调查研究】 2014年，加强金融统计基础工作，提高金融统计数据质量。圆满完成总行“按标准化机构编码向数据集中系统报送数据”工作，开展辖内地方金融机构（包括小额贷款公司）标准化编码核对工作；严把小额贷款公司报表质量关，辖区33家已纳入统计系统的小额贷款公司报表无一差错；开展金融业综合统计工作，完成辖内348家金融机构的普查登记和数据处理阶段的工作。加强沟通协调，及时调整景气和物价调查样本，全年新增5户企业10项调查。切实抓好经济金融分析，为地方经济提供决策依据，其中，4月提出的建立市级企业转贷基金得到市政府采纳。11月，该基金正式设立，其中，由市财政出资3000万元，各县（市、区）分别出资300万元。不断提升金融研究水平，2014年，全辖共形成调研报告近200篇，有100余篇被省部级以上刊物采用，政务信息工作继续保持优势，直报信息类共被省委、省政府采用14篇，金融信息类被太原中支采用44篇，天津分行采用15篇，总行采用14篇，中办、国办信息采用4篇，总行领导批示2篇。新闻宣传稿件被《金融时报》采用14篇。调查研究和政务信息对决策的支撑服务作用进一步提升。

（张力强）

【科技服务保障】 2014年，加大信息安全管理力度，于5月份和11月份进行了两次检查，督促信息安全工作落到实处，加大风险预警监测力度，有效保障信息系统安全稳定运行。做好办公网分级保护测评工作，制订了中支机关办公网防护改造方案，于4月份顺利通过了太原中支和省保密局的验收，确保了办公网达到国家涉密信息系统分级保护标准。在金融城域网上建立了与商业银行交换数据的邮箱账号，减少了光盘传递的风险。做好应用系统的维护工作，全年累计设备维修181次，完成软件系统维护155次。推动金融IC卡的发行和在公共服务领域的应用，市人社局与建行运城分行合作发行社会保障IC卡230余万张，协调市住房公积金管理中心和工行、建行合作发行住房公积金联名IC卡7万余张，4月，实现了市区13条公交线路343辆公交车IC卡服务全覆盖，农行累计发行公交金融IC卡17000余张，累计刷卡笔数为18000余笔。以新绛为试点开发了企业征信服务平台网站，已投入试运行。完善了《计算机安全节能监测系统》，该系统已被成功应用到太原中支机关，以及人行阳泉、朔州中支。

（张力强）

【提升国库综合服务】 2014年，健全各项规章制度，完善了《国库直接支付数据统计系统》与《横联电子税票信息查询系统》。加强对账工作，全年分管行领导及国库部门负责人与财政部门现场对账10次，突击对账3次，确保账实、账款、内外账绝对一致。加强业务检查，于5月组织全辖共检查国库经收处158个，6月份对全辖12个县支库开展实地业务检查，10月份对辖区17个代理银行国库集中支付业务进行检查。按照省分库工作安排，将全辖12个县支库编押机统一上缴省分库。市、县两级国库共办理各级预算收入入库152.76亿元，其中：中央预算收入45.41亿元，省级预算收入7.90亿元，市、县两级预算收入99.45亿元。市、县两级一般预算支出358.70亿元，预算收入退库7.93亿元，发行凭证式国债4期，金额2.89亿元。积极开展“巴南国库”警示教育活动；加强县支库管理，加大国库资金的风险防控力度，落实三级风险责任制；继续推动“晋陕豫黄河金三角”国库信息调研协作机制；完成辖内永济支库和临汾隰县支库进行跨区整体移位试点工作。在运城经济技术开发区、运城空港经济开发区两支库实现了人民银行办理财政集中支付业务，扩大了国库直接支付领域，减少资金拨付环节，解决资金到账速度慢、资金监控难的问题。与财政部门签订了《国库直接支付资金风险防范目标责任书》，进一步明确各部门责任和义务。全市近年来已累计办理政府性补助资金国库直补项目达到130余项，2214万笔，金额115.85亿元。其中2014年累计发放323万笔，金额25.86亿元。

（张力强）

【规范行政管理】 2014年，深化政务公开，及时将相关公开信息向社会和服务对象公开，累计发布公开信息110余条。做好行政执法检查及行政处罚审核工作，对交通银行运城分行银行卡领域消费保护工作进行专项执法检查，共出具行政处罚审核意见13份；加强法律宣传和培训，做好“3·15”金融法制宣传、金融消费者权益保护宣传月等活动，营造了学法用法的良好氛围；组织领导干部参加1次法律知识学习，组织6名职工参加太原中支组织的执法证资格培训考试。提升法律事务服务水平，参与中支发行库扩建工程决策会议7次，审核集中采购合同11份，提供法律咨询2次，出具法律意见书13份。

（张力强）

运城银监分局

【概况】 2014年，银行业金融机构资产总额1967亿元，比年初均增长10%，同比回落1.5个百分点；负债总额1917亿元，比年初均增长10%，同比回落1.0个百分点；全市金融机构共实现利润10亿元，同比减少5.7亿元，下降36%。2014年末，贷款损失准备金余额为45.55亿元，较年初增加15.35亿元，同比提高50.83%；贷款损失准备充足率91.87%，较年初增加18.54个百分点；拨备覆盖率49.48%，较年初增加8.63个百分点。 （张永安）

【支持实体经济】 2014年，由于上半年经济下行、企业集中违约、上级行问责的多重压力，全市银行业支持经济发展信息不足。对此，召开10余次支持实体经济座谈会、推进会、经验交流会，增强银行业支持实体经济的信心。跟进监管措施。出台支持实体经济发展的指导意见、实施方案，起草并以市政府名义下发《关于进一步创优金融环境的通知》，指导银行业有效支持实体经济。

推动银企合作。配合召开银保企洽谈会，达成融资协议1166项，融资总额838亿元；四季度配合政府选定30家优质企业，促成60.58亿元贷款意向，缓解企业资金紧张问题。主抓焦点难点。开展推动普惠金融、处罚乱收费机构、推动银行业改进金融服务等工作，缓解了“融资难、融资贵、融资慢”问题。截至2014年末，全市各项贷款余额895.9亿元，较年初增加57.3亿元，增长6.8%；存贷比59.3%（仅次于太原，位列全省第二），新增贷款存贷比达86.2%，支持实体经济力度进一步加大。小微企业贷款余额230.1亿元，较年初增加71.8亿元，增长45.3%，高于各项贷款增速38.5个百分点，实现了“两个不低于”的目标。涉农贷款余额156亿元，占各项贷款17.5%，支农服务“三大工程”成果突出。

（张永安）

【银行业改革】 2014年，深化农村信用社改革。紧紧把深化农村信用社改革作为推动全市银行业改革的核心来抓。通过深化顶层设计、增强改制信心、营造改制氛围、多管齐下解决改制入股难、确权难、不良清收难等问题，农村信用社改制取得阶段性成果。夏县、临猗农商行已挂牌，永济农商行获银监会批筹，闻喜农商行筹建资料已通过山西银监局初审。引导农商行全面深化经营管理服务改革，加快转型提质步伐，重点推动运城农商行打造标杆银行。大力完善普惠金融服务体系。引进民生、晋城银行设立机构，3家村镇银行正在开业或筹建中。引导交行、晋商、浦发等银行已开设6家社区银行。指导万荣汇民村镇银行瞄准定位，专注服务“三农”和小微。该行是全省唯一的监管评级为2级的村镇银行，已成为全省村镇银行服务“三农”的标杆行。

（张永安）

【风险防控】 2014年，针对集中出现的信用风险，分局保持定力，多措并举，坚守风险底线，坚持“一险一策，一企一策”，协调处置好三种关系，发挥好三种作用。即加强风险防控与服务实体经济的关系，维护银行债权与支持企业渡过难关的关系，协调阜外银行与辖内银行维权不同步的关系，发挥了监管部门对银行的监管引领作用、对政府的金融参谋作用、对企业的沟通协调作用。通过努力，辖内企业单体风险可控，担保圈风险得到缓释，部分优质企业恢复正常生产。积极处置高风险社，党委班子先后4轮深入基层调研，召开13次会议研究高风险社处置，确定改制作为解决高风险社、推动农信社改革发展的根本出路。研究推动高风险社处置工作。指导运城农商行投资6250万元入股永济联社参与改制，运城市联社扶持夏县、永济、闻喜联社合计7570万元。特别是闻喜政府无偿拨付3000万元，弥补净资产缺口，解决了高风险社股权募集的实际困难。加强各类风险防控。建立了统一规范的全市案防责任机制和“双线”风险责任制。扎实推进“制度执行年”活动。加强经济金融形势研判，配合金融办排查了非法集资、影子银行、小贷公司等风险隐患。加强声誉风险管理，积极应对海鑫等负面舆情。

（张永安）

中国银行运城市分行

【概况】 2014年，运城市分行认真贯彻落实省分行2014年工作会议精神，持续加大营销力度，深入推进业务转型，严格各项内部管理，深入开展党的群众路线教育实践活动，稳步提升经营效益，取得了较好的成绩。

（市中行）

【主要经营指标】 2014年，负债业务：中行各项人民币存款余额863281万元，较年初减少50735万元。其中，储蓄存款余额625089万元，较年初净增43315万元，完成省行下达全年任务的74.9%；公司存款余额238192万元，较年初下降94050万元。授信业务：中行表内、外授信总余额635952万元，较年初减少85646万元。公司贷款500672万元，较年初减少122297万元；零售贷款85940万元，较年初增加16837万元。不良贷款余额79517万元，比年初增加60422万元，不良贷款率13.61%，比年初上升10.34个百分点。中间业务：实现中间业务净收入7732万元，完成年末保底收官计划8734万元的88.53%，比上年增加1262万元，同比增幅19.51%。中间业务净收入在全省名列第四，较上年同期上升一名，地市行排名第二。经营情况：截至12月末，中行实现净利润为－2.23亿元，同比减少3.9亿元；拨备前利润1.64亿元，同比减少1267万元；经营净收入3.06亿元，同比减少2876万元。（市中行）

【壮大基础客户】 2014年，始终把客户基础作为全行业务发展中心工作来抓，通过各项措施的有效落实，促进客户群体的不断壮大，进而推进负债业务的增长。在个人客户基础方面，以首季开门红活动、“关键有我冲刺看你”活动和“奋战60天，客户增长5000”等阶段性活动为契机，积极实施“三个并重”，有效壮大客户群。一是中高端客户和批发性客户并重。加强营销理财、私行、财富客户和代发薪客户的营销，推进客户基础的迅速壮大。截至12月末，日均金融资产理财及财富客户数7200户，新增600户，理财级财富客户增长9.26%，私行客户增长13.65%。基础客户34.64万，新增1.4万，增长率4.2%。代发薪客户58.17万户，当年代发额达到25.10亿元，同比增长13.52%。二是电子渠道和物理渠道并重。先后对两个机构进行了搬迁，增加离行式ATM机1台，有效延伸了服务触角。同时，加强对电子渠道、互联网渠道的营销，手机银行累计交易客户数20523户，完成省行全年任务的128%；个人电子银行累计交易客户数57139户，完成省行全年任务的88%。三是传统产品与创新产品并重。把产品作为营销客户的利器，新增传统产品1＋N套餐5921个，信用卡1.1万个。同时，积极推介外汇汇兑、出国留学、旅行支票、手机取款等具有中行特色的产品，其中营销中银E社区10户客户达3246家，累计开立联名账户30余户，沉淀资金3000余万；开立智能通知存款1800

余户,沉淀资金2亿余元,账户创新产品资金沉淀规模全省排名第一。在公司客户基础方面,以大力争揽大客户、重点客户、重点项目为目标,以高层运作和立体交叉营销为手段,突出营销财政户和行政事业户,先后营销了运城市的失业和养老保险,两项余额达2.8亿;运城经济开发区财政局社保专户、新农合等10余个专户,余额9000余万元;运城经济开发区社区办事处,余额7000余万元。高度重视结算账户的营销工作,对基层经营机构账户开立情况定期通报,截至12月末,中行结算账户数达3752个,较年初新增632户,完成全年任务的113%。但受财政税收、土地款直缴国库、海鑫破产保证金的减少等影响,对公存款总体发展不尽如人意。

(市中行)

【授信业务】 2014年,公司贷款方面,继续加强对重点客户的授信支持,积极向省行申请规模,加强对已批未放授信项目的审核发放。向山西侯禹铁路有限责任公司发放项目贷款18284万元,霍州煤电集团河津腾晖煤业有限责任公司发放煤矿技改贷款10200万元。中小企业方面,坚持优中选优,强中选强,先后成功为宏源机电、明达汽配、晋河种子、嘉奇电气等四户企业发放贷款1000余万元。截至12月末,中小企业新模式客户21户,新增4户授信客户,授信余额9688万元,较年初减少450万元。储备新客户2户。零贷业务方面,强化楼盘营销,简化住房按揭流程,提高办事效率。中行零售贷款总余额为87466万元,较年初增长18363万元,本年新增额地市行排名第四,完成省行全年新增任务的55.65%;本年上报、审批通过合作项目27个,金额185700万元。当年新发放贷款34710万元,新增卡分期23490万元。 (市中行)

【中间业务】 2014年,适时调整中间业务发展战略,将卡业务作为全行中间业务发展的亮点来打造,不断加快推进银行卡业务结构调整,扩大分期业务规模,提高收入,在合作商数量、分期交易额、收益水平和市场占有率方面实现较大突破。截至12月末,中行信用卡业务发卡12863张,完成省行任务的110.89%,全省排名第三;普通分期12193.3万,完成省行任务的152.42%,全省排名第一;汽车专项分期完成11302.21万元,完成省行任务的118.97%,全省排名第五;商户交易量突破10亿元,达到13亿元。

(市中行)

【业务营销】 2014年,在中行首季创新发展商品远期保值业务的基础上,继续拓展业务营销,累计为6户企业续作商品远期保值业务4亿美元,累计实现保证金存款2.2亿元,实现中间业务收入319万元。同时,继续加强与北方铜业务沟通营销,黄金租赁业务再上规模,总金额达16500万元。

(市中行)

【进出口业务】 2014年,运城区域经济风险显现,进出口业务受到冲击,对此,中行本着优中选优的原则,在做好风险防范的前提下,做好进出口业务的营销,加大企业调研,实现国际结算业务量26766万美元,跨境人民币结算量25325万元,实现中间业务收入1343万元,完成全年任务的81.4%,完成率全省地市行第二。

(市中行)

中国工商银行运城分行

【概况】 2014年,面对经济总量下行、同业竞争加剧、信贷风险凸现等内外交困的经营压力,运城分行认真贯彻落实省行党委决策部署,紧扣"1443"经营主线,结合实际纵深推进"五大发展计划"和"两项保障工程",狠抓"5111"重点工作落实,较好地完成了全年利润计划。

(市工行)

【扩大存款规模】 2014年,市工行实施了存款优先发展战略,大力挖掘存款源头市场,发展代发工资客户,竞争个人中高端客户,推动储蓄存款持续增长。深入推进"拓户工程",成功营销了一大批重点企业;扎实开展长期不动户激活工作。年末,各项存款净增10.3亿元,保持了平稳较快增长势头。

(市工行)

【信贷结构调整】 2014年,市工行抓住运城实施"工业强市"战略机遇,定位重点项目和新兴行业开展营销,无缝对接全市产业园区和重点项目,累计投放公司贷款51.37亿元;实施小微企业信贷集群化发展策略,累计发放小企业贷款13.81亿元;坚持以个人按揭贷款为重点,大力拓展消费贷款和经营贷款市场,累计投放个人贷款12.08亿元,超额完成全年任务。 (市工行)

【中间业务扩展】 2014年,在推进产品创新发展中,市工行夯实了中间业务"二次起飞"基础,狠抓传统业务拓展、品牌业务带动和新产品推广,推动中间业务收入稳步增长。在传统业务方面,持续巩固和扩大基础类客户与交易规模;在品牌业务方面,大力营销分期付款业务,交易额突破4亿元;在新产品推广方面,加大"工银e支付"宣传推广力度,注册客户突破8万户,交易额达到2.7亿元。当年中间业务收入同业占比保持第一位。

(市工行)

【强化内控管理】 2014年,市工行严格落实"合规文化建设提升年"活动要求,组织开展了全面风险排查,重点加强了对员工经商办企业、参与民间借贷等"十大禁令"的排查,强化员工行为动态管理,及早消除风险隐患。采取"巡查+宣讲"的模式,加大案防履职巡查力度,扎实开展安防演练活动,持续强化信息系统日常维护检查,保障全辖正常经营。加强生产系统日常维护检查,开展消防灭火和网点防抢演练,提高预防和处置外部突发事件能力;强化声誉风险管理,细化信访工作处置流程,保障各项工程安全稳健运行。

(市工行)

【机关队伍建设】 2014年,市工行在深化企业文化传播中,推进了党建工作和员工队伍建设。坚持以党建统领全局,组织全辖管理人员学习十八大精神,统筹抓好党建和经营管理。深入开展"为民服务创先争优"活动,积极培育企业文化示范点,引导员工树立正确的价值观和职业观。扎实推进全员培训工作,加快客户经理队伍建设,提高了员工岗位服务和履职能力。

(市工行)

中国建设银行运城分行

【概况】 2014年,运城分行全行上下齐心协力,积极应对严峻形势的挑战,全面认真贯彻落实省分行党委的各项工作部署,加大力度推进"存款、客户、贷后管理"三项重点工作,努力提升盈利水平,狠抓内控合规,提高资产质量,推动服务升级,全面践行企业核心理念,坚定信心,迎难而上,各项工作取得了良性快速发展。

(市建行)

【主要业务指标】 存款业务稳定增长。2014年,建行一般性存款时点余额173.25亿元,新增8.1亿元,四行排名第二。贷款业务增速放缓。建行各项贷款余额94.8亿元,四行排名第二。各项贷款比年初增长4.1亿元,四行排名第三。中间业务大幅增长。实现中间业务收入17326万元,同业占比34.36%,超越工行位居第一。

(市建行)

【风险处置】 海鑫钢铁出现违约以来,建行高度重视,成立了风险化解专项团队,制订了翔实的风险处置方案。在省分行的支持和帮助下,经过省行相关部门、南城支行和运城分行领导及员工的通力协作,于2014年9月30日通过担保单位美锦集团代偿方式结清了海鑫钢铁58390万元贷款本金,加上2014年3月31日美锦集团代偿的5391.1万元本金,总计代偿本金63781.1万元,成功化解海鑫钢铁在本行的全部不良资产。在解决此问题的同时,因海鑫钢铁关联担保而影响贷款逾期的银光镁业在本行的授信问题也得到了解决,变更担保方式为土地抵押后进行了重新授信,完成转贷手续,风险得以有效化解。同时,坚持抓大不放小,运用批量转让、呆账核销、现金回收等多种手段处置不良资产,实现不良贷款大幅"双降",创历史最低值。

(市建行)

【重点项目营销】 2014年,运城市中心医院作为区域内唯一的三甲医院是各家金融机构争抢的重点客户,但是由于历史原因,一直没有与建行开展业务。面对这种现状,建行以争办银医一卡通业务为抓手,辅助信贷支持,成功从他行手里抢回客户,与其建立了全面合作关系。中心医院已在建行开立专户,用于归集新农合资金;贷款项目已通过审批;银医一卡通项目自助设备进入联调阶段,2015年初将全面上线运行。建行抓住总行推广国管系统的有利时机,利用运城市住房公积金管理中心现有系统不能满足其业务发展需求的现状,同公积金中心进行深入沟通,加大营销力度,与其签订了《住房公积金管理信息系统建设合作协议》。此项目的成功合作将成为全省市级公积金中心使用建行国管系统的首例,大大稳固了公积金市场的占有份额,该项目正在有序推进中。

(市建行)

【基础管理】 2014年,基础管理工作有序进行。扎实推进"正风肃纪勤业守廉"主题教育活动,促进领导干部改进作风、严守纪律、勤勉尽责、廉洁从业。认真开展党务公开活动,成立领导小组,明确公开内容、形式和程序,并在企业网站开设了党务公开专栏,切实改善党群关系。网点建设取得实效。经过前期紧锣密鼓的安排布置,于2014年6月份完成了市分行本部新大楼的装修、搬迁工作,为员工们提供了舒适的工作环境,合理的布局也有效提升了工作效率。全年共购置3个网点新址,新增6个离行自助银行,完成4个网点、1个离行自助的装修工作;更新自助设备51台。案防维稳工作落到实处。认真开展员工行为排查工作,同时开展员工廉洁合规从业教育谈话,谈话率达100%,有效预防和化解案件风险;继续坚持积分管理定期通报制度和警示制度,制止轻微违规行为;及时化解信访案件,成功解决积案一件,为全行业务健康发展提供了有力保障。

(市建行)

【党建及企业文化建设】 2014年,积极部署主题党日教育活动,各支部陆续在运城市夏县革命教育基地"堆云洞"等地开展了"庆七一"主题党日教育活动,有效增强了党员同志的党性修养。团委积极响应"积分圆梦·微公益"活动号召,全行累计捐赠龙卡信用卡积分1345万余分,折合人民币26900余元,成功实现为贫困和落后地区的孩子们捐建一个"希望工程龙卡快乐音乐教室"的目标,成为山西省分行首个完成捐赠的二级分行。工会持续开展困难员工调查和帮扶救助活动,全年共救助、慰问员工或家属54人,支出互助基金154000元;为发生意外的员工组织了一次爱心捐款活动,共筹集捐款84850元;在为员工办理重大疾病保险基础上,又为全行员工办理了意外伤残保险,为女员工办理了特病保险。对企业门户网站进行改版优化,丰富了网站版块内容,制订出台了新的奖罚结合的考核办法,切实提高员工投稿积极性,网站投稿量和浏览率有了大幅提升,位居全省前列。通过党、团、工会和企业文化的有效建设,为全行营造积极进取、和谐向上的文化氛围,确保全行快速健康发展。

(市建行)

中国农业银行运城分行

【概况】 2014年,在错综复杂的经济金融形势下,全行上下认真贯彻落实总、分行年初和年中工作会议精神,围绕建设区域主流银行目标,坚持以创新促发展、以产品带经营、以管理强基础、以群教转作风,一手抓有效发展,一手抓风险防控,实现了业务经营稳中提质、风控能力持续提升、基础管理逐步夯实、行业风气进一步好转的目标。

(牛雪红)

【存款余额】 全行牢固树立核心存款理念,盯住市场份额、盯住日均存款,加强政策传导,科学合理调度,截至2014年12月31日,全行核心存款余额168亿元,较年初增加4.6亿元,总量和增量市场份额分别较年初增加0.12和7.47个百分点;核心存款日均余额167亿元,较年初增加9亿元,四大行市场份额24.58%,较年初增加0.13个百分点,完成了“两个确保”中的确保核心存款日均份额不下降。

(牛雪红)

【贷款余额】 2014年,发挥金融支持实体经济作用,大力实施扩户工程,提升审查审批效率,实现信贷规模有效增长。各项贷款余额86亿元,较年初增加11.5亿元,总量和增量市场份额分别较年初增加1.88和27.98个百分点,增量市场份额四大行排名第一。其中个人贷款余额11.7亿元,较年初增加3.7亿元,总量和增量市场份额分别较年初增加1.75和6.28个百分点。新增贷款主要投向在当地的主导产业或国有大中型企业。为山西铝厂(3个亿)、中铝山西分公司(4个亿)、华泽铝电(6个亿)、中铝华禹能源(1个亿)等铝企业授信14亿元,投放流资贷款10亿元,办理银行承兑汇票3.39亿元,开立国内信用证1亿元,确保企业渡过难关。为中煤华晋授信30亿元,年底为其投放18亿元,其中流资贷款10亿元,资源价款0.47亿,项目贷款7.5亿元,有力支持了中煤华晋韩嘴煤矿和华宁煤矿的技改工程。同时,为曙光煤焦集团授信2亿元,贷款1.8亿元,确保船窝煤矿技改项目顺利完成。另外为南风化工授信3亿元,已投放1亿元;为阳煤丰喜投放了5.6亿元,其在稷山的30万吨LNG项目,已进入贷款申报流程。为即将上市的山西永东化工有限公司投放了4000万元的流资贷款等。

(牛雪红)

【中间业务财务指标】 截至2014年12月底,农行实现中间业务收入7969万元,同比多增722万元,完成省分行计划的84.48%。其中个人业务收入3438万元,对公理财收入4531万元。实现拨备前利润16703万元,拨备后利润16207万元。

(牛雪红)

【县域业务贡献度】 2014年,基础业务继续保持全省领先。惠农卡存款余额全省第二,发卡总量和有存款卡数居全省第二,卡有效率全省第四;转账电话总装机量及覆盖率、金融性交易笔数及交易金额均全省第一,机均交易笔数全省第三,机均交易金额全省第四,率先安装移动转账电话70余部,已开始使用;在新农保、新农合代理的基础上,又营销了芮城县林木管护费和取暖用煤补贴款代理,新绛县发放土地补偿款代理,闻喜县大运路绿化带占地补偿款代理,夏县繁育母猪补贴款代理等14个代理项目。“惠农通”工程深入开展。电费、移动话费和联通话费三项代缴费项目的缴费笔数全省排名第二,缴费金额全省第一,占全省总缴费金额42%,《中国城乡金融报》以《运城分行代缴电费突破5亿元》为题对代缴电费业务开展情况进行了专题报道。不断加快县域业务发展。制订了《2015年县域业务发展指导意见》,并选择芮城、夏县、万荣和新绛四家支行作为重点推进行。

(牛雪红)

【网点服务】 2014年,开工装修的网点有4个,分别是运城机场分理处、运城槐东南路分理处、临猗东街分理处和万荣东城分理处。运城机场分理处和临猗东街分理处已完成立项、设计、造价并提交财务处进行采购,运城槐东南路分理处已完成购买上报工作,省分行正在批复。万荣东城分理处选址困难,正在与支行协调加快选址步伐。离行式自助银行已完成选址立项并提交财务处采购的有6个,分别是芮城令花市场、芮城阳城镇、平陆金盛苑小区、新绛商品一条街、运城阳煤丰喜集团和稷山大佛南路。万荣警银亭已完成安装2个,分别是万荣笑话广场和美特好超市。盐湖支行已完成采购正在确认具体位置4个,分别是运城高铁站、运城中心汽车站、运城市委市政府、运城市二郎庙市场。加快营业网点“软”转步伐。年底累计完成软转的网点36个,在上年完成19个标杆网点的基础上,今年完成了17个精品网点的软转工作,超额完成了省分行15个网点的软转计划。同时认真执行《中国农业银行运城分行文明标准服务考评办法(试行)》,四季度开展了“运城分行2014年个人客户建设竞赛活动”,极大地提高了服务水平,在省行前三季度的3次神秘人暗访中,由81.37分提高到87.17分,较大地提高了客户的满意度和忠诚度。随着全行网点服务能力的不断增强,网点竞争力也得到了全面加强。到12月末,在全市45个营业网点中,本行储蓄存款余额在5亿元以上的营业网点达到2个,余额11.29亿元。营业网点的储蓄存款净增额在4000万元以上的有9个,合计比年初净增56674亿元,占本行净增的59%。储蓄存款点均余额27684万元,点均净增21343万元,同比均小幅上升。

(牛雪红)

【风险防控】 2014年,组织13次突击查库,涉及检查人员29人次,涉及13家支行,内容涉及现金9055万元、凭证12.6万份;全行45个网点,93个布防点全部达到了安全报警布防撤防要求,受到省分行的通报表扬。继续深入推进“三化三达标”,经省分行“三化三达标”考评小组考评验收,2014年达到省级优秀单位的优秀支行3个、优秀网点7个,分别较2013年度增加了2个和4个。对全行45个营业网点进行了安全巡查,巡查采取不发通知、不打招呼的方式进行明察暗访,突击检查,对检查发现的问题建立台账、限定时限、督促整改、跟踪检查。

(牛雪红)

【党的群众路线教育实践活动】 2014年深入开展学习活动,研究制订了《运城分行党的群众路线教育实践活动实施方案》《运城分行教育实践活动日程安排》;下发了《党的群众路线教育实践活动学习文件选编》《论群众路线—重要论述摘编》和《厉行节约、反对浪费—重要论述摘编》等6册学习资料;订制了学习笔记本,并下发到每位党员。公开设置了意见建议箱,在运城分行经管网上设立了教育实践活动专栏等,为全面开展好教育实践活动打下了良好基础。同时,要求全行干部员工要在深学上下功夫,通过集体研学、个人自学、全程督学等途径,进一步掌握思想武器、找准改进提高的参照坐标。典型对照,积极整改。运城分行党委成员对照习近平总书记提出的"三严三实"要求,坚持开门搞活动,真开门、开大门,通过调研走访、座谈交流、个别谈话、发放征求意见表等多种方式,在全行员工和客户中广泛征求意见。运城分行共收回意见建议表32份,收集意见和建议316条,其中班子意见和建议101条,班子成员151条,支行机关64条。民主生活会上,一把手代表党委班子作了对照检查,班子5名成员依次对班子存在的问题进行了认领,随后班子成员逐个作了对照检查。在对照检查中,班子和成员主动把自己的问题和不足查摆出来,一把手带头剖析了自身问题和原因,提出了相应整改措施。各位班子成员也结合实际进行了自我批评,切实做到了思想上共振、感情上共鸣、行动上共进。深入推进机制落地"最后一公里",继续完善网点穿透式考核管理办法,从绩效工资和费用方面向基层网点倾斜;继续完善营业网点综合绩效考核办法,并通过多项措施,引导和鼓励机关员工向一线流动。同时紧密结合全行中心工作、发展大局谋划教育实践活动,使活动的每一环节、每一步骤、每一项工作任务都与全行建设区域主流银行的整体部署高度融合、同频共振。用经营发展的实际成效检验教育实践活动成果。

(牛雪红)

【企业文化】 2014年,全行先后举办了"庆三八展风采"健身跑步比赛。丰富了员工业余文化生活;在运城学院开展了"送金融知识进校园"活动,向学院师生发放农行公交IC卡宣传册、金穗卡宣传册等4000余份,解答各类疑问90余个,受到师生的一致好评;举办了"警银互建"拓展训练活动。通过军训,员工们在仪容姿态、工作纪律、执行能力、团队协作等方面获得了较大的提高;启动了"红蜡烛"为山区贫困儿童爱心捐助公益活动,为平陆县曹川镇5名特困儿童集资爱心捐款9000元,运城市电视台第一时间栏目、《黄河晨报》等多家媒体记者全程跟踪报道。

(牛雪红)

中国农业发展银行运城市分行

【概况】 2014年,农发行运城市分行在市委、市政府和上级行党委的正确领导下,认真贯彻落实总行、省分行安排部署,围绕市分行党委确定的"促发展、降不良、防风险、增存款、催挂账"五项重点工作,深入开展了群众路线教育实践活动和"基础管理年"活动,进一步提高了经营绩效水平和基础管理水平,逐步向员工精神状态好、业务发展好、基础管理好、资产质量好、经营绩效好的"五好行"迈进,各项工作进展良好。截至2014年末,全行贷款余额70.51亿元,存款日均余额为8.65亿元,实现利润6207万元。

(卢博宇)

【支持城乡一体化发展】 2014年,农发行运城市分行紧紧围绕市委、市政府经济工作规划和城乡发展一体化配置资源,将项目营销重点向县级区域拓展,加大与政府的项目对接和宣传力度。截至年末,累计支持农村基础设施贷款项目达10个,累计审批贷款41.4亿元,投放贷款25亿元。其中,对运城市东部新区城镇化建设35亿元贷款项目,已累计投放贷款19.9亿元,对芮城县土地储备项目投放贷款9800万元,有力地支持了市县两级城镇化建设和城乡一体化发展。

(卢博宇)

【支持新粮收购】 2014年,农发行运城市分行作为全市唯一一家将支持粮棉收购作为基础性业务的银行,始终认真履行政策性银行的基本职责,积极支持符合贷款条件的各类收购主体开展收购。2014年,累计投放粮食贷款5.21亿元。其中:发放中央、省、市级储备粮轮换贷款3.81亿元,向11个国有购销企业发放收购贷款1.4亿元。新粮收购进展顺利,没有出现因农发行原因向农民打"白条"现象。

(卢博宇)

【粮棉收购贷款本息"双结零"】 2014年,农发行运城市分行出台《粮棉油政策指导性贷款年度本息"双结零"考核办法》,严格落实库存监管制度,加大促销收贷力度。截至5月末,2013年度发放的夏粮收购贷款1.5亿元、秋粮收购贷款2040万元、棉花收购贷款4960万元全部收回,连续六年提前实现贷款本息"双结零"。

(卢博宇)

【老客户维护工作】 2014年,农发行运城市分行不断转变经营观念,提高服务质量,在全行推广运行市分行自营性贷款监测分析系统,不断加强商业性贷款管理,扎实做好老客户维护工作。全年共对28个企业13.38亿元贷款顺利收回再贷,做到了早受理、早调查、早审批、早出贷,实现了无缝隙衔接。

(卢博宇)

【开展党的群众路线教育实践活动】 2014年,运城市分行紧紧围绕保持党的先进性和纯洁性,以为民务实清廉为主题,扎实开展党的群众路线教育实践活动。市分行坚持每周组织一次集中学习,聘请专家进行专题讲座,组织全体党员观看《焦裕禄》等纪录片,开展笔记展评,营造学习氛围。通过发放征求意见表、个别访谈和设置征求意见箱等方式,多层次、多渠道征求全体员工、开户企业及相关监管部门的意见建议。全行员工认真撰写个人对照检查材料,查摆分析问题。市分行制订整改提高的"两方案一计划",将整改目标、措施和时限要求,明确到分管领导和各部室,确保整改落实到位。组织进行了教育实践活动满意度测评工作,进一步推进了中央“八项规定”的落实,促进活动取得良好成效。

(卢博宇)

运城市农村信用社

【概况】 2014年是全省农信社建设“现代金融企业集群”的第一年,也是全市农信社建设“社区零售银行、现代流程银行、平安民生银行”的关键之年。全市农信社认真贯彻中央和省市经济、金融工作会议精神,紧紧围绕市委、市政府经济发展规划和省联社总体工作部署,坚持以“转型提质”为总基调,以“群众路线教育实践活动”为引领,按照“抓重点、强推进、创特色”的工作思路,加快改革促转型,精细管理强服务,强化支农增效益,围绕主线谋发展,各项业务在经济下行压力持续加大的环境下,保持了良好的发展势头,圆满完成了年初确定的各项任务目标。

(农村信用社)

【主要经营指标完成情况】 2014年,各项存款稳快增长。截至12月末,全辖各项存款余额553.49亿元,较年初净增68.96亿元,同比增加4883万元,增长率14.23%,完成省联社全年计划65亿元的106.1%。贷款规模有序扩张。2014年,全辖各项贷款余额346.5亿元,较年初增加15.05亿元,同比少投28.1亿元。其中:涉农贷款余额302.43亿元,较年初净增26.42亿元,增速9.57%,高于各项贷款增速0.49个百分点;小微企业贷款余额153.98亿元,较年初净增68.83亿元,增速80.84%,高于各项贷款增速76.3个百分点;贴现余额37.8亿元,较年初减少10.65亿元。电子银行稳步推广。全市累计发行信合通借记卡78.85万张,活卡率79.50%。发行信合通福农卡141.93万张,活卡率75.52%。全市发展特约商户3140户,同比增长25.65%;全市布放银行卡助农取款点2999户,活动率87.15%,布放ATM221台,其中乡镇108台,乡镇覆盖率为70.13%。网上银行个人客户新增13312户,累计达到16888户,交易金额165.24亿元,网上银行企业客户新增954户,累计达到1373户,交易金额117.14亿元。截至12月末,全市银行卡手续费收入为1456.25万元,完成指标1400万元的104.02%。经营效益持续提升。全辖各项收入495559万元,同比增加87595.04万元,增幅21.47%。其中:利息收入25.98亿元,占总收入的12.42%,同比多收0.93亿元;经营利润127000万元,同比增加47466.38万元,增幅59.68%,均超额完成省联社增幅计划。支农惠民成效显著。全市农村信用社累计发放支农贷款268.67亿元,完成全年计划225亿元的119.41%;信贷支持159个农业龙头企业,完成全年计划155个的102.58%;信贷支持517个农民专业合作社,完成全年计划430个的120.23%;信贷支持107个种养基地(园区),完成全年计划100个的107%。

(农村信用社)

【细化工作流程】 2014年,市联社在听证问责工作中主动发挥组织、协调和督导作用,成立不良贷款听证问责领导组和六个督导组,并从各县抽调13名业务骨干,组成三个专项工作组,对听证问责工作进行包片督导。在此基础上,市联社统一制订了不良贷款听证问责工作推进时间表,对各县的认责办法进行逐一审查,统一平衡认责尺度和标准。同时,统一收集整理相关法律法规及省市联社制度规定166个,统一制订《不良贷款听证问责工具表》,设计出自然灾害、管理缺失、政策变化、担保处置、盈亏测算、清收计划等7大项42个小项具体内容,通过填制《工具表》,有效还原贷款原貌,保证了听证问责工作的科学合理;建立了工作组按周汇报、分管主任月中汇报、“一把手”按月汇报制度,完善行社班子和工作组成员不良贷款听证问责工作日志制度,加大对各县的督导力度,确保听证问责工作顺利推进。

(农村信用社)

【突出问责重点】 2014年,针对全市不良贷款笔数多、年限长、成因复杂等实际,将辖内不良贷款划分为2009年以来、2005—2008年、2001—2004年、1997—2000年、1996年以前五个时段,按照“由近及远、由易到难”的原则,依次听证问责。为加快工作进度,全市农信社坚持以“四类五大户”(即:内部职工不良贷款额度最大前5户、其他个人不良贷款额度最大前5户、企业类不良贷款额度最大前5户、2009年以来新发放贷款形成不良额度最大前5户)不良贷款为突破口,由市联社工作组亲自参与,强势推进,积极发挥典型带动作用。在此基础上,全市农信社将2009年以来新发放形成的,高管人员授意发放的,职工及其亲属的,贷后从未结息及向不良记录人发放形成的不良贷款作为工作重点,强力推进。

(农村信用社)

【规范信贷管理】 2014年,严把贷款准入关口。将贷款新规全面渗透到贷款管理的各个环节,进一步对贷前、贷中、贷后管理三大模块进行规范,结合实际,在信贷管理中增加了双人调查的影像资料和网点周审、县联社月审环节,严格贷款投放,有效规范办贷流程,最大限度规避信贷风险。为强化信贷风险管控,市联社前移信贷风险关口,市联社指定专人按日通过信贷系统对辖内信贷业务适时在线监测,每月5日前就次月到期贷款、本金逾期或即将逾期90天的贷款等内容下发风险预警提示,对重点企业进行贷款风险分析,并召开重点行业和重点企业风险分析会议,对辖内贷款风险情况进行会诊,对存在大额贷款风险隐患的临猗、新绛、河津、闻喜、夏县等5家联社下发了风险预警通知,督促各县级行社及时处置大额贷款风险隐患。评估存量正常贷款,为客观评价辖内存量正常信贷资产质量,市联社制订了《存量正常贷款风险评估工作实施方案》,对2013年底五级分类为正常和关注的贷款进行风险评估,将全辖贷款按风险级别由低到高依次划分为绿、黄、红三个级别。

（农村信用社）

【队伍建设】 2014年，严格按照银监部门“四项规定”对30名基层网点负责人、214名授权经理、706名柜员、372名其他岗位人员进行岗位交流，并从全市遴选38名“优秀人才”充实到后备干部人才库，予以重点培养。在此基础上，市联社组织人员赴临汾农信社就绩效考核体系建设进行考察学习，对辖内农商行与县级联社实行了差异化考核，并在存款考核指标设定上进一步强化日均考核和旬均考核，积极推行员工薪点工资制度，不断优化考核体系，激发团队活力。（农村信用社）

【职业教育】 2014年，按照省联社崔联会理事长提出的“六有”要求，市联社从8月8日开始，聘请山西财经大学、山西财经大学运城学院教授，分五批对各县级行社推荐的优秀人才和中层干部进行脱产封闭式教学培训。同时，全市先后组织辖内财务、信贷、科技等11个条线18465人次进行了专业技能培训，员工培训面达到99%，进一步提高了全员的专业素质。

（农村信用社）

【打造团队形象】 2014年，市联社通过层层推荐、严格审查、社会公示等程序，共评选出10名信合功臣、30名信合楷模和109名光荣信合人，并在七一前夕联合运城市总工会、市政府金融办、人行运城中支、运城银监分局共同举办了“庆七一暨模范人物表彰大会”，对评选出的模范人物进行了隆重表彰，在系统内引起强烈反响。同时，以激发员工凝聚力和战斗力为切入点，先后组织举办了“颂信合、展风采”书画摄影比赛、“庆七一”职工文艺汇演、“中小金融机构改革创新之路”征文等活动，进一步丰富了职工文化生活，点燃工作激情，激发全员活力。为展示改革发展成果，结合社会主义核心价值观教育，市联社组织人员提炼了“忠信、义行、兴农、富商”企业核心价值观，拍摄了《忠信义行兴农富商》形象宣传片，制作了《大美农信惠泽河东》形象画册，编写了《百亿行动》《农信服务》《身边冯玉锁》等系列丛书，通过在《运城日报》《黄河晨报》设立专栏宣传、在营业网点循环播放、向广大客户赠阅等措施，进一步提升了企业文化内涵，提高了客户认知度。

（农村信用社）

【股份制改革】 坚持把推进农商行改制作为各项工作的出发点和落脚点，纳入综合业绩考核范畴，实行市联社包县领导负责制，集全市之力强力推进。2014年初，围绕《全市农村信用社2013—2015三年改制规划》，确定夏县、临猗、永济联社作为今年农商行改制的重点单位，并积极协调河津、运城农商行通过技术支持、持有股份等方式，帮助其他困难联社改制。截至目前，夏县、临猗农商行已挂牌开业；永济农商行改制已获银监会批复，并于12月召开了创立大会；其余省联社批复的芮城、绛县、闻喜、垣曲联社积极夯实改制指标，将陆续启动筹建工作。

（农村信用社）

【物理网点建设】 2014年，按照省联社网点达标要求，分批确定了230个网点达标计划，并组织人员按照银行业协会和省联社“百佳示范单位”标准进行了检查验收。截至目前，辖内70%的网点达到省联社文明规范服务标准。同时，市联社聘请专业机构，按照“城乡分治、错位竞争、差异服务”的原则，对基层网点重新进行市场定位，分别制订了城区和农村标杆网点建设标准，对营业网点外部环境、室内环境、自助服务等建设标准进行了统一规范，在全市50%的营业网点内设立了智能叫号机、大型液晶显示屏、单据填写台、VIP客户绿色通道等一系列便民设施，最大限度满足客户差异化的服务需求。

（农村信用社）

【拓展电子银行渠道】 2014年，充分发挥电子银行业务与传统柜面服务互补的优势，在全市13个县级行社分别成立电子银行部，不断加大银行卡、网上银行、ATM、POS等自助机具和“助农服务点”的推广力度，拓宽电子银行受理渠道。加快“信合通特惠商圈”和“特色助农商圈”建设步伐，进一步扩大农信社服务半径。积极在全市开展了“折换卡”活动，并于6月19日，由省联社在运城举办了“信合通IC卡暨关帝系列贵宾卡首发仪式”，进一步完善服务功能，提高电子银行普及率。截至2014年末，全市累计更换涉农补贴存折98.91万张，更换率为92.90%。全市累计更换代发工资存折10.49万张，更换率为74.10%。（农村信用社）

【实施“百亿行动计划”】 2014年，全市农信社坚持服务三农的宗旨不动摇，结合“山西农信强农兴社金融普惠工程”，积极调整信贷结构，在辖内开展了“百亿行动计划”，重点扶持产业集群、小微客户和新型农业“三大版块”。2014年，全市累计发放“百亿行动”贷款268.67亿元，其中，发放贷款31.22亿元，重点扶持“5+15园区”和产业集群企业（项目）161个，完成计划占比161%；累计发放贷款18.4亿元，重点扶持小微客户2108户，完成占比210.8%；累放贷款31.71亿元，重点扶持新型农业经营主体17077户，完成计划170.77%。

（农村信用社）

【构建案防长效机制】 2014年，逐级明确了案件防控为第一责任，层层建立了“一把手”挂帅的案防领导组，组织全市所有营业网点统一开展反恐预案演练，并对各县级行社监控中心进行全部改造升级，初步实现县域内营业室安全监控的联网。组织各级机构层层签订案防责任书5220份、安全保卫及消防工作责任书5249份、党风廉政建设责任书515份，签订员工联保协议和自律承诺书5070余份，进一步强化“风险保证金”的协同运用，切实提升全员合规操作及自律监督的主动性。在此基础上，定期召开案防分析例会，及时防范案件隐患。全市农信社累计召开案防年度工作会议、季度分析会、日常工作例会等各种案防会议194次，扎实推进案防工作有序开展。

（农村信用社）

【加大内部稽查频次】 2014年,全市农信社围绕重点业务、重点环节,先后组织稽核人员开展了突击、序时、非现、离任等系列常规稽核。结合业务经营风险状况,市联社先后组织人员对新绛、万荣、芮城、闻喜、稷山、垣曲等联社内的10个基层网点进行了接管式稽核,进一步规范业务操作行为;实施专项检查。围绕业务经营中心,全市农信社对票据业务、投资理财、银行卡业务进行专项检查,并对辖内5560名信息联络员异常行为进行摸底排查,进一步加强信息联络员的规范化管理,确保合理设置联络员,有效防控风险隐患;推进案防专项活动。市联社紧扣防人、防事、防空档,联责、联业、联服务"三防三联"案防节点,通过开展"四排七防行动",防范打击非法集资,严格案防考核评价,强化案件风险排查,有效改善了违规问题屡查屡犯、查而不改的现状,进一步夯实风险防控基础。

(农村信用社)

【行政效能建设】 严格落实"两个责任"。实行党务公开,定期召开民生生活会,规范党员干部"八小时内外"的监督管理。2014年,全市对567名党员干部建立了廉政档案,对107名在工作中屡次违规问题的责任人进行诫勉谈话,完善党风廉政建设工作13项制度,持续推进系统内党风廉政及反腐败工作深入开展。狠抓纪律作风建设,结合党的群众路线教育实践活动,对照中央"八项规定",深入开展"整风肃纪、厉行节约"活动,加强公务接待管理,压缩"三公"经费,转变工作作风,提高服务效能。2014年,全市会议召开次数、机关发文、"三公"经费均比上年有所下降。其中,市、县两级联社会议同比精简80次、文件精简360个、会议费和招待费分别少支376.84万元、355.2万元。认真开展信访维稳工作。全面履行信访举报工作职责,加大信访事件的督办和查处力度,建立惩戒机制,完善内部监督体系,严惩违规违纪责任人。

(农村信用社)

【安全保卫工作】 构建安全保卫网络。2014年在全市各县级行社建立了安全保卫、要害岗位人员审查、安全检查、应急处置、预案演练、消防工作、自助银行设备巡查、反恐工作等八个安全保卫领导组织机构和"自助银行设备夜间巡逻队"。同时,对全市13个县级行社252个营业网点的监控报警系统实现全市联网,各县分别成立监控中心,实行24小时值班制度,及时对各营业网点的安全行为进行实时监控,确保安全经营。开展安全档案展评。为加快安全标准化建设,市联社要求各县级行社对安全业务档案进行分类管理,定期在全市对13个县级机构的安全档案进行展评,通过现场观摩、交叉评比,全市统一排队、通报,进一步规范安保档案。全市农信社先后开展档案展评3次,参评档案达5万余件。实施安保预案演练。根据省联社《安全保卫标准化管理》有关要求,市联社制订了应急预案,成立由市联社党组书记任组长的应急工作领导小组,在辖内自上而下建立应急组织,并于3月15日、6月15日、9月15日和11月15日分别组织基层网点统一进行了防抢劫、防盗窃、防恐怖事件、防诈骗、防火灾等系列预案演练,辖内374个网点、4500余人参与了演练,进一步增强了员工的应急处置能力。

(农村信用社)

中国邮政储蓄银行运城市分行

【概况】 2014年,邮储银行运城市分行在省行的正确领导下,在监管部门的大力支持下,紧紧围绕年初确定的基本工作思路,重点做好了"合规管理、科学发展、改革创新、文化引领"四个坚持,各项工作稳步健康发展。全年实现总收入2.04亿元,同比增幅3.8%;实现净利润4330万元,同比增幅153.69%。全市案件起数和金额均为零,基本实现风险可控、发展稳健的目标。

(市邮储银行)

【"两小"业务重点发展】 2014年,邮储银行运城市分行紧抓小额贷款、小企业贷款业务发展。其中,小额贷款业务通过开展"十大工程惠三农"活动,紧抓"一村一品",重点围绕"准抵押品、互助基金、法人信用、现代农业"建立三农信贷产品体系,加快小额信贷的转型步伐。小企业贷款采取"项目主导、客户锁定、群链开发"营销策略,集群开发"5+15"工业园区、37个商圈;链式开发核心企业产、供、销上下游,对接一县一业,打造特色支行。同时,注重发掘客户对金融服务的多元化需求,发挥项目策划中心作用,实现综合金融类客户的大力开发。

(市邮储银行)

【信贷产品创新】 2014年,邮储银行运城市分行坚持以信贷产品创新做为业务发展重中之重,充分利用数据库营销批量、集群开发客户。城区紧密围绕大型零售企业、城市商圈、专业市场发展互助基金贷款、担保公司担保小额贷款、公司加商户等公司项目贷款;农村紧抓"一村一品",围绕辖区内特色市场、重点行业及农业产业链,发展与农民专业合作社、家庭农场和龙头企业等多种经营主体的金融服务合作,开发合作社补贴隐性担保和土地收益保证等项目贷款,逐步建立三农金融信贷产品体系。 (市邮储银行)

【信贷能力提升"七个一"活动】 2014年8月,邮储银行运城市分行开展信贷能力提升"七个一"活动。信贷能力提升"七个一"活动即:每天一个节点、每天一次检查、每周一个案例、每周一个新业务、每月一个行业分析、每季度一个项目、每季度一次考试。通过信贷能力提升"七个一"活动的高效开展,进一步提升了全市信贷队伍整体能力,有效加快了县域两年提升计划的前进步伐。

(市邮储银行)

【个金业务转型发展】 2014年,邮储银行运城市分行坚持"零售升级、优化结构"主要思路,依托专业机构,强化示范网点转型,深度挖掘客户需求,通过各类活动推动效益提升，实现个人金融业务转型发展。

（市邮储银行）

【渠道能力建设】 2014年，邮储银行运城市分行坚持把渠道能力建设作为提升核心竞争力的重要手段，大力推进自助银行、电子银行体验中心建设。全年共建成6处离行自助银行，新设20处离行单机。同时以网点转型为契机，完成2处电子银行体验中心的建设。闻喜县新开南路支行建成全省首家电子银行特色支行。

（市邮储银行）

【合规管理】 2014年，邮储银行运城市分行合规管理工作稳步提升。认真落实"制度执行年"和"合规大行动"活动要求，开展违规整肃，狠抓重点制度执行，强化案件风险排查，不断加强三级内控考评机制运行管理，以考核导向引领合规，在绩效考核办法中风险权重项目占比达到40%。深入开展制度梳理、流程再造活动，全行共梳理出现行规章制度280项，废除制度14项，编制管理流程、业务操作流程共计329项，并下发执行。

（市邮储银行）

【安全保卫】 2014年，邮储银行运城市分行扎实推进安防达标工作，不断提升全市营业网点安全保卫能力，按时完成迁址改造网点、新建自助银行的安防设备配备及验收工作，做到营业场所、自助银行100%全覆盖。通过集中监控系统共发现安全隐患、服务等方面问题240余个，全部整改到位。

（市邮储银行）

【人力资源优化】 2014年，邮储银行运城市分行持续加大人力资源配置优化力度，有效强化了人力资源配置在企业管理中的核心作用。推行集中作业、扁平化管理模式，减少无效环节和岗位人员，实现人力资源科学配置。积极开展同业人才引进工作，建立人才引进奖励配套机制，为企业经营管理注入新鲜活力。以"五年规划"为导向，开展"每周两小时"、"读书学习"等活动，建立健全内训师的管理和考核机制，稳步提升了全行员工综合素质。

（市邮储银行）

【开展党的群众路线教育实践活动】 2014年，邮储银行运城市分行深入开展党的群众路线教育实践活动，不断强化组织领导，将学习教育、查摆问题、整改落实3个环节有机贯通，持续加强协调推进。同时，深入进行党性分析和自我剖析，做到查摆问题准、原因分析透、整改措施实，取得实际成效。

（市邮储银行）

运城市国际金融组织贷款管理局

【概况】 2014年是全面贯彻落实党的十八大和十八届三中、四中全会及习近平总书记系列重要讲话精神，按照省委"净化政治生态，实现弊革风清，重塑山西形象，促进富民强省"和推动"六个发展"的总体部署，以开展党的群众路线教育实践活动和学习讨论落实活动为契机，攻坚克难、凝心聚力、真抓实干，统筹推进工业新型化、农业现代化、信息化、城镇化、生态化和文化旅游产业等重点工作，国际局紧紧围绕年初确定的工作思路，围绕中心，转变观念，振奋精神，砥砺进取。在市委、市政府和省财政厅、项目办的正确领导下，圆满完成了各项工作任务。

（市国际局）

【招商引资】 2014年引进资金1.56亿元，创造了国际局成立以来年度最好成绩。一是申请成功了盐湖区浩腾科技、万荣凯迪、芮城宏光二期三个清洁发展项目，申请到中国清洁发展机制基金贷款1.33亿元，同时为以前年度申报的三家企业争取到省财政贴息资金350万元。二是上报了总投资25亿元，拟利用亚行贷款2亿美元的南山生态智慧城项目和总投资5.5亿元，拟利用亚行贷款2.7亿元人民币的河川二期项目。三是牵线搭桥，促成中电投河北保定能源发电分公司与夏县人民政府《太阳能光伏发电项目合作框架协议》的签订，该项目主要是利用荒山和阳面荒坡建设200MW太阳能光伏电站，占地12000亩，总投资20亿元，分三期建设，一期投资6亿元50MW工程将于2016年开工建设。四是完成了亚行贷款河川项目和世行贷款林业五期项目的扫尾工程，完成投资2006.99万元，报回贷款1895.01万元，争取省级配套资金66.63万元。五是扶贫项目债务已经还清，还贷压力消失。六是结合党的群众路线教育实践活动，完善制度建设，解决了一批群众反映强烈的热点难点问题。七是领导带头强化队伍管理，全局上下呈现出人心思进、风清气正、谋事创业的良好局面。八是加强党风廉政建设，落实"两个责任"，实行"一岗双责"。九是项目效益初步显现。通过项目的实施，清洁发展项目年新增产值6.5亿元，新增利税1.4亿元，节约标煤24.2万吨，减少CO_2排放87.88万吨，减少SO_2排放1396吨。河川和林业项目每年产生经济效益6.27亿元，实现纯收入3.4亿元，有35443人直接受益，减贫人口19945人，提高森林覆盖率0.013%，减少土地退化和水土流失76万吨，降低固定粉尘1万吨，吸收$CO_2$1.8万吨，释放氧气1.36万吨。

（市国际局）

【党的群众路线教育实践活动】 国际局党的群众路线教育实践活动自2014年3月6日启动以来，局领导班子、全体党员干部及退休党员干部参加了此次活动。在市委第6督导组的正确领导下，局党组高度重视，密切联系实际，紧紧围绕"为民、务实、清廉"的主题，严格按照"照镜子、正衣冠、洗洗澡、治治病"总要求，坚持把发现问题、解决问题贯穿始终，聚焦"四风"问题，从严从实推进三个环节工作。党员干部经受了一次党性锻炼和洗礼，受到了一次党的宗旨意识的再教育，达到了思想进一步提高、作风进一步改变、党群干群关系进一步密切的活动目的。在查摆问题环节，市局班子成员围绕"对照检查"，开展“自我剖析”,做到“自己找、互相提、上级点、对照查、重点抓”相结合。在相互批评环节,班子成员之间直面问题,真诚沟通,互通有无,真正达到了“出出汗、红红脸、排排毒”的目的。在建章立制环节,市局班子不仅立足当前,切实解决群众反映强烈的突出问题,更着眼长远,督促建立健全行得通、指导力强,能长期管用的长效机制。针对问题,已出台了12项行之有效的规章制度。新绛、绛县和临猗县在建章立制方面走在了全市前列。群教活动结束后,市局要求全体党员干部强化新常态意识,落实主体责任,把活动中好的做法坚持下去,既抓思想建党,又抓制度治党,防止反弹,保持长效,严防“雨过地皮湿,活动一阵风”,确保教育实践活动成果得以固化。

(市国际局)

【资金拨付和在建项目】 亚行贷款河川流域农业综合开发项目2014年完成了扫尾工程,完成项目总投资2006.99万元,报回亚行贷款1377.41万元,争取省级配套资金66.63万元,落实市、县配套资金171万元。截至年底累计完成项目总投资21825.08万元,报回亚行贷款9938.58万元,分别占总规模的98.8%和93.1%;争取省级配套资金1320.09万元,落实市县政府配套资金1602.9万元。自项目实施以来,已有6824户农民参与了项目建设,培训项目户51197人次,其中培训妇女25200人次。共发展养殖户1110户,其中育肥猪410户,肉羊120户,肉鸡110户;建设日光温室634栋;发展特色高效优质生态干鲜果核桃、红枣、苹果及速生杨、中药材等4970户,27745亩。世行贷款林业五期项目2014年完成了扫尾工程,验收抚育面积2580亩,占年度计划的100%,报回世行贷款517.66万元,累计完成项目总投资2992万元,报回世行贷款1270.29万元。

(市国际局)

【清洁发展基金贷款】 清洁发展机制基金贷款是一项新业务。2014年国际局抢抓机遇,成功申报了三个清洁发展项目,申报贷款金额13300万元,其中盐湖区浩腾科技4800万元,万荣凯迪公司3000万元,芮城宏光二期5500万元,三个项目已于12月份通过了财政部清洁发展管理中心的审核批准,资金将会陆续到位。2014年还为3个以前年度申报成功的清洁发展企业争取到省财政贴息资金350万元,其中垣曲五龙130万元,芮城宏光100万元,新绛中信120万元。在争取清洁发展贷款的一年中,市局领导高度重视,财政部清洁发展中心、北京三可节能公司、省财政厅领导先后多次到运城市调研,山西银康会计师事务所对企业财务和经营情况进行的全面审计,均为企业的成功申报提供了动力支持、奠定了坚实基础。《中国财经报》对芮城宏光、垣曲五龙两个企业进行了实地采访,发表了“撬动绿色低碳发展支点”以及“宏光”迎来炉火纯青时的专题报道,不仅提升了践行清洁发展企业的知名度,同时也是对运城市国贷工作的极大肯定。宏光二期的申报成功,标志着该企业已成为全国利用清洁发展的样板和典范工程,受到财政部清洁发展中心、省财政厅领导的高度评价和充分肯定。截至2014年底,运城市累计申报成功清洁发展项目7个,占全省的1/3。

(市国际局)

【争取新项目】 争取新项目是2014年国际局的核心工作和重点工作,自年初开始,局领导要求大家解放思想,打破过去坐在家等项目、等资金的消极做法,抓住机遇,主动出击。为了方便项目申报,编制了《国际金融组织贷款项目申报指南》,3月份分两批对13个县市和市直有关单位进行了业务培训。一是南山生态智慧城项目前期准备工作顺利。与市发改委、规划局、交通局、供水公司、空港开发区等单位进行了深入地沟通和协商,5月20日,经市政府批准,最终确定了以南山生态智慧城为龙头,以城市供水、供热、城市智能交通系统、三个经济开发区路桥工程等为主要建设内容的运城市申请亚行贷款建设生态智慧城项目,总投资25亿元,拟申请亚行贷款2亿美元。该项目已于5月底以正式文件上报省发改委和省财政厅。自全市国贷工作会议之后,多数县申报项目的热情很高,报了很多好项目,从中选择了芮城县环城水系绿地森林公园项目,闻喜县城至东镇段景观绿化工程,垣曲县古城国家湿地公园建设项目,稷山县燃气供热供冷项目,夏县城市道路建设规划项目,新绛县中国绛州澄泥砚文化园等6个项目作为城市建设备选项目。二是亚行贷款河川二期项目申报初见成效。在省项目办的大力支持下,盐湖区、永济市、芮城、新绛、闻喜等五个县进行了申报和承诺,建设内容主要涉及10家企业和基地建设,总投资54696万元,拟申请亚行贷款27505万元。

(市国际局)

【制度建设】 少数人靠觉悟管理,多数人靠制度,制度始终是最有效的管理办法。围绕强化机关管理,提高人员素质,推动机关作风建设这一主题,2014年先后出台了《财务管理制度》《目标责任制考核制度》《考勤制度》《学习制度》《车辆管理制度》《带薪休假制度》等12项规章制度,严格控制压缩“三公经费”,控制会议数量和规模,完善公务接待制度,压缩公车运行费用,加强安全、车辆、机关环境管理。在制度管理和约束下,遵守工作纪律的自觉性,照章办事的法律意识,行政管理水平有了明显提升。

(市国际局)

【机关文化建设】 新班子上任后,解决了群众反映强烈、困扰机关家属院多年的冬季取暖问题,为家属院安装了闭路电视机顶盒和监控设施,同时对文体活动室进行了维修改造;组织全体干部职工包括退休老干部进行了健康体检;2014年7月份为身患大病的毛晖林同志解决了2万元的大病救助金,同时动员机关干部职工为其集资捐款3.02万元;年初从市工会为两名特困职工申请了4000元困难救助金;还为全市13个县市国际局考虑并解决了115万元的工作经费;妥善盘活项目运行中心国有闲置资产;协调解决了包联的临猗县楚候工业园通生交通设备有限公司通往厂区道路硬化问题；为班子成员和各科室配备了笔记本电脑并安装了光纤网络；全员参与市级文明单位创建活动；制作了活动版面并布置了机关文化墙；拍摄了国贷局成立二十周年宣传纪录片《淘金者的足迹》。新一届局工会和妇联为了活跃机关文化生活，购买了500多册图书并为职工增订了报纸杂志；聘请多位专家讲党课、讲国学；举办了“我运动、我健康、我工作、我快乐”为主题的登山比赛和“践行党的群众路线，把事情做到最好”的演讲比赛，增强了机关的凝聚力和向心力。

（市国际局）

人寿保险运城分公司

【概况】 2014年，人寿保险运城分公司团结带领全体人员深挖市场潜力，强势拓展业务，积极对标预算，整体工作迈上了新的台阶。截至12月底，全市系统实现总保费收入11.96亿元，同比增长0.81%。其中：个险首年期交12146.33万元，同比增长21.18%，完成省公司年任务11400万元的106.55%，十年期9329.24万元，完成省公司任务8100万元的115.18%，同比增长25.91%；银保首年保费20839.79万元，达成年度目标25000万元的83.36%，同比增长－20.88%；实现期交保费3587.34万元，达年度目标2850万元的125.87%，同比增长36.74%；短期险保费收入3587.5万元，完成省公司年任务3500万元的102.5%，同比增长22.3%；其中意外险保费收入2450万元，完成省公司年任务1950万元的125.64%，同比增长43.27%。

（马小平）

【团险业务】 2014年，人寿保险运城分公司按照省公司“增量增效、崛起发展”的工作要求，以团险队伍改革为依托，以优质服务为抓手，以盈利创费为目标，不断加强队伍建设、转变发展模式、提高盈利能力，扎实做好学生险、信贷保险、老龄保险等口子业务的开拓工作，努力实现团险业务持续、均衡、科学发展。

（马小平）

【人力资源】 2014年，人寿保险运城分公司认真贯彻上级公司关于人力资源整合的意见，积极探索建立和健全员工的招聘和辞退机制，1－8月份引进14名大学生、研究生，并于8月份为6名大学本科学历见习生办理了转正手续。10月份启动了“优才计划”招聘网络报名事宜，引进优秀人才23人；11月份接收大学生村干部6人。对本年度系统内冗员进行全面梳理及清退，对系统内18名离职人员做了相应处理，给予相应经济补偿。同时，对各渠道人员比例控制、各部门人员编制进行有效调整，在加强公司业务渠道人员力量的同时，对非销售类渠道员工的要求也在逐渐加强，年内为基层公司74人次做了相关职位调整。

（马小平）

【内控合规】 2014年，人寿保险运城分公司在全市系统开展了内控标准执行方案宣导和专项检查工作，对辖内稷山、河津、新绛三家单位开展了专项检查，并就发现的24个问题，根据省公司提出的整改建议，立即组织各条线落实整改。开展了反洗钱自查自纠工作，以“拉底线、紧联系、选优秀”为主线，以“公开、公平、公正”为原则，组织辖区内17家单位共40余名反洗钱岗位人员开展反洗钱知识竞赛活动。开展了以“预防洗钱维护金融安全”为主题的反洗钱宣传月活动。开展了纪检监察工作。组织全市40余名县支班子领导开展了风险预警自评工作，通过个人自评，分公司监察部、纪委领导审核，对达到风险预警的情况及时上报省公司。深入开展综合治理销售误导工作。结合全市实际情况，分别从销售资质、销售培训、宣传资料、销售行为、客户回访、销售品质和客户投诉等七个方面深入开展自查自纠、全面开展综合治理销售误导工作。

（马小平）

【客户服务】 2014年，人寿保险运城分公司从分公司客户服务中心抓起，坚持每天晨会学习，同时积极参加省公司组织的周学习、月考试，通过长期开展内部培训来提升综合能力。在全市范围内举办了“牵手国寿，马上无忧”客户服务系列活动。定期召开客服联席会议，并及时向各销售部门反馈近期工作重点，督导相关部门配合力度，防范经营风险，做好客户沟通工作，切实做到事事有回应，笔笔有落实。开展了一系列以“诚信·沟通·维权”为主题的客服活动。在分公司二楼北大厅召开了“3.15”我与客户面对面座谈会，来自全市各行业的保险监督员、一线展业人员、客户代表以及分公司客服中心经理及主管参加了会议；在柜面服务大厅还设立了“3.15”总经理室接待日。每月按时参加《监督热线》栏目，通过节目为客户介绍公司近期活动，及时解答客户提出的各类问题。

（马小平）

【教育培训】 2014年，人寿保险运城分公司高度重视教育培训工作。坚持制式化培训和非制式化培训相结合，素质教育和技能培训相结合，全面提升队伍素质。全年共举办初级员工培训、销售人员新人培训、销售人员和销售主管晋级培训等各类制式培训27期，共培训销售人员2400人，初级员工400余人；在半年业务冲刺关头，组织了全市范围内13家营业单位“牵手国寿·破茧化蝶”培训，培训人次1600余人。积极配备讲师参与基层公司产说会运作，有力地助推了队伍建设和业务发展。高度重视讲师队伍建设。先后14次派出专、兼职讲师57人（次）参加了总、省公司的各类师资培训，并有11人喜获总、省公司颁发的教育培训条线先进工作者、优秀辅导员、优秀讲师等七项殊荣。高度重视培训传承工作。抽调专职讲师深入基层公司帮助代资考、新人“三会”及“两营”工作的推广。特别在全年代资考通过率方面，较去年提高了15个百分点，全年通过率达到75.68%，全省排名第四。“两营”入营覆盖率100%，全省第一。代资考及“两营”工作取得的优异成绩，争取到了省公司72.4万元的教育培训费用支持，费用支持额度位居全省第一。大力推广国寿e学视频教学系统。各级管理人员加班

教育

基础教育

【推进义务教育均衡发展】 2014年,市教育局投资3000万元,改造盐湖、夏县薄弱学校。投资600万元,为市直学校配齐配足了图书、实验器材、音体美器材等。同时,在将平陆、垣曲、闻喜、夏县、万荣等5个县列入国家全面改善贫困地区薄弱学校改造计划的基础上,将运城市稷山、临猗、芮城、永济、绛县、新绛、河津等7县市也列入"全面改薄"范围,5年投入5亿元,彻底改善办学条件。2014年11月,垣曲、永济、临猗3县在市级复核和省级督导评估的基础上,顺利通过国家教育督导委员会组织的"县域义务教育发展基本均衡县"评估确认,成为本市首批通过国家评估确认的县。 (杨树荣)

【提升弱势学生教育水平】 2014年,制订出台了《运城市特殊教育提升计划(2014—2016年)》,以市政府办公厅文件印发,成为特殊教育的纲领性文件。芮城、河津、夏县特殊教育学校主体竣工投入使用,实现招生。临猗县特殊教育学校已经完成招投标,计划2015年11月底前完成主体工程建设。运城市特殊教育学校顺利移交,人事、教师工资等全面过渡到位,在校生120人,发展步入了新车道。全市残疾儿童少年入学率提高到91%。同时,严格执行《运城市人民政府办公厅关于进一步做好进城务工就业农民子女义务教育工作的意见的通知》精神,据统计,全年全市在校农民工子女、外来务工人员子女共计2.76万人(其中女生1.27万人),占全市中小学生总数的5.73%,这些孩子在就学、住宿、中高考报名、收费等方面同城市孩子享有一样的待遇。 (杨树荣)

【引导普职协调发展】 按照省厅《关于编报山西省2014年普通高中招生计划的通知》,市教育局高度重视,专项安排2014年普高招生计划编报工作,引导学生向职中分流,大力发展中等职业教育。全市普通高中由85所缩减至66所,其中民办高中22所,招生计划较上年减少了6000人。但由于诸多因素,普高招生比例仍高于中等职业教育比例,还需进一步综合考虑普职分流工作。同时,市教育局将风陵渡中学、新绛中学、闻喜二中、新绛二中作为多样化办学的试点校,努力办出特色,满足不同潜质学生的发展需要。风陵渡中学的教学成果《在服务"三农"综合实践活动中提高学生科学素养的长期探索与实践》荣获国家教学成果一等奖,新绛中学《高中半天授课制》荣获国家教学成果二等奖。 (杨树荣)

【教育质量监测与管理】 2014年,局教研室、督导室等科室配合,采取多种形式对高中学校的教学质量进行定期抽测、监测、调研;强化示范高中建设,闻喜中学、永济中学、风陵渡中学、河津中学、万荣中学、盐化中学等6所学校顺利通过省示范高中复验。全市高考46833人,二本B以上两大类达线14915人,在参考人数减少5500人的情况下增加了1184人,达线率提高了5个百分点,达线人数继续保持全省第一。全市高中学业水平考试中,44819名考生参加了物理、政治、历史、地理、生物、通用技术、化学和信息技术等8个科目的考试。市教育局改革考试办法,以人为本,采取大校"大校混编、交叉监考",小校"集中混编"的形式,让50%的学生在本校考试,校际间教师交叉监考,整个考试工作安排有序,考风考纪良好,受到省巡视组的高度赞扬。 (杨树荣)

【规范学校办学行为】 2014年,市教育局制订印发了《关于进一步做好中小学招生暨规范办学行为工作的意见》《关于进一步规范义务教育阶段民办学校招生工作的意见》等7份文件,在新闻媒体和网站多次宣传,公示相关政策、规定。组织有关业务科室连续严查重处各项违规行为,对群众反映的150余起节假日补课、征订教辅材料、乱收费行为逐一调查落实,对5起违规补课、提前招生行为在全市进行了通报批评。全市义务教育阶段所有学校全部实行"均衡配备教师、均衡编班"制度,由计算机随机派位进行编班,坚决制止和查处举办重点班、实验班、特长班行为，均衡配置各学科教师。为了缓解运城及各县城区中小学校的大班容量现象，市教育局在全市严格执行“免试、划片、就近、分配”的义务教育招生政策，广泛宣传全市义务教育均衡发展的各种措施和做法，通过优质高中60%招生指标定向分配到初中学校等办法，积极疏导择校生回原服务区就近入学。

（杨树荣）

【体卫艺教育工作】　2014年，市教育局在全市中小学校积极开展阳光体育运动，坚持每天一小时运动时间，各学校积极开展校园运动会。同时，在万荣县举办了全市中学生运动会和全市教职工乒乓球比赛。共有62个代表队649名运动员参加了比赛，比赛项目有田径、跳远、铅球、铁饼、跳高等30类。同时，按时完成了全市中小学学生体质测试、上报、数据核查等工作。创卫工作中，市教育局机关和各学校共投入100余万元，使局机关环境和学校校容校貌明显改观。抓教育，发放《健康教育调查问卷》2000余份，向市直中小学校发放健康教育读本6000余册，各学校共制作宣传版面40多块，发放《告家长书》10余万份，印制各类创卫资料30000余份，悬挂创卫横幅50余条，播发广播稿800多篇，通过“小手拉大手、学校带社区”，有效提高了广大师生和家长的创卫意识。同时，大力开展校园艺术科技节活动，全市近2000所大中小学校从4月份至11月份，开展了包括美术、绘画、摄影、舞蹈、声乐、器乐、课本剧、朗诵、科技创新等9大门类在内的艺术活动，全市80多万名大中小学生创作书画摄影作品40余万份，编排表演艺术节目2000多套，全面展示了素质教育的丰硕成果。

（杨树荣）

师资培训

【实施“国培计划”】　2014年，市教育局精心选派55名骨干教师参加了为期10天的示范性集中培训项目培训，101名教师参加了陕西师范大学承办的示范性幼儿园骨干教师远程培训项目培训，138名市县骨干教师（含教研员）参加了示范性教师工作高端研修项目高中语文、高中数学、初中英语3学科培训，9名初中数学骨干教师，参加了示范性综合改革项目山西省骨干教师能力提升高端研修项目培训。34名优秀教师担任了山西省农村中小学骨干教师信息技术应用能力提升远程培训项目辅导教师，14名优秀教师担任了山西省网络研修与校本整合培训项目辅导教师，298名2014年服务期满继续留任的初中、小学特岗教师分批、分科参加了太原师范学院举办的山西省农村义务教育阶段学校特岗教师短期集中培训。确定新绛、稷山两县为山西省农村中小学、幼儿园骨干教师信息技术应用能力提升远程培训省级“送培下乡”活动项目县，其余10个县（市）为市级“送培下乡”活动项目县。选派49名教师参加了为期4个月的山西省农村幼儿园骨干教师置换脱产研修项目培训，84名教师参加了为期两个月的山西省农村幼儿园“转岗教师”培训项目培训，306名教师参加了为期10天或15天的山西省农村幼儿园骨干教师短期集中培训项目6个子项目培训，1400名教师参加了山西省农村幼儿园骨干教师信息技术应用能力提升远程培训项目培训，14名优秀教师担任了山西省农村幼儿园骨干教师信息技术应用能力提升远程培训项目辅导教师。

（杨树荣）

【开展全员培训】　2014年，全市共有40252名中小学、幼儿园教师参训，广大教师学习态度积极且考核成绩优秀。179名省市级学科带头人、骨干教师担任了2014年山西省中小学、幼儿园教师远程全员培训辅导教师，并出色地完成了辅导任务。8683名中小学教师通过网络学习或集中培训方式完成了教育技术能力中级培训。

（杨树荣）

【打造名师队伍】　2014年，市教育局根据省教育厅安排，向省厅推荐报送了53名名师培训对象候选人。经省厅评审，18名教师成功入选。同时，组织全市2013年入选的27名山西省中小学教学名师培养对象分别到北京师范大学、浙江师范大学、南京师范大学等高校参加了高端研修。组织全市2013、2014两年入选的45位名师培养对象参加了省教科院举办的“山西省中小学教学名师培养计划”远程平台应用集中培训。还组织2013年当选的81名省级学科带头人、233名骨干教师分科、分期参加了省各培训中心举办的跟踪培训。

（杨树荣）

【加强校长培训】　2014年，市教育局认真评选和组织骨干校长参加山西省教育行政干部培训中心举办的常规性培训。其中选派6名参加了为期18天的全省第二期小学骨干校长提高培训班培训，6名参加了为期12天的全省第十八期初中校长提高培训班培训，6名参加了为期12天的第二十九期高中校长任职资格培训班培训，6名参加了为期12天的第十九期高中校长提高培训班。选派盐化中学校长景建利、市海仓学校校长王萍、稷山县实验中学校长吉康俊、绛县实验中学徐跃文、新绛县泉掌示范小学文军民等5名骨干校长到江苏省四星级高中、山西大学附属中学、榆次第五中学、太原大学外语师范学院第三附属小学、太原市贵都小学等省内外优质基地校参加了为期15天的“影子培训”，近距离领略名校校长风采，切身感受名校文化和名校气派。从平陆、垣曲两县选派100名中小学校长参加了教育部——中国移动中小学校长培训项目山西省2014年度远程培训，历时3个月。

（杨树荣）

【开展特色培训】　2014年，全市除保质保量完成上级部门下达的培训任务外，还因地制宜开展一系列特色培训。5月13日至16日，邀请北京大学中美合作机构T. I. P. 项目两名外籍专家深入盐湖、临猗、永济、平陆4县（市、区）和部分市直学校，为全市2000多名初中、小学英语教师进行了为期1天的英语教学法培训。7 月 14 日至 21 日,聘请北师大 36 位专家来运对全市高中语文、数学、物理、化学、生物、政治、历史、地理共 8 个学科 1800 名骨干教师进行业务培训,每科培训 3 天。培训提高了高中教师实施有效教学的能力和学科综合素养。

(杨树荣)

职业教育

【起草职教实施意见】 2014 年,为落实市长王清宪在市长办公会议上提出的"加快发展现代职业教育,制订运城市职业教育发展规划和实施意见,确定运城市职业教育发展的方向、路径、举措和相关政策"的有关指示精神,在分管领导张俊耀总督学带领下,组成起草班子,逐条学习研究了国务院《关于加快发展现代职业教育的决定》,并搜集学习了国内外发达地区和发达国家发展职业教育成功经验,与北京城市学院、教育部职教研究所等专家进行交流,借鉴发达地区职业教育发展经验,根据全市职业教育发展现状和实际,围绕市委、市政府"六化"衔接、"四化"互动发展战略,制订《关于加快发展现代职业教育的实施意见》(讨论稿),再经过反复修改,广泛征求了职业院校、有关部门和企业行业人士的意见建议,经局党组会议讨论后,报市政府,常务会议审议通过。 (杨树荣)

【开展专项督导检查】 2014 年,市教育局联合市政府教育督导室,抽调省、市级督学及中职学校教学管理人员 20 人,组成 5 个检查组,用 10 天时间,对全市 37 所中等职业学校及 4 所高等职业学校中专部进行了常规教学管理专项督导检查。市职业院校坚持与市委、市政府确定的"工业集群化、集群园区化、园区社区化、社区城镇化、土地规模化、城乡生态化""六化"衔接,与"工业化、信息化、城镇化、农业现代化""四化"互动的发展思路,不断深化职业教育教学改革,规范职业学校教学行为,学校教学管理工作虽然取得了一定成绩,但仍然存在课程开设不全、课时开设不足、档案资料不够规范等诸多问题。针对存在的问题,市教育局下发了整改通知。

(杨树荣)

【举办学生技能大赛】 2014 年 4 月 1 日至 2 日,市教育局在河津市职业中学举办了全市第四届职业院校技能大赛,大赛设有焊接、会计、烹饪 3 个专业类别,分为焊接技能、手工记账基本技能、艺术拼盘与雕刻等 5 个项目。全市 14 所职业院校的 109 名选手参加了此次比赛,共决出个人一等奖 11 个、二等奖 23 个、三等奖 33 个、优秀奖 43 个;15 名教师获优秀指导教师奖。大赛决出团体一等奖 3 个、二等奖 6 个、三等奖 10 个。各县(市、区)分管职业教育的副局长、教育股长、部分职业院校校长参加了开幕式和大赛观摩活动。4 月 10 日至 15 日,运城市承办的山西省第八届职业院校技能大赛煤炭类和电子电工类专业竞赛在职业技术学院举行,全省 20 余所院校的 300 余名选手参加了比赛。14 日,山西省职业教育提升服务煤炭产业发展能力推进会在运城市召开,教育部职教司教产合作处处长白汉刚、省教育厅分管职业教育的正厅级巡视员刘惠民、省煤炭工业厅副厅长胡万升到会并讲话。4 月 20 日至 5 月 20 日,全市 11 所中职学校及 2 所高职院校选拔选手共 150 名,组队参加了山西省第八届职业院校技能大赛,获得一等奖 20 名,二等奖 34 名,三等奖 56 名,优秀组织奖 2 个。 (杨树荣)

【强化职教招生】 2014 年,市教育局按照省教育厅"切实把高中阶段教育增量主要用于职业教育,进一步扩大职业教育办学规模"的要求,在中考前将全市中等职业学校招生专业、招生计划及职业教育星级评估情况、办学资质情况在《运城日报》进行了公告。秋季开学初,又开展了"运城市职业教育十大品牌学校"评选工作和职业院校优秀毕业生"就业之星"事迹宣传活动。在《黄河晨报·教育专刊》和《运城教科》等媒体向全社会进行广泛宣传,营造全社会进一步重视职业教育、关注职业教育的局面。2014 年,在全市初中毕业生人数减少,普通高中招生规模减少不大的情况下,实现了中职招生人数略有上升的目标,全市中职共招生 17616 人,职普比接近 4:6。 (杨树荣)

教师队伍

【教师大交流】 2014 年,市教育局注重发挥顶层设计的政策引导作用,结合实际制订下发了《运城市教育局关于进一步推进全市义务教育学校教师校长轮岗交流工作的实施意见》,在交流形式上,着重推行城乡一体化、名校办分校、学区一体化和集团化办学四种模式,在政策保障方面,多方筹措资金,对交流人员进行交通和生活补贴,在评优评模、晋职晋级等方面予以倾斜,提高广大教师参与交流工作的主动性。在交流期限上,按照不同工作基础采取 1 至 3 年相结合的办法,有效防止了一刀切可能带来的不稳定。同时,树立"一分部署、九分落实"的工作理念,市教育局建立实行了交流支教考核管理和定期抽查制度,从 7 月份起开始实行了月报告制度,截至 12 月,全市共有 238 名校长和 2314 名教师进行了大交流,有力促进了教育公平。

(杨树荣)

【执行"特岗计划"】 2014 年是运城市实施"特岗计划"的第六年。全市 5 个县共设置岗位 285 个,其中平陆 78 个、万荣 75 个、闻喜 40 个、夏县 17 个、垣曲 75 个。经报名、笔试、资格复审、面试、体检、岗前培训等环节,共有 283 人走上农村学校讲台。具体做法有 3 点:首先在把握机遇上持续发力。一方面积极向上争取更多的招聘指标,另一方面要求 5 个贫困县要充分把握好实施"特岗计划"这一战略机遇期,在空编范围内最大限度地申报用人计划。其次在严格政策上持续发力。组织市、县两级人事工作者在招聘报名和审查工作中,严格按照"四个核对四个看"的要求,确保资格审查工作准备无误。第三在规范操作上持续发力。严格按照高考组考要求,层层签订考试责任书,专门聘请公安人员进行保密工作,充分发挥视频监控系统、手机屏蔽仪、金属探测仪等现代设备的防作弊威力,把好笔试考风考纪关。在面试评委选调上以保密为重点,合理回避,集中从两个县市抽调业务好、原则强的教师担任评委,确保评课质量。现场管理以封闭为重点,评委报到后立即上交手机。面试人员讲完课后,评委当场亮分。

(杨树荣)

【免费师范生工作落实】 2014 年,为建立免费师范生就业机制,省、市教育局专门向市政府主要领导送交了请示报告,多次与人社、编办等部门进行沟通协调,建立了机制,为已签约的免费师范生全部办理了相关手续,为顺利实施师范生免费教育工作打好了基础。市教育局在全市最好学校为国家免费师范毕业生提供了 110 个就业岗位,保证每名毕业生至少有两个岗位可以选择。同时,严格落实国家有关政策,全部安置到了生源所在县的县城最好学校,全市共签约国家免费师范毕业生 34 名。为了保证第三批省属 61 名免费师范生协议签订工作顺利完成。以全市招生考试工作会议、教育网站、报刊简报等为平台,广泛宣传政策,号召鼓励报考免费师范生。同时,责成专人负责,对每一名录取为免费师范生的考生再次进行政策解读,圆满完成了 61 个指标的招生任务。

(杨树荣)

【民办教师问题解决】 2014 年,市教育局多次到人社、财政、编制等部门进行协商沟通,起草下发了运城市教育局等四部门《关于贯彻落实省教育厅等四部门〈关于妥善解决我省中小学代课教师和原民办代课教师问题的实施意见〉的通知》,建立了政府牵头负责、教育局主导、各部门协同配合的工作机制,以教育部门负责身份认定及教龄审核,人社部门负责建立教龄补贴发放渠道,财政部门负责筹集发放所需经费,编制部门负责在岗代课教师招聘所需编制的调剂。市教育局规定了经县级教育行政部门批准任用且在 1986 年 12 月底前连续任教满 3 年及以上的原民办代课教师教龄补贴所需资金,按照4: 1: 5的比例,分别由省、市、县级财政筹措;对 1986 年底前连续任教满 3 年及以上的其余人教龄补贴所需资金,按照 2: 1: 7,分别由省、市、县三级财政分担;对 1986 年底前任教时间不满 3 年、延续到 1987 年 1 月 1 日以后,连续任教 3 年及以上、后离岗的公办中小学及公办和集体办幼儿园的代课人员的教龄补贴所需资金,由县级财政全部承担。

(杨树荣)

【中级职务评审】 2014 年,全市共有 1202 名教师参加中小学教师一级职务评审,通过 1180 人。市教育局持续实施"以考代答"的模式,着力强化考风考纪,实行交叉配合监考,进行全程电子监控,不间断巡视监督,邀请一批专家立足教育教学实际进行命题,达到了预期的目的。坚持在评委抽调、评委管理、报到候讲、抽题备课、编组讲课等各方面的成功做法,评审上,继续坚持导向性和以人为本原则。

(杨树荣)

【市直教师补充】 2014 年,市教育局根据市委组织部、市人社局《关于下达 2014 年全市事业单位人员公开招聘计划的通知》,为市直学校申请了 79 名公开招聘计划。7 月,将盐湖区聋哑学校划归运城特殊教育学校,按照有关程序办理了相关手续。为确保海仓学校的教育教学工作正常进行,提出在市直事业单位公开招聘领导组的统一领导下,为海仓学校提前单独举行 50 名教师公开招聘,截至 12 月,面试工作已结束。

(杨树荣)

教研工作

【课堂教学改革】 2014 年 3 月份,市教育局组织教学名师赴各县进行课堂教学研讨,对课堂教学改革中存在的问题进行交流研讨。4 月份,在运城中学承办全省化学课堂教学改革暨优质课评选活动。10 月份,组织教师赴垣曲中学参加"教材课标解读"活动,深化垣曲中学"80 分钟生命课堂"模式。11 月份,参加"力行杯"课堂教学大赛评选活动,进一步推进了"翻转课堂"教学模式的完善。以划区联片活动为载体,开展"说—讲—评"、"同课异构"等活动,使课堂教学改革向纵深发展。

(杨树荣)

【开展学科研讨活动】 2014 年,市教育局每月深入一所学校,通过听课、师生座谈、领导汇报、实地察看、资料印证、统一反馈等形式,对教学中存在的问题进行分析,使教师在交流中得到启发。加强学科培训。4 月份,参与了出版社的专题培训。7 月份,组织全市学科骨干教师进行了课标、考纲和教材培训。10 月份,参加"第五届基础教育三优工程优质课暨有效教学策略培训"和"关于进行中美小学比较教育专题培训及教学展示活动"。针对教师教学能力和阅读难题开展了小学语文教师素养大赛和主题阅读实验课题研究。

(杨树荣)

【打造名师名校】 2014 年,市教育局组建高中教育教学改革专家指导团,赴各中学进行教学指导和专题讲座,在教研活动中培养名师。创建初中课堂教学改革校级联合体,推动名师名校建设健康发展。3 月 27 日,盐湖、夏县、平陆、市实验中学片在解州中学召开课堂教学改革现场示范研讨会;4 月 21 日,永济、芮城、临猗片在芮城二中召开课堂教学改革推进会;5 月 7 日,万荣、稷山、河津片在河津柴家初中召开教学改革同课异构研讨会;5 月 27 日,新绛、闻喜、绛县、垣曲在闻喜金华学校召开课堂教学改革经验交流会。开展教学能手评选活动,通过层层赛讲,层层考评,评选出高中 71 名,初中 94 名,小学 128 名,共 293 名第十届运城市中小学教学能手。10 月份,在市级教学能手评选的基础上,进行了省级教学能手的评选活动,一批教坛新秀脱颖而出。

(杨树荣)

【教科研信息化建设】 2014年,市教育局落实学校听评课制度,使同学科共讲互听常态化,同时鼓励不同学科教师相互听课,开展跨学科教研。加强校本教研的专业引领,教研员深入学校,与教师同备课、共上课、互研课,真正把自己坐在课堂上,放在教学中,做好教师的教学助手。不断探索和实践网上教研,以教学邮箱、学科博客群,以及个人学习空间建设为重点,开展教学专题研讨,为使省信息化应用芮城现场会开得有效,市局教研室几次深入芮城,与校长、教师一道探讨学习平台建设,解决网络教研中的问题。全市小学数学学科利用北师大网络教研平台,建立运城市小学数学论坛及数学群,每周都有不同内容的活动,参与教研人员达4千人次以上。

(杨树荣)

【教研室建设】 2014年,市教育局对照"山西省县级教研室建设督导评估指标体系"寻找差距,加强基础建设,重点是电脑装备、图书阅览、人员配制等方面。绛县、闻喜教研室通过了省评估验收,全市已有10个县市通过了省评估验收。为了加强工作计划的落实,强化过程管理,市局教研室实行周布置、月小结、年总评的管理机制,并建立调研、指导、服务机制。每月下乡不低于5天,听课不少于5节。突出能力建设,提高学科研究能力、指导能力、服务能力、管理能力和评价能力,真正使教研室成为教育决策的智囊团和参谋部。

(杨树荣)

电教工作

【组织"2014全省'班班通'教学应用活动年"活动】 2014年,市教育局组织人员参加山西省第十四届中小学电脑制作活动。要求各级现代教育技术试验校要带头参加,3月下旬,对报送上来的作品进行了专家审核认定工作,共评出推荐赴省级121件作品,市级优秀作品98件。有121件作品获省奖励。组织开展"寰烁杯"中小学教师电子白板应用技能大赛,各县(市、区)采取校、乡、县三级评选办法推荐参评人选。8月下旬,市教育局组织市级评选活动,共向省厅推荐67名教师,有1名教师获省级荣誉。认真组织广大教师参加山西省第十六届中小学教育教学信息化大奖赛,并于8月下旬进行市级评审。推荐78名教师赴省参评,78名教师获奖。举办运城市首届"移动杯"中小学优秀微课程(视频)评选活动。共有155名教师报送作品,呈报省级评选,共有18名教师获省奖励。组织参加第五届"中国移动校讯通杯"教师论文大赛,共有1800余名教师在网上发表递交论文,在全省居第一。山西省在全国优秀学校组织奖共15个,运城市有12所学校荣获此奖。

(杨树荣)

【"三通"建设】 2014年,宽带网络校校通建设中,市教育局与中国移动运城分公司签署了战略框架合作协议,以县为单位进行教育专线组网,覆盖所有农村小学和教学点。已有968余所学校接通宽带,占学校总数80.6%,优质资源"班班通"正在建设中,盐湖区、夏县实施第一轮"薄改"工程扫尾。国家第二轮"改薄"工程,覆盖全市十二县(市)。随着"薄改"工程的完成,多媒体电子白板教学设备覆盖90%以上班级。全市教育信息化基础环境建设全面部署完成。网络学习空间"人人通"建设过程中,6月24日组织召开了全市中小学"人人通"网络学习空间建设会议,部署开展教研员、中小学校信息技术任课教师、中小学教师和学生"网络空间实名注册"工作。各县(市、区)、市直学校信息填报上传寰烁公司的总人数是42万余人,其中学生35.7万人,管理人员1500人,教师4.4万人,占应注册教师总数的95.8%。

(杨树荣)

招生考试

【大学考试】 2014年,全市高考考生46833人,比上年减少了5490人,减少约11.7%。其中:文史类考生20815人,理工类考生26018人。共设14个考区、39个考点、1573个考场。城区设置盐湖和市直两个考区,8个考点、395个考场,共有11800名考生。录取情况:二本达线人数为14699人,比上年人数增加922人,增长率为6.7%。文科达线人数是3439人(其中应届1912人,往届1527人),理科达线人数是11260人(其中应届7659人,往届3601人)。保送生2人,飞行员7人。2014年,运城市硕士研究生考试报名人数3653人,考点设置在康杰中学和运城中学,设标准化考场141个,康杰中学设考场70个,运城中学设考场71个。 (杨树荣)

【开学考试】 2014年,对口升学共有23个专业,全市有2817人参加报名考试,较上年少了506名。其中报名人数较多的专业为计算机类476人,护理类411人,师范类314人,土建类226,医学类211人,财经类284人。设山西省水利职业技术学院1个考点,95个考场。专升本选拔考试中,全市共有591名考生报名参加考试,较上年减少了245名,其中师范类考生410人,非师范类考生181人。设山西省水利职业技术学院1个考点,39个考场。中考中全市14个考区报名总人数为57037人。报名人数较多的县(市、区)为盐湖区7156人,临猗县6388人,河津市5112人;报名人数较少的为绛县2095人,垣曲2515人。全市共有56735名考生参加了体育考试(男29729人,女27006人),申请免考1516人(男836人,女680人),缺考302人。 (杨树荣)

【普通高中招生】 2014年,全市65所普通高中,共下达招生计划34520人,其中14所省级示范高中计划13400人,14所市级示范高中9750人,15所一般高中5320人,22所民办高中6280人(不含学院附中,其在市级示范类统计)。其中,统招计划21244人,完成了19512人,完成率为91.8%;分配到初中学校(定向)计划10606人,完成了9973人,完成率为94%,择校生计划2670人,完成了1866人,完成率为70%。除少数地处偏远的、办学规模较小的民办学校第一次录取不能很好完成计划外，大多数普通高中计划完成情况良好。分配到初中计划最低控制分数线为460分，比往年有了较大幅度的降低，计划完成的情况明显好于往年。择校生计划完成情况良好，不能完成的也多是一些乡镇高中。（杨树荣）

【自学考试】 2014年，市教育局全方位宣传自学考试。坚持抓考风考纪工作，自考质量和社会信誉进一步提高。高等教育自学考试全市设盐湖区一个考点区，共有8009人参加了25042科次的考试，其中新报考的考生1383人。同时，搞好毕业生初审工作。共有1001人拿到高等教育自学考试毕业证，其中本科876人、专科125人。

（杨树荣）

学前教育

【标准园建设】 2014年，为了全面落实省教育厅文件精神，市教育局印发了《关于落实2014年省级新（改、扩）建28所公办标准化幼儿园有关工作的通知》，分解和部署了28所省级建设任务。要求各县（市、区）抢抓进度，加大投入，保证质量，加快28所幼儿园项目建设，每月23号以前填写进度表并上报市教育局（附进展情况照片），按时向省厅报送。经过各县（市、区）政府、教育局的努力，全市28所新（改、扩）建幼儿园，27所已全面完工的，1所主体完工，开始进行室内装修。

（杨树荣）

【清理整顿无证办园】 2014年，全市共排查出188所无证幼儿园。其中符合条件的无证园待颁发办园许可证的有31所；基本符合条件，限期整改的有114所；取缔了45所。市教育局对这次排查的188所无证园在《黄河晨报》公示，合格幼儿园名单在运城市教育局官方网站公示，同时在网站实行动态监管，让社会监督。市教育局和市卫生局领导非常重视，联合起草并下发了《关于在全市幼儿园开展健康服务管理排查工作的通知》（运教幼字〔2014〕47号）文件，要求各县（市、区）立即组织力量对所辖幼儿园是否规范开展健康服务进行拉网式排查。

（杨树荣）

【评选十佳品牌幼儿园】 2014年，市教育局将全市1284所备案幼儿园名单在运城市教育网进行公示，将公示名单和公示截图上报省教育厅。全市经过由下而上层层选拔，评选出十佳幼儿园，分别是：运城市幼儿园、运城市委政府机关幼儿园、运城幼儿师范高等专科学校附属幼儿园、盐湖区实验幼儿园、临猗县第一幼儿园、芮城县党政幼儿北园、垣曲县城南幼儿园、绛县政府机关幼儿园、永济电机幼儿园、闻喜县海天新教育幼儿园。

（杨树荣）

语委工作

【组织参加第二届“中国汉字听写大会”】 2014年1月，按照《关于第二届“中国汉字听写大会”山西参赛队伍选拔工作的通知》（晋教语〔2013〕5号）文件要求，市教育局下发了《关于第二届“中国汉字听写大会”运城市参赛队伍选拔工作的通知》经过紧张筹备协调，自主命题，于3月9日在运城市教育局五楼会议室成功举办了运城市选拔赛，选拔出运城市实验中学张皓冬、王东伟、裴炳森、赵俊淇、王钧世、刘晓洋6名选手代表运城市赴省参赛。3月30日至4月1日，运城市实验中学代表队经过层层竞争，最终夺得山西省冠军。5月9日至22日，运城市实验中学代表队又赴北京参加由国家语委和中央电视台联合举办的第二届“中国汉字听写大会”，经过复赛、半决赛、决赛的激烈角逐，最终获团体最高荣誉。比赛实况分别于9月、10月在中央电视台一套和十套播出，引起强烈的社会反响。

（杨树荣）

【开展推广普通话周活动】 2014年，根据省教育厅、省语委要求，市语委成员单位及运城市各中小学校分别于9月15日至21日，相继开展了以“说好普通话，圆梦你我他”为主题的活动，全市掀起了一股推广普通话的热潮。临猗县组织了以“说好普通话圆梦你我他”为主题的手抄报比赛、经典诵读比赛和硬笔书法比赛等活动；芮城县开展了教师硬笔书法比赛，督促老师规范用字，发挥以身示范的作用；运城市海仓学校开展了“我给父母当老师”活动，发动学生运用所学的知识纠正家庭里存在的方音、方言及不正确用字的现象，实现了一个学生带动一个家庭。（杨树荣）

勤工俭学

【校园绿化】 2014年3月5日，市教育局下发了运教勤字〔2014〕20号文件《关于做好2014年全市校园绿化工作的安排意见》。经过春季和秋季绿化，根据年初承诺，10月9日，下发了《关于对全市校安工程学校校园绿化工作进行检查验收的通知》（运教勤函字〔2014〕149号）。10月20日至24日，分5个组进行了检查验收。805所校安工程学校普遍克服了就绿化抓绿化的盲目、短期行为。学校绿地率均不低于35%，绿化覆盖率均超过50%，学校主、次干道和支路绿化普及率达到100%。

（杨树荣）

【课业簿册生产检查】 2014年4月15日至25日，市教育局勤工办组织专家分别到全市15个定点生产厂和10所中小学校，就课业簿册的印刷规格、序号、页数、价格、四色图案版式、淡绿色防近视原浆纸等六个方面，采取进厂入库、随机抽验、进校入班、现场抽查等方式进行了全面检查。5月8日，对检查中质量好、标准高、服务优、执行上级政策不走样的7个定点厂家，予以通报表扬。对垣曲县教育行政管理疏漏，致使大量假冒伪劣学生用品仍在一些学校销售、使部分学生合法权益受到侵害的问题，提出严肃批评。对永济市恒琦印刷厂擅自让社会上企业印刷，注册商标加强实验室管理和建设,对师生关注的大型仪器平台、综合仪器平台、综合创新平台安排专人管理,加大了开放力度,积极为实验教学、学生毕业论文(设计)实验、大学生创新实验提供条件保障和优质服务。 (张伟峰)

【师资队伍建设】 2014年,运城学院引进外籍学科专业带头人1名、博士3名、硕士24名,16名教师外出攻读学位或进修。10名"131"领军人才特聘教授均已进校开展工作,新增省学术技术带头人1人,省级教学名师1人,有力地推动了运城学院学科专业建设和教师队伍水平的提高。有18名教师晋升为副教授、20名教师晋升为讲师,教师队伍的职称结构更趋合理。 (张伟峰)

【专业学位建设】 2014年,运城学院共有生命科学系等6个系的20名教师被聘任为山西农业大学、山西师范大学兼职研究生导师;应用化学系与扬州大学化学化工学院、生命科学系与山西农业大学食品工程学院签署了联合培养专业学位硕士研究生的协议或意向书。 (张伟峰)

【产学研合作】 2014年,运城学院与国内外34家学术机构、企业、地方政府签订了产学研合作协议,探索构建产学研合作联盟,联手搭建实践育人创新平台。学生学习的积极性、主动性被调动起来,学风浓厚。全年学院学生在各种大学生竞赛活动中获得国家级奖励102项、省级奖励49项。 (张伟峰)

【大学制度建设】 2014年,学院党政领导班子坚持党委领导下的校长负责制,推进治理结构和治理能力现代化。《运城学院章程》《学术委员会章程》通过了在全院范围内征求意见。院系两级管理体制改革逐步深化,党政职能部门由日常事务性管理向宏观战略性管理转变,教学系部内部管理体系也在逐步完善。

(张伟峰)

科技工作

【概况】 2014年，在市委、市政府的正确领导下，在省科技厅的大力支持下，市科技局紧紧围绕创新驱动发展战略，以提高自主创新能力为主线，以发展战略性高新技术产业为重点，以建设高层次科技创新平台为支撑，以推进体制创新为保障，把开展党的群众路线教育实践活动与科技工作紧密结合，深入实施“123”工程，圆满完成了全年各项工作任务和考核目标，强有力地支持了全市经济社会发展和民生改善。

（池福军）

【科技改革与创新】 2014年，为贯彻党的十八大和全国科技创新大会精神，落实《中共中央国务院关于深化科技体制改革加快国家创新体系建设的意见》精神，着力推动科技体制改革，全力配合市委、市政府做好科技改革发展的顶层设计，市科技局研究起草了《国家创新驱动发展战略运城行动计划》和《运城市低碳创新行动计划》，于12月1日，政府常务会议审议通过并印发。两计划以重大创新工程为龙头，以行动计划为支撑，以政策措施为保障，构成了运城转型发展路径和重点，并为创新驱动战略制订了多项重要指标，是引导科技改革发展的纲领性文件，是加快经济发展方式、破解经济发展深层次矛盾、增加发展内生动力的重大举措，是驱动运城跨越发展的“加速器”。同时，为进一步贯彻落实两计划，成立了以市长王清宪任组长，副市长陈竹琴任副组长，全市32个部门主要负责人任成员的创新驱动和低碳创新行动计划实施领导小组，领导小组办公室设在市科技局，具体负责日常事务。 （池福军）

【科技项目与经费】 2014年，科技项目是落实各项科技目标任务的主要措施，也是带动转型跨越、实现创新驱动发展最直接、最有效的途径。继续按照“集中使用、园区倾斜、重点突出”的思路，对市本级科技研发经费使用办法进行深化改革。改革项目组织模式。紧紧围绕产业需求组织、凝练项目，逐步建立由市场决定项目选立和经费分配的机制。改革资金管理办法。加大对重点项目的资金扶持力度，使有限的经费发挥出最大的效益。改革绩效考评机制，规范项目申报管理流程。确立了网上公示、前期考察、专家评审、中期考评、期末验收等环节，形成制度完善、指标科学、制度有力地绩效考评机制。通过改革，使有限的科技资源实现统筹利用和优化配置，科技立项更加合理，资金使用更加科学，产生效益更加明显。在深化制度改革的同时，积极向上争资争项，组织实施了一大批国家、省级科技计划项目，有力地支持了优势企业和优势产业的发展。全年共实施省级以上科技项目69项，争取科技研发资金1972万元。 （池福军）

【科技成果与奖励】 2014年，全市推荐了宏光医药、银光镁业等7个科技项目进行省级科技成果鉴定，5项已经通过鉴定，其中：宏光医药的全电熔玻璃熔窑生产药用玻管的应用研究和绛县星源的4FZ－2000A型自走式秸秆收获打捆机项目，被专家认定为国内领先水平；兆益生物申报的禽用复方妥曲珠利缓释制剂的研制和佳惠科技的智能交通信号控制系统的研制项目，被专家认定为国际先进水平。同时，推荐的7个项目申报2014年山西省科学技术奖，在2013年推荐的项目中有3项获奖。通过推荐及奖励这些项目，激励了科研工作者的创新精神，有利于形成自主创新的运行机制及促进科技成果转化。

（池福军）

【科技宣传与普及】 2014年5月17日至24日是全国科技活动周，市科技局以“科技生活·创新圆梦”为主题，精心组织，科普成员单位各出其力，各县也结合自身实际情况制订方案，开展了丰富多彩的各种科普活动。通过展示创新成就、弘扬科学精神、普及科技知识、参与科技活动，广泛宣传科技创造美好生活，深入推进创新驱动发展战略，提高全民科学文化素质。科技活动周之外，还协助开展了运城市“5·12”地震宣传咨询活动、运城市节能减排宣传周活动和2014年文化、科技、法制、卫生

“四下乡”等活动。通过宣传培训,在全社会营造了崇尚创新、支持创新、追求创新的良好舆论氛围。完成2013年度全市科普统计工作。统计范围涉及市、县两级科普协调制度成员单位,共计200余家,统计指标包括科普人员、科普场地、科普经费、科普传媒和科普活动五大块内容。5月底,统计数据全部汇总录入完毕,为全市推动科普事业发展打下良好基础。开展2014年度山西省科普基地认定工作,共向科技厅推荐了盐湖区青少年校外活动中心、芮城图书馆、芮城县风陵渡中学、闻喜县青少年学生校外活动中心、闻喜县青少年学生校外活动中心等4家省级科普基地。

(池福军)

【高新技术与工业科技】 2014年,为进一步扩大高新技术企业增量,提升运城市高新技术产业发展水平,加大对高新技术企业的培育和发展力度。市科技局积极拓宽视野,挖掘新的申报源。年初对全市企业进行了广泛的动员与摸排,经过现场指导和服务,确定20多家中小型科技创新企业为高新技术企业发展对象。深入企业开展政策宣传,讲解高新技术企业认定新政策。多次深入企业调研,宣传《高新技术企业认定标准》和有关优惠政策,鼓励企业加大自主研发投入和知识产权保护,帮助企业了解和掌握申报程序以及材料准备工作。加强申报力度,积极与省厅对接,帮助条件符合的企业进行高新技术企业申报。全年,共组织15家企业通过高新技术企业认定,远远超过了年初省政府制订的9家申报量的考核目标任务。2014年,全市高新技术企业达到48家,在全省地市级名列第一。

(池福军)

【农村与社会发展科技】 2014年,为了加大农业新技术、新品种、新设备的引进示范力度,提高农民科技培训水平,助推农业产业化和农业现代化的发展,提升科技引领和科技支撑在农业发展、农民致富中的作用,市科技局制订了《组建农村主导产业科技联合社和建设农村科技大讲堂实施方案》,在全市开展农村科技大讲堂建设活动。组建“农村主导产业科技联合社”,由乡镇或实力较强的专业合作社牵头,以产业为纽带,联合5家以上的专业合作社组成。“联合社”的组建,克服了现在农村专业合作社数量多、规模小、实力弱和作用差的弊端,有效整合科技资源,形成发展合力,打造集区域性、专业性、综合性、互助性于一体的科技创新和产业扩张新模式。建设“农村科技大讲堂”,依托“联合社”力量,建设好“专家服务团”和“乡土专家服务团”两支队伍,完善优化科技培训条件,提高科技培训质量,开展科学技术和信息服务,培养适应农业产业化和现代化发展要求的新型农民。通过多半年的组织实施,此项工作已在各县(市、区)有序稳步推进。经过检查评比,评选出12个组织机构健全、硬件设施配置齐备的优秀联合社,进行重点培育和支持,发挥其带动示范作用。

(池福军)

【科技人才建设】 2014年5月28日,为在全社会形成“尊重劳动、尊重知识、尊重人才、尊重创造”的良好社会氛围,市科技局积极配合市委组织部,举行全市科技人才表彰大会,隆重表彰为运城建设做出突出贡献的科技人才,授予冯树英、雷茂端、毛静琴等10名同志“运城市突出贡献科技人才”称号。组织实施“三区”科技人才支撑计划。为加快建设“边远贫困地区、边疆民族地区和革命老区”本土科技人才和农村科技创业人才队伍,根据方案要求,与6个贫困县进行了沟通交流,了解各县科技人才及培训计划需求。同时,积极与农委、果业等部门联系,鼓励不同领域的科技人才响应计划,赴平陆、万荣、新绛、垣曲、夏县、闻喜等贫困县进行为期1年的技术服务。经省科技厅审定,全市73名不同领域的科技人才成为选派对象。10月份,6个贫困县共8名科技人才赴山西农大接受为期3个月的学习培训。为壮大科技特派员队伍,增强科技服务体系力量,组织推荐26名大学生村干部成为第三批山西省农村科技特派员。

(池福军)

【技术市场管理】 2014年,市科技局利用科技活动周和其他的科技宣传日大力宣传《山西省促进技术转移行动计划》和《山西省技术合同认定登记管理办法》等法规知识,大力宣传技术贸易优惠政策,及时将国家财政部和税务总局出台的有关技术开发和技术转让等方面的税收优惠政策达到有关机构和企业。技术合同登记是技术市场办日常工作的重点。8月份为了更好地掌握业务和服务企业、服务群众,组织专门人员去外地进行了认定登记工作的培训,提高了业务水平。技术合同认定登记。2014年度,全市技术合同登记共计63项,其中技术开发62项,技术转让1项,合同成交总额48838.13万元,技术交易额12027.08万元。

(池福军)

【知识产权工作】 2014年,有效发明专利拥有量是省政府对各市人民政府考核指标之一,为了完成考核工作,提升全市科技创新能力,加强对知识产权工作的服务和管理,市科技局开展企业知识产权管理标准推行培训。3月中旬,配合省知识产权局在运城市举办了企业知识产权管理标准推行工作培训班,为开展知识产权统计工作做好了人才准备。组织实施知识产权项目。为了鼓励企业申报专利,解决企业专利经费紧张的问题,组织企业申报专利申请资助和专利推广实施项目。全年共有14项发明专利获得申请资助,4项专利推广实施项目批准立项,获得36万元扶持资金。截至年底,全市有效发明专利拥有量为411件,全年新增70件,超额完成全年任务量36件。 (池福军)

【民营科技】 2014年,市科技局加强对企业的服务和指导,不断推进企业科技进步。支持企业建立创新研发平台,加大科技创新型企业建设力度。全年组织重点行业的科研机构及技术检测机构申报山西省大型科学仪器设备11项;山西省重点实验室3家;推荐山西省工程技术研究中心2家;认定民营科技企业12家，审批成立了运城2家科技类民办非企业单位；认定山西省第四批创新型试点企业1家；认定山西省星火示范基地2家；推荐符合享受财政补助政策科技型小微企业6家。加大了对科技型中小型企业创新基金的申报工作，组织联系了多家中介机构的专家，对企业分别进行指导，共组织18家企业进行申报，已经通过审批的承担国家科技型中小企业技术创新基金项目4项共计366万。加强科技成果管理。为正确判别科技成果的质量和水平，促进科技成果的完善和科技水平的提高，加速科技成果推广应用。

（池福军）

【重要科技事项与活动】 2014年1月3日，运城市人大常委会主任张建合、党组成员裴良杰一行到科技局进行调研。1月9日，市委统战部部长荆青莲一行到市科技局调研。4月23日上午，全国农村电子商务扶持工程山西启动暨永济市农村信息官培训开班仪式在山西省永济市委党校成功召开。5月27日上午，市科技局赴平陆县妇联幼儿园，为留守儿童捐献学习用品，送上关心和祝福。5月28日，运城市委、市政府召开运城市突出贡献科技人才表彰大会，对冯树英等10名突出贡献科技人才进行表彰。

（池福军）

科协工作

【概况】 2014年，运城市科协以开展党的群众路线教育实践活动为主线，以提升公民科学文化素质为出发点，采取“搭建平台、资源共享”的工作思路和“大联合、大协作”的工作方式，大力实施“四大科普”工程，有效地促进了科协系统各项工作的创新发展，提升了科协组织的凝聚力和影响力。

（张兴华）

【开展党的群众路线教育实践活动】 2014年，在党的群众路线教育实践活动中，市科协紧紧围绕“着力营造科普工作社会化”和“切实解决好联系服务群众最后一公里”两大重点问题，本着“深挖问题不遮丑，整风肃纪转作风，强化服务求实效”的活动思路，经过边查边改与集中整治，归纳出50余项整改任务，并制订了整改方案，明确了领导分工、责任部门和完成时限，受到市委督导组的充分肯定。在教育实践活动中，为了进一步强化对基层科协组织的指导和服务能力，市科协还与省科协联合，采取调查研究的办法，先后深入13个县（市、区）科协，分别围绕“组织建设、经费保障、重点工作和特色活动”等重点内容进行了专题座谈和摸底，为下一步加强和改善县级科协工作提供了第一手材料，也有效促进了各项工作创新发展，提升了科协组织的凝聚力和科协工作的影响力。

（张兴华）

【全民科学素质工作】 2014年，做好全民科学素质工作，机制创新是关键。为了营造“齐抓共管、合力推进”的共建氛围，市全民科学素质工作领导小组重点做了以下几方面的工作：一是重新调整成员单位。在原有18家成员单位的基础上，增添了市食药局、地震局、果业发展中心、畜牧发展中心、市委党校等5家单位。二是组织召开运城市全民科学素质工作会议。会议出台了2014年工作要点、审议通过了《考核考评办法》，市全民科学素质领导小组组长陈竹琴与有关县市及成员单位签订了《目标责任状》。三是通过举行“市全民科学素质工作联席会议”。通过联席会议这一抓手，使有关职能部门真正做到了“职责明、沟通畅、交流顺”，从而为进一步推行全市纲要工作动态化管理奠定了一个良好基础。

（张兴华）

【系列科普活动】 2014年，市科协继续采取“分层次、分群体、分阶段”的办法，组织开展了一系列富有成效的大型主题科普宣传活动。在5月和9月分别组织开展了大规模的“科技周”和“科普日”主场科普宣传活动，呈现出了“参与单位多、宣传范围广、持续时间长、社区反响好”等鲜明特色，受到了省、市有关领导的首肯和好评。在科普日期间，联合盐湖区科协、盐湖区青少年活动中心，组织开展了全市中小学生走进现代农业示范园区感受科技魅力体验活动。市区解三小学、明远小学等4所学校的2000余名师生参加了此次活动，有效地激发了广大青少年爱科学、学科学、用科学的积极性。组织开展了“全市科普惠农会员服务月”活动。先后在全市重点乡镇连续举办服务活动50余场次，累计免费发放惠农专刊2万余份、惠农物资10万余元。此外，市科协还组织开展了“消防科普宣传周”、“食品安全宣传周”、“国际防震减灾日”等大型专题性科普宣传活动。

（张兴华）

【基层主题性科普宣传活动】 2014年，万荣县科协组织开展的“全县优秀科普组织及带头人事迹展览”及“优秀科普带头人”电视展播；闻喜县科协组织开展的“花馍技能大赛”；芮城县科协开展的三维立体科普展；市航天科普教育基地开展的航天科普连展活动等等，均成为科普日活动的亮点和品牌。闻喜县科协被中国科协授予“全国科普日活动优秀组织单位”；万荣县科协被省科协授予“山西省全国科普日系列活动优秀组织单位”。科普宣传手段的创新，加之各种类型的现代科普传媒工具的应用，使活动的开展更为丰富多彩。多数县（市、区）科协还在电视台、报刊等主要媒体开设了科普宣传专栏，闻喜、新绛、稷山等部分县（市、区）科协还分别开通了短信、微信和微博。以上这些活动形式的不断创新，也逐渐成为全市科普活动的一种新常态。

（张兴华）

【大力实施“科普惠农”工程】 2014年，万荣县将科普惠农工作切实摆在了服务县域经济大局中来谋划，尤其是在农技协建设方面，总结探索出了一套较为成熟的成功经验，为了树立标杆，推广经验，市科协组织举办了“运城市科普惠农万荣现场观摩及经验交流会”，全体与会人员先后通过实地观摩、交流互动和专家讲解等多种方式，有效地提升了对基层农村科普组织的创建、管理和服务能力。为了加大对科普惠农兴村计划的项目管理力度,市科协制订出台了《运城市"科普惠农兴村计划"项目管理办法》和《运城市"科普惠农兴村计划"项目实施工作考核办法》,并先后对获得国家表彰和省级命名的科普惠农先进集体和优秀基层农村科普组织,逐一进行了信息补录,初步实现了省、市、县三级资源共享。组织开展了"运城市第五批市级优秀农技协、科普示范基地创建命名活动",全市共命名市级优秀农技协6个,农村科普示范基地9个,10个集体获省级命名表彰。经层层推荐,共有5个集体和1名个人分别荣获"全国科普惠农兴村计划先进集体"和"全国科普惠农兴村计划先进个人"称号,累计获得奖补资金105万元。万荣县果业科技协会还被省科协确定为"山西省科普惠农中心服务站"。深入开展农村实用技术大培训活动。为了进一步激发基层农村科普组织的服务功能,切实提升广大农民群众的科学文化素质,市科协分别从"培训主体、培训内容、培训方式和培训措施"等方面提出了明确的要求,号召在全市范围内深入开展"运城市农村实用技术大培训活动"。为了进一步探索和引深培训模式,市科协还精心筹划、聘请专家,集中利用4天的时间,在银湖饭店对120余名基层科普带头人进行了全方位的专题培训,受到了市委领导的充分肯定和好评。

(张兴华)

【深入开展"科普益民"工程】 2014年,随着城镇化进程的快速推进,社区居民对科普常识的需求愈显强烈。为了最大限度地满足社区居民的科普需求,市科协组织开展了优秀科普示范社区分级创建活动,细化了创建标准,明确了目标任务。经层层推荐,全年共命名市级"优秀科普示范社区"5家,命名"山西省科普示范社区"4家。新绛县东天池社区和垣曲县西城社区还分别被授予省级和国家级基层科普益民计划先进集体,并分获10万元和20万元的奖补资金。为了真正做到基层社区科普组织的全覆盖,市科协还组织开展了"运城市健康科普进社区活动"。建立起三大队伍(即:健康科普教育专家队伍、社区科普宣传志愿者队伍、健康科普进社区医疗机构跟进服务队伍),并逐步在13个县(市、区)全面铺开。据统计,仅市级层面,累计开展各类健康科普讲座70余场次,开展健康义诊活动20余场次,建立健康科普宣传栏42块。各县(市、区)的科普进社区活动亦开展的丰富多彩、卓有实效。如:盐湖区科协在部分社区、区委大楼前及游园小区分别设立了健康科普知识宣传栏;芮城科协组织开展了"关爱百姓—健康进社区义诊活动";新绛、稷山科协则将健康科普进社区活动延伸到了敬老院和中小学校。还有的县(市、区)科协组织开展了"健康科普知识大讲堂"等系列科普讲座,既彰显了科协组织的社区科普功能,又受到了广大市民的一致好评。

(张兴华)

【逐步推进"科普强企"工程】 2014年,面向企业开展各种类型的科技服务活动,是科协工作的薄弱环节。为了逐步摆脱困境,市科协重点做了四方面的工作。一是完成了市属企业科协的基础信息采集工作,对企业和企业科协的基本情况有了较为准确和明晰的了解。二是在市属企业科协内部组织开展了技术需求征集活动,并促使部分企业科协完成了"中国科协服务企业科技创新平台"填报工作。三是切实加大了企业科协的组建力度,经过多次调研和协商,促使大唐国际运城发电有限责任公司成立起了企业科协组织,并举办了第一次代表大会暨2014年科技工作会议;随后又与山西寰烁集团公司初步达成成立科协组织的意向。四是进一步在企业内部广泛开展"讲理想、比贡献"活动。阳光焦化集团企业科协和丰喜化工设备有限公司科协因成绩突出,分别荣获"山西省讲·比活动先进集体",市科协获"山西省优秀组织单位"称号,5名同志分获"先进个人"和"优秀组织者"荣誉。阳光焦化集团刘东河,还被授予"全国讲·比活动创新标兵"光荣称号。 (张兴华)

【青少年科技创新教育】 2014年,市科协与市教育局、市广电局联合,成功举办了"2014年龙翔杯校园艺术科技节"。全市80余万名学生参加了九大门类的各种活动,全市上下营造出了"校校有项目、班班有活动、人人有参与"的艺术科技教育氛围,进一步激发了县级科协组织和学校、家庭、社会对青少年科技创新活动的热情。在举办的第29届运城市青少年科技创新大赛中,共征集作品590余项,其中,90件(幅、项)作品获市级一等奖,53项作品获省级奖,两项作品获全国大赛奖。8月,市科协组织参加了全国第十届宋庆龄少年儿童发明奖。55项作品获省级奖,风陵渡中学任一博同学的发明作品获全国金奖,永济市北郊小学获全国少年儿童发明奖基地校,市科协荣获国家级优秀组织奖。11月,在全国举办的青少年影像节活动上。市科协申报的5项作品获省级奖励,4项作品获国家级奖励,市科协获全国优秀组织奖。市科协组织部分优秀中学生参加了全国高校科学营北京化工大学分营活动,学生们聆听了诸多专家所作的精彩报告,参观了重点科学实验室,亲历了各类实验操作,体验了多种专题活动。通过高校营活动,进一步激发了青少年对科学的兴趣,培养青少年的科学精神、创新意识和实践能力。

(张兴华)

【智能优势和科普功能充分发挥】 2014年,为了准确把握科技工作者的现状和需求,进一步提高"科技工作者之家"的凝聚力和吸引力,市科协结合群众路线教育实践活动的深入开展,先后组织召开科技工作者小型座谈会10余场次,走访科技人员67名,收集意见和建议20余条,并制订出了有效的措施和办法。为了充分发挥市直学会的智能优势,先后组织部分学会的科技工作者,紧紧围绕农村经济结构、旅游资源深度开发、青少年教育等热点问题,广泛开展了社会调研和讨论论证活动,形成了一批具有客观性和现实性的建言意见,并提交有关部门决策参考。为了进一步彰显学会的科普功能，市科协组织市直学会，广泛开展形式多样的科普服务活动。市茶文化协会组织举办了“茶文化进校园”系列活动，市护理学会联合市区7家医院开展了健康知识宣传活动，市食品安全协会举办了第四届食品博览会等。在山西省第十七届优秀学术论文评选中，市科协积极组织开展论文征集、评选工作，共征集论文80余篇。其中，获市级奖的30余篇，获省级奖的54篇。全年市直学会共开展科技培训300场次，培训人数25余万人；举办科技讲座40余场，听讲人数达20余万人；举办各类学术交流活动50次，邀请省内外专家讲学15场，听讲人数达5余万人。

（张兴华）

气象工作

【概况】 2014年，运城市降水总量偏多，时空分布不均，出现春旱和初夏旱，夏季局部地区洪涝和暴雨灾害也较为严重。2014年度没有特别重大的气象灾害发生，基本属于风调雨顺年份，气象条件对工农业生产利大于弊。2014年度运城市天气气候的主要特点：年平均气温正常略偏高，降水量明显偏多，日照时数偏少。冬季（1—2月）温暖雨雪少，春季温度偏高、降水偏多，夏季降水正常、温度偏低；秋季温度高、降水偏多、光照不足。

（张　莹）

【温度】 2014年，运城市平均温度为13.4℃，比往年平均值偏高0.1℃。1—2月和秋季平均温度分别为1.3℃和14.1℃，分别比历年同期平均值偏高0.7℃和0.9℃；春、夏季和12月份平均温度分别为14.3℃、24.5℃和0.0℃，分别比历年同期平均值偏低0.1℃、0.9℃和0.1℃。全年各地年平均气温在12.5℃～14.1℃之间，冬季（1—2月）各地平均气温在0.0℃～2.2℃，均比历年同期偏高，偏高幅度在0.2℃～2.3℃。春季各地平均气温为13.0℃～15.2℃，芮城、平陆和垣曲比历年同期平均值偏低0.1℃～0.4℃，其余各地均比历年同期平均值偏高，偏高幅度在0.0℃～0.7℃。夏季各地平均气温为23.7℃～25.5℃，万荣县和垣曲县接近历年同期，绛县比历年偏高1.0℃，其余各地均比历年平均值偏低，偏低幅度在0.0℃～2.4℃。秋季各地平均气温12.7℃～14.8℃，比历年平均值偏高0.1℃～2.6℃。12月份各地平均气温在－1.2℃～1.8℃，大部分地区比历年同期平均值偏低，绛县、新绛、稷山和河津比历年平均值偏高，垣曲县与历年持平。

（张　莹）

【降水】 2014年，运城市平均总降水量为615.0毫米，比往年的平均值偏多102.6毫米，比上年偏多102.6毫米。冬（1—2月）和12月份降水量分别为18.4毫米和0.4毫米，比历年同期平均值偏少5.2毫米和4.6毫米；春、夏、秋季季降水量分别为150.3毫米、257.0毫米和188.9毫米，分别比历年同期平均值偏多49.7毫米、3.4毫米和83.4毫米。

（张　莹）

【日照】 2014年，运城市平均总日照时数为2018.7小时，比上年平均值偏少163.0小时，比上年偏少61.4小时。其中1—2月和秋季日照时数分别为183.7小时和351.5小时，分别比历年同期平均值偏少116.1小时和133.3小时；春、夏季和12月份平均日照时数分别为624.7小时、688.1小时和170.6小时，分别比历年同期平均值偏多13.6小时和16.6小时。

（张　莹）

【开展党的群众路线教育实践活动】 2014年，全市气象部门认真贯彻习近平总书记系列讲话精神，学习局长郑国光在全国气象部门深入开展群众路线教育实践活动动员会议上的讲话精神，坚持“照镜子、正衣冠、洗洗澡、治治病”的总要求，以为民务实清廉为主题，发扬认真精神，聚焦“四风”突出问题，坚持敞开大门搞活动，高标准、高质量地完成了前期工作。在学习教育、听取意见环节，编印了《党的群众路线教育实践活动党员学习读本》3期，编印了《群众路线教育实践活动应知应会50问》，采取集中学习研讨、观看专题片、廉政主题电影、专题党课、专家授课、道德讲堂、每日短信微学习等形式，使学习教育活动更加贴近群众，贴近实际。开通了学习教育实践活动专题网页，编发活动简报18期，及时反映教育实践活动的阶段性工作要求和最新活动动态。先后分批召开了6个方面的座谈会，走访12个部门（单位），通过知识测验考卷、省局督导组和市局指导组反馈、班子成员和职工面对面谈话等，广泛征求来自各方面的意见398条，其中聚焦“四风”方面的意见38条。同时市局成立了4个教育实践活动指导组，分赴各县局指导工作42人次。在查摆问题、开展批评与自我批评环节，采取自学、集体学习和专题讨论相结合的方式先后认真学习了党的群众路线教育实践活动系列会议精神，认真学习了国家局、省局党组关于贯彻落实中央八项规定的实施意见，在前期征求意见建议的基础上，全市气象部门各级领导干部通过与干部群众深入谈心，进一步征求群众意见，通过谈心谈话，相互间加深了理解，达成了共识，为开展批评与自我批评创造了良好条件。坚持边查边改，立行立改。市局先后规范了公务接待管理制度，规范了机关车辆使用办法，完善了红白理事会运行章程，严格了机关考勤制度，办公用房全部按规定标准进行了调配。市局党组制订了《整改方案》、《专项整治方案》和《制度建设计划》。通过建章立制，明确具体工作目标和工作措施，从解决具体问题入手，建立长效机制。

（张　莹）

【气象工作政府化】 2014年，市政府印发了《关于率先基本实现气象现代化实施方案》；将气象工作纳入全市推进农业现代化和新型城镇化工作议程。市气象局与闻喜、河津两县（市）政府签署了共同推进气象现代化合作协议；市级和临猗、闻喜、新绛、芮城、夏县等5县作用。10月,《黄河晨报》80余名“小记者”到市地震局采风,“小记者”们系统地观看地震科普知识版面,零距离参观地震监测仪器,面对面与专家进行交流互动,对防震减灾工作有了直观形象的了解。运城电视台、《运城日报》等新闻媒体主动配合宣传,发挥主流媒体的舆论引导作用。7月盐湖区在东星时代广场举办了“平安中国、平安盐湖”防震减灾宣讲活动启动仪式。稷山县《稷山报》举办防震减灾征文活动。新绛县举办防震减灾楹联征集展览,依托学校原创防震减灾韵律操,发动学生进家庭开展防震知识宣传。绛县、盐湖等5个县(区)全年防震减灾小课堂宣讲都达到了50场以上。

(胡宗勇)

【防震减灾示范创建】 2014年3月,市地震局向13县(市、区)印发了《关于做好防震减灾示范工作的通知》。各县(市、区)制订创建工作方案,确定创建示范点,因地制宜推进防震减灾示范工程建设。新绛县防震减灾科普示范校创建工作开展多年,其经验受到省、市地震局的肯定。10月15日,山西省“创建防震减灾示范校科普宣传片”在新绛县西街实验小学正式开拍,省地震局副局长郭星全,市地震局、新绛县政府主要领导参加了开拍仪式。宣传片对全省防震减灾示范校创建工作将起到示范引路作用。2014年,全市共创建省级防震减灾示范校20所,省级示范社区10个,其中永济市御苑社区、新绛县东天池社区被中国地震局认定为国家级地震安全示范社区。

(胡宗勇)

【防震减灾科普教育基地建设】 2014年,在2013年永济市、万荣县率先建成防震减灾科普教育基地的基础上,市地震局组织对闻喜县、夏县、临猗县、芮城县、盐湖区的科普教育基地进行了验收,通过验收的给予一定的资金奖励。闻喜县投入30万元,在青少年活动中心建设面积为100平方米的防震减灾科普教育基地,共有电子地图、地震案例、电子书、地震体验屋、知识抢答、应急物品、抗震知识、数字星球系统等8个功能展示区,标准较高、形式新颖、内容丰富。全市科普教育基地有计划地做好学校师生和公众宣传工作,使防震宣传阵地趣味化、长效化。

(胡宗勇)

【防震减灾检查考核】 2014年4月,市地震局四名班子成员带队,采取实地查看、汇报座谈、问卷调查等方式,分头对13县(市、区)防震减灾工作进行检查和调研。8月,召开全市地震系统年度目标工作任务推进会,各县(市、区)对年度工作任务进行汇报,10月,市考核办就防震减灾纳入年度目标考核工作进行调研。12月,市抗震救灾指挥部办公室向13县(市、区)下发通知,安排年度防震减灾工作目标考核相关事宜。要求各县(市、区)对照量化考核评分细则,逐条汇报工作,并拿出印证材料,确保检查结果实事求是、公平公正,做到了年初有安排、年中有检查、年底有考核,促进年度各项工作任务落到实处。

(胡宗勇)

文化

文化工作

【概况】 2014年，全市文化广电新闻出版系统，在市委、市政府的坚强领导下，认真贯彻落实党的十八大和十八届三中、四中全会精神，全面系统地学习习近平总书记系列重要讲话，以党的群众路线教育实践活动为动力，紧紧围绕“净化政治生态，实现弊革风清，重塑山西形象，促进富民强省”工作大局，以文化惠民为主线，把“人民”写在心坎上，自觉担当运城全面快速发展的文化责任，主动作为，求真务实，开拓创新，努力奉献，各项工作都取得新进展、新成效。 （市文广新局）

【文化设施建设】 运城市群众艺术馆改扩建后，于2014年10月以崭新面貌向全市群众开放，成为山西省功能较全的群众文化活动阵地，免费培训项目近20个，受到广大群众的高度赞扬和社会舆论的广泛好评。平陆县文化馆和绛县图书馆改建工程如期推进。各县（市、区）文化馆、图书馆、乡镇文化站建设不断提档上级。

（市文广新局）

【公共文化服务】 2014年，学校、企业、部队、机关、社区、农村各级组织和部门单位，以及民间文化团体，共同关注、支持、参与公共文化服务体系建设的局面逐步形成。市文广新局和市工会联合开展了“到一线，送温暖”文化慰问活动；与驻地武警开展了“警民同心，文化共建”活动；和运城5所大专院校开展了“校园文化大展演”活动；与纪检、宣传、监察、财政、住建、审计、文联等部门开展了“书写反腐正气、画绘倡廉清风”为主题的大型群众书画大赛；与解州关帝庙合作，举办了戏曲折子戏大赛；与市新华书店联合开展了“全民读书月”宣传活动。各县（市、区）也都依托各类公共文化设施，组织各级公共文化机构，发挥各种文化团体作用，利用各方文化活动条件，开展丰富多彩的公共文化服务，不断实现公共文化服务标准化、均等化、多样化、便捷化。

（市文广新局）

【获奖情况】 2014年，市文广新局被国家人事部、文化部联合评为“全国文化系统先进集体”；市“扫黄打非”领导组办公室被全国“扫黄打非”领导组办公室评为“全国扫黄打非先进集体”；市文广新局被评为山西省第十四届杏花奖组织奖。

（市文广新局）

文化精品创作

【戏曲创作】 2014年，运城市蒲剧团新推出的古装剧《初定中原》，一同观众见面，就受到热烈捧赞；运城市蒲剧青年团推出小梅花版《一颗红心》，备受广大戏迷关注；万荣县文化馆新创作的蒲剧《董永的传说》情节感人，受到众多观众的喜爱；盐湖区蒲剧团新编创的古装廉政剧《巡盐御史》，大气磅礴、感天动地，获得观众好评。稷山鼓乐艺术团新编创的鼓乐剧《农祖·稷风》，题材大、手法新，独辟新径。

（市文广新局）

【群文精品】 2014年，群众文化节目精品迭出。运城市群文风采合唱团，在山西省“三晋之春”合唱比赛中，荣获大赛金奖；绛县编创的“花灯舞”，平陆推出的“白天鹅与黄河人”，新绛演出的“走绛州”，稷山挖掘的“拳板舞”，永济新排的“花伞情”等等，充分体现了运城浑厚的文化底蕴和文化工作者的艺术水平。运城市戏曲研究所精心搜集、整理、编辑的《蒲剧优秀传统剧本集》第一部，已排版复印；别具一格的《关公信俗》大型图文集，也已全部编辑完成。

（市文广新局）

群众文化工作

【戏曲惠民】 2014年，戏剧惠民活动实现“两个全覆盖”。2014年，全市送戏下乡共演出1630场，“四心剧场”演出198场，“消夏戏剧晚会”演出50场，受益群众近300万人次。8月27日至9月28日，在河东会堂举办了为期1个月的折子戏大赛,市、县两级16个专业剧团、4个民营团、5大院校参加了演出,7大梅花奖演员、6位一级演员和高级讲师进行了展演,整个演出格调高雅,精彩迭出,特色鲜明,效果良好。在戏剧惠民活动中,首次实现了城乡群众观看全覆盖,参演剧团(国有、民营、戏校等)全覆盖。

(市文广新局)

【群众文化活动】 2014年,13个县(市、区)两馆、乡镇文化站利用文化阵地开展"面对面"群文骨干大培训活动,免费培训群众文化骨干3万余人,真正让人民群众共享文化发展成果。4月30日至5月15日,在南风广场举办了运城市首届全民读书节活动,活动主题为"倡导全民阅读,助力学习型社会,营造书香运城",共有5万余人次参加了这次活动。5月25日,"群文风采优秀节目大展演"活动首场演出在永济南山广场举行,随后在盐湖区、闻喜县、夏县、平陆、稷山县、北空部队、市直机关等共演出15场,群众反映良好。8月13日至15日,在南风广场举办了"运城市第二届文化菊花奖民间艺术大赛暨第三届群文风采大展赛",这次比赛规模大、作品多、质量高、影响广、反响好,受到了市四大班子领导的高度赞誉。9月11日,市文广新局和市纪检委等部门联合举办了运城市"书写反腐正气,画绘倡廉清风"群众反腐倡廉书画大赛,市长王清宪、市人大主任张建合、市政协主席柴林山等领导亲自参与并出席书画大赛活动,市直机关干部职工和人民群众共计2余万人观赏了作品,新华网、人民网、山西日报等多家媒体予以报道。

(市文广新局)

非物质文化遗产保护

【"非遗"项目】 2014年,全市开展了第四批国家级非物质文化遗产代表性项目的申报工作。共组织推荐10个第四批国家级非遗项目,有6个项目入选文化部公示名单,为山西省最多。山西省两人获国家优秀传承人,其中就有运城市1人;山西省两个企业获全国示范基地,运城市1个。运城市全年共有63名传承人被推荐为省级非物质文化遗产传承人,为山西省最多。全年共评出市级代表性传承人125人。稷山螺钿、新绛澄泥砚、闻喜花馍、芮城理天桃木雕刻手工艺品和布扎等5个非物质文化遗产项目,参加了第十届深圳文博会,受到好评。

(市文广新局)

文化产业

【文化产业发展】 2014年,市文广新局对运城市资源型企业投资文化产业和500万规模以上的文化企业情况进行了调查统计。2013年营业收入500万元规模以上的文化企业共有21家,2013年总营业收入达13.9亿,从业人员3984人;资源型企业进入文化产业领域有8家,投资总额达34.5亿,2013年共投资2.07亿。运城市推荐山西本命年文化创意有限公司、运城市鑫瑞华有限公司、山西省新绛县绛州澄泥砚研制所3家文化企业申报第六批国家级文化产业示范基地;推荐河津市吕彦堂吕氏祖传琉璃工艺厂、永济市惠畅文化创意有限公司、山西千年晋绣文化创意有限公司3家文化企业申报第三批山西省文化示范基地。9月11日,在南风广场举办了运城市首届书画展售大集。活动当天共有来自13县市(区)、三门峡、临汾、渭南的208家书画爱好者参加,其中现场创作126家,共销售73幅作品,销售金额76885元。中国绛州澄泥砚文化园项目、中国本命年文化产业园项目、河津吕氏琉璃河砖雕文化产业园项目、关公文化创意园、山西千年晋绣工艺品年加工生产5万儿童特色服装项目、关夫子皮具连锁加盟项目参加了第二届晋商大会。

(市文广新局)

广播影视

【广播电视建设】 2014年,建立和完善了广播电视村村通工程管理机制和长效运营机制,建立了三级技术服务体系,全面提前完成了"十二五"广播电视村村通工程建设任务。进一步对全市农村广播电视覆盖情况进行调查摸底,核实直播卫星户户通工程建设任务,计划实施直播卫星户户通的用户数达到22947户,为全面铺开广播电视户户通工程奠定了良好基础。

(市文广新局)

【农村电影放映工程】 2014年,围绕公共文化服务体系建设,努力推进农村电影放映工程,构建覆盖广大农村的数字电影服务体系。全市3186个行政村共有数字电影设备148套,管理、放映人员200余人,全年农村电影放映38232场,覆盖率达到100%。此外,还为各单位、社区放映电影352场,全年累计放映优秀公益电影38584场,完成了国家和省广电局电影处下达的放映任务。在第二批群众路线教育实践活动中,积极组织《焦裕禄》、《杨善洲》等8部影片的片源,先后给空港开发区、市公安局、市交警大队、市工会等单位上门放映电影50余部。协调安排组织省政府推出的寄宿学校公益电影放映活动,为在校生每月放映一场学生喜欢的优秀影片。

(市文广新局)

文化新闻出版市场管理

【文化市场管理】 2014年,为认真贯彻落实中央、省、市有关部署和要求,加快转变政府职能,不断深化行政审批制度改革,文化市场行政审批权全部下放到各(县、市)区文化行政主管部门。全年完成了全国文化市场技术监管与服务平台的基础信息采集录入工作,完成了对运城市30余名文化市场行政审批人员的业务培训工作。共检查歌舞娱乐场所500余家次，网络经营场所800余家次，重点开展了中小学教辅教材印刷专项检查、未成年人上网专项治理、广播电视违规播放广告专项治理等活动，全市共查处各类案件300余起，收缴各类新闻单位假工作证80余个，假《新闻记者证》5个，有力保障了全市文化市场的健康、有序、高效发展。

（市文广新局）

【新闻出版管理】 2014年，先后对全市印刷企业、打印复印单位、出版物发行单位及全市连续性内部资料出版物单位进行了年度核验，对30余家印刷企业给予暂缓年度核验，对9家印刷企业给予注销。按照山西省"扫黄打非"办公室的部署，开展了运城市"清源2014"、"秋风2014"和"净网2014"专项行动。联合工商、公安等部门对出版物市场、印刷企业进行清查，市文化市场行政综合执法大队及各县（市、区）、开发区执法部门对火车站、汽车站及周边，对报刊亭（店）、便利店、超市、宾馆、集（夜）市等销售出版物的场所，进行了全面清查。共出动人员800余人次，检查印刷企业100余家，有效地预防了各种政治性非法出版物流入。

（市文广新局）

电视宣传

【概况】 2014年，市广播电视台新闻宣传紧紧围绕市委、市政府中心工作，唱响主旋律，传播正能量，主动策划主题宣传，全力开展战役性报道，确保与中心工作同步合拍、同频共振。开办"'园区化发展 集群化招商'运城路径"、"深入开展群众路线教育实践活动"、"学习讨论落实实现弊革风清促进富民强市"、"三位一体联动督查进行时"、"创建国家卫生城市"、"聚焦河东西街延长线"、"直击不文明行为"、"河东食品安全记者行"等专栏，全方位、多角度、深层次对市委、市政府的重点工作、战略部署、战略思维及取得的新成就、新经验进行宣传报道，全年共播发新闻2321条，其中主题报道和战役报道700余条，为全市经济社会发展提供了强大舆论支撑。

（市电视台）

【外宣工作】 2014年，统筹协调全市各方力量，积极主动与上级台对接，把握重点，精心策划，讲述好运城故事，传播好运城声音，阐释好运城特色，不断提升运城人文形象和发展形象。全年，广播在中国之声发稿30条，在省台发稿200余条；电视在央视发稿47条，在省台发稿536条，发稿量在《山西新闻联播》排名第二，《新闻午报》排名第一，《晚间新闻》排名第一，全省综合排名由2012年的中游到2013年第三再到2014年跃居第一。

（市电视台）

【电视节目资源扩充】 2014年11月5日，市广播电视台与省网公司实现了信号源统一，节目总套数由统一前的132套增加到190套，其中基本节目83套，高清节目37套，付费节目70套，极大丰富了用户的收视需求。全年新增城区有线数字电视用户1.3万户，城区有线数字电视用户保有量增至15万户。

（市电视台）

【运城市数字传媒中心建设】 经省、市两级纪检、发改等五部门复议，2013年12月15日数字传媒中心正式开工建设。2014年，市广播电视台倒排工期，任务到人、到标准、到时限，保障按时按质完成各个节点的建设任务。预计2015年10月份投入使用。

【采编播设备更新】 2014年，市电视台投入274万元，对全台采编播设备进行了更新。购置各类摄像机39台；13个县（市、区）新闻回传和省回传网投入使用，实现了新闻采访、传输一张网；"监督热线"、"运城导视"、"新闻综合频道"重点栏目系统网投入使用，并与"运城新闻"、"第一时间"并网，实现了资源共享，极大提高了节目的采编效率和质量，为全台一张网的建立打下了坚实的基础；5个频道播出设备告别了模拟时代，全部升级改造为数字播出设备，播出效果得到极大改善，受到了广大受众的好评。

（市电视台）

【稷王山台站基础设施改善】 2014年，借助十二五国家对高山广播电视台站进行基础设施改造的有利时机，完成了稷王山职工的安全饮水、职工宿舍的加固、大院围墙的改造、取暖锅炉的更新改造、铁塔的刷漆维护等10项改造工程，稷王山职工的工作和生活环境有了大变样，为广播电视安全播出提供了强有力的保障。（市电视台）

【开展党的群众路线教育实践活动】 2014年，市电视台深入开展党的群众路线教育实践活动，以"照镜子、正衣冠、洗洗澡、治治病"为总要求，着力解决现实工作生活中的"四风"问题。通过活动，全台党员干部普遍经历了一次深刻的思想洗礼，接受了一次严格的党内生活锻炼，查摆出的30条领导班子"四风"方面突出问题，已整改19条，边整边改11条；结合工作实际确定的8个方面16项整治任务，已整改到位；建立健全的18项规章制度，规范了"三公经费"的使用，根治了公车私用、文山会海、"舌尖上的浪费"等现象，文件数量同比下降35%，公务接待同比下降58%，会议经费同比下降53%；投入80万元按期兑付调资，投入30万元发放台聘人员取暖补助；"解民忧、办实事"下基层调研活动实现了常态化，作风建设长效化的制度机制初步形成。

（市电视台）

【开展专项整治活动】 2014年，为深入落实中央"八项规定"，坚决纠正和解决"四风"方面存在的突出问题，在全台上下营造风清气正的工作环境，市广播电视台开展了"工作秩序涣散、纪律松弛"专项整治，开展了"吃拿卡要、庸懒散奢"专项整治，开展了杜绝有偿新闻、有偿不闻、敲诈勒索等违规违纪行为专项整治，特别是开展的纪律作风整顿，机关工作秩序和员工精神状态明显好转。

（市电视台）

报刊通讯

【开展党的群众路线教育实践活动】 2014年,结合党的群众路线教育实践活动,运城日报社购置资料、自编教材,组织全社党员干部职工学习宣传贯彻落实党的十八大、十八届三中、四中全会、全国宣传思想工作会议,学习宣传和贯彻落实习近平总书记系列重要讲话精神,统一思想,提高认识,统筹推进报社各项工作。同时,深刻理解和把握中央、省委和市委关于宣传的工作新要求,深入思考和研究做好新形势下新闻宣传工作途径、方法和措施,认真落实党管媒体"政治家办报"的方针,做到了先学一步、多学一点、学深一点,增强了新闻工作的前瞻性、主动性和创新性。教育实践活动开展过程中,结合中央、省委、市委的统一安排,按照"照镜子、正衣冠、洗洗澡、治治病"的要求,深学、细查、严照、实干。针对党员干部存在的"四风"问题和关乎群众切身利益、服务群众"最后一公里"的突出问题,认真制订"两方案一计划",通过认真整改、限时完成和加强制度建设等措施,促进社内作风好转、工作效率提高、服务群众的长效机制得以健全完善。

(王崇杰)

【专题报道】 2014年,日报社做好"群众路线教育实践活动"和"学习讨论落实活动"的宣传。紧扣主题,精心策划报道方案,及时组织稿件,做到动态及时跟进、成果及时见报,开设"教育实践活动"、"践行群众路线的好党员好干部"、"党的群众路线教育实践活动论坛"、"我的体悟"等多个栏目,以多种题材从不同侧面对活动动态进行了全面深入的报道。"工业集群化、集群园区化"宣传,体现报社担当。为宣传好市委、市政府"工业集群化、集群园区化"工作部署,《运城日报》开设"运城时刻""运城路径""集群化的故事"等栏目并持续至今;《黄河晨报》以"高铁来了"为题刊发系列报道,充分展示了晨报的责任与担当。在全市创建国家卫生城市工作开展中,《运城日报》开设"创卫进行时"栏目,刊发稿件30余篇;《黄河晨报》开设《创卫工作人人参与美好环境家家受益》、《创卫大家谈》、《创卫日记》、《随手拍:直击身边陋习提升城市品质》等栏目,刊发稿件600余篇。宣传盐文化,解读"古中国"。市委、市政府提出"把运城打造为具有古中国标识的国际旅游文化目的地"的战略构想。《运城日报》及时推出了两个"古中国"专题研讨会专家发言专版。同时,开设专栏,刊发本地学者重点稿件或研究成果10余篇和"古中国"采风楹联作品选。《黄河晨报》开设《话说运城》栏目,刊发《释义"古中国"的关键词——阪泉涿鹿咸池》、《让尧王台为古中国显影》、《河东盐池是古中国文明之源》等文章,为了解河东盐、打造"古中国",提供了丰富而全面的素材。

(王崇杰)

【时事评论】 2014年,《运城日报》刊发市委、市政府重要活动或重要新闻,必配评论。在"亮点""亮剑"等栏目中,组织刊发8篇评论;在"戏剧惠民·欢乐百姓"栏目刊发上,配发系列评论6篇;围绕经济下行压力加大形势下的金融改革、银企对接问题,配发评论《打造转型跨越发展新引擎的战略实践》;河东西街延长线建设的报道上,配发3篇评论;为响应市委、市政府加快重点项目建设的要求,推出"聚焦运城集群化航母"栏目,围绕北方家居城项目推出数篇动态消息和战略篇、内涵篇、展望篇3篇评论,进一步提高了宣传的张力。

(王崇杰)

【民生报道】 2014年,《运城日报》与相关单位合作,开展"三位一体"舆论监督报道,采编稿件30余篇。特别是关于危化品车辆高速禁行的相关报道见报后,引起了社会巨大反响,为运城市多家化工企业的畅通运输起到了积极作用。《黄河晨报》开设了"陪你办"和"热线帮办",帮助群众解决实际困难。其中,"陪你办"刊发稿件30余篇,"热线帮办"刊发稿件70余篇,帮助群众解决了实际困难。2014年,《黄河晨报》发起"不向贫困弯腰低头寻找'扶得起'大学生"活动。此次助学活动,运城日报社先后帮助盐湖区、稷山县、万荣县等地的16名贫困学子凑齐了学费。6名未凑齐学费的学子,也由爱心企业帮助,圆了他们大学梦。

(王崇杰)

【典型报道】 2014年,日报社结合"走转改"活动,编辑、记者深入基层采编了一系列鲜活的典型报道。其中,《真情撒满山旮旯——追记垣曲县扶贫办原主任柳本星》、《把幸福水浇到群众心窝窝——记数十年如一日扎根灌区的夹马口引黄管理局局长张学会》等长篇通讯,引起了社会的高度反响。

(王崇杰)

【新闻网建设】 2014年,《运城新闻网》以新媒体建设为引领,以《运城日报》和《黄河晨报》的新闻资源为依托,向受众传递运城的新闻资讯,日均访问量超过2万人次,为运城市的主要对外宣传窗口和门户网站。《运城新闻网》运营的运城新闻网官方微博、运城新闻网官方微信、运城手机报等新媒体传播平台粉丝总量突破5万人,每天定时发布本地时政、热点新闻,扩大了市委、市政府施政理念在年轻受众中影响力,成为运城各级党政机构倾听民意的重要互动平台。 (王崇杰)

【业务开展情况】 2014年,日报社报纸广告收入稳步提升,多面开花。受整体经济环境的影响和新媒体的冲击,广告行业形势依旧异常严峻,通过搞活动、搞策划,确保广告任务顺利实现;报纸发行多路突进,实现突破。坚持数量与质量并举,重点在有效扩张上下功夫,确保《运城日报》达到52000份,《黄河晨报》达到32000份;印刷厂锐意进取,稳步前进,在有限的工作条件和环境下,印刷收入持续增长。

(王崇杰)

【"黄河万里行"大型采风活动】 2014

年，黄河万里行大型采风活动继续推进。16批队员接力完成沿黄6省、近180个县(市、区、旗)的采访任务，刊发报道200余期，再次在更广阔的范围上宣传运城。

（王崇杰）

【获奖情况】 2014年4月，中共山西省委、山西省人民政府授予运城日报社“山西省模范单位”称号;2014年12月，中共运城市委、运城市人民政府奖励运城日报社10万元。2014年度《运城日报》《黄河晨报》再次被山西省委宣传部和山西省新闻出版局评为山西省一级报纸。这是“两报”连续八年被评为山西省一级报纸。

（王崇杰）

文物保护

【概况】 2014年，运城市文物系统围绕年初确定的全年文物工作责任目标任务，认真贯彻“保护为主，抢救第一，合理利用，加强管理”的文物工作方针，转变作风，狠抓落实，全市文物保护各项工作继续保持健康向上的良好发展势头。

（市文物局）

【文物保护专项补助项目】 2014年，市文物局积极筹措各类文物保护资金，加强文物保护项目建设。2014年，在文物保护方面，积极向国家、省申请文物保护专项补助经费项目，并组织各县(市、区)文物部门加大资金落实工作。全年共申报88个项目，其中国拨经费项目34项，省拨经费项目54项，共落实国家、省补助资金3928万元，并适时开展各类文物保护工程建设，有力地支持了全市文物保护事业发展。

（市文物局）

【蒲津渡与蒲州故城遗址公园建设】 2014年，围绕蒲津渡与蒲州故城公园建设，抓好资金的落实和开工建设工作，自3月份启动以来，各项工程进展顺利，国家、省补资金2100万元全部落实到位。蒲州故城鼓楼遗址保护工程已完工。蒲津渡遗址博物馆展厅中心布展项目已全面竣工，投入使用。

（市文物局）

【山西南部早期建筑保护工程】 2014年，全市已完工的项目有6项，涉及总投资3000余万元，主要有：夏县文庙修缮保护工程，绛县太阴寺南柳泰山庙、横水成汤庙修缮保护工程，永济市扁鹊庙维修工程，稷山县青龙寺保护工程，垣曲县二郎庙北殿保护修缮工程。已开工的项目有6项，主要有：夏县司马光祠、墙下关帝庙文物修缮工程，永济市董村三郎庙乐楼修缮工程，新绛县泉掌关帝庙维修工程，稷山县稷王庙二期工程，芮城县永乐宫三大殿保护修缮工程。此外，还有一大批文物保护项目正在抓紧前期工作，绛县文庙、垣曲长涧泰山庙、西沟汤圣庙等10余个保护方案已编制完成，正在审批之中。

（市文物局）

【彩塑壁画保护工程】 2014年，为了做好全市彩塑壁画保护工作，聘请敦煌研究院运用高科技手段对影响永乐宫壁画的微环境、大环境和各种自然和人为因素开展检测、数据采集、汇总分析工作，为壁画保护收集有效的数据资料。同时运用三维技术开展对永乐宫壁画、彩塑、泥塑等珍贵文物进行数字化信息采集工作。新绛县白台寺、福胜寺、稷益庙等6处国保单位彩塑壁画保护工程已全面启动，数字化勘察正在立项审批之中。

（市文物局）

【完善全市国保单位“四有”档案】 2014年，市文物局积极组织实施第七批国保单位标志碑安装竖立工作，保护标志刻碑工作已近尾声，芮城、盐湖、河津等县(市、区)已完成安装工作，其余各县(市、区)也即将完成。并组织各县(市、区)文物单位就完善六、七批国保单位记录档案备案资料做好收集和整理工作，此项工作已全部完成。

（市文物局）

【全市博物馆馆藏可移动珍贵文物修复工作】 2014年，全市共落实博物馆文物库房建设及技术保护修复方面的国家重点文物保护专项补助资金1623万元。先后开展了芮城县博物馆就馆藏残损珍贵文物修复、临猗县博物馆珍贵青铜器文物修复工作，组织编制闻喜县博物馆馆藏石质文物、二三级书画及青铜器修复方案，落实经费补助692万元。

（市文物局）

【盐池文物复修保护工程】 运城市河东(盐)文化博物馆中禁门在2014年初完成了立项和招标工作。3月份，全面动工建设，已完成东禁墙工程和木阁楼工程，东禁门修缮保护设计方案通过省文物局专家评审，设计方正在对方案进行资料补充。东禁门文化产业苑项目一期的文化公园绿化工程已招标，明清一条街及广场轮廓绿化和瓮城内3条道路两边绿化已完成。引水工程初步设计通过专家评审，工程即将开工。运城鼓楼主体已完工，完成了一、二、三层大木构件的制作安装工程、城台楼梯砌筑和层面工程。西禁门城台及禁墙修缮保护方案已委托山西省古建筑研究所正在进行设计，西禁门至运解路600米观光道路已全面完成并已开通。同时还编制完成了河东盐务稽核分所、河东道台衙门大堂修缮设计方案，正在编制盐商周边大院、景德馨盐号修缮设计方案。这些盐文化工程的保护建设，为打造“古中国”为标识的国际旅游目的地提供了有力支撑。

（市文物局）

【第一次全国可移动文物普查】 2014年，根据国务院和省要求积极筹备组织开展全市可移动文物普查工作。市文物局先后组织市、县两级普查骨干赴太原参加“全省可移动文物普查培训班”，学习掌握了软件操作、工作流程和规范解析等课程，邀请省文物局摄影专家来运进行文物专业摄影知识培训，进一步提高了全市普查工作人员的业务素质。同时在全市组建了19个普查队，落实专项经费，全力开展可移动文物信息采集和登录工作。全市共上报普查数据

23042条,登录文物97584件,完成年度普查任务325%,同时,还派专家对全市31家行业外重点文物收藏单位30371件藏品进行认定,可移动文物普查工作走在全省前列(全省名列第一),受到省普查办的高度重视。

(市文物局)

【博物馆基础管理】 2014年,全市各级各类博物馆坚持"三贴近"原则,坚持免费开放,充分发挥宣传教育作用,扩大社会效益,全年共举办各类展览近百个。接待观众上百万人次,其中河东博物馆《美丽河东、盛世丹青·第三届运城市美术作品展》等13个展览,垣曲县博物馆的《纪念抗战六十周年图片展》,盐湖区博物馆的《解州名碑拓片展》,永济市博物馆的《党生日书法书画展》、《动物标本蝴蝶展》等,受到社会各界的一致好评。

(市文物局)

【市博物馆新馆布展】 2014年,精心组织博物馆布展工作,积极组织省市考古、陈展等方面专家,修改完善《陈列大纲》,深化设计布展方案,10个展厅共8000平方米基础装修已基本完成。加强陈展文物借调与资料收集工作。根据新馆文物陈设要求,先后组织专人分赴国家、省和有关文博单位调回2391件(套)文物展品,基本满足了陈列展览需要。同时,积极对接市农委、经信委、住建局、党史办等有关职能部门,收集相关实物展品近1000多件份。搞好博物馆安防系统建设工作。先后完成文物库区监控、报警、门禁系统安装,中控室部分服务器、平台软件安装以及8个展厅的布线。同时,根据国家规范要求,重新编制了运城博物馆安全技术防范设计方案,并通过省公安厅组织的专家论证。

(市文物局)

【开展关圣文化建筑群申遗】 2014年,市文物局围绕"关圣文化建筑群申遗"工作目标要求,重点开展了遗产地周边环境整治,拆迁了解州关帝庙南侧加油站和18户民居,完成了生态停车场及游步道改造工程;完成了解州关帝庙技术防范配套工程、常平关帝庙安防配套工程;完成了防洪堰南移加固工程和景区内文物本体的维修及油饰断白工程;开展了景区入口改造工程;完成了景区内中英文标识牌设计制作安装。

(市文物局)

【文物安全执法】 为了做好全市文物安全防范工作,2014年,市文物局召开专题会议部署安排开展文物安全大检查工作。对全市文物保护单位及博物馆的安全进行了拉网式、不留死角的大排查,尤其是对偏僻边远的文物保护单位和对外开放的单位,进行了重点检查,采取现场排查,现场登记,现场纠正,现场提出整改意见和时限的方法,使一些文物保护单位的安全隐患得到有效整改。同时,加大行政执法和督察力度,开展文物行政执法与安全工作效能考核,积极开展晋陕豫黄河金三角公安文物执法联合行动,有效提高了执法力度。针对文物犯罪的多发事态,继续加强文物安全巡查力度,整治规范文物市场,加强案件查处力度,对闻喜县五里头村破坏城堡遗址案,进行了严厉的行政处罚。同时,配合公安机关破获文物案件5起,抓获犯罪嫌疑人30余人,打掉团伙4个,有力打击和遏制了文物犯罪活动。

(市文物局)

【文物宣传】 2014年,文物宣传工作继续围绕和服务于全市文物工作大局,主要完成了以下几项工作:全力抓好"中国文化遗产日"等节日宣传活动。文化遗产日前夕,在《运城日报》和《黄河晨报》分别刊发了专版,介绍"中国文化遗产日"的来历以及正在进行的第一次全国可移动文物普查、运城博物馆新馆陈列布展、关圣文化建筑群申报世界文化遗产、盐池文物保护开发等四大工程的进展。文化遗产日,在解州关帝庙举行了富有河东地方文化特色,契合关圣文化建筑群申遗内涵的主会场活动,各新闻媒体均跟进报道,取得了良好的效果。与运城日报社联合在《黄河晨报》上举办话说运城之盐池访古专栏,着重介绍盐湖周边和运城市区丰富的文物资源,已刊发了30余期。举办了关帝圣像赴闽活动,加强了晋闽两地的文化交流,扩大了运城的影响。编印了《运城市全国重点文物保护单位》宣传画册,宣传文物保护成果。举办了声势浩大的第28届国际关帝文化旅游节。同时,舜帝德孝文化节、永乐宫书画艺术节都获得圆满成功。

(市文物局)

文学艺术

【概况】 2014年,运城市文联在市委、市政府的正确领导下,在市委宣传部的具体指导下,团结和带领全市广大文艺工作者,坚持文艺发展"二为"方向和"双百"方针,认真履行联络协调服务指导职能,创造条件打基础,锐意进取抓提高,齐心协力促繁荣,文艺事业发展取得了新成效,被运城市文明委评为"市直文明和谐单位"。

(市文联)

【开展党的群众路线教育实践活动】 2014年在党的群众路线教育实践活动期间,市文联紧抓学习教育和查摆问题两个基础,突出整改落实和建章立制两个关键,始终坚持教育活动与文艺实践相结合,共发放学习资料15种,收回征求意见表304份,梳理归纳"四风"问题67条,建立规章制度21项,确立整改任务8项,解决突出问题14个。

(市文联)

【姚奠中先生追思会和一周年纪念会】 2014年1月5日,市文联举行姚奠中先生追思会,30余名文化界人士参加了会议,大家从不同角度,结合自己的亲身感受,深切缅怀姚奠中先生。

(市文联)

【摄影画册《天鹅》发行仪式】 2014年1月7日,市文联举行王大高、李玉燕夫妇创作的摄影画册《天鹅》出版发行座谈会,中国摄协副主席、山西省摄协主席王悦,运城市委常委、宣传部部长于波等出席仪式并讲话。 (市文联)

【文化采风活动】 2014年4月1日、5月14日，市文联先后组织100多位艺术家深入临猗县果业基地、重点城市建设项目一线实地采风，丰富基层群众文化生活，让群众共享文化发展成果。12月4日，组织文艺家代表40余人，赴具有"古中国"标识的历史遗迹和国家级文化保护单位，观遗存，听讲解，感受河东古韵，体悟文化内涵。

（市文联）

【"送欢乐，下基层"慰问演出活动】 2014年4月29日，市文联组织80余位文艺工作者，赴运城生态智慧城项目一线建设工地，开展以"艺术为了人民"为主题的"送欢乐，下基层"慰问演出活动，300多位农民工观看了演出，市人大常委会副主任史海涌、市政协副主席闫义勇参加活动。（市文联）

【蒲剧艺术研讨会】 2014年5月16日，市文联组织30余位戏剧文艺工作者共同研究、探讨蒲剧艺术发展的优势及面临的问题。同时，成立了"武俊英工作室"，市人大常委会副主任史海涌、市政协副主席王七庚出席挂牌仪式。

（市文联）

【《纪念毛泽东在延安文艺座谈会上的讲话发表72周年》——"艺术为了人民"运城市文学创作座谈会】 2014年5月20日，市文联组织40余位作家、评论家，对2010－2012年度本市三部"赵树理文学奖"获奖作品进行点评，对6位新人新作进行评析，对本市当前文艺创作现状进行深入研讨和分析。市人大副主任裴良杰参加活动。

（市文联）

【全国社科院长联席会议暨河东盐文化历史与开发研讨会】 2014年6月1日至2日，市文联具体承办了全国社科院长联席会议暨河东盐文化历史与开发研讨会，来自全国36个省、市、自治区、计划单列市的社科院长及盐文化研究专家240人参加了联席会及研讨会，副省长张复明、中国社科院纪检组长张英伟、市长王清宪出席开幕式并发表讲话，全面探讨本市传统文化的保护与利用，深入分析本市盐文化历史与发展趋势。

（市文联）

【运城文学与地域文化座谈会】 2014年8月6日，市文联召开运城文学与地域文化座谈会，通过运城历代作家及文学作品揭示博大精深的河东地域文化，透过河东独具特色的地域文化挖掘运城文学发展方向，山西社会科学院文学所所长陈坪等研究员出席座谈会。

（市文联）

【"关汉卿·运城戏剧·河东文化"研讨会】 2014年9月17日，市文联借助《感天动地关汉卿》的出版，组织30余位文艺工作者围绕蒲剧艺术、河东文化和文化旅游产业等方面进行了深入研讨，并将蒲剧艺术纳入"古中国"文化旅游发展格局。市委常委、宣传部长于波出席会议并作了讲话。（市文联）

【"文学艺术与民间记忆"座谈会】 2014年9月24日，市文联邀请《山西文学》副主编、著名作家毕星星老师给部分文学工作者进行辅导，与会作家一致认为河东沃土是取之不尽、用之不竭的文化宝藏，运城本土作家应振奋精神、点燃激情、投身创作。

（市文联）

【第六届中国楹联论坛】 2014年11月21日，市文联组织召开以"全国楹联流派暨河东风格研究"为主题的第六届中国楹联论坛，收到论文40余篇，中国楹联学会会长蒋有泉及全国30余位楹联家参加了活动。随后举办了"古中国"采风联墨展，精选了"古中国"考察采风后创作的100余副书法作品进行展出。

（市文联）

【一届四次全委会】 2014年12月31日，市文联召开一届四次全委会。会议的主要任务是：全面贯彻落实习近平总书记在全国文艺工作座谈会上的讲话精神，回顾总结2014年工作，安排部署2015年工作。会议增补了卫运虎、王旭升等10位同志为市文联委员，段利民同志为市文联主席团委员，畅民同志为市文联副主席。

（市文联）

【"美丽河东·盛世丹青"第三届美术作品展】 2014年1月3日，市文联举办"美丽河东·盛世丹青"暨迎新春第三届美术作品展，共展出作品140余幅，题材广泛、风格多样、格调文雅，具有浓厚的时代气息、中国特色及河东风采。

（市文联）

【美丽河东幸福年"田缘农庄"闻喜花馍摄影大赛】 该大赛从2014年2月7日开始，历经近20天，共有130余人参赛，收到参赛作品500余幅，并评出一二三等奖，市政协主席柴林山、副主席闫义勇等出席颁奖仪式。

（市文联）

【"中国梦·我的梦"运城首届电视舞蹈大赛】 2014年8月2日，举办运城市首届电视舞蹈大赛，参赛选手1100人，参赛节目160个，经过预赛、复赛，最终20个节目进入总决赛。

（市文联）

【黄河金三角书画展】 2014年9月10日，市文联与三门峡、渭南等三省六市文联联合承办三省六市书画展，运城市展出美术书法作品30幅，展示了书画艺术成果，推进了三省六市书画艺术交流，市政协副主席潘和平、谢爱玲、张冠和三省六市的艺术家参观了展览。

（市文联）

【"反腐倡廉"书画作品展】 2014年9月10日，市文联与纪检委、宣传部、文广新局等单位联合举办以"书写反腐清风，画绘倡廉新象"为主题的书画大赛，共展出书法作品450余幅，绘画作品110余幅，展示了本市反腐倡廉文化建设取得的新成效。

（市文联）

【"艺莲园"杯荷之韵摄影大赛暨名家书画笔会】 2014年9月14日，市文联和政协盐湖区委员会联合主办的“艺莲园”杯荷之韵摄影大赛暨名家书画笔会,在运城市盐湖区东郭镇艺莲园莲藕种植合作社示范基地举办,共展出摄影作品 80 幅。同时,组织知名书画家创作表现现代农业和生态农庄景象的书画作品 30 余幅。

(市文联)

【“弘扬关公精神”走进平遥国际摄影展】 2014 年 9 月 19 日,市文联组织参加平遥国际摄影节,举办了“弘扬关公精神”专题摄影展和 10 位摄影家的个人展,共展出作品 275 幅,从不同侧面反映运城的人文景观、民俗风情、风景名胜等,展示河东文化精髓,弘扬关公忠义仁勇的不朽精神。 (市文联)

【“中国梦”短篇小说征文大赛】 2014 年,市文联以《河东文学》为园地,举办短篇小说征文大赛,共征集作品 100 多篇,年终进行评选,并颁发了荣誉证书。

(市文联)

文艺家协会

【市作家协会】 王海琳的《凤凰城的变迁》、刘锁爱的《在故乡起飞》、曹向荣的《结婚以后》等见诸省级、国家级知名刊物;协助举办 2014 中国星星“恒圣通杯”全国散文诗颁奖暨山西散文诗笔会;网络创作呈现新气象,4 位新人崭露头角;创作基地建设卓有成效。

(市文联)

【市美术家协会】 2014 年,市美协举办 5 次大型展览及刘正岩作品研讨会;积极组织采风;下乡辅导创作;向全国十二届美展、省十六届美展推选作品 80 余幅,入选 41 幅,入选数量位居全省前列。

(市文联)

【市摄影家协会】 2014 年,市摄影家协会开展关爱山区留守老人和儿童摄影活动,组织 30 余会员深入 200 多户村民家中,拍摄全家福,为 60 岁以上老人拍摄半身像,赠送照片 200 多幅;举办各类赛事、展览 10 多次;发展国家级会员 7 名和省级会员 24 名,全市摄影队伍不断壮大。

(市文联)

【市戏剧家协会】 2014 年,市戏协为基层送戏 1828 场,“四心剧场·天天有戏”惠民活动吸纳两省三市 6 个剧种 20 多个剧团,全年演出 130 多场;举办“关圣杯”折子戏大赛,5 个剧种、19 个市县剧团、57 个折子戏参赛,集中展示了运城市戏剧队伍建设和剧目建设的阶段性成果。

(市文联)

【市书法家协会】 2014 年,市书协向山西省第三届群众书法篆刻大赛选送作品 80 幅,全部入选,6 人获优秀奖,38 人获入展奖,位居全省第一;中国书法家协会山西省考级中心运城市考级基地获批成立;新增国家级会员 6 人,市级会员 39 人。

(市文联)

【市音乐家协会】 2014 年,市音协出版《果业之梦》、《星河一家亲》、《舌尖的眷恋》等八首歌曲;创编民乐合奏《河东之春》;举办运城学院专场音乐会、长江钢琴全国巡回演出运城专场音乐会;歌曲《农家人的梦想》、《中国多彩》刊登在全国性杂志《中国乐坛》原创歌曲首页。

(市文联)

【市曲艺家协会】 2014 年,市曲协新老艺术家活跃在基层,表演在一线,举办向贫困儿童义捐义演及“曲艺进社区”活动;茹仁在央视《寻找好声腔》栏目中挺进全国九强,冯海荣表演的小品获山西省群星金奖。 (市文联)

【市电影电视艺术家协会】 2014 年,市影视协会积极参加市文联组织的系列学习活动、采风活动及文化下乡活动;致力于微电影模式的研究、宣传和推广。

(市文联)

【市民间文艺家协会】 2014 年,市民间文艺协会组织 10 多位根雕艺术家到福州参加全国艺术大会,成绩显著;《人民日报》等主流大报连续刊登本市剪纸艺术家的作品,成为全国认识和了解运城的一张名片。

(市文联)

【市楹联学会】 2014 年,市楹联学会确定 158 人为河东楹联文化传承人;组织以杨振生为代表的 68 名楹联家,创作《楹联河东流派作品集》,建立楹联河东流派作家群;举办以“全国楹联流派暨河东风格研究”为主题的第六届中国楹联论坛,共收到论文 40 余篇。

(市文联)

【市舞蹈家协会】 2014 年,市舞协成功举办“中国梦·我的梦”运城首届电视舞蹈大赛;到市残联特殊教育学校开展文艺志愿者活动,免费为残疾人培训表演舞蹈。

(市文联)

【市诗词学会】 2014 年,市诗词学会为中宣部表彰的百名优秀党员写诗写联,在全国评选中有两人、三首诗,两人、三副联入选;出版大型典籍《历代诗人咏河东》,其中收录 4000 多年间 800 多诗人歌颂河东地区的 3000 多首诗作。

(市文联)

【市盐文化研究会】 2014 年,市盐文化研究会作盐文化宣传册及宣传版面,以《鹽盐文化》为阵地,打造河东盐池名片,宣传古中国;参与制作了运城广播电视台专题宣传片《大美运城》;与《黄河晨报》联合完成《话说运城》专栏的采编工作;主办了“大美运城·盐文化”主题书画笔会等学术研讨活动。

(市文联)

【市朗诵家协会】 2014 年,市朗诵家协会举办了“颂响中国”、“德政千秋,孝行天下”等 5 场影响广泛的朗诵专场表演;大力推进朗诵艺术进校园活动;积极倡导本市朗诵机构的规范化运行。

(市文联)

基层文联

【盐湖区文联】 2014年,区文联开展德孝文化系列主题活动,通过朗诵会、书画展、版面展、摄影展等不同的艺术形式全面展示了盐湖区在德孝文化建设上取得的丰硕成果;剪纸创作再创佳绩,盐湖区被确定为"全国图说我们的价值观公益广告剪纸创作基地"。

(市文联)

【永济市文联】 2014年,市文联印刷《核桃技术有关知识》300册,真正服务百姓,并组织作品参加省级非物质文化遗产展览,麦草画龙凤呈祥和金箔画分别获铜奖和优秀奖。 (市文联)

【河津市文联】 2014年,市文联开展各类文艺活动49项,文学创作在全市继续保持高质量高产出的良好态势,全年共在国家级刊物发表作品2篇,省级刊物56篇,地市级刊物53篇。

(市文联)

【万荣县文联】 2014年,县文联组织出版《万荣笑话》、《路遥知马力》等6部著作;王旭升荣获全国首届"刘禹锡"杯书法展最高奖;张怀心的《万荣大黄牛》荣获全国第三届"红盾杯"地理标志商标摄影大赛入围奖。 (市文联)

【稷山县文联】 2014年,县文联组织拍摄全县200余个村庄传统手工艺作坊、庙宇、古建筑舞台、碑文、传统灶火等,多幅作品入展省级、国家级摄影大展。

(市文联)

【新绛县文联】 2014年,县文联举办5次书画展,展出作品1200幅,被授予"中国最佳楹联文化县"荣誉称号,增强了该县文联的凝聚力和战斗力。

(市文联)

【绛县文联】 2014年,县文联举行3次培训,6次展览,创作并推出书画、摄影、诗词、歌曲、文学等作品1000余幅(首);书画下乡惠民活动卓有成效,使老百姓真正感到了温暖,获得了实惠。

(市文联)

【垣曲县文联】 2014年,县文联举办讲座,创新期刊,奖优评先建立"出人才、出精品"的长效机制,加大对青年作家的培养力度;在国家、省、市刊物上发表作品20篇。

(市文联)

【闻喜县文联】 2014年,县文联致力于地域文化的宣传和推广,参与编写制作电视文学片《千古风流话裴氏》、《天人合一话郭璞》;全县小戏调演,激发了农民业余剧团的活力,眉户现代戏《书记妈妈》宣传廉政建设,广受好评。

(市文联)

【芮城县文联】 2014年,县文联为九峰山小学捐赠图书300册,创作大型现代剧《黄山播绿人》及微电影《暑望》,摄影作品《父亲》获省"地气"人像摄影大赛金奖。

(市文联)

【临猗县文联】 2014年,县文联出刊《桑泉》杂志6期;召开纪念毛泽东在延安文艺座谈会上的讲话发表72周年座谈会;韩振远当选省作协第六次全委会委员;有效利用博客平台加强组织联络工作。 (市文联)

【平陆县文联】 2014年,县文联发展国家级摄影协会会员2人,省级会员5人;组织文艺家赴兄弟县文联开展学术交流活动,交换杂志150多册,书法作品80余幅。

(市文联)

【夏县文联】 2014年,夏县文联完成了书协和美协的换届工作;新成立硬笔书法家协会和传统文化协会,发展壮大了文艺队伍;14岁少年田扬孙荣获中国第十八届"小梅花奖"。 (市文联)

【获奖情况】 2014年,运城市文联组织作品参加全省文艺评论大赛,获一等奖1名,二等奖2名,三等奖1名,市文联荣获"优秀组织奖"。2014年,卢静的《大河的宴席》获第七届伊犁晚报"天马散文诗奖"。戏剧作品《盐湖往事》、《憨局长还债》、《守望》获山西省第14届杏花新剧目奖,李小燕、周小平等10名优秀中青年演员获杏花表演奖。岳民立获"全国优秀楹联活动家"称号;张丹薇获山西省"星河杯"首届楹联高手电视大赛一等奖。牛俊峰参加"中国音乐国际比赛",获钢琴专业成人组一等奖。《农家人的梦想》,在"中国梦庐山情"——大音中国征歌活动中,一举包揽词、曲、演唱、制作及全国十佳歌曲、现场十佳表演六项大奖。段恒星《孩子们的节日》、姚建玲的《民间手工制作粉条》,在山西省第20届摄影艺术展中,荣获金奖。影视作品《鼓点上的梦》荣获全国最佳农村题材电影奖。杨二斌获首届朝圣暨敦煌书法论坛优秀论文奖。

(市文联)

食品药品监督管理

【基层食药监管体系不断完善】 2014年,运城市食药监管体制改革不断深入,市政府将体制改革落实到位情况列入对各县(市、区)食品安全工作年度考核,全面落实县市局及乡镇站所的机构设置、办公场所、执法装备、经费保障和人员配备。市县两级政府食品安全委员会和食安办全面调整到位,食品监管职能划转基本完成,基层食药监管执法队伍不断充实。盐湖、万荣、临猗、新绛、稷山、闻喜、夏县、绛县、平陆、垣曲、永济11个县(市、区)的乡镇(街道)食品药品监管站组建到位并开展工作,初步形成了有效的基层监管能力。按照强化属地管理的要求,全市146名乡镇副职兼职人员,146名乡镇公务员协管员和3232名村级协管员已到位履职。各县(市、区)均设立了食品药品犯罪侦查大队,核定公安专项编制64个,到位63人。各开发区成立食品药品监管局的工作积极推进,空港开发区食药局正式挂牌运行。通过改革,多年来制约食品药品监管执法的"最后一公里"全面打通,全市重心下移、力量下沉、保障下倾的食品药品安全工作机制初步形成,食品药品安全属地责任得到了落实。

(王　婷)

【食品安全放心城市创建】 2014年,食药监管部门承担食品安全委员会办公室职能后,市县两级充分发挥食安办牵头抓总、组织协调职能,总揽食品安全工作大局,强力推动食品安全放心城市创建工作。市级层面,通过组织专题调研,广泛征集各界意见,起草拟定了《运城市创建食品安全放心城市部分指标调整方案》和《验收标准》,组织召开多个层面、多种形式的座谈会、推进会、现场会,对创建工作进行动员、部署和推动。联合新闻媒体开展"河东食品安全记者行",展示工作成果,曝光典型案件,在全市营造出了浓厚的创建氛围。县级层面,食药、农业、畜牧、果业、公安等部门主动出击,围绕农产品、畜产品、水产品和食品生产、流通、餐饮市场突出问题开展有效整治。在此基础上,市政府充分发挥督查考核的导向作用,组织对各县(市、区)和开发区食品安全工作进行检查督导,对全市申报的1424家单位的创建情况开展现场验收,共评出食品安全示范县3个、食品安全创建达标县6个、食品安全示范乡镇34个、示范街10条、示范单位1175个,有力促进了各项创建任务的圆满完成。

(王　婷)

【"智慧食药"信息化监管平台启动建设】 2014年,运城市政府全面加大对食品药品信息化建设的支持力度,将市食药监管局"智慧食药"信息化平台列入优先发展的智慧城市五大示范应用之一,由深圳中兴网信公司组建专门技术团队进行开发建设。该平台集行政执法、信息溯源、应急管理、公共服务、决策支持和内部管理为一体,全面覆盖"四品一械"安全监管,是提升全市食品药品监管水平的一项基础工程。"智慧食药监管"项目总投资1339万元,其中硬件172万元,软件1045万元,实施费用122万元。7月份,运城市政府办公厅印发《运城市信息化发展推进方案》,将"智慧食药"列入了未来5年信息化发展目标,并首先纳入一期建设范围,按照"顶层设计,统一规划,市县结合,分级实施"的工作思路,经过2~3年建设,初步建成覆盖食品、药品、保健食品、化妆品、医疗器械(四品一械)监管业务的行政执法、信息溯源、应急管理、公共服务、决策支持和内部管理六大业务平台,形成市县乡三级互联互通、信息共享、业务协同、统一高效的食品药品监管信息系统。截至12月,项目一期30个模块已全部搭建成功,并在市局、稷山和临猗600多家企业开通试运行。

(王　婷)

【市区"三小"食品行业全面规范】 2014年,食品生产、流通监管职能划转后,运城市食药监管局和直属盐湖分局的监管对象从2300多家增加到6200多家(不含盐湖区乡镇、空港、运城开发区)。为切实强化监管,确保食品安全,该局依托运城市创建国家卫生城市的强大声势,以小作坊、小副食店和小餐饮"三小"食品为重点,通过"规范整治一批,依法移送一批,关停取缔一批,改造提升一批",集中歼灭食品行业存在的突出问题。共出动执法人员8400余人次,检查各类食品经营主体15000余家次,责令整改1960家,关停整顿275家,依法取缔97家,审核发放许可(登记)证1654个,组织食品从业人员健康体检14000人次,对8293名食品关键岗位人员进行了食品安全专题培训,通过整治,市区食品行业基本达到了"持证上岗,亮证经营,硬件到位,软件齐备,穿衣戴帽,防尘防蝇,整洁卫生,诚信文明"的标准,环境面貌焕然一新,食品安全水平得到了明显提升。

(王　婷)

疾病预防控制

【概况】 2014年,市疾控中心领导班子带领全体职工深入开展学习党的十八大重要精神,认真开展党的群众路线教育实践活动,不断加强传染病及突发公共卫生事件的防控与管理,全面落实国家免疫规划政策,公共服务能力不断提升,性病、艾滋病、结核病、地方病防治工作扎实,成效显著。

(市疾控中心)

【运城市和三门峡市公共卫生协作项目】 2014年7月17日,根据国务院《晋陕豫黄河金三角区域合作规划》的批复精神和实际工作需要,运城市和三门峡市疾控中心联合举办了两市公共卫生合作规划研讨会。石喜民主任带领各学科业务骨干一行12人赴三门峡市进行交流学习,参观学习了三门峡市疾控中心先进的工作经验和管理模式。此次研讨会,两市达成了共识,将初步建立两市公共卫生合作联防联控机制,促进两市卫生信息及时交流、专业技能互相支援、设备资源相互利用、日常管理相互促进、科研合作互惠共赢,逐步实现三省四市黄河金三角区域公共卫生合作联防联控机制，共同提升疾病预防控制和公共卫生服务水平，构筑晋陕豫黄河金三角疾病预防与控制大堤。10月20日上午，运城市、三门峡市公共卫生协作项目在运城启动。三门峡市卫生局副局长刘存棣、疾控科科长陈玉亮、疾控中心主任吴彦领、副主任唐群章、陈震等与运城市爱卫会常务副主任樊贵宏、疾控科科长张军龙、疾控中心主任石喜民、总支书记解芳、副主任王晋生、陆立星、冯学荣等30余人参加了启动仪式。在启动仪式上，石喜民主任和三门峡市疾控中心吴彦领主任共同签订了运城市、三门峡市公共卫生协作《备忘录》。两市公共卫生协作的正式启动，开启了运城市和三门峡市公共卫生领域的崭新篇章。

（市疾控中心）

【疾病预防控制绩效考核】 2014年1月份，召开了中心绩效考核会议，安排了2013年的绩效考核数据收集工作；3月底数据全部录入国家绩效考核系统，并提交了数据。11月6日至7日省绩效考核办对市本级和盐湖区2013年的绩效考核工作进行了现场评估，肯定了本市的工作成绩，同时也提出了更高的要求，针对这次检查结果，对下一步的工作进行了安排。县级的绩效考核工作：4月召开辖区13个县（市、区）的疾病预防控制绩效考核会议，要求各县（市、区）认真做好2013年的自评工作，如实填报数据，写出自评报告，并按时上报市绩效考核办，县级的数据在4月底全部录入完毕。

（市疾控中心）

【继续医学教育】 2014年度，中心共开展6项继续医学教育项目：农村寄宿制学校结核病筛查知识培训、全市重点传染病暨卫生应急工作培训、疾病预防控制绩效评估标准培训、实验室质量控制基本知识培训、传染病防治知识培训、慢性病防治知识培训。为中心65名卫生专业技术人员申请继续医学教育Ⅱ类学分25学分。中心42名中级职称及以上人员参加华医网的继续医学教育科目的学习，并进行网上考试，申请了Ⅰ类学分8～10分。

（市疾控中心）

【实验室质量控制】 2014年，依据《实验室资质认定评审准则》的规定。11月，进行了管理体系管理评审，评审结论是质量体系文件符合要求，质量方针得到执行，质量目标得到实现。同时，对实验室质量管理体系进行了全面的审核，12月底完成报告的编写。按照《2014年实验室质控考核实施计划》，中心质量考核组，对送检抽检各种样品进行了质控考核，盲样考核结果均为合格。采用目击试验、人员比对、方法比对、留样复测等手段加强对实验室内部质控考核，考核范围覆盖了所有检测人员和所有大型仪器设备。中国疾控中心国家参比实验室下发盲样，对市疾控中心实验室进行能力考核验证，取得优秀成绩。

（市疾控中心）

【传染病防治】 截至2014年12月底，全市共发生法定传染病20种，32888例，死亡40例。与2013年传染病病种相比，新增了百日咳，减少了风疹、斑疹伤寒和包虫病。总发病率上升了13%，死亡率下降了34.42%。发病率上升的疾病有：伤寒、手足口病、淋病、布病、流感、艾滋病、病毒性肝炎、梅毒和猩红热。发病率下降的疾病有：疟疾、乙脑、狂犬病、肺结核、痢疾、流行性腮腺炎、急性出血性结膜炎、麻疹、其他感染性腹泻。

（市疾控中心）

【流感监测】 按照流感监测计划，对哨点医院进行流感病例全年监测。截至2014年12月底，运城市流感监测哨点医院门诊就诊病人总数203407人，其中流感样病例2189例，流感样病例就诊比为1.08%；哨点医院采集流感样病例696份，市疾控中心流感检测网络实验室检测了696份，检出57例阳性，阳性率8.19%，其中新甲H1阳性3例，季H3阳性49例，B型流感5例。

（市疾控中心）

【手足口病】 按照《手足口病预防控制指南2009版》要求，轻症病例标本采集；重症病例个案调查、标本采集；聚集性病例流行病学调查、疫情处置。2014年，共报告手足口病2723例，其中重症29例（包括死亡5例），本地报告重症14例。共采集轻症病例标本355份，全部进行了检测；阳性标本243例，阳性率为68.45%；本地报告的14例重症病例全部进行了个案调查、采集了8份标本，标本采集率57.14%；7份阳性，阳性率为87.5%，全部为EV71；共报告5起15例聚集性病例，其中12例采集了标本，标本采集率为80%，阳性8例，阳性率为83.33%，并对5起聚集性疫情及时进行了处置，有效防止疫情的进一步扩散。

（市疾控中心）

【狂犬病检测】 2014年，共上报5例狂犬病病例，其中闻喜2例，盐湖、新绛、永济各1例，5例均死亡。5例病例都进行了流行病学调查，撰写了流行病学调查报告，完成个案表填写及录入。

（市疾控中心）

【疟疾检测】 2014年，共报告3例疟疾病例，其中垣曲2例、万荣1例，其中本地报告2例（垣曲），全部为输入性疟疾病例。3例疟疾病例都及时进行了个案调查、疫点处置、规范治疗。23所医疗机构开展三热病人血检人数为2602人，完成率为98.92%；其中阳性2例，县级疾控复核467例，市疾控复核40例，符合率100%。完成了盐湖、新绛、临猗消除疟疾考核评估工作。

（市疾控中心）

【传染病监测预警】 2014年，传染病监测预警信息系统共报告预警信息820条，其中时间序列690条，单病例预警130条，820条预警都进行了响应处理，响应率100%；及时响应718条，及时处理率87.56%。

（市疾控中心）

【开展免疫规划督导检查】 2014年，为全面掌握全市免疫规划工作现状及进展情况,3、4月份对永济、平陆、盐湖、夏县4个县级疾控中心和8所预防接种门诊进行了督导。按照《运城市规范化预防接种门诊评审标准》,通过听汇报、看现场、查资料等方法,对各接种门诊进行逐项检查,发现免疫规划工作中存在的问题,强化规范化接种门诊运行管理,规范预防接种行为。根据省疾控《关于开展2014年上半年全省免疫规划工作督导检查的通知》精神,省疾控中心于5月份对市疾控中心、稷山、河津两县(市),采取查阅资料、现场观察、访谈等方式,对AFP、麻疹等疫苗针对疾病监测工作开展情况,疫苗储运、领发、接种登记管理情况,预防接种规范操作实施情况,《国家免疫规划信息管理系统》实施情况进行了督导检查。

(市疾控中心)

【预防接种】 2014年,按照省疾控4·25宣传活动方案要求,紧紧围绕"接种疫苗,保障健康"的宣传主题,在全市范围开展声势浩大的预防接种宣传周活动。全市政府领导参与1人次,卫生局、疾控领导出席39人次,视频类宣传1449次,平面类宣传9099次,现场咨询、讲座166次,广播宣传5966次,热线咨询30次,动用宣传车112辆次,短信群发88050条,张贴宣传画5940幅,散发宣传单303500张,宣传册33196本,海报1500份,折页56700份,发放宣传品17880份,参与宣传人员2000余人,接待咨询群众10万余人。

(市疾控中心)

【世界肝炎日宣传活动】 2014年7月28日是第四个"世界肝炎日",宣传主题是"战胜肝炎,从我做起"。根据山西省卫生和计划生育委员会《关于做好2014年全省预防接种宣传工作方案的通知》文件要求,以保护儿童健康为核心,以传播健康知识和倡导健康理念为重点,制订了切实可行的宣传计划,紧密围绕宣传主题,充分发挥报刊、电视、广播、网络、短信、微博、户外电子屏等各种媒体的作用,开展"世界肝炎日"宣传咨询活动。全市共制作了以7·28为主题的横幅、标语、展板1420条,发放宣传资料、宣传单17万份,小折页11000份,出版报、墙报、海报2万余份,宣传栏330余块,纸杯、科普扑克、雨伞、护裙等宣传品2万余件,广播宣传6000次,手册7000余本,,出动宣传车135辆次,全市共设立咨询点272处,参与宣传人员2000余人,接待咨询群众10万余人。

(市疾控中心)

【常规免疫接种率】 2014年,全市一类疫苗以县区为单位、以接种门诊为单位报告率均为100%。报告接种率分别为BCG99.97%、OPV99.93%、DPT99.91%、麻风99.91%、HBV99.94%、乙脑99.93%、流脑99.91%、甲肝99.91%,乙肝疫苗首针及时接种率为99.27%,以乡为单位报告率均为90%以上。全市二类疫苗接种报告以县区为单位、以接种门诊为单位报告率均为100%。

(市疾控中心)

【监测系统】 2014年,AFP病例监测:全市共报告AFP病例26例、非AFP病例2例,15岁以下儿童非脊灰AFP病例报告发病率为3.22/10万。48小时内调查率100%、粪便标本采集率为96.15%,合格粪便标本采集率92.31%、粪便标本送达及时率92.31%、除6例未到随访时间外,其余20例随访及时率为100%。AFP病例旬报应报468次,及时报告468次,及时报告率100%。麻疹病例监测:全市共报告麻疹病例8例(本地报3例,外地报5例),麻疹报告发病率为1.56/100万。乙脑监测:全市共报告乙脑病例2例(临猗、闻喜),报告发病率为0.03/10万,较上年同期下降了96.55%。死亡1例,死亡率为0.01/10万。乙肝病例监测:全市15岁以下乙肝新发病例19例,其中河津9例、盐湖7例、新绛、平陆和垣曲各1例。所有病例均进行个案调查。AEFI监测:全市疑似预防接种异常反应月常规报告应报156次,及时报告156次,及时报告率100%。全市共报告疑似预防接种异常反应66例,分布在13个县(市、区),其中盐湖13例、临猗和闻喜各8例、万荣7例、永济和垣曲各6例,平陆5例,稷山和绛县各2例,芮城、新绛和夏县各2例,河津1例,报告覆盖率100%。66例AEFI发现后48小时内报告率为100%,2例需调查的48小时调查率为100%,3日内调查表报告率为50%。报告的66例AEFI中,一般反应64例,异常反应2例,无偶合症、疫苗质量事故、实施差错事故引起的AEFI报告。

(市疾控中心)

【免疫规划专项调查】 2014年,根据国家卫计委疾病预防控制局的安排。10月份,在绛县横水镇乔寺村和郝庄乡西郝村开展了1至29岁人群乙型病毒性肝炎血清流行病学调查工作,两村共调查115人,其中1至4岁儿童47人,5至14岁35人,15至29岁33人。健康人群免疫规划疫苗针对传染病血清抗体水平调查:根据《山西省健康人群免疫规划疫苗针对传染病血清抗体水平调查》要求,在芮城县和垣曲县开展调查工作。两个县严格按照方案要求,精心组织,认真调查,圆满完成了调查和采样任务,共采样507份(芮城250份、河津垣曲257份)。全市入托、入学儿童接种证查验工作:按照计划要求,9月份,对全市新入托、入学儿童预防接种证进行查验。全市学校、托幼机构总数为2024所,开展查验2024所,查验率为100%;全市入托、入学儿童76153人,查验儿童76129人,查验率为99.97%;全市有证儿童74926人,有证率98.42%;无证儿童为1203人,无证率1.58%;补证1203人,补证率为100%;全市漏种人数3853人,补种3845人,补种率为99.79%。全市接种率调查:全市共调查3114人,建卡3114人,建卡率为100%;建证3114人,建证率100%;接种率分别为卡介苗99.97%、脊灰苗99.94%、百白破99.87%、麻风苗99.94%、乙肝苗99.90%、乙脑苗99.61%;六苗全程接种3094人,接种率为99.36%,乙肝首针及时接种率为99.58%。

(市疾控中心)

【艾滋病防治】 截至2014年12月31

日，全市累计管理HIV/AIDS2102例，其中存活1278例，累计死亡824例。全年新发172例，新发病例以性传播为主166例，占96.51%；其中男性传播45例，占性传播中的27.12%。传播途径从2008年开始传播途径由以往的采供血传播转变为现在的以性传播途径为主。由原来以采供血传播为主的闻喜、夏县、新绛、绛县转变为现在以性传播为主的河津、盐湖、万荣。全市13个县(市、区)CDC67个自愿咨询检测点共接受咨询检测人数为8533人，其中确认阳性58人，充分发挥了VCT在高危人群监测中的重要作用。全市暗娼人群共干预7805人次，检测1503人次，年度首次干预人数为2059人，首次检测人数为1463人，阳性0人，发放宣传材料18979份，发放安全套77803只；全市男人群共干预4841人次，检测717人次，年度首次干预人数为1083人，首次检测人数为660人，阳性12人，发放宣传材料10673份，发放安全套28151只。抗病毒治疗情况。截至12月31日，累计治疗1199人，其中正在治疗950人，终止治疗249人(死亡215人，停药25人，失访3人，转出6人)，本年度新加入治疗为136人。

(市疾控中心)

【结核病防治】 2014年12月底，累计发现治疗管理活动性肺结核患者2761例，完成全年任务的96.8%；报告肺结核患者和疑似肺结核患者总体到位率94.6%(1963/2075)；初诊患者查痰率98.0%(12859/13122)；涂阳肺结核患者密切接触2917人，筛查2880人，筛查率98.7%；新涂阳肺结核患者治愈率94.2%(1186/1259)；以县(市、区)为单位抗结核固定剂量复合制剂使用覆盖率100%；跨区域流动的肺结核患者信息反馈率100%，艾滋病病毒感染者结核病的筛查率99.5%(1254/1260)，原卫生部确定的艾滋病流行重点县结核病患者艾滋病病毒的筛查率98.4%(1113/1131)，查出5例TB/HIV双重感染患者。

(市疾控中心)

【学校结核病筛查】 2014年5月至6月，组织13县(市、区)疾控中心筛查339所学校，共计130798人。其中小学203所，46274人；初中130所，64830人；高中6所，7226人；教职工12468人。完成卫计委要求，计划筛查学生111271人，实际筛查学生118330人，完成学生筛查率106.3%，实际筛查学生和教职工总数130798人，完成学生和教职工筛查率117.5%。通过专家组诊断，最终诊断结果为：活动性肺结核14人，涂阳肺结核4人(学生3人，教职工1人)，涂阴肺结核10人(学生10人)；结核性胸膜炎10人；肺门淋巴结核2人；陈旧性肺结核30人。

(市疾控中心)

【地方病防治】 2014年，按照《山西省第二十一届防治碘缺乏病日宣传活动实施方案》要求。5月15日，市疾控中心与市县一起组织开展了以“科学补碘，保护智力正常发育”为主题的宣传活动。印制宣传资料10万余份下发给各县(市、区)。各县(市、区)都设立宣传咨询点，举办真假碘盐鉴别，确保全市广大群众购买和食用合格加碘盐，起到有效预防碘缺乏病的积极作用。13县(市、区)均已按方案要求完成了2014年碘盐监测医改项目工作，全市共采集盐样3900份，其中合格3827份、不合格53份、非碘盐20份；非碘盐率0.51%、碘盐覆盖率98.13%、碘盐合格率98.63%、合格碘盐食用率98.13%，均达到了国家的控制水平。大骨节病筛查项目。根据《山西省大骨节病病情监测方案》要求，有关专家对运城市稷山、绛县、垣曲、芮城4县的历史大骨节病区作为监测点，抽取7至12岁儿童进行临床检查，并对查出的疑似病人拍摄X线诊断。同时对病区所有的7至12岁儿童拍摄右手X光片进行观察，共拍摄X光片1039余份。

(市疾控中心)

【食品安全风险监测】 2014年，为了推动全市食品安全风险监测工作，市疾控中心组织开展3期培训工作。5月，举办了食品安全风险监测培训班2期，协助市卫生局举办1期，中心举办1期。9月，举办了食品安全事故流行病学调查及处置培训班1期。全市13个县(市、区)疾控中心负责食品安全风险监测管理人员、检验科负责人、网报人员、市级及各县(市、区)二级以上医院相关人员，共计200余人参训。参加省卫计委、省疾控中心举办的食源性疾病监测培训班4期7人次，风险交流培训1期2人次。参加市卫生局举办的食品安全及应急培训班3期。按“实时监测、季度收集、年终考核”的工作思路，及时收集统计各县(市、区)食源性疾病(包括食物中毒)及疑似食源性异常病例/异常健康事件报告资料，规定限时上报时间，严格要求上报资料，达到内容完整，时间准确，资料真实，程序符合要求。7个监测县(市、区)食源性疾病病例监测上报50例，其中盐湖区20例，新绛县2例，河津市15例，闻喜县4例，永济市1例，临猗县4例，万荣县4例，监测医院、疾控中心的网报报告、审核准确率和及时率均为100%。全年本市发生五起(新绛、河津各一起、盐湖区三起)食源性疾病暴发事件，中心专业人员指导基层根据流行病学调查与食物中毒诊断，及时进行网报，并通过省级审核。未发现疑似食源性异常病例/异常健康事件。

(市疾控中心)

【职业卫生】 2014年，市疾控中心起草并下发了《关于开展职业人群健康检查的通知》，发送信件百余份。对山西晟运有色金属有限公司、夏县骏达木业、山西大唐国际运城发电等22家企业，共计1632个职业人员进行了健康检查，其中2家397人结果正在统计中，其余20家结果显示：未见异常的人员188人，占总体检人数的11.5%；未查出职业病及疑似职业病，无职业禁忌症人员。各作业人员体检结果均经检索、统计、斟酌判断后，形成职业健康检查的结果诊断建议书。同时，要求每个单位填写职业健康监护卡，体检结束后及时按照省疾控网报要求进行职业健康监护网报，无漏报、错报、迟报现象，所有网报均通过省审核。9月起草下发了

《关于对2014年尘肺病人及相关职业病复查诊断的通知》,根据新的《职业病诊断与鉴定管理办法》,规范了受理程序及各种表格,于11月27日在本中心召开职业病诊断会议。共诊断43例(山西铝厂32例,国营华晋5例,零散6例),尘肺壹期16例,其中新病例3例;尘肺贰期1例;尘肺叁期1例(属于晋期病例);无尘肺24例(其中观察对象14例),其他1例。职业病诊断证明书出具、职业病网报及资料归档工作正在进行。

(市疾控中心)

【农村环境卫生监测】 2014年9月至11月,根据《2014年山西省农村环境卫生监测项目技术方案》要求,顺利完成了永济、稷山、临猗、平陆4县(市)共20个乡镇80个行政村,对400户农村家庭的监测任务,基本掌握了本市的农村环境卫生状况。对400户农村家庭的厕所与粪便无害化处理情况调查。农村家户厕所类型以非卫生厕所为主,占被调查户的70.15%,而且大多数家户,粪便不经过无害化处理直接施肥。经询问调查,农户普遍认为坑式厕所经济实惠,便于清理和直接施肥,大多人不知道什么是卫生厕所。调查的厕所中55.25%的有蝇蛆滋生,应加大对农村非卫生厕所改造力度,改善农村的卫生生活环境。调查400户农药的使用情况。87.25%的农户使用农药,在农药使用过程中,出现中毒症状占5.25%;药瓶处置以田边或垃圾堆为主占50.5%。农民在施药过程中不注意个人防护,废弃的农药瓶随意丢弃普遍存在。对400户农村家庭的病媒生物监测,结果显示在运城市农村家庭的厨房内发现有苍蝇67 %;发现鼠迹的占31%;家庭周围有积水容积的104个,发现蚊虫幼虫容器的54个。从监测结果来看,农村家庭的病媒生物侵害以苍蝇和老鼠为主。因此要发动群众消灭四害,使得病媒生物得到更好的控制。

(市疾控中心)

【医疗机构消毒质量监测】 2014年,根据《山西省疾病预防控制中心医院消毒监测方案》要求,9月24日至11月26日,市疾控中心对全市16家医疗机构的消毒效果进行了有效监测,其中市直3家、县级13家,样品全部合格的医疗机构8家,合格率50%。监测样品总份数225份、合格217份、不合格8份、总合格率为96.4%。

(市疾控中心)

体 育

【概况】 2014年,运城市体育局团结带领全市广大体育工作者,以“想透说清干实、尊重规律抓落实,有识有谋有勇、敬畏法纪敢担当”为工作方法,以“学习贯彻十八大、群众体育展风采、竞技体育上台阶、体育执法开好局、体育产业新拓展、队伍建设争一流”为工作思路,改革创新,积极进取,努力拼搏,扎实工作,圆满完成了各项工作任务,取得了运城体育事业新的发展与进步。

(市体育局)

【公共体育服务体系建设】 2014年,以深入贯彻落实《全民健身条例》为主线,以推进“三纳入”为抓手,市体育局积极落实全民健身人均事业经费,切实保障群众健身权益;全年各级各类社会体育机构积极组织开展了贴近百姓生活的全民健身活动1455次,较有影响力的有运城市群众“迎新年”系列活动、全国群众登山健身大会暨永济第十四届五老峰登山节、第五届“武圣杯”跤王争霸赛等赛事活动;新建乡镇群众健身场地设施51个,督促永济、芮城、垣曲国家援建的“雪炭工程”项目开工上马,积极推进闻喜、夏县、绛县、临猗四项立项申报工作,河津市获批“雪炭工程”援建;新增各级社会体育指导员712名,全市社会体育指导员总人数达到8354名;超额完成全国第四次国民体质监测3600个样本的任务目标,圆满完成省下达的2300个国家体育锻炼标准测试指标;进一步加强高危险体育经营项目的审批工作,制订了申报材料的样本,细化明确了审批标准,规范了审批流程,对全市24家经营性游泳馆进行了检查指导,对3家符合要求的游泳馆办理了许可手续;康杰中学被国家体育总局和教育部联合命名为“国家级体育传统项目学校”;省运会群体项目组获得8个一等奖、14个二等奖、18个三等奖的不俗战绩,展示了运城市全民健身新成果。

(市体育局)

【竞技体育】 2014年,在山西省第十四届运动会上,运城市以金牌总数63.5枚、团体总分2274.5分的优异成绩,分获全省金牌总数第六名和团体总分第五名,并获得体育道德风尚奖,实现了历年来参赛项目最全、金牌总数最多、团体总分最高的新突破;成功承办山西省第十四届运动会柔道项目比赛,周到热情的保障服务,严密有序的竞赛组织,得到了省体育局领导及各参赛队的一致好评;安全节俭举办运城市田径、举重、摔跤、乒乓球、武术套路、武术散打等6个单项比赛,进一步检验了训练成果,选拔出了后备人才苗子,初步形成了结构合理的体育后备人才梯队;认真贯彻落实市政府《关于进一步加强运动员文化教育和运动员保障工作的实施意见》,解决了两名退役优秀运动员安置工作;根据《运城市体育后备人才基地认定办法》,3家单位被认定为山西省优秀体育后备人才基地,2家单位被认定为山西省初级后备人才基地。

(市体育局)

【体育产业】 2014年,市体育局认真开展运城市第六次全国体育场地普查工作,率先在全省完成了体育场地数据登记和录入工作,受到省局领导的高度肯定;全年共完成销量2.1589亿元,较上年增长22.66%,排名全省第二,圆满实现“跳起来摘桃子”的奋斗目标任务,省体育彩管理中心两次致电表扬;市体育馆结束近4年试运行,被确定为全国第一批节约型公共机构示范单位,奖励节能型公共机构示范单位建设资金10万元;贯彻落实大型体育场馆免费低收费开放政策,获得全国大型体育场馆免费低收费开放补助资金100万元,不断提升体育馆公共服务能力和水平;尝试性地组建了体育执法队伍，积极履行法律赋予的职责，开展了体育执法培训，组织了联合执法检查，加大了对违法行为的检查和处罚力度，进一步规范体育经营活动秩序，维护了体育消费者的合法权益。

（市体育局）

【体育系统作风建设】 2014 年，市体育局深入开展党的群众路线教育实践活动和学习讨论落实活动，较好地解决了领导班子和党员领导干部在“四风”方面存在的突出问题，达到了思想上有明显提高，政治上有明显进步，作风上有明显改变，工作上有明显改进的效果；党组高度重视党风廉政建设，细化工作内容，严格内部管理，深入贯彻落实中央八项规定精神和“三严三实”要求，切实把作风建设抓常、抓细、抓长，形成作风建设新常态，组织开展党纪政纪教育、法律法规教育和从政道德教育，让每个党员干部防微杜渐、廉洁自律；坚持法治思维和法治方式，按照“六权治本”的思路，扎紧制度笼子，坚决堵塞制度漏洞，铲除滋生腐败的土壤，重点解决“不能腐”的问题，先后新制订了工程建设（维修）制度、差旅费管理制度等 19 项工作制度，修订完善了原有 18 项工作制度，真正做到制度之内“不缺位”，制度之外“不越位”。

（市体育局）

【运城市参加第十四届省运会】 2014 年 8 月 8 日至 18 日，在太原举行了山西省第十四届运动会，运城市代表团共派出 358 名青少年选手和 119 名群众体育运动员参加了 28 个大项的比赛，以金牌总数 63 枚、团体总分 2274.5 分的优异成绩，分获全省金牌总数第六名和团体总分第五名，并获得体育道德风尚奖，实现了历年来参赛项目最全、金牌总数最多、团体总分最高的新突破，取得了运动成绩和精神文明的双丰收，超额完成了市委、市政府下达的目标任务。还获得群体项目组 8 个一等奖、14 个二等奖、18 个三等奖。

（市体育局）

【成功举办第十四届五老峰登山节】 2014 年 4 月 25 日，在国家 4A 级旅游景区五老峰隆重举行了 2014 年全国群众登山健身大会暨永济第十四届五老峰登山节，来自山东、河南、山西等地的 500 余名登山爱好者参与了竞速比赛，运城市体育运动学校代表队的赵孟虎、冯瑶分获男子组和女子组冠军。市委常委、宣传部部长于波出席开幕式并致辞。

（市体育局）

【全民健身系列活动】 2014 年 12 月 12 日，市人大常委会副主任裴良杰、市政府副市长陈竹琴与全民健身委员会各成员单位领导及社会各界体育爱好者 600 余人，共同完成了全程 3 公里健步行活动，标志着运城市“强健体魄．阳光生活”全民健身系列活动全面启动。运城市“强健体魄·阳光生活”全民健身系列活动是全省统一活动的重要组成部分，历时 1 年，包括常规性全民健身赛事活动、季节性全民健身赛事活动和业余性全民健身赛事活动，旨在深入贯彻党中央、国务院“将全民健身上升为国家战略”的部署要求和习近平总书记系列重要讲话精神，唱响“强健体魄·阳光生活”主题，发挥体育的功能与作用，不断满足人民群众日益增长的健身需求，打造体现参与性、公众性、普惠性的健身活动，引导更多的人走出门、迈开腿、动起来，倡导运动、活力、健康、向上的生活方式，推动全民健身事业持续发展，为“净化政治生态、实现弊革风清、重塑运城形象、促进富民强市”做出积极贡献。

（市体育局）

【获奖情况】 2014 年，运城（河东）风筝获得中国体育旅游精品项目奖，市体育馆被评为国家第一批节约型公共机构示范单位，市体育局先后获得山西省体育工作先进集体、山西省社会体育工作经验交流活动优秀展示奖、山西省体育彩票销售突出贡献单位、销售增长单位、山西省第十四届运动会体育道德风尚奖、山西省第十四届运动会（职工组）体育舞蹈比赛体育道德风尚奖等多项荣誉，被市委、市政府评为 2013 年目标任务年度考核优秀单位，老干部工作先进单位。还有多人次荣获省、市等奖励。

（市体育局）

示范县2个,市级示范乡镇办事处35个,示范村居老年协会232个,这些示范县、乡、村已成为运城老龄工作的一面旗帜。

(黄 俊)

【老年协会建设】 2014年,根据省老龄办的安排,要在全省进行"十、百、千老年协会"建设工程,即要在全省树立1000所规范化老年协会,100所样板老年协会,10所品牌老年协会。运城市根据要求,及早安排,认真部署,在加强老年协会规范化建设的基础上,认真进行"十、百、千老年协会"建设工程,对拟入选的老年协会严格验收,认真考核,优中选优,经过认真选拔,全年树立了2个品牌老年协会、10个样板老年协会和55个规范化老年协会。对其中的品牌老年协会和样板老年协会及部分规范化老年协会,积极争取省老龄办"基层老年协会建设乐龄工程"的支持,省老龄办分两批次对运城市66家老年协会进行资助。截至年底,价值33万元的设备已发放到各老年协会,促进了基层老年协会工作的开展。

(黄 俊)

【敬老爱老助老主题教育活动】 2014年,根据全国老龄办和省老龄办的安排,继续在全国范围内开展敬老爱老助老主题教育活动,在全国范围内开展"孝亲敬老之星"评选工作。市老龄办结合运城实际,要求各县(市、区)要在以往评选表彰的基础上,认真选拔出本地的全国孝亲敬老之星。要求选拔出的典型一定要有广泛的民意基础,要经得起考验,对本地要有一定的影响和示范带动作用。各县(市、区)在认真考察、细致研究、全面公开的基础上选拔出本地的孝亲敬老之星,市老龄办在各县(市、区)申报的基础上又进行了认真的考核,最终确定了18名全国孝亲敬老之星候选人,并上报省老龄办。

(黄 俊)

【"敬老文明号"创建工作】 根据运城实际,市老龄办在吸取各地先进经验的基础上,结合全国和省老龄办的精神,对2014年"敬老文明号"创建活动切实加强领导,提高认识,把创建"敬老文明号"作为推动老龄工作的重要举措和抓手,做为老龄工作的一项重要内容和任务去抓。为此,市、县两级老龄办深入基层,检查指导、督促落实。经过各县(市、区)及市直老龄办的认真筛选和市老龄办的最后评比检查验收,共有33家单位被评为运城市"敬老文明号",并受到表彰。同时,这些单位将作为全国和全省"敬老文明号"候选单位上报全国、省。

(黄 俊)

【"敬老月"活动】 2014年的"敬老月"活动,运城市按照全国、省老龄委的要求,早安排,早部署,9月初就向成员单位和各县(市、区)下发了《关于开展2014年"敬老月"活动的通知》,对"敬老月"活动进行了详细的安排部署。市老龄办从2014年"敬老月"开始,由运城市老年服务组织联合会、运城市居佳老年服务中心和孔向东文化艺术中心联合开展"德孝缘蒲乡红文化活动",以"蒲乡红"送戏下乡、巡回演出为载体,走近基层、走近老年人,广泛开展为老服务、敬老宣传活动。市老龄办在"敬老月"期间联合五老峰索道公司,举办了"敬老孝亲献爱心,重阳聚首五老峰"大型让利活动。活动中凡具有运城户籍、年满60周岁的老年人持身份证或老年优待证在免收110元门票的基础上,购买20元往返索道票可免20元餐费,陪同人员门票、索道票可享受半价优惠。享受优待的老年人高达1万人次,直接受益130万元。

(黄 俊)

【老龄问题调研】 2014年,根据省老龄办关于加强调研工作的通知,市老龄办把调研工作作为一项重要任务来抓,要求各县(市、区)根据实际做好这一工作。市老龄办3—6月深入到盐湖、芮城等县区进行了4次调研,在调研论证的基础上结合运城实际写出高质量的调研报告《运城市保障老年人合法权益与维护老年人尊严的状况调查》,获得全国优秀论文奖。各县(市、区)也根据市老龄办的安排进行了分类调研,并撰写出了高质量的调研报告。平陆、稷山、万荣、夏县、芮城、临猗、河津、闻喜、绛县等县市根据本地实际进行了不同层次的调研,市老龄办对此项工作进行了论文评选和表彰。

(黄 俊)

【维护老年人合法权益】 2014年,"市县乡村"四级老年维权组织网络不断完善,各级老龄组织与司法部门的协调配合不断加强,对涉老案件实行三优先服务。市委、市政府关于对60周岁以上老年人实行优待服务的意见得到了全面落实。全年共为老年人颁发优待证5万余本。市区11路和21路公交车在执行老年优待政策过程中,由于体制原因,对老年人不停车、不给免费,对此市老龄办及时和报社、电视台、人大代表、市区两级交通局积极沟通,使此问题圆满解决,受到社会各方面的赞扬。同时,在2013年5月份公交总公司让老年人、残疾人有偿办理乘车证时,市老龄办积极和民政局、残联、市人大、交通局协商,使此事件圆满解决,得到了报纸和电视台的表扬,老年人代表敲锣打鼓为市老龄办送来锦旗一面。银龄御险活动成绩显著,全市入保老年人达到27209人次,保费达到569040元,超额完成了省老龄办确定的30万元工作任务。高龄老人养老补贴金发放范围逐步增加。全市已有临猗、芮城、稷山、盐湖区4县区为本行政区域内高龄老年人发放养老补贴金。芮城县、永济市、盐湖区设立了老年人特困救助资金。

(黄 俊)

残联工作

【概况】 2014年,在市委、市政府的坚强领导下,在省残联的精心指导下,在有关部门、社会各界和广大残疾人工作者、残疾人朋友的共同努力下,全市残联以邓小平理论、"三个代表"重要思想、科学发展观和习近平总书记系列讲话为指导,以群众路线教育实践活动为动力,以实现残疾人与健全人同步小康为主题，以残疾人社会保障和服务体系建设为重点，使全市残疾人事业在完成好各项年度工作任务的基础上，取得了一系列新发展与新成就，开创了新局面。

（谢亚杰）

【康复项目实施】 2014年，运城市残联康复工作有序进行，完成国家"七彩梦行动计划"残疾儿童康复救助项目293例，其中：为5名贫困聋儿配发助听器并进行康复训练；为15名贫困脑瘫儿童进行康复训练；为30名贫困孤独症儿童进行康复训练；为10名贫困肢体残疾儿童适配矫形器；为233名残疾儿童适配辅助器具。完成国家彩票公益金贫困残疾人康复救助项目1901例；省彩票公益金残疾人康复救助项目3867例。其中：为445名贫困精神病患者提供医疗救助；为23名贫困残疾人适配助听器；为813名残疾人适配辅助器具；为620名盲人适配盲人用品，并进行定向行走训练。省彩票公益金残疾人康复救助项目，救助3867例。其中：为50名贫困聋儿进行语言训练；为20名贫困脑瘫儿童进行康复训练；为17名就业、就学年龄段的肢残人装配小腿假肢；为3400名残疾人配发基本型辅助器具；为200名白内障患者实施免费复明手术；为180名贫困精神病患者提供基本治疗及药品补贴。

（谢亚杰）

【实施救助项目】 2014年，市残联救助贫困白内障患者进行复明手术1300例。为扩大救助规模，市残联投入资金51.5万元，为1300名贫困白内障患者实施手术，每例补助200元；为1700名贫困残疾人配发基本型辅助器具，每例补助150元。市残联成立专项领导小组，加强易肇事肇祸精神障碍患者救治救助工作，切实维护社会稳定。认真开展残疾人法律救助项目，为14例涉残法律案件进行补助。努力推进残疾人驾驶汽车培训工作，27名残疾人学员通过考试拿到驾驶证，并为每人发放培训补助费500元。

（谢亚杰）

【康复人才培训】 2014年，市残联先后举办多期专题培训班，对垣曲、夏县、平陆、芮城4县的430名康复协调员进行了培训；外派50余人次参加国家和省级聋儿、脑瘫、智力及孤独症儿童康复训练培训班。邀请了中国残联社会服务指导中心主任到市康复中心指导智力和孤独症儿童康复教学，引入了系统的智障儿童康复教学方法；邀请中国康复研究中心博爱医院专家对中心脑瘫儿童训练进行指导，使工作人员和家长们在康复理念上受益匪浅；聘请幼儿师范高等专科学校的专家教授，就教学管理、环境创设、课程设计等方面的内容，对中心工作人员进行系统培训，引入了奥尔夫、蒙氏、感觉统合及亲子教育等康复手段，以促进聋儿全面发展。9月份，全省听力语言康复骨干教师技术培训班在运城市成功举办，来自各市残联听力语言康复工作人员、各项目定点机构及市聋儿康复机构骨干教师近80人参加了培训。

（谢亚杰）

【开展"爱耳日"活动】 2014年，运城市残联积极开展形式多样的"爱耳日"宣传活动，接受免费咨询1500余人（次），免费检查800余人（次），发放宣传资料10000余份，出动宣传车20余辆，悬挂标语300余条。市残联积极推进0—6岁儿童残疾筛查工作，做好初级耳科保健与耳科临床治疗、听力康复等工作；认真组织实施2014年度省、市政府贫困残疾人救助项目，让残疾人真正得到实惠，推进全市残疾人事业健康持续发展。

（谢亚杰）

【先进模范表彰】 2014年，全市残联推荐有关单位和个人参加国家和省自强模范、先进工作者、助残先进集体和个人表彰，闻喜县残疾人托养中心荣获"全国残疾人之家"荣誉称号，亚宝药业荣获"全国助残先进集体"荣誉称号。盖鸿杰等4名残疾人荣获"山西省自强模范"荣誉称号，张学礼等4人荣获"山西省残联系统先进工作者"荣誉称号，达康铸业等3家企业荣获"山西省助残先进集体"荣誉称号，薛国飞等3人荣获"山西省助残先进个人"荣誉称号，市残疾人康复中心等3个单位荣获"全省残疾人之家"荣誉称号。"助残日"前夕，市残联举行"爱满河东"颁奖典礼晚会，对全市"自强模范"、助残先进集体和个人、残疾人之家、残联系统先进工作者等59名先进集体和个人进行了表彰。

（谢亚杰）

【参政议政】 2014年，全市31名代表委员充分发挥作用，行使参政议政权力。垣曲县残联理事长刘源提交的《关于加大残疾人服务设施建设力度的建议》、《关于向贫困弱势群体提供大病医疗救助的建议》等提案，被县政协评为2014年优秀提案。

（谢亚杰）

【职业技能培训】 2014年，全市残联就业培训任务全面完成。城镇技能培训839名，超额完成419名；农村实用技术培训2145名，超额完成845名；实名制录入941名，超额完成341名；盲人电脑培训72名，超额完成23名；盲人保健按摩培训88名，超额完成79名；盲人医疗按摩培训32名，超额完成2名；扶持盲人就业26名，超额完成2名；基层就业指导员远程培训38名；雇主培训100名已全面完成。9月，市代表团18名残疾人选手参加以"展示残疾人技能，促进残疾人就业"为主题的山西省第五届残疾人职业技能竞赛。参赛选手共参加了五大类别、10个技能项目的角逐，取得了全省团体总分第二名的优异成绩。其中，2人夺得单项第一，3人夺得单项第二，1人夺得单项第三。

（谢亚杰）

【"一店三基地"建设】 2014年，市残联"一店三基地"建设顺利进行，创建了市级残疾人种植技能实训基地。利用阳光家园现有耕地资源，建成了3个砖混结构现代化的温室大棚。直接安置残疾人794名，进行职业技能培训1750余名，实现就业1490余名，人均年收入13000余元。为扩大建设指标数量，在完成省下达建设任务的基础上，增加了18个市级“一店三基地”，其中盲人按摩门店7个，实训基地3个，就业创业基地4个，扶贫基地4个。同时，各县(市、区)“一店三基地”建设工作也卓有成效。闻喜县残联一次性为10个无营业执照的盲人按摩门店办好执照；平陆县盲人贺军创办的按摩店，有从业人员十余名，其中盲人6名，辐射带动残疾人十余人，年人均收入达1万余元；绛县残疾人樊桦夫妇创办的奥桦宋西馍业有限公司(就业创业基地)，共有职工25人，其中安置残疾人就业10余人；垣曲县残疾人牛海瑞创办的诚梦圆养羊专业合作社(扶贫基地)，为80余名残疾人免费提供场地进行技术培训，并吸收50余名残疾人加入合作社，提高了残疾人的养殖技能；他被县人社局评为“创业带头人”，被县残联评为“自强模范”。万荣县残疾人吴学文2007年4月创办的兴农畜禽养殖有限公司(实训基地)，实训面积16000平方米，拥有专业讲师、教授及工作人员共41人，累计培训2000余人，其中残疾人800余人，培训后残疾人就业率达到85%。

(谢亚杰)

【残疾人“两补”工作】 2014年，全市全面贯彻落实残疾人“两补”政策，“两补”工作进展顺利，为8339名符合“两补”条件的残疾人发放了“两补”资金，其中重度残疾人5228人，贫困残疾人3111人。按照省、市规定程序，认真完成了“两补”对象核实登记、审批、公示等基础性工作。落实“两补”经费省级219.37万元，市级46.91万元，县级160.1万元。

(谢亚杰)

【彩票公益金助学】 2014年，全市彩票公益金项目共资助残疾家庭子女大学生27名，助学金共计8.1万元，每人3000元。按工作流程，推荐上报了受助人员名单，上报材料真实齐全，助学工作有图片、资料。此外，还自筹资金10万元，资助残疾人大学生和残疾人子女大学生20名。

(谢亚杰)

【机动轮椅车燃油补贴】 2014年，全市全年为2704名残疾人机动轮椅车车主发放了燃油补贴，补贴金额70.304万元。为搞好此项工作，市残联按每辆车20元的标准为各县(市、区)下拨专项工作经费，共计54080元。

(谢亚杰)

【家庭无障碍改造】 2014年，全市完成贫困残疾人家庭无障碍改造90户，盐湖区、平陆县、绛县3县(区)各30户，每户改造资金6000元，其中，中央财政补贴3500元，其余由省、市、县财政进行配套，确保每户对象改造经费达到不低于6000元的规定标准，残疾人家庭不出任何费用。改造任务已全部完成并通过验收，得到了广大残疾朋友们的好评。

(谢亚杰)

【残疾人信访维稳】 2014年，全市残联共接待残疾人上访760人次，来信11封，运城市残联接待来访186人次，其中来电86人，来访72人次，来信5封，网络反映问题23例，并为到市来访的28名残疾人发放救助款8600余元。全市全年未发生重大群体事件，无赴省进京非正常上访人员。

【“助残日”活动】 2014年，市残联认真组织开展全国助残日活动，市、县两级党政主要领导积极参与扶残助残和慰问活动。省福利基金会在垣曲县举行捐赠仪式，为200余名贫困残疾人免费发放了总价值34万元的轮椅、图书等助残物品和2万元的助学金。盐湖、河津、永济等县(市、区)结合当地实际，开展了辅具发放、走访慰问和文化艺术作品展示等活动。据统计，全市累计为1000余名残疾人提供了各种形式的帮扶，捐赠款物折合人民币50余万元。全年共采访报道各类扶残助残活动200余篇(次)，制作各种活动展板98块，悬挂标语617条，发放宣传单3.5万余份。并与市电视台联合录制了《为了残疾人的明天》等5部电视专题片，在市电视台进行滚动播放，引起了社会的强烈共鸣。积极参加2012至2013年度“山西省残疾人事业好新闻奖”评选活动，共有10件作品获奖。

(谢亚杰)

【组织参加体育比赛】 2014年，全市残联积极参加省第十届残疾人运动会，取得优异成绩。8月21—30日，市残联组织47名运动员参加了聋人篮球、盲人门球集体项目及田径、举重、飞镖、游泳、乒乓球和羽毛球等个人项目的比赛，共获得31金13银4铜的好成绩。市残联获得团体体育道德风尚奖，其中，4名教练员和27名运动员分别获得个人体育道德风尚奖。6月29日至7月2日，举办了运城市第二届残疾人运动会。来自13个县(市、区)共203名残疾人运动员进行了聋人篮球、盲人门球、田径等9个大项、18个小项的比赛，共获得金牌152枚、银牌40枚、铜牌23枚。盐湖、河津、新绛、闻喜、垣曲和稷山6县(市、区)夺得团体总分前六名。绛县残疾人运动员黄达在田径项目比赛中1人两次破T36级100米、200米两项省残运会记录。

(谢亚杰)

【农村基层党组织助残扶贫工程】 2014年，市残联继续开展“农村基层党组织助残扶贫工程”，帮扶贫困残疾人280户。此外，落实康复扶贫项目贷款2000万元，到户贷款985万元，贴息资金168.95万元；落实财政扶贫资金93万元。12月，市残联共投入资金23万元，开展“为贫困残疾人送温暖赠棉衣”活动，免费向全市13个县(市、区)共1400名贫困残疾人发放棉衣，确保贫困残疾人群众温暖过冬。

(谢亚杰)

【残疾人基础设施建设】 2014年，市残疾人康复中心及附属楼主体工程竣工，项目总占地约12亩，建筑面积10055.35平方米，总投资约2100余万元。县级残疾人基础设施建设也取得新进展，河津市残疾人康复中心、托养中心、特教学校建设工程占地20亩，建筑面积1万余平方米，总投资2200万元，年底完成室内外装修。垣曲县在已建成综合服务中心的基础上，筹建残疾人康复托养中心，列为县政府2014年重点建设项目。12月5日，垣曲圆梦学校由县政府先行垫付1100万元收回，作为残疾人康复托养中心。该校占地15亩，建筑面积4700平方米，较好地满足了残疾人康复托养工作的需求。

（谢亚杰）

【事业统计和信息报送】 2014年，市残联按时上报残疾人事业统计年报、快报和台账，做到数据审核无错误、逻辑合理、数据准确。同时，按省残联要求，理顺信息工作机制，提高信息质量，及时规范报送信息，全年共被省残联网站采用信息234篇，市残联采用各县（市、区）残联信息282篇。

（谢亚杰）

民族宗教工作

【概况】 2014年，运城市民族宗教工作在市委、市政府的正确领导下，在省民委（宗教局）的指导帮助下，坚持"两手抓、两不误"，有序开展以为民务实清廉为主题的党的群众路线教育实践活动，按照"保稳定防患未然，促发展服务中心，建和谐致力标本，转作风重在时效"的工作思路，不断推动民族宗教管理水平的新提升，有效发挥民族宗教界人士在促进经济社会发展中的积极作用，努力维护全市民族宗教领域的和谐稳定，顺利完成年初各项目标任务。

（李林丹）

【学生民族团结教育】 2014年，盐湖区西街小学开展民族团结教育专题工作"七个一"：学校每学期组织一次民族团结教育主题竞赛或演讲活动；每学期组织一次主题征文；每学期组织一次班级成果展；每学年举行一次评比表彰大会；少先队每月组织一次民族团结教育主题队会；每周进行一次民族团结教育为主题的国旗下讲话；各班级每月更换一次主题板报。同时在学生中开展"我能做到的七个一"主题活动：唱一首民族歌曲；讲一个民族英雄故事；跳一个民族舞蹈；作一幅民族风情画；看一部民族影片；做一件民族工艺品；与一个少数民族学生结对子，并为其做一件力所能及的好事。

（李林丹）

【少数民族聚居村经济社会发展】 2014年，运城市共申报涉及基础设施建设、"一村一品"发展、改善人居环境、技能培训等少数民族发展资金项目14个，申报资金407万元，经省民委考察研究共下拨资金266万元。为贯彻落实中央民族工作会议精神，开展全市少数民族聚居村经济社会发展大调研活动。调研中突出问题导向，立足基础设施完善，新农村建设，"一村一品"特色产业发展，为促进少数民族群众致富奔小康奠定基础。

（李林丹）

【民族特需商品定点企业】 2014年，在帮助企业享受优惠政策的同时，对企业贷款管理按照"一企一档、一笔一件"的原则进行了规范。民品企业山西桌里集团与青海固原地区达成价值百万的捐赠意向，并于11月14日在当地举行捐赠仪式，以实际行动践行企业责任，帮助少数民族地区发展生产，共同致富。山西粟海集团成功入选国家民委授予的"千家培育百家壮大"工程企业。

（李林丹）

【清真食品监督管理】 2014年，坚持政府监督与伊协、清真食品监督员监督相结合，部门执法与联合执法相衔接履行清真食品监管责任。在创卫工作中与市食药局以及盐湖区伊协、清真食品监督员组成联合执法组，对盐湖区清真食品经营饭店证照、卫生、人员等进行规范，并申请专项经费用于清真食品监督管理工作。

（李林丹）

【创新城市民族工作】 2014年，进一步探索以社区（行政村）为依托，多部门参与的服务管理新格局。发挥伊协、清真寺在少数民族流动人口登记、服务、管理中的作用。在帮助盐湖区少数民族群众解决肉食补贴的基础上，与市物价部门协商，在少数民族群众相对较多的平陆、河津、永济等9个县（市、区）予以推广。春节前期，为具有清真食品饮食习惯的少数民族群众发放牛羊肉价格补贴共计19.2883万余元。帮助少数民族群众解决子女入学问题。共为10名少数民族群众办理民族成分更改，为50余名少数民族考生提供身份证明。妥善化解涉及民族宗教因素的矛盾纠纷15起。在9月29日召开的中央民族工作会议上，盐湖区清真寺管理委员会被国务院授予全国民族团结创建模范集体。平陆中学、盐湖区西街小学被省民委确定为省民族团结教育示范学校。组织推荐曹玉贤等12名个人，盐湖区伊斯兰教协会等6个集体参加全省第六次民族团结进步创建模范集体的评选工作。

（李林丹）

【规范佛道教管理工作】 2014年，进一步落实国家十部委《关于处理涉及佛教寺观、道教宫观有关问题的通知》等文件，协调有关部门做好非宗教活动场所的治理工作，先后开展排查暗访工作，旅游市场秩序专项整治工作等。明确部门职责，加强部门联动。按照属地管理，以县为主的原则，加强与市局及同级公安、旅游、文物等部门的沟通联系，坚持专项整治与日常监管相结合，部门负责与联合执法相结合，通过采取集中走访、受理举报等方式，做到有报必查，发现问题立即处理，并及时总结经验、通报问题，确保专项整治活动取得实效。严格落实《宗教事务条例》，依法进行整改。针对宗教活动场所内《条例》存在的违规违法情况，根据《宗教事务条例》有关规定，下发整改通知书，督促其限期整改；针对非宗教活动场所存在的违规问题，本着发现一起通报一起的原则，及时转交同级主管部门并出示整改方案。必要时下发整改通知书，督促其限期整改。上报问题名单，确保整改到位。对存在违反十部委文件要求的盐湖区舜帝庙、关王庙等11处非宗教活动场上报市政府，经党委、政府分管领导批示推动落实。

（李林丹）

【民族宗教专项活动】 2014年，通过开展“民族宗教政策法规学习月”活动、开办民族宗教代表人士培训班、开展“六走访、六深入”走基层活动等方式，广泛宣传党的民族宗教政策及党的十八大、十八届三中、四中全会精神，积极引导民族宗教界深入理解改革，衷心支持改革、积极参与改革，最大限度的凝聚改革的积极力量；鼓励各宗教发掘和谐思想资源，培育和谐向善的宗教文化。积极推荐万荣、绛县两名基督教徒参加省基督教两会举办的“责任与美德”讲经交流活动，获得第一名和第三名的成绩。协助省两会做好主题巡讲活动，来自各县（市、区）团体、场所负责人300余人参加活动。组织道教教职人员参加在吕梁举办的道教论坛活动；积极倡导民族宗教界人士践行社会主义核心价值观；鼓励各宗教弘扬慈善理念，开展“宗教慈善周”活动。推荐河津基督教养老院参加全国宗教界开办养老机构经验交流会。6月份，组织全市民族宗教代表人士培训班，开展集中培训。

（李林丹）

旅游工作

【概况】 2014年，市旅游局深入贯彻党的十八大，十八届三中、四中全会精神，深入开展党的群众路线教育实践活动，紧紧围绕以打造“古中国”旅游品牌为重点，以发展文化旅游产业为动力，以建设“国际旅游目的地”为目标，全力以赴抓落实，深入扎实促发展，推动全市旅游业保持快速发展势头。全市接待人数达到3322万人次；旅游收入达到255亿元，同比增长20%以上。全年实际接待游客3467.64万人次，同比增长19%；旅游收入268.75亿元，同比增长26.43%。

（市旅游局）

【打造“古中国”品牌】 2014年，市委、市政府在《推动全市文化旅游产业快速发展的意见》中，明确提出了坚持高端创意，整合文化资源的要求。8月份，又确定了“高端策划、整合资源、政府主导、市场运作，努力打造以‘古中国’为标识的国际旅游目的地”奋斗目标。为了认真贯彻市委、市政府工作部署，紧密结合旅游实际，全面掌握“古中国”旅游元素。紧紧围绕人类发源、祠庙之祖、火的使用、蚕丝制衣、国家形成、农耕稼穑、治理洪水、商贸开端、食盐开发九大传统文化原始基因，对全市49家景区进行调查梳理，精心编排“古中国”旅游线路。在梳理分类的基础上，精心编排了“古中国”寻根祭祖游、黄河文化游、休闲度假游、历史文化游、祠庙和大院文化游五条二日游精品线路。大力宣传“古中国”旅游品牌。在运城旅游宣传册上，印制“古中国”口号，在运城旅游网上，推荐“古中国”线路，在西安至太原的高铁列车上，命名“古中国”旅游号。大力营造“古中国”旅游氛围。在景区景点上，实施“古中国”旅游标识全覆盖，在宣传促销上，始终突出“古中国”旅游品牌，在项目推进上，启动“古中国”智慧旅游，把“古中国”旅游品牌不断推向国内国际市场。

（市旅游局）

【旅游宣传促销】 2014年，投资400万元，在中央电视台黄金时段，大力宣传关公文化、盐文化和根祖文化，提升运城知名度，扩大运城影响力。在重点城市做集中宣传。瞄准长三角潜力市场，抽调精干力量，由局领导带队组成5个小分队赴北京、上海、杭州、南京、武汉、厦门、广州等地，开展全方位、立体式、高覆盖的大宣传大推介活动，利用新闻媒体、公交车体、地下通道、繁华街道、大型社区，大力推介运城市旅游景点，突出宣传地接奖励政策，进一步激活周边客源市场。在全国做广泛宣传。积极参加全省第二届晋商大会，国家旅游局组织的皖浙苏和北京旅游宣传推介会，采用现场推介，发放资料，媒体促销等方式，大力宣传“古中国”旅游品牌。同时，还组织绛州木版年画和新绛澄泥砚等旅游商品厂家，积极参加“中原旅游产品博览会”和“第六届中国国际旅游商品博览会”，以旅游商品为媒介宣传运城文化旅游。在高铁市场做轰炸式宣传。在大西高铁开通之际，抓住机遇，抢占市场，及早动手，全面出击，在高铁和站台上进行了系列轰炸式宣传。5月份，投资150万元，在咸阳国际机场、西安绕城高速上，设立运城旅游大型宣传广告牌。在西安电视台、西安主要干道和大型屏幕上，进行了不间断宣传。在陕西报刊和网络媒体上，重点宣传“一小时到运城看古中国”旅游品牌。7月份，投资300万元，把太原至西安动车冠名为“运城旅游号”。在高铁车的广播电视、上下通道、海报框架以及头枕布、桌板贴等载体上，从视觉到听觉上，向广大旅客灌输运城“古中国”旅游记忆，留下美好的印象。编辑出版《运城“古中国”游记》。利用8个月时间，把运城古今中外赞扬歌颂旅游景点的诗歌、散文和评论，收集整理，编辑成册，在全国出版发行。各县（市）结合实际强力宣传。万荣县创建旅游微网平台，组织了“看旅游文化，探旅游发展”首届“古中国”旅游文化推介会，邀请国内27家主流媒体70余人到万荣景区景点采风踩线；芮城县在运灵高速公路、一级公路设立7个擎天柱宣传芮城旅游形象，邀请北京、太原40多名著名摄影家到芮城采风踩线，与西安、三门峡、渭南、运城周边城市电视台合作，不定第十届、第十一届中国国际农产品博览会金奖、全国农产品博览会金奖。“万保牌”商标被认定为山西省著名商标。他致富不忘乡亲,先后为灾区和村民捐资100余万元,为党支部兴建了高标准党员活动室。帮助村民更新配套和新打深井5眼。全村19条大小巷道全部硬化,新建了自来水塔,更新了自来水管道,人畜用水全部免费。还建了文化大舞台、活动广场、购置了健身器材等。

2011年荣获临猗县劳动模范、运城市诚实守信模范;2012年荣获第九届中国诚信建设十大道德模范;2013年荣获山西省“五一劳动奖章”。

【张秀芳】(1956.6—),女,汉族,高中学历,芮城县蒲剧团演员。

她先后创编、排演大戏19本,小戏28折,足迹遍布黄河“金三角”1000多个山村,累计演出3000余场,观众达800万人,开创了全市“戏曲惠民,欢乐百姓”的先河,她无私带徒传艺多达40余人,其中20多人都在各类展演、比赛中获奖,为蒲剧艺术的传承发展储备了人才资源,她先后进村入户为老弱病残演出300余场次,被亲切地称为“百姓演员”,她与全体演员为剧团赢得各级各类荣誉奖励200余项次,创造了芮城剧团前所未有的辉煌。特别是2011年以后,她多方聘请高端创编人员,打造出宣传道德模范的诚信大戏《“憨”局长还债》和反映人间大爱的精品力作《生命》,2013年她主演《生命》等5部大戏3次赴省参加调演,反响强烈,轰动省城,中国剧协评委组给予剧团“南有绍兴,北有芮城”的高度评价,省文化厅专门召开座谈会,探析解读“芮城现象”,并于同年9月在芮城召开了全省艺术创作现场会,张秀芳热衷艺术、甘当人梯、主动带徒、服务百姓的典型事例在全省文化界得以推广学习,“秀芳腔”也作为行当教材被戏迷朋友广为传唱。

从艺40年来,特别是2008年进入芮城蒲剧团以后,她充分发挥艺术天赋,不断提升表演水平和艺德艺风,以婉转妙曼的唱腔和自成一派的表演风格,勤钻苦练,精益求精,成为深受观众喜爱的优秀表演艺术家和行当流派典型的代表人物。尤其是,在打造精品,传承经典,带徒授艺,振兴蒲剧,文化惠民,服务百姓等方面做出了突出贡献,当地党政领导点赞她为戏剧院团转体改制的先锋,拓宽文化演出市场的主力,盘活艺术资源的高手,振兴蒲剧事业的楷模。

1981年获运城地区中青年演员评比一等奖;1986年获山西省蒲剧青年演员“杏花奖”广播大赛第四名;1990年临汾地区蒲剧“尧王杯”评比演出中获主演一等奖;2001年在全省戏剧调演中荣获“杏花奖”;2003年运城市文化局、运城市妇联会授予“巾帼建功先进个人”;2009年运城市妇女联合会、运城总工会授予“优秀女职工、三八红旗手”;2009年荣立山西省劳动竞赛委员会“个人一等功”;2010年运城市妇女联合会授予“三八红旗手标兵”;2010年运城市委授予“巾帼精英”;2010年获“山西省劳动模范”称号;2012年荣获“第二届全国戏剧文化奖·表演大奖”;2013年运城市文化广电新闻出版局授予“2012年度基层戏剧领军人物”。

【申东明】(1977.2—),男,汉族,中共党员,运城市国家资源型经济转型综合配套改革试验区领导组办公室产业转型科科长。

自全省转型综改试验区获批,特别是开展“山西转型综改试验区建设全国示范性劳动竞赛”以来,该同志始终奋战在综改竞赛第一线,坚持改革创新理念,紧扣转型竞赛主题,认真研究综改、创新政策、探索路径。紧紧围绕“产业转型、生态修复、城乡统筹、民生改善”四大任务,以“把事情做到最好”的工作理念,锐意进取,大胆创新,先行先试,积极配合市总工会开展“综改试验区建设全国示范性劳动竞赛”活动,全力推进运城市转型综改试验区建设。在2013年度全省转型综改工作考评中,运城市得分位居全省第一。

搞好顶层设计。该同志积极同高端智囊机构和精英团队对接,共同谋划了运城市的综改实施方案、年度行动计划,以及“五规合一”、“四化同步”、南山生态智慧城建设等综改重大改革和重大事项。认真谋划了全市改革创新总体方略和一系列战术重点,强化了全市综改工作的顶层研究和路径设计。

大胆改革创新。该同志始终按照攻难点、求突破,抓亮点、见实效的要求,狠抓了体制“破题”和政策创新,在行政审批制度改革、农村社会管理、飞地经济发展等方面进行积极探索,不断改革创新,认真总结经验,协助相关部门通过现场会、推进会等形式将多个创新典型在全省进行了定型推广。

强化项目服务。该同志经常深入项目现场“解难题、克难点、抓落地”,促进项目快谈、快批、快建。积极争取将本市的大运重卡、亚宝药业、九龙电机、翔宇化工等10多个项目列为省级转型综改重大项目,并先后为企业争取扶持资金1.5亿元,有力地推动了全市转型综改重大项目的建设。

营造综改氛围。该同志围绕综改政策的解读研究,组织编印了《转型综改学习资料汇编》和《知识问答》,创办了《运城综改》工作简报,创建了“运城市转型综改试验区网站”,开设了《转型综改在运城》专栏,营造了全市上下认知综改、支持综改、投身综改的良好氛围。

该同志用自己的实际行动和骄人的业绩,展现了新时代人民满意的国家公务员风采,为运城市转型综改试验区建设做出了突出贡献!

山西省特级劳动模范

【邱文军】(1971.09—),男,汉族,中共党员,大专学历,永济新时速电机电器有限责任公司第三机械车间技术段长。

作为公司技术骨干他精通数控冲床、数控折弯机、钻削中心等多种数控设备的操作和维修工作。热衷本职,勤奋踏实,虚心好学。干一行、爱一行、专一行。其精湛的钳工技能、熟练的数控能力,使他在日常工作中如鱼得水。由于他肯钻研,事业心强,与同事团结合作,主动协调上下工序的关系;工作中不推诿扯皮,勇于承担责任,受到领导和同事的一致好评。公司内很多高精度、高难度的工作经常集中到他的手上来干,每月都能高质量地完成各项生产任务。

邱文军共完成技术引进动车、机车电机、变流器及功率模块,油田电机、风力发电电机等产品配件一千余项。连续5年一次交验合格率100%。优等品率达到90%。先后共计设计制作各种工装、工位器具一百多项件;三改进项目28项,其中《双馈电机线圈成型机设计制作应用》获得公司优秀成果一等奖。《半自动线圈包带机设计制作应用》获山西省、铁道部优秀成果一等奖。TCU框架是用于动车主辅变流器功率模块的国际采购件,采购价格高达万元以上,采购周期长,公司交货期经常受到制约,他带领TCU框架QC小组,经过2个多月的技术、质量攻关。取得了阶段性成果。使得该产品通过国产化验收,不仅成本降低了50%,而且大大降低了生产周期;风电线圈包扎由于其产品特点长期以来全部采用手工操作,工效低、质量得不到保证,为此,邱文军同志和他的攻关团队认真研究图纸、质量标准,设计多项工艺试验进行机械包扎验证,经过长达1年的摸索和实验,终于设计制作成功半自动包带机,达到线圈包扎力度均匀,迭包率一致性误差<0.02/1000,一次装夹能够完成一根线圈5层所有绝缘包扎工序,保证线圈绝缘结构和机械特性的效果,包扎效率比手工包扎提高2倍;制作出的预布线工装和自制订位夹具,保证尺寸和外观,通过了北车集团公司的现场检查,得到北车集团公司领导的好评,在北车质量集团质量专题总结会上,电控预布线法在全集团公司推广;改进数控折弯机定位,保证折弯一致性,使产品质量提高,一次交检合格率达到100%,保证精益生产线的顺利进行,提高生产效率30%;改进折弯机上模,在上模增加让位空间,可以满足功率模块多种线架加工一次成型到位,提升了产品质量,优等品率达100%,提高生产效率1倍;制作TCU框架底板组件焊接工装,使产品焊接装夹拆卸简便,大大降低了劳动强度,生产效率提高了2倍,产品质量稳定,一致性好,优等品率提高到90%。人员不足时,一个焊工即可完成底板组件焊接工作,不需钳工配合,节省劳动力;改进TCU框架左右侧板压筋工装,采用油压机压筋,压筋高度尺寸稳定,降低操作者的劳动强度,提高产品质量,生产效率提高两倍,优等品率达80%。

2009年7月在山西省第三届“中国移动杯”职工职业技能大赛钳工决赛中,荣获第二名;2010年5月,被评为“运城市劳动模范”;2010年9月,获得中央企业“先进职工”荣誉称号;2010年1月荣获“山西省五一劳动奖章”;2011年3月,被评为公司劳动模范;2011年4月,获得中华全国总工会“火车头”奖章。

【刘显哲】 (1963.03—),男,汉族,中共党员,工程硕士,国网山西省电力公司运城供电公司经理、党委副书记。

2014年,刘显哲同志履职尽责,团结带领国网运城供电公司2975名干部员工,认真贯彻国网山西省电力公司和运城市委市政府决策部署,全面加快电网建设,持续强化优质服务,积极履行社会责任,全力助推运城经济社会转型跨越发展。2013年,完成电网投资7.53亿元,上交税费7.53亿元。加快电网建设,服务全市经济发展。立项运城市第三座500千伏变电站—运城东(桐乡)输变电工程,新增110千伏及以上变电容量60万千伏安、新建110千伏及以上输电线路149.719公里,投运220千伏绛县正平智能站等重点工程13项。扎实推进城农网改造,完成35千伏工程10项、10千伏及以下工程81项,改造机井1627眼,更换配变1025台。新增智能表计32万块。加强安全生产,确保电力可靠供应。率先开展220千伏杏园—蒲光厂站综合大检修,大力推行“带电作业”和“零电作业”,电网检修停电时间缩短1/3以上,深入开展低压线路综合治理,供电可靠性和电能质量显著提升。加强应急管理和体制建设,建成市县两级应急指挥中心,初步实现互联互通。认真落实市委、市政府关于保电工作各项要求,圆满完成全国“两会”、十八届三中全会等重大保电任务。提升服务品质,赢取社会认同和信赖。畅通用电绿色通道,建立客户自主选择客服经理机制,简化用电手续,缩短流转周期,全年完成业扩报装业务36503户。对2013年市领导承包联系的89项重点企业及项目均提前制订并实施了相关供用电方案,受到市委书记的点名表扬。全力支持和帮助大企业客户发展,与市工商银行联合开通“电贷通”等新型金融业务,提供融资服务10亿元。履行社会责任,争做和谐发展表率。多方筹措资金,投资3153万元改造原夏县小水电自供区电网,用电安全水平明显提高,三级漏保投运率由接管前的6%提高到85%,线路供电损耗由接收前的45%降至25.71%,2013年用电量550万千瓦时,同比增长230%。率先建成新建小区供电工程成熟管理模式,解决了居民住宅区用电不规范、住户对小区用电设施不放心和收费不合理等问题。

2009年,荣获运城市服务企业先进个人;2010年荣获全国“安康杯”竞赛安康企业家;2011年荣获“山西省五一劳动奖章”、职工“职业道德建设标兵”;2011年荣获全国电力行业优秀企业家;2013年荣获国家电网公司“劳动模范”。

【常炎龙】 (1964.09—),男,汉族,中共党员,大学学历,山西省运城市夹马口引黄管理局泵站站长。

该同志扎根基层,地处偏远,条件艰苦;爱岗敬业,勤于学习,立足实践,勇于创新,完成夹马口泵站多项改扩建工程,确保90.2万亩灌区农田在大旱之年丰产增收。2013年圆满完成了管理局制订的任务和目标,全年共运行199天,提水1.5亿立方,创建站以来最高纪录。保证灌区农民在大旱之年不受旱魔之困,丰产增收;对夹马口变电站无功补偿系统进行更新改造,完工后每年为管理局节约电费15万元;参与夹马口泵站800S—76型水泵的设计、改造工程,使水泵叶轮使用寿命达到5000小时,比原来提高了3倍,口环使用寿命达5000小时,比原来提高了8倍,每年作社”、“县级示范社”。他联系山西仁核山谷农林开发有限公司,建设优质核桃生产基地,带动当地产业发展。他在运城三县六乡,26个行政村组织土地承包经营权流转5万亩,涉及农户4348户,成为运城市土地流转第一人。他以一个新时代农民的胸怀和胆略,动员本村在外经商老板回乡投资,推沟造田5000亩,压碱治滩5000亩,提升土地资源价值。他为了核桃产业健康发展,对接大专院校,科研单位,聘请技术专家指导。成立“山西核桃研究所”、“核桃新品种繁育基地”,引进含美国“强核乐”在内的8个核桃新品种,并亲自编著《核桃种植技术》、《核桃管理手册》等书籍,培训农民50余期,听讲人数达7000多人次,是黄河岸边的致富带头人。

2012年,荣获中共临猗县委员会“十佳项目建设党员标兵”、“山西省五一劳动奖章”,2014年被临猗县政府树立为“核桃产业科技带头人”。

山西省劳动模范

【郭起旺】 (1966.10—),男,汉族,中共党员,研究生,山西漳泽电力股份有限公司河津发电分公司总经理。

2013年,面对发电市场竞争激烈、电煤价格攀升、发电成本加大等不利形势,郭起旺与河电领导班子成员团结一致,带领广大干部职工,借助集团发展优势,积极应对市场变化,紧盯盈利目标不放松,推动企业走上了健康有序发展的快车道,管理水平和盈利能力处于省内同类型企业前列,一年收获了“十个第一”的辉煌佳绩,为地方经济建设和社会发展做出了积极贡献。

他扭住安全生产不放松,截至2013年底连续安全运行达1371天,实现了四台机组全年安全运行“无非停”。2013年机组利用小时达到5522小时,在同类型机组中排名第一,较60万千瓦机组平均水平高316小时。2号机组连续运行284天,在漳泽电力所有机组中排名第一。

他带领营销人员跑市场、争电量,共争取到市场电量13.17亿千瓦时,占全年发电量33%,在省调所有电厂排名第一。全年发电76.81亿千瓦时,位居同煤集团首位。千方百计控降煤价,实现了标煤单价区域最低、热值差集团最优的好成绩。加强费用管控,各项成本稳步下降,达到了5年最佳水平。2013年累计获得“双细则”奖励1343万元,位居同类型机组前列。获得省财政厅电力需求侧财政补贴140万元。

他克服资金紧张,相继完成了机组脱硝改造、电除尘三相电源改造、脱硫增容改造等重大环保改造工程,顺利完成了储灰场1至3级子坝建设,4至8级子坝开工建设,与河津市政府成功签订了光伏电站项目投资开发协议,实现企业绿色可持续发展。

他与班子成员积极稳妥地完成153名分流人员的接收任务,实现了平稳过渡、顺利交接。为职工办实事解难题,改进职工食堂管理模式、改造家属楼热水管道、修缮体育场及健身设施、生活区设置POS机等,尽最大努力为职工的工作和生活提供便利。

2009年被山西省劳动竞赛委员会荣记一等功;2010年荣获山西省科技进步一等奖。

【王飞龙】 (1971.11—),男,汉族,中共党员,大专学历,山西运城市建筑工程有限公司第五分公司经理。

王飞龙同志秉承一丝不苟的工作作风和永争第一的工作激情,在项目管理中注重施工安全和质量,重视技术创新,坚定不移地走精细化管理之路。2013年他带领分公司一班人,共完成施工产值1.034亿元,创利润517万元,无任何大小安全事故及超计划延期现象发生。在技术创新方面,深入开展“科技竞赛”、“技术攻关”活动,成立QC研究课题组和技术攻关组,广泛开展合理化建议和技术创新活动。承建的黄河文化博物馆项目被省住房和城乡建设厅确定为省“2010年度建筑业新技术应用示范工程”。修改完善项目成本管理体系的设置,建立“一中心、一核心、四板块”模式。使项目成本管理中每个参与者的职责更加明确,各小组间的配合更加密切,材料的浪费得到有效控制,收到了良好的经济效益。仅新绛中学教学楼和实验楼一个项目,就降低成本37万元,在甲方验收中获得赞誉,并得到了5万元奖励。

王飞龙同志2011年荣获省“五一劳动奖章”,所承建的项目工程有3项分别获省“汾水杯”质量奖、3项获市“关公杯”质量奖,其中黄河文化博物馆项目先后荣获省、市“工人先锋号”、省总工会安全示范班组等荣誉称号;新绛中学教学楼项目获省建筑业“工人先锋号”等荣誉称号。

【马建峰】 (1965.07—),男,汉族,中共党员,大学学历,山西丰喜化工设备有限公司总工程师。

该同志从事非标压力容器的设计、技术改造等技术性工作,在技术创新、技术改造等方面取得了一定的成绩。在五万吨煤化工技术改造一、二期项目实施过程中,担任技改办主任,全程参与该项目整体规划,独立完成项目的钢结构施工图纸细化,指导钢结构的制作及安装5000余吨,参与实施300余台(套)非标设备选型、订购,参与实施了厂区水、电、暖、绿化、硬化、亮化等项目实施,确保了项目工程的顺利投产,该项目一期工程获得了“丰喜奖”技术改造三等奖;参与了丰喜集团10万吨甲醇、5万吨三聚氰胺、山西焦化30万吨焦油加工、山西三维1.4万吨丁二醇、山西铝厂80万吨氧化铝、鲁能100万吨氧化铝、中科院山西煤化所合成汽油中试、晋煤集团16万吨煤制油项目等省重点工程中关键设备的技术攻关工作,使企业发展成为山西省最大、最强的化工机械制造基地,步入全国同行业先进水平做出了贡献;带领工程技术人员完成的计算机辅助设计(CAD)和资源管理(ERP)信息化工程,获山西省科技厅制造业信息化工程示范企业称号,为公司提高产品技术含量和科学管理,为公司进入山西省高新技术企业做出了贡献;在管头自动焊接、管头深孔焊接、带极堆焊、数备的加工、成型,在转化炉及甲醇合成塔等重要设备制造方面根据公司的工艺装备能力进行制造工艺路线革新,有效地保证了产品质量。

2011年,被运城市委评为“运城市优秀共产党员”;2012年,荣获“2010—2012年省监管企业创先争优优秀共产党员”荣誉称号;2013年,荣获运城市“特级劳动模范”荣誉称号;2014年,被山西阳煤化工机械(集团)有限公司评为“2013年度劳动模范”。

【李学信】 (1957.09—),男,汉族,民盟盟员,大学本科学历,山西省运城市中心医院心血科内科主任。

该同志作为心血管内科学科带头人,不断加强科室规范化管理,积极开展医疗技术的创新和引进。主持开展了心导管术、冠脉介入术、起搏器植入术、先心封堵术、瓣膜球囊扩张术及大动脉夹层支架植入术等心血管介入术,填补了市级多项空白。在应对起搏器囊袋血肿及囊袋感染难题方面,研制出双氧水冲洗引流,治愈率达到100%;在急性心梗急诊介入治疗方面,探索出急诊分层处理方法,降低了手术风险、手术并发症及心梗死亡率,极大地提高了手术成功率、心梗治愈率、使危重患者尽快脱离危险;引进EnSite3000三维标测技术以来,成功开展了室性心动过速、心房纤颤等高难度心律失常射频消融术,心脏介入技术达到省内领先水平,参与两项国家科研项目。在开展心血管造影过程中,穿着20公斤重的防护铅衣,置身高密度辐射环境,每天连续手术十几个小时,以他精湛的医术,使心血管疾病患者获得了第二次生命。2013年该科门诊量28000人次,住院人数达到3923人,治愈好转率95%,年纯收入40000余万元,年手术量达3244例,其中本人完成起搏器植入术55例、冠脉造影术1100例、常规支架植入905例、急诊冠脉支架67例、心律失常射频消融术100例。该同志视医德为生命,把医患关系看作至纯至真的人间大爱。以高尚的人格魅力赢得了患者、家属、同事和社会的普遍赞誉。

2011、2012年荣获运城市“卫生工作先进工作者”;2012年荣获运城市中心医院突出贡献“凤首”奖;2013年荣获运城市“特级劳动模范”。

【张文正】 (1962.06—),男,汉族,大学本科学历,山西省运城市中心医院肿瘤放射治疗科主任。

该同志2000年作为特需人才引进入院,筹建肿瘤放射治疗科。经过多年艰苦执着的努力使放疗科逐渐发展壮大,成为该院第一大科。放疗科拥有3个病区120张床位,规模居全省首位。设备先进、配置合理,收治病人数、床位数等综合实力位于全省第二。在全市首家开展了全身三维适形放射治疗及最先进的调强放射治疗、肿瘤的粒子植入治疗、射频治疗、介入治疗以及肿瘤的生物治疗等,该同志独创的恶性胸腹腔积液热灌注联合化疗取得了很好的疗效,两次在全省肿瘤专业会议上演讲交流及推广。以上新技术填补了运城市多项肿瘤治疗技术空白,多项技术全省领先,是全市肿瘤放化疗的开拓者,使肿瘤患者得到有效的诊治。在学术研究方面在国家级杂志上发表论文14篇,其中《肿瘤低氧放射治疗的研究》获解放军总后勤部卫生部三等奖。2008年,任山西省医师学会放疗专业分会副会长,山西省抗癌协会放疗专业组常委、肿瘤化疗组委员,山西省医师协会肿瘤医师分会委员。连续多年放疗科的年纯收入在临床科室中名列前茅,2013年全年收治病人2700人,纯收入达1200余万元,为患者和医院的发展做出了贡献,2014年2月被推荐参加运城市“突出贡献科技人才”评选活动。

2010年5月荣获山西省运城市“特级劳动模范”;2012年荣获运城市卫生系统“先进个人”;2013年9月荣获市中心医院突出贡献“凤首”奖。

【薛国飞】 (1984.02—),男,汉族,硕士学历,山西阳光焦化集团股份有限公司副总经理。

该同志担任阳光集团常务副总经理以后,推出了一系列改革和发展举措。一是以项目建设助推企业转型跨越。在企业组织实施了“四大工程”,即“三个千万”、“一个百万”(千万吨焦炭生产规模、千万吨煤炭供应基地、千万吨物流贸易总量、百万吨油气化规模)工程,“四大工程”总投资150亿元,已取得重大进展。2013年,集团公司新增焦炭产能200万吨,新增选煤能力400万吨,新上的10万吨蒽油、15万吨炭黑等11项工程建成投运,8万吨焦煤煤气制天然气和铁路工业交接站等5个项目积极建设,年内投产见效。二是以管理创新提升企业管理效能。在企业重点实施了管理体制扁平化改革、绩效薪酬改革和盈利单元改革等,推进了6S管理、精细化管理、成本质量管理、安全环保管理、人力资源管理等现代企业管理制度。在企业建立了A8办公自动化、U8大宗物料管理、NC资产管理等信息化管理系统,对公司人财物产供销实行一体化网络化管理。管理创新有效地提高了企业的管理水平和经济效益。2013年,投资600多万元,新建了职工拓展训练基地和电子阅览室,更新改造了职工食堂、医疗站、澡堂等一批民心工程。同时较大幅度地提高职工的工资收入,职工人均月增资384元。比上年增长17%。情系职工送温暖增强了职工的归属感和工作热情,推进了文明和谐企业的建设。

2011年被运城市劳动竞赛委员会授予“运城市五一劳动奖章”,被共青团山西省委授予“转型跨越山西省青年五四奖章”;2012年被山西省劳动竞赛委员会授予“山西省五一劳动奖章”;2013年被共青团河津市委授予“河津市十大杰出青年”荣誉称号。

【原新力】 (1967.11—),男,汉族,中共党员,大专学历,河津市清涧镇龙门村党委副书记。

作为龙门村党委副书记,他分管新农村建设、社会保障和经济建设。在新农村建设中,他先后负责了32栋住宅楼建设、文化活动中心、龙门客栈、商业中心、中小学校以及图书馆、村史展览馆、警示教育馆、民俗博物馆、大禹文化馆的建设施工工作,圆满完成了任务。在社会保障工作上,他负责村民合作医疗工作,实现了村民看病全免费,负责养老保险工作,实现了村民养老保险免费上缴,全村60岁以上老年人每人每月享受村里170元的养老补贴,他主动协调帮助大中专毕业生安排就业,使每个年轻人都有了稳定的工作和收入来源。在经济建设方面,他多方协调,多次到太原、北京联络解决村办企业相关问题,争取政策、技术、资金支持,2013年协调新建了150万吨高标号水泥生产线工程,焦化烟气余热回收、地面除尘改造、晾水塔改造工程,燃气锅炉及空冷设备安装改造工程和铁路专运线工程,为河津市经济转型跨越作出了突出贡献。在龙门村党委的领导下,经过他多方努力,龙门村先后被评为"全国文明村"、"全国十佳小康村"、"全国精神文明建设先进单位"。村党委获"全国先进基层党组织"荣誉称号。

2011年被省劳动竞赛委员会记"山西省个人一等功"。

【魏　钢】　(1959.04—　),男,汉族,中共党员,大学学历,运城市地方税务局副局长。

工作中,他负责主抓规费基金征收管理,2011－2013年累计完成各项规费收入10.09亿元,其中煤炭可持续发展基金征收3.15亿元,工会经费征收1.15亿元,残疾人保障金征收1.32亿元,价格调节基金1.71亿元,地方教育费附加2.8亿元,为支持和服务地方各项事业发展做出了积极贡献。加大税收宣传报道力度,举办信息写作与新闻宣传培训班六期,提高了基层人员政务服务水平,三年中该局被上级采用信息达590余条(篇),省局网站采用信息达2370余条,发表调研文章达210余篇,位居全省前列。2013年组织举办了运城地税系统第一届职工运动会,全系统22支代表队800余名税干参加了9个大项29个小项的比赛,规模大、人员多、项目广,带动和激发了干部职工服务地方经济发展与干事创业的热情。

2001年被评为"山西省先进军转工作者";2008年被运城市劳动竞赛委员会授予"五一劳动奖章"称号;2011年被评为全省地税系统优秀处级干部;2011－2012年荣获"全省煤炭可持续发展基金征收管理先进个人";2013年荣获"全省采矿排水水资源费征缴工作先进个人"称号。

【张　丽】　(1965.07—　),女,汉族,大学本科学历,运城市糖尿病防治中心医生。

张丽同志是一位德高术精的糖尿病专家,她全身心服务病人,能够急病人所急,想病人所想,耐心细致,体贴关怀,为困难病人垫钱。仅2013年经她亲手诊治的糖尿病人10000余人次(其中住院病人600多人次,抢救危重患者19人次),为患者垫钱1000元。她秉承"百讲不厌烦,执着为病人"的文化理念,不厌其烦地为患者做教育、讲知识、教方法,强化"五驾马车"的治疗原则,承担院内每月25日的健康教育专题讲座分配的讲课任务,配合电视台《阳光生活》栏目的糖尿病科普宣传工作,撰写科普知识、编辑《糖尿病医患交流》报,深入社区、单位进行健康知识讲座倡导健康生活方式,深受患者称颂、社会肯定,一年中,讲课、拍专题片共18次,受教育群众5100余人次。她舍小家,为大家,带病坚持工作,老父亲在同德医院做手术,她却在别的病人跟前忙碌,不能床前尽孝;爱人在市中心医院做开胸手术,她只陪了两天;自己下肢肌肉发炎,肿痛难忍,晚上输液,白天坚持正常上班,耽误了治疗最佳时机,留下"肌肉纤维化"的后遗症。她特别注重总结经验,提高业务,积极探索基层糖尿病防治的新路子,先后在国家级及省级学术刊物上发表有分量的学术论文10余篇,参与编写了《糖尿病病人须知》等科普读物。

2007年被评为运城市劳动模范;2013年任山西省医学会内分泌学专业委员会常委。

【刘　颖】　(1970.12—　),男,汉族,中共党员,大学本科学历,中国移动通信集团山西有限公司运城分公司党委书记、总经理。

2011年,刘颖同志以严格的管理手段,完备的管理体系和超前的管理战略,带领运城移动分公司全体干部员工上下团结一心,闯出了一条率先发展的崛起之路,使企业步入良性发展的快车道。截至2013年底,运城移动客户总数达到了270万户,发展速度位居全省前列,纳税额名列全市通信服务业第一。他带领干部员工先后组织实施了"铸剑网络竞赛",成绩位列全省第一,有效提高了网络质量。与此同时,开展无线城市建设,有效提高城市管理水平和运行效率,丰富人民信息生活体验,推进社会信息化进程,让广大群众在"信息枢纽、数字城市、电子政府、网络商都、知识经济、数字家庭"的信息社会中尽享生活的便捷和优质。2013年底,运城移动分公司已全面启动4G建设,为全市人民带来更加畅通的通信体验。在服务工作方面,坚持"以客户为中心"的管理理念,倡导"全员、全方位、全过程"的服务意识,以客户满意度调查结果和客户投诉为基点,知客户之所需,供客户之所求,大力改进服务弱项,深化实施"零缺陷"服务,抓好软实力和硬实力的提升,锻铸创新服务和提升业务的双翼,不断创新服务工作,不断丰富业务内涵,打造服务与业务领先优势,赢得了用户的感知与信赖。在企业高速发展的同时,不忘回报社会,秉承"正德厚生臻于至善"的优秀企业文化,积极承担社会责任,在消费维权、节能降耗、绿色行动、红段子文化、重大活动中的应急通信保障等方面,运城移动都积极行动,发挥了重要的作用。

2012年,被运城市劳动竞赛委员会授予运城市五一劳动奖章;2013年,被运城市市委、市政府授予运城市特级劳模。

【张哲晔】　(1966.02—　),女,汉族,中共党员,大学学历,中共运城市委党校教师。

该同志是一名党的理论工作宣传员,长期以来,她扎根党校教育第一线,在各类党校主体班次上讲授专题讲座。多年来,她一直坚持关注和研究中国的宏观经济形势、世界经济的发展趋势以及经济、社会生活中的热点问题,比如,宏观政策调整、房产新政、全球汇率大战、贸易保护主义等。因此,她能及时发现这一领域的新动向,把握最新发展态势。她的讲课风格活泼生动，深入浅出，案例丰富，深受广大领导干部的一致好评。二十多年来，她讲授《经济全球化与中国》、《市场营销管理》、《宏观经济形势分析》、《与领导干部谈经济学常识》、《世界经济形势发展特点分析》都是党校最受学员欢迎的课程，尤其是在2013年习近平总书记讲话培训班上所讲的专题《以人为本推动全面协调可持续发展》更是引起极大的反响，好评连连。在科研方面，先后在国家级、省级、市级各类报纸杂志上发表几十篇专业论文，先后两次获全省党校系统科研一等奖和二等奖，三次参与运城市级课题研究，与同事合作的国家级论文《运城民营经济发展战略研究》荣获山西省第八届精神文明建设“五个一工程”优秀作品奖。

2007年、2012年被评为第二届、第三届全省党校、行政学院系统优秀教师；2009年《实现贸易大国到贸易强国的战略转变》荣获山西省委党校系统第五届优秀科研成果一等奖；2010年获山西省党校系统教师赛讲一等奖；2011年被评为运城市优秀共产党员；2011年运城市劳动竞赛委员会颁发荣立个人一等功证书；2012年获运城市“优秀机关党建名嘴”称号。

【邵明水】　(1958.01—　)，男，汉族，中共党员，大学本科学历，运城市农业委员会主任。

2011年任职以后，带领市农委一班人，强班子、抓队伍、转作风、促发展，紧紧围绕“农业现代化成长”这一战略重点，以“大农业”发展理念为统领，以增加农民收入为核心，全力推进运城现代农业建设，全市农业农村工作发展步伐明显加快，得到各级领导的肯定，先后获市级以上表彰80余次，连续三年在市委、市政府年度考核中被评为优秀单位、行评先进单位、市级文明单位，在省农业厅年度评比中也连年被评为“三农”工作先进单位。2013年，全市粮食总产再创历史新高，总产达31亿公斤，全省排名第一；农民收入增幅在全省排名比2012年前移两个位次；“一村一品”成效明显，全市专业村主导产业人均纯收入占到农民人均纯收入的65%；农产品加工企业销售收入达205.4亿元，首次突破200亿大关，在全省排名第一；创建了一批投资规模大、建设标准高、经营效益好、带动能力强的高标准现代农业示范园区；全市农产品质量安全追溯试点全面铺开，乡镇监管人员检测监管技术培训达到全覆盖；新农村连片示范区项目全部启动实施，投资总额达8.2亿元。1928个行政村新安装太阳能路灯38564盏，被评为全省第一；在全省率先出台《关于积极引导农村土地流转促进农业现代化发展的若干意见》，13个县(市、区)及乡镇全部建立了规范的农村土地流转服务体系和调解仲裁机构。

2010年获得省供销社绩效考核特等奖，全省供销系统工作先进个人；2011年被评为全市招商引资先进个人；2012年被授予“山西省五一劳动奖章”。

【郭健平】　(1959.07—　)，男，汉族，中共党员，大专学历，运城市体育局局长。

郭健平同志团结带领全市体育工作者，求真务实，开拓创新，全市体育工作迈上了新的台阶，全年各项工作任务圆满完成。一是群众体育蓬勃发展受到国家表彰。运城风筝被评为“中国体育非物质文化遗产保护和推广项目”；全市共主办、承办、协办、合办各级各类活动3101次；培训社会体育指导员1100名；鼓励、引导完成8个市级单项协会；督导完成3个县级体育馆建设，人均体育场地面积已达1.58m^2。2013年在全国第十二届运动会上，郭健平作为群先代表应邀出席了表彰大会，受到习近平总书记等党和国家领导人亲切接见。二是竞技体育奋力突破创20年最佳成绩。运城市最终以金牌总数39.5枚、团体总分1634分的优异成绩，获全省金牌总数、团体总分第四、第五名，创下了近20年金牌总数排名同期同比最好战绩。运城市委、市政府通过运城日报和运城市电视台向全市刊发“喜报”，祝贺市体育代表团在省运会上取得佳绩。三是体育产业勇攀新高受到省体育局嘉奖。体彩销量1.76亿元，排名全省第二，年销量增幅39%，全年体彩销量和增幅均实现了历史最好、最高成绩。在全省体育彩票工作会上受到了省体育局表彰，并奖励市公用小汽车一辆。四是机关建设争创一流受到市委、市政府高度评价。局机关先后获得运城市模范单位、市直文明单位标兵、妇女儿童工作先进集体、《中办通讯》征订和学用工作先进单位等诸多荣誉。

2010年被评为运城市“五一劳动模范”；2011、2012年被评为全市优秀公务员；2013年被评为全国群众体育先进个人。

【卫晶仙】　(1963.07—　)，女，汉族，中共党员，研究生学历，山西省运城市眼科医院院长、书记。

该同志医术精湛，医德高尚，是山西省眼科界的领头羊，在全国眼科界也具有一定影响力。卫晶仙是山西省首批确立的省级跨世纪医学学科带头人(运城唯一，全省眼科界首批唯一)，1992年她率先在全省主持开展了近视眼RK矫正术，2003年在全省率先开展了超高度近视眼(LASEK)、EPI－LASIK、SBK、波前像差引导的个体化LASIK，有晶体眼人工晶体植入术等新技术，填补了山西省多项空白，使近视眼手术治疗方面已和国际同步。至2013年底她已成功使15000余例近视、远视、散光患者摘掉眼镜，为医院创直接经济效益近7000万元，社会效益更加显著。二是在全国较早开展了小切口白内障超声乳化术，积极投身公益事业，多次受到世界卫生组织、卫生部、中国残联的表彰。她曾作为“山西省眼科专家队队长”率队义务帮助朔州、吕梁地区300余名白内障盲人复明；并应卫生部全国防盲指导组邀请做为国家医疗队专家组成员赴青海参加了“青藏高原光明行动”(山西省唯一成员)，使500名白内障盲人重见光明，被国务院授予“全国残疾人康复工作先进个人”。她倡导开展的“万人白内障复明工程”，已使1万余名白内障盲人从中受益，按1000例白内障盲人复明至少解放1700个劳动力，以每人每年为家庭和社会创造财富1万元计,其经济效益达1.7亿元。参加“抗震救灾,视力救援”献爱心活动。带领4名志愿者,一辆专业验配车,组成救援服务队亲自赴雅安灾区,行程3000余公里,救援服务队共验光4000余人次,配镜3000余副。

该同志2010年被评选为运城市“三十年科普功臣”,被运城市市委、市政府授予“河东科教英才”,市妇联授予“三八红旗手”;2011年市妇联授予“三八红旗手”,运城市市直工委授予“优秀共产党员”;2012年市妇联、运城日报社授予“巾帼特别贡献奖”,山西省妇联授予“百名优秀女知识分子”荣誉称号,当选山西省政协委员,应邀出席省“两会”;2013年评为运城市“劳动模范”。

【李耀进】 (1966.09—),男,汉族,中共党员,大学本科学历,山西晋能佳韵服饰有限公司副经理。

他参加工作20多年,以忠诚勤奋、坚毅果敢的人格魅力感染着客户,影响着他的营销团队,使公司的销售市场加速扩张,创造出了非凡的业绩,为企业发展壮大做出了突出的贡献。忠诚勤奋、坚毅果敢,舞起销售龙头。作为分管营销工作的他,亲自挑选公司的精兵强将组织起一支高素质的销售队伍,走诚信营销、情感营销、技术营销的道路,以自己独特的营销方式与管理理念来竞争市场、服务用户;他率先把自己置于工作的最前沿,足迹踏遍黄河三省市,通过他和他的营销队伍坚持不懈的努力,2013年公司销售收入突破1000万元,产品的市场占有率较上年增长50%。廉洁奉公、诚信采购、保障供应。他认真细致地做好调查摸底工作,全面掌握采购信息,要求供应部门采取“同等产品比质量,同等质量比价格,同等价格比服务”的指导方针,择优选定固定的供货商,保持稳定的供求关系。他组织制订了科学的物流管理系统,积极调配运力,在保证生产、满足营销需要的同时,又为公司节约了大量的采购成本。据统计,2013年为公司节约采购成本90多万元,在采购工作中,他认真贯彻党风廉政建设规定,以优秀党员标准严格要求自己,将自身置于群众监督之中,坚持原则,秉公办事,时刻把公司的利益摆在工作的第一位,在供应队伍中起到了表率作用。作为公司的副经理,他深感肩上的责任重大,以着眼于大局、精益求精、勤奋扎实的敬业精神,让公司朝着更大、更强的目标迈进。

2012年荣立“运城市个人一等功”;2013年荣获运城市特级劳动模范。

【袁　贞】 (1979.07—),女,汉族,中共党员,硕士研究生学历,运城师范高等专科学校教师。

该同志从事教学工作以来,认真钻研业务知识,积极探索课题改革,在教学教研和学生思想教育工作方面取得了优异成绩。教学方面,认真严谨上好每一堂课,全新改进教学方式,每周完成16个课时,8个教案;不断尝试教学改革,把布鲁纳“课堂教学与创造能力培养”的理论运用于历史教学,引导学生编排课堂历史剧的关于《第二次世界大战》、《贞观之治》、《春秋五霸》等课堂历史剧在全校巡回表演,收到良好教学效果,极大地激发学生学习历史知识的兴趣。在2012年度、2013年度优质课赛讲中均荣获一等奖,每年被评为“最受学生欢迎老师”,尤其是在2012年参加学校青年教师五项技能大赛中获“全能标兵”称号。教研方面,积极参与学校专业课题研改。2012年至2014年,在省级以上期刊发表论文6篇,共计2万余字,完成并出版《唐代医学教育研究》论著17万余字,进行学术讲座3场次,完成《中国古代史》精品课程设置;2013年代表学校参加全国首届高校微课教学比赛,完成《贞观之治》课程视频录制,并荣获山西省三等奖。班主任工作方面,着力夯实学生专业知识,提升学生综合素质,开展了演讲比赛、歌手比赛、讲课比赛,召开学生座谈会十余次,组织学生向贫困山区捐赠图书二百余册、捐赠衣物三百余件,所带班级连续两年被评为“运城市五四红旗团支部”、“学校模范班级”等。担任学校演讲协会、主持协会、广播站辅导老师,辅导学生语言课程50余次,所辅导的学生在各种演讲活动中均取得优异成绩。

2008年4月被山西省劳动竞赛委员会授予个人三等功;2010年4月荣获运城市劳动模范称号;2012年5月被共青团运城市委授予运城市优秀共青团干部;2013年10月在首届全国高校微课教学比赛山西省比赛中荣获三等奖;2013年12月荣获运城市“把事情做到最好让人民群众满意”主题演讲比赛特等奖。

【杨文娟】 (1969.12—),女,汉族,中共党员,大学学历,运城幼儿师范高等专科学校附属幼儿园园长。

杨文娟从事幼教工作26年,一直专心研究幼儿教育,在幼儿园管理及教育教学方面形成独特风格,不断用“以人为本、立足现实、面向未来、夯实基础”的管理与教育理念,以爱心、耐心和细心去引领老师们不断探索进取,引领孩子们健康成长。

杨文娟在幼儿园教学中,借鉴世界先进教育理念,创新幼儿教育教学方法。她主持开展的幼儿园区域教学活动、儿童早期阅读活动以及幼儿社会实践活动取得了显著的教育效果,使孩子们的个性得到张扬、潜能得到充分发挥、认知得到全面拓展。她潜心设计班级区域活动,一年间制作了300多件教具学具,使孩子们在丰富的环境中获得发展;她引领每个孩子每年阅读图画书80本至100本,使孩子们的阅读量达到世界先进国家水平;她以构建和谐的幼儿园教育和幼儿家庭教育为理念,扎扎实实开展家长教育工作,开办家长学堂、举办家长讲座,仅2013年,她就为幼儿园家长做了20余场专题幼儿教育讲座,对提升家长教育理念、提高家长教育水平和改善家长家庭教育方法,发挥了积极作用。作为幼儿园骨干教师,她在2011—2013年三年间,担任了山西省幼儿教师国培计划置换培训和转岗培训班在运城幼专附属幼儿园实践部分的主讲教师,主讲了《幼儿园纲要解读》《国外教育理念解读》《幼儿教师怎样读懂图画书》等内容。教学效果获得国培学员以及山西省国培评估专家组的高度赞扬。

2012年被运城市劳动竞赛委员会授予“运城市五一劳动奖章”。

【张保安】 (1959.10—),男,汉族,中共党员,大专学历,运城市农村信用合作社联合社理事长。

该同志紧紧围绕运城市经济发展总体规划,团结和带领全市农村信用社干部职工,坚持以服务"三农"和地方经济建设为宗旨,以创建"社区主流银行、现代流程银行、平安民生银行"为统领,锐意创新,强化管理,改革发展取得了显著成效。至2013年末,全市农村信用社各项存款余额达483亿元,较三年前增长1.6倍,存款市场份额32.08%;各项贷款余额达331亿元,较三年前增长1.7倍,贷款市场份额39.56%,存、贷款市场份额均位居运城市金融机构首位;三年累计实现各项收入96亿元,累计实现经营利润19亿元,累计上缴税收1.6亿元,经营业绩创历史最好水平;积极推进县联社改制农商行步伐,河津、运城两家农商行已挂牌开业,夏县、临猗农商行2014年内挂牌开业,改制步伐名列全省前茅;全面实施"百亿项目大行动计划",支农贷款余额达283.56亿元,占到全市金融机构支农贷款总额560亿元的51%;信贷支持农户52.69万户,农户贷款余额191亿元,农户覆盖面达50%以上;先后与1794个中小微企业建立了信贷关系,年累计投放信贷资金230亿元,贷款余额达141.73亿元,占到全市金融机构中小微企业贷款总额285.7亿元的50%,为全市经济发展做出了突出贡献。

2012年被市劳竞委授予"五一劳动奖章";2013年被省劳竞委授予"五一劳动奖章"等荣誉。

【杨 洁】 (1972.11—),女,汉族,大学本科学历,运城市康杰中学教师。

她从教多年来无论是在班级管理上,还是在教学环节落实上;无论是在教学研究上,还是在课程开发上,不断积累经验和创新方法,逐渐摸索出《三阶段八步骤》新的课堂教学模式,形成了自己独特的教学风格。多次在全校进行了示范课、观摩课教学,也先后在永济、平陆、垣曲、河津、稷山等8个县、市多个学校多次进行了示范课、观摩课教学和专题讲座,受到教师和教育专家的一致好评,被评为"山西省高中化学教学改革优秀教师",特别是在2001—2010年课改工作中成绩突出,被山西省教育厅特授予"山西省基础教育课程改革先进个人"荣誉称号,并承担全市高中化学教师培训任务,每年多次赴各县高中开展教师教学指导工作。为提高运城市化学学科教学质量做出了显著贡献。在山西省教育厅举办的300多人参加的"高中化学信息技术与学科课程整合能手大赛"中荣获全省"第一名",在全省高中化学优质课评比活动中,说课《原电池原理及其应用》获全省"第一名"。其次在近二十年的教学生涯中,总结出一整套化学教学和指导高考复习的成功经验。她所任教的班级参加省会考、全国高考,其学科成绩的优秀率、超额人数明显高于其他班级,如所带班级49人,高考中48人达一本线。还有,作为班主任,所带班的班级总成绩在每次考试中都是名列前茅,在学校举行的一些大型活动中所带的班级荣获了许多奖项,因此被评为"优秀班主任"、"优秀教师"、"优秀团支部工作辅导员"。教学之余,主编或参编的论著6本,发表及获奖论文15篇。

2009年被评为"山西省中小学教学能手";2010年被特授予"山西省基础教育课程改革先进个人";2010年先后被评为"山西省骨干教师"、"山西省高中化学教学改革优秀教师";2012年被授予"运城市五一劳动奖章"称号。

【樊俊峰】 (1975.12—),男,汉族,中共党员,本科学历。运城市广播电视台公共频道主任兼《第一时间》栏目制片人,山西省青年联合会委员,山西省青年记者联合会理事。

他从事新闻报道工作16年,爱岗敬业,勤奋吃苦,凭着自己对新闻宣传事业的满腔热情,创作的新闻报道《盼了32年的全家福》、《退休局长的十年还债路》、《心系儿子上太空》、《互联网圆了中秋团圆梦》等二十余件作品,荣获省级奖励。2004年,参与创办运城市广播电视台大型日播民生新闻栏目《第一时间》,其40分钟的日播容量在全省乃至全国地市级广电媒体也是独树一帜,经过9年的努力,《第一时间》节目已成为全市百姓心目中最喜欢的一档电视新闻节目。特别在这9年当中,《第一时间》坚守其为百姓说话,说百姓的话的报道宗旨,年热线接待量突破4万条,累计报道百姓新闻三万八千余条。栏目还精心策划《开水的故事》、《我要上大学》、《城乡手拉手,共建爱心图书室》、《爱心回访送温暖》等大型公益活动,募集爱心捐款三百余万元,帮助山区学生告别了开水灶,建立爱心图书室,扶助一百余名贫困学生圆了求学梦。因其栏目在百姓心中的美誉度和品牌影响力,《第一时间》被评为全省十佳节目,荣获省总工会表彰的送温暖献爱心特别贡献奖。《第一时间》栏目先后荣获全市广播电视工作先进集体、全市政风行风评议先进集体、运城市青年文明号、运城市五一劳动奖状、山西省慈善突出贡献单位奖、山西省青年五四奖状。

2003年荣获山西省新闻工作者的最高奖项"山西省百佳新闻工作者";2009年,山西省"扫黄打非"先进个人;2010年,山西省青年联合会委员;2011年,山西省青年记者联合会理事;2012年,运城市个人一等功获得者;2013年,荣获"运城市特级劳模"。

【郭能瑞】 (1974.05—),男,汉族,中共党员,本科学历,运城市急救中心红十字医院副院长。

从事心胸外科工作15年,始终坚持"以患者为中心"这一宗旨,刻苦钻研、对技术精益求精,严谨、求实,凭着精湛的医术和一丝不苟的工作作风,为无数患者解除了病痛。在临床工作中,始终坚持把病人放在第一位,积极为病人着想,获得了病人和家属的一致好评,是患者眼里名副其实的好医生。他专业技术理论扎实,手术技巧超前,每年开展心脏大血管手术200余例,总手术成功率在97%以上,在全省居于领先水平。为进一步提高心脏疾病患者的治愈率,他孜孜不倦,努力学习。2013年,他引进"直视微创心脏手术",区别于传统的锯开胸骨,只需在胸骨旁仅切开一个3~4㎝的小口,即可完成"心脏冠脉血管旁路移植术”、“先心病根治术”及“心脏瓣膜置换术”，最大限度地减轻了患者的创伤和痛苦，缩短了住院日。这项技术填补了全省微创心脏手术的空白，取得了良好的社会效益和经济效益。为了更好地服务患者，郭能瑞同志紧跟国内外专业发展动态，北上北京、太原，南下上海、武汉等地，不断地取经学习，集众家之所长，形成了自己独特的手术风格。他还将理论知识与临床实际相结合，先后在国家级及省级专业杂志上发表论文20余篇。

2011年被授予“运城市名医”并立个人一等功；2011年获“运城市百佳服务标兵”称号；2011年获“山西省五一劳动奖章”。

【张晨武】 (1963.02—)，男，汉族，中共党员，研究生学历，中国建设银行股份有限公司运城分行行长。

任职以后，围绕市委市政府工作重点，全心全意服务地方经济建设。积极支持当地重点企业及项目融资需求，三年向大中型公司客户累计发放贷款256亿元。其中：流动资金、固定资产贷款累计投放104.4亿元，累计办理国内信用证10亿元，累计办理贴现35.7亿元，累计签发银行承兑汇票51.49亿元，累计完成国际结算量8.88亿美元，累计办理贸易融资54.46亿元。重点支持了阳煤丰喜、海鑫钢铁、阳光焦化、五龙实业、石药银湖、维之王食品等数百家企业和康杰中学、运城学院、幼儿师范等一批教育产业。大力拓展小企业贷款和个人助业贷款业务。该行中小企业中心改进对中小企业融资服务，陆续推出成长之路、速贷通等小企业信贷品种，到2013年末，信贷余额突破15.5亿元，全省系统内排名第一位，三年新增客户158户，累计新增贷款11.9亿，重点支持了言必信镁业、博鸣木业、众聚通贸易、卫氏鱼康、凯达印刷包装、南洋包装材料、鼎华热能、蒲津奥圣、金绛食品等一批中小微特色产业和“三农”企业。积极关注民生领域的各项工作。三年发放个人住房贷款14.7亿元，营销楼盘103个，帮助1万户居民圆了住房梦。成功与市人社局合作，免费向广大市民发放集社会保障与金融服务功能为一体的社会保障卡，预计发卡量400万张，并承担了1亿元的发卡成本，已完成230万张的发卡量，受到当地政府和群众的肯定。

2012年4月荣获山西省劳动竞赛委员会“山西省五一劳动奖章”称号；2013年5月荣获运城市人民政府“2012年度支持运城经济发展先进工作者”称号。

【薛泽科】 (1978.03—)，男，汉族，大专学历，山西星河房地产开发有限公司董事长，山西省政协委员、工商联常委，运城市政协常委、工商联副主席。

2006年6月组建山西星河房地产开发有限公司。经过7年的发展，公司已形成集房地产开发建设、物业管理、商业管理于一体的现代化企业集团，开发项目覆盖住宅、超市、写字楼、公寓、特色商业街、酒店、商场及旅游地产等多产品系列。星河公司以“敬天爱人”为企业核心经营理念，以“做中国民营500强企业与上市公司”为企业愿景，以“共享、共生、共赢”为企业核心价值观，取得了一系列令人瞩目的成就。公司2011年纳税2000余万元，被盐湖区区委、区政府评为“运城市纳税大户”。几年中，公司先后获得“新中国成立60周年中国房地产诚信品牌企业”、“山西百佳信用企业”、“山西省功勋企业”、“山西省优秀企业”等荣誉称号。2013年，公司紧紧围绕市委市政府关于招商引资工作重点，引进国内家居第一物流行业第一品牌——红星美凯龙实业，投资20亿元在华源街与学苑路交叉处建设红星美凯龙家居广场。项目建成后可解决就业几千人，每年创造数千万税收。

2010年10月荣获山西省“奉献公益事业楷模”；2010年荣获“青年创业明星”；2011年5月荣获山西省劳动竞赛委员会“谋跨越促转型立功竞赛标兵个人一等功”；2012年2月荣获“十大经济人物”；2013年荣获“运城市功勋企业家”、“运城市特级劳模”、“山西省中国特色优秀社会主义建设者”。

【王玉霞】 (1979.04—)，女，汉族，中共党员，大专学历，山西省运城市群众艺术馆馆长。

该同志从事群众文化工作以后，长期服务于基层文化馆(站)、农村、社区、学校、厂矿，共组织大中型群众文化活动三十余项，辅导编排群众文艺作品百余个，培训群众文化文艺骨干千余人，创编作品和个人屡获殊荣。2011年，组织举办了运城市首届文化葡萄奖民间表演艺术大赛，创编、编导的《软槌锣鼓》、《垣曲花鞭》、《闻喜鼓车》、《大车支教》，分别荣获山西省群星特等奖和一等奖，其中《闻喜鼓车》、《大车支教》参加全国群星奖决赛，该次大赛得到了新华社等20余家新闻媒体和网站的广泛关注，反响良好。2011年5月，主创编排大型广场舞蹈《河东新秧歌》在全省第七届广场艺术节中一举夺魁，荣获金奖；2010年7月，为庆祝运城市撤地建市十周年大型晚会中，精心编创和表演的舞蹈《喜洋洋》、《魅力运城》、《走向明天》等得到了观众普遍赞誉和各级领导的充分肯定，新华社发了照片。2011年9月，组织举办了运城市首届文化菊花奖民间艺术大赛，被新华社、《人民日报》等全国20多家新闻媒体报道。另外，先后创编《炫舞》、《圣女》、《和谐惠风》、《激情飞扬》、《茉莉花》、《热辣女人》、《红梅报春》、《最炫民族风》、《荷塘月色》等舞蹈、小品、说唱快板各类文艺节目深受群众喜爱，尤其是《锣鼓说唱》，先后在西安、太原、北京等地演出，令观众赞不绝口，运城电视台《周末纵横》栏目并做了人物专访；2011年，她组织举办的“周末大舞台”群众歌手大奖赛，参赛人数之多，规模之大，反响之好是运城文化史上前所未有的。2012年组织举办了运城市群众文化培训成果大展示，规模之大、品味之高，在运城市群文活动中前所未有；2012年12月在运城市春晚中编排并表演了舞蹈《巳蛇年华》、《江南 style》。

【陈新安】 (1968.09—)，男，汉族，中共党员，在职研究生学历，运城市城市建设投资开发有限公司董事长。

该同志紧紧围绕市委、市政府建设

"美丽河东、大美运城"的奋斗目标，团结带领市城投公司全体干部职工，精心策划包装大项目，全方位推动政银企合作，大力拓展城市建设投融资领域和渠道，着力加强重点项目建设，积极推进公司现代企业制度改革步伐，为运城中心城市建设和经济社会发展做出了突出贡献。

开拓创新融资模式。面对国家加强地方政府债务管理的严峻形势，面对运城市转型跨越发展的巨大资金需求，他坚持"开放性融资，开拓性经营，开创性工作"的经营方针，一方面加快推进平台公司重组改制，一方面策划包装符合市场融资的大项目，并运用信托、股权融资、融资租赁、承兑汇票、银行贷款、企业债券等多种融资工具，为公司落实项目资金60亿元，其中已投入使用了43.8亿元，相当于市城投公司2010年以前六年融资总和的3倍多，实现了"十二五"规划的良好开局。2014年，公司资产规模已扩增至160亿元。

精心规划策划大项目。2013年，作为全省重点城镇化建设项目的东部新区开工建设，该同志从高起点规划抓起，聘请了全国一流的专业团队，完成了东部新区在黄河金三角三省四市区域中的功能定位；引进理念先进、实力雄厚、信誉卓著的策划规划咨询团队，完成了《运城东部生态新区控制性详细规划》；在国际范围内征集晋陕豫"黄河金三角"中央商务区（CBD）和中央娱乐区（CED）城市设计方案竞赛编制单位；选择国内外一流设计团队进行禹都公园音乐喷泉等专项设计，以高起点的策划规划，确保东部生态新区建设的前瞻性、科学性、时代性。

全力以赴抓建设。根据市政府安排部署，运城市城投公司承担中心城市"一园六路"重点项目建设任务，项目占到中心市区"八区联动"项目总投资的三分之一左右。为了加快项目推进，陈新安带领城投团队克服人员少、资金缺、任务重、施工难度大等重重困难，全面统筹施工，创造了城投公司组建以来，当年新开项目之多、投资额度之大、协调任务之重、施工难度之高、建设标准之严、项目质量之优、建成效果之好等多个历史新纪录。

2009年荣获"山西省五一劳动奖章"；2011年8月，陈新安同志在中共运城市第三次党代会上，当选为中共山西省第十次党代会代表；2012年4月，在全省重点工程建设上业绩突出，荣立山西省社会主义劳动竞赛个人二等功；荣获2013年度"运城市十佳招商引资标兵"称号。

【邵国泰】（1978.05—　），男，汉族，中共党员，大专学历，关公书画院经营部主任。

邵国泰凭着在部队养成的顽强执着的性格和热爱中国传统书画艺术情怀，放弃许多具有一定有优势行业，选择了为书画艺术家服务的行业——书画经纪人。

中国艺术品经纪人起步较晚，艺术品市场还未健全，运城文化底蕴深，书画人才多，但没有市场。邵国泰为运城书画艺术家作品走向市场，创造了有利条件，无疑也促进了运城书画事业的发展和繁荣。作为书画家的经纪人主要经纪艺术品和经纪艺术家为主，由于从事特殊商品的交易，又与一些特殊的社会群体打交道，所以有着行业素质要求。于是，他报考了电大，用了三年的时间学习文学、哲学、社会学、考古学等相关领域知识。同时，学习艺术史，中国画笔墨技法，主要画家介绍，不同风格，不同流派作品的特征等。为了培养自己的眼光和敏锐的市场判断能力，经常外出参加大型书画拍卖会，观看古今书画原作，听专家讲解，学习鉴别方法。拜访书画名家，和书画家交朋友。中国美术家协会主席刘大为，著名美术理论家、中国画学会秘书长孙克，原中国国家画院院长龙瑞都很喜欢他，经常邀请运城及至山西、全国各地书画名家喝茶聊天，从中受益匪浅。

为了办好画廊，当好经纪人，经过几年摸索，探索出了一整套完备的机制，由艺术家、经纪人、评论家和收藏家"四位一体"组成的市场链。为使书画家能充分展示自己的精品之作，扩大影响，提高知名度。邵国泰筹资建设了1200平方米的展厅，多次举办了刘大为、刘国辉、龙瑞、沈鹏、孙伯翔等大家精品之作展。为运城书画家和群众提供了学习、欣赏的地方。组织中国画学会画家，在俄罗斯，西班牙举办中国画展，把中国文化向世界传播。先后多次邀请全国各地著名书画家到运城，不仅进行了书画交流，而且宣传了"大美运城，美丽河东"。宣传书画家的作品，让大家了解书画家的作品，是画廊和经纪人的重要工作，先后又组织中国美术家协会外联部长、著名画家刘中，全国著名花鸟画家易峰，在运城、北京、山东、香港等地举办展览，进行大宣传。多次组织运城书画家到北京、山东参观学习，到陕北等地采风写生。

为了搭建高档次、高品牌平台，先后到北京、西安联系，以热情和诚信，赢得了中国画学会和陕西国画院领导和画家的认可，使"中国画学会运城创作中心、陕西国画院运城分院"落户运城。

通过举办展览，组织画家写生采风，使运城人民有机会欣赏了大家力作，促进运城书画艺术品发展，也推出了一批运城书画家的力作。

【梁　军】（1968.07—　），男，汉族，中共党员，本科学历，山西省运城市公安局交通警察支队民警。

自2009年，特别是在2013年，梁军同志立足岗位实际，每年深入道路一线近100天，累计加班70多天，共参与组织协调全市公安交警查处各种交通违法行为235600余起。一是严格依法办事，对基层上报的每一起违法业务，都一丝不苟，认真依规审核办理，经他处理的17912起业务，无一差错。对群众的疑难业务，只要是在法律法规范围内，尽最大限度方便群众，受理的54起业务，无一投诉。二是积极关注市区交通不畅的热点问题，多次深入市区一线对道路交通现状进行调研分析，用一年多时间形成了《浅谈解决市区交通拥堵的现状和对策》，引起了市有关领导和相关部门的关注，为市区交通管理提供了参考依据。三是参与了整治市区电动、人力三轮车非法载人营运的统一行动，从起草方案到巡查整治都积极主新型产品,比传统钢制模板具有更节能、更高效、重复使用次数更多、现场劳动强度更低、回收价值回收率更高、建筑表面平整度更好的新型替代品。该产品自投放市场以后,迅速得到市场的认可,深受欢迎,产品供不应求。

2011 年,李幼杰同志获“打造五个永济,建设明星城市”标兵。

【杨高峰】 (1963.11—),男,汉族,中共党员,本科学历,国网山西省电力公司河津市供电公司经理。

2010 年就任河津市供电公司经理以后,他始终坚持“干事、干净”的从政理念,在服务河津经济转型跨越发展上主动作为。科学编制河津市 2010 - 2020 年配电网规划,推进 110 千伏西庄输变电工程和城区配网工程的建设。优质高效完成米家湾中低压改造工程、吴家关开闭所新建工程。进一步优化农村电网,完成新一轮农网升级改造工程,治理了下牛、苍底等 15 个村的低电压。服务于民生大计,争取农网结余资金 476 万元,用于五百家小区用电改造。严格落实中央八项规定,狠抓作风建设,杜绝吃拿卡要,拓展电费缴纳服务形式,全力打造“10 分钟”缴费圈,完成户表改造工程,使河津成为运城首家智能表全覆盖县。在重大项目用电、重要活动保电,特别是在重大险情面前,不讲条件,敢于担当,赢得社会各界对供电企业的新认知,更赢得了市委、市政府对供电工作的充分肯定。公司荣获省级“文明和谐单位”、运城市“文明和谐单位标兵”、河津市“先进工作单位”、“电网建设先进单位”等荣誉。

2011 年获得运城市“五一劳动奖章”;2013 年被运城市委、市政府授予“运城市劳动模范”荣誉称号。

【姚三义】 (1963.10—),男,汉族,中共党员,大专学历,芮城县交通运输局局长。

2010 年任职以后,姚三义带领交通运输局一班人,解放思想,更新观念,抢抓机遇,勇创一流,从全县公路建设全局出发,合理规划,科学决策,选择符合该县实际的公路建设线路,千方百计争取项目资金,注重生态保护环境,建设了一条条高质量、高标准、高等级的公路。2013 年芮城县委、县政府将运宝高速公路芮城一级路连接线重任交给交通局。姚三义以身作则,带领技术人员足迹遍布全线,为一级路科学选线,减少了公路用地做出了不懈努力。工程前期协调,他同乡镇、有关部门领导及建制村干部和局协调人员走村入户,认真协调土地赔偿、房屋拆迁工作中村户涉及的各种困难和问题,做到了当天矛盾,当天解决,绝不过夜,特别是个别钉子户,他采取机动灵活的办法,只要利于问题解决,他口头承诺,并向有关部门反映,使问题得到了圆满解决。在工程质量保证上,他几乎天天坚持在工地,与班子成员、技术人员认真检查和监督工程质量。在工程资金无法保证和不能按期拨付的情况下,他一方面向县委、县政府求助找县财政倾斜一级路建设工程,另一方面他寻找各种渠道,缓解资金燃眉之急。四年中,先后完成了 20.9 公里的运宝高速芮城一级路连接线工程,完成了 34.2 公里九峰山旅游路、永乐宫至百梯山旅游路、永乐宫至水峪口旅游路和王山旅游路工程。完成了 173 个建制村、1582 公里的街巷硬化全覆盖工程,完成了 81 公里县乡公路改造工程,完成了 85 个自然村,自然村村通里程 135 公里,完成了 87.1 公里的建制村通水泥(油)路全覆盖(通未连通)工程。四年中公路投资达 6.855 亿元,公路密度达 125.3 公里/百平方公里,全县通车总里程达 1476 公里,实现了公路建设的又一次跨越,为芮城交通事业发展做出了突出贡献。

2011 年被山西省劳动竞赛委员会授予“五一劳动奖章”;2013 年被中共运城市委、运城市人民政府授予“运城市劳动模范”;2013 年被山西省人民政府记“个人一等功”;2013 年被中共芮城县委、芮城县人民政府授予“生态文明县建设”建功立业竞赛活动“特等功臣”。

【谭平川】 (1964.10—),男,汉族,中共党员,本科学历,芮城县财政局局长。

2010 年起,他带领全体财政干部紧紧围绕创建国家级生态文明县战略目标,按照“保民生、保运转、保重点”的总体要求,充分发挥“组织收入、调度资金、审核把关”三大职能,各项工作取得了优异成绩。财政收入连年攀升。财政总收入由 2010 年的 3.92 亿元上升为 2013 年的 5.13 亿元,公共财政预算收入由 2010 年 1.28 亿元上升为 2013 年 1.86 亿元,总量和增幅在全市排名前列。多方筹措和调度资金。均衡性转移支付资金和县级财力保障资金达到 17.2 亿元,确保了民生及县委、县政府“双十工程”项目的顺利实施。民生支出进一步加大。公共财政预算支出由 2010 年 9.43 亿元上升为 2013 年的 16.61 亿元,其中用于民生方面的支出逐年提高,2013 年底占到财政总支出的 75.6%,创历史新高。积极推进财政三项改革。部门预算、国库集中收付、政府采购等改革均取得突破性进展,并日趋规范完善。提高财政资金使用效益。强化预算绩效管理,加大资金整合和投资评审力度,对财政投资的所有工程进行专项评审,为财政节约资金 1.03 亿元。严格落实中央八项规定,大力压缩“三公经费”,全县行政运行成本降低了 30% 以上。加强财政干部队伍建设,开设了“财政大讲堂”,成功举办了全省首届农村女子财会培训班,财政干部和财会人员政治理论水平和业务素质明显提高。

2010 年 4 月,被运城市委、市政府评为“劳动模范”;2012 年 2 月,荣获山西省治理小金库工作领导组“小金库专项治理成绩突出”奖;2012 年 6 月,被市委评为“创先争优优秀基层党组织书记”;2012 年,被市财政局评为“五五普法先进个人”、“财政工作目标考核先进个人”;连续五年被县委、县政府评为“生态文明建设建功立业竞赛活动功臣、特等功臣”等。

【尉晓东】 (1979.12—),男,汉族,中共党员,本科学历,山西省临猗县公安局教导员。

15 年的刑事技术工作,他深钻细研,洞察秋毫,屡立奇功。不到一年的基层治安工作,他脚踏实地,稳扎稳打,已初露锋芒。不论角色怎样转换，他总能迅速融入其中，并很快成为该行业的佼佼者。从事刑事技术工作期间，共参与了1870起刑事案件的现场勘验和侦破工作，利用刑事技术直破刑事案件176起，利用刑事技术发挥重大作用破获刑事案件1232起。在侦破牛杜镇镇西村陈某夫妇被害案、合欢小区灭门惨案中发挥了不可替代的作用。任牛杜派出所教导员后，他很快适应角色，积极投入到全新的基层基础工作中，建立24个村级档案、56个“九小场所”档案，很快填补了派出所在档案管理上的空白，共办理刑事案件4起，治安案件35起。2013年12月7日下午，辖区西水南村贾某家着火后，他一人驾车迅速赶赴现场，爬上3米高的墙头，组织束手无策的群众救火，直到火势完全扑灭，他才浑身湿漉漉地返回派出所，赢得群众广泛好评。5年间，尉晓东同志一直默默无闻地捐助猗氏镇王村杀人案被害人孩子上学，每个学期500元，已捐助5000元。

2010年5月被评为“运城市劳动模范”；2011年被运城市公安局荣记“个人三等功”，被山西省公安厅评为首批“阳光警察”；2013年1月被评为“全市公安工作先进个人”；2013年9月入选“全省公安机关刑事科学技术人才”。

【王少斌】 （1969.11— ），男，汉族，中共党员，高中学历，万荣县贾村乡贾村农民。

2013年，王少斌同志响应县委、县政府的号召，组织群众发展有机苹果1600亩，基地认证200亩，亩增收3000～5000元；在有机苹果的生产基础上，生产工艺文化苹果和功能型苹果，亩增收5000～8000元。王少斌和他的团队开发出“八仙果”“金陵十二钗”和“祝福”果等高档苹果，在第九届、第十届中国国际农产品交易会上，荣获《国际金奖》和《畅销产品奖》，并得到党和国家领导人高度赞扬，在中国特色商品博览会上被商务部评为“绿色环保奖”。王少斌同志勤奋好学，编写“山西省科普惠农示范基地优质苹果管理技术一览表”，被省科协大力推广。王少斌同志的有机苹果管理技术多次在《今日农业》、《山西农民报》等报刊上发表，显著的经济效益和收入对比，不仅影响了该县的王显、高村、万泉、通化等乡镇，而且涉及临猗的三管、北辛、孙吉等乡镇一带。平陆、芮城等地的果农请求授课的人和单位络绎不绝，每年不定期的培训果农80余场次，听课人数1万余人，发放各种资料20000余册份。被山西省农村致富技术函授大学聘请为“客座教授”、山西省科学技术协会和山西省科普惠农办公室聘请为“农科110专家”、省农业厅和省人事厅评为“山西省乡土拔尖人才”。

2012年被万荣县委、县政府评为“苹果管理先进个人”；2013年被山西省科普惠农计划领导组办公室评为“科普惠农绿色通道工程建设先进个人”；2013年被山西省委宣传部、山西省科学技术协会、山西省科技厅、山西省农业厅评为“新农村科技致富带头人”。

【杨锐礼】 （1966.07— ），男，中共党员，高中学历，山西万荣凯迪建材有限公司董事长。

杨锐礼出生于一个普普通通的农民家庭，高中毕业后即投身市场，推销外加剂，后为了发展家乡经济，带动乡亲致富，回乡创办山西凯迪建材有限公司，并取得了骄人业绩。2013年，杨锐礼提出“科学管理、创新发展”的指导思想，制订了《山西凯迪建材有限公司战略发展规划》；投资3000万元，注册成立了万荣县奥熙源建材有限公司，并已投入运营；投资1亿元，注册成立了武汉山江化工科技有限公司，2014年8月投入生产。2013年9月20日，杨锐礼又发起成立了山西凯迪集团有限公司，在他的努力下，凯迪实现了跨越式发展，仅2013年，为社会提供就业岗位500多个，全年共实现产值4.2亿元，实现税金1600余万元。同时，在全国外加剂十强企业的评选中，凯迪再一次蝉联外加剂前十强企业。杨锐礼积极响应政府号召，勇于承担社会责任，2013年投资2000万元兴建了一座高标准的污水处理场，使企业的生产达到了各种环保要求的指标。同时，他积极参与社会公益事业，先后捐资300余万元，用于农村的道路、学校等公共设施的建设，与多名贫困大学生结成帮扶对象，每年资助学费和生活费用。2014年春节他又拿出10余万元，为全村60岁以上的老人送去了春节慰问品。

2011年被山西省劳动竞赛委员会授予“山西省五一劳动奖章”。

【闫拴宝】 （1969.05— ），男，汉族，中共党员，大学本科学历，新绛县统计局局长。

2007年2月，闫拴宝同志受命后，团结和带领统计局一班人，抓重点、攻难点、突破薄弱点，当年摘掉落后帽子，跨入全省先进行列。2007年6月在全国统计系统率先推出了统计新闻发言人、首席分析师、数据质量总监三项全新制度，严把源头统计数据质量关。全县GDP到2013年达到70.5亿元，比2006年的27.8亿元增长了153%，年均增长12.8%，成为全市四大经济支点之一。勇做敢于创新的探索者，建议县委、县政府将乡镇工作纳入统计监测范畴，并从经济发展、民生状况、社会和谐、执政能力、安全稳定、群众满意度六大方面17项客观指标进行考量，走在了全省前列，也为全省县域经济考核提供了借鉴，新绛经济社会发展整体水平也由全省原先的87名跃升到29名，受到省委、省政府的表彰。从2007年开始，连续七年持续不断地深入人大、政协“两会”开展咨询服务，为代表、委员参政议政提供统计支持，此做法在全省得以推广。信息化建设上在全省县级统计部门率先开通了10兆的光纤和乡镇一级2兆的光纤，全县86家“四上”企业全部实现了联网直报；队伍建设上先后提拔了4名科级干部，新调入大中专毕业生19人，中级职称以上人员达到45%。2006年6月当选为中共新绛县第十一届纪委委员；2007年5月当选为新绛县第十三届政协委员；2011年6月当选为运城市第三届党代表。

2009年8月被山西省劳动竞赛委员会荣记“个人二等功”一次；2009年12月被国务院第二次全国经济普查领导组评为“先进个人”；2010年2月被新

绛县人大常委会授予“干事创业优秀局长”;2011年12月被山西省第六次全国人口普查领导组评为“先进个人”。

【张智云】(1964.10—),男,汉族,中共党员,大学本科学历,新绛县教育局局长。

在全力创建“三晋教育强县、全国教育名县”的进程中,努力改善办学条件。全县投资3500万元,建设30所高标准的寄宿制学校,争取资金1.7亿元,开展中小学校舍安全工程建设,共铺开157个单体项目,总面积达25.4万平方米。落实投资3亿元全面实施新绛中学等校整体搬迁工程。投资2000万元,全面实施现代教育技术装备工程。他善于激发教育活力。推进人事制度改革,实行校长聘任制、校级干部和骨干教师轮岗交流制、绩效工资制、城乡学校结对帮扶、捆绑评价制。推进课堂教学改革工程,教育部在该县召开了“中小学全效学习方案研究与实验”研讨会,推进以“导、学、展、点、评、练”为主要步骤的课改模式。推进教师专业素质提升工程,先后涌现出绛州名师、课改先锋、师德标兵、最美乡村教师等优秀教师队伍。他善于打造教育品牌。高考成绩连续六年稳居全市第一,2013年二本B类达线2383人,先后有73名学子升入清华、北大、香港中文和香港城市大学。

2007年被评为“运城市劳动模范”;2011年被省委、省政府和省劳动竞赛委员会分别荣记“个人一等功”;2012年被评为运城市“优秀教育工作者”。

【代和平】(1962.07—),男,汉族,中共党员,初中学历,夏县水头镇水南村党支部书记。

在他领导下,巷道增色添绿工程中,投资24万元沿街沿巷补植补栽国槐、白蜡、雪松、冬青等树木2万余株;通道绿化工程中投资5万元绿化通道8公里,共栽植国槐、冬青等树木2000余株。筹资10万余元,建成了可以容纳100余人的日间照料中心,解决了留守儿童和空巢老人的生活难题。产业工程上,新增油桃800亩,2013年亩收入8000元。亮化工程中全村10条街巷道共安装太阳能灯97盏,告别了摸黑走路的历史,丰富了村民的夜间文化生活。2014年,投资24万元,为占地3000亩的油桃示范园安装出水口,铺设输水管道,有效地解决了油桃浇地难题。号召干部带头搞清洁,群众自觉搞卫生,新建6个垃圾填埋场,全村所有街道保持干净、整洁,形成卫生保洁长效机制。

2012年6月被夏县县委评为“优秀基层党支部书记”;2013年4月被运城市委、市政府评为“运城市劳动模范”;2013年6月被山西科技报社评为“山西省最美村官”;2013年7月被夏县县委评为“十佳优秀新农村建设带头人”。

【张铁栓】(1965.01—),男,汉族,中共党员,大学学历,夏县农业委员会主任。

该同志带领全体干部职工认真贯彻执行党在农村的各项方针政策,为全县农业农村经济发展做出了突出贡献。2013年,四大农业经济指标超额完成。农民人均纯收入5311元,增幅13.2%。粮食生产十连增,总产27.35万吨,超指标38%,省政府奖励资金938万元。农产品加工销售收入7.45亿元,增长33%。一产增加值19.5亿元,超指标15.38%;新农村建设名列全市前茅,多次受到省市表彰;亲自组织实施的总投资5000余万元的12项惠农工程成效显著。尤其是旱作节水农业示范基地建设、万亩优质棉生产基地建设被列为农业部标杆工程,农村街巷亮化工程受到市委、市政府表彰;格瑞特生态科技示范园、禹王谷生态农业示范园等一批现代农业示范园区建设初具规模;农村经济管理规范,以土地流转、农民专业合作组织、新型服务体系建设等为主的农村改革扎实推进。机关作风建设、党风廉政建设成效显著。

2012年获全国农业技术推广通联工作先进工作者、市干部下乡驻村工作先进个人;2013年获市科普惠农工作优秀个人、省科技传播贡献奖。

【何　达】(1962.10—),男,汉族,中共党员,大学学历,国网山西省电力公司绛县供电公司经理。

他把电网建设加快推进作为服务转型跨越的重要载体,精心实施,强力推进。2013年,新建220KV正平变电站输变电工程,总投资达1.46亿元。并对4座35KV变电站进行了增容改造。220KV正平智能变电站于2014年8月底正式投运,大大缓解220KV绛县变电站和110KV安峪变电站的供电压力,为安峪工业园区项目建设提供了坚强的电力保障。同时,城、农网中低压电网升级改造、户表采集、技术改造等工程逐步实施,已完成总投资1663万元。通过不断改善电网结构,使全县电网更趋于合理化,以满足日益增长的负荷需求,提高对全县工业、农业的供电可靠性和电压合格率,并对全县的招商引资工程项目提供强有力的电力支撑。为该县的经济发展与十二五规划的实施提供强大的电力资源。积极向上级部门争取绛县110KV中杨变电站工程,该工程省发改委已立项批复,总投资估算为6100万元,2014年上半年开工,下半年投产。该工程将保证德胜轮胎、航天工业园区、城市电网等供电需求。

2012年被省文明委、运城市文明委评为“山西省文明和谐单位标兵”、“运城市文明和谐单位标兵”,被运城市劳动竞赛委员会授予“五一劳动奖章”称号;2013年被运城市文明委授予“运城市文明单位标兵”称号。

【黄新苏】(1967.03—),男,汉族,中共党员,大专学历,绛县住房保障和城乡建设管理局局长。

黄新苏任绛县住房保障和城乡建设管理局局长以后,始终以建设美好绛县为己任,带领绛县住建局一班人扎实工作,高标准规划、建设和管理城市,取得了不平凡的业绩。他在住建局推行“首局负责制、首问负责制、限时办结制、挂牌上岗制、AB角零缺制”五项工作制度,转变干部工作作风,打造服务型机关;他狠抓项目建设,实施了绛山街东段开通工程、横水高速路口至县城亮化工程、县城街道绿化提升改造工程、城东小区及广场工程,新建了4座城市公厕,推进县城生态公园工程建设，按期完成了保障性住房建设任务，全面完成年度农村危房改造工作；他不断创新城市管理，提升环境质量，组织对所有街道经营行业进行重新划行归市，开展了市容环境专项整治，县城基础设施逐步完善，县城面貌不断改善，环境质量不断提升，为县域经济的发展创设了良好的环境。

2011年被运城市劳动竞赛委员会荣记一等功；2012年，荣获山西省"五一劳动奖章"；2013年，被县委、县政府授予岗位目标责任制先进个人。

【樊俊红】（1969.12— ），男，汉族，中共党员，本科学历，山西复晟铝业有限公司项目总经理。

2013年8月就任山西复晟铝业有限公司项目总经理以后，积极同东北大学设计院、杭州锦江集团有色金属设计院等单位对接审核设计图纸，认真落实设计方案中的每一处争议，在深入工地现场踏勘后，优化施工设计23处，极大提升了项目建设质量。同时，他缜密分析项目建设地的气候、人文等条件，合理分解阶段目标，科学倒排工期，为各片区工程高效推进夯实基础。截至2014年4月共完成投资近35亿元，土建工程已基本完成，安装工程于9月份一期工程投产达标。

立足工程建设要求，始终坚持"质量第一"的工作理念，在上任伊始就主导建立质量管理跟踪体系、项目管理目标责任制、管理人员岗位责任制等，严格控制施工质量，建立了对参建单位施工情况的实时跟踪机制，严把工程质量关，处理纠正不合格施工约45处。预先展开生产准备工作，新订生产管理制度28项，修订标准化生产流程45项。开展技术骨干及普工招聘三期，累计培训新员工411人，已初步完成公司制度框架构建及优秀人才队伍建设工作。他带领公司上下埋头苦干，发扬"5+2"、"白加黑"的连续奋战精神，稳步推进项目建设。

2013年获杭州锦江集团"十佳管理者"称号。

【石转绸】（1963.01— ），女，汉族，中共党员，本科学历，山西省平陆县总工会主席。

她带领县工会建立了300个职代会，并帮助和指导用人单位与职工签订劳动合同5000余份，帮助50名符合条件的困难劳模、特困职工办理了"低保"手续。组织健康知识讲座100多场次，培训女职工15000多人次，组织女职工体检20000余人次。先后聘请45名专家、讲师、技术员进行授课，举办各类技术培训210余场次，培训下岗职工、农民工32000余人次。积极帮助解决困难职工、农民工子女上学难问题，多方筹资32万余元，先后帮助卫立刚等110名困难职工子女圆了大学梦；组织调查摸底，建立了3000多名困难职工和困难农民工档案信息库，慰问帮扶困难职工、农民工15000余人次，发放慰问帮扶资金431万元；多方筹资18万元，建成了"困难职工帮扶中心"和"法律援助中心"，受理农民工、困难职工案件104起153人，追讨拖欠工资和伤残补助315万余元，接待法律咨询3000人（次）。利用重大节日，先后开展活动60余场次，组织6300余名职工参加了演出，有50000余人次职工群众观看节目；有12600余人次参加"激情广场大家唱"210余场次；建立了40多个"职工书屋"，藏书量达到30多万册；在电视台做专题宣传报道223场次，先后评选表彰了350名模范集体和个人。创办《平陆工人》小报32期40000余份。在全县建立11个乡镇工会、17个系统工会、7个基层工会联合会、337个基层工会，发展会员42978人，建会率达到了98%。

石转绸同志1989年被全国妇联授予全国"三八"红旗手称号；2010、2011年被山西省劳动竞赛委员会授予"五一劳动奖章"；2011年被山西省总工会授予"送温暖"工程先进个人、"山西省十佳帮扶标兵"、"山西省十佳县工会主席"；2013年被全国总工会授予"全国优秀工会工作者"。

【郭秀琴】（1955.11— ），女，汉族，中共党员，高中毕业，运城市垣曲县长直乡寺里沟村农民。

该同志自2000年起开始植树造林和治理荒山。十几年中，坚持不懈，先后在垣曲县3个乡镇6个行政村治理荒山3.8万余亩，栽植各种林木约580万株，其中刺槐120万株、侧柏350万株、山杏110万株。每年因管护能解决10名残疾劳动力就业，因植树造林、修枝等工作能解决300余名农耕与劳务两不误的农民工增收。仅此一项，就可以促使这些农民每年增收2万元。每年还可向社会提供3000立方的木材，缓解了社会木材需求的压力。2009年，她又带头在长直乡鲁家坡修建80亩的苗圃，每年除能解决附近30余名劳动力就业和向社会提供约500万株苗木外，还影响带动周边乡镇的农民大力培育苗木，涌现出多个不同规格、不同品种的苗木基地，实现每亩地年收入增加近1万元。她还大力支持公益事业，拿出10万元用于捐助失学儿童、改善村级活动场所、修建村道公路、帮助残疾人就业等。郭秀琴同志从事植树造林，不仅带动农民实现收入增长，而且为改善生态环境和带动经济发展做出了突出贡献。

郭秀琴同志曾被分别授予全国"三八绿色奖章"、"全国绿色模范家庭"、山西省"三八绿色奖章"、"山西省绿色女状元"、山西省"十大女杰"提名奖、运城市劳动模范和运城市"十大杰出妇女"等荣誉。2011年10月被垣曲县委、县政府授予"农村实用拔尖人才"荣誉称号；2012年2月被垣曲县人大常委会授予"人民好代表"荣誉称号；2013年9月被山西省绿化委员会和山西省林业厅授予"民营造林功臣"荣誉称号。

【董康典】（1953.02— ），男，汉族，中共党员，大专学历，山西省五龙投资集团有限公司董事长。

担任粮食局局长、五龙粮油集团总经理期间，他大胆探索，多种经营，搞活了垣曲粮食经济，积累了先进经验。自1988年起，连续8年经济效益名列全省第一，先后被树为全省粮油系统改革旗帜，被国内贸易部评为"先进经理"。1999年企业改制，他毅然辞去县粮食局局长职务，出任五龙集团董事长兼总经理，带领企业艰苦创业，历经15年发

2011年12月,获运城市“十大新闻人物”称号;2013年5月,获“运城市最美孝子”称号;2014年1月,获“运城市优秀企业家”称号。

【蔡民红】(1976.04—),男,汉族,中共党员,本科学历,山西鸿德房地产开发有限公司董事长。

该同志主持创建山西鸿通建筑安装有限公司、山西鸿德房地产开发有限公司、运城市鸿德物业管理有限公司、运城市鸿德混凝土有限公司、山西绿金源农业科技股份有限公司及德贸财富商贸管理有限公司,累计上交国家税金7000多万元,解决2000多人就业。同时,作为企业家,他心系社会。2011年,在万荣县赞助10万元举办了庆祝建党90周年的鸿德杯文艺晚会,在通化镇投资数百万元建设了鸿盛德广场,并提供了健身娱乐设施和器材,极大地丰富了群众的文化娱乐生活。他每年投资数十万元资助贫困学子、孤儿上学,资助五保老人,让他们真正感受到社会的温暖。他被誉为“德才兼备”的企业家,通化人民给他送去了《大义鸿德》、《惠泽梓里》两块金匾。2009年,在运城空港北区开发建设了阳光嘉苑住宅项目,该项目在建筑行业开创了节能、环保、绿色的先河。2012年倾巨资在运城市打造商业综合体德贸财富中心,是集购物、餐饮、金融、商务、娱乐、休闲、优居、会所八大主流业态于一体的大型综合性新商业中心,建成之后将成为山西省首家第四代城市商业综合体,首创“八城一体”的经营理念。投资建设运城市鸿德混凝土有限公司,于2013年上半年竣工投产;成立山西绿金源农业科技股份有限公司;开发运城“地王”德贸·河东国际。

2010年被授予运城市优秀民营企业家;2011年被授予运城市十大经济人物、万荣县十大杰出青年、山西省优秀企业家称号;2012年荣获万荣县“爱心人士”、运城市五一劳动奖章,并且荣获年度山西省功勋企业家称号;2013年荣获“运城市劳动模范”称号。

县(市、区)、开发区概况

盐湖区

【概述】 运城市盐湖区位于山西省西南部,东经 110°41′23″~111°12′27″,北纬 34°48′27″~35°22′30″。全区共有 21 个乡(镇、办事处),279 个行政村,88 个社区。东连夏县;西临永济、临猗;南与平陆、芮城毗邻;北同万荣、稷山、闻喜接壤。区境东起东郭镇南界滩,西至席张乡西端,相距 41 公里;南起席张乡刀山,北到三路里镇沟东村,长达 62 公里。总面积 1237 平方公里。2014 年,盐湖区生产总值完成 202 亿元,增长 7.5%;规模以上工业增加值完成 42.3 亿元,增长 13%;固定资产投资完成 248 亿元,增长 12.8%;社会消费品零售总额完成 198.6 亿元,增长 10.7%;财政总收入完成 27.98 亿元,增长 11.2%;公共财政预算收入完成 10.91 亿元,增长 27.5%;外贸进出口总额完成 3.65 亿美元,增长 13.3%;城镇居民人均可支配收入完成 24136 元,增长 10%;农村居民人均可支配收入完成 9464 元,增长 13%。

(何桂兰)

【现代农业】 2014 年,盐湖区紧扣农民增收这一主题,多措并举,兴盛产业,现代农业持续向纵深推进。按照"土地规模化、组织企业化、技术现代化、经营市场化"的推进路径,注重引导工商企业投资农业、支持农业、反哺农业。迎太塑料、颐源乳业、海升果汁、仁核山谷等 20 余家工商企业通过"公司 + 农户"的模式,为农民致富开辟了新天地。全区粮食种植面积达到 86 万亩,粮食产量达到 2.4 亿公斤。200 个村达到"一村一品"专业村标准,其中 119 个被省农业厅确定为"一村一品"行政村。新增加农业专业合作社 157 家,加快了农业产业化进程。实施了"6626"绿化工程,完成造林绿化 3.01 万亩。以农村产权交易服务中心为平台,全年流转土地 6.6 万亩,总流转面积达到 16.8 万亩,发展设施农业 13 万亩,百亩以上的规模化园区达到 90 余个,千亩以上的园区达到 8 个。大力推进果业间伐改形,完成标准化果园建设 1000 亩。在 10 个乡镇办打造 16 个休闲观光农业景点,成功推出 3 条精品旅游线路。

(何桂兰)

【工业经济】 2014 年,坚持推动产业转型升级,集群招商,延伸链条,工业经济出现新的转机。面对信贷收缩、经济低迷的重重困难和不利影响,积极采取措施,先后为 80 家中小微企业融资 5.5 亿元,帮助企业开始走出困境。集群化发展取得新突破,盐湖工业园区和城西机电化工产业集聚区的生物医药、新型材料、盐化工、高效节能电机和家居产业集群新上项目 50 个,落地资金 175.2 亿元,完成投资 52.03 亿元。注重培育和扶持小微企业成长,全年孵化小微企业 310 家,新登记民营企业 1486 户,新增区属规模以上工业企业 6 家,总数达到 57 家,累计完成工业总产值 108 亿元,增长 10%,推动工业经济走上了良性发展的轨道。扶持传统产业转型升级,投资 2.33 亿元对印刷包装、建材、环保、家纺、休闲食品等 8 个领域进行技改,提高了企业的技术水平和产品竞争力。推动企业与科研院所联姻,山东高端科技工程研究院运城分院入驻盐湖工业园区,寰烁电子智慧教育技术中心、格瑞特建筑混凝土外加剂技术中心,被认定为省级工程技术研究中心。

(何桂兰)

【现代服务业】 2014 年,充分利用区位优势,创新机制,激活要素,现代服务业发展方兴未艾。工商部门变注册资本实缴登记制为认缴登记制,市场主体呈井喷式增长,仅一年新登记个体工商户就达 4503 户。天海泵业获得中国驰名商标,浩腾科技、路露红合作社等 6 家企业获得省著名商标。大力发展文化产业,水墨河东、德孝古镇、欢乐嘉年华、清华清尚、龙腾文化等项目有序推进,部分项目主体已经完工。金融创新力度不断加大,建立了城镇化、大舜兴农和中小企业股权投资三支基金,资金总规模达 13.15 亿元,已对高铁商务区等项目和企业累计投资 4.35 亿元。推进运城农村商业银行在金融产品创新和服务上下功夫,资产总额达到 133 亿元,全年贷款净增加额达 51 亿元,共为

157家中小微企业贷款44.8亿元。培育和发展融资性担保机构，全区亿元以上担保机构达到4家，全年为100余家企业担保融资15.6亿元。加快文化旅游业开发，全年接待游客1509万人次，旅游收入116.98亿元。尤其是备受关注的大西高铁，于去年7月1日顺利竣工通车，首发日，组织千名农民赴西安旅游，宣传推介了盐湖的旅游产品。

（何桂兰）

【城镇化建设】 2014年，加快城镇化建设进程，以城带乡，分类指导，城乡面貌发生巨大变化。加快推进六大产业平台建设，完善配套功能，振兴大道北延线、机电园纵一路、复旦大街西延线、站前路等11条路已竣工通车；关公街、春秋路仿古街立面改造工程已基本完成。扩充小城镇承载功能，推进解州、北相、三路里等小城镇完善道路设施，实施绿化、亮化工程。城中村、城郊村改造步伐加快，盛世陶苑安置小区住宅楼及配套设施全部完工，已开始认购；舜德佳园新建6栋回迁楼，回迁160户。开展国家卫生城市创建活动，投资2300万元，改造旱厕2505个，清运垃圾9.3万方，粉刷墙体37.5万平方米，全区城乡环境卫生面貌有了明显改观。铺开农村环境连片整治工程，在8个乡镇24个村创建生态示范样板村。

（何桂兰）

【民主法治】 2014年，运用法治思维，顺应民情，强化监督，民主法治建设进程不断加快。全年办理人大代表建议77件，政协委员提案97件，满意率均达到100%。盐湖区本级保留行政审批项目143项，非行政审批项目16项，分别比过去减少67项和10项。充分发挥农村"和事佬"、乡镇调解办、区信访联席办三级民调网络作用，畅通群众诉求渠道，通过盐湖热线、领导接访、法律援助等方式，及时把矛盾和问题化解在基层。

（何桂兰）

【民生保障】 2014年，以"百姓幸福"为宗旨，注重投入，改善民生，全心全意为民谋福祉。2014年民生累计投入达到19.5亿元，占到财政总支出的85%，其中农村民生投入达13.2亿元，占到总投入的67.7%。去年区政府承诺的"八件惠民实事"如期兑现，北赵引黄二期工程已按进度要求开工建设；城区东部、北部新建学校工程完成了建设任务；席张、金井、泓芝驿、陶村、车盘的5所卫生院工程主体已完成；为群众送戏下乡180场，放映电影3700场，举办"送欢乐下基层"和消夏文艺晚会各12场；社会福利中心颐养大楼主体建筑已封顶完工；在城区建设了53家平价蔬菜商店；为农村日间照料中心配发了100台无线数字电视机顶盒；为全区16个乡镇办102个村安装了社会治安视频监控。

（何桂兰）

【社会事业】 2014年，盐湖区紧密围绕发展要务，各尽其责，通力配合，各项社会事业长足发展。建设了2所省级标准化幼儿园、4所村级幼儿园和30所"梦想中心"，全区高考两大类达线人数2103人。全民健身活动深入人心，体育竞技取得优异成绩，在省第十四届运动会上，盐湖区获得3金、2银、2铜的优异成绩。关心群众身体健康，对10万名老年人和糖尿病人进行了健康体检。关注农村困难群众住房条件改善，完成危房改造1793户。全面建立失地农民动态管理台账，为做好失地农民就业培训打下坚实基础。开展农村劳动力和城镇失业人员培训，共达2746人次。集中开展环境专项整治，依法取缔土石灰窑31家73孔，完成172家单位"煤改气"工程。

（何桂兰）

【领导人名录】

区委书记　王志峰
副书记　郭一民　贺　鑫
区　长　王吉敏
副区长　李建武　黄亚平
　　董稷强　丁廷轩
　　何　伟　孟满堂
　　陈新安
人大主任　李　治
副主任　赵山理　周会峰
　　耿析镭　雷进存
　　冯淑芳
政协主席　严惠琴
副主席　张天才　曹玉贤
　　王宗勤　李金果
纪委书记　钟立伟

河津市

【概况】 河津市地处山西省西南部，运城市西北隅，吕梁山南麓，汾河与黄河交汇的三角地带。地理坐标：北纬35°28′17″—35°47′15″，东经110°32′15″—110°50′45″。东迎汾水与稷山毗邻，西隔黄河与陕西省韩城市相望，南有台地与万荣县毗连，北依吕梁山与乡宁县接壤，总面积593平方公里。全市共辖2镇5乡2个街道办事处148个行政村，2014年末常住人口40.53万人。全年完成GDP188.8亿元，工业增加值98.7亿元，公共财政预算收入7.15亿元，固定资产投资148.6亿元，社会消费品零售总额73亿元，城镇居民人均可支配收入22737元，农村居民人均可支配收入10686元。

（张丽华　柴　欣）

【重点项目建设】 2014年，河津市引导金融机构加大实体经济和项目建设支持力度，全年新增贷款17.63亿元，解决项目用地1250亩，完成西庄110千伏输变电工程，促成河津电厂和华泽铝电、中铝山西分公司、宏达集团开展电力直供和多边交易。远东5万吨薄水铝石等28个项目基本建成；华泽35万吨电解铝节能技改等32个项目顺利推进；汾河防洪二期等20个前期项目按进度抓紧进行。

（张丽华　柴　欣）

【工业新型化】 2014年，河津市以铝深加工和煤化工两大产业集群为重点，大力开展集群化招商，先后促成西航铝业山西分公司、津华晖星与西南医院脑伤泰新药、中大海圣矿用品等项目落地，其中铝深加工产业集群引进项目14

个,总投资36.6亿元,完成投资11.2亿元;煤化工产业集群引进项目13个,总投资50.35亿元,完成投资10.4亿元。加快推进百万吨铝循环产业基地建设,省发改委正式下发华泽铝电低热值煤发电项目路条。积极发展新兴产业,全年完成投资47亿元,同比增长30%。推进集群园区化发展,投资1.2亿元,完成两大园区天然气管网、骨干道路绿化、变电站等工程,园区综合承载能力明显增强,产业集聚效应进一步显现。

(张丽华　柴　欣)

【农业现代化】　2014年,河津市按照“土地规模化、组织企业化、技术现代化、经营市场化”的理念,实施农业产业化推进工程,流转土地6.2万亩,发展农民专业合作社93家、一村一品专业村15个、现代农业示范园3个、运城市级以上龙头企业3家,建设干果经济林1万亩、高标准农田1万亩,全年粮食总产1.81亿公斤,增长1.2%。加强农田水利建设,城区阳村高效管灌、瓜峪河道治理等项目建成投用。推进农村人居环境改善,完成2900人饮水安全、1520人易地搬迁、赵家庄环境连片整治等民生工程,农民群众生产生活条件明显改善。

(张丽华　柴　欣)

【新型城镇化】　2014年,河津市按照“大城区、小城镇、中心村”三位一体发展理念,编制《城市总体规划》、《中心城市控制性详规》等6个专项规划,建成九龙大街、紫金街北延、耿都大道、莲池南路、馨苑东街、城市客运站等工程。围绕“产业集聚区、城镇新区、特色风貌整治街、宜居新社区”等重点,加快僧楼、樊村小城镇建设。积极引导城郊型、厂郊型农村发展楼宇式住宅,共建成214栋、总面积103万平方米。加快宜居城市建设,完善公共设施,加强城市绿化,倡导文明新风,引领运城市大县城建设就地城镇化发展新模式。城市建成区面积24.6平方公里,常住人口城镇化率51.8%,城区清洁燃料使用率94%,垃圾无害化处理率90%,城市污水处理率91%,城市绿化覆盖率35.8%。

(张丽华　柴　欣)

【城乡生态化】　2014年,河津市扎实推进“5133”大城镇绿化工程,完成九龙大街、汾滨南街、高禖庙和薛仁贵景区绿化,提升改造108国道城区段等12条主干道路,绿化村庄40个、企业5个,植树造林3.4万亩。落实国务院关于大气污染防治10条措施要求,开展集中整治环境违法行为专项行动,减排二氧化硫3150吨、氮氧化物9860吨、烟粉尘3020吨。全市二级以上天数达到304天,经济发展和生态环境实现良性互动。

(张丽华　柴　欣)

【社会保障】　2014年,河津市投资3000余万元,为农村中小学配备教学仪器和高标准信息技术教室,完成3所农村幼儿园改扩建。推进医药卫生体制改革,5家市直医疗机构、17家基层医疗机构、157家村级卫生室全部实行基本药物制度,所有药品实行零差率销售,本市被确定为全省深化医药卫生体制改革试点县。提高社会保障水平,城乡居民养老保险和医疗保险基本实现全覆盖。加强劳动力技能培训,城镇失业人员再就业培训1200人,农村劳动力技能培训2000人。推进保障性住房建设,开工建设限价商品房450套,改造农村困难群众危房800余户。扎实推进山区群众安居工程,完成大小丁家湾新村、下院新村二期、半坡和上岭移民扶贫工程。

(张丽华　柴　欣)

【社会管理】　2014年,河津市持续开展一月一行业专项整治、安全生产大检查和“六打六治”等专项行动,推进平安乡村和企业安全生产标准化建设,全市安全生产形势持续稳定好转。加强社会治安综合治理,深入开展侦破命案、打黑除恶、严打整治等专项行动,推进城乡网格化管理,实现“天眼”工程全覆盖。完成第十届村委会换届选举,基层组织自治能力进一步提升。加大信访矛盾排查化解力度,接待群众来信来访183批,办结132批,案件到期办结率96.5%。组织法院、信访、人社等部门,及时介入民间借贷、劳资纠纷等突出问题,利用法律手段,积极化解矛盾,全力维护和谐稳定。

(张丽华　柴　欣)

【优化政务环境】　2014年,河津市加快政府职能转变,取消行政审批事项3项,承接行政审批事项6项。开展党的群众路线教育实践活动,严格执行八项规定,持续整治四风问题,作风建设的刚性约束得到强化。积极推进机构改革,完成工商、质监部门行政管理体制改革接收工作。落实涉煤收费清理规范和煤炭焦炭公路销售体制改革要求,取消涉煤收费项目,减轻焦化、钢铁等用煤企业负担。推进工商登记制度改革,放宽注册登记条件,全年新登记注册各类企业508户,同比增加235%。加强统计、气象、地震、人防、民宗、老龄、残联等各方面工作,各项事业呈现出良好局面。

(张丽华　柴　欣)

【领导人名录】

市委书记	胡　宝
副书记	杜中伟　董　耿
人大主任	崔会民
副主任	阎新民　杨敬福
	原慧芳　卫学瑞
	武建军
市　长	杜中伟
副市长	胡凯旋　侯鹏程
	李　琦　杨　轩
	李　雯　王瑞杰
政协主席	王锡义
副主席	武俊喜　马振河
	原文龙

永济市

【概况】　2014年,永济市辖7镇3个街道,265个行政村,23个社区,400个自然村。国土总面积1208平方公里。全市总户数144097户,总人口454407人,比上年增加1853人。在总人口中男性230572人,女性223835人,女性与男性比例为100:103;城镇人口216337人,乡村人口238070人,城镇化率为47.61%;出生人口5397人,死亡人口3544人,出生率11.90‰,死亡率7.82‰,人口自增率4.09‰。城镇居民人均可支配收入23135元,同比增长9.3%;农村居民人均可支配收入10205元,同比增长11.8%。

(牛玉芳)

【气候】 2014年,永济市气候特点为:气温偏高,降水偏多,日照时数偏少。年平均气温14.8℃,比常年平均值13.8℃偏高1.0℃;极端最高气温39.2℃(6月18日),极端最低气温-8.9℃(12月22日)。终霜冻出现在3月22日,初霜冻出现在11月15日,无霜期为225天。年降水量为666.4毫米,比历年平均值504.7毫米偏多161.7毫米,日最大降水量为81.6毫米(6月28日)。年日照时数为2115.5小时,比常年平均值2263.7小时偏少148.2小时。7月2日20时45分至21时,栲栳镇北苏村突遭暴风雨和冰雹侵袭,造成粮食作物受灾面积1900亩,直接经济损失89万元;核桃、苹果等经济作物受灾面积900亩,直接经济损失27万元;树木损失150棵,直接经济损失3万元。7月19日14时10分至15时,永济市出现大风、暴雨、冰雹天气。瞬时最大风速达到10级,小时降水量达37.3毫米,冰雹持续10分钟。全市5个镇(街道)不同程度受灾,受灾人口达1.5万人,农作物受灾面积7360亩,成灾面积2100亩,损坏房屋308间,刮倒电线杆11根,倒塌院墙315米。

(牛玉芳)

【国民经济】 2014年,完成生产总值134亿元,增长9.8%;规模以上工业增加值44.8亿元,增长20.1%;固定资产投资101.6亿元,增长24.4%;财政总收入8.49亿元,增长24.2%,绝对额增加1.65亿元;公共财政预算收入3.28亿元,增长9.6%;社会消费品零售总额50.4亿元,增长14.2%;城镇居民人均可支配收入23135元,增长9.3%;农村居民人均可支配收入突破万元大关,达到10205元,增长11.8%。

(牛玉芳)

【工业经济】 2014年,铝深加工、机电制造、农副产品加工三大产业集群企业达121个,实现工业总产值236.71亿元,同比增长15.23%。三大集群全年实施项目36个,其中,铝深加工产业集群实施项目11个,落地资金61.73亿元,完成投资12.36亿元。全市76个重点项目,25个项目竣工。外出招商80余次,签约项目40个。东方华贸3万吨铝型材、海丰铝业3000吨工业型材、粟海集团30万吨中式营养快餐一期、康意制药8亿支注射剂、萃丰鹿业鹿茸加工等项目建成投产,2×35万千瓦电厂项目快速推进,阳煤化工集团重型装备制造项目开始启动。

(牛玉芳)

【农业经济】 编制了《永济市现代特色农业发展规划与项目设计》,确立了“一带两园五大板块”发展布局。全年流转土地6.5万亩;新增蔬菜1.47万亩、水果1.98万亩、干果2.8万亩、片林2000余亩,新增肉鸡出栏1500万只;出现了新源农业、农晟果品等现代农业新亮点,长荣现代循环农业基地、城西城东大葱基地、开张卿头大棚红枣基地、虞乡绿风花卉苗木基地等特色规模种养殖基地进一步发展壮大;长荣公司小麦种植、生猪养殖被确定为国家级农业标准化示范区;新通源花卉饮料加工、粟海集团生物有机肥等16个农产品加工项目顺利实施;农村电子商务系统建设成效明显,永济市被评为“全国农村信息化电商惠农先进市”。2014年农作物种植面积123.1万亩,下降6.9%。其中粮食面积110万亩,下降7.8%;棉花面积4.7万亩,下降7.8%;蔬菜面积4.2万亩,基本持平;瓜类面积3.1万亩,增长19%。全年粮食总产量4.48亿公斤,比上年减少584.2万公斤,下降1.3%;其中夏粮总产量2.08亿万公斤,比上年增加1240.7万公斤,增长6.3%;秋粮总产量2.4亿公斤,比上年减少1824.8万公斤,下降7.1%;粮食作物亩产408公斤,增长7.1%。棉花总产量370万公斤,下降9.8%;亩产77.6公斤,下降3%。蔬菜总产量8800万公斤,增长8.6%。肉类总产量2123.8万公斤,比上年增长1.6%。其中猪牛羊肉产量1291.4万公斤,比上年增长6.8%,禽肉产量932.4万公斤,比上年增长5.7%,禽蛋产量916.7万公斤,比上年增长15.4%。年末牛存栏4682头,猪存栏105069头,羊存栏59238只,家禽存栏296万只。鱼类总产量1452.2万公斤,同比增长6.7%。舜帝山荒山治理等六大造林工程扎实推进,全年共完成各类造林面积2.38万亩,林木覆盖率35.3%,森林覆盖率24.4%。

(牛玉芳)

【城乡建设】 2014年,市文化中心、名吃步行街、中山街加气站、舜帝山健身馆、上跨南同蒲公铁立交桥、高铁通站路、高铁永济北站站房及站前广场等基础设施建设项目顺利实施;舜帝山森林公园完成了西扩及园区内的道路、古建、小广场等后续工程建设;涑水河滨河公园绿化、亮化高标准提升,滨河街建成通车,大小园路实现贯通,污水引入地下导流管网,湖面注入清水,公园实现全面竣工。2014年,永济市在运城市首家获得省级园林城市称号。城市环境综合整治成效明显,全年二级以上天数达345天。启动实施乡村清洁工程,全市所有农村都建设了垃圾场,配备保洁人员,建立常态化机制,新农村实现了从“垃圾围村”到“洁美乡村”的转变。

(牛玉芳)

【文化旅游】 2014年成功举办了五老峰登山节、普救寺爱情文化节、鹳雀楼诗歌文化节等旅游文化节庆活动。雪花山水上大世界、五老峰滑雪场一期、五老峰游客服务区一期等项目建成投入运营。扁鹊庙、董村戏台等文物抢救性维修工程全面竣工。蒲州故城北城墙东段修复等项目快速推进。神潭大峡谷水峪口古村的建设,填补了运城地区特色小吃规模集聚区的空白,成为全市旅游产业发展新亮点。增开的“永济号”(永济到北京、永济到太原)高速列车,成为宣传永济市旅游文化的重要载体。全年共接待游客508万人次,同比增长20.1%;门票收入4300万元,同比增长23%。

(牛玉芳)

【国计民生】 2014年,城乡卫生服务能力提升、计生家庭奖励扶助、农村饮水安全、乡镇农技推广站、农业保险等“十件民生实事”圆满完成;高考成绩再创历史新高,达线率居运城市第一,通过国家义务教育发展基本均衡县认定,争取补助资金8888万元;全面完成了基层医改和县级公立医院改革,落实了基层医疗技术人员基本待遇问题,乡镇卫生院人员工资100%发放,县级公立医院人员基本工资财政承担70%;全面推行基药配送和药品零差率销售,改变了以药养医局面。健全完善了社会救助体系,困难群体基本生活得到保障。社保覆盖面进一步扩大,各项社会保险参保人数达到49.8万人次。新增城市集中供热面积60万平方米,低收入农户“户均一吨煤”及时发放。

(牛玉芳)

【社会事业】 2014年,认真贯彻落实市委决策部署,主动接受市人大的法律监督和市政协的民主监督,全年办结人大代表建议204件、政协委员提案155件,满意、基本满意达100%;深入开展党的群众路线教育实践活动和学习讨论落实活动,干部作风进一步转变;改进会风文风,规范公务接待,“三公”经费同比下降25%;深化行政审批制度改革,优化办事流程,整治“门难进、脸难看、事难办”及“吃拿卡要”等行为,行政效能明显提升。扎实推进重点行业、重点领域安全专项整治,全年没有发生一起重特大事故;严厉打击聚众斗殴、寻衅滋事、敲诈勒索等各类违法犯罪行为;全市“天眼工程”监控探头总数达到13530个,实现了视频监控无盲点,在农村地区新安装1118个高清探头,改变了过去布点少、清晰度差的缺陷;深入推行社会服务网格化管理,不断深化“大调解”体系建设,着力化解各类信访矛盾。

(牛玉芳)

【大西高铁永济北站通车运行】 大西高铁北起山西大同,南至陕西西安,全长859公里,设计时速250公里。永济北站是大西客运专线上的一个火车客运站,位于张营镇丰乐庄村,2010年3月开工建设,2014年7月1日投入运营,总占地88亩。站内主要建有站房、站前广场、高铁商贸区等。站房建筑为仿唐风格,斗拱偌大,飞檐微翘;商贸区内超市、餐厅、停车场等一应俱全;通往北站的引道处于建设中,建成后将大大缩短永济市区至北站的路程。2014年7月1日8时23分,太原南站—西安北站的D4021次列车到达永济北站,大西高铁正式通车;12月10日11时29分、永济北站—北京西站的G616次列车,16时55分永济北站—太原南站的D5342次列车开通运行,全程分别运行5小时59分、2小时42分;同日起,开往太原方向的车次达8列,开往西安方向的车次达7列。

(牛玉芳)

【舜帝山森林公园】 位于舜都大道南端、中条山北麓,东西长4000米,南北宽700米,总占地2500亩,由北京亚泰都会规划设计院规划设计,分四期实施。2010年动工建设,2014年底全面竣工,总投资2.5亿。公园包括朝拜纪念区、民俗文化景观区、自然山林景观区、现代武术村落景观区、原生态森林景观区等五大功能区,主要有广场、石牌坊、道路、绿化、亮化、水系等建设项目。中轴线上从北向南依次分布有功德牌坊、舜都蒲坂、祭祀广场、舜歌南风、尧王台5个主要节点,南北落差28米,分设6个平台和249阶步道。其中尧王台位于主轴线终点,由上下两层平台组成,上平台铺设有52米长大型尧王访贤雕塑。园路建设分为主环路、一级次环路、二级次环路及小园路四个等级,分别由混凝土、彩色压膜混凝土、渗水砖及石材、鹅卵石铺设而成,总长约8000米。绿化工程以高大乔木为骨干,以多种风景树为支干,乔、灌、花、草多层次结合,栽植油松、雪松、白皮松、法桐、樱花等乔木3.9万棵,球类植物11000余株。山体亮化工程以舜帝山公园为中心,向东西两侧各延伸两公里,总投资600万元,安装太阳能星星灯8000余盏,18米×14米“魅力永济”四个大字,光源采用变光LED灯组。公园人工湖水系,湖水面积约4000平方米,水系南北长约530米,高差约60米,溪流最宽处12米,最窄处4米,湖面上建设有栈道折桥、亲水平台、驳岸、喷雾喷泉等。2014年实施的西扩工程,将舜帝山森林公园与神潭大峡谷景区连为一体,整合了旅游资源,提升了城市品位,被省住建厅评为“山西人居环境范例奖”。

(牛玉芳)

【长荣现代循环农业】 山西长荣农业科技开发有限公司,成立于2009年,位于永济市张营镇西敬村东,注册资本1200万,下设畜牧事业部和农场事业部,农牧结合,是集种植、养殖、育种为一体的现代循环农业公司。公司遵循植物生成—动物转化—微生物还原的循环农业理念,依托种猪育种、F型杂交小麦育种及进口彩色苗木繁育等高科技产业,利用3年时间实现生猪育种→繁育→商品猪→屠宰→冷链→终端服务的高效循环体系;逐步完善了F型小麦原种→制种→繁育→规模生产→餐桌的产业链;流转土地600亩建设苗木繁育基地,年繁育北美红枫、蓝杉、红栎、猩红栎、冬青、日本红枫等进口彩色苗木20余万株,为华北地区最大彩色林木育种基地。2013年5月长荣集团与四川天兆畜牧科技有限公司签订合作协议,分三期进行生猪产业链发展,项目总投资1.6亿元,2013年7月—2014年5月,投资5000万元,建成占地面积100亩,可繁育1500头的原种猪场。2014年10月,公司委托太平洋证券进行股份改制及新三板上市,年底前期规范手续已经完成。

(牛玉芳)

【滨河公园建设全面竣工】 滨河公园位于永济市区北部,西起西厢路,东至东丰路,环抱涑水河贯穿城市东西,是一处集观光、健身、休闲为一体的城市公园。2014年8月,滨河公园提升工程开工建设,12月底全面竣工,总投资约2000万元,占地500亩,其中水域面积147亩。公园遵循"文化、功能、生态"的设计理念,各个景点体现了不同的景观功能和生态作用。沿公园建成循环道路圈,其中滨河街长1500米,宽18米;东丰路长200米,宽25米。公园南北两侧建有6个出入口,广场总面积4360平方米。园路分为3.5米、2.0米、1.5米三级,大部分采用渗水砖铺设,同时点缀鹅卵石或采用压膜彩色砼形式。园区绿化乔木、灌木、花木相结合,共栽植大叶女贞、雪松、白皮松、樱花、栾树、柳树、黑松等乔木品种20多个;城区段清淤1.5万余方,注入清水15万余方,上游污水,通过2.4米暗函管道,送入下游污水处理厂处理,彻底改变了公园及周边生态环境。公园亮化景观分为"堤、栏、岛、桥、树"5个层次,安装景观灯、庭院灯、草坪灯、高杆灯、洗墙灯、护栏灯等灯具、灯管6450个,采用对景、借景等不同造园手法,利用LED近距强光的特点,使白天和夜晚的滨河景观形成强烈的视觉差,达到"魅力永济入画来"的效果。

(牛玉芳)

【水峪口古村小吃一条街】 位于永济市南2公里的神潭大峡谷景区内,由山西溪域旅游开发有限公司投资建设,为水峪口古村一期工程,2014年3月开工建设,6月28日正式对外营业,占地面积50亩,街长800余米,建有仿古门店100余间,总投资3300余万元。小吃以经营传统特色小吃为主,同时兼营传统手工艺和非物质文化遗产。2014年底共有商户90余家,小吃100余种,月综合收入200余万元,带动就业500余人。是年,水峪口古村被省旅游局授予"山西最美旅游村"称号。

(牛玉芳)

【领导人名录】

市委书记　陈　杰
人大主任　杨文宁
市　　长　廉广锋
政协主席　袁宏轩

芮城县

【概况】 2014年,县委、县政府围绕"创建国家生态文明先行示范区"的奋斗目标,以加快发展为主基调,以保障和改善民生为主线,大力推进工业集群化、农业现代化、新型城镇化、城乡生态化和文化旅游产业发展,各项工作稳中有进。全县生产总值完成76.19亿元,可比增长6.9%。财政总收入(含风陵渡经济开发区)完成6.68亿元,同比增长30.3%;县内完成4.25亿元,同比增长34.8%。公共财政预算收入(含风陵渡经济开发区)完成2.36亿元,同比增长26.8%;县内完成1.67亿元,同比增长26.8%;固定资产投资总额(含风陵渡经济开发区)完成69.79亿元,同比增长35.4%;县内完成1.67亿元,增长15.9亿元。规模以上工业增加值完成14.8亿元,同比增长11.1%;社会消费品零售总额完成27.97亿元,同比增长15.6%;城镇居民人均可支配收入完成22807元,同比增长8.8%;农村居民人均可支配收入完成8605元,同比增长11.6%;外贸进出口总额完成351万美元。完成各项节能减排和环境保护的约束性指标。7月22日获批国家生态文明先行示范区,成为全国首批57个生态文明先行示范区之一。

(董莹芳)

【工业经济】 2014年,芮城县围绕亚宝、宏光等优势企业,横向配套,纵向延伸,不断完善产业链条。完成"10.30.10"的年度目标任务,实施医药产业集群项目12个,总投资30.3亿元,完成投资10.1亿元。园区入驻企业30家,其中现代医药产业相关企业18家;园区工业总产值30亿元,增长74.7%;产业集群工业总产值20.2亿元,增长124%,占园区工业总产值的67%。同时,启动中小微企业创业孵化基地建设,全年培育规模以上企业3家、小巨人企业1个、孵化小微企业156个。

(董莹芳)

【招商引资】 2014年,芮城县围绕工业集群化、农业现代化和文化旅游产业发展,大力开展产业链、精准化、专业化、定向化招商,全年招商引资落地项目24个,到位资金32.4亿元。"双十工程"和38个重点项目完成37个,21个跨年度项目有序推进。

(董莹芳)

【"三农"工作】 2014年,芮城县实施新兴电灌站改造、马崖灌区节水改造、小型农田水利工程、大王镇泉沟地质灾害治理、古魏镇窑头高标准农田建设、小流域综合开发治理等农田水利重点工程,全县引黄灌溉面积达到43.6万亩。全年粮食总产量达3.286亿公斤,连续四年荣获"全国产粮大县"称号。全年流转土地14万亩,发展"一村一品"专业村22个,发展设施蔬菜3390亩、核桃经济林1.56万亩、红枣丰产管理示范园3000亩,发展苹果标准化示范园3000亩、核心示范园300亩。"芮城苹果"商标成功获批,"芮城芦笋"获得国家农产品地理标志登记,芮城花椒品质不断提升,被命名为"中国花椒之乡"。温氏百万头生猪养殖一体化项目有序推进,全县规模农产品加工企业达23家。"芮城在线""芮城农特产网"正式上线,农产品网上交易达30万公斤,荣获全省"农产品电子商务示范推进重点县"。编制完成《芮城县现代化发展与项目规划》,绘制了现代农业发展的宏伟蓝图。

(董莹芳)

【文化旅游】 2014年,芮城县在北京召开"山西芮城永乐宫壁画临摹研究基地筹备座谈会"。举办山西(芮城)永乐宫第七届书画艺术节、"生态旅游,美食芮城"特色小吃展和导游大赛。圣天湖、百梯山、九峰山、水峪等景区建设有序推进,完成清凉寺、文庙、文博馆文物保护工程,城隍庙主体修缮进展顺利,线腔和永乐桃木雕刻获批国家非物质文化遗产。全年共接待游客274.4万人,增长14%;文化旅游相关收入达到20.2亿元,增长18%。

(董莹芳)

【基础设施】 2014年,编制完成《芮城县县城控制性详细规划》《芮城县县域排水专项规划》等6个规划,实施总投资29.4亿元的9项市政重点工程,完成9条城市道路改造、给排水和量化工程。环城林带水系、中心公园、子母阙,以及城隍庙和寿圣寺周边改造工程进展顺利。城隍庙、寿圣寺周边拆迁工作40天完成586户拆迁任务。改造县乡道路17.7公里,硬化村级道路30公里。完成一级路连接线通道绿化,中条山隧道顺利贯通,运宝黄河大桥全面开工。

(董莹芳)

【生态创建】 2014年,全县新增造林面积3.22万亩,林木覆盖率由上年的43%提升到44.8%,增加1.8个百分点。完成县城北环路、新建街、工业北街等7条道路绿化工程,城市新增绿化面积38.27万平方米,人均公园绿地面积10.52平方米,绿化覆盖率达39.1%。新发展燃气用户5000户,城市天然气普及率达60%。完成134个园林村绿化任务。东垆乡"国家生态乡镇"和永乐、西陌"省级生态乡镇"通过验收,古魏镇汉渡村被评为"山西省最美旅游村"。

(董莹芳)

【民生事业】 2014年,财政用于民生方面的支出达16.04亿元,占财政总支出的78.8%,比上年提高8.6个百分点。10件民生实事完成5件,5件跨年度项目有序推进。建成各类保障房962套,改造家庭危房1778户,改造农村幼儿园3所,异地搬迁困难群众256户1000人,培育新型职业农民880余人;建成农村社区日间照料中心30个。全年送戏下乡72村212场,放映电影2216场。城镇登记失业率为2.16%,低于省市4%的要求。

(董莹芳)

【领导人名录】

县委书记 董旭光
副书记 贾国平 罗宏伟
常委 姚广升 张建军
赵自成 孟力
王红梅 李金章*
杨建庭 负林安
人大主任 胡金虎
副主任 任武贤 郑建斌
范孟春 高亚平
李秀民
政府县长 贾国平
常务副县长 姚广升
副县长 杨琳 张应征
赵芮军 李跃刚
党组成员 张自刚 卢志刚
政协主席 余妙珍
副主席 王建业 刘百威
时定乾 赵伟兵

临猗县

【概况】 2014年,全县生产总值完成1290015万元,按可比价计算同比增长7.3%,比全市平均水平高2.3个百分点,比全省平均水平高2.4个百分点。其中,第一产业完成增加值444968万元,按可比价计算同比增长5%,拉动GDP增长1.6个百分点;第二产业完成增加值377297万元,按可比价计算同比增长12.6%,拉动GDP增长3.7个百分点,其中工业增加值完成306212万元,同比增长13.1%,拉动GDP增长3个百分点;第三产业完成增加值467750万元,按可比价计算同比增长了5.1%,拉动GDP增长2个百分点。2014年三次产业比为34.5: 29.2: 36.3。一产比重上升1个百分点,二产比重同比上升0.5个百分点,三产比重同比下降1.5个百分点。全县人均GDP高达22104元,按可比价计算同比增长6.7%。

(程明清)

【农业】 2014年,坚持强化农业支柱地位,积极推动三农工作协调发展。农业产值:全年农林牧渔服务业总产值为873408万元,按可比价计算同比增长6.7%。其中,农业产值761331万元,增长6.6%;林业产值5735万元,增长11.0%;牧业产值33276万元,增长8.2%;渔业产值65万元,增长9.0%;农林牧渔服务业产值73000万元,增长7.0%。种植面积:粮食种植面积60466公顷,下降1%(小麦27547公顷,增长2.9%;秋粮32919公顷,下降4%;玉米26363公顷,增长4%);棉花种植面积7872公顷,下降4%;油料种植面积1396公顷,下降9.4%;蔬菜种植面积3401公顷,增长56.8%;果园面积58918公顷,增长9.9%(苹果园面积40761公顷,增长5.3%)。畜禽及水产品产量:全年肉类总产量14328吨,增长23.2%。其中,猪肉产量11486吨,增长27%;牛肉产量39吨,下降69.6%;羊肉产量625吨,增长16.5%;禽肉产量2178吨,增长7.3%。禽蛋产量8369吨,下降28.2%;奶类产量4329吨,下降45%。水产品产量35吨,增长9.4%。农业机械:年末全县农业机械总动力100.78万千瓦,比上年增长2%。机械耕地面积55050公顷,机械播种面积63109公顷,机械收获面积53776公顷。全年农机化经营总收入13465万元,同比下降1.7%。

(程明清)

【工业和建筑业】 2014年全部工业总产值完成1313073.5万元,同比增长12.7%。其中规模以上工业完成总产1091073.5万元,同比增长12.3%;规模以下工业完成总产值222000万元,同比增长11%。全县规模以上工业企业累计完成销售产值984896万元,同比增长12.9%。工业产品销售率为90.3%,比去年同期增加0.5个百分点。全年规模以上工业企业45户,累计完成工业增加值243562万元,同比增长14.3%,在第二产业中所占比重为64.6%。2014年全县规模以上工业企业累计实现利税57016万元,同比下降30.8%。实现利润44518万元,同比下降34.8%。2014全县具有资质等级的建筑业有10家。全年全社会建筑业实现增加值71085万元,比上年增长10.7%;共实现利润总额2882万元,同比上升11.8%;上缴税金5206万元,同比增长9%。

(程明清)

【固定资产投资】 2014年,固定资产投资完成940202万元,比上年增长

21.3%。其中:投资项目完成896595万元,比上年增长24.8%;房地产完成投资43607万元,下降23.7%。在固定资产投资中,第一产业投资343798万元,同比增长299.5%;第二产业投资352803万元,同比下降15.1%;第三产业投资199994万元,同比下降27%。在固定资产投资中,非国有投资完成824512万元,同比增长22.3%;国有投资完成72083万元,同比下降29%。2014年固定资产投资项目共有147个:其中本年新开工123个,亿元以上项目2个,投产项目123个。

(程明清)

【商贸流通】 2014年,临猗县实现社会消费品零售总额551181万元,同比增长14.8%。其中县级市场实现消费品零售额424744万元,比上年同期增长14.5%;农村市场实现消费品零售额126437万元,同比增长16%,按行业分,批发业完成97167万元,同比增长12.4%;零售业完成425452万元,同比增长17%;住宿业完成3740万元,同比增长8.7%;餐饮业完成24822万元,同比下降6.7%。按规模统计,限额以上消费品零售额完成326504万元,同比增长15.6%;限额以下消费品零售额完成224677万元,同比增长13.7%。零售业占社会消费品零售总额的77.2%,是支撑社会消费品零售总额增长的主力军。2014年全年实现社会进出口总额16402万美元,同比下降0.05%。其中进口1001万美元,下降17.3%;出口15401万美元,增长1.3%。

(程明清)

【交通电信】 2014年,全县拥有机动车71818辆。其中汽车45498辆;摩托车19386辆;拖拉机6100辆;挂车694辆;其它类型车140辆。全年邮电业务总量2521万元,比上年增长10.0%。其中,邮政业务总量1806万元,增长5.7%;电信业务总量715万元,增长10.3%。固定电话139665户;移动电话249879户;联通电话70000户。

(程明清)

【财政、金融和保险】 2014年全县财政总收入完成40199万元,比上年下降1.6%,其中公共财政预算收入完成20109万元,比上年增长0.2%。在总收入中,税收收入完成14581万元,增长3.8%;非税收入完成5528万元,同比下降8.2%。全年公共财政预算支出207309万元,增长12.6%。其中,农林水务支出31389万元,增长5.5%;教育支出48002万元,增长10.7%;社会保障和就业支出37049万元,增长32.6%;医疗卫生支出30663万元,增长47.9%;环境保护支出4870万元,增长1.5%。2014年年末金融机构各项存款余额1152332万元,同比增长14.1%,其中城乡居民储蓄存款905520万元,同比增长17.1%;单位企业存款191071万元,同比下降0.7%。年末金融机构各项贷款余额784587万元,同比增长16.4%。其中短期贷款518119万元,同比增长23.3%;中长期贷款138742万元,同比下降2.8%。保险事业稳步发展。2014年中国人寿保险股份有限公司临猗支公司保费收入完成10237万元,同比增长2.4%;中国财产保险股份有限公司临猗支公司保费收入完成1930万元,同比下降12.3%。

(程明清)

【科技教育】 2014年,实施科学技术项目共38项,其中国家级1项,省级10项,市级10项,县级17项。专利申请共90项。教育质量持续攀升。2014年,全县各类学校210所,其中民办学校23所。在校学生达到73055人,其中小学在校学生26876人,初中17066人,高中12937人,职中2456人,幼儿园在园儿童数13720人。全县公办教职员工人数已达到5070人。适龄幼儿学前三年毛入园率达到100%;高中阶段教育毛入学率达97.6%;职业教育当年毕业生就业率达98.8%。

(程明清)

【卫生体育】 2014年,全县拥有各级医疗卫生机构594个。其中国家办医25个,社会办医11个,村卫生所418个,个体行医140个。国家卫生技术人员共1172人,其中拥有高级职称65人,中级职称357人,初级职称750人。全县拥有病床位数2380张,门诊人数达130万人次。2014年共举办县级运动会8次,参加比赛的运动员有3500人次。在各项体育比赛中,取得市级团体名次5次,取得市级个人名次30人次。

(程明清)

【文化事业】 2014年,送戏下乡161场,送影下乡4612场,在运城市"关圣杯"折子戏表演中,《打碗记》、《探槽》、《情投意合》分别获得了二银一金。八集眉户音乐剧《峨嵋岭》已与群众见面,纪实性眉户现代戏《守望》在山西省第十四届"杏花奖新剧目奖"评比中获得五项大奖。

(程明清)

【人口民生】 2014年年末全县总人口为585026人。其中男性人口296850人,女性人口288176人,城镇化率达到39.02%。人口出生率11.19‰,人口死亡率6.29‰,人口自然增长率为4.9‰。2014年城镇居民人均可支配收入22062元,比上年增长8.4%;农村居民人均可支配收入9908元,增长11.4%。人均公园绿地10.52平方米。建成区绿化覆盖率达39.28%。

(程明清)

【平安临猗建设】 2014年,开展以打击"黄赌毒"、打黑除恶为主的"四四二"专项行动,查处治安案件3325起;利用"天眼"工程破获案件60余起,解决纠纷200余起,社会治安持续好转。成立全省首家社会稳定风险评估所;建立"6+4"模式的行业性调解组织,调处纠纷400余起;构建了以三级平台和四级网络为主的社会服务管理体系,解决群众生产生活问题1.5万件,化解矛盾纠纷的能力进一步增强。

(程明清)

【领导人名录】

县委书记　赵惠民
人大主任　路香芳
政府县长　李建刚

政协主席　孙正来

万荣县

【概况】 2014 年,万荣县工业经济稳中有增,有机农业效益初显,城乡设施不断完善,旅游产业快速发展,民生保障全面提升,社会保持和谐稳定。全县地区生产总值完成 61.7 亿元,增长8.7%;财政总收入完成 32039 万元,增长 17.1%;规模以上工业增加值完成 9.88 亿元,增长 15.7%;社会消费品零售总额完成 27.3 亿元,增长 14.9%;城镇居民人均可支配收入完成 19528 元,增长 8.3%;农民人均纯收入 7098 元,增长 10.8%。金融机构存款余额 80.45 亿元,贷款余额 35.91 亿元。

（薛勇勤　张东宏）

【招商引资】 2014 年,县领导带头外出招商引资,举办了成都恳谈会、兰州项目推介会等活动,吸引在外人士回家乡创业。引进投资 18.8 亿元纺织服装产业园项目,建成 1 个培训基地、3 个生产车间,正式投产后,可提供 1.2 万个就业岗位,年产值达到 30 亿元。开工建设了投资 2.3 亿元的华康中药产业园、投资 1 亿元的朗致双人药业项目,促进医药产业集群化发展。建成了“天天香”香菇深加工项目,带动全县食用菌发展。汇源扩建、金盾苑、坤盛、晋骏新材料等招商项目全部投产达效。

（薛勇勤　张东宏）

【农业产业】 2014 年,聘请山西农大专家,制订了《万荣县特色农业发展与项目规划》,明确了万荣农业的发展路径。有机农业产品认证 700 亩,有机转换产品认证达到 5 万亩。新增“一村一品”产业村 29 个,扶持专业合作社 22 家,培育科技示范户 900 户;万荣苹果首次进入美国市场,连续 4 年出口澳大利亚,苹果总产量 7.66 亿公斤,总产值 19.4 亿元,新建果库 41 个,全县果库达到 101 个,全县十分之一水果种植户收入达到十万元以上;扶持里望蓝天、高村牧香地、光华鸿农等养殖企业,扩大规模,提高效益。建设高标准农田 9200 亩,北赵、西范两大灌区完成投资 9036 万元,新增水田 10 万亩,全县水浇地面积达到 58 万亩。粮食总产量达到 1.92 亿公斤,被评为全省粮食生产先进县。

（薛勇勤　张东宏）

【工业项目】 2014 年,全县投放企业贷款 2.8 亿元,利用财政融资担保平台,为企业争取贷款 9800 万元,在全省首家设立“互惠贷”基金,为小微企业融资 3045 万元。新上 13 个项目,实现产值 11.6 亿元,同比增长 45.2%。华康固体制剂生产线改造完成,朗致小容量注射剂生产线通过 GMP 认证,两个医药产业园顺利建设,全年医药产值 8.2 亿元,同比增长 31.9%。引导防水建材产业 13 家企业入股组建万泰建材有限公司,集中采购原材料 7500 吨,节约成本 300 万元;帮助建材企业清收拖欠货款 1350 万元,黄腾、凯迪等龙头企业中标国家重点项目 300 个标段,合同金额8.5 亿元;防水建材产业产值 20 亿元,同比增长 14.7%,占到全县工业产值的近一半。全县规模以上工业总产值完成 46.3亿元,同比增长 8.5%。康特尔、黄土情、银鼎、宜永、飞云、皆乐、宇超被认定为山西省著名商标,黄腾、赞凯、立效被认定为中国驰名商标。

（薛勇勤　张东宏）

【城乡建设】 2014 年,持续加大城乡建设投资,重点建设了“两渠、六街十四路、一站两院八小区”,“两渠”投资 3500 万元,实施了县城防洪一期工程;投资 2080 万元建成两条排洪渠,彻底解决了困扰里望乡、河津市多年水患难题。“六街”投资 4480 万元,新开通西内环路、荣河北路、王勃街、张仪东街、海鸥街、宝鼎南路延伸段 6 条街路,一个 12 平方公里城市框架基本成型;投资 1075 万元,新增绿化面积 11 万平方米,在县城新建路口、南张十字路口安装了红绿灯,保障了群众出行平安。“十四路”投资 1.2 亿元,对 2 条县道、12 条乡道翻修改造,对农村街巷硬化形成的债务进行了核实,并列入财政预算,逐年分批解决。“一站”投资 7000 多万元,新建城市集中供热热源站。“两园”投资 2500 万元建成城北公园,投资 4100 万元建成城市生态公园。“八小区”,新开工 8 个住宅小区,满足了群众住宿需求。

（薛勇勤　张东宏）

【社会保障】 2014 年,为失地农民建市场,搞培训,上保险,发补贴,扶持南张、新城、西贾、南解、七庄等村,建设生态农庄、采摘园、香菇种植园和农贸市场,带动农民增收致富;为 8230 名农民代缴养老保险 107 万元,为 1481 名 60 岁以上农民,发放补贴 139 万元;为 82 名失地家庭大学生发放补助 24.6 万元;为 726 名中小学生和幼儿发放补贴 72 万元。投资 4615 万元,新建实验小学和幼儿园,完善实验中学附属设施。投资 3800 万元,建成智慧城乡服务中心,将智慧政务、智慧农业、智慧民生高度集中,信息共享,让城乡运行更加高效。投资 3720 万元,建成中医院门诊大楼和 4 个乡镇卫生院综合楼,改善了医疗条件,为符合条件 60 岁以上乡村医生,每月发放退养补助 100 元。皇甫、西村、贾村、高村新建中心敬老院,建成 27 家农村老年人日间照料中心。县城公墓建成,移风易俗开始形成。新开工保障房 428 套,改造农村危房 1027 户。

（薛勇勤　张东宏）

【文物旅游】 2014 年,创建万荣旅游官网,开通微信公众平台,旅游专项宣传片在央视一套、凤凰卫视播出,万荣旅游整体形象得到提升。飞云楼和万泉文庙修缮完成,国宝文物焕发新貌;孤峰山景区新建民俗体验园,重建了金顶庙;后土祠新建东回廊 25 间,新征土地 40 亩,扩展了发展空间;李家大院景区与唐风晋韵公司合作,建成全市首个“智慧旅游”平台,打造综合性民俗文化产业园。全年接待游客 160 万人次,门票收入 1542 万元,旅游综合收入突破 4000 万元。

（薛勇勤　张东宏）

【民生事业】 2014 年,全县高考文理达线 786 人,为 5729 名贫困大学生办理助

2014 年共计放映电影 2484 场。其中,农村电影 2400 场,农村寄宿制学校电影 84 场,观众人数达 30 多万人次。戏曲《哭祖庙》获运城市"关圣杯"折子戏大赛金奖。拳板舞《庆丰收》获运城市"菊花奖"金奖。创作大型歌舞剧《枣儿谣》《农祖稷风》、戏曲《后稷故里唱稷王》在省内外引起强烈反响。2014 年稷山县电视台共采编新闻 2000 余条,稷山报社共刊发《稷山新闻》61 期,稿件 1800 余篇。2014 年申报成功国家级非物质文化遗产两项(螺钿漆器、鎏金工艺),至此全县已拥有 5 项。2014 年全县共有医疗卫生机构 276 个。其中,医院 7 个,乡镇卫生院 7 个,分院 4 个,诊所(医务室)58 个,村卫生室 200 个。全县卫生技术人员 1526 人。其中,执业医师和执业助理医师 724 人,注册护士 762 人。医疗卫生机构床位 2136 张。其中,公立医院 933 张,乡镇卫生院 390 张,民营医院 813 张。2014 年全县参加新型农村合作医疗的农民 29.28 万人,参合率达 99% 以上。新农合 2014 年受益 51.56 万人次。其中,乡村门诊受益 44.67 万人次,住院受益 3.54 万人次。累计拨付补偿款 1.04 亿元。全县共有体育场 1 个,体育馆 1 个。2014 年运动员在省内外重大比赛中获金、银、铜牌分别为 2 枚、3 枚和 6 枚。

(稷山县志办)

【人民生活和社会保障】 2014 年全县居民人均可支配收入 12471 元,增长 10.8%。按常住地分,城镇居民人均可支配收入 20564 元,增长 9.0%;农村居民人均可支配收入 8488 元,增长 11.3%。2014 年全县城镇基本养老保险参保人数 2.39 万人;城镇职工基本养老保险参保人数 2.32 万人;企业基本养老保险参保职工人数 9930 人;城镇居民养老保险参保人数 656 人;新型农村社会养老保险参保人数 1.71 万人;城镇基本医疗保险参保人数 3.42 万人;失业保险参保人数 1.54 万人;工伤保险参保人数 5.00 万人;生育保险参保人数 19070 人。2014 年全县共审定城市低保对象 1090 户 2369 人,占城镇人口总数的 1.9%,2014 年共发放城市低保金 1572.1 万元。审定农村低保对象 7400 户 11013 人,占农业人口总数的 4.8%,2014 年共发放农村低保金 1925.2 万元。2014 年共发放五保供养经费 224.4 万元。2014 年共救助 1.84 万人次,发放医疗救助 476 万元。2014 年全县共有各种社区服务设施 3 个。其中,综合性社区服务中心 1 个。各类收养性单位床位数 20 张,累计收养人数 12 人。国家抚恤、补助各类优抚对象 2947 人,共发放补助款 1078 万元。全年县红十字会接受社会捐赠款 11.00 万元。

(稷山县志办)

【资源、环境和安全生产】 2014 年,全县完成造林面积 2.68 万亩。其中,人工造林 2.08 万亩、封山育林 0.6 万亩。全县森林覆盖率达 24.3%。2014 年全县公园绿化总面积达到 53.86 万平方米,新增绿化面积 12 万平方米,人均公园绿地面积达到 6.41 平方米,县城绿地率达 33.54%,绿化覆盖率达 37.5%。2014 年全县水资源总量 5884 万立方米,总用水量 8317.65 万立方米。其中,城镇生活用水量 381 万立方米,人均 80 升/天/人;农村生活用水量 389 万立方米,人均 50 升/天/人;工业用水量 408 万立方米。地下水止降回升 1 米。万元工业增加值用水量 23.73 立方米。农田灌溉面积完成 44.1 万亩,水土流失治理面积完成 2 万亩。新增有效灌溉面积 4.1 万亩,新增节水灌溉面积 0.69 万亩。修建支斗渠 89 千米。2014 年全县城市生活污水处理 445 万吨,城市污水处理率达 89.3%。县城环境空气 PM2.5实现自动监测,2 级以上良好天数稳定在 310 天以上。汾河柴村桥断面达到Ⅴ类水质标准。全年共减排二氧化硫(SO_2)3528 吨、化学需氧量(COD)2095 吨、氨氮(NH_3-N)232 吨、氮氧化物(NOx)970 吨、烟尘 939 吨、工业粉尘 2191 吨,全面完成了"4+2"年度减排任务。2014 年全县各类自然灾害造成直接经济损失 1.02 亿元,农作物受灾面积 24.9 万亩。其中,板枣遭受几十年未遇的连阴雨,发生大面积裂果,受灾面积 13.5 万亩,直接经济损失 5.5 亿元左右。2014 年全县工矿商贸行业未发生生产安全事故。道路交通事故 58 起,死亡 16 人。其中,生产经营性道路交通事故 6 起,死亡 6 人。消防火灾事故 15 起。其中,生产经营性 6 起,无人员伤亡。

(稷山县志办)

【领导人名录】

县委书记　乔登州
副 书 记　李亚丽　尚国桦
县委常委　乔登州　李亚丽
　　　　　尚国桦　赵永刚
　　　　　费克仁　王　钊
　　　　　孙　斌　姜存师
　　　　　王建武　兰金锁
人大主任　郭崇学
副 主 任　高根立　辛福集
　　　　　兰文力　乔挨选
　　　　　赵天寿
政府县长　李亚丽
副 县 长　费克仁　赵高云
　　　　　薛克学　李建民
　　　　　史志国
政协主席　高吉华
副 主 席　午志维　卫燕红
　　　　　郭大斌　刘旭生

新绛县

【概况】 2014 年年末,新绛县常住人口为 340786 人,比上年年末增加 1937 人。全年全县出生人口 385 人,人口出生率为 11.29‰;死亡人口 191 人,人口死亡率为 5.59‰;人口自然增长率为 5.7‰。全年完成生产总值 760641 万元,按可比价计算,比 2013 年增长 8.6%。其中,第一产业增加值 159941 万元,增长 1.5%;第二产业增加值 359768 万元,增长 13.1%;第三产业增加值 240932 万元,增长 5.0%。第三产业中,金融业 25256 万元,增长 4.8%;批发和零售业 34167 万元,增长 6.8%;交通运输、仓储和邮政业 53179 万元,增长 12.0%;房地产业 15363 万元,增长 2.9%。全县人均生产总值 22384 元,按 2014 年平均汇率(1 美元 = 6.1428 元人民币)计算为3643.9美元。第一、第二和第三产业增加值占全县生产总值的比重由2013年的23.4%、46.9%、29.7%调整为21.0%、47.3%、31.7%。全年居民消费价格比上年上涨2.0%。其中,食品价格上涨3.9%;商品零售价格上涨2.9%;工业生产者出厂价格下降8.9%,其中,生产资料价格下降9.1%,生活资料价格上涨4.0%。

(许　隽)

【农业生产】 2014年,全年农林牧渔服务业总产值为342775万元,按可比价计算,同比增长1.7%。其中,农业产值249225万元,增长1.1%;林业产值3599.5万元,增长17.4%;牧业产值72185万元,增长3.2%;渔业产值166.8万元,增长0.01%;农林牧渔服务业产值17600万元,增长1.0%。全年农作物种植面积58926.3公顷,比上年减少2728.2公顷,下降4.4%。其中,粮食45379.5公顷,在粮食作物中,夏粮25727.9公顷,秋粮19654.7公顷,玉米19091.7公顷。在经济作物中,棉花234.2公顷,油料338.3公顷,瓜果13.7公顷。全年蔬菜及食用菌播种面积11721.7公顷。其中,设施蔬菜种植面积6968.3公顷,增加670.2公顷,增长10.6%。全年粮食总产量234306吨,比上年减少12286.8吨,下降4.9%。其中,夏粮117839吨,秋粮116467吨。全年棉花产量161.5吨,油料产量681吨,瓜果产量540吨,蔬菜产量721407吨。全年全县肉类总产量17204吨,比上年增长10.9%,其中:牛肉产量366吨,猪肉产量14338吨,羊肉产量306吨,禽肉产量2194吨。年末生猪存栏109399头,生猪出栏141409头。牛奶产量7458吨,增长5.0%,禽蛋产量47860吨,增长7.9%。全年完成造林18500亩,完成乡村道路绿化100余公里,四旁植树100万株。

(许　隽)

【工业发展】 2014年新绛县规模以上工业企业完成总产值1401630万元,增长7.9%。增加值353305万元,增长15.0%。销售产值1357168万元,增长6.7%。产品销售率96.83%,比上年下降1.13个百分点。全年规模以上工业中,医药制造业增长145.8%,非金属矿物制品类增加值增长30.1%,黑色金属冶炼和压延加工业(钢材和铁)增长19.7%,纺织业增加值增长18.5%,橡胶和塑料制品业下降46.0%,化学原料和化学制品制造业下降20.7%,石油加工、炼焦和核燃料加工业增长12.8%。

全年规模以上工业主营业务收入1337750万元;实现利税80784万元;实现利润61290万元;亏损额6370万元。2014年年末,具有资质等级的建筑企业共3个,全年完成总产值29652万元,比上年下降32.5%。2014年全年能源消费总量为142.33万吨标准煤,比上年增长9.95%。规模以上工业原煤消费量为162.86万吨,下降7.6%;洗精煤消费量为280.86万吨,增长29.73%;焦炭消费量为49.52万吨,下降18.7%。

(许　隽)

【固定资产投资】 2014年,固定资产投资完成720481万元,比上年增长23.8%。其中,第一产业投资127185万元,增长113.5%;第二产业投资249038万元,下降27.0%;第三产业投资344258万元,增长90.1%。在固定资产投资中,非国有投资459330万元,增长1.9%;国有投资261151万元,增长98.9%。2014年,房地产开发投资61673万元,比上年增长101.6%。其中,住宅投资40041万元,增长75.1%;商业营业用房投资17005万元,增长200.4%;其他投资完成4627万元,增长124.7%。

【消费品零售】 2014年,社会消费品零售总额368869万元,比上年增长14.8%。按规模统计,限额以上消费品零售额144246万元,增长19.6%;限额以下消费品零售额224623万元,增长1.8%。按经营地统计,城镇消费品零售额226367万元,增长10.4%;农村消费品零售额142502万元,增长22.5%。按行业统计,商品批发业零售额286413万元,增长12.4%;商品零售业零售额257880万元,增长13.1%;住宿业零售额33315万元,增长8.8;餐饮业零售额42361万元,增长28.5%。

【交通运输】 2014年年末,新绛县境内铁路营运里程18.3公里,公路线路里程799.7公里(含村道)。其中,高速公路18.8公里,国道、省道72.9公里,县道、乡道、村道及专用道708公里。公路客运量271万人,比上年增长34.8%;公路货运量305万吨,增长7.8%。公路旅客周转量20030万人公里,增长70.7%;公路货物周转量42855万吨公里,增长86.1%。

(许　隽)

【邮政电信】 2014年,邮电业务总量13185.3万元,比上年增长7.5%。其中,邮政业务总量1174.3万元(不含快递),下降2.5%;电信业务总量12011万元,增长14.0%。全年订销报纸357.3万份,增长19.0%;订销杂志7.89万份,下降20.8%;收寄国内函件22.01万件,下降15.9%;收寄国内包件5115件,下降2.2%。年末电话用户236848户,其中,固定电话17500户,移动电话219348户。电话普及率达到69.7部/百人,其中固定电话和移动电话普及率分别达到5.15部/百人和64.5部/百人。宽带接入用户达43395户,增长46.3%。(许　隽)

【财政税务】 2014年,新绛县财政总收入46608万元,下降2.0%。公共财政预算收入20039万元,增长7.3%。财政总收入占全县生产总值的比重由上年的6.7%下降至6.3%。其中,四大税种共完成税收34964万元,占到财政总收入的75.0%。其中,增值税完成25626万元,增长8.6%;营业税完成5543万元,下降26.2%;企业所得税完成2386万元,下降52.8%;个人所得税完成1409万元,增长3.0%。全年公共财政预算支出137112万元,比上年下降1.4%。其中,粮油物资储备支出增长189.4%,文化体育与传媒支出增长85.0%,医疗卫生支出增长83.0%,交通运输支出增长55.3%,国债还本付息支出增长51.7%,公共安全支出

25.6%,城乡社区支出增长18.8%,社会保障和就业支出增长1.2%。

(许 隽)

【金融保险】 2014年,全县金融机构各项存款余额756991万元,比年初增加55221万元。其中,在单位存款中,活期储蓄存款108317万元,比年初下降15.6%;定期储蓄存款35166万元,比年初增长32.1%。年末金融机构各项贷款余额290442万元,比年初减少2093万元。其中,短期贷款186652万元,中长期贷款84461万元。在短期贷款中,个人贷款与透支78752万元,单位贷款与透支40547万元。全年财险、人寿险两大公司保费收入8697.5万元,比上年下降25.9%。其中,财险业务保费收入2697.5万元,下降46.2%;人寿险业务保费收入6000万元,下降10.9%。全年支付各类赔款及给付4877万元。其中,财险业务赔款2461.4万元,人寿险业务给付2415.6万元。

(许 隽)

【教育科技】 2014年年末,各类学校在校学生47391人。其中,小学在校学生19397人,普通中学在校学生25374人,职业技术学校2620人。专任教师4419人。小学学龄儿童入学率达到100%。2014年新绛县高考二本达线2348人,达线率51.7%,连续十年稳居全市榜首。科技队伍稳定发展,群众科技意识进一步增强。全年专利申请7件,比上年有所下降。

(许 隽)

【文化广电】 2014年,全县共有艺术表演团体6个,文化馆1个,公共图书馆1个。博物馆1个,馆藏文物1072套。县级以上重点文物保护单位693处,其中,国家重点文物保护单位15处,省级重点文物保护单位6处,市级重点文物保护单位3处,县级重点文物保护单位669处。全面实施了“三楼大堂”衙署文化景区三期、李毓秀故居修复、绛州“两日游”等项目建设,荣膺“全国最佳楹联文化县”称号,新绛文化产业名片更加靓丽,历史文化名城建设取得新成就。积极开展文化下乡系列活动,完成“文化惠民欢乐百姓新春走基层”活动5场,“幸福新绛欢乐行”文化下乡10场,农村公益电影放映2640场,戏曲惠民100场;不断丰富城乡居民精神文化生活,提升全民素质。广播电视事业进一步发展,有线电视网络建设步伐加快,数字电视起步良好。全县拥有电视台1座,广播人口覆盖率为100%,电视人口覆盖率为100%,有线电视用户达2.7万户,数字电视用户达1.1万户。

(许 隽)

【医疗卫生】 2014年,全县共有医疗机构24个,其中,县级医疗卫生单位7个,乡(镇、街道)卫生院13个,社区卫生服务中心(站)9个,民营医院3个。村卫生所261个,诊所105个。各类医疗卫生技术人员1626人。病床床位数1395张。县乡村三级医疗卫生机构达标率100%。新型农村合作医疗覆盖率100%,参合率为99.9%。

(许 隽)

【人民生活】 2014年,新绛县居民人均可支配收入13672元,比上年增长11.3%。按常住地分,城镇居民人均可支配收入21830元,增长9.6%,农村居民人均可支配收入8860元,增长12.2%。城镇居民人均可支配收入及其增速,农村居民人均可支配收入及其增速加快。全县城镇人口137569人,乡村人口203217人,城镇化率达到40.37%。

年末全县单位从业人员12391人。全县在岗职工为11518人,比上年减少6.6%,在岗职工年平均工资37638元,增长13.2%。年末全县城乡居民储蓄存款余额601233万元,比年初增长13.9%。人均储蓄存款为17693元。

(许 隽)

【社会保障】 2014年新增就业人数4113人,转移农村劳动力5611人,下岗再就业931人,城镇登记失业率控制在2.49%。城市和农村低保人数分别为3868人和10803人。年末全县参加失业保险职工19620人,参加城镇基本医疗保险职工18111人,居民17892人,参加工伤保险职工35887人,参加城镇基本养老保险人数达到40425人,参加农村基本养老保险人数168665人,社会保障体系日臻完善。

(许 隽)

【行政区划】 新绛县设8镇1乡1区:龙兴镇、三泉镇、泽掌镇、北张镇、泉掌镇、古交镇、阳王镇、万安镇、横桥乡、商贸经济开发区。共计220个村。

(许 隽)

【领导人名录】

县委书记	邓雁平
副书记	靳国全
组织部长	裴良豪
政法书记	高 力
纪委书记	韩小青
宣传部长	郝红霞
统战部长	解伟龙
武装部长	刘晓光
政府县长	田艺彬
副县长	赵高棠 王军胜 贾文伟 庾根来 杨瑞林
人大主任	李铁路
副主任	赵顺太 马新立 史海菊 杨彩芳 吴关顺
政协主席	卫保平
副主席	王喜明 许永红 张 茜 程勤学

闻喜县

【概况】 全县社会消费品零售总额完成36.7亿元,同比增长14.2%;城镇居民人均可支配收入完成22053元,增长8%;农民人均纯收入完成7451元,增长10.2%。在剔除海鑫停产因素影响后,地区生产总值完成58.09亿元,增长7%;规模以上工业增加值完成14.9亿元,增长15.9%。

(闻喜县)

【产业转型】 2014年,企业帮扶不断加强,解决了一批企业的生产和融资难题,特别是海鑫公司总体保持稳定,重整工作进展顺利。项目建设取得实效,全年共实施重点项目51个,总投资223.2亿元,象丰农牧自养场等9个项目已完成建设任务,晋鑫玻璃扩建等31个项目正在加紧建设。园区化发展、集群化招商扎实推进,园区内新增入驻企业7家,园区企业发展到26家;启动实施集群项目20个,其中7个镁铝集群项目和7个玻璃集群项目已经开工;先后对接项目76个,天津大昌、恒达金属制品、西安紫光等26个项目成功签约,总投资256亿元,已落地22个,为经济社会可持续发展积蓄了后劲。

(闻喜县)

【"三农"工作】 2014年,粮食生产保持稳定,创建粮食高产示范片区20万亩,粮食总产完成2.7亿公斤,闻喜被评为全国粮食生产先进县。农业生产条件得到改善,新建、改扩建东干庆肉鸡自养场、下邱村设施蔬菜等示范园17个,小浪底引黄、农业综合开发等工程加快实施,农业生产机械化率达到75%以上,农作物良种实现全覆盖。农业结构不断优化,新增设施蔬菜2600亩、林果9500亩、规范化药材生产基地5000亩、标准化规模养殖场20个。农业产业化进程不断加快,全县土地流转面积达到16.7万亩,"一村一品"专业村108个,农民专业合作社798家,农副产品加工企业349家,农业生产经营组织化程度稳步提高。

(闻喜县)

【"大县城"战略】 2014年,"大县城"战略深入实施,以闻喜工业园为龙头的西部产业新区开工建设,以涑水河公园为龙头的6平方公里南城新区建设扎实推进,以大西高铁闻喜西站为代表的14个城市基础设施工程顺利完工,产城融合发展呈现新局面。小城镇建设持续加力,一批道路、绿化、市场建设工程先后竣工,河底、郭家庄、畖底、礼元等重点镇建设初具雏形,辐射带动能力显著增强。全县城镇化率增长了2个百分点,达到了46.23%。

(闻喜县)

【城乡建设】 2014年,农村环境连片示范整治稳步实施,建成园林村83个,美丽乡村建设有了新进展。造林绿化成效显著,先后实施完成县城至东镇一级路"绿色生态长廊"建设及东镇外环线、闻垣路、柴西路和侯西路通道绿化提档升级工程,新增造林面积4.29万亩。"兴林富民"战略取得实效,干果经济林和特用经济林发展到14.6万亩,累计绿化磨盘岭320座,实现了生态建设与农民增收的"双赢"。省级文明县城、生态林业县、园林城市和卫生城市"四城联创"工作深入推进,城市道路绿化提升、城乡卫生清洁等一批工程先后实施完成。特别是涑水河公园工程指挥部全体成员、有关部门及桐城镇和沿线村组干部严格遵守工程预算编制、财政评审、环评、招投标、工程实施等法律法规要求,坚持依法施工、规范建设,推动涑水河公园建设取得突破性进展。河南污水截流管道、577铁路桥至城南大街桥河道土方开挖、新开路桥、河北生活污水管道改线等重点项目基本完成,龙嬉东湖区、游乐世界区、健身运动区、古城八景区、都市休闲区、植物科普区、康宁路桥等重点项目全面铺开,整个工程已初具雏形。

(闻喜县)

【文化产业发展】 2014年,农村数字电视整体转换工作顺利实施,文化馆、图书馆、乡镇综合文化站免费开放,送戏下乡、电影惠民等活动扎实开展。报告文学《为善的涑水》、眉户说唱《看花馍》等一批精品力作获得广泛好评,特别是《马拉鼓车》在国家大剧院、人民大会堂演出后,极大地提高了闻喜文化的知名度和影响力。裴氏宗祠凌烟阁、后稷庙修复等工程已经完成,东方新闻纸业等文化企业快速发展,闻喜花馍在各地发展旗舰店100多家,本命年、谭氏布艺等文化创意产业不断做大,文化产业成为全县经济增长新亮点。闻喜被评为全市文化创新工作先进县。

(闻喜县)

【民生工程】 2014年,10件实事扎实推进,综治平安网络建设、后宫现代农业示范区、一级路和东镇外环绿化已实施完成,高效节水建设、环境连片及卫生清洁年度任务已全部完成,大西高铁闻喜西站站前广场和进站道路已投入使用,城市道路和桥梁已取得明显进展,新美新天地商场正在进行室内装修,龙海南苑保障房已完成前期工作,县城安全供水已完成征地手续办理。同时,城乡教育发展更加均衡,医疗服务体系更加完善,就业服务和社会保障更加有力,扶贫开发和1吨煤供应工作扎实推进,安全生产、社区管理、食药监管、社会治安等各项工作全面加强。全县群众的生活幸福指数得到了明显提升。

(闻喜县)

【领导人名录】

县委书记 张汪尤

副书记、县长 张建元

常务副县长 王海生

工矿办主任 李旭生

副 县 长 杨云英 李红民

王学智 宋登科

工矿办副主任、政府办主任

吴引群

工矿办副主任 樊辉生

绛 县

【概况】 绛县位于山西省南部,运城市东北端。县境东部和南部由中条山环抱,高峻而挺拔;西部和北部由平川和盆地构成,低凹而平坦。东部与翼城县毗连,西部和闻喜县接壤,南跨中条山与垣曲县相邻,北部自东而西由翼城、曲沃两县和侯马市环绕。地理坐标为:东经110°24′~110°48′,北纬35°20′~35°38′。东西长49.1公里,南北宽35.4公里,总面积993.49平方公里。

(绛县)

【经济运行情况】 2014年,全县地区生产总值62.26亿元,同比增长9.5%;规模以上工业增加值29.33亿元,同比增长14.83%;全社会固定资产投资79.1

亿元,同比增长25.4%,高于全市平均水平6个百分点,高于全省平均水平14个百分点;社会消费品零售总额20.92亿元,同比增长14.8%;外贸进出口总额2362万美元,同比增长125.81%;与开发区分家后,财政总收入1.998亿元,同比增长18.4%;公共财政预算收入9448万元,同比增长24.3%。在经济下行压力较大、"立体式困局"等各种不利因素叠加影响下,财政总收入实现了逆势增长,高于全市平均水平7个百分点,高于全省平均水平11个百分点;城镇居民人均可支配收入20189元,同比增长8.9%;农村居民人均可支配收入7339元,同比增长10.4%。

(绛县)

【工业经济】 2014年,重点工程"六位一体"位居全市第四。工业集群化高点起步,成效明显。安峪工业园区冶金发电集群实施了明迈特年产70万吨镍铬铁合金、天润风电、大唐安峪热电厂、晋安通绛县富家山风电、星源工贸自走式秸秆打捆机、晶茂硅二期、绿园农产品加工、综合服务中心、社区住宅、幼儿园和医院等11个集群项目,总投资96.8亿元,产业集群已成为本县工业发展的主要引擎。通航产业园项目审批所需的前置性许可都已取得实质突破,绛侯机场场址通过了民航华北管理局、省市发改委等部门的27名专家联合评审,空域批复已报送至北空司令部和总参,待审核后即可全面开工。绛县通航产业园有望成为低空领域开放后华北地区获批的第一家通航项目。

(绛县)

【农业经济】 2014年,以"土地规模化、组织企业化、技术现代化、经营市场化"为路径,全年流转土地9.8万亩,占家庭承包总面积的24.5%。各类专业合作社累计达730个。新增市级以上龙头企业3家,达15家。家庭农场发展到19个。"一村一品"专业村和示范村达到65个。山楂10万亩,大樱桃1.7万亩,苗木5万亩,中药材5万亩,新发展干果经济林1.63万亩,基本实现"人均一亩经济林"。实施了"小农水"重点县工程,水浇地面积达到23.08万亩,接近"人均一亩水浇地"。粮食总产量1.76亿公斤,创历史新高。

(绛县)

【县域城镇化】 2014年,坚持大县城、小城镇、新农村"三位一体、功能各异",合理优化新型城镇化空间布局。启动了绛山东街、环城南路、健康南路、广场西路北段、和平路中段等5条市政道路以及一批商业综合体建设。建成9处小游园、10块绿地、6座高标准公厕。完成绿化面积4.5万平方米。建成人武部新办公楼和消防站,城市框架进一步拉大。在横水镇实施了棚户区改造工程和新城建设。完成了卫庄镇斜曲旅游风景区总体规划。投资524万元,完成了故绛、横水两个乡镇10个村的连片示范区建设。

(绛县)

【生态建设】 2014年,按照"山上治本、身边增绿、林业增效、产业富民"的思路,持续加大植树造林力度,完成造林3.97万亩、通道绿化132公里,森林覆盖率达34.8%。绛县被评为全省七个林业生态建设先进县之一。坚决淘汰落后产能,取缔废旧塑料加工厂42家,拆除土炼油、炼铅、炼镁厂4家、关停小化工、小水泥厂2家。持续加大涑水河监管整治力度,清理垃圾3.61万方。完成10个村的农村环境连片综合整治。加强水源地保护,城镇集中式饮用水水源地水质达标率100%。建成并启动了PM2.5监测。全县二级以上空气质量天数达到343天。

(绛县)

【文化旅游】 2014年,以"高端创意、整合资源、政府引导、市场运作"思路,提出了打造以"古中国"为标识的黄河金三角地区避暑胜地和休闲旅游胜地"两个胜地"战略构想,全县文化旅游产业发展主题更加明确、路径更加清晰,实现了成功破题,以较快的速度建成了绛北大峡谷一期、东华山滑雪滑草场两个标杆性项目,在晋南、晋东南地区形成了较大影响。全年实现旅游总收入4.12亿元,增长26%。文化事业加快发展,成功举办了第三届消夏文化周、樱桃采摘节等一批群众性文化活动。创作了《美丽绛县》、《相逢正当好时候》、《故绛飞龙》等优秀歌曲。民俗舞蹈《闹花灯》荣获全市第二届"菊花奖"金奖,被省文化厅推荐角逐国家"群星奖"。全年送戏、送电影下乡3065场。在太原成功举办了民间书画展。绛县被评为全市文化工作创新先进县。文物工作得到加强,完成10处国保单位的文物修缮编制工作,对2个碑亭和22通石碑进行了集中保护,完成了太阴寺修缮工作。

(绛县)

【社会事业】 2014年,科教方面加强教师队伍管理,全县各单位共退回17名借调教师。高中教育和一线教师奖励"两个一百万"专项扶持资金全部兑现,县人大教育基金会拿出30万元对60名农村一线优秀教师进行了奖励。对126名教师和校长进行了轮岗交流。启动了文教园区前期准备工作。申报发明专利2件。医疗卫生方面,获得了全市食品药品工作先进县称号。完成了原国营541电厂职工医院整体移交地方工作。县医院、中医院等县级公立医院改革稳步推进。启动了全国中医药工作先进县创建工作。为全县11名先天性心脏病患者实施了免费手术。绛县被评为全市人口计生工作先进县。社会保障方面,城镇居民基本医保和新农合年人均财政补助标准由280元提高到320元。城乡最低生活保障标准,每人每月分别提高到370元、197元。企业退休人员养老金提高了10%。为123名残疾人开展了康复救助。开工建设各类保障性住房301套,建成179套。创业就业方面,实施农村劳动力技能培训2966人,城镇失业人员再培训1562人,转移农村劳动力6870人。新增规模以上工业企业1家,亿元以上"小巨人"企业1家,孵化小微企业145户。社会治理进一步加强,获得了2014年度全市社会治安综合整治先进县称号,全县建立起无缝隙覆盖的"网格化"社会管理体系,新增、更换了1220个天眼工程监控探头,总数超过10000个。解决房地产企业拖欠农民工工资1223万元。完成了第十届农村“两委”换届选举。开展了第三次全国经济普查。对全县101名参加过抗日战争、解放战争和抗美援朝的老兵,县财政给予了补助,让他们感受到了党和政府的温暖。农村“五件实事”全面完成。改造农村危房1543户;新改建农村幼儿园3所;异地搬迁农村贫困人口1081人;实施了53个村的乡村清洁工程,发放了65辆垃圾清运车;培育新型职业农民528人。为使安全生产形势持续稳定好转,对1358家工矿商贸企业开展了集中整治,关闭取缔非法经营企业16家,保持了工矿商贸领域“零事故”、“零死亡”。道路交通、食品药品、森林防火、防汛等领域的安全生产形势稳步向好。

(绛县)

【民主法制建设】 2014年,认真执行人大及其常委会的决议、决定,积极支持人民政协履行职能,全年办理人大代表建议62件、政协提案70件。支持各民主党派、工商联、无党派人士参政议政,支持工会、共青团、妇联等人民团体发挥作用。深入开展“六五”普法,公民法治意识进一步提高。精神文明建设方面,深入开展“讲文明·树新风”主题实践活动、栽植家庭亲情林、敬老爱老等各类志愿服务活动。举办了第二届道德模范评选表彰活动。建成了绛山街社会主义核心价值观教育一条街。同时,严格执行中央“八项规定”、国务院“约法三章”以及省委、省政府和市委、市政府关于反腐倡廉的有关规定,坚决反对“四风”,着力解决人民群众反映强烈的突出问题。加大行政监察和审计监督力度,深入开展党风廉政建设和反腐败斗争,严肃查处了一批领导干部违纪违法问题。加快政府职能转变,行政效能和服务水平有了新提升。

(绛县)

【领导人名录】

书记、县长　卫再学
副书记　秦志洲
常务副县长　武胜强
副县长　苏士杰　王述江
　毕冠军
人大主任　韩廷海
人大副主任　赵永强　郭文魁
　魏金发　王永华
　李晓燕
政协主席　李服役
政协副主席　马建萍　刘子才
　贺照庭

夏　县

【概况】 2014年,全县经济社会保持平稳健康发展。全年完成地区生产总值44.9亿元,增长6.7%;规模以上工业增加值5.2亿元,增长14.7%;固定资产投资54.4亿元,增长29.6%;财政总收入2.2亿元,增长17.1%,历史性突破2亿元大关;公共财政预算收入1.2亿元,增长18.7%;社会消费品零售总额23亿元,增长14.8%;城镇居民人均可支配收入20104元,增长8.1%;农村居民人均可支配收入5979元,增长11.9%。

(任巧杰　古艳梅)

【项目建设】 2014年,重点对水头工业园区已通行的道路范围内实施道路、供电、供水、排水、天然气、网络、有线电视等“七通一平”,大力发展农副产品加工和装备制造产业集群。园区入驻企业25家,总资产35亿元,从业人员2200余人。预计年底,园区企业工业总产值达8亿元,企业销售收入6亿元,实现利税4000余万元。加快项目建设,金属冶炼、加工制造、医药化工等传统产业转型升级,威龙机车一期、晋星牧业颗粒饲料等项目建成投产。宇达集团、晋新双鹤、骏达木业等优势企业进行技术改造、提高效能,全县22家规模以上企业运行平稳,稳中有增。全年共确定实施重点项目64个,总投资201.6亿元,省市县重点工程实际完成投资33.9亿元,占市下达全年目标任务的84.9%。同时,已储备项目76项,总投资1302亿元,占年度目标任务626亿元的207.98%;签约项目6个,签约金额139.1亿元,占年度目标任务120亿元的116%;项目落地完成53.41亿元,占年度目标任务48.8亿元的109%;项目开工完成37.74亿元,占年度目标任务33.65亿元的112%。

(任巧杰　古艳梅)

【招商引资】 2014年,全县共引进润恒冷链物流、彩虹汽贸、安瑞风机、味益食品、常运动力柴油机生产线、翔天钢铁公司复产改造、佳能达华禹新版GMP异地改造项目、格瑞特酒业现代农业生态园、天润风电场等13个项目,引资86.6亿元,年内已到位资金36亿元,完成市下达任务28亿元的129%。

(任巧杰　古艳梅)

【基础设施建设】 2014年,推进城市道路建设工程。东风街改造、解放路改造工程、新建路改造、育英巷、六门巷、火神庙巷道路硬化工程、禹王大道改造工程、西南环路基建设工程、滨河西路二期绿化亮化工程、五里桥至庙前亮化工程、康杰路道路北延段亮化工程已完成;康杰路南延段道路建设工程主机动车道和西侧非机动车道沥青路面已完工,完成投资2820万元。投资1300万元的西北环北延直通晋新药厂道路工程已完成电力管沟工程。投资1800万元的林荫路东延至康杰路道路工程已完成前期准备工作,并开工建设。投资6400万元的县城至裴介镇道路建设工程已完成投资5400万元,预计明年5月1日前完工。大辛益民村道路建设工程已完成征地拆迁补偿工作,完成投资1300万元。推进农村公路建设工程。投资2100余万元先后完成了小吕、李家峪、李家坪、沙岭、马蹄古垛、牛家凹、祁家河、尉郭及环乡路、泗交循环路、埝掌至崔家河、大庙至沙岭、周村至李家坪等72公里农村公路改建工程。推进保障性安居工程。水头工业园惠民小区公共租赁房204套正在建设,林区棚户区5套主体已完成。安居小区102套公共租赁房主体已完成;城市棚户区125套已建成(祥瑞佳苑89套,涑水佳苑36套)。

(任巧杰　古艳梅)

【生态绿化建设】 2014年,按照“山上治本、身边增绿、林业增效、产业富民”的思路,投资600万元的两万亩经济林基地建设工程和投资1021万元的白沙河绿化景观工程,完成两林富民工程1.42万亩,两山造林工程9000亩,两网绿化工程4600亩,投资2000余万元的解放路综合提升改造工程正在加紧扫尾,12月上旬全面竣工。加大水系治理。投资714万元的寨里河小流域综合治理工程、投资360万元的坡底小流域综合治理工程、投资300万元的农业综合开发水保项目和南郭坝滩联合整治工程全面完工;投资157万元的2014年饮水工程已完工,解决5个乡镇,4个自然村,2390人和800名师生的饮水安全问题;投资2875万元的高效节水重点县年度建设工程完成面积2.1万亩,占任务数的50%。同时,完成农田灌溉面积35.3万亩,水土流失治理面积3万亩。加大治污减排。坚持“整治修复并举、治本治源结合”,强化节能减排,先后淘汰关闭夏县尉郭庆海造纸厂、夏县格非玻纤有限公司、山西冠宇化学有限公司、山西麦格镁制品有限公司落后产能。实施大气污染防治行动计划,淘汰燃煤锅炉10台,整治扬尘污染企业2家,更新到期出租车68辆,其中使用天然气的9辆、使用甲醇的59辆。截至10月31日,县城空气质量综合指数1.51,二级以上天数达288天。乡村集中整治环境卫生,25个新农村提档升级,城乡面貌有所改观。埝掌镇被评为全省生态园林城镇,兴南村荣获农业部“中国美丽田园”称号。

(任巧杰　古艳梅)

【文化旅游产业】 2014年,完成文庙大成殿修缮保护工程,司马光墓大殿外其余建筑修缮工程、墙下关帝庙保护修缮工程正在加紧实施;投资1800万元的泗交观光农业旅游项目已完成投资1600余万元,完成了珍禽养殖区、垂钓休闲区、食用菌大棚区、农家采摘区建设;投资5246万元的夏县祁家河至黄河口旅游公路工程已于6月底开工建设;投资2800万元的泗交青松岭滑雪、滑草项目已完成投资1500余万元,新建了雪具大厅、接待大厅及停车场。全年共接待游客128万人次,旅游总收入9.65亿元。

(任巧杰　古艳梅)

【民生事业】 2014年,投资2500万元的职业中学综合实训楼建设工程已全面完工,投资3000余万元的特殊教育学校新建工程完工并投入使用。同时,积极稳妥推进校长和教师交流工作,全年共交流校长21人次、教师158人次,圆满完成了省市指标要求。坚持以城镇新增就业工作为重点,全县全年城镇新增就业3807人,完成全年任务4050人的94%;城镇登记失业率控制在1.56%;城镇失业人员再就业801人,完成全年任务804人的99.6%;成建制转移农村劳动力5261人,完成全年任务5480人的96%。创业就业820人,帮助困难群体就业291人,超额完成全年任务。全县全年共有城市低保2921户4435人,覆盖面为4.42%,保障线为家庭月人均收入低于390元;共有农村低保9126户12595人,覆盖面为4.79%,保障线为家庭年人均收入低于2364元。城市低保标准每人每月提高了25元,达到人月均268元;农村低保标准每人每月提高了22元,达到人月均156元。全县共有农村五保对象806户809人,其中,集中供养45人,分散供养764人,集中供养率为5.56%。集中供养由每人每年3000元提高到4200元;分散供养由每人每年2100元提高到2800元。全县城镇基本养老保险、城镇职工基本养老保险、企业养老保险、城镇居民养老保险、农村养老保险、城镇基本医疗保险、失业保险、工伤保险、生育保险参保人数均已完成全年任务。认真落实省、市办好“五件实事”的要求,在农村危房改造上,全年全县农村危房改造1500户,完成投资4200万元。在改造农村幼儿园上,小吕、司马、东张、胡张等4所幼儿园改造工程11月底全面竣工;县示范幼儿园新建工程已全面完工,11底投入使用。同时,新增埝掌、庙前张郭店、胡张上晁、禹王郭里等4所附设幼儿园,进一步缓解了适龄幼儿“入园难”问题。在易地搬迁上,北坡、枣庙村2个行政村9个自然村共计49户198人易地搬迁至埝掌镇埝掌村;祁家河乡祁家坡、七泉、庙坪等9个行政村20个自然村80户308人易地搬迁至瑶峰镇赤峪村。在新型职业农民培训上,完成各类农民培训9700人,占全年任务97%。同时,深入推进乡村清洁工程,发放垃圾清运车90辆,杜绝了垃圾乱倒现象。深化公立医院医药卫生体制改革,县乡村三级公立医疗机构全面实施国家基本药物制度,推进城乡基本公共卫生服务均等化。裴介、尉郭、埝掌3所卫生院业务楼和28个行政村卫生室建设工程年底全部竣工。2014年全县新农合参合299624人,参合率99.29%。

(任巧杰　古艳梅)

【农业生产】 2014年,全县粮食总产28.6万吨,蔬菜种植面积20.8万亩,水果10.9万亩,中药材7.1万亩,干果经济林13.5万亩;拥有“一村一品”专业村87个,各类农民专业合作社751家,家庭农场419家;新增流转土地5.3万亩,累计达到14万亩;扶持农副产品加工龙头企业19家,全年销售收入8.9亿元,其中5家企业参与“百企千村产业扶贫工程”,21个贫困村1500户贫困群众受益;实施国家节水灌溉重点县、农业综合开发等项目,有效改善了农业基本条件。

(任巧杰　古艳梅)

【民主法制建设】 自觉接受人大法律监督、政协民主监督和社会舆论监督,认真听取各民主党派、工商联和无党派人士意见。2014年办理人大建议53件、政协提案27件,满意率均达100%。切实抓好“六五”普法,公民法治意识进一步增强。教育实践活动成效初显。扎实开展党的群众路线教育实践活动和学习讨论落实活动,严格执行中央“八项规定”、国务院“约法三章”以及省、市关于反腐倡廉的有关规定,坚决反对“四风”,压减“三公”经费,着力解决人民群众反映强烈的突出问题。深入推进党风廉政建设和反腐败斗争,严格落实“两个责任”,行政效能和服务水平有了新提高。社会综合治理不断创新。实行"领导干部大接访",化解重点信访案件39件,及时解决群众合理诉求。破获各类刑事案件273件,查处治安案件1435件。同时,双拥工作、第六次全国经济普查、残疾人基本服务状况和需求专项调查、审计、人口、档案、地震、老龄等工作有序进行。

(任巧杰　古艳梅)

【领导人名录】

县委书记
副书记　苏丽红
人大主任　黄保龙
副主任　张宏　高小俊
祁彦军　裴涛虎
李玮　杨可臻
县长　葛作民
副县长　樊双全(常务副县长)
郑景山　王继瑞
贺学敏
政协主席　田成贵
副主席　姚仁义　张大平
陈全狮　赵建国

平陆县

【概况】　平陆县地处黄河中游,山西省最南端,北纬34°41′20″—35°00′59″,东经110°52′47″—111°37′42″之间。北依中条山,南临黄河,西邻芮城,北面和东北面隔山与盐湖区和夏县接壤,南面和东南面隔河与河南省灵宝、陕县、渑池三县相望。县境周长216公里,东西长67.5公里,南北宽34.5公里,总面积1173.5平方公里。2014年底,全县辖有圣人涧镇、常乐镇、张村镇、张店镇、三门镇、曹川镇、洪池乡、杜马乡、部官乡、坡底乡、茅津经济开发区,228个村民委员会,4个居民委员会。全县有98373户,248263人,其中男127036人,女121227人;非农业人口34229人。全县出生2885人,死亡1973人;迁入1188人,迁出4141人。

(杨卯翠)

【自然环境】　全县地势北高南低,东西狭长,有268座山头,24块塬面,3195条冲沟,70多处滩地,素有"平陆不平沟三千"之称。山地面积占全县总面积的70%以上,平均海拔高度为600米左右。河流主要有黄河客水,另有23条季节性涧河。本县气候属暖温带大陆性气候,四季分明。2014年,平均气温14.5℃,比历年同期平均值14.0℃偏高0.5℃,年极端最高气温41.4℃,出现在7月21日,年极端最低气温度-9.6℃,出现在2月11日。年降水量576.5毫米,比历年值543.0毫米,偏多33.5毫米。一日最大降水量36.4毫米,出现在5月10日。年日照时数1899.6小时,比历年同期值2119.1小时,偏少219.5小时。全年无霜期234天。

(杨卯翠)

【经济发展】　2014年,全县生产总值完成34.5亿元,增长7%;规模以上工业增加值完成7.7亿元,增长14.2%;社会消费品零售总额完成23.7亿元,增长14.6%;城镇居民人均可支配收入达到18352元,增长9.4%;外贸进出口总额完成6787万美元,增长11.9%。财政总收入完成31245万元,增长43.4%,首次突破3亿元大关;公共财政预算收入完成18194万元,增长59.5%;固定资产投资完成57.5亿元,增长39.6%;农村居民人均可支配收入达到5365元,增长12.4%,这4项指标增幅排名和"六位一体"综合排名全市第一。

(杨卯翠)

【项目建设】　2014年,按照重点项目"六位一体"协调推进要求,实行县级领导包联项目制度,推行"三位一体"联动督查,建立项目推进台账,倒排工期、挂图作业;开展政银企对接,全年金融支持重点项目建设和小微企业发展资金达2.6亿元。35个重点项目中,6个项目已完成投产或投入使用、24个项目完成年度计划、5个储备项目在做前期准备,全年共完成投资55.9亿元,占市下达任务43.2亿元的129.4%,投产任务完成率排名全市第一。

(杨卯翠)

【城镇化建设】　2014年,坚持"六化衔接、四化互动"思路,新型城镇化实施东扩、西进、南移、北联、中改"大县城"战略,推进大县城、小城镇、新农村"三位一体"协调发展,城镇化率提高1.63个百分点。城市规划持续扩张,依托复晟氧化铝项目和黄河金三角平陆大天鹅生态经济示范区项目,完成"一城两集群"的总体规划及县城排涝、部官总体规划,建设"锦江社区"和"白天鹅社区",推进产城融合、互动发展。锦江社区,完成社区场地平整140亩,主体工程正在施工。黄河金三角平陆大天鹅生态经济示范区项目,完成投资3.1亿元,流转土地和水域面积5000亩,修筑栈道2000米,景区大门、广场铺装、二号观景台、防洪大堤等工程基本建成。功能品位持续完善,确定的城市道路建设项目开工4条,N号路东扩和向阳街西扩(太阳路至古虞路段)等2条已建成通车;保障性住房完成投资1.7亿元,开工1055套,建成963套,向阳小区安置房建成并公开分配。天然气加气站、圣人市场、垃圾填埋场投入运营。寨头农贸市场、新康国际购物广场、县医院等项目正在建设。生态环境持续改善,造林绿化4.5万亩,发展干果经济林7000亩。大力开展节能减排,投入大气污染治理资金9705万元,全县二级以上优良天数达到332天。

(杨卯翠)

【"三农"工作】　2014年,大力开展土地流转,设立县、乡两级土地流转服务大厅,建立县、乡、村三级土地承包纠纷调解仲裁机构,保障和维护农民权益。引导农民依法、自愿、有偿流转土地11.9万亩,50亩以上规模经营户达66户。规范经纪人和农民专业合作社管理,全县合作社累计达到654个,农民组织化程度逐步提升。为了大力改善基础设施,推进土地整理和水利设施建设等项目,整理土地4098亩,建设各类水利工程35处,新增灌溉面积4000亩、改善水地3万亩,治理水土流失面积2万亩,完成坡改梯7500亩,过去"跑水、跑肥、跑土"的坡耕地变成"保水、保肥、保

3.31%;单位工业增加值能耗0.88吨标准煤/万元,同比增长3.57%;单位GDP电耗2796.04千瓦时/万元,同比下降3.27%。全县能源消费总量折合标准煤72.29万吨,同比增长9.56%。其中第一产业能源消费折合标准煤0.17万吨,同比下降15.00%;第二产业能源消费折合标准煤56.42万吨,同比增长22.31%;第三产业能源消费折合标准煤7.25万吨,同比增长17.5%;居民生活用能源消费折合标准煤8.44万吨,同比增长11.35%。全年全县全社会用电量105230万千瓦时。其中第一产业用电526千瓦时;第二产业用电93352千瓦时,其中工业用电91844万千瓦时;第三产业用电4138千瓦时;城乡居民生活用电7214万千瓦时。

(王建民)

【批零贸易和市场物价】 2014年,全县社会消费品零售额完成207234.3万元,同比增长15.5%。其中,城镇消费品零售额162777.7万元,增长15.92%;乡村消费品零售额44456.6万元,同比增长13.98%。分行业看,批发零售贸易业零售额187465.4万元,同比增长16.06%;住宿和餐饮业零售额19768.9万元,同比增长10.41%。居民消费价格比上年上涨1.9%(以上年同期为100)。其中,食品类价格上涨2.4%,烟酒及用品类上涨1.1%,衣着类上涨0.6%,家庭设备用品及维修服务上涨0.7%,医疗保健和个人用品上涨0.6%,交通和通讯类上涨0.3%,娱乐教育文化用品及服务上涨0.3%,居住类上涨8.2%。商品零售价格比上年上涨0.8%(以上年同期为100),其中食品类上涨2.1%,饮料、烟酒类上涨0.7%,服装、鞋帽类上涨0.8%,家用电器及音像器材上涨0.1%,中西药品及保健品与文化办公用品上涨0.2%,燃料类上涨1.1%,体育娱乐用品与上年持平,建筑材料及五金电料类上涨1.7%。农业生产资料价格上涨0.1%,其中农用手工工具、饮料类、机械化农具价格与上年持平,化学肥料上涨0.1%,农药及农药机械上涨0.3%。

(王建民)

【交通、邮电和旅游】 2014年,全县各种运输方式完成客运量116.2万人,同比下降4.75%,货运量271.6万吨,同比增长22.07%。全社会旅客周转量6000万人公里,同比下降20.11%,货物周转量33864万吨公里,同比增长23.32%。截至2014年底,全县公路通车里程999.43公里,同比增长1.24%。公路密度61.69公里/百平方公里,同比增长2.82%。全年全县邮政业务总量完成11873万元,同比增长5.26%。其中邮政业务总量1501.6万元,同比增长4.82%;电信业务总量10371万元,同比增长5.32%。全县移动电话用户171134户,同比增长0.03%。固定电话用户20520户,同比下降23.72%。互联网用户达29941户,同比增长6.7%,全县邮政所13所,邮路总长度169公里。全年全县旅游景区、景点共接待外地游客16.7万人次,同比增长22.79%。直接收入680万元,同比增长63.46%;相关产业收入9900余万元,同比增长7.61%。

(王建民)

【金融保险】 2014年,全县金融机构各项存款余额达到了741768万元,同比增长5.65%。其中,单位存款181071万元,同比下降0.82%;个人存款548757万元,同比增长10.47%;财政性存款11641万元,同比下降48.68%;临时性存款300万元,同比增长150%。在个人贷款中,城乡居民储蓄存款545914万元,同比增长10.31%。各项贷款余额274399万元,同比增长0.5%。其中:短期贷款154051万元,同比下降6.44%;中长期贷款105562万元,同比增长17.9%。票据融资14785万元,同比下降21.56%。全年全县保费收入22721.06万元,同比下降6.01%。其中,财产险保费收入6204.27万元;车险收入3448.82万元;人寿险保费收入13067.97万元,同比增长0.19%。支付各类赔款及给付4114.72万元,同比下降23.11%,其中,财产险赔款3006.22万元,同比增长34.94%,人寿险赔款及给付1108.5万元,同比下降64.51%。

(王建民)

【教育卫生】 2014年,全县各级各类学校共93所,同比增长3.33%。其中,幼儿园32所,小学48所,初级中学9所,高级中学3所,聋哑人学校1所。各级学校中,在校学生数23793人,同比下降6.39%,毕业生数6661人,同比下降27.57%,教师数3003人,同比下降5.27%。普通中学在校学生数12898人,同比下降2.72%,普通中学教师数1305人,同比下降4.68%;小学在校学生数10826人,同比下降10.51%,小学教师数1431人,同比增长0.21%。年末全县共有卫生机构(含村卫生所和个体诊所)354个,每千人拥有医生6.77人,每千人拥有床位6.47张。新型农村合作医疗参合率99.7%。

(王建民)

【人民生活】 据2014年人口抽样调查初步推算,年末全县常住人口为236619人,比上年末增加1485人。其中城镇人口110222人,乡村人口126397人。全年全县出生人口2864人,人口出生率为12.14‰;死亡人口1379人,死亡率为5.85‰,自然增长率为6.3‰。出生人口性别比为103.15%。城镇化率为46.58%。全县全年城镇居民人均可支配收入20266元,同比增长8.7%;城镇居民人均消费支出11721元,同比增长19.26%;全县农村居民人均可支配收入5342元,同比增长10.8%;农民人均生活消费支出5199元,同比增长10.78%。城镇基本社会保险参保率达98.98%,城镇登记失业率1.84%,农村劳动力转移就业人数占乡村劳动力比重的6.56%,城镇新增就业人数为4749人。

(王建民)

【领导人名录】

县委书记

副书记　杨彦康　尚玉良

政府县长　杨彦康

副县长　李　鹏　贺志荣　高倩倩　王小虎　王小元

人大主任　刘社院

副主任　杜兰纯　王淑静

李月贵　张茂林
政协主席　赵恒坚
副 主 席　车增民　雪增元
王云洲

运城经济开发区

【概况】 运城经济开发区是全省25个省级开发区之一,综合实力位居前五名。规划面积24.68平方公里,已开发15平方公里。常住人口8.14万,从业人员5.38万。工商企业1303家,其中规模以上企业22家,外商企业6家,进出口企业23家,世界500强企业4家,高新技术企业3家,民营科技企业8家。省、市级技术中心8家,区内企业拥有专利数139件,注册商标140件,其中著名商标6件,驰名商标2件。个体工商户7491户。2014年,运城经济开发区全面贯彻落实党的十八届三中全会和中央、省市经济工作会议精神,坚持稳中求进、改革创新的总要求,以发展壮大"两个主攻产业和四个产业集群"为统领和切入点,全面深化改革,理顺管理体制,强化创新驱动,加快先行先试,加快园区化建设和集群化招商,加强文明和谐创建,以教育实践活动为抓手加强党的建设,促进经济持续健康快速发展,保持了开发区政治稳定、思想稳定、经济发展、社会和谐。

(周　帆)

【经济发展】 2014年,运城经济开发区实行领导包联集群责任制;争取科技研发资金,提升产品竞争力;帮助企业解决融资难融资贵问题,坚定不移抓投资上项目,努力培植税源,增强财政实力。经济社会发展逆势而上、稳中有为、稳中有进。全年GDP完成162.3亿元,同比增长34.5%;工业总产值完成134.5亿元,同比增长16.3%;工业增加值完成37.8亿元,同比增长34%;固定资产投资完成66.6亿元,同比增长31.7%;财政总收入完成7.45亿元,同比增长15.4%,其中公共财政收入完成2.16亿元,突破两亿元大关,同比增长51.7%;进出口总额完成1.12亿美元,首次突破8337万美元,同比增长92.6%。实现了连续四年两位数的高速增长。

(周　帆)

【项目建设】 2014年,开发区按照"布局集中、用地集约、产业集聚"的要求,坚持走"规划先行,板块推进,园区承载,项目支撑"的路子,以集群化招商为抓手,全力培育壮大新型装饰材料产业集群、汽车零配件加工制造产业集群、现代商贸物流产业集群、高端商务产业集群等"四个产业集群"。全年重点实施45个项目,总投资312亿元,按类别分,主攻产业集群项目17个,非集群项目15个,基础设施项目13个。按进度分,在建18个,总投资148亿元,年内都要建成投产或运营,新增规模以上企业8个(同誉轮毂、中海金源绝热板、晋能佳韵制衣、迎太新材料包装、广丰特种电线电缆、精睿印务、高速印机、海博贝马),新增高新技术企业两个(杂交小麦研发中心、中海金源绝热板),实现新增年产值6亿元,当年新增税收8000万元。新开工22个项目,总投资159.5亿元,主要有投资40亿元的特种车专用车、投资18亿元的掌上明珠家装产业园、投资15亿元的中澳崇基电梯、投资5亿元的炯达汽车钢梁、投资3亿元的润滑油等项目。开发区"四个产业集群"持续壮大,工业新型化步伐不断加快,"六位一体"项目建设在全市考核排名中四项第一、两项第二。

(周　帆)

【招商引资】 2014年,运城经济开发区围绕"103010"的目标任务,成立了集群化招商领导组,组建7支招商小分队,分赴全国7省13地,外出32次,对接76家企业和两个行业协会。积极对接世界500强香港中华煤气集团、日本丰田成都公司、法国迪卡隆中国公司,长春欧亚集团、浙江立马车业集团、北京朗致集团、成都掌上明珠集团、广州晋粤集团、森赫电梯股份公司、湖北东风十堰汽车螺栓公司等11家。全年签约项目26个,总投资186.5亿元,完成市下达任务130亿元的143.5%;落地46.98亿元,完成市下达任务28亿元的167.8%,"1030、10"目标任务全面完成,主攻产业在开发区经济总量中的贡献持续增大。

(周　帆)

【基础设施建设】 运城经济开发区道路建设总投资15亿元,总长度31.6千米,打造出了"四纵五横"的路网框架;大力实施绿化工程,绿化面积264.3万平方米;建成了11万伏变电站、集中供热站、天然气加压站和电动汽车充、换电站,实现了水、电、气、暖全覆盖;区内现有大中型综合、专业医院5家,幼儿园、小学、中学、职业学校18所,金融分支机构7家,会计事务所、律师事务所等社会中介服务机构20家。2014年,运城经济开发区实施了10项城镇化工程。涑水街大桥建成通车,打通了城区北部东西交通瓶颈,这是继飞雁桥建成后,开发区在全市城市建设史上的又一个丰碑工程。安中路、邑东路已连接北外环,"四纵五横"道路网络全面形成,拓展了开发区的发展空间。"路林水产"四管齐下,经适房建成使用,公租房开工1000套、500套封顶。

(周　帆)

【社会事业】 2014年,运城经济开发区坚持民生社会事业共同发展不动摇,保持开发区改革、发展、稳定的良好局面。开发区毫不放松抓安全,认真落实安全生产和食品安全"一岗双责",扎实做好安全生产和食品安全"包片、定点、到人"责任制,强化安全监管"三落实",深入开展专项治理和大排查,实现了全年无重特大安全事故。组建"三支队伍",健全社会治安防控体系,严厉打击违法犯罪活动,保持社会和谐稳定。继续抓紧抓好创卫工作,开展扎实持久的环境综合整治,促进了开发区环境面貌的明显改善。同时积极处置各类新情况新问题,认真做好信访稳定工作,有效保障了开发区重点工作不受影响,各项工作稳步推进。今年是开发区理顺体制后的第一年,面对17个村、8所学校划归开发区管理的新形势、新情况、新任务,文教卫生、社会发展、人事劳动、人口计生等部门,积极作为、主动工作,实现了管理职能的顺利交接和平稳过渡。社区办更是在班子新组建、工作新交接的情况下,加强组织领导,开展艰苦工作,顺利完成了17个村的“两委”换届工作,得到了市换届领导组的充分肯定。辖区农村基本稳定,为开发区经济建设和社会发展创造了良好环境。土地部门积极争取土地指标,切实采取措施,落实土地卫片执法要求,确保依法供给土地;规划部门狠抓规划执行,积极开展项目服务,保证建设顺利推进。工商质监部门依法规范市场监管和生产监督,有效维护了开发区生产经营秩序。国税地税部门依法组织税收,积极培植税源为开发区提供了坚实的财税保障。开发区在全市招商引资、项目建设、城建工程、安全生产、食品安全等考核中,各项工作排在前列。在全省考核中,连续四年名列前茅。开发区荣获商务部“中国开发区30年”最具发展潜力奖,被评为山西省劳模单位。受到了各级领导的关心和支持,省委副书记楼阳生、省委常委、组织部长盛茂林、副省长郭迎光、王一新,市长王清宪等省市领导先后到开发区调研指导工作,对园区化建设、集群化招商以及经济社会发展都给予了充分肯定,也给予了很大的支持和鼓励。

(周　帆)

【领导人名录】

管委会主任　王瑞宝
党工委副书记　原胜学
管委会副主任、党工委委员
　张岳群　黄梅芳
　王树民
管委会副主任、纪检委书记
　王　刚
党工委委员、公安分局局长
　吴素萍
党工委委员、财政局局长
　程开运

运城空港新区

【概况】 运城空港经济开发区位于运城市区东郊,距市中心11公里。它北至机场,南至中条山,西至运三高速,东至209国道。总规划面积30平方公里,已建成13平方公里,五纵五横80米宽的10条主大街全部完工,横跨南同蒲铁路的三座立交桥已建成两座,3200亩大的东花园已经成形,水电通讯、供热供气、学校医院、商住酒店、绿化亮化等基础设施和服务功能齐全,全部到位,初步形成了汽车制造、轻工食品、现代物流三大主导产业。2012年被山西省商务厅确定为全省开发区综合配套改革试验区试点单位,被山西省政府确定为全省综改试验“一市两园”享受优惠政策单位。2012年1月12日,山西省人民政府晋政函〔2012〕2号文件批复,同意设立运城空港经济开发区。

(杨建国)

【经济发展】 2014年,空港经济开发区主营业务收入完成206.2亿元,同比增长21.2%;完成区内生产总值(GDP)59.1亿元,同比增长15.2%;其中:第一、二、三产业增加值分别完成3.9亿元、19.8亿元、35.4亿元,分别占生产总值(GDP)总量的6.5%、33.5%、60.0%。第二产业中工业总产值完成70.4亿元,同比增长20.1%;工业增加值完成14.8亿元,同比增长24.5%;其中:规模以上工业总产值完成54.8亿元,同比增长37.2%;规模以上工业增加值完成11.1亿元,同比增长32.8%;规模以上工业主营业务收入52.3亿元,同比增长30.1%;规模以上工业利润总额完成6402.4万元,同比增长1304.7%。第三产业中限额以上批零住餐企业完成主营业务收入91.2亿元,同比增长26.8%,实现利润总额3.1亿元,同比增长55.0%;规模以上服务业企业完成主营业务收入5.0亿元,同比增长19.0%,实现利润总额8068万元,同比增长26.1%;有资质的房地产、建筑业企业完成主营业务收入26.5亿元,同比下降13.4%,实现利润总额1.5亿元,同比下降21.1%。2014年,空港经济开发区财政总收入完成26769万元,同比增长61.7%;公共财政收入12165万元,同比增长104.1%;两税收入完成26377万元,同比增长36.2%。其中:地税完成17624.3万元,同比增长66.3%;国税完成8752.8万元,同比增长54.6%。2014年,空港经济开发区外贸进出口额共完成2453万美元,同比增长61.9%,完成了运城市政府下达给本区全年进出口任务1600万美元的153.3%。其中外贸出口总额完成2427万美元,同比增长81.1%,完成了运城市政府下达给本区全年出口任务1500万美元的161.8%。

(杨建国)

【招商引资】 2014年,空港经济开发区招商引资到位资金完成28.7亿元,完成市政府下达全年目标任务28亿元的102.5%;完成签约项目14个,其中主攻产业集群项目10个,非主攻产业集群项目4个,完成签约金额1242.91亿元,完成全年目标任务160亿元的776.8%;在谈项目10个,总投资52.1亿元。2014年,空港经济开发区固定资产投资(不含农户)完成36.9亿元,同比下降了5.4%,其中基础设施投资完成5.7亿元,同比下降了5.5%。

(杨建国)

【体制机制】 2014年,空港经济开发区贯彻落实运城市委运发〔2013〕7号《关于理顺运城、空港、风陵渡、绛县四个省级开发区管理体制的意见》,理顺了行政、财政体制,对辖区33个村庄的经济社会事务实行了统一管理,在开发区建立了一级财政、一级金库。使开发区管委会能够对开发区实行统一规划、统一预算、统一建设、统一管理,促进了开发建设健康运行。在开发区机关人事管理上,实行公司化运作、企业化管理,不唯学历,不唯身份,不唯年龄,唯才是举,唯贤是用,可进可出,可升可降,优胜劣汰,拓宽了用人渠道,提高了工作效率。2014年,空港经济开发区建立了政务大厅并正式启用,土地、规划、发改、城建、安监、环保、质监、物价、工商、国税、地税等各相关职能部门集中在政务大厅办公,统一管理、统一上岗、统一监管、统一评比,工作效率提高,受到了园区投资商的好评。

(杨建国)

【科技创新】 2014年,空港经济开发区有高新技术企业3家,分别是山西大运汽车制造有限公司、山西巨安电子有限公司、山西力天世纪刀具有限公司;省级企业研发机构2家,分别是大运汽车企业技术中心、山西省重型卡车工程技术研究中心;市级企业研发中心3家,有山西建华化工、中鑫洋麻、力天刀具等企业。园区企业研发投入总金额11000万元。有6家企业拥有发明专利或软件著作权,2014年入区企业专利申请受理数110项,入区企业专利授权数120项,拥有国家技术发明奖一项,拥有中国驰名商标5个,山西省著名商标4个,铁道部运输局CRCC认证一家,被评为山西省工业转型发展百强潜力企业一家,山西省农业产业化经营省级重点龙头企业一家。建立中小微企业科技孵化基地1个,孵化面积7万多平方米,孵化企业16家,对空港经济开发区创新能力与技术水平的提高具有较大的促进作用。

(杨建国)

【基础设施建设】 2014年,空港经济开发区以路网建设为中心,共建成市政道路七条,立交桥一座,共计投资约5.15亿元,形成了覆盖约10平方公里的城市路网框架。其中主干道有两条,一是河东街东延长线在空港开发区达3公里,二是柳河东路延长线。同时新增供水、污水管道敷设5万米,投资1430万元,使开发区的污水处理全部进入运城市城东污水处理厂进行集中处理;新增集中供热管线7.8千米(康西路热水管线3.5千米、怡鑫苑热水管线1.3千米、云天格调热水管线0.5千米、左岸凰城蒸汽管线1千米、际华蒸汽管线1.5千米),投资2500万元,新增了75吨供热锅炉一台,覆盖集中供热面积增加20988平方米;新增天然气燃气管网11.063千米,投资600万元,使开发区内所有新建成道路燃气管网全部覆盖;新增通讯管道12.3公里,投资490万元。

(杨建国)

【公共服务平台建设】 2014年,山西省商务厅在空港经济开发区设立空港综合型外贸基地平台,包含国际营销服务平台和公共信息平台。国际营销平台主要从事运城市出口企业的品牌策划、网上办事、公共宣传、售后服务等方面,方便供需双方在站内进行新闻动态查看、企业商机咨询、服务指南参考、进出口报关等。公共服务平台主要为企业提供管理咨询、网上办事、网络销售、技术创新、融资担保、政策扶持、人才培训等服务。承担运城市各企业的展示、宣传,传达市、区政务信息和商务信息,方便企业网上办理各类相关手续,协助中小企业和各类社会中介机构建立互通桥梁与纽带。整个服务平台的建设项目总投资1388.5万元,主要建设内容包括办公场所租赁、展厅布置、设备购置、软件开发、数据库管理、人员培训及网络维护等方面。2014年,服务平台的机房、服务器、交换机及数据库、LED滚动屏,大屏显示器已建设完成,办公设备已基本到位,软件开发已设计完毕。

(杨建国)

【群体性冲突事件】 2014年2月19日,空港经济开发区召开誓师大会,提出"扭住集群,全面攻坚,为建设山西南部最大工业基地而奋斗",全面拉开了建设空港大南部40平方公里、五纵五横、60公里长的路网框架,为汽车、化纤、家具、医药四个万亩产业集群提供入驻平台。5月20日,因裴介工地修路受阻,引发了5.20群体性冲突事件,致使10余辆汽车被烧砸、数十人受伤,影响波及全省、全国,给空港和全市造成了不可挽回的严重损失。

(杨建国)

【企业管理】 2014年,空港经济开发区把工作重心放在加强企业管理上。组建工业局。抽调有企业管理经验的老同志担任主干,配备车辆,配足经费,加强企业调研、企业指导、企业管理、企业服务。加快企业改革改组步伐。对市场不景气、企业效益差的华雄纺织,采取与兵娟制衣优势互补、产业重组的办法,使华雄纺织获得重生;对濒临倒闭的中远机械,空港管委会牵线搭桥,由解州永红机械厂出资1.5亿元收购,已恢复生产;对大运重卡,空港管委会指导该厂转型发展,汽车由燃油改为燃气,既节能又环保,销量大增,年产量突破16000辆。强化征管。由税务部门对企业调查摸底,建立台账,强弱共管,大小齐抓,应收尽收。在2014年空港非常之年和全国经济低迷的情况下,各项经济指标仍实现了大幅度增长。

(杨建国)

【社会民生】 2014年,空港经济开发区坚持实行惠民政策:一是小学生每人每年补助300元,初中生500元,高中生1000元,大学生一次性1万元。二是60岁以上老人每人每月补助200元。三是失地农民每亩每年反哺1000元,30年一轮,每亩一次性反哺3万元,让失地农民祖祖辈辈、世世代代享受开发成果。2014年,空港实现财政收入2.7亿元,可用财力只有6000多万元,用于学生补助、60岁以上老人补贴、失地农民补偿和反哺就有1.1亿元,财政亏空5千余万元。

(杨建国)

【党的群众路线教育实践活动】 空港经济开发区党的群众路线教育实践活动从2014年3月开始至10月结束,历时8个月。期间,按照中央、省委、市委统一要求,围绕"为民、务实、清廉"活动主题,按照"照镜子、正衣冠、洗洗澡、治治病"的总要求,坚持规定动作与自选动作相结合,领导带头与全员参与相结合,抓好教育实践活动与促进改革发展稳定相结合,聚焦"四风",以学习教育、听取意见为基础,以查摆问题、开展批评为关键,以整改落实、建章立制为根本,三个环节衔接贯通,一个节点一个节点扎实推进,一个问题一个问题跟进解决,整个活动分三批压茬进行,共有4个党委,73个党支部1800余人参加,进展有序、扎实深入、重点突出、成效明显,取得了成效。在完成规定动作的同时,还结合空港开发建设实际,进行了形式多样的自选动作,具体开展了"六个一"活动。即一次革命传统教育、一次党风廉政建设教育、一次区情教育、一次党的群众路线专题理论学习、一次集中走访活动、一次项目建设“十比十看”竞赛活动。为了进一步巩固拓展教育实践活动的成果,从9月份起,又在全区开展了“一周一学、一月一讲”的学政治、学理论、学业务活动,进一步提高广大党员干部思想政治理论和业务工作水平。

(杨建国)

【“两委”换届】 2014年,空港开发区在农村“两委”换届选举工作中,主要做了以下三项工作:一是在换届选举的五个程序中,认真做好每一阶段选举前的准备工作。二是由有关部门对换届中支委候选人的任职资料进行严格把关。三是对群众的来访来电做了大量的沟通讲解工作,完成了33个农村党支部的换届工作,支部班子成员共当选101人,其中妇女干部当选10人。2014年,33个农村村委换届工作也顺利完成。

(杨建国)

【领导人名录】

主任、党工委副书记	李明造
党工委书记	侯伟建
副主任、党工委副书记	贺建功
	刘红平
副主任	黄志平
副主任级调研员	王天才

山西风陵渡经济开发区

【概况】 2014年,风陵渡经济开发区开发区在运城市委、市政府的正确领导下,团结带领全区干部群众紧紧围绕市委、市政府“三个方案”战略部署和“二次创业”的目标任务,克难攻坚,负重前行,精诚团结,齐心协力,努力保持了经济稳中有进、社会和谐稳定、政治生态良好、发展自信重拾。全年GDP完成16.97亿元,增长9.34%;工业总产值完成48.79亿元,增长3.19%;规模以上工业总产值完成42.53亿元,增长1.8%;工业增加值完成14.04亿元,增长9.82%;规模以上工业增加值完成11.46亿元,增长13.2%;企业主营业务收入完成70.33亿元,增长13.6%;固定资产投资完成19.05亿元,增长39.66%;招商引资到位资金完成21.05亿元,增长1.96%;财政总收入完成2.2339亿元,增长18.34%;公共预算收入完成0.4946亿元,增长63.73%。

(风陵渡经济开发区)

【城市建设】 2014年,风陵渡经济开发区千方百计筹措资金9000余万元,铺开了7项城建重点工程。分别是:总投资3500万元的创业大街建设工程,总投资1200万元的工业北大道改造工程,总投资1000万元的风陵东街主车道改造工程,总投资700万元的新区南北主排水管网工程,总投资2000万元的运风高速通道环境治理工程,总投资500万元的外环路东段生态建设工程,总投资170万元的中心广场改造工程。同时,风陵渡经济开发区多次与市政府及市国资委等有关部门协调沟通,使困扰开发区多年的集中供热、集中供水等特许经营项目获得授权。年内,北车集团收购嘉鑫热力公司工作已开展,污水处理厂已经正式试运行,城市集中供水工程已经开工建设。

(风陵渡经济开发区)

【产业集群发展】 2014年,按照全市工业集群化发展思路,风陵渡经济开发区认真研究制订全区产业集群发展举措,坚持园区化发展集群化招商思路不动摇,项目建设取得明显成效,2014年2月被运城市政府授予工业建设先进单位。同时,积极为企业搭建融资平台,共为企业争取贷款2.77亿元,争取国家扶持资金1010.19万元。风陵渡经济开发区在委托中国化学赛鼎工程有限公司(原化学工业第二设计院)编制了精细化工产业发展规划的基础上,围绕医药化工、食品添加剂、材料化工、造纸化工等四条产业链进行招商引资。

(风陵渡经济开发区)

【招商引资】 2014年,先后成立了7支招商小分队,采取定向式招商、小分队招商、走出去招商等方式,扎实推进精细化工产业快速发展。各小分队先后与北京中科院进行了洽谈对接,参加了上海涂料染料行业协会年会,赴河北廊坊、陕西西安、江苏南通、无锡、山东、上海、甘肃等地与有关企业进行洽谈对接,与深圳维克多瑞公司、北京中铁轨道交通公司等企业达成了合作意向。各小分队共对接企业20余家,已有8家企业到开发区进行了实地考察,4家企业已签订了投资协议。

(风陵渡经济开发区)

【集群项目建设】 按照运城市集群产业目标任务要求,2014年精细化工产业园新入区项目10个,总投资30.1亿元,到位资金10.19亿元,项目建成投产后,可新增产值40.6亿元,新增利税3.58亿元。升佳化工公司对苯二酚、四氯苯胺、碳酸锰项目,银莹顺化工公司年产脱墨剂项目,中科院中试基地项目,德宝药物复配公司农药中间体项目,新核能肥业公司复合肥项目等年内投产。上海麦普化工公司二萘粉项目,山西亚森房地产有限公司2.3—酸项目,湖南湘潭矿产公司磁性锰项目,山西鑫必成电子科技公司石英晶体元件项目等已经动工建设。

(风陵渡经济开发区)

【非集群产业项目】 2014年,风陵渡经济开发区在加大主攻产业招商引资的同时,积极推进非集群产业项目招商引资工作。共引进和对接非集群产业项目18个,总投资101.35亿元。黄河金三角商贸物流园、博睿机械制造有限公司2万件机车配件等9个项目在加紧建设,深圳维克多瑞公司农业生态观光园、河南禹州凯旋药业年产2000吨中药饮片等5个项目开展前期工作。大唐电厂总投资80亿元的2×100万千瓦机组扩建项目,运城市发改委已上报省发改委,拟列入山西省“十三五”规划。

(风陵渡经济开发区)

【土地管理】 2014年,风陵渡经济开发区把严格土地管理,完善土地手续,作为开发建设的一项重要任务,严肃整改土地违法问题,明确完善土地管理机制,真正做到十分珍惜和合理利用每一寸土地，促进开发建设与土地利用协调发展。2月份，市政府土地利用总体规划修编会议后，风陵渡经济开发区立即对土地利用总体规划进行了核实摸底，编制了（2006—2020年）土地利用总体规划中期《修编方案》，并及时调整了建设用地规划问题。4月份，运城市国家土地督察北京局土地例行督察动员大会召开后，风陵渡经济开发区对2013年以来土地管理工作进行了认真的自查自纠。5月底，针对国家土地督察北京局土地例行督察组下达的土地征收、供应、利用、登记、抵押、资金等12个方面55个问题，及时制订了整改方案，明确了时限要求、责任单位和责任人，集中精力，大力度完成了芦王、西柏台、焦芦三处违法建筑拆除复垦工作，10月底完成了国土资源部北京督察局的整改验收各项整改任务。在编制土地利用规划的同时，市政府为风陵渡经济开发区调整新增建设用地规划指标1200亩。针对开发区存在的批而未供，未批先占等问题，风陵渡经济开发区一方面完善已入区项目的用地手续，优先保证其用地指标，另一面对未供土地按照有关规定进行挂牌出让，提高土地利用效率。

（风陵渡经济开发区）

【建立项目协调机制】 2014年，风陵渡经济开发区定期召开管委会主要领导、有关职能部门负责人和入区项目负责人参加的入区项目手续集中办理协调会议，实行"一站式"服务，5月份、6月份先后两次召开了新入区项目协调推进会议，由职能部门负责人面对面向项目负责人讲解办理项目入区相关手续、流程、时限及需要提供的材料，集中解决项目审批中遇到的困难和问题。

（风陵渡经济开发区）

【规范劳务管理】 2014年，风陵渡经济开发区成立了"风陵渡开发区项目建设劳务协调办公室"，对项目落地、建设期间与占地村的劳务用工实行统一管理、统一结算，使项目单位不与占地村民见面，形成一道"防火墙"。对新开工的项目劳务、运输实行统一管理，项目建设单位普遍反映减少了纠纷和成本。

（风陵渡经济开发区）

【完善政务服务中心】 2014年，为了切实优化服务流程，压缩审批时限，提高办事效能，风陵渡经济开发区在管委会机关一楼设立了政务服务中心。按照"一门受理、一次性告知、一次性承诺、限时办结"的服务宗旨，开发区12个"窗口"单位确定了首席代表，进入中心集中办公，实行"一站式"服务。建立完善了政务大厅运行机制，对行政审批和公共服务事项减少了前置条件，缩短了审批时限，建立了部门并联审批、联合会审机制，压缩了部门自由裁量空间，提高了政府部门的服务效率。

（风陵渡经济开发区）

【开展"三位一体"联动督查】 2014年，在建立完善纪工委牵头的"三位一体"联动督查机制的基础上，先后组织辖区内"两代表一委员"、两委班子成员、企业代表、政风行风监督员，对开发区重点项目、各窗口服务单位进行全面督查，并及时通报督查结果，提出整改要求和推进措施。2014年，先后组织开展专项督查和联合督查23次，督查单位85家次，督办事项6项，共编发简报32期，通报12期，报社报道39篇，电视台专访报道3次，有力推动了各项工作的顺利进展，受到了市政府的通报表扬。

（风陵渡经济开发区）

【矛盾排查化解】 2014年，风陵渡经济开发区健全了信访办机构和人员，引导群众依法依规信访，健全及时就地解决群众合理诉求机制，严格落实领导包案制度，依法依规将群众反映的问题解决到位，及时有效地化解了一批事关群众切身利益的信访突出问题。全年共接待受理群众来信来访22件，已办结19件，需办理3件。全年没有发生赴省进京上访和重大群体性上访事件。

（风陵渡经济开发区）

【村"两委"换届选举】 按照省、市村"两委"换届选举工作安排和部署，从2014年10月31日至12月31日，历时两个月时间，全面完成了辖区11个村党支部和村民委员会换届选举工作。共选举产生村党支部书记11人、支部委员34人；村民委员会主任11人、副主任2人、村委委员40人（其中妇女委员11人）。同时，对村级妇联、民兵、共青团、治保、民调等基层组织进行了完善。通过村"两委"班子换届，解决了班子年龄偏大、文化水平偏低、职数偏多等突出问题，换出了新面貌、换出了新素质、换出了新干劲。

（风陵渡经济开发区）

【农民工工资清欠】 2014年，风陵渡经济开发区先后多次召开了人劳、城建、公安、信访等部门负责人会议，研究开展拖欠农民工工资专项检查行动。在专项检查过程中，实行动态监控，发现一起，查处一起，纠改一起，严厉打击拖欠农民工工资的行为，先后受理投诉案件5起，其中立案3起，涉及劳动者203人，涉及工资额507万元，已为劳动者追回拖欠工资411.6万元，剩余工资在处理之中。

（风陵渡经济开发区）

【安全生产监管】 特殊的产业结构客观上决定了安监、环保是开发区发展的两个"红线、底线、高压线"。2014年，安委会成员单位各司其职，职能部门严抓严管，领导多次深夜到厂检查，多次召开安监、环保专题工作会。全年未发生重大安监、环保事故，2014年风陵渡经济开发区被运城市政府评为"安全生产先进单位"。

（风陵渡经济开发区）

【群众路线教育实践活动】 2014年，风陵渡经济开发区按照"照镜子、正衣冠、洗洗澡、治治病"的总要求，紧紧围绕《活动方案》和《活动流程》，精心组织，周密部署，认真做好学习教育、听取意见，查摆问题、开展批评和整改落实、建章立制各环节工作，坚持高起点开局、高标准开展、高质量推进，从严要求，从实做起，圆满完成了教育实践活动各项工作。共解决"四风"方面的问题13

项,解决工作方面的突出问题18项,为群众办实事好事12件,完成专项整治12项,制订规章制度21项,被运城市委评为全市教育实践活动先进单位。

(风陵渡经济开发区)

【学习讨论落实活动】 2014年12月开始,风陵渡经济开发区按照省委、市委的部署要求,紧紧围绕"深入学习贯彻习近平总书记系列重要讲话精神,净化政治生态,实现弊革风清,凝聚发展合力,促进富民强区"这个主题,结合开发区实际扎实开展了"学习、讨论、落实"活动。在完成各项规定动作的同时,领导班子深入查找重点领域重点岗位、群众反映强烈、选人用人等方面存在的突出问题,积极进行讨论、深刻反思、深刻剖析,基本上达到了思想进一步统一,问题进一步找准,产生问题的根源进一步查清,并提出了此后的努力方向和整改措施。

(风陵渡经济开发区)

【党风廉政建设】 2014年,按照党风廉政建设责任制的有关规定和要求,将党风廉政建设相关工作分解到领导和部门,明确了党工委书记对全区党风廉政建设负全面责任,纪工委书记负直接责任,班子其他成员对分管单位的党风廉政建设和反腐败工作负领导责任,各单位主要负责人严格履行"一岗双责"党风廉政建设责任制。

(风陵渡经济开发区)

【基层党组织建设】 2014年,风陵渡经济开发区建立健全了基层党支部、工会、妇联、青年团等组织机构,对每个党支部配齐配强了支部书记、纪检委员、组宣委员。对一些非公党组织书记长期缺位、班子机构不健全、失联党员较多、党建工作基础不扎实、软弱涣散的党组织及时予以调整,先后撤销了7个支部,新组建了3个支部。全年共发展新党员29人。

(风陵渡经济开发区)

【精神文明创建活动】 2014年,风陵渡经济开发区在全区开展了"学习型、创新型、服务型、廉洁型、落实型"五型机关创建活动,被运城市精神文明建设指导委员会授予市级"文明单位"。同时风陵渡经济开发区还把丰富辖区广大人民群众的精神文化生活作为精神文明建设的重要内容,成功举办了"庆七一、颂党恩"大型文艺晚会。

(风陵渡经济开发区)

【领导人名录】

管委会主任 何吉祥
党工委书记 肖暹东
管委会副主任 徐少锋 李中贤
薛玉马
党工委副书记、纪工委书记
郭新胜
党工委委员、公安分局局长
张利民

绛县经济开发区

【概况】 山西绛县经济开发区(原名山西省华信经济技术开发区)是1997年12月31日经国务院备案、山西省人民政府批准的省级开发区。2006年4月,经国家发改委对省级开发区审核后,"山西省华信经济技术开发区"更名为"山西绛县经济开发区"(以下简称绛县开发区)。开发区原规划面积14.98平方公里,2013年理顺体制机制后,管辖面积达到21.7915平方公里。现拥有注册企业123家,固定资产原值28亿余元,企业职工约3万余人。2014年,绛县经济开发区规模以上企业工业总产值完成36.62亿元,同比增长16.09%;工业增加值完成7.48亿元,同比增长16.87%;销售收入完成34.86亿元,同比增长9.25%;实现利润2.2亿元,同比增长37.73%;固定资产投资完成17.07亿元,同比增长27.39%;财政总收入完成5070万元,同比增长9%;公共财政收入完成1616万元,同比增长4%。

(绛县开发区)

【招商引资】 2014年,绛县开发区签约前期项目15项,其中:上报并通过会审签约协议9项,总投资152亿元,完成市定年度任务110亿元的138.18%。在建招商引资项目16项,总投资36.698亿元,实际到位资金15.184亿元,完成市定目标任务15亿元的101.1%,其中:续建项目6项,新建项目10项。按主攻产业分类,主攻产业项目7项,本年实际到位资金7.618亿元,主攻产业到位资金占全部到位资金15.184亿的50.2%。

(绛县开发区)

【重点项目】 2014年,确定重点项目共20项,其中:省级重点项目3项;市级重点项目8项;县级重点项目9项,总投资144.84亿元,2014年计划投资14.2亿元。1至12月份累计完成11.7691亿元,完成目标任务11.7亿元的100.59%。

(绛县开发区)

【铸造产业】 铸造产业规划——《山西绛县经济开发区铸造工业园区产业发展规划》,由山东省机械设计研究院编制,并于2013年11月13日在绛县开发区召开了专家评审会,已完成修订。铸造产业链条是:铸造原材料、辅助材料、铸造件、机加、汽车零部件、整车。2014年,在铸造产业链的上、中、下游包装策划20个项目。产业链上游包装了5个项目:主要是年产50万吨铸造专用铁水项目;年产10万吨铸造钢丸钢砂项目;2万吨呋喃树脂及铸造涂料项目;精密铸造模具项目和30万吨旧砂再生项目。产业链中游包装了7个项目:主要是10万吨汽车零部件及机械设备高端铸件生产项目;年产5万吨发动机铸件静压生产线项目;年产5万吨汽车制动盘项目;3万吨变速箱、壳体类铸件消失模生产线;3万吨工程机械耐磨斗齿铸件项目;3万吨机床大型铸件项目和年产2万吨大型矿用铸钢件项目。产业链下游包装了8个项目:主要是年产10万吨汽车刹车盘数控加工中心项目;园区大型精密数控加工中心项目;发动机缸体、缸盖柔韧性加工中心项目;2万吨汽车模具铸件项目;2万吨铸造汽车进排气管项目;华信重工5000台特种改装车辆项目和泰鑫源的10万吨汽车铸件机加项目。

(绛县开发区)

【中医药产业】 2014年,中医药产业规划已初步编制完成。中医药产业链条是:以中国黄河金三角中医药产业园为平台—“公司+农户+基地”模式—中药材GAP种植—中医药品生产—中医药交易平台—中医药研发—医疗器械、健康食品生产。以现有的医药企业为龙头建设医药制造基地,依托绛县丰富的中医药材资源,以中国黄河金三角中医药健康产业园为龙头,实行“公司+农户+基地”模式,推广中药材GAP标准种植,组建中医药交易平台,辐射带动山西、河南、陕西、山东、河北等五省覆盖周边500公里区域的中医药材开发和交易,全面打造黄河金三角中医药健康产业基地。在中医药产业上包装项目,主要包装了中药材交易市场建设、中医药研发中心、检测中心、中医药品生产、医疗器械生产、健康食品生产、中药材期货交易平台等10个项目。2014年,绛县开发区和四川科创集团对接洽谈过5次,计划投资80亿元在区内建设中国黄河金三角中医药健康产业园,正在洽谈之中。

(绛县开发区)

【基础设施建设】 2014年,在园区道路建设上,重点实施“三条路”,即华晋南路,总投资2900万元,已于2014年7月25日正式竣工通车;华晋北路,总投资2875万元,已开工建设。在供排水项目建设上,引进客商拟投资4000余万元建设污水处理厂,全面解决开发区污水处理问题。已完成立项、环评手续,并确立投资主体,后期工作正在加紧进行中。在公共服务功能完善上,启动了华晋冶金铸造厂和山西冲压厂争取棚户区改造项目、造林绿化、生态环境治理、华晋冶金铸造厂职工医院技术改造项目、里册峪桥改造项目、农村公路项目、开发区幼儿园项目、3个村(卫庄、里册、韩庄)新建老年人日间照料中心、开发区社区服务体系、园区服务平台建设项目12项大工程,总投资4.37亿元。在绿化、美化、亮化上,投资1000余万元对园区及主干道进行绿化、美化、亮化升级提档。

(绛县开发区)

【机构设置】 山西绛县经济开发区管委会是运城市人民政府的派出机构,代表所在市人民政府对开发区行使统一领导、统一规划、统一管理。行使部分省经济管理权限以及所在市人民政府的经济管理和部分行政管理权限。2003年6月,山西省机构改革编制委员会办公室下发《关于华信经济技术开发区“三定”方案的批复》(晋编办字[2003]55号),明确华信经济技术开发区即现在的绛县经济开发区设立5个职能机构:办公室(挂人事劳动局的牌子)、经济贸易局(挂安全生产监督管理局的牌子)、规划建设环保局、财政局、社会事务局。核定全额事业编制30人。2007年4月,运城市编办下发成立绛县经济开发区政务服务中心文件(运编办发[2007]76号),并核定5名全额事业编制,科级职数2名;2007年12月,运城市编委下发成立绛县经济开发区劳动保障监察大队文件(运编发[2007]23号),并核定4名全额事业编制,科级职数2名。至2012年12月,绛县经济开发区共计全额事业编制39名。内设机构:管委会办公室、经济贸易局、城乡建设规划局、财政局、社会事务局、政务服务中心、劳动监察大队。垂直管理机构:国税分局、地税分局、工商分局、质监分局、土地分局、公安分局和检察室。

(绛县开发区)

【党风廉政建设】 2014年,按照年有计划,季有安排,月有落实学习规划,始终把每周三作为中心组成员交流学习时间,雷打不动。结合党的群众路线教育实践活动开展,组织班子成员为全区党员领导干部讲党课5人次,开展专题讨论3次。坚持“分工负责、集体领导”的原则,严格执行民主集中制,对重大问题,充分发扬民主,让班子成员畅所欲言,有效保证了决策的科学性。

(绛县开发区)

【干部队伍建设】 2014年,结合党的群众路线教育实践活动,绛县开发区组织基层党支部书记共40余人进行了集中学习培训。围绕“‘四风’问题怎么改、服务群众怎么办、‘五好’干部怎么当”在全体干部职工中开展专题学习讨论,激发了干部职工干事创业的热情。2014年,按照中央“八项规定”要求,绛县开发区针对“工作秩序涣散、纪律松弛”、“吃拿卡要”、“公款大吃大喝”“公车私用”等作风不良问题开展了专项整治,把查处典型案件贯穿于集中整治全过程,大力铲除干部作风不实、服务效率不高、发展环境不优的土壤。通过专项整顿,净化了风气,纯洁了队伍。

(绛县开发区)

【领导人名录】

管委会主任	张玉忠
纪工委书记	姜根强
副 主 任	乔桂林 王学军 石铁吨

盐湖生态保护与开发中心

【概况】 市政府于2010年7月正式成立运城市盐湖生态保护与开发中心,负责盐湖及南山区域的生态整治、规划编制实施、开发建设、招商引资等工作。盐湖及南山区域规划东起运三高速公路、西至解州镇硝池、南至中条山脚、北至盐湖南岸,范围包括以盐湖为中心的核心区约123平方公里,盐湖保护区面积约90平方公里。核心规划区面积246平方公里,其中建设用地面积47.4平方公里。覆盖盐湖区南城办、东郭、解州3个乡(镇、办)23个行政村4.5万居民。

(吕国玉 闫 鹏)

【规划设计】 规划原则:生态先行的原则、智慧引领的原则、土地集约的原则、以人为本的原则、文化为魂的原则、产城一体的原则、远近结合的原则。空间结构:“一核、两轴、一心、五板块,多廊多节点”。“一核”即生态核心——以盐湖为区域生态核心。“两轴”即城市文化轴和盐湖发展轴。城市文化轴——延展协调区、老城区至盐湖区域的文化脉络，形成由根祖文化走向现代文明，而后回归自然的城市文化轴；盐湖发展轴——以中条山为生态屏障，依托解阳路东西向盐湖发展轴，串联关公文化、旅游休闲文化、盐文化及养生文化。“一心”即智慧中心——核心区大数据综合处理中心及生态智慧展示中心。“五板块”即关公文化旅游板块、商务中心板块、生态休闲板块、城市休闲板块、新兴产业板块。“多廊多节点”多廊—贯穿山水的生态廊道；多节点—多个功能组团节点。

（吕国玉　闫　鹏）

【项目建设】　2014年，市盐湖生态保护与开发中心重点做了以下几方面工作：在基础设施方面，环湖旅游路工程，完成环湖北路西延道路铺油，达到通车条件，完成环湖北路东段2.5公里截污管道铺设，启动了环湖南路西段建设；跨湖大道提升改造工程，完成道路及绿化、亮化改造；凤凰谷以西供气工程，完成解州至常平8.5公里燃气管道铺设。在生态建设方面，盐湖治理项目，完成关铝电厂至盐化西北明渠2公里输水管线铺设，完成堤坝整修及覆土5公里，完成池北引水管道铺设3公里，完成观景平台建设；生态修复项目，完成盐湖南岸2700亩绿化、山体修复等；湿地公园项目，完成池神庙至学苑路段3公里绿化。在重点项目方面，完成碧桂园项目展示区；与浙江成龙集团等企业签订了投资开发协议。

（吕国玉　闫　鹏）

【领导人名录】

主　任　张春红

副主任　赵丙寅

盐湖工业园区

【概况】　山西运城盐湖工业园区创建于2003年，2006年被山西省政府和国家发改委确定为省级开发区。2005年，盐湖工业园区被山西省经委授予“循环经济示范园区”，2010年9月在“第六届中国工业园区招商引资高层论坛暨颁奖盛典”上，荣获“中国低碳经济示范园区”和“中国最具发展潜力开发区”荣誉称号。2012年，被确定为山西省转型综改试验区“一市两园”中的科技创新园。园区最初审批面积1.5平方公里，正在报批的总体规划面积28.82平方公里，由原来的单一生产型园区发展成为集工业生产、商贸物流为一体的综合性现代化园区。截至2014年底，园区总投资165亿元，入驻企业124家，其中规模以上工业企业25家，高新技术企业7家，园区经济实现持续稳步增长。

（盐湖工业园区）

【主要经济指标】　2014年，园区规模以上工业企业完成工业总产值28.6亿元，同比增长17.7%；完成工业增加值6.2亿元，同比增长24.1%；实现销售收入28.8亿元，同比增长14%；实现利税2.9亿元，同比增长16.9%。

（盐湖工业园区）

【重点项目】　2014年，盐湖工业园区共确定省、市、区重点项目21项，总投资79.79亿元，其中，省级重点项目2项，市级重点项目16项，区级重点项目3项。在项目推进过程中，园区实行领导干部三级包联责任制，把21个重点项目全年目标任务细化分解到每月，对项目建设工期进行倒排，加强服务督导，狠抓推进落实，10个在建项目全部完成倒排工期进度，10个新开工项目也全部动工建设，尤其是省级重点项目建设速度较快。全年园区“六位一体”项目储备完成226亿元，完成市政府下达任务的135.32%；项目签约完成101亿元，完成市政府下达任务的101%；项目落地完成32.57亿元，完成市政府下达任务的110.1%；项目开工完成25.35亿元，完成市政府下达任务的123.3%；项目建设完成24亿元，完成市政府下达任务的103%；项目投产完成16.03亿元，完成市政府下达任务的102.76%。

（盐湖工业园区）

【重点产业发展】　盐湖工业园区确定2014年是园区的“主攻产业集群发展推进年”。园区紧紧围绕生物医药和新型材料两大主攻产业，积极开展工作。一方面按照生物医药产业规划设计，招引符合生物医药产业链条发展的项目；另一方面，委托中国产业规划设计院，编制新型材料产业发展规划，设计产业链条，已经完成编制设计。新型材料产业集群以中磁科技、飞宇建材为龙头，包括新型建筑材料、永磁材料和铝精深加工材料等多个产业的链条式发展。管委会三支招商小分队积极开展定向化招商，全年共外出12次，与九州通集团公司山西分公司、石药集团总部、台湾椿田医药器材股份有限公司、陕西正麒电气有限公司、江苏九天高科技股份有限公司、山东高端科技工程研究院等13家企业进行了对接洽谈，部分项目签订了合作协议，部分项目达成了合作意向。2014年园区共新上集群项目20个，总投资61.2亿元，其中生物医药产业10个，新型材料产业10个，完成投资20.56亿元，圆满完成了市政府下达的10+30+10的目标任务。

（盐湖工业园区）

【招商引资】　2014年，在招商引资方面，园区充分利用运城市黄河金三角承接产业转移示范区获批的优势，扩大园区的对外宣传，同时充分利用“西洽会”、郑州博览会等招商平台，推介主导产业和项目。管委会领导班子成员带领招商小分队，主动外出对接项目。还通过以商招商的方式，招引符合园区产业发展的项目入驻。通过飞宇建材招引了锦泽盛铝型材加工项目。全年园区共引进飞宇建材、锦泽盛铝型材、紫鹏塑业、鸿顺发包装、宝路加建材、航宇建材、北辰涂料真石漆项目、石药银湖软袋扩建项目等10家企业（项目），完成招商引资到位资金19.6亿元，完成市政府下达19亿元目标任务的103.16%。

（盐湖工业园区）

【高新技术企业发展】　2014年，盐湖工业园区积极培育高新技术企业，鼓励企业积极申请专利、设立技术中心或工程中心,全年企业新获得授权专利46项,园区累计拥有授权专利140余项,新增1家高新技术企业,园区高新技术企业累计达到7家。同时,积极申报省级高新技术产业开发区,编制了申报高新技术产业开发区可研报告,制作了科技创新工作PPT,与省、市科技部门进行多次联系沟通,向省有关领导和科技部门作了专题汇报,正在等待省政府的审批。

(盐湖工业园区)

【产学研合作】 2014年,园区以多种方式同国内科研机构、高等院校开展科技合作,促进产学研紧密结合。9月,成立了山西运城铁力新型建材研究院,为园区新型材料产业集群发展提供科研支撑。经过与山东高端科技工程研究院多次对接洽谈,11月1日,正式成立山东高端科技工程研究院运城分院(高端科技孵化器),并且召开了第一次铝工业发展技术研讨会,与部分企业已经开始了项目合作。通过引进科研院所等研发机构,利用"外脑",为企业提供智力支持,增强企业的科技创新能力,促进企业产业转型和升级,带动园区高新技术产业快速发展。

(盐湖工业园区)

【科技创新奖励】 2014年,按照园区科技创新工作奖励办法,园区在年度工作会议上,对各企业的科技创新工作进行了汇总评选,对新获得专利技术、获批高新技术企业、新设立技术中心、评为山西省民营科技企业、"小升规"和"小巨人"等14家企业,给予30余万元的科技创新奖励。

(盐湖工业园区)

【开展党的群众路线教育实践活动】 2014年,按照中央和省、市委开展党的群众路线教育实践活动的要求,园区党工委从3月10日开始,开展了为期7个月的教育实践活动。按照"照镜子、正衣冠、洗洗澡、治治病"的总要求,围绕为民务实清廉的主要内容,聚焦"四风"突出问题,扎扎实实完成了学习教育、听取意见,查摆问题、开展批评,整改落实、建章立制等环节的工作任务,使整个活动"规定动作做到位,自选动作有特色"。活动共征求各类意见和建议81条,查找出领导班子及成员在"四风"方面的问题68个。对于查摆出的问题,园区积极制订整改办法,逐项进行整改,截至年底,51项整改措施已经全部整改到位。通过开展教育实践活动,切实转变了党员干部的工作作风,密切了党群、干群关系,树立了为民务实清廉形象,提高了对企对村的办事效率。

(盐湖工业园区)

【基础设施建设】 2014年,盐湖工业园区投资4000多万元,新建振兴大道北延线、横九路东延线、纵七路北沿线等三条道路,总长2980米。同时,完成了这三条道路的雨污水管道、绿化、通讯、供水、电力、天然气等配套工程,新增道路绿化面积34220平方米,园区绿化总面积达到32.5万平方米。另外,还对开元大道、振兴大道、复旦大道、横六路7条道路的绿化苗木进行补栽;配合区住建局对开元大道、振兴大道等10条道路的路灯进行施工,已经具备使用条件;配合供水公司对开元大道、振兴大道南端的供水管网进行规划设计和施工,总长4000余米;还与电力部门配合架设了两条电力支线,保证了新入驻企业的用电要求。 (盐湖工业园区)

【安全生产】 安全生产事关园区发展和稳定大局,2014年,园区坚持"安全第一、预防为主"的工作方针,认真开展安全生产工作。在"安全生产月"活动中,管委会制作安全宣传条幅45条,发放安全宣传册3000余册。12月份,新的安全生产法出台后,管委会购买150余本下发到各企业,积极组织企业学习。全年配合市消防支队和市、区安监局,对道路消防设施、企业安全生产、在建项目施工,先后进行3次拉网式大排查,对检查存在安全隐患的68家企业,责成专人跟踪督查整改,全部完成整改,及时消除了安全隐患,实现了绝对控制指标死亡人数为'零',相对控制指标死亡率为'零'的安全生产目标。

(盐湖工业园区)

【社会保障】 2014年,园区继续做好失地农民的社会保障工作,促进社会事业全面进步。全年管委会为2244户失地农民发放地款利息928万元,为1396名60岁以上老人发放养老补助120万元,为45户考上大学的失地农民子女发放助学奖励21.5万元,同时,从"三公"经费中挤出40余万元,帮助周边11个失地村进行基础设施和文化建设,帮助失地村建设日间照料中心,给每个失地村赠送3天戏,丰富农民的文化生活,切实做到与失地农民共享发展成果,为园区发展创造更加和谐的外围环境。

(盐湖工业园区)

【领导人名录】

主　任　祁武昌

副主任　管树岗　范水江

运城市2014年农村土地承包经营权确权登记颁证试点工作方案

为扎实做好我市农村土地承包经营权确权登记颁证试点工作，根据山西省人民政府办公厅《关于印发山西省2014年农村土地承包经营权确权登记颁证试点工作方案的通知》（晋政办发〔2014〕28号）要求，结合我市实际，特制订本实施方案。

一、指导思想

认真贯彻党的十八大、十八届三中全会精神，坚持和完善农村基本经营制度，保持现有农村土地承包关系稳定并长久不变，探索农村土地承包经营权确权登记颁证制度，依法赋予农民更加充分而有保障的土地承包经营权，为促进农业现代化和农村和谐稳定提供体制保证。

二、工作目标

2014年底前完成我市71个试点村土地承包经营权确权登记颁证工作。其中，除盐湖区龙居镇（35个村）整体推进外，其余12个县（市）各完成3个试点村。通过开展农村土地承包经营权确权登记颁证试点工作，妥善解决承包地块面积不准、四至不清、空间位置不明、登记簿不健全等问题，把承包地块、面积、合同、权属证书全面落实到户，依法赋予农民更加充分而有保障的土地承包经营权。

三、基本原则

（一）坚持依法依规的原则。严格执行《中华人民共和国物权法》、《中华人民共和国农村土地承包法》和《中华人民共和国农村土地承包经营权证管理办法》等相关法律、法规和政策规定，按照国家2014年3月1日起实施的《农村土地承包经营权调查规范》、《农村土地承包经营权确权登记数据库规范》、《农村土地承包经营权要素编码规则》三个农业行业标准，开展农村土地承包经营权确权登记颁证试点工作。

（二）坚持确保稳定的原则。开展农村土地承包经营权确权登记颁证是在坚持二轮土地承包关系不变、农户实际承包地块不变的基础上，以已经签订的土地承包合同和已经颁发的土地承包经营权证书为依据，通过调查测量，进一步明确农户承包地面积和空间位置，并制作相邻关系平面图。这项工作的开展是对农村土地承包工作的规范和完善，而不是重新调整原承包关系，也不是重新组织发包农村土地。坚决禁止违法收回和调整农户的承包地。

（三）坚持尊重历史的原则。原则上维护农户现有的承包面积，测量后与原承包合同面积不一致的，“多不收，少不补”，不改变根据原承包面积确定的惠农政策数量和相关责任义务。对于在二轮土地延包时，因土地等级差别抵顶面积等折合承包面积造成实际耕种面积与承包面积不符的，取得承包户的认可后要按照实际耕种面积登记，并注明实际折算面积。

（四）坚持民主协商的原则。农村土地经营权确权登记颁证工作要充分依靠农民群众，清查、确权、登记的每一个环节必须实行民主协商，重大事项均应经本集体经济组织成员民主讨论决定，坚决杜绝发包方暗箱操作，强行推动。对于在试点中涉及的重大问题，必须要有群众共同参与，事先征求群众意见，取得群众理解支持，努力实现群众满意，对于大多数群众坚决反对的事情不要硬性操作。

（五）坚持县为主体的原则。各县（市、区）为责任主体，具体组织实施农村土地承包经营权确权登记颁证试点工作。

四、试点内容

（一）开展土地承包档案清理。按照农业部、国家档案局《关于加强农村土地承包档案管理工作的意见》（农经发〔2010〕12号），全面组织清理土地承包档案，认真解决土地承包方案、承包合同、承包台账种类不齐全、管理不规范等问题。严格执行土地承包档案管理规定，坚持分级管理、集中保管、科学分类，建立健全收集整理、分类归档、安全保管、公开查阅等制度。不具备保管条件的，要全部移交到档案管理部门集中保管。

（二）查清承包地块面积和空间位

置。各县(市、区)要组织专门力量,以第二次全国土地调查成果为基础,以已签订的土地承包合同、发放的土地承包经营权证书和集体土地所有权确权登记成果为依据,集中时间以试点村为单位查清农户承包地块、面积、四至和空间位置。鼓励各地在农民自愿前提下,组织开展农户之间互换并地,实行"一户一田"制,解决承包地的细碎化问题。对与现有土地承包档案记载的土地承包状况有较大误差且农民群众要求实测的,要以第二次全国土地调查成果为基础,采取科学简便的方式测量查实。查清承包地块面积和空间位置,首要的是群众认可,并尽可能准确。实测结果经乡(镇)、村公示确认后,作为确认、变更、解除土地承包合同以及确认、变更、注销土地承包经营权的依据。对延包不完善、权利不落实和管理工作不规范的,予以依法纠正。对存在争议和纠纷的,先依法解决,再予以确权登记。

(三)建立健全土地承包经营权登记簿。各县(市、区)人民政府农村经济管理部门要依据《农村土地承包经营权证管理办法》建立土地承包经营权登记簿,把县、乡农村土地承包管理工作具体化为登记管理的各项活动。已建立登记簿的,要结合试点工作进一步健全,充实完善承包地块的实际面积、四至、地类和空间位置。未建立的,要在现有土地承包合同、证书的基础上,结合经依法确认的承包地块、面积、共有人、用途和空间位置等登记信息,抓紧建立。农村经济管理部门可以根据国土资源部门提供的基本农田有关信息,具体将基本农田落实到户并标注到土地承包经营权证书上。建立农村土地承包经营权确权登记管理信息系统,实现土地承包经营权登记信息资料共享。

(四)开展土地承包经营权变更、注销登记。在建立健全土地承包经营权登记簿的基础上,适时开展土地承包合同变更、解除和土地承包经营权变更、注销等工作,并对土地承包经营权证书进行完善,变更或者补换发土地承包经营权证书。承包期内,因下列情形导致土地承包经营权发生变动或者灭失,根据当事人申请,县(市、区)农村经济管理部门依法办理变更、注销登记,并记载于土地承包经营权登记簿:一是因集体土地所有权变化的;二是因承包地被征收、整治导致承包地块或者面积发生变化的;三是因承包农户分户等导致土地承包经营权分割的;四是因土地承包经营权采取转让、互换方式流转的;五是因结婚等原因导致土地承包经营权合并的;六是承包地块、面积与实际不符的;七是承包地灭失或者承包农户消亡的;八是承包地被发包方依法调整或者收回的;九是承包农户户主变更等其他需要依法变更、注销的情形。试点期间,凡申请登记、变更、注销土地承包经营权的,县(市、区)农村经济管理部门应当对涉及的每宗承包地块实测确认,并向申请方提供书面证明。

(五)对其他承包方式开展确权登记颁证。采取招标、拍卖、公开协商等方式承包荒山、荒沟、荒丘、荒滩等农村土地的,当事人申请土地承包经营权登记,按照《中华人民共和国农村土地承包经营权证管理办法》有关规定办理登记。经县(市、区)农村经济管理部门审核,符合登记有关规定的,报请同级人民政府依法颁发农村土地承包经营权证书予以确认。

(六)做好土地承包经营权登记资料归档。要在档案管理部门的支持和指导下,做好土地承包经营权确权登记颁证全过程文件资料的收集整理归档工作,确保档案资料齐全完整。农村土地承包经营权登记档案由县(市、区)农村经济管理部门集中保管,并指定专人负责,确保档案实体安全。依法按期移交同级档案馆,不具备保管条件的,可提前移交。

(七)探索研究农村土地确权技术路线、工作机制、信息化管理模式、确权成本和相关问题的政策性解决方案。进一步探索影像遥感测绘、实测和航测等不同测绘方式的技术路线、工作机制、信息化管理模式和确权工作成本,研究确权过程中解决问题的政策和方法,为2015年全市全面铺开农村土地承包经营权确权登记颁证工作树立全方位样本。

五、工作步骤

第一阶段:准备阶段(5月)

(一)成立机构。5月底前,各县(市、区)成立农村土地承包经营权确权登记颁证试点工作领导小组和办公室,乡、村成立确权登记颁证工作小组。

(二)制订工作方案。各县(市、区)要分别制订经营权确权登记颁证试点工作实施方案,报运城市农村土地承包经营权确权登记颁证试点工作领导小组办公室审核备案。

(三)宣传动员。各县(市、区)要召开农村土地承包经营权确权登记颁证试点动员会,对试点工作进行安排部署。试点乡、村、组要分别召开乡村干部、村民会议或村民代表大会进行宣传动员,用横幅、标语、广播等各种形式进行广泛宣传,让每一位农民都了解此次确权登记颁证工作的意义、目的和原则,采取推荐的方式推选各户代表,代表家庭全体成员参与开展农村土地承包经营权确权登记颁证工作。

(四)开展培训。市农村土地承包经营权确权登记颁证试点工作领导小组办公室将对县、乡业务技术指导人员开展培训,各县(市、区)要加强对县、乡、村操作人员的业务培训,提高工作人员的政策和业务素质,确保工作质量。

(五)确定测绘公司。为了充分体现"公平、公正、公开"和择优选择的原则,各县(市、区)要通过采用公开招标的方式确定测绘公司。参与竞标的测绘公司的测绘资质在同一县(市、区)只能使用一次,不得重复使用。同时,没有取得"2014年山西省农村土地承包经营权确权登记颁证工作合格证的技术人员,一律不得参加测绘测量工作。测验方式全部采用"航拍影像+全实测";数字正射影像(DOM)图比例尺为"1:2000",力争达到"1:1000"。鼓励县(市、区)开展农村土地承包经营权确权登记颁证项目监理试点工作。

第二阶段:调查摸底阶段(6月)

各县(市、区)农经部门要组织乡村工作人员、测绘公司对试点村二轮土地承包台账、三十年承包合同、土地承包相关原始资料档案进行整理。一要摸清土地现状,查清每块地的名称、坐落、面积、四至、权属性质、土地种类和经营方式。二要逐村摸清发包方情况,逐户摸清农户家庭承包状况,对承包人、承包经营权共有人、承包地块、面积、四至、土地变动等各方面情况和信息进行收集、归纳、整理、核对,提前发现可能存在的问题,提出解决的初步意见。

第三阶段:清查阶段(7月—8月)

(一)实施清查。根据县(市、区)国土资源管理部门第二次全国土地调查的面积情况,结合农村土地承包合同、农村土地承包经营权证等档案资料,县(市、区)农村经济管理部门组织熟悉情况的村民和专业测绘人员,对农户承包关系、地块、面积、空间位置进行清查测量。清查工作以村、组为单位开展,对每户、每块地的边界与权属的图面进行勾绘,并在图面上进行地块的标绘,标注地块编号等信息。对地块边界不清或其它需要实地调查的,进行实地调查标绘,形成农户认可的成果。最终形成的地块调查图与地块调查表信息应一致。

(二)梳理和解决矛盾。对村组土地承包实际情况表进行公示,召开村民代表会议,收集农民的意见,对新发现的问题进行梳理解决,凡是法律法规和现行政策有明确规定的,必须严格按规定执行;目前尚未做出明确规定的,要依照有关法律法规和现行政策的基本精神,结合实际妥善处理。

第四阶段:登记阶段(9月—10月)

对清查的情况进一步审核,由专业测绘人员根据相邻关系制作承包地块位置平面图,经公示无异议后,编制土地承包经营权登记簿,开展土地承包经营权初始登记。根据当事人的申请,按照《农村土地承包经营权证管理办法》的有关规定,开展土地承包经营权变更、注销登记,把承包地块、面积、合同、证书和基本农田落实到户,做到权属清楚、合同规范、权证齐全、账簿完善、责任明确。

要严格按照国家测绘局、国家保密局下发的《测绘管理工作国家秘密范围的规定》,做好土地承包经营权确权登记相关资料,特别是地籍信息资料的保密工作,确保不失密、不泄密。对基础资料都应及时登记,安排专人负责保管。存放有关基础资料的条件与设施应符合国家保密、消防及档案管理的有关规定和要求。储存土地调查和测绘数据的电脑实行专机专用,严禁与互联网连接,防止网上泄密。

第五阶段:总结验收阶段(11月—12月)

市农村土地承包经营权确权登记颁证试点工作领导小组办公室将组织各县(市、区)对试点村确权登记颁证试点工作进行全面交叉检查和验收,迎接全省抽检和抽验,具体验收办法另文下达。

六、保障措施

(一)加强组织领导,明确各自职责。按照全省统一要求,确权登记试点工作由各级政府牵头,实行省级统筹安排,市级协调指导,县级具体组织实施。为此,市政府成立运城市农村土地承包经营权确权登记颁证试点工作领导小组及办公室,由市政府分管农业副市长任组长,办公室设在市农委。成员单位包括市农委、市财政局、市国土资源局、市委政研室、市政府法制办、市档案局。各县(市、区)、各试点乡(镇)要严格按照省、市工作方案要求,成立由政府一把手担任组长的领导机构和工作班子。各县(市、区)分管农业的副书记、副县(市、区)长以及农经局长(中心主任),必须分别包一个试点村开展工作。

市、县、乡、村主要工作内容:市级负责市信息化平台建设、政策宣传咨询、督促检查抽验、县乡业务人员的培训等;县级负责具体组织实施,主要内容包括县级信息化平台建设、影像图的采购、测绘公司的招标、组织宣传发动、具体操作人员的组织培训、制订具体问题的解决方案和农村土地纠纷调解仲裁,调查公示表格、土地承包合同、登记簿的印制,承包经营权证的打印等;乡级负责原始资料的搜集、公示、确认、纠纷调解、权证的发放等工作;村级负责原始资料的搜集审查、配合地块的调查测量、纠纷调解、组织确认公示、承包合同的签订等。

(二)落实工作经费,保障工作开展。农村土地承包经营权登记试点工作不得向农民收取费用。农村土地承包经营权确权登记颁证试点工作经费要列入各级财政预算,以县级财政为主。各级财政要保障农经部门的土地承包经营权确权工作经费,确保土地承包经营权确权登记颁证试点工作顺利进行。登记试点工作经费要设立专账,单独核算,专款专用。试点工作结束后要进行专项审计,为全面开展土地承包经营权确权登记颁证工作提供成本费用依据。

(三)加强督导检查,做好试点总结。县级农村土地承包经营权确权登记颁证试点工作领导小组要定期对各个阶段的工作情况进行督促检查,及时做好工作调度,适时进行情况通报。各县(市、区)每月末要以正式文件向市农村土地承包经营权确权登记颁证试点工作领导小组办公室报送工作进展情况和遇到的问题,重大问题及时报告。试点工作完成后,各县(市、区)要认真总结经验、做法及解决问题的措施,工作总结于12月15日前报市农村土地承包经营权确权登记颁证试点工作领导小组办公室。

2014年运城市深化行政审批制度改革实施方案

为贯彻落实党的十八大和十八届二中、三中全会精神,进一步深化行政审批制度改革,推进政府职能转变,根据中共中央、国务院和省委、省政府有关深化行政审批制度改革精神和中共山西省委、山西省人民政府《关于市县政府职能转变和机构改革的意见》(晋发〔2014〕12号),结合我市实际,现将2014年全市深化行政审批制度改革、推进简政放权工作制订以下实施方案:

一、指导思想

以邓小平理论、“三个代表”重要思想、科学发展观为指导,深入贯彻党的十八大和十八届三中全会精神,以转变政府职能为核心,进一步简政放权,全面清理精简行政审批事项，优化行政审批流程，规范行政审批行为，建立健全行政审批监管长效机制，为全力推进运城又好又快可持续发展，努力打造山西对外开放和转型跨越发展的新引擎提供体制机制保障。

二、基本原则

（一）依法依规、应减必减。坚持社会主义市场经济的改革方向，依法清理各领域、各单位行政审批事项及其他具有审批性质的管理事项。切实减少政府对市场主体及社会事务的过度管制和限制，凡是省政府取消调整的事项，坚决承接落实；凡是市场主体能够自主决定、自担风险、自行调节的事项，坚决取消审批；凡是社会组织能够自律管理的事项，坚决转移给社会组织；凡是下级政府能够承担的事项，原则上全部下放，最大限度激发市场和社会的活力。

（二）阳光审批、高效便民。树立服务理念，坚持信息共享和公开，坚持审批过程阳光、透明；创新审批方式，推行并联审批、网上审批，整合优化审批流程，推行审批标准化，为行政相对人提供更为便捷高效的服务。

（三）创新机制、强化监管。创新审批、服务和监管机制；在减少对微观事务直接干预和管制的同时，推动政府全面正确履行职能，改进经济调节，严格市场监管，加强社会管理和公共服务，切实改变“重审批、轻监管、重管制、轻服务”的状况，加快推动政府部门工作重心向制订标准规则和强化监管转移，管理重心由事前审批为主向事中、事后监管为主转变，管理方式从行政审批向标准化、精细化、专业化服务转变；对审批流程实施全过程监督和考核，建立健全监督制约机制和风险防控机制。

三、主要任务及责任分解

（一）全面查证核实审批事项。对保留市本级依法实施的行政许可和非行政许可审批事项进行全面摸底核实，重点核实行政审批项目目录（运政发〔2012〕22号、运政发〔2014〕9号）以外的具有审批性质的事项，同时做好非行政许可审批事项的清理和规范工作。8月底前按部门逐项查证核实各类行政审批事项。9月底前将市直各单位的行政审批事项汇总成册，发放到各县（市、区）、各开发区、市直各有关单位征求意见。10月底前市本级行政审批事项目录提交市政府常务会议研究确定后，12月底前下发文件向社会公布。县级政府也要同时开展查证核实工作。

（牵头单位：市、县编办）

（二）精简一批行政审批事项。及时下发文件，承接、落实省政府取消、调整的行政审批事项。12月底前研究提出运城市拟取消和下放的行政审批事项意见，将直接面向基层、由县级管理更方便有效的经济社会事项，以及法律法规规定市、县级均可办理的行政审批事项，一律下放到县级。

（牵头单位：市编办）

（三）对转型综改和扩权强县试点县配套下放行政审批事项。按照省里统一部署，10月底前完成对转型综改和扩权强县试点县（河津市、永济市、盐湖区）配套下放一批环评、能评、土地供应、选址规划等省级投资审批事项。同步下放核准前置条件审批权限，不再对项目的市场前景、经济效益、资金来源和产品技术方案等应由企业自主决策的内容进行审查。

（牵头单位：市编办。市发改委、市环保局、市国土资源局、市住建局等会同完成）

（四）建立重点投资项目审批“绿色通道”。对全市重点建设项目，要简化程序，减少环节，实行“一站式”审批，最大限度地提供便捷服务。对于基本条件具备，申报材料主件齐全，其它条件和申报材料有所欠缺，但不影响审批的重点项目，可先行受理。同时指导申请人边办边补边改，保证在一定时限内补齐、改好，达到规定要求，切实提高效率，改善投资环境。9月底前，出台相关配套措施或办法。

（牵头单位：市政务大厅。市监察局会同完成）

（五）优化审批流程。改扩完善现有的行政审批监管平台。进一步简化审批程序、精简审批材料、缩短审批时限。运用现代网络技术，推行网上在线申报、查询、办理。指导各审批单位按照“一个窗口”对外、审批环节优化、责任主体明确、审批时限减少、全程电子监管的要求，进一步优化审批流程，使市、县两级行政审批时限在法定的时间上平均缩短三分之一以上。

（牵头单位：市、县政务大厅。市、县各单位会同完成）

（六）实行审批事项目录动态管理。对行政审批事项目录进行动态调整，定期通过新闻媒体等平台向社会公告，广泛接受监督。今后，凡未列入目录的行政审批事项不得实施。

（牵头单位：市、县编办）

（七）严控新设行政许可事项。根据国务院、省政府关于严格控制新设行政许可事项，防止边减边增的精神，12月底前在全市范围内集中开展政府规章和各类规范性文件清理工作，提出并执行严格控制新设行政许可的具体措施。

（牵头单位：市、县政府法制部门）

（八）制订《行政审批事项业务手册》（范本）。规范行政审批服务，简化审批程序，优化审批流程，严格规范行政审批裁量权，推进行政审批标准化建设。选择公安、国土、食药监等单位进行试点，编制行政审批事项办事指南、业务手册。12月底前形成试点部门《行政审批事项业务手册》（范本），向社会公开，接受社会监督。（牵头单位：市编办。市直各有关单位会同完成）

（九）建立后续监督办法和配套措施，加强行政审批权力运行制约监督。按照“谁审批、谁负责、谁监管”的原则，对取消和下放的审批事项，特别是重点领域和关键环节，制订操作性强的监管办法和措施，进一步加强事中检查和事后稽查，防止出现监管职能“缺位”或“不到位”。12月前出台我市加强事后监管的指导意见。强化各审批单位内部制约监督机制，明确责任人和要求，探索推行审批与监管相分离的行政审批权力运行制约机制；强化电子监察，实时全程监控运行情况，实现可视、可控、可追溯，双向通话；强化审批全过程公开透明，接受社会各界监督。2014年底前组织力量对各单位监督制度和运行情况进行监督检查。（牵头单位：市监察局。市政府法制办、市政务大厅会

同完成)

(十)深化投资体制改革。出台方便快捷的固定资产投资项目审批管理流程图。探索实施民间投资“负面清单”管理模式,支持民间资本以多种方式进入基础设施、市政公用设施和金融、电信运营、教育、文化、医疗卫生等领域。鼓励非公有制企业参与能源开发和转型综改重大项目。规范项目核准前置条件,对于国家法律、行政法规没有明确规定作为项目核准前置条件的审批手续,一律放在核准后、开工前完成。进一步简化项目核准审查内容。10月底前拟订并公布市本级核准投资项目目录,进一步加大投资审批相关事项下放力度。(牵头单位:市发改委)

(十一)改革工商登记制度。9月底前对工商登记前置审批事项进行清理。11月底前按省里统一要求,取消一批没有法律法规依据的工商登记前置审批事项,推动行政审批服务向“宽审批、严监管”转变。在扩权强县试点县和转型综改试点县先行先试的基础上,在全市推行公司注册资本认缴登记制,放宽公司注册资本登记条件并取消公司最低注册资本限制、放宽市场主体住所(经营场所)登记条件,实行企业年检改年报制度和市场主体信用公布制度。根据国家统一安排试行先照后证登记办法。

(牵头单位:市工商局。市编办会同市工商局等单位负责清理工商登记前置审批事项,市工商局负责改革工商注册制度的其它具体事宜,各县(市、区)人民政府配合完成)

(十二)改革年检、年审工作。在重新摸底现有登记、年检、年审等具有行政审批性质的管理事项基础上,重点取消没有法律法规依据的登记、年检、认定等管理措施。对现有登记、年检、年审事项进行分类,根据不同性质,将部分年检、年审周期延长。(牵头单位:市编办。市直各有关单位会同完成)

(十三)开展行政事业性收费专项整治工作。重点取缔部门(单位)自行设立的收费项目,取缔煤炭、教育、公路等领域乱收费、乱罚款、乱集资、乱摊派;继续清理规范行政事业性收费项目和收费标准,同时开展清理规范经营服务性收费整治工作。10月底前完成清理工作,并向社会公布清理规范结果。(牵头单位:市财政局。市物价局、市监察局会同完成)

(十四)开展评比达标表彰专项整治工作。重点清理不按程序申报,擅自开展的评比达标表彰活动;清理取消以各种业务考核、检查、评比为名,变相开展的表彰活动;清理取消重复评比的事项,10月份公布取消一批评比达标表彰事项。规范评比达标表彰活动,年底前修改出台运城市评比达标表彰活动管理办法和措施。(牵头单位:市人社局)

(十五)开展社会组织规范管理专项整治工作。规范社会组织运作方式,加强对社会组织监管,建立社会组织常态管理机制,规范社会组织收费事项。10月底前完成清理工作,年底出台社会组织登记管理细则。(牵头单位:市民政局)

四、保障措施

深入推进行政审批制度改革意义重大、任务艰巨,各县(市、区)、各开发区、各单位要精心组织,周密安排,稳步推进,抓好落实。

(一)加强组织领导。市政府成立行政审批制度改革工作领导小组,统筹协调解决改革过程中的重大问题,指导督促有关政策落实。市审改办作为行政审批制度改革工作领导小组的日常办事机构,设在市编办,具体负责统筹协调全市行政审批制度改革各项工作。各县(市、区)、各开发区要尽快调整或成立相应的工作领导小组。市审改办、市监察局、市政务大厅、各审批单位要尽快充实人员力量,结合各自实际,制订配套改革的具体措施和办法,确保上下衔接、整体推进。市审改办、县级审改机构要筹备成立由法律、社会问题、行政管理等方面的学者和长期从事行政审批工作的同志组成的“行政审批制度改革评审委员会”,加强对行政审批制度改革工作的业务指导。评审委员会参加“第三方”评估工作,重点对改革过程中存在不同意见的拟取消或者调整的行政审批事项进行详细评估论证,提出建设性的意见和建议。

(二)加强协调配合。市审改办、市直各有关单位要密切配合,协调联动,互相支持,形成合力。各牵头部门要根据任务安排及早谋划、统筹安排,充分发挥牵头部门作用,尽快启动相关改革工作。涉及行政审批制度改革工作有关单位要从改革大局出发,按照职责分工,落实时限,加强与各县(市、区)、各开发区的沟通,及时了解和掌握改革情况,对涉及全系统的审批事项,提出上下衔接的具体意见和办法。

(三)加强政策指导。各有关单位要尽快组织人员进行行政审批专题业务培训,围绕行政审批制度改革的热点、难点问题开展调查研究,有针对性地提出深入推进改革的措施、办法,切实强化政策指导作用。市审改办要采取走访、座谈、研讨等有效方式,广泛征集社会各界对行政审批制度改革的建议、意见,及时总结推广行政审批制度改革中的成功经验和有效做法,发挥典型示范作用,高质量地完成各项改革任务。

(四)加强监督检查。要将行政审批制度改革工作列入政府目标责任考核范畴,与党的群众路线教育实践活动紧密结合,建立行政审批制度改革工作月报、通报制度,实施行政审批制度改革工作全过程监督,建立责任追究制,确保我市行政审批制度改革各项工作顺利推进。

运城市贯彻落实《晋陕豫黄河金三角区域合作规划》实施方案

为认真落实《国务院关于晋陕豫黄河金三角区域合作规划的批复》和《国家发展改革委关于印发晋陕豫黄河金三角区域合作规划的通知》精神,进一步深化晋陕豫黄河金三角区域合作,加快综改试验区建设,推动运城廉洁发展、转型发展、创新发展、绿色发展、安全发展、统筹发展,特制订本方案。

一、总体思路

(一)指导思想

全面贯彻党的十八大和十八届三中、四中全会精神，以强化“开放合作”为先导，以推进省际交界地区协调发展为路径，以共建承接产业转移示范区、推进主攻产业园区化发展集群化招商为抓手，抢抓丝绸之路经济带建设、山西综改试验区建设等国家促进中部崛起战略机遇，发挥运城牵头作用，整合区域优势资源，创新合作体制机制，协调三省四市利益关系，加快基础设施互联互通，加快产业分工协作，加快生态环境共建，加快公共服务一体化，通过“共商共建”、促进“共享共赢”，努力实现规划同筹、交通同网、信息同享、市场同体、产业同步、科教同兴、旅游同线、环境同治的“八同”目标，努力把我市建设成为晋陕豫黄河金三角地区重要的经济增长极和山西省廉洁发展、转型发展、创新发展、绿色发展、安全发展、统筹发展的示范区。

（二）战略定位

打造省际交界地区开放合作平台。加强与长三角、珠三角、京津冀等东部沿海地区和中西部地区的合作，积极参与中原经济区、关天经济区等分工合作，加快融入和对接丝绸之路经济带。充分发挥晋陕豫黄河金三角区域合作联席会、协调会、行业协会、中介组织等载体作用，加大三省四市开放合作力度，共同构建更大、更高的开放合作平台，合力打造内陆开放合作新高地。

打造国家级现代农业示范区和中西部地区特色农产品生产加工基地。依托运城得天独厚的农业生产条件和农产品资源优势，着力推进设施农业、特色农业、有机农业、品牌农业为主的现代农业示范区建设。加快农产品龙头企业发展，大力提升农产品加工转化率，打造中西部地区具有规模优势、体现区域特色的农产品生产加工基地。

打造晋陕豫黄河金三角能源原材料及装备制造业基地。强化园区化发展集群化招商，加快推进区域内风、水、电、光、热、气等新能源开发利用，改造提升传统产业，大力发展新兴产业，尽快形成一批规模化、集约化、产业化、专业化的原材料及加工制造产业板块，把运城建设成为晋陕豫黄河金三角地区具有核心竞争力的新能源及装备制造业基地。

打造晋陕豫黄河金三角区域现代金融中心。坚持金融强市，注重银行业与非银行业机构并举，全国性与地方性金融机构并重，直接融资与间接融资比例协调，深化地方金融改革，创新融资服务方式，加强金融生态环境和社会诚信体系建设，推进金融业与运城经济发展深度融合，建立区域性金融业交流互动、金融中介服务发达、民间投融资渠道畅通、金融风险防范机制完善、相关服务配套的区域性现代金融中心城市。

打造晋陕豫黄河金三角区域现代物流中心。充分发挥运城航空港物流、铁路物流、公路物流优势，建设一批现代物流园区、货场场站、仓储和分拨配送等基地。推动能源、原材料、电子信息、装备制造、汽车及零部件、食品、农产品等行业物流发展，形成立足本地、服务周边、面向全国的晋陕豫黄河金三角区域现代立体物流枢纽，加快推进三省四市物流发展一体化。

打造“古中国”国际旅游目的地。整合区域旅游资源，牵头将三省四市所有遗存捆绑成“古中国”文化遗产联合申遗。加强与“丝绸之路”、“黄河之旅”等联盟对接，协同打造以盐文化、根祖文化、黄河文化、关公文化、德孝文化、休闲养生为主的文化旅游产业。积极开发通航旅游，广泛开展与国内重要旅游城市、重点旅游景区的合作，倾力打造以“古中国”为标识的国际旅游目的地。

二、重点任务

（一）拓展发展空间，推动晋陕豫黄河金三角区域合作发展

1. 强力推进区域性中心城市建设。坚持工业集群化、集群园区化、园区社区化、社区城镇化、土地规模化、城乡生态化“六化”衔接，工业化、信息化、农业现代化和城镇化“四化”互动，统筹推进中心城市、大县城、小城镇、新农村“四位一体”功能各异，协调发展。发挥盐湖区核心引领作用，加快推进盐湖、临猗、夏县同城化发展。合力推动运输装备制造、有色金属和农副产品深加工业发展，加快发展文化创意、休闲养生、航空经济、特色医疗业，强化空港物流服务功能，建设生态宜居城市和区域性商贸物流中心、文化旅游中心，把运城建设成为晋陕豫黄河金三角区域性中心城市，辐射带动区域整体发展。

2. 加快推进大运经济带建设。加快推进大运高速沿线县（市、区）、开发区合作发展。突出汽车零部件、机电装备制造、医药、化工产业和现代服务产业重点，形成生产、加工、服务于一体的大运经济带，建设晋陕豫黄河金三角制造业和服务业发达、集疏运功能完备的南北向发展轴。

3. 合力推进蒙华经济带建设。充分发挥蒙华铁路和运三高速公路优势，辐射盐临夏城镇群协调发展效能，着力优化布局沿线河津、万荣、临猗、盐湖、夏县、平陆6个县（市、区）支柱产业，重点发展煤电铝一体化、铝镁深加工、特色农业和特色旅游业，合力推进蒙华铁路沿线经济持续发展。

4. 积极推进各交界县（市）合作发展

推进平陆—三门峡一体化建设。统筹推进两地基础设施共建共享，交易市场互通互利，农业开发、旅游合作、商贸物流等同步规划、同步发展。加快推进平陆县城至三门峡市区公交互通、健康服务互惠、教育培训互助。规划建设茅津渡—会兴渡黄河大桥，积极发挥两地在晋陕豫黄河金三角区域合作中的示范作用。

推进侯马—新绛—绛县—曲沃一体化发展。加快侯马—新绛同城化进程，积极参与建设中部地区重要的国际物流中转枢纽和具有综合服务功能的物流基地。加强产业分工与协作，加快规划衔接和基础设施一体化建设，打通跨行政区界的村镇“断头路”，实现公交“一卡通”，建立共同市场，促进区域边缘地区加快发展。

推进韩城—河津—万荣—稷山—乡宁次区域合作。重点围绕铝、电、煤、焦、化及相关的新兴产业，推进区域内大型企业深度合作，大力发展循环经济，不断延伸产业链条，共同推进传统产业优化升级和经济转型发展。

推进永济—芮城—风陵渡—潼

关—灵宝次区域合作。依托现有产业基础,以文化旅游、现代物流为重点,带动机电、装备制造、铝材加工、医药化工、现代农业、研发设计等行业的跨区域合作,建设晋陕豫黄河金三角重要的机电装备制造基地和旅游产业集散地。

(二)加快工业集群化发展,打造晋陕豫黄河金三角原材料及装备制造业基地

5. 全力推进产业集群发展。加强晋陕豫黄河金三角区域内产业互补与融合,努力构建新型、多元、稳固的现代工业体系。立足淘汰落后、产能置换,通过兼并重组、技术改造、资源整合等,减少钢铁、焦化、水泥、电解铝等企业数量,提高产业集中度。重点推进运输装备制造、煤电铝一体化、化工、医药、新材料、金属镁、煤焦化、农产品加工、家具制造等九大集群、29 个产业板块建设。经过 3 - 5 年努力,全市力争形成 30 个左右年均产值达百亿元的产业集群,带动晋陕豫黄河金三角区域经济创新发展、转型发展、多元发展。

6. 突出抓好运城铝工业基地建设。充分发挥河津、永济、平陆、盐湖等资源优势,坚定不移地推进煤电铝材一体化产业集群发展,重点建设中铝运城百万吨循环产业基地、永济高端铝精深加工产业基地、平陆县煤电铝材一体化产业基地、盐湖区新型铝深加工产业基地。到 2020 年,全市氧化铝产能达到 500 万吨,电解铝产能达到 200 万吨,铝加工业产能达到 300 万吨,铝工业总产值达到 1500 亿元,努力打造全国铝工业基地。

7. 全面提升园区承载能力。按照"大集团引领、大项目支撑、园区化承载、集群化发展"的思路,强化园区顶层设计,做好产业空间布局,统筹规划产业园区建设,促进园区转型升级。通过发行建设债券、建设标准化厂房与保障性住房等各种途径,加快完善工业园区"七通一平"等基础设施。结合教育布局调整、银行网点设置,以吸纳社会资金为主,完善园区医院、学校、银行、超市等综合服务功能配套,营造项目、人才向园区集聚的社区化环境,不断提升园区社区化的承载功能。突出打造由 5 个省级开发区、15 个县级工业园区构成的"5 + 15"工业园区,使其成为晋陕豫黄河金三角地区最适宜投资、最适合发展、产业配套完善的工业园区。

8. 持续推进招商引资。积极开展园区化发展集群化招商,加强与世界 500 强企业及全国 500 强企业的交流与合作,积极引进外部资本和先进技术。大力开展"运城人回乡创业"等主题招商活动,加快推进"飞地经济"园区和项目建设,做大做强一批在全国有分量、有地位、有较强竞争力的产业集群,力争每年每个主攻产业落地 10 个以上新项目,落地资金不少于 30 亿元,当年完成投资不低于 10 亿元。积极支持楼宇经济、总部经济发展,吸引市域内外大型企业和科技型企业的总部落户运城,不断推动资金、技术、信息、人才等要素集聚,发挥总部经济的聚合与辐射效应,促进产业升级和经济转型。力争通过 3 - 5 年努力,实现企业总部数量明显增加,企业结构明显优化,规模效应明显增强,可持续发展能力明显提升。

9. 协同推进科技创新。加快形成以政府为支撑、企业为主体、市场为导向、产学研相结合的技术创新体系,联合开展重大科技攻关。鼓励企业参与建立行业性促进生产力发展中心、高新技术创业服务中心、工程技术研究中心、科技创业中心;积极支持有条件的技术经纪人,以股份制或合伙形式,成立跨区域技术经济公司、技术经济人事务所。依托区域产业协会,共建果品类检验检测平台,实现科技资源共享。支持共建国家级和省级研发平台、中试基地、技术标准检测评价机构。联合建立区域科技信息网络和技术交易网络,建立科技人才资源库,共同推进科技成果共享。

(三)大力发展特色农业,建设晋陕豫黄河金三角现代农业示范区

10. 统筹推进现代农业示范区建设。以"土地规模化、组织企业化、经营市场化、技术现代化"为路径,按照"一带四线、九大板块",建设"五大基地"和"100 个园区"的规划布局。加快实施《运城市推进农业现代化实施方案》,打造"基地为主、园区示范、板块联动、片区覆盖"的现代农业经济圈和产业带,引领晋陕豫黄河金三角区域现代设施农业、特色农业、有机农业、生态农业、观光农业和农产品加工业发展。着力抓好盐湖区国家现代农业示范区和永济国家现代农业产业化园区建设,加快推进盐湖、永济、新绛、稷山、临猗、闻喜、夏县等 7 个县(市、区)省级现代农业示范区建设,抓好临猗、万荣、平陆三个国家水果出口质量安全示范县建设,积极申报运城国家级现代农业示范园区,把运城市建成全国优质苹果生产基地和中西部重要的无公害蔬菜生产基地。

11. 加快发展农产品深加工产业。充分发挥我市农产品资源优势,通过内引外联、技术嫁接,加大科技投入,提高科技水平,培育壮大我市各类农产品加工龙头企业,实现农产品从初加工向精加工、深加工转变。大力发展粮、果、菜、畜、林和中药材加工业,形成一批农产品加工产业园区。鼓励加工企业进行商贸物流信息化建设和品牌建设,以绛县维之王、永济忠民、新绛亿家康、永济粟海、夏县格瑞特、新绛绛州绿、万荣华荣等为依托,培育一批果品、特色食品、蔬菜加工、畜制品、酿酒业等品牌企业,力争 60% 涉农企业有自己的自主商标,打造中西部地区最具规模的农产品加工生产基地。

12. 着力构建农产品物流体系。加快大型综合农贸批发市场、物流配送中心建设,推进"商贸合作、农超对接"。以夏县润恒现代农副产品冷链物流产业园、盐湖区晋善晋美农产品物流园区和新绛县晋南农业物流园等项目为龙头,带动产地市场建设。深化与电子商务企业"贡天下"对接合作,尽快开通"淘宝特色中国山西馆运城频道"。建立晋陕豫黄河金三角苹果电子交易中心,完善苹果购销机制。瞄准北京、上海、天津、广州等高端市场,精心组织运城特色农产品展销和主题推介活动,全方位、多层次打开特色农产品销售渠道。

13. 全面开展区域性农业合作。积极开展供销联社、信用联社和农民专业合作社"三社联动",支持发展区域内专

业合作、股份合作、信用合作等多种形式的农民合作社，推进“龙头企业 + 基地 + 专业合作社 + 农户”的农业产业化经营模式。利用晋陕豫黄河金三角果业协会等区域产业协会，强化区域农业科技推广和交流，整合区域内农业信息资源，加快地理数据库建设。参与制订国家农产品质量安全技术操作规程，加大食品安全检验检测力度，实现食品安全检验检测信息共享和结果互认。联合建立农作物远程监控与诊断管理中心，形成重大动植物疫病应急防控机制。支持农产品电子商务、农产品质量安全追溯和新型职业农民培训等平台建设，形成晋陕豫黄河金三角农业综合信息网络服务体系。

（四）统筹推进能源基地建设，打造晋陕豫黄河金三角和国家新能源示范城市

14. 优化能源网络结构。积极发展热电联产，鼓励利用低热值煤和煤矸石发电，形成区域大型火电基地。加快河津 4 × 35 万千瓦自备电厂、永济 2 × 35 万千瓦自备电厂、平陆 2 × 35 万千瓦低热值煤自备发电机组、绛县安峪 2 × 35 万千瓦热电联产、垣曲“风水互补”发电等项目建设。推进运城东 500 千伏变电工程及 220 千伏、110 千伏电网升级改造工程。开展规范电力用户与发电企业直接交易。加快推进乡宁—河津—运城输气管道和临汾—乡宁—稷山输气管道建设，规划建设天然气调峰储气设施，提高气源保障水平。加大城市燃气管网建设力度，积极推进燃气管网向乡（镇）延伸，大力推进 LNG 和 CNG 加气站建设，提高互联互通水平，到 2025 年实现区域内天然气全覆盖。

15. 推动水利工程共建。实施河道整治、水库建设、水土保持、农村人畜饮水安全、水产品种保护、水资源保护与管理、灌区改造及高效节水灌溉等七大类工程。依托《黄河流域综合规划（2012 - 2030 年）》，加快推进汾河、涑水河入黄支流综合治理及水质达标整治工程，全力推进小浪底引黄工程和沿黄饮用水源地保护工程，统筹推进尊村、大禹渡、夹马口等大中型灌区的续建配套和改造工程。

16. 创建新能源示范城市。以风能、太阳能、生物质能为重点，加快推进大唐、中国风电、北京天润、润恒光伏、晟光光伏等风电和太阳能（光伏发电）工程建设，加快发展风电、光电设备制造产业。联合推广浅层低温地热供暖工程和混合动力汽车、纯电动汽车、甲醇汽车发展。着力开发各种秸秆能源化利用、垃圾焚烧发电等项目。规划建设晋陕豫黄河金三角光伏发电示范区、黄河滩涂新能源产业示范区，加快新能源产业化，打造国家级新能源示范城市。

（五）创新金融发展机制，建设晋陕豫黄河金三角区域现代金融中心

17. 加快发展现代金融业。充分利用“中国金融生态示范城市”名片，积极引进商业银行、证券公司等金融机构，牵头争取国家有关部门支持，建设全国金融产业创新基地。依托交通银行大厦，大力发展楼宇经济、总部经济，提高项目辐射能级。推动证券市场发展，积极利用期货市场，发展区域性产权交易市场。加快推进农村商业银行改制步伐，整合发展村镇银行、小额贷款公司。加大“三农”保险发展力度，完善区域内农业生产保障体系。

18. 完善金融市场体系。引进和推进银行、证券、保险、期货、信托、基金、资产管理、融资担保、金融租赁、金融消费和新型金融组织发展，培育多元化、多层次、多路径金融要素市场。允许具备条件的民间资本依法设立中小型银行金融机构，探索实行三省四市金融同城化结算。鼓励有条件的县（市、区）、开发区建立担保风险基金，加大对中小微企业的信贷支持力度。有序推进村镇银行和农村基金合作组织等新型农村金融机构试点工作。积极推进高速公路、电力、城市道路等公共设施资产证券化。

（六）加快发展现代物流，打造晋陕豫黄河金三角区域现代物流中心

19. 加快构建现代物流体系。发挥运城公路、铁路、航空便捷的交通优势，培育壮大一批现代物流企业、现代物流园区，形成晋陕豫黄河金三角区域集公路、铁路、航空为一体的区域性现代物流体系。重点发展以智能交通、港站枢纽、多式联运为一体的运输体系，以物流中心、连锁经营、冷链物流、城市配送为一体的商贸体系，以信息网络、电子商务、交易平台为一体的销售服务体系。加快黄河金三角国际商贸物流城、运城西部建材商贸物流港、盐湖晋善晋美物流园区、河津海圣物流园、夏县润恒冷链物流园、平陆物流园、芮城国际物流商贸城建设，把运城市建设成为晋陕豫黄河金三角商品现货交易集散地。

20. 加强晋陕豫黄河金三角物流联盟。利用晋陕豫黄河金三角区域合作基础，共同规划物流园区、物流配送中心、特色商业区和专业市场，协同推动航空物流、保税物流、口岸物流发展。建立海关监管、检验检疫、地面服务于一体的货物进出境信息反馈和快速处理机制，推行进出口货物“一次申报、一次查验、一次放行”。协同规范物流市场秩序，建立健全物流资质、标准、鉴定互认机制，探索实施跨地区企业场站互用、市场共建、信息共享，引导物流资源、物流企业跨区整合，加快晋陕豫黄河金三角物流一体化步伐。

（七）加强基础设施建设，打造晋陕豫黄河金三角区域交通中心

21. 加快晋陕豫黄河金三角国际航空口岸建设。不断增加国内航线，并尽快开通黑龙江伊春—三亚航线，力争实现运城—台湾包机直航。加快运城机场国际旅游航空港建设，发展机场航空保税物流，逐步形成服务晋陕豫黄河金三角、连接全国、面向国际的民航运输体系。

22. 优化晋陕豫黄河金三角区域公路网。加快运城—灵宝、闻喜—合阳高速公路黄河大桥和禹门口黄河大桥建设。启动运三高速至运三公铁两用黄河大桥连接线工程。积极做好运城—晋城、垣曲—渑池高速公路前期工作，力争尽快开工建设。加快国道绛县—垣曲、新绛—稷山—河津段以及省道升级改造。连通改造河津、万荣、临猗、永济、平陆、芮城、垣曲段沿黄公路。

23. 推进晋陕豫黄河金三角区域铁路建设。重点实施运城北、闻喜、永济 3 个大西高铁站商务区建设。加快蒙华

铁路运城段建设，推进河津、万荣、临猗、盐湖、平陆5个蒙华铁路车站产业园区建设。积极做好渭南—三门峡—运城—临汾、富平—蒲城—韩城—河津城际铁路前期工作。

(八)加快信息化建设步伐，合力构建“数字金三角”

24. 打造信息惠民国家试点城市。以促进信息便民利民惠民、提升政府管理和服务效能为中心，积极开展依法行政、政民互动，加快推进电子政务建设。大力改进服务方式，推动公共服务跨区域延伸，促进基本公共服务均等化。整合完善城市网格化管理、经济社会信息共享和业务协同，提高区域内社会管理的执法能力、执法水平和执法公信力。促进公共信息资源对社会公众的开放共享和创新应用，合力发展电子商务、现代物流以及文化、教育、医疗健康等民生领域的信息服务，建立区域信息网络体系和交流平台。推广信息惠民国家试点成果，加快晋陕豫黄河金三角信息惠民一体化进程。

25. 创建“宽带运城示范城市”。加强信息基础设施建设，统筹发展“三网融合”，建设云计算数据中心、城市基础数据库等信息资源共享和数据交换体系，稳步推进“智慧城市”建设，逐步缩小地区和城乡信息化差距。扩大信息网络覆盖范围，推进电信同城，实现业务运营相互准入、对等开发、合理竞争。2020年实现城市光纤到楼入户、农村宽带进乡入村，城镇家庭光纤化覆盖率达到100%，加快“宽带运城示范城市”和智慧城市建设步伐，引领晋陕豫信息化建设，全力构建“数字金三角”。

(九)加强生态文明建设，提升晋陕豫黄河金三角区域环境承载力

26、改善黄土高原区域性生态环境。以国家和省级重点生态功能区为重点，推进自然封育、造林种草、防风固沙、坡改梯工程。加快芮城大禹渡、平陆天鹅湖等黄河湿地、汾河湿地保护和恢复，建设涑水河源头、汾河入黄口等重要生态功能保护区。大力发展核桃、红枣、双季槐等干果经济林，加快推进矿山地质环境恢复治理和矿区土地复垦。突出抓好通道、城郊森林公园和荒山绿化，着力搞好沿路、沿河、沿山、沿湖生态绿化，重点推进垣曲历山原始森林、夏县泗交自然保护区、永济五老峰森林公园等重点生态区的建设与保护，着力提升中条山生态承载能力，合力打造晋陕豫黄河金三角生态屏障。

27. 推进流域内水生态文明建设。协同做好区域水土保持、节水灌溉、生态补水、生物护坡护岸等生态系统保护和修复工程。加强省界断面、重要控制断面、县界断面入河排污口水质监测，确保水功能区按期达标。加强汾河、涑水河、姚暹渠、伍姓湖环境综合整治，推进城镇污水处理厂及其配套管网建设和升级改造。加强再生水利用，打造晋陕豫黄河金三角水生态文明示范区。

28. 加强污染联防联治。建立区域环境保护联席会议制度，协调解决区域重大环境问题。建立健全污染防治区域联运机制，统筹协调多方利益主体，划定生态保护红线。完善污染防治区域联动机制，加快区域内环境监测站标准化达标建设。加强在火电、钢铁、建材等行业推行清洁生产，削减大气污染物排放量。加大农业面污染减排力度，支持配套建设畜禽养殖废弃物处理和贮存设施。加快推进稷山、新绛、绛县、垣曲、平陆、闻喜、芮城等县集中供热工程，有序推行煤改气。探索在非重点区域内重金属排放量置换、交易试点。

29. 提升资源利用水平。依托晋陕豫黄河金三角区域合作组织，优化产业配置，整合资源市场，淘汰落后产能，跨区兼并重组，形成产业规模。优化土地总体利用规划，提高单位土地投资强度和产出效益。加强水资源节约保护，实行用水总量调控，探索区域水权转让，提高水资源利用效率和效益。协同发展循环经济，加快推进低碳试点县建设和老城区、老工业区搬迁，重点推进芮城生态文明先行先试示范区建设，垣曲、万荣低碳试点县建设，运城经济开发区低碳开发区试点建设，绛县经济开发区园区循环经济改造试点建设和循环经济试点社区、试点企业建设，全面推动区域性低碳、绿色、循环经济发展。

(十)加强文化旅游合作，打造以“古中国”为标识的国际旅游目的地

30. 加快发展文化旅游产业。以“体悟古中国，振兴新河东”为目标，以“华夏根、黄河魂”为内涵，以“合作共赢、共同发展”为宗旨，加快对接晋陕豫黄河金三角旅游产业，重点打造以晋陕豫黄河金三角三省四市为半径，西连西安、东接洛阳的文化旅游产业带，叫响“古中国”文化品牌、探寻“古中国”发展路径、营造“古中国”浓厚氛围。借鉴长三角、珠三角发展成功经验，牵头整合三省四市所有遗存捆绑成“古中国”文化遗产联合申遗。利用晋陕豫黄河金三角旅游合作平台，分系列、分主题研究挖掘庙宇、碑刻等文化内涵，着力打造盐文化、根祖文化、后土文化、关公文化、德孝文化展示区，充分展示“古中国”、中华先祖起源的地望，构筑运城鲜明的盐文化特色符号，打造以“古中国”为标识的国际旅游目的地。

31. 倾力打造精品景区。整合以“古中国”为特色、黄河根祖文化为主题的“黄河民俗风情游和华夏问祖寻根游”精品旅游线路。重点打造“古中国”华夏之根展示区、“古运城”城市展示区、文化旅游龙头展示区、根祖文明展示区和古中国文化主题公园。拓展黄河沿线的鹳雀楼、黄河大铁牛、普救寺、大禹渡、圣天湖国家湿地公园、西滩等景区的黄河风情旅游带，拓展舜帝故里、禹王城、后土祠、西侯渡文化遗址等景区的华夏民族根祖文化带，拓展盐湖、历山、五老峰等景区的山水奇观旅游带，拓展关帝庙、关帝家庙、永乐宫、万固寺、司马温公祠、李家大院等景区的宗教文化、大院文化旅游带，拓展盐湖黑泥养生、夏县温泉养生等休闲养生旅游带。合作开发黄河风情、根祖文化、祈福朝拜、特色山水精品旅游线路。

32. 加强区域文化旅游合作。由三省四市政府牵头，各市旅游组织创立“晋陕豫黄河金三角区域旅游合作联席会议”，建立专项合作机制，轮流实施每年选定一个合作主题，推进区域旅游一体化发展。加快推进景区间连接道路改造，加强区域间景区景点联营，按照统一组织、统一形象、统一线路、统一优惠、统一时段、统一推广的方式，对外开展抱团促销，对内相互宣传、互播广告、

互送客源、互设机构，推行“一证游”、联票游。加大餐饮、购物、演艺、休闲等功能齐全的旅游服务设施建设，完善旅游接待设施和标准规范的信息咨询服务体系，把华山、关帝庙、壶口、函谷关等培育成游客集散中心。建设旅游电子商务平台，建立联动投诉处理机制。大力开发特色文化旅游产品，培育一批优势文化旅游企业，打造一批在全国叫得响的文化旅游品牌，把运城打造成为中西部地区的旅游商品集散地。

（十一）实施品牌兴市战略，提升晋陕豫黄河金三角区域经济竞争力

33. 做大做强支柱产业品牌。加大与晋陕豫黄河金三角区域内企业强强联合、兼并重组，培育优势产能，抢占国际国内市场。鼓励企业开展品牌创建活动，引导、支持和保护中铝山西分公司、中条山有色金属、北车集团永济电机电器、阳煤丰喜、大运重卡、亚宝药业、银光镁业、中磁科技、翔宇化工、石药银湖制药、蒲津奥圣、汇源果汁、粟海等企业商标推广运用，努力打造一批驰名、著名商标企业，推动我市支柱产业的品牌集群发展。

34. 深入挖掘特色文化品牌。统一使用“朝华山，拜关公，观壶口，问道函谷关”区域旅游品牌广告词，着力打造“古中国”特色文化品牌，带动晋陕豫黄河金三角区域合作向纵深发展。以关公文化为核心，积极挖掘后土文化、舜帝德孝文化、吕祖道教文化、盐文化、普救寺爱情文化、鹳雀楼诗歌文化等地域文化品牌，建设一批特色明显的文化旅游景区，培育一批优势文化旅游企业，打造一批在全国叫得响的文化旅游品牌。以运城制版集团、宇达青铜铸造、绛州澄泥砚、闻喜花馍、绛州鼓乐、稷山高台花鼓、闻喜本命年等文化企业为基础，帮助其注册相关领域商标，做大做强，争创驰名、著名商标。

35. 协同创建广告业品牌。建立与三省四市广告业合作交流机制，创建晋陕豫黄河金三角广告产业园孵化基地。制订和落实扶持广告业发展的政策和措施，支持和促进广告产业的优化升级，加快培育主业突出、核心创新能力强、具备竞争实力的广告骨干龙头企事业，搞好广告产业园区试点工作，推动新兴广告娱乐媒体发展与规范，全面提升运城广告业整体实力和核心竞争力。

（十二）提高公共服务能力，加快推进晋陕豫黄河金三角社会事业一体化发展

36. 打造晋陕豫黄河金三角教育事业新高地。统筹各级各类教育，持续完善网络教育。优化城乡义务教育资源配置，推动区域内学校共建、师资交流和统一招生，使各类教育都有相应的品牌学校引领。提升运城学院办学质量，力争“十三五”内建成晋陕豫黄河金三角地区一流的综合性大学。下大力气提升运城幼儿师范高等专科学校的硬件建设和内涵发展，力争在“十二五”期间实现该校专升本的历史跨越。围绕产业发展需求，大力发展职业技术教育和定向培训，加快推进职业院校分类招考或注册入学，实施职业院校跨地区招生，使专业设置更加符合当地及区域内经济社会发展需求，实现职业教育资源和生源共享，共同打造具有专业特色优势的职业教育技术技能人才培养培训基地。借助世界卫生组织的支持，办好口腔医学高等专科学校。积极探索与国内外著名高等教育机构联合办学，打造晋陕豫黄河金三角教育新高地。

37. 共建晋陕豫黄河金三角健康服务新体系。加快成立公共卫生合作联络组织，建立联防联控联席会议制度，建立科研合作制度，定期举办晋陕豫黄河金三角健康服务论坛，建立学术交流与资源共享体制，创建区域医疗卫生数据库和信息交换平台。完善门诊通用病历、双向转诊、区域内临床用血应急调配等合作机制，实现区域内同等级医疗机构医学检查结果互认，开展远程医疗合作和跨区域院前急救合作。健全疫情通报机制，加大重大疫情联合调查处置力度，加强重大传染性疾病、突发公共卫生事件联防联控和相互支援，联合防治地方病。加强医疗卫生机构和人员合作交流，共同提升医疗卫生服务水平。联合制订晋陕豫黄河金三角健康服务业发展规划，满足人民群众不断增长的健康服务需求。

38. 创建晋陕豫黄河金三角公共服务新模式。整合区域内就业资源，围绕主导产业、工业园区、产业集群用工需求，联合推进就业培训机构建设，开展多层次、多类型、订单式的就业培训，打造全国职业技能人才培训基地。加强劳动保障监察联合执法，维护劳动者合法权益，促进跨地区自由就业。建立跨地区养老保险关系转移接续和养老金资格认证认可制度。开展异地补偿支付方式改革试点，实现跨省、市社保“一卡通”。开展社会救助跨区域合作，建立社会福利共享机制。

39. 构筑晋陕豫黄河金三角人才信息共享新平台。加强社会保障关系转移接续，促进人才合理流动，形成统一开放、竞争有序的人力资源市场。积极争取两院院士及列入国家“千人计划”、省“百人计划”专家和围绕九大产业集群的高端人才带项目、带技术来运城发展，为他们建立工作室，创造工作和生活条件，畅通高端紧缺人才和行业领军人才引进集聚的绿色通道。共建中小企业孵化器，支持大学生、外出务工人员返乡创业。完善和落实扶持创业的优惠政策，共同营造有利于人才创业的环境。建立健全运城籍在外人才回报家乡投资发展机制。搭建人才服务信息共享平台，建立晋陕豫黄河金三角一体化人力资源信息服务体系。

40. 开创晋陕豫黄河金三角社会管理新局面。改进社会治理方式，增强社会发展活力，创新有效预防和化解社会矛盾体制，全面推进区域一体化建设。在道路交通管理、维护社会稳定、打击违法犯罪、处置突发事件等方面实行区域联动，建立跨区域警务协作机制，实现指挥联网、整治同步。加快流动人口统计信息数据库建设，实现居住地和户籍地网上通报与基本信息共享。建立区域防灾减灾联动机制，形成统一应急预案体系，实现救灾应急行动统一协调和指挥，提高灾害应急响应能力和灾害救援专业化水平。

三、保障措施

（一）加强组织领导。发挥运城市在晋陕豫黄河金三角区域合作中的牵头作用，尽快成立由市委、市政府主要领导任组长的运城市贯彻落实《晋陕豫

黄河金三角区域合作规划》领导组,高层对接、全面统筹、顶层设计。领导组办公室设在市发改委,协调督促全市区域合作的方案研究、规划落实、体制机制创新和具体事项对接工作。各县(市、区)、各开发区也要成立相应的机构,加强协调配合,强化责任落实,形成工作合力。

(二)强化要素保障。统筹产业集群发展各环节要素需求,协调解决企业生产中煤炭、电力、运输等生产要素配套。加快完善财税保障机制,联合争取落实国家在晋陕豫黄河金三角地区设立区域合作发展基金,探索建立产业跨区域转移的利益共享机制,跨市布局项目投产后税收地方留成部分按比例分成。加快建立集体建设用地使用权流转制度,落实国家支持中西部地区承接产业转移用地政策,积极争取增加年度建设用地指标。

(三)狠抓任务落实。发挥运城市在晋陕豫黄河金三角区域合作中的主导作用,加强与三省四市沟通协商,加大向国家和省有关部门的汇报争取力度。各县(市、区)、各开发区和市直各有关单位要加强与"十三五"规划编制、中原经济区合作和山西综改试验区建设对接,结合职责分工,分年度、分阶段制订行动计划,编制专项实施方案,细化目标任务,明确职责分工。

(四)加大舆论宣传。充分利用电视、报刊、网络等媒体,开设关键词解读、合作区论坛、区域合作新视点等栏目,全方位宣传国家批复、《规划》出台、方案实施等重大事项和重大意义。通过新闻发布会、编印专刊、举办知识竞赛等形式,持续开展对晋陕豫黄河金三角区域合作的宣传报道。努力营造全市上下认知区域合作、支持区域合作、投身区域合作的良好氛围。

(五)严格督查考核。将晋陕豫黄河金三角区域合作推进情况纳入全市目标任务考核和"三位一体"督查内容。建立健全统计监测指标体系和综合评价指标体系,对具体任务落实进行跟踪、督查和考核,实施动态监测与跟踪分析,并定期向社会公布,强化社会监督,形成工作落实的合力,推进区域合作纵深发展。

说 明

1、本索引采用主题索引方法，按汉语拼音字母（同音字按声调）顺序排列。

2、主题名称后的数字表示内容所在页码，数字后的字母（a、b、c）表示该页自左至右的栏别。

3、特载、大事记、附录、彩图不作索引。

P

Q

R

S

T

W